# Brasilien
Entdeckung und Selbstentdeckung

Das sind die new gefunden menschen oder volcker … Holzschnitt, Leipzig 1505

«Der Amerikaner, der den Kolumbus zuerst entdeckte,
machte eine böse Entdeckung.»

Georg Christoph Lichtenberg
Sudelbücher, Heft G, 1779–1783

# BRASILIEN

## Entdeckung und Selbstentdeckung

Junifestwochen Zürich 1992

Benteli Verlag Bern

junifestwochen
ZÜRICH 1992
# BRASILIEN

Dieses Buch erscheint zum Anlass der Internationalen Junifestwochen Zürich 1992

Herausgeber:
Präsidialabteilung der Stadt Zürich,
Kunsthaus Zürich,
Schweizerische Stiftung für die Photographie,
Benteli-Werd Verlag Bern/Zürich

Veranstaltungskonzept: Hugo Loetscher
Veranstaltungskoordination: Roman Hess

Die Veranstaltungen der Junifestwochen 1992 werden grosszügig unterstützt von der **brasilianischen Fluggesellschaft VARIG** und von der **Zürcher Kantonalbank**

Die Veranstalter danken dem Brasilianischen Generalkonsulat in Zürich und den Schweizerischen Generalkonsulaten in Rio de Janeiro und São Paulo für ihre Hilfe

Kunsthaus Zürich:
**Bilderwelt Brasilien: Die europäische Erkundung eines «irdischen Paradieses» und die Kunst der brasilianischen Moderne**
22. Mai bis 16. August 1992

Kunsthaus Zürich, Schweizerische Stiftung für die Photographie:
**Das Brasilien der Brasilianer – Zeitgenössische brasilianische Photographie 1945–1990**
22. Mai bis 26. Juli 1992
mit einem speziellen Beitrag der **Mercedes-Benz do Brasil**

Helmhaus Zürich:
**Vôo da Asa Branca. Aus dem Nordosten Brasiliens**
22. Mai bis 26. Juli 1992

Museum Bärengasse:
**Das Haus des Bahianers.**
**Der Künstler Emanoel Araújo und seine afro-brasilianische Sammlung**
22. Mai bis 26. Juli 1992

Völkerkundemuseum der Universität Zürich:
**Ka'apor – Menschen des Waldes und ihre Federkunst**
15. Mai bis 18. Oktober 1992

Stadthaus Zürich:
**Amazonien – eine indianische Kulturlandschaft**
**Tonfiguren der Karaja und Federmasken der Tapirapé**
12. Juni bis 17. Juli 1992

Filmpodium:
**Klassiker des brasilianischen Films 1933–1986**
Juni 1992

Konzept des Katalogbuchs:
Guido Magnaguagno, Martin Schaub
Koordination: Martin Schaub



Herstellung:
Benteli-Werd Verlags AG, Wabern-Bern, Ted Scapa
Gestaltung und Lektorat: Benteliteam Bern
Brasilianische Abschlussredaktion: Deila Wenger-Vidal
Satz und Druck: Benteli Druck AG und Bugra Suisse, Wabern-Bern

ISBN 3-7165-0841-1

Umschlag:
Antonio Henrique Amaral, Bambuzal, 1978
(Ausschnitt)

# Zum Geleit

Die Zürcher Junifestwochen 1992 haben sich die Entdeckung und Selbstentdeckung Brasiliens zum Thema gemacht – und sie sollen auch bei uns Entdeckung und Selbstentdeckung ermöglichen. Aber eine Entdeckung wird erst zur Entdeckung, wenn sie eine Entwicklung in Gang setzt, wenn sie nachhallt und anhält, wenn zumindest etwas Nachhaltiges bleibt. Darum halte ich das vorliegende Buch für so wertvoll. Es erlaubt – über den engen Rahmen des Festivals hinaus – eine dauernde und vertiefte Beschäftigung mit einem Thema, das nicht nur der Erinnerung wert, sondern auch für die Zukunft wichtig ist.

Als vor 500 Jahren europäische Seeleute und Soldaten auf die südamerikanischen Eingeborenen stiessen, waren die Rollen bereits verteilt: Das technologische Wissen der Europäer und die Schriftkultur sorgten dafür, dass es fortan Entdecker und Entdeckte gab. Was in diesen Begriffen noch harmlos klingt, hatte tödliche Folgen. Wissen hat sich als Macht installiert, der entdeckte Kontinent erschien als Schatztruhe, aus der sich Europa bedenkenlos bediente. Wissen als Herrschaftsinstrument ist blind gegenüber den Unterdrückten. Die Europäer trafen in Südamerika zuallererst auf ihre eigenen Projektionen. Sie erklärten die Eingeborenen kurzerhand zu Bewohnern Indiens und verketzerten sie als Kannibalen, die das exotisch verklärte «irdische Paradies» besetzt hielten. Das vorliegende Buch versammelt die Zeugnisse der Expeditionen, die nach und nach ein adäquateres Bild des entdeckten Kontinentes lieferten.

Der Prozess der Aufklärung ist aber längst nicht abgeschlossen. Im Gegenteil: der aufgeklärte Geist hat sich gerade heute wieder zu bewähren. Es geht nicht allein um das Schicksal der letzten Eingeborenenstämme und um ihren Lebensraum. Es geht darum, ob wir hier und anderswo zu einem verantwortlichen Umgang mit Mensch und Natur finden, ob wir hinausfinden aus einer Entdecker-Mentalität, die nur auf Aneignung und Unterwerfung aus ist. Davon hängt unsere Zukunft ab.

Ein partnerschaftliches Verhältnis zu Mensch und Natur schliesst Achtung und, am anspruchvollsten, die Achtung des Fremden mitein. Sie wiederum setzt Kennenlernen und Kenntnis voraus. Achtung und Kenntnis zu vermitteln, ist das Ziel dieses Buches, das im deutschsprachigen Raum wohl eine Pionierrolle beanspruchen darf. Es ist ein Führer für alle, die die Entdekkung Brasiliens nicht in der Vergangenheit um 500 Jahre hinter sich glauben, sondern als eine Aufgabe vor sich sehen.

*Josef Estermann*
*Stadtpräsident von Zürich*
*Mai 1992*

# Inhalt

Hugo Loetscher

# Das Entdecken erfinden

Entdeckung und Selbstentdeckung, wie das eine das andere bedingt und wie das andere ohne das eine nicht zu denken ist, sei am Beispiel Brasiliens zu erfahren. Jenem Land, das die Hälfte Südamerikas einnimmt und dessen Geschichte in diesem Kontinent anders verlief, und nicht nur, weil es portugiesisch spricht.

Das Land hat seinen Namen von einem Baum. Einem Edelholz, das für Möbel und Musikinstrumente verwendet wurde. Wegen seines Farbstoffs war das Brasilholz ein von den europäischen Färbereien gesuchtes Produkt.

Die Holzhändler, neben Portugiesen vorab Franzosen, wurden «brasileiros» genannt. «Brasilianer» bezeichnet in der Originalsprache einen Beruf. Das hat zur selbstironischen Bemerkung verführt: wenn Brasilianer-Sein eine Tätigkeit ist, wozu dann noch eine zusätzliche Beschäftigung.

Ist heute die Rede von Brasilien, fällt einem nicht unbedingt ein Edelholz ein. Wenn schon, dann nicht ein Baum, sondern Wälder. Regenwälder, die im Amazonasgebiet abgeholzt werden.

Mit dem Wort «Pau Brasil» blieb über das Historisch-Ökonomische hinaus die Vorstellung von Ursprung verbunden. In Berufung auf Wurzeln trug ein Manifest des Modernismus den Titel «Pau Brasil». Unter diesem Signet erschien 1925 eine Gedichtsammlung von Oswald de Andrade (1890–1954). Nur, dass es diesmal ein Brasilianer war, der das Brasilholz in den Handel brachte. Nicht mehr Fremd-, sondern Eigenentdeckung.

Auch wenn das Brasilholz frühe Geschäfte ermöglichte, Brasilien verdankte seine erste wirtschaftliche Machtstellung dem Zuckerrohr. Auf dem Weg von Indien hatte die Nutzpflanze in Südspanien und auf der portugiesischen Atlantikinsel Madeira Station gemacht. Dank Brasilien beherrschte Portugal Ende des sechzehnten Jahrhunderts den Weltmarkt. Bis in den Antillen Zukkerrohr angebaut wurde und bis dem Zuckerrohr selber Rübenzucker und künstlich hergestellter Zucker das Monopol streitig machten.

Auch der Kaffeestrauch, der im letzten Jahrhundert ein weiteres Wirtschaftskapitel eröffnete, stammt nicht aus Brasilien. Die Kaffeeplantagen legten die Voraussetzung für die Industriemetropole São Paulo und ihren Hafen Santos, den grössten Umschlagplatz an der Atlantikküste Südamerikas. Als Blaise Cendrars, Propagator des «freien Verses» und Sammler von Negerdichtungen, Mitte der zwanziger Jahre São Paulo besuchte, staunte er, was an Wolkenkratzern aus einer Kaffeebohne wachsen kann.

Nein, von Brasilien gingen keine Pflanzen nach Europa, wo sie Landwirtschaft und Ernährung verändert hätten, wie dies mit dem Mais und der Kartoffel der Fall war. Diese gelangten aus dem spanischen Lateinamerika in die Alte Welt.

Anderes war da, und dies in Fülle und Varietät. Der Jenipapo-Baum zum Beispiel. Aus dessen Frucht zogen die Indios die Farbe, mit der sie ihre Körper bemalten; aus ihr wird heute ein im Norden und Nordosten beliebter Likör hergestellt. Oder der Tabak, den die Indios kauten und «tranken». Ihm wurde anfänglich therapeutische Wirkung zugeschrieben. Oder Maniok. Die Knollenwurzeln bilden die Grundnahrung für die Indigenen; sie gärten daraus auch ihren Alkohol. Maniok liefert heute Stärkeprodukte wie Tapioka oder Sago. Gemahlen und geröstet steht es als Farinha oder Farofa auf jedem brasilianischen Esstisch.

Und es wuchs die Hevea. Ihr Gummi erlaubte vor dem Ersten Weltkrieg ein paar Jahrzehnte lang einer Parvenugesellschaft, mitten im Urwald mondänes Paris zu spielen. Einmal mehr hätte ein Besucher staunen können, diesmal darüber, welches Fundament Latex für Opernhäuser abgab. Nicht nur in Manaus, auch in Belém. Bis ein Engländer die Pflanze ausser Landes schmuggelte und bis die Briten in ihren südostasiatischen Besitzungen die Hevea plantagenmässig kultivierten. Davon hat sich Amazonien nie erholt, auch wenn nach wie vor Seringueiros, Gummizapfer, in den Urwäldern ihrer beschwerlichen Arbeit nachgehen.

Und dann wuchsen hier Palmen. «Pindorama» (Palmenland) nannten die Indios ihr Land vor der Ankuft der Portugiesen. Die Palme als Lebensbaum. Ihr Stamm liefert Holz, auch für den Hüttenbau, mit den Blättern lässt sich das Dach decken, die Frucht stillt den Durst, das Fruchtfleisch dient der Nahrung und die getrockneten Schalen finden Verwendung als Brennmaterial. Da wäre die Carnaúba-Palme zu nennen, aus ihren Blättern gewinnt man Wachs. Oder die Açai-Palme, aus ihrer Frucht werden Öle hergestellt und auch Erfrischungsgetränke.

Angesichts der Palmenvielfalt mag einer staunen, dass

die Kokospalmen aus Afrika eingeführt wurden. Die «coqueiros», deren Spiel mit dem Wind die Skyline der Strände charakterisiert, sind Immigranten, importiert wie viele andere Pflanzen aus dem übrigen Lateinamerika, der Alten Welt und Asien. Die «mamão» (ansonsten Papaya) wechselte von den einen Tropen in die andern. Die «fruta de conde» (ansonsten Chirimoya) erinnert an den Grafen, den conde, der sie einführte.
Der Boden war der einheimischen Quitte, der «goiaba», günstig wie dem ausländischen Apfel und der fremden Feige, der Baumwolle wie dem Kakao und der Jute, neben dem einheimischen Mate-Tee fand der Teestrauch aus Indien Platz.
Wenn das Land etwas besass und besitzt, ist es fruchtbarer Boden. Symbol dafür wurde die «rote Erde». Nicht zufällig, dass einst eine nationalistische Avantgarde die «terra roxa» zum Slogan wählte.
Es war vorab die Fruchtbarkeit tropischer Fülle, die staunen liess. Ein Holländer hat sie als erster ins Bild gebracht. Albert Eckhout (1610–1665) stand im Dienste des Prinzen von Nassau, der im Verbund mit der Holländischen Westindien-Kompagnie von 1630 bis 1654 über ein Neu-Holland im Nordosten Brasiliens regierte. Eckhout staffierte in seinen überlebensgrossen Porträts das Habitat der Indios und Schwarzen mit Palmen, Bananenstauden und Caju-Bäumen aus. Seine Leinwand offerierte Stilleben mit Ananas, Zitrusfrüchten, Mangos, Melonen, Avocados, die Passionsfrucht ganz zeigend und aufgeschnitten. Ein Calvinist war von einer geradezu sündhaften Üppigkeit überwältigt worden. Erst Tarsila do Amaral (1886–1973), die geniale Figur der brasilianischen Moderne, ging mit gleicher Sinneslust an die Darstellung der exotischen Natur, ein Vierteljahrtausend später. Nur, dass sie auch der Industrielandschaft das Tropikale ihrer Farbgebung lieh.
Aber es ist auch ein Boden, der simples Gemüse hervorbringt. Was allerdings spät der Fall war. Japanische Einwanderer pflegten den Gemüsebau und begannen die Grossstädte mit ihrer Frischware zu versorgen. Und auf dem Boden gedieh auch die Rebe. Die Weinproduktion war während der Kolonialzeit dem Mutterland als Monopol vorbehalten geblieben. Nach der Unabhängigkeit stand der Weinkultur nichts mehr im Wege. Italiener und Deutsche legten die ersten Rebgelände an.
Das entdeckte Land wurde Einwandererland; neben der entdeckten Natur wurde eine Einwanderernatur heimisch.
Ein Boden jedenfalls, der hervorbringt, wessen die tägliche Nahrung bedarf. Reis zum Beispiel, auch wenn die Eigenproduktion nicht ausreicht und er eingeführt werden muss. Oder die schwarze Bohne, den «feijão preto». Reis und schwarze Bohnen begleiten das normale Alltagsessen. Und die schwarze Bohne gab die Grundlage ab für die «feijoada», den Eintopf, der sich von Rio aus als Nationalgericht ausbreitete.
Es ist aber auch ein Boden, mit dem sich spekulieren lässt, indem man Soja anpflanzt, die mehr einbringt als Hülsenfrüchte. Ein Boden, dessen Ertrag nicht den Einwohnern zugute kommen muss, sondern für den Export bestimmt ist, und sei es nur, um Auslandschulden zu verzinsen. Und ein Boden, der nicht unbedingt dem gehört, der ihn bearbeitet. Und der nicht von dem genutzt wird, dem er gehört. So dass nach wie vor landlose Bauern gegen die Grossgrundbesitzer einen verzweifelten Kampf führen, um zu einem Teilstück Boden zu kommen, der ein ganzes Auskommen sichert. Ein Boden, der ausgelaugt wird. Dem man die Nahrung versagt oder den man überdüngt.
Nicht überall ist der Boden gleich fruchtbar. Von trügerischer Verschwendung, denkt man an die Blütenpracht und die Fauna des Urwaldes, des amazonischen und desjenigen, der sich noch streckenweise am Atlantik entlangzieht. Eine wuchernde Natur auf einer wirtschaftlich unergiebig dünnen Humusschicht. Oder Steppe mit Buschwald. Der Cerrado. Ein immenses Hinterland mit kärglichem Wuchs. Regionen, die zyklisch von Dürrekatastrophen heimgesucht werden, so dass Mensch und Vieh sich über Kakteen hermachen. Die Caatinga. Ein arider Nordosten, der einen eigenen Typus Kuhhirt hervorgebracht hat, den Vaqueiro, der sich mit seiner Lederkleidung vor Dorngestrüpp und stachligen Pflanzen schützt, verschlossen und mystischen Vorstellungen nachhängend. Dieser Kuhhirt hat wenig gemein mit dem im Süden, der in Pluderhose, mit Poncho und Lasso dem argentinischen Gaucho verwandt ist und mit ihm den Namen teilt. Nach ihm heisst der Einwohner von Rio Grande do Sul, auch wenn er in der Pampa kein Vieh treibt, Gaucho.
Auch ein Boden, der birgt, was man Schätze nennt – neben Gold auch Eisen, Mangan und Wolfram.
Doch vorerst war ein Boden gemeint, der wachsen und gedeihen lässt. Wer auf dem Markt in den Grossstädten ausgebreitet sieht, was zwischen dem Äquator und dem 33. Breitengrad geerntet wird, der mag benommen ob solchem Angebot staunen, dass auf einem so bereitwilligen Boden Hunger gedeiht und Unterernährung.
Über die Fruchtbarkeit haben alle gestaunt. Von ihr redete, wer über das Land berichtete. Seit Pero de Magalhães Gandavo (?–1576), der als erster an einen systematischen Beschrieb ging. Seine Absicht und seinen Ernst nahm Fernão Cardim (1540–1625) auf im «Traktat über Land und Leute» (Tratado da terra e gente do Brasil). Gabriel Soares de Sousa (1540–1591), ein erfolgreicher Zuckerbaron, schwärmte in sei-

nem «beschreibenden Traktat» (Tratado descritivo do Brasil em 1587), dass Brasilien einmal ein grosses Reich sein wird. Diese Historiographen waren zugleich Naturkundler und Ethnologen. Schon selbstbewusst brasilianisch äusserte sich Ambrósio Fernandes Brandão (ca. 1560–1630); er setzte das Wort «grandeza» in den Titel seiner Dialoge (Diálogos das grandezas do Brasil). Mit «grandeza» meinte er den natürlichen Reichtum, und André João Antonil (1650–1716) wählte für seine Darstellung der Wirtschaft (Zucker, Tabak, Minen, Viehzucht) als Stichworte «Cultura e opulência»: Ackerbau und Opulenz.

Bereits im ersten Dokument über Brasilien war von der Güte des Bodens geschrieben worden. Im Brief, in dem Pero Vaz de Caminha am 1. Mai 1500 dem portugiesischen König Manuel I. die Entdeckung Brasiliens mitteilte: «Das Land ist derart lieblich, dass in ihm, sofern man es nutzt, dank des Wasserreichtums alles gedeiht.»
In dem Brief, der als Taufschein Brasiliens gilt, wird ein besonderer Samen erwähnt, der der Religion. Selbst wenn Brasilien lediglich als Zwischenstation für den Seeweg nach Indien dienen sollte, es böte eine glorreiche Aussicht: «unseren christlichen Glauben zu verbreiten».
Denn das Land, das lieblich und fruchtbar war, war bereits bewohnt. Hier lebten Völker wie die Botokuden, Tamoios, Guatos, die von nun ab Indios heissen sollten: und sie lebten in einer Welt, welche wegen Entdeckern und Eroberern eine Neue wurde.
Während die offizielle Kirche noch darüber debattierte, ob die Indios eine Seele besitzen, machten sich Missionare bereits an deren Bekehrung. Die, welche sich ad maiorem gloriam dei methodisch des selbstgestellten Auftrags annahmen, waren Jünger des eben gegründeten Jesuitenordens. Wenn sie zum Teil raschen Erfolg erzielten, so war dies weniger aus religiösen Gründen. Die Indios suchten Schutz. Doch recht bald wurde über Chance und Misslingen der Missionsarbeit diskutiert. Manuel da Nóbrega (1519–1570), der Vorsteher der Jesuiten, der die Lebensweise der Indios mit der von Tieren verglich, liess in seinem Zwiegespräch über die Bekehrung der Heiden (Diálogo sobre a conversão do gentio) einen Pessimisten gegen einen Optimisten antreten, auf dessen Seite sich der Autor trotz aller Bedenken am Ende schlägt.
Die Missionierung stellte sprachliche Probleme. Der Spanier José de Anchieta (1534–1597), später zum «Apostel Brasiliens» ernannt, verfasste eine Grammatik der Umgangssprache Tupi (Arte de gramática da língua mais usada na costa do Brasil). Es waren in der Folge Missionare, welche Wörterbücher und Grammatiken für Indiosprachen zusammenstellten, für das Guarani wie für das Karibische. Zur reiligösen Unterweisung schrieb Anchieta einen Einakter über den Heiligen Lorenz. Wenn man auch noch nicht von einer brasilianischen Literatur reden mag, so doch von der ersten literarischen Tätigkeit. Noch heute kann man didaktischem Religionstheater beiwohnen. Am 20. Januar, am Tag des Schutzpatrons von Rio. Da tritt im Park, wo sein Denkmal steht, der Heilige Sebastian auf, vielleicht im Monteuranzug, er erhebt Anklage im Namen des Volkes, und Soldaten in römischer Uniform richten ihre Pfeile auf ihn.
Ob der Indio eine Seele besitzt oder nicht, darüber mochte man Konzile abhalten. Nicht darüber, ob er Hände besass. Solange sich der Handel um Farb- und Edelhölzer drehte, konnte der Indio als Partner genommen werden. Das änderte sich, als die Portugiesen Zukkerrohr pflanzten und für die Felder und Zuckermühlen Arbeitskräfte benötigten. Die holten sie sich bei den Indios.
Bei der Unterwerfung kam den Portugiesen die technische Überlegenheit zugute. Die Indios entdeckten ihrerseits, dass es Werkzeuge aus Metall und nicht nur aus Steinen gibt. Zur neuen Welt, die sie entdeckten, gehörten auch Feuerwaffen. Mit ihnen traten die Portugiesen gegen Pfeil und Bogen an. Das erlaubte ihnen, jeden Widerstand militärisch zu brechen und gnadenlos Strafexpeditionen durchzuführen.
Nicht minder wirksam und folgenreicher gar war ihre Politik des divide et impera. Sie waren auf Indianerstämme gestossen, die untereinander verfeindet waren. Die einen wurden gegen die andern ausgespielt, um am Ende überspielt zu werden.
Als der Hugenotte Villegagnon in der Guanabarabucht, an der heute Rio liegt, «une France antarctique» für Calvinisten und Reformierte begründen wollte und als ihn die Portugiesen vertrieben, kämpften auf beiden Seiten Indios. Das war auch der Fall, als die Portugiesen die Franzosen aus dem Norden verjagten, wo sie sich diesmal festgesetzt hatten, in Maranhão, wo die Stadt São Luís noch immer an den französischen König Louis XIII. erinnert. Und 1649, bei der Entscheidungsschlacht von Guararapes zwischen Portugiesen und Holländern, standen sich ebenfalls indianische Truppen gegenüber.
Die gleichen Portugiesen, die die Indios versklavten, lebten mit deren Frauen zusammen, und dies nicht im Sinne der Kirche und ohne deren Segen. Die Einwohner von São Vicente, der ersten portugiesischen Niederlassung, Nukleus des späteren São Paulo, waren zum grossen Teil «mamelucos» (Mischlinge). Die Mestizen bildeten den Hauptharst jener «bandeirantes», die hinter

einem Fähnchen (bandeira) ihre Erkundigungszüge ins Landesinnere unternahmen, auf Goldsuche und Sklavenfang aus. Zusammen mit Portugiesen machten die Söhne von Weissen und Indias Jagd auf die Völker ihrer Mütter.
Die Versklavung hatte unweigerlich den Disput über den bellum justum ausgelöst, den «gerechten Krieg», der juristisch die Sklaverei legitimierte. Die Auseinandersetzung aber wurde von den Portugiesen nie mit der Vehemenz und dem Ernst geführt wie in Spanien, denkt man an das völkerrechtliche Streitgespräch an der Universität von Salamanca, bei dem der konservative Juan Ginés de Sepúlveda siegte und nicht Bartolomé de las Casas, der die Spanier des Völkermordes bezichtigte.
Auch die brasilianischen Indios sollten ihren Fürsprecher finden. Antônio Vieira (1608–1697), Berater des portugiesischen Königs und Prophet eines lusitanischen Weltreichs, Politiker, Diplomat und erstrangiger Stilist, attackierte in seiner Rollenpredigt des Heiligen Antonius an die Fische die Brutalität und Ausbeutung der portugiesischen Kolonisten; in seiner Fastenpredigt, ebenfalls in Maranhão gehalten, rechnete er ihnen vor, dass selbst eine Aufhebung der Sklaverei ökonomisch vertretbar wäre.

---

Der eigene Schweiss und das Blut der anderen

*Ihr sollt die Ketten der Unfreiheit brechen und die freilassen, die ihr gefangenhaltet und unterdrückt. Ich weiss schon, was ihr mir entgegnen wollt: Unser Volk, unser Land, unsere Regierung kann ohne die Indios nicht aufrechterhalten werden. Ihr, eure Frauen, eure Söhne, wir alle sind durchaus in der Lage, uns durch unserer eigenen Hände Arbeit zu erhalten. Es ist besser, vom eigenen Schweiss zu leben als vom Blut der anderen!*
*Was mir zuerst an euch Fischen missfällt, ist, dass ihr euch gegenseitig auffresst. Das ist ein grosser Skandal, aber die Umstände verschlimmern ihn noch. Nicht nur verzehrt ihr euch untereinander, sondern die grossen Fische fressen die kleinen. Umgekehrt wäre weniger schlimm. Würden die kleinen die grossen verzehren, so genügte ein Grosser vielen Kleinen. Aber da ja die Grossen die Kleinen fressen, genügen einem Grossen nicht Hunderte, nicht einmal Tausende von Kleinen.*

Padre Antônio Vieira: Fastenpredigt (1653)
und Predigt des heiligen Antonius an die Fische (1654)

---

Wie im spanischen Lateinamerika versuchten die Jesuiten die Indios der weltlichen Macht zu entziehen, indem sie diese in Siedlungen konzentrierten, über die sie die Kontrolle ausübten. Was dort «reducción» hiess, hiess hier «aldeia» (Dorf). Diese Indiopolitik führte zum Vorwurf, im Staat einen Staat zu bilden, was 1759 die Vertreibung der Jesuiten zur Folge hatte.
Erinnerungen an diese religiöse Kolonialpolitik sind in Rio Grande do Sul die «sete missões», von denen São Miguel die gut erhaltene und gut restaurierte ist. Die Sieben Missionen liegen gegen die argentinische Grenze hin; sie bilden mit den «misiones» in Argentinien und Paraguay das Siedlungsnetz, welches das Territorium des «Experiments Gottes» absteckte.
Es standen sich von Anfang an verschiedene Konzeptionen von Kolonialismus gegenüber. Im Moment, da das Heil verkündet wurde, begann das Unheil.
Brasilien, zunächst indianisches Missionsland, wuchs zur bevölkerungsmässig grössten katholischen Nation heran, was nicht bedeutet, dass wer getauft ist, auch praktiziert. Der Reisepapst Johannes Paul II. hat Brasilien zweimal besucht. Der triumphale Empfang von 1980 wiederholte sich nicht. Die Kirche ist mit sich selber in Konflikt geraten.
Die Vatikanischen Konzile waren von Brasilien wie vom übrigen Lateinamerika als Wende begrüsst worden, als Abkehr von einem Klerus, der lange genug zusammen mit den Militärs eine traditionelle Säule der Oligarchie gebildet hatte.
Das neu geweckte Gewissen konnte sich als «Befreiungstheologie» formulieren, christliche Nächstenliebe als soziale Verantwortung verstehend. Eine Kirche, die die Indios gegen weisse Eindringlinge verteidigt, die sich für landlose Bauern einsetzt, welche Gewerkschaften unterstützt und ihre Gotteshäuser Streikenden als Versammlungsort zur Verfügung stellt. Eine Kirche, die 1985 «Brasil – nunca mais» (deutsch: «Brasilien – nie wieder Folter») herausgab, eine erschreckende Bilanz von Folter und Terror unter dem Militärregime.
Die «Nationale Bischofskonferenz» (CNBB) ist zu Fragen des «reinen Glaubens» zurückgekehrt. Dazu trug bei, dass jede Sozialkritik sich dem Kommunismusverdacht ausgesetzt sah. Oder dass eine Diözese neu aufgeteilt wurde, so dass der Erzbischof von São Paulo, Kardinal Paulo Evaristo Arns, ein prominenter Vertreter der Befreiungstheologie, den Basiseinfluss verlor. Im äussersten boten sich noch immer inquisitorische Massnahmen und Zensur an wie im Falle des Franziskaners Leonardo Boff. Die Kirche kennt nicht nur Geistliche wie den einstigen Erzbischof von Olinda und Recife, Dom Helder Câmara, der ein Gebet für die Armen verfasste. Im gleichen Nordosten agiert und agitiert Bruder Damião, ein Religionstribun und Exorzist: Für das Elend als Strafe Gottes gilt es Busse zu tun.
Die Kirche verliert an Terrain; sie sieht sich mit einem explodierenden Protestantismus konfrontiert, mit Glaubensgemeinschaften vorwiegend nordamerikanischer

Provenienz und gewöhnlich fundamentalistischer Ausrichtung. Eindrücklich die religiöse Disponibilität. Eine Bereitschaft, die sich jedem Heilsversprechen öffnet, dem Spiritismus jeglicher Art und dem Sektierertum aller Gattung.
Brasilien wird als Missionsland neu entdeckt, nur dass jetzt die bereits Getauften evangelisiert werden sollen.
Ungeachtet dessen kennt das Land eine katholische Geographie. Im Staat São Paulo die neoromanische Kirche in Aparecida do Norte mit der wundertätigen schwarzen Madonna. Oder im Norden, im Staat Ceará, in Canindé, neben der Kirche des Heiligen Franziskus der Wundersaal angefüllt mit Exvotos. Oder im Innern des Staates Bahia der Wallfahrtsort Lapa. Nur einige Namen auf der weit verzweigten Karte der Pilgerfahrten und Büsserwege. Und das Land kennt einen katholischen Kalender. Nicht nur wegen der hohen Feiertage. Der Juni ist mit Kirmes und Feuerwerk ein Festmonat. Da werden Johannes und Antonius in Prozessionen gefeiert; im Juni wird auch der Namenstag von Petrus begangen, dem Patron der Seeleute und Fischer.
Neben der Sprache ist es die Religion, mit der Portugal Brasilien aufs entscheidende prägte. Portugal, das im Wappen die sieben Kastelle führt, die es den Mauren entriss, und die fünf Wundmale Christi. Die weiss getünchte Kirche auf einem Hügel neben Palmen, ein Anblick, wie ihn die Glória-Kirche in Rio gewährt, es ist ein lusitanisches Bild, dem man auch in Goa oder Macau begegnet.
Der Katholizismus fand seinen imposanten Ausdruck im Barock. In einer katholischen Kunst par excellence. Schon das iberische Barock war unbekümmerter als das im übrigen Europa. In den Tropen brauchte sich das Barock nicht fürs Schwelgen und Wuchern zu genieren. Die Franziskus-Kirchen von Bahia oder Recife, eine Innenausstattung, die den Raum aufzuheben scheint, die überbordende Fassade der Kirche vom Dritten Orden in Salvador – die Erwähnung einzelner Beispiele wird der Sache nie gerecht. Mit Kirchen, Klöstern und Kreuzgängen, mit Gouverneurspalästen und Regierungsbauten, mit Misericórdia-Spitälern und Münzwerkstätten, mit Monumentalbrunnen und Freitreppen entstanden Barockstädte wie Olinda, Bahia oder Ouro Preto. Diamantina nicht zu vergessen, das noch heute in dem Abseits liegt, in dem Diamanten gefunden wurden. Barockstädte, für welche Schriftsteller die schönsten Reiseführer verfassten. Der Lyriker Manuel Bandeira für Ouro Preto (nach «Schwarzgold» geheissen), und Gilberto Freyre für Recife und Olinda. Nicht nur Barockstädte entstanden, sondern eine hügelweite und tälerweite Barocklandschaft. In Minas Gerais, wo man Rei oder nach Sabará. Barockrouten, die nun von Touristen entdeckt werden.
Eine solche Entfaltung von Macht und Pracht war nur dort möglich, wo die ökonomischen Voraussetzungen gegeben waren. Und das war der Fall, weil hier Gold gefunden wurde. Noch immer kann man in einem Fluss einen einsamen Goldwäscher antreffen. Der Bundesstaat trägt den Bergbau-Titel «Allgemeine Minen» zurecht. Er weist Bauxit-, Uran- und Thoriumvorkommen auf und besitzt das grösste zusammenhängende Eisengebiet der Welt. «Mineiro», wie der Einwohner heisst, meint eine Herkunft und zugleich aber auch «Minenarbeiter».
Nachdem die Zuckerwirtschaft in die Krise geraten war, lösten um die Wende vom siebzehnten zum achtzehnten Jahrhundert die Minenbesitzer die Zuckerbarone ab. Diese neuen Herren entwickelten ein brasilianisches Besitzbewusstsein. Blutige Zwiste wurden ausgetragen zwischen denen, die in Brasilien geboren wurden, und den portugiesischen Neuankömmlingen, die der Goldrausch angelockt hatte. War es nicht brasilianisches Gold? Weshalb sollte ein Fünftel davon an den portugiesischen König gehen? Es standen sich zwei verschiedene Arten von Entdecker-Nachfahren gegenüber.
Die Verschwörung der Brasilianer wurde verraten, und ihr Anführer, Tiradentes (Zahnauszieher), zum Tode verurteilt, heute der Schulbuch-Held einer gescheiterten Unabhängigkeit. Die «Inconfidência» war Untreue gegenüber der Kolonialmacht und Treue gegenüber einem Brasilien, das noch nicht existierte.
Die Intellektuellen, die sich auf diese Verschwörung einliessen, hatten sich während ihrer Europaaufenthalte durch aufklärerische Ideen inspirieren lassen, einem Gedankengut, das Portugal mit allen Mitteln von seiner Kolonie fernzuhalten suchte. Die Dichter, die von einem eigenständigen Brasilien träumten, trafen sich in Clubs, die sie «Arcádia» nannten, legten sich antike Namen zu und dichteten in neoklassischer Rokokomanier.
Dialektik europäischer Prägung und Eigenbestimmung steckt den Weg ab zum kulturell-politischen Selbstbewusstsein. Der Anlage nach gilt dies schon für den Mann, der als erster Dichter Brasiliens begrüsst werden darf: Gregório de Matos (1636–1696). Seine Worte wurden dreihundert Jahre nach der Niederschrift ediert. Die Entdeckung einer übersehenen Vergangenheit. Seine Gedichte waren so populär, dass die Autorschaft oft nur schwer auszumachen ist. Als Sohn eines bahianischen Plantagenbesitzers studierte er in Coimbra. Nach seiner Rückkehr aus Portugal bekleidete er hohe weltliche und geistliche Ämter. Doch dazu passte sein Bohème-Lebensstil nicht. Und schon gar nicht konform

bannung nach Angola ein. Zurück vom Exil, lebte er noch ein kümmerliches Jahr in Recife. Als «boca do inferno» (Höllenmaul) wurde er apostrophiert, das gab den Titel für den Roman ab, den Ana Miranda über das Bahia von Matos schrieb. Das Lästermaul hatte seine Sprache am Raffinement iberischer Manieristen geschult; indem er, ein begnadeter und gnadenloser Spötter, mit seiner Kunst auf Korruption und Ausbeutung zielte, wurde er zum Brasilianer.

So sehr das Barock ein imposantes Kapitel portugiesischer Kolonialkultur darstellt, es ist zugleich eine Epoche des brasilianischen Kulturaufbruchs.

Nicht zufällig, dass der erste genuine Künstler Brasiliens in den Jahrzehnten tätig war, die der Ausrufung der Unabhängigkeit vorangingen, Antônio Francisco Lisboa (1730[38?]–1810[14?]), wegen seiner Lepraverstümmelungen das «Krüppelchen» (Aleijadinho) genannt. Diesem Architekten und Bildhauer verdankt Brasilien ein gewaltiges Œuvre von Bauten, Fassaden und Skulpturen, unter ihnen das grossartige Propheten-Ensemble von Congonhas.

Spricht man von Barock, beschränkt sich dies nicht auf eine kulturgeschichtliche Epoche. Es ist ein Gestus anvisiert, der darüber hinaus bis in unsere Zeit reicht. Die Spielart einer umfassenderen Sinnlichkeit, ein Vergänglichkeitsbewusstsein, das im tropischen Aufblühen eine Entsprechung findet, eine Vitalität, die die Intensität ihres Momentes aus verschiedenen Quellen bezieht.

Schon das erste Schiff, das nach Europa zurückkehrte, hatte indianische Sklaven transportiert. Zusammen mit Brasilholz, Jaguarfellen und Papageien. Waldseemüller hatte auf seiner Amerikakarte Brasilien als «Land der Papageien» eingetragen.

In der Folge kehrte kein Schiff ohne indianische Fracht zurück. Anthony Knivet, ein Abenteurer, Sklavenjäger und zwischendurch selber Sklave, überliess der englischen Königin einige Indios als Geschenk. Und Villegagnon verteilte nach seiner gescheiterten Expedition unter der befreundeten Nobilität Indios, die er mitgebracht hatte.

Da die meisten französischen Händler aus der Normandie stammten, waren Indios in den Strassen von Rouen nichts Ungewöhnliches. Zu Ehren von Katharina von Medici veranstaltete die Stadt 1550 ein Schauspiel und einen Umzug. Tupinambás führten ihre Tänze vor. Diese «fête brésilienne» dürfte das erste Brasilienfestival in Europa gewesen sein. Es begründete die Tradition, aus dem Fremden Folklore zu machen und es in einer Show zu entdecken.

Die nackten, menschenfressenden Wilden – das war ohne Zweifel eine Attraktion und konnte ein Sensationsbedürfnis stillen. Aber es ist erstaunlich, wie rasch sich eine andere Sehweise verbreitete. In der Hinsicht wirkte Jean de Léry mit seinem «Brasilianischen Tagebuch» (1556–1558) nachhaltig. Natürlich schrieb der Calvinist aus seiner christlichen Vorstellung heraus. Doch zählte er zu denen, welche Menschen entdeckten: Die wilden Kannibalen gingen liebevoller miteinander um als getaufte Christen. Nun hatte die Entdeckung der Neuen Welt Europa zu einer alten werden lassen und sein Weltbild in den Grundlagen erschüttert. Mit der Kenntnisnahme vom «guten Wilden» setzte ein neues Zivilisations- und Geschichtsverständnis ein. Der Entdeckung von Naturvölkern würde eines Tages die folgen, dass Naturvölker komplizierte Strukturen aufweisen und Kunstvölker sind wie wir, auch wenn sie nach einer eigenen Denkart agieren.

Die Entdeckung des andern führte unweigerlich zur Selbstbefragung der Entdecker. Eine wirkungsvolle Rolle, die der Entdeckte spielte, nur hatte er keine Ahnung davon, und die Diskussion «zurück zur Natur» hatte wenig mit seiner Existenz zu tun. Das verhielt sich im eignen Land nicht anders, wo der Indio als Ureinwohner zurückgestuft wurde.

In dem unabhängig gewordenen Brasilien orientierte sich die Bewegung des Indigenismus mehr an europäischen Vorbildern als an realen Verhältnissen. José de Alencar (1829–1877) ging mit Balzacscher Ambition daran, ein Bild seiner Zeit im Roman darzustellen: da trat der Stadtbewohner auf wie der Pflanzeraristokrat, der Vaqueiro wie der Gaucho. In dem Gesamtbild konnte der Indio nicht fehlen. Alencar schuf Sinnfiguren der Rassenmischung, die über die Literatur hinaus populär wurden: Iracema, die Indianerin, die einen Portugiesen liebt und die dem Weissen ihr Kind überlässt. Und O Guarani, kurz nach seinem Stamm der Guarani genannt, ein Indio-Häuptling, der eine weisse Frau liebt. Der Roman gab die Vorlage ab für eine Oper von Carlos Gomes, die als brasilianische Nationaloper an der Mailänder Scala uraufgeführt wurde.

Der Indio selber lebte neben der Gesellschaft her, nicht nur geographisch im Hinterland eines Hinterlandes. Interesse erweckte er als Forschungsobjekt. Er wurde ein zweites Mal entdeckt. Brasilien hatte nach der Unabhängigkeit die Grenzen geöffnet, die Alexander von Humboldt noch verschlossen blieben, dem «zweiten Entdecker Amerikas». Nun setzte die «zweite Entdeckung» auch in Brasilien ein. Mit Expeditionen, die mit Namen wie Charles Ribeyrolle, Spix/Martius oder G. I. Langsdorff verbunden sind. Forschungsreisen, an denen Maler als Bildberichterstatter teilnahmen. Unter ihnen ragt Johann Moritz Rugendas heraus. Der Forschungsreisende Maximilian Wied/Neuwied kaufte einen Indio frei, den er nach Hause mitnahm: Queck fügte sich nur schwer ins Schlossleben; er war ein beliebtes Objekt für Wissenschafter und andere Neugierige. Nach seinem Tod wurde sein Kopf der Anatomie der Bonner Universität vermacht.

Die Portugiesen waren auf Sammler und Jäger gestossen. Nicht auf Hochkulturen wie die Spanier, die sich mit Städten und Bewässerungsanlagen konfrontiert sahen, mit Architekten, Künstlern und Wissenschaftern, mit sozial und politisch durchorganisierten Gesellschaften und region-übergreifenden Verwaltungen. Auch wenn die Kulturen der Aztekten, Mayas und Inkas zerstört wurden, es blieb eine Ruinenpräsenz, an der ein neu erwachtes nationales Bewusstsein in Mexiko und Peru anknüpfen konnte. Entsprechendes gilt nicht für Brasilien.

Auch in Brasilien spricht man von zweitausend Jahren Kulturgeschichte. Damit wird die Keramik anvisiert, die auf der Insel Marajó, im Mündungsgebiet des Amazonas, ausgegraben wurde, oder die entsprechenden Funde bei Santarém. Aber die archäologischen Untersuchungen über prähistorische Ritzzeichnungen und Malereien an Felsen nehmen sich bescheiden aus neben den Forschungen der Amerikanistik in den Anden oder in Mesoamerika. Anderseits erfassen die zweitausend Jahre Kulturgeschichte auch die Tradition der «Arte plumária», der Federschmuckkunst, und der Körperbemalung.

Wenn der Indio zu einer Berufungsinstanz wurde, dann in erster Linie ideell und ästhetisch.

Als Oswald de Andrade im Zeichen des Modernismus den berühmten Slogan prägte «Tupi or not Tupi», als er seine «antropofagia» propagierte und Utopien entwarf, setzte er sich nicht mit Indios ums Feuer. Sein Kannibalismus frass europäische Ismen. Der Indio wurde nicht nur von ihm in Anspruch genommen, einem Vertreter des linken Flügels des Modernismus. Sondern auch von der Gegenseite. Zum Beispiel von Plínio Salgado (1895–1975), Autor des avantgardistischen Romans «O estrangeiro» (Der Fremde). Salgado war der Initiant des Verde-amarelismo, der Grüngelb-Bewegung, die Farben spielten auf die der Nationalfahne an. Für das faschistische Credo von Gott, Vaterland und Familie der dreissiger Jahre beriefen sich die Integralisten auf Indianerblut und Urwaldboden. Gegen eine solche ideologische Ausbeutung vermochte der Indio sowenig wie der Tapir (anta), der den Namen hergeben musste für eine literarische Bewegung und ihre gleichnamige Zeitschrift.

Literarisch dienlich war der Indio mit seinen Legenden und Märchen. Raul Bopp (1898–1984), ein Anthropologe, der im Rückblick über «Leben und Tod [illegible]

Anthropophagismus» schrieb, fand das «wahre Brasilien» in Amazonien. Die indianische Mythologie lieferte ihm den Stoff für sein Hauptgedicht «Die Schlange Norato». Desgleichen begegnete Mário de Andrade (1893–1945) Macunaíma in der indianischen Kosmologie, «einem Sohn der Nacht, pechschwarz», der sich von Kopf bis Fuss wusch: «Als der Held aus dem Bad kam, war er blond mit ganz blauen Augen.» Andrade schuf mit ihm eine urbrasilianische Figur. «Der Held ohne Charakter» ist nicht charakterlos, sondern frei von Charakter, ohne fixierte und vorgegebene Eigenschaften, von einer offenen Freiheit, die keine Tugend und kein Laster auslässt.

---

*Was mich an Macunaima interessierte, war, die nationale Einheit der Brasilianer zu entdecken. Nach langem Ringen schien mir eines sicher: Der Brasilianer hat keinen Charakter. Mit dem Wort ‹Charakter› meine ich nicht nur eine ethische Wirklichkeit, sondern die dauerhafte psychische Wesenheit, die sich in allem äussert, in den Bräuchen, der äusseren Handlungsweise, im Empfinden, in der Sprache, der Geschichte, im Gang, im Guten wie im Bösen. Der Brasilianer hat keinen Charakter, weil er weder eine eigene Zivilisation noch Traditionsbewusstsein besitzt. Die Franzosen haben Charakter, so auch die Yorubas, die Mexikaner. Vielleicht durch den Beitrag eigener Zivilisation, drohender Gefahren und jahrhundertealten Bewusstseins haben diese Völker Charakter. Der Brasilianer nicht. Dieser ist wie ein Zwanzigjähriger: Zwar kann man an ihm allgemeine Tendenzen, doch noch nichts Bestimmtes wahrnehmen. Von diesem Mangel an psychologischem Charakter rührt unser Mangel an ethischem Charakter her – und vor allem unsere auf Stegreiflösungen angelegte Existenz.* Aus einem Brief von Mário de Andrade

---

Es ist keine brasilianische Literatur denkbar ohne die orale Literatur der Indios. Was an Kostbarkeiten zu sammeln und zu entdecken ist, überraschte einmal mehr, als Nunes Pereira die beiden Bände «Ein indigener Dekameron» (1967) vorlegte.

Der Indio nahm im brasilianischen Selbstverständnis einen wichtigeren Platz ein als in der tatsächlichen Geschichte und Gesellschaft. Nun gibt es eine indianische Präsenz als Erbe. Man mag selbst die Brandrodung auf eine indianische Methode zurückführen. Die Hängematte, die im Norden und Nordosten als Bett, Transportmittel und Sarg dient, ist indianischen Ursprungs. Der Portugiese übernahm von ihm Wörter für Pflanzen und Tiere, und überall erinnert die Geographie mit ihren Namen an das Tupi oder Guarani. Und es ist nicht

Indio-Sprachen auseinandersetzten. Antônio Gonçalves Dias (1823–1864), der Dichter der «saudade», jener unübersetzbaren Sehnsucht, die die Brasilianer mit den Portugiesen teilen, verfasste ein Tupi-Wörterbuch. Und der sprachbewussteste Erzähler der modernen Literatur, João Guimarães Rosa (1908–1967), setzte nicht nur gezielt Tupi-Ausdrücke ein, er schuf in Kombination mit dem Portugiesischen Neologismen, um ein brasilianisches Kolorit zu erhalten.

Es war aber eine andere Rasse als die indianische, welche die ethnische Grundlage des heutigen Brasiliens bestimmte. Die schwarze. Die Sklaven und ihre Nachfahren, die in diesem Kontinent so fremd waren wie die Weissen. Nur dass diese freiwillig gekommen und die andern hierher verschleppt worden waren. Der Statistik nach leben heute 230 000 Indios in Brasilien. Fast sechs Prozent werden als schwarz aufgeführt und gegen vierzig Prozent als dunkelhäutig.

Mit dieser ethnischen Zusammensetzung unterscheidet sich Brasilien von seinen Nachbarn. Vom europäischen Uruguay und Argentinien. Von Paraguay, wo über neunzig Prozent Guarani-Mestizen leben. Von Bolivien erst recht, wo die Indios und Mestizen je vierzig Prozent ausmachen. Wenn schon eine Parallele zu Hispanoamerika gezogen werden soll, findet sich das Pendant in den Antillen, auf Kuba zum Beispiel.

Wie viele Schwarze während dreihundert Jahren Sklavenhandel hierher verfrachtet wurden, ist kaum mehr auszumachen. Selbst wenn man den minimalen Zahlen glaubt, sind es ganze Völker. Verschiedenste Ethnien, was sich auch in ihrem Verhalten äusserte, ob sie sich fügten oder rebellierten.

Die menschliche Einfuhr musste als christlicher Import abgesegnet werden. Das geschah praktisch ohne Katechese. Das Taufwasser floss an der schwarzen Haut herab, und die afrikanischen Gottheiten darunter wurden nicht nass. Um weiterzuleben, mussten sich diese ducken, sich einer Hierarchie und einem Nebeneinander fügen und Verbindungen, welcher Art auch immer, mit katholischen Heiligen eingehen.

Erstaunlich, mit welcher Resistenz die Schwarzen über jeden Pranger und alle Ketten hinweg an Traditionen festhielten, auch wenn sich die direkte Erinnerung verlor. Traditionen, die in Musik und Tanz lebendig wurden, in Küche und Kampfspiel. Es galt, in der Neuen Welt eine eigene neue Welt zu erfinden. Eine Diasporakultur, für die sie nicht nur Elemente ihrer portugiesischen Herren übernahmen. Der Indio wurde eine selbstverständliche Figur im afro-brasilianischen Sanktuarium. Zentrum (und Symbol) dieser afro-brasilianischen Kultur ist Salvador (Bahia) geworden, einst der wichtigste Einfuhrhafen für Sklaven. In Anspielung auf Angola lautet ein Roman des Bahianers Adonias Filho (1915) «Luanda Beira Bahia»: Luanda am Ufer der Bucht von Bahia.

Bahia, das für jeden Tag eine Kirche hat, wurde eine Stadt der Terreiros, der Versammlungsorte für die afrobrasilianische Religion des Candomblé. Eine Stadt der Kirchenglocken und der afrikanischen Trommeln. Die Seeleute und Fischer feiern nicht nur Petrus in einer Schiffsprozession. Um der Wassergöttin Iemanjá Blumen zu opfern, fahren sie auf den Südatlantik hinaus, der sie von Afrika trennt. Und die weissgekleideten Bahianerinnen kommen, zum Ärger des orthodoxen Katholizismus, vom Candomblé, wenn sie sich an die alljährliche Waschung von Bonfim machen, der Kirche vom Guten Ende.

Jorge Amado (1912) hat das leidenschaftliche ABC für Bahia verfasst. Der Schriftsteller stammt aus dem Hinterland, dem Bahia einst Reichtum verdankte. In seinem Falle die Kakaozone; daher wurde auch Ilhéus, der Ausfuhrhafen für Kakao, Schauplatz. Sein «Land des Kakaos» ist auch ein «Land des Karnevals», des «Schweisses» und der Jugendlichen, die sich als «Strandkapitäne» durch die Armut schlagen. In den späteren Werken, die den sozialkritischen folgen, steht immer mehr der afro-brasilianische Alltag im Zentrum. Amado hat mit Gabriela die Mulattin weltberühmt gemacht, die ein anderer Sohn dieser Stadt als erster besang, Gregório de Matos, und die zu malen Emiliano di Cavalcanti (1897–1976) nicht müde wurde.

Bahia, die erste Hauptstadt des Landes, die Mutterstadt der kolonialen Städte, seine Bucht und deren Insel, das Umland des Recôncavo sind geschichtsträchtig. Das mag erklären, dass hier der Roman geschrieben wurde, der die Entstehung des kolonialen und nachkolonialen Brasilien mit Fabulierlust anging: «Viva o povo brasileiro» von João Ubaldo Ribeiro (1941): Es lebe das brasilianische Volk – auch das der Walfischfänger und der ersten Spekulanten.

Importiert worden waren die Schwarzen für die Zuckerrohrplantagen. Das Verhältnis Herr/Sklave fand Ausdruck in einem architektonischen Ensemble: Herrenhaus (casa grande), Sklavenhütte (senzala), Zuckermühle und Siederei, Kirche und der Platz davor mit Kreuz und Pranger. Gilberto Freyre, Soziologe und Historiker aus Recife, Interpret der «lusitanischen Welt» und der «portugiesischen Tropenkultur», hat mit «Casa grande e senzala» ein breites Bild der Kolonialgesellschaft geschaffen. Indem er Alltag und Sexualität in seine epische Soziologie einbezog, deckte er die Voraussetzungen auf für eine Gesellschaft der schwarzweissen Rassenmischung.

Letzter Abend der Novena de Maria, Dominikanerkirche von Salvador da Bahia

Candomblé in Salvador da Bahia ([illegible]

Schauplatz dieser Kolonialgesellschaft war der Nordosten. Ein Nordosten, der nicht nur einen geographischen Begriff abgab, sondern einen sozio-kulturellen. In diesem Nordosten, der mehrere Bundesstaaten umfasst, erhielten sich halb-feudale Besitzverhältnisse. Eine Region der Grossgrundbesitzer, die einst als «Oberste» Privatarmeen befehligten, der irrationalen Sozialrebellionen, aber auch der ersten Bauernligen. Und stets eine Region des Wunderglaubens. Trotz Industrialisierung ist der Nordosten ein Notstandsgebiet geblieben. Daran hat auch das Grossprojekt nichts geändert, aus dem Zuckerrohr nicht nur Süssstoff und Rum herzustellen, sondern auch Treibstoff (alcool).

Dieser Nordosten besitzt eine eigene Geographie. Es ist auch eine «Geographie des Hungers», wie Josué de Castro (1908–1973) schrieb. Sein Buch gehört auf die Liste, auf der sich gleicherweise die «Ästhetik des Hungers» von Glauber Rocha findet, dem Filmemacher und Theoretiker des Cinema novo. Der Nordosten hat für den «neuen brasilianischen Film» einen erschütternd-grossartigen Drehort abgegeben.

Was auf der einen Seite Unterentwicklung und Rückständigkeit ist, bewahrt anderseits Sitten und Bräuche, eine lebendige Tradition der Volksfeste. Kein Zufall, dass der vielseitigste und fruchtbarste Ethnologe des Landes aus Rio Grande do Norte stammt, einem der ärmsten Staaten des Nordostens. Luís da Câmara Cascudo (1898–1986) trug ein Standardwerk zusammen, den «Dicionário do Folclore Brasileiro».

Das übrige Brasilien hat den Nordosten kaum aus eigner Anschauung entdeckt; wenn schon, dann über die Mediennachrichten oder die Literatur. José Lins do Rego (1901–1957) verfasste einen Zyklus über Glanz und Elend der Zuckeraristokratie. Einer alten Plantagenfamilie entstammend, gingen persönliche Erfahrungen ein in sein Buch «Herrenkind von der Zuckersiederei» (Menino do engenho). Die späteren Romantitel nehmen sich aus wie die Kapitel einer Wirtschaftsgeschichte. Auf die Siederei (Bangüê) folgte die Fabrik (Usina), bis die Produktion eingestellt wurde, «Erloschenes Feuer» (Fogo morto). Neben der Zuckerrohr-Literatur steht die der Seca, der zyklisch wiederkehrenden Dürrekatastrophen. Die Dürre von 1915 gab Raquel de Queiroz (1910) den Stoff für «O Quinze» (Das Jahr fünfzehn). Und geradezu repräsentativ sind die «Trocknen Leben» (Vidas secas) von Graciliano Ramos (1892–1953), dem grossen Erzähler aus dieser Region.

Lebendige Tradition heisst auch, dass auf den Märkten nach wie vor Bänkelsänger auftreten, deren Literaturbroschüren an einer Schnur zum Verkauf aushangen. Ihren Balladenstil hat Ariano Suassuna (1927) in seinem Roman «Der Stein des Reiches» transponiert, und für sein Theater griff er auf die Tradition des «auto» zurück. Die gleiche traditionelle Theaterform bot auch João Cabral de Melo Neto (1920) die Vorlage für sein poetisches Spiel vom Leben und Sterben des Jedermann aus dem Nordosten (Morte e vida severina). Es gibt keinen zeitgenössischen Lyriker, der mit gleichem Kunstverstand die naive Tonart beherrscht wie die hochstilisierte Sprache, ein Beispiel, wie Kreativität über das Regionale hinausweist, aus dem es seine Kraft holt.

---

*Wir sind viele Severinos,*
*alle in der gleichen Lebenslage,*
*haben alle einen grossen Kopf*
*und halten ihn mühsam in der Waage.*
*Unser Leib, der auf den gleichen magern Beinen steht,*
*ist einer wie der andere dick und gebläht.*
*Auch im Blut sind wir gleich, das nicht viel Farbe hat.*
*Und wenn wir gleiche Severinos sind*
*im Leben und aller Not,*
*so sterben wir auch den gleichen Tod,*
*denselben Severino-Tod.*

João Cabral de Melo Neto: Tod und Leben des Severinos, 1955

---

In diesem Nordosten besitzt die Misere Phantasie. Sie mag sich in der Volkskunst manifestieren wie in jener, die als hohe Kunst gilt. Eine Spannweite, die fürs ganze Land stehen kann. Für eine Bildende Kunst, in der die naive Malerei ihren Platz hat wie jegliche Strömung der Moderne. Konkrete Poesie wie orale Dichtung. Regionaler Hintergrund und Öffnung nach Aussen. Die schwerblütigen Mythen des Hinterlandes und die der Konsumgesellschaft in den Metropolen. Nicht postmodernistische Beliebigkeit, sondern Gleichzeitigkeit von unausweichlichen Realitäten.

Man hat von der Unsichtbarkeit des Schwarzen gesprochen. Damit ist nicht das Strassenbild gemeint, sondern die Tatsache, dass der Schwarze im brasilianischen Selbstverständnis lange nicht den Platz einnahm, der ihm zustand und zusteht. Erst in den dreissiger Jahren unseres Jahrhunderts meldete sich ein schwarzes Bewusstsein zu Wort, programmatisch und militant; es politisierte und radikalisierte sich in den letzten Jahrzehnten, nicht zuletzt in Entsprechung zur Emanzipation Afrikas. Ein Kapitel Selbstentdeckung, das die übrigen Brasilianer zwang, ein übersehenes oder verdrängtes Brasilien zur Kenntnis zu nehmen, und sei es nur, um die Rassenfrage als soziale Problematik zu entdecken.

Der dunkelhäutige Brasilianer hat nicht nur auf den Feldern, in den Minen und im Hausdienst gearbeitet. Er besorgte die manuelle Arbeit. Er wurde als Handwerker und Kunsthandwerker eingesetzt. Er betätigte sich als Künstler. Was seinen Beitrag zur brasilianischen Kulturgeschichte ausmacht, von der Kolonialzeit bis heute und in allen Bereichen, kann man einem Band entnehmen, den der Bildhauer Emanoel Araújo herausgab. «A mão afro-brasileira» erschien 1988, zum hundertsten Gedenkjahr der Abolition, das daran erinnert, dass Brasilien als letztes Land von Lateinamerika die Sklaverei aufhob. Bezeichnenderweise ist nicht von der «schwarzen Hand» die Rede, sondern von der «afro-brasilianischen». Der koloniale Gegensatz lautete nicht einfach weiss oder einfach schwarz. Neben und nach der indianisch-weissen Mischgesellschaft entstand eine schwarz-weisse der Mulatten. Wie in Hispanoamerika die Mestizen bildeten die Mulatten eine eigene Rassenkategorie; dies im Unterschied zu den USA, wo ein Tropfen Negerblut den Träger zum Neger machte. Den beiden Mischrassen stand im kolonialen Brasilien als Weisser der Portugiese gegenüber. Das änderte sich mit der Unabhängigkeit.

Das brasilianische Kaiserreich, 1822 ausgerufen, öffnete die Grenzen. Der europäische Einwandererstrom brachte in den nächsten Jahrzehnten vor allem Italiener, Deutsche und Spanier ins Land. Recht bald sollte auf der Karte Nova Friburgo eingetragen werden. Die offizielle Auswanderungspolitik der Schweiz war eine Abschiebepolitik, um Arme und Marginale loszuwerden. Unvermeidlich der Skandal, zumal die Kontrakte kaum eingehalten wurden und der Protestantismus der Einwanderer Ärgernis erregte. Die schweizerische Regierung schickte zur Vermittlung Johann Jakob von Tschudi (1818–1889), einen Kenner Lateinamerikas, insbesondere der Ketschua-Kultur. Seine diplomatische Mission schlug sich im mehrbändigen Werk «Reisen durch Südamerika» nieder; die erste Hälfte bietet anschauliche Information über das damalige Brasilien.

Die neuen Einwanderer richteten sich vorzugsweise im Süden ein. Schon aus klimatischen Gründen. Aber auch, weil diese Regionen, weitgehend ohne koloniale Vergangenheit, wirtschaftlich kaum genutzt waren. Das wirkte sich ethnisch wie wirtschaftlich aus. Der Bundesstaat Santa Catarina weist ein Prozent Schwarze auf im Unterschied zu den 75 Prozent in Bahia. Der Wirtschaft standen keine ererbten Strukturen im Weg. Der weisse Süden wurde zum reichen (oder reicheren) Süden. Das Bild für diese unterschiedliche Entwicklung bot die Lokomotive, welche die leeren Waggons des Nordens und Nordostens hinter sich herschleppt. Auf der südlichen Halbkugel kippt das Nord-Süd-Gefälle.

---

*Bei den Völkern Europas herrscht die Nationalität vor, in Brasilien die Individualität; ähnlich wie im europäischen Walde die Gattung vorherrscht und Bestände bildet, im brasilianischen Urwalde aber die Arten, zur bunten botanischen Musterkarte vereint. Ich verstehe unter Brasilianer nicht die Gesamtheit der Nation, sondern den intelligenteren Teil der Bevölkerung mit vorherrschend weisser Abstammung. Man kann mir allerdings den Vorwurf machen, dass eine solche Auffassung willkürlich und ungerecht sei, aber ich kann unmöglich, indem ich vom geistigen, gesellschaftlichen und staatlichen Leben der Brasilianer spreche, den apathischen Indianer, den faulen Caboclo, den rohen, freigelassenen Neger, den leichtfertigen Mulatten mit dem höher zivilisierten Eingeborenen, vorzüglich romanischer Abstammung, zusammenwerfen.*

Johann Jakob von Tschudi, Reisen durch Südamerika, 1866–1869

---

*Brasilien hat – und die Bedeutung dieses grossartigen Experiments scheint mir vorbildlich – das Rassenproblem, das unsere europäische Welt verstört, auf die einfachste Art ad absurdum geführt: indem es seine angebliche Gültigkeit einfach ignorierte. Während in unserer alten Welt mehr denn je der Wahn vorherrscht, Menschen ‹rassisch rein› züchten zu wollen wie Rennpferde oder Hunde, beruht die brasilianische Nation seit Jahrhunderten einzig auf dem Prinzip der freien und ungehemmten Vermischung, der völligen Gleichstellung von Schwarz und Weiss und Braun und Gelb. Das Experiment Brasilien mit seiner völligen und bewussten Negierung aller Farb- und Rassenunterschiede bedeutet durch seinen sichtbaren Erfolg den vielleicht wichtigsten Beitrag zur Abschaffung eines Wahns, der mehr Unfrieden und Unheil über unsere Welt gebracht hat als jeder andere. Wer Brasilien wirklich zu erleben weiss, der hat Schönheit genug für ein halbes Leben gesehen.*

Stefan Zweig, Brasilien. Ein Land der Zukunft, 1941

---

«Canaan» nannte Graça Aranha (1868–1931) den Roman, in dem er von einer neuen (und besseren) Rasse erzählte: Kanaa, das Gelobte Land. Schon unter den ersten Portugiesen hatten sich Neu-Christen befunden, zwangsgetaufte Juden, die sich in der Kolonie eine grössere Freiheit versprachen. Zum Gelobten Land wurde Brasilien wiederum um die Jahrhundertwende für die jüdischen Einwanderer aus Osteuropa. Unter denen, die vor den Nazis hierher flohen, war Stefan Zweig; er sollte seinem Leben freiwillig ein Ende machen, doch hatte er zuvor seinem Exilland ein hoffnungsvolles Denkmal gesetzt mit dem Buch «Land der Zukunft».

heute die jüdischen Gemeinden von Porto Alegre aus dem Süden Brasiliens sich auf der literarischen Landkarte finden, verdanken sie dies Moacyr Scliar (1937).
Man hat von Aufweissung gesprochen. Damit war nicht nur die Tatsache gemeint, dass der weisse Bevölkerungsanteil zunahm und sich diversifizierte. Mit dem Begriff verband sich auch eine Konzeption. Nach 1945 empfahl ein Regierungserlass, die Einwanderung aus Europa zu fördern und bei der Immigration aus Afrika und Asien Zurückhaltung zu üben. Ungeachtet dessen entstand ein Brasilien der Turcos, wie die Einwanderer aus dem Nahen Orient heissen. Und die japanische Kolonie entwickelte sich zu einer der aktivsten.
Es bildete sich nicht einfach eine multi-kulturelle Gesellschaft, wie sie auch andere Einwandererländer kennen. Neben den neuen Ethnien wuchsen nach wie vor die Mischrassen. Auf ihnen lastete das Odium der Minderwertigkeit. Angesichts eines solchen Rassismus bestand die Selbstentdeckung darin, sich zu den eigenen Voraussetzungen zu bekennen, um daraus etwas Neues zu machen, etwas Selbständiges und Eigenwertiges. Was macht den Brasilianer zum Brasilianer? Was einst «Wesensbestimmung der Brasilianität» hiess, formuliert sich heute als «Frage nach der Identität». Diese wird nicht nur durch Abgrenzung nach aussen gewonnen, als Abgrenzung von Portugal und Europa oder als Abgrenzung von Hispanoamerika. Der andere und der andersartige leben im eigenen Land und in der eigenen Brust. Sofern es ein Brasilien geben sollte, musste es sich erfinden.

Im gleichen historischen Moment, da sich Brasilien von der europäischen Kolonialmacht löste, orientierte es sich an Europa. Es suchte den intellektuellen und kulturellen Anschluss. Wieder beginnt die Dialektik von Fremdorientierung und Selbstfindung zu spielen. Es wurde eine französische Kunstmission ins Land geholt. Ihr prominentester Maler, Jean Baptiste Debret (1768--1848), schuf mit seinen Genrebildern der kaiserlichen Gesellschaft die wichtigste Pittoresk-Dokumentation des damaligen Rio de Janeiro. Doch es ist ein Brasilianer, der die gleiche Gesellschaft in seinen Romanen und Erzählungen darstellte, Machado de Assis (1839–1908). Mit ihm erhielt Brasilien einen Klassiker der Erzählkunst, zu dem sich im damaligen Hispanoamerika keine ebenbürtige Parallele findet.
Die kulturellen und intellektuellen Massstäbe prägte Frankreich. Die Intelligentsia entdeckte in Auguste Comte den Philosophen, der dem Zeitgeist zu entsprechen schien. Sein Positivismus legte die geistigen Voraussetzungen für die Republik, die 1889 ausgerufen wurde. «Ordem e progresso» flatterte als Motto auf der Nationalflagge, «Ordnung und Fortschritt». Die Militärakademie in Rio de Janeiro heisst Sorbonne. Und die Uniformen der Unsterblichen sind französisch; doch der erste Präsident der Akademie, de Assis, war ein Mulatte. Wenn Symbolismus, wird auch Brasilien einen Dichter dieser Kunstrichtung haben, nur dass ihr wichtigster Vertreter, João Cruz e Souza (1861–1898), als Mulatte mit seinen Gedichten für die Abolition kämpfte. Und wenn Parnassiens, dann auch ein brasilianischer. Nur dass ein Lyriker wie Olavo Bilac (1865–1918) sich für den obligatorischen Militärdienst einsetzte, weil er darin eine Chance sah, den Analphabetismus zu bekämpfen. Wie weit weg die Dichter auch gehen mochten, es war immer wieder die brasilianische Realität, die sie heimgeholt hat.
Paris war auch für Lateinamerika die heimliche Hauptstadt. Im letzten wie in unserem Jahrhundert. In den zehner und zwanziger Jahren machten hier Brasilianer Bekanntschaft mit einer Modernität, der sie ihre eigene entgegensetzen sollten. Brasilien sollte mit seinem Modernismo Selbständigkeit demonstrieren. Diese wurde gewonnen in Auseinandersetzung mit der europäischen Avantgarde des Surrealismus und Futurismus. Verwerfen und Übernehmen ist kein Widerspruch, wenn die Assimilationskraft Fremdes in Eigenes verwandelt. Das gilt später auch für die moderne Architektur. An ihren Anfängen steht Le Corbusier. Aber es wurde auf einem Boden gebaut, der kreativ war.
Aus Anlass der Hundertjahrfeier der Unabhängigkeit wurde 1922 in São Paulo die Woche der Modernen Kunst durchgeführt – Vorträge, Ausstellungen, musikalische und literarische Darbietungen. Die Woche verkündete kein Programm, und doch kommt ihr Programmatik zu: die Forderung nach einer selbständigen brasilianischen Kultur. Wie die aussehen sollte, darauf gab es ästhetisch, intellektuell wie politisch unterschiedliche Antworten.
Bedeutender Anreger und Verwirklicher war Mário de Andrade. In seinem Gedicht «Paulicéia desvairada» (1922) gab er sich dem Delirium und der Halluzination von São Paulo hin. Vorgängig hatte er über «alte Meister» publiziert; seine erste Entdeckungsreise hatte er in die Gold- und Barockprovinz Minas Gerais unternommen. Später brach er zu einer Entdeckungsreise nach Amazonien auf. «O turista aprendiz» (1925), «Der Touristen-Lehrling», ein Lehrling allerdings, von dem Berufstouristen lernen können. Avantgardist in seinen literarischen und kritischen Schriften, bekundete er ein leidenschaftliches Interesse für Volkskunst, indem er auch Texte «dramatischer Tänze» sammelte.
Was es heissen kann, auf brasilianische Wurzeln zurückzugehen, illustriert das Werkverzeichnis von Heitor

Villa-Lobos (1887–1959), einem Teilnehmer der Woche. Die sinfonische Dichtung «Amazonas» und die Suite «Entdeckung Brasiliens». Nicht nur brasilianische «Bachianas», sondern ebenfalls japanische. Und wenn Karneval, auch der der Kinder. Lieder der Indios und charakteristische Tänze, das Fest im Hinterland, Tänze aus der Kolonialzeit und die Sehnsucht nach dem Urwald. Ein Rückgriff auf jede Art Volksmusik, um Brasilien als Ganzes in neuer Musikalität erklingen zu lassen.

Neben dem brasilianischen Werkverzeichnis eines Musikers das eines Malers. Cândido Torquato Portinari (1903–1962) malte in seinen Anfängen ein Sozialbild seiner Zeit, die Kaffeeplantage und die Landarbeiter, und er gab ein für alle Mal den Retirantes, den Landflüchtigen, das Gesicht ihrer verzweifelten Hoffnung. In seinen späteren Werken, vorab in den Wandmalereien, wandte er sich Themen der brasilianischen Geschichte zu: die erste Messe oder der Einzug von König João IV. in Bahia, die Bandeirantes oder der Rebell Tiradentes.

Die Verbindung von Avantgarde und Volkskunst, eine geradezu enzyklopädische Neugierde auf Brasilianisches charakterisieren die Haltung der Modernisten. So sehr sie eine Zäsur setzten, sie zielten auf ein Brasilien als Ganzes. Insofern bezogen sie in ihre Neuwertung auch die Geschichte mit ein. Es sollte allerdings noch dauern, bis Sérgio Buarque de Holanda (1902–1982) seine «Raízes do Brasil» (1936) veröffentlichte. Die «Wurzeln Brasiliens» sind ein Schlüsselwerk, das zeigt, dass man das moderne Brasilien ohne seine koloniale Vergangenheit nicht versteht. Geschichte als unerlässliche, wenn auch nicht hinreichende Voraussetzung.

São Paulo war nicht zufällig Schauplatz des Modernismo: die aufstrebende Metropole, wo schon die Autohupe (klaxon) das Stichwort für eine avantgardistische Zeitschrift abgab, Symbol des industrialisierten und sich industrialisierenden Brasiliens. Verständlich, dass das andere Brasilien reagierte. Recife zum Beispiel, das Tor zum Nordosten, zu einem traditionell agrarischen Brasilien. Die Stadt einer liberal-republikanischen Tradition, wo die erste Zeitung Lateinamerikas publiziert wurde. Gilberto Freyre machte sich zum Fürsprecher mit einem «Manifest des Regionalismus». Eine Bestätigung dafür, dass das brasilianische Nationalgefühl bis anhin in erster Linie ein regionales gewesen war. Wobei die einzelnen Regionen so gross sein können wie europäische Staaten.

Die Jahrhundertfeier von 1922 war auch ein nationales Datum, um sich daran zu erinnern, dass Brasilien einen eigenen Weg eingeschlagen hatte. Während in Hispanoamerika Republiken ausgerufen wurden, etablierte sich in Brasilien ein Kaiserreich. Während [illegible] rika Unabhängigkeitskriege geführt wurden, proklamierte in Brasilien ein portugiesischer König die Unabhängigkeit. Während das spanische Reich in unzählige Nationalstaaten zerfiel, blieb das portugiesische trotz separatistischer Strömungen beisammen. Ein halber Kontinent, zu gross, als dass er gleich von sich als Ganzes hätte Kenntnis nehmen können.

1902 erschien «Os sertões», der Bericht über die Strafexpedition der Armee gegen die religiöse Gemeinschaft der Canudos, die die junge Republik, einen laizistischen Staat, nicht anerkannten. Der Autor benutzte die Gelegenheit, um über Geographie, Geschichte und Natur der «Hinterländer» zu informieren. Er erzählte von den Lebensgewohnheiten und Bedingungen eines Menschenschlages, von dem das übrige Brasilien keine Ahnung hatte. Euclides da Cunha (1866–1909) veränderte mit «Os sertões» das Bewusstsein. Es gab ein Brasilien, von dem man bisher nichts wusste. Sollte es noch andere solche Brasilien geben?

Ins Hinterland hatten sich die Indios geflüchtet, um der Versklavung und Vernichtung zu entgehen. Hier hatten die schwarzen Sklaven sich zu Gemeinschaften gefunden und kurzlebige Staaten gegründet.

Dieses Hinterland war ein Freiraum. Hier sollte Carlos Prestes, der spätere Sekretär der Kommunistischen Partei, während zweiundzwanzig Monaten von 1925 bis 1927 seine Kolonne in einem langen Marsch dem Zugriff der Polizei und Armee entziehen. Nicht minder legendär die Cangaceiros, die bewaffneten Banditen, die aus dem Hinterland des Nordostens ihr Herrschaftsgebiet machten.

Das Hinterland war das ungenutzte Brasilien. Dort sollte 1960 Brasilia eingeweiht werden. Die Hauptstadt der Hoffnung, ein Triumph des Urbanismus, der bald von Slums eingeholt wurde. Brasilia entstand gemäss der Devise von Präsident Juscelino Kubitschek: Auf zum Marsch ins Landesinnere. Kubitschek stammte aus Minas Gerais. Dort war siebzig Jahre zuvor Belo Horizonte gegründet worden. Die erste auf dem Reissbrett entstandene brasilianische Stadt, die heute mit Rio und São Paulo ein Industriedreieck bildet.

Dieses Hinterland hat auch seine Mythen behalten. João Guimarães Rosa hat von ihren Geheimnissen erzählt. Sein Roman, ein Hauptwerk der modernen Literatur, heisst «Grande sertão: veredas».

Es hatte von den Portugiesen geheissen, sie hätten sich wie Krebse ans Ufer geklammert. Sie gründeten ihre schönsten Städte als Häfen, an Buchten wie Bahia oder Rio de Janeiro. Aber wenn Rio als «wunderbare Stadt» Weltruhm erlangte, dann war dies ein Verdienst der Brasilianer.

«Go west». Sie drangen ins Innere vor, soweit Reichtum lockte wie das Gold in Minas Gerais. Erst zweihundert Jahre nach der ersten Niederlassung legte Portugal Hand auf das Gebiet, welches Amazonien ausmachte und wo es bis vor wenigen Jahren noch Territorien gab, die nicht vollberechtigte Bundesstaaten waren.
Der Entdeckung Brasiliens durch die Portugiesen folgte die Entdeckung durch die Brasilianer. Ein Prozess, der noch anhält und der nicht bloss Fortsetzung ist, auch wenn es Momente gibt, die sich wie eine Wiederholung ausnehmen. Noch immer das fruchtbare Land. Kaffeeplantagen, die landeinwärts wandern, ins Innere des Staates São Paulo und von dort in die Staaten Paraná oder Minas Gerais. Noch immer ein Wasserreichtum. Nur dass dieser für Energie genutzt werden soll. Noch immer lieblich und schön. Aber das Bewusstsein, dass diese Natur sterblich ist. Sollte einmal die Umwelt völlig zerstört sein, könnte die Schreckensvision eines Ignácio de Loyola Brandão (1936) Wirklichkeit werden: «Não verás país nenhum» – «Du wirst kein Land mehr sehen». Und wie schon einmal kommt es zur Konfrontation mit den Indios. Da hatte man gemeint, das Problem sei gelöst. Hatte nicht Marschall Rondon für die Erschliessung des Amazonas das Motto geprägt: «Töten nie, sterben nur notfalls»? Waren die Brüder Villas Boas und ein Noel Nutels nicht Garantie für eine humane Indio-Politik? Aber dann die Korruption des Indianerschutzdienstes. Das Eindringen in Reservate. Der alte Kampf um Boden. Und noch einmal Goldfunde. Diesmal in der Serra Pelada, Zehntausende von Garimpeiros an einem Ort von dantesker Gespenstigkeit.
Entdecken aber heisst zugleich Lebensraum schaffen für hundertfünfzig Millionen Menschen. In einem Land, wo Steinzeit und Hightech nicht eine Entwicklung meinen, sondern Gegenwärtigkeit. In einem Land, das zu den zehn führenden Industrieländern zählt, mit einer Ökonomie der Unterentwicklung und Metropolen umlagert von Favelas. In einem Land, wo es die Demokratie schwer hat, aber sich dennoch behauptet. Nicht zuletzt dank all der kritischen und mahnenden Stimmen, die darüber besorgt sind, dass in diesem Land der Zukunft, Zukunft stattfindet.
Und nach wie vor die Entdecker von aussen. Investor und Entwicklungshelfer, Journalist und Ethnologe, Tourist oder Leser...

*Die kleinen Kinder nackt, die grösseren in irgendwelchen Lumpen, die gerade das Geschlecht verdecken, und sie alle wühlen sich ohne Abscheu, mit sichtbarem Genuss, in den Schlamm, um Krebse zu fangen. Alles hier ist Krebs, war Krebs oder wird einmal Krebs sein, auch der Schlamm, gemischt mit Urin und Exkrementen und all dem Abfall, den die Flut anspült – alles, was noch nicht Krebs ist, wird Krebs werden. In der scheinbaren Gleichgültigkeit des Morasts vollzieht sich lautlos und voller Tragik der Kreislauf der Krebse – der Kreislauf des Hungers.*

Josué de Castro, Menschen und Krebse, 1967

Und die Möglichkeit, eine Vitalität zu entdecken, deren Lebenslust sich durch alle Not hindurch behauptet, eine Sinnlichkeit, die ihren Körper zeigt und dafür den Strand aufsucht.
Und die Möglichkeit, eine Phantasie zu entdecken, die malt und schreibt, die baut und Landschaften gestaltet.
Einen Sinn für das Ästhetische entdecken. Und dies schon im Alltag. Ein Wille zur Schönheit, der sich nicht kleinkriegen lässt, weil das Ja zum Schönen sich als Ja zum Leben versteht. Ein Verhalten entdecken, das traditionellerweise nicht auf Konfrontation aus ist, sondern auf ein Aneinander-Vorbeikommen.
Und einen Traum entdecken. Den Traum von der ethnischen Demokratie. Der Möglichkeit, dass verschiedenste Rassen zusammenleben und dies mit gleicher Würde.
Als die Portugiesen an der brasilianischen Küste landeten, unterschied man im Deutschen nicht zwischen Entdecken und Erfinden. Auch wenn sich die Begriffe in der Anwendung trennten, in unserer Erkenntnis gehen sie ineinander über. Wir erfinden immer zugleich, was wir entdecken. Und mit unseren Entdeckungen korrigieren wir unsere Erfindungen. Indem wir die anderen entdecken, erfinden wir auch uns, und die anderen erfinden uns, indem sie uns entdecken. In dieser Erfinder- und Entdecker-Dialektik sind unvermeidbar die Irrtümer der Gegenwart mitgegeben, aber auch die Wahrheiten von morgen.

BAR SANTA BÁRBARA

Urs Bitterli

# Reisen ins Landesinnere

## Brasilien in der Berichterstattung vom 16. zum 19. Jahrhundert

Drei seefahrende Nationen haben sich um das Verdienst gestritten, Brasilien entdeckt zu haben, die ersten gewesen zu sein: Italien, Spanien und Portugal. Manche Spezialisten halten es für wahrscheinlich, dass der florentinische Kaufmann Amerigo Vespucci, derselbe, nach dem die «Neue Welt» später benannt werden sollte, bereits im Jahre 1499 vor der Amazonas-Mündung aufgetaucht ist. Wenig später dürfte der Spanier Vicente Yáñez Pinzón, ein Begleiter des Kolumbus auf dessen erster Reise, die selben Gestade aufgesucht haben. Am besten dokumentiert ist jedoch die Fahrt des portugiesischen Landedelmannes Pedro Álvares Cabral aus dem Jahre 1500, und sie war, wie sich zeigen sollte, weltpolitisch auch die folgenreichste.

Vieles deutet darauf hin, dass es sich bei Cabrals Unternehmung um eine Zufallsentdeckung handelte. Eigentlich hätte der Portugiese mit einer Flotte von dreizehn Schiffen nach Asien reisen wollen, auf jener kurz zuvor durch Vasco da Gama aufgefundenen Route, die dem kleinen iberischen Land den Zugang zu den Reichtümern des Ostens öffnete. Bei seiner Fahrt entlang der afrikanischen Westküste muss Cabral, aus welchen Gründen auch immer, zu weit ausgeholt haben, sodass er sich am 22. April 1500, zur Zeit der Vesper, überraschend an die brasilianische Küste verschlagen fand, etwa dorthin, wo sich heute Porto Seguro befindet.

Wir dürfen annehmen, dass sich Cabral von der Bedeutung seiner Entdeckung sofort Rechenschaft gab, entsandte er doch unverzüglich eines seiner Schiffe nach Lissabon, um König Manuel I. zu unterrichten. Dem auf diesem Schiff mitreisenden Sekretär Pero Vaz de Caminha verdanken wir den frühesten Bericht über das Land, dessen Name sich auf das Brasilholz, sein erstes wichtiges Exportprodukt, zurückführt. Es scheint, dass sich Cabral während der zehn Tage, in denen er sich vor der Küste aufhielt, um freundliche Beziehungen zu den Tupinambá-Indianern bemühte, die sich gleich nach seiner Ankunft am Strand gezeigt hatten. Caminha berichtet von den zahlreichen Begegnungen zwischen den Seefahrern und den Eingeborenen und von der mit zunehmender Vertrautheit immer ausgelassenerer Stimmung bei Tauschhandel, gemeinsamen Mahlzeiten und Tanz. Ein freundliches Volk, diese Indianer: «Sie waren von dunkelbrauner Farbe und nackt… Es scheint sich um ein sehr unschuldiges Volk zu handeln, und wenn sie uns verstehen könnten und wir sie, so würden sie sogleich zu Christen werden, denn sie scheinen, allem Anschein nach, keine Religion zu besitzen.»[1]

Welcher Europäer seinen Fuss auch immer als erster auf das brasilianische Festland setzte, Vespucci, Pinzón, Cabral oder irgendwer sonst – allen war gemeinsam, dass ihr Aufenthalt nur sehr kurze Zeit dauerte und dass sie sich von der Bedeutung ihrer Entdeckung nur höchst unklare Vorstellungen machten. Überhaupt will der Begriff der «Entdeckung» sehr unangemessen erscheinen, wenn man bedenkt, dass die ersten Seefahrer von einer Küstenlinie, die sich über eine Länge von mehr als siebentausend Kilometer hinzieht, nur verschwindend kleine Teile erkundeten und von der Ausdehnung des riesigen Landes, dessen Grenzen sich erst im 18. Jahrhundert topographisch festlegen liessen, nicht das geringste ahnten. Und auf andere Weise unangemessen erscheint der Begriff der Entdeckung auch, wenn man sich darüber Rechenschaft gibt, dass lange vor der europäischen Ankunft andere Zuwanderer im Lande siedelten, wobei man sich wiederum scheut, den Begriff einer «indianischen Entdeckung» zu brauchen, weil dadurch unrichtige Assoziationen zur planmässig kolonisierenden Expansion der Europäer geweckt werden. Denn mit dem Wort «Entdeckung», bezogen auf überseeische Gebiete, verbindet sich im europäischen Sprachgebrauch des 15. und 16. Jahrhunderts ein von keinen Selbstzweifeln angekränkelter Besitzanspruch. Das christliche Kreuz und die Wappenstehle, die man gleich nach der Landung in die fremde Erde rammte, symbolisierten diesen Besitzanspruch, der sich auf die christliche Oberhoheit des Papstes über den ganzen Erdkreis, auch über die «Heidenvölker», gründete, eine Oberhoheit, die von Fall zu Fall vertraglich an weltliche Herrscher delegiert werden konnte. Nur wenige europäische Zeitgenossen haben diesen Rechtstitel in Frage zu stellen gewagt, der spanische Jurist Francisco de Vitoria beispielsweise; und nur wenige haben die verheerenden Folgen der expansionistischen Doktrin für die Urbevölkerung anzuprangern gewagt, so der Dominikaner Bartolomé de Las Casas in Mittelamerika und der Jesuitenpater Antônio Vieira in Brasilien.

Erst im Laufe der Zeit erhielt der europäische Entdeckungsbegriff eine erweiterte Bedeutung, die über die Vorstellungen der Inbesitznahme, der Eroberung und

Giovanni Battista Ramusio, Geostete Karte von Brasilien. In: Delle Navigazioni e Viaggi, 1550–1559

der Unterwerfung hinausging. Mit der Notwendigkeit der Kolonisten, ihr Überleben in fremdartiger Umwelt sicherzustellen, wuchs deren Bedürfnis, über diese Umwelt mehr zu wissen. Zur Entdeckung im ursprünglichen Wortverstand gesellte sich nun immer dringlicher der Auftrag der landeskundlichen Forschung; es galt, sich nützliche Informationen aller Art zu verschaffen, nicht nur über die Topographie der neuen Gebiete, sondern auch über deren Bodenbeschaffenheit und Klima, ihre Naturprodukte und Lebewesen, ihre Metall- und Mineralvorkommen. Erst im 18. Jahrhundert, als die Europäer die transatlantischen Territorien unter sich verteilt hatten, begann man sich der Zweckfreiheit der wissenschaftlichen Forschung zu rühmen, auch wenn der utilitaristische Aspekt dem Aufklärungszeitalter keineswegs fremd blieb: Alexander von Humboldt, dem die Brasilianer auf dessen Venezuela-Reise vom Jahre 1800 freilich die Einreise verweigerten, war eine Entdeckergestalt dieses neuartigen Zuschnitts.

Von einem Humboldt waren nun die Seefahrer, die in den ersten Jahrzehnten des 16. Jahrhunderts die Küsten Brasiliens aufsuchten und sich eine zunehmend verbesserte Kenntnis des Küstensaums verschafften, noch weit entfernt. Ihnen ging es darum, den Geltungsbereich der portugiesischen Krone auszuweiten und gegen allfällige Übergriffe anderer europäischer Mächte zu sichern, wozu bereits 1494 eine völkerrechtliche Grundlage mit dem *Vertrag von Tordesillas* geschaffen worden war, der die Atlantische Welt durch eine westlich der Kapverden verlaufende Meridianlinie in eine spanische und eine portugiesische Entdeckungszone unterteilte.

Im Jahre 1501 erreichten der Portugiese Gonçalo Coelho und der bereits erwähnte Amerigo Vespucci die brasilianische Küste unweit der heutigen Hafenstadt Fortaleza. Von hier aus folgte man in südlicher Richtung der Küste und fuhr am Neujahrstag des Jahres 1502 in jene Bucht ein, von der die Brasilianer sagen, Gott be-

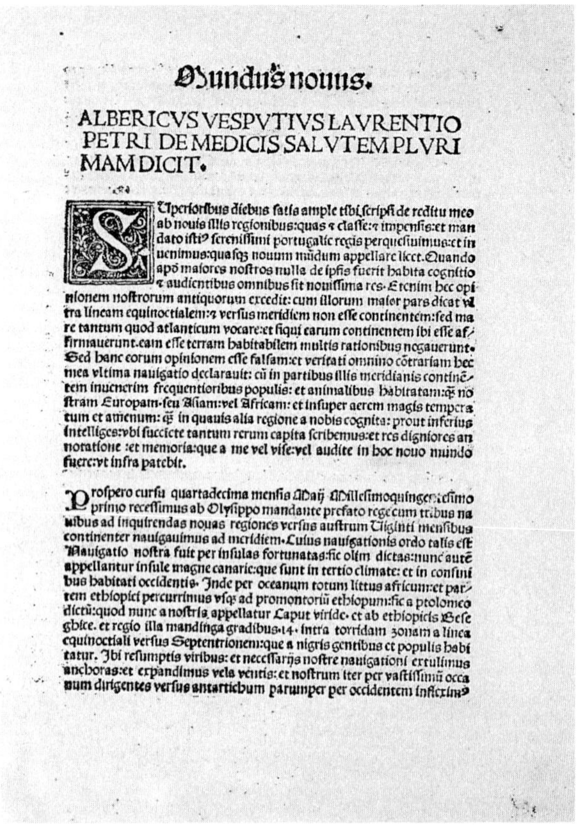
Mundus nouus.

ALBERICVS VESPVTIVS LAVRENTIO PETRI DE MEDICIS SALVTEM PLVRIMAM DICIT.

Superioribus diebus satis ample tibi scripsi de reditu meo ab nouis illis regionibus: quas et classe: et impensis: et mandato isti⁹ serenissimi portugalie regis perquesiuimus: et inuenimus: quasq3 nouum mũdum appellare licet. Quando apõ maiores nostros nulla de ipsis fuerit habita cognitio et audientibus omnibus sit nouissima res. Etenim hec opinionem nostrorum antiquorum excedit: cum illorum maior pars dicat vltra lineam equinoctialem: et versus meridiem non esse continentem: sed mare tantum quod atlanticum vocare: et siqui earum continentem ibi esse affirmauerunt. eam esse terram habitabilem multis rationibus negauerunt. Sed hanc eorum opinionem esse falsam: et veritati omnino cõtrariam hec mea vltima nauigatio declarauit: cũ in partibus illis meridianis continẽtem inuenerim frequentioribus populis: et animalibus habitatam: q̃3 nostram Europam. seu Asiam: vel Africam: et insuper aerem magis temperatum et amenum: q̃3 in quauis alia regione a nobis cognita: prout inferius intelliges: vbi succicte tantum rerum capita scribemus: et res digniores annotatione: et memoria: que a me vel vise: vel audite in hoc nouo mundo fuere: vt infra patebit.

Prospero cursu quartadecima mensis Maij Millesimoquingentesimo primo recessimus ab Olysippo mandante prefato rege cum tribus nauibus ad inquirendas nouas regiones versus austrum Viginti mensibus continenter nauigauimus ad meridiem. Cuius nauigationis ordo talis est Nauigatio nostra fuit per insulas fortunatas: sic olim dictas: nunc autẽ appellantur insule magne canarie: que sunt in tertio climate: et in confinibus habitati occidentis. Inde per oceanum totum littus africum: et partem ethiopici percurrimus vsq3 ad promontoriũ ethiopum: sic a ptolomeo dictũ: quod nunc a nostris appellatur Caput viride. et ab ethiopicis Besegbice. et regio illa mandinga gradibus. 14. intra torridam zonam a linea equinoctiali versus Septentrionem: que a nigris gentibus et populis habitatur. Ibi resumptis viribus: et necessarijs nostre nauigationi extulimus anchoras: et expandimus vela ventis: et nostrum iter per vastissimũ oceanum dirigentes versus antarticum parumper per occidentem inflexim⁹

Amerigo Vespucci, Bericht über die «Dritte Reise», 1501/1502, Rom 1504, Brasilien-Bibliothek Bosch GmbH, Stuttgart

Copia der Newen Zeytung auß Presillg Landt, Nürnberg 1514, Bericht eines Kaufmanns aus Antwerpen, Brasilien-Bibliothek Robert Bosch GmbH, Stuttgart

Janeiro. Wie weit man in der Folge nach Süden vorstiess, ist unter den Fachleuten umstritten; manche schliessen nicht aus, dass auf der Weiterfahrt der Rio de la Plata erreicht worden ist. Diese Brasilienfahrt findet im sogenannten Bartolozzi-Brief des Vespucci, so benannt nach dem Historiker, der ihn im 18. Jahrhundert auffand, eine anschauliche, wenn auch nicht durchwegs glaubwürdige Schilderung. Berühmt ist die Passage, die der Italiener der Beschreibung der Tupinambá widmet: «Sie haben keine Gesetze und keinen Glauben», heisst es darin, «sie leben der Natur gemäss. Sie haben keinen Begriff von der Unsterblichkeit der Seele, es gibt unter ihnen kein persönliches Eigentum, weil alles gemeinsam ist; sie kennen keine Bezeichnung für Reich und Provinz; sie haben keinen König; sie gehorchen niemandem, jeder ist sein eigener Herr; sie kennen keine Freundschaft, keine Erkenntlichkeit, deren sie nicht bedürfen, weil bei ihnen keine Habsucht herrscht...»[2] In diesem Abschnitt klingt erstmals in der Berichterstattung der Amerika-Reisenden, verhüllt und andeutungsweise nur, eine Ahnung vom «besseren Indianer», von einer alternativen Form der Existenzbewältigung auf.

Dauernd gesichert war der portugiesische Besitzanspruch auf Brasilien durch diese Fahrten noch nicht. Im Jahre 1503 wurde Pinot Paulmier de Gonneville, ein normannischer Kapitän aus Honfleur, der eigentlich das Kap der Guten Hoffnung hatte umsegeln wollen, an die brasilianische Küste abgetrieben, wohin genau, lässt sich nicht ermitteln. Die Franzosen trieben Tauschhandel mit den Tupinambás, die sie behandelten «wie vom Himmel herabgestiegene Engel»[3]. Freilich stiess man auch da und dort auf feindselige Indianer, die wohl bereits ihre üblen Erfahrungen mit den Europäern gemacht hatten, und verlor in Scharmützeln mehrere Leute. Schliesslich trat man mit einer Ladung Farbholz die Rückfahrt an. Im Ärmelkanal wurde Gonnevilles Schiff von Piraten gekapert, und diesem Überfall verdanken wir einen Rapport an die französische Admiralität, der das einzige Quellendokument zu dieser Unternehmung darstellt. Unter den Reisebegleitern Gonnevilles befand sich auch der Sohn eines brasilianischen Kaziken, Essomericq mit Namen, den man zwecks christlicher Unterweisung mitgenommen hatte; er überlebte das Abenteuer und heiratete in der Folge eine reiche Verwandte des französischen Seefahrers – Voltaire hat sich später von einer solchen Episode zu seiner Novelle «L'ingénu» inspirieren lassen. Die Entführung von Indianern nach Europa geht übrigens auf Kolumbus zurück, der – gegen den ausdrücklichen Wunsch von Isabella von Kastilien – einige Antillenbewohner als Sklaven nach Spanien zurückgesandt hatte. Weder

Ruhm noch Profit war allerdings durch solche Deportationen zu gewinnen, und sie wurden bald eingestellt, weil die Indianer meist schon auf dem Transport dahinstarben.

Ein ernsthafterer Versuch, in Brasilien Fuss zu fassen, wurde im Jahre 1555 unternommen. Die Initiative ergriff der Chevalier Durand de Villegagnon, ein Mann von Bildung und Tatendrang, der in Paris gemeinsam mit Calvin Theologie studiert hatte, darauf in den Malteserorden eingetreten und zu Land wie zur See durch eine Reihe von Waffentaten aufgefallen war. Villegagnon gewann die Unterstützung des Admirals Gaspar de Coligny, der später zu einem der einflussreichsten Führer der französischen Protestanten werden sollte; ob bereits zu Beginn an eine hugenottische Emigrantenkolonie gedacht war, bleibt ungewiss.

Villegagnon verliess im August 1555 mit drei Schiffen und einer bunt gemischten Schar von mehreren Hundert Kolonisten – Adligen, Bauern und Sträflingen – den Hafen von Dieppe und traf nach schwieriger Überfahrt in der Bucht von Rio de Janeiro ein. Man liess sich auf einer Insel nieder – ein Fehlentscheid aus kolonisatorischem wie aus strategischem Gesichtswinkel, der denn auch bereits fünf Jahre später zur Rückeroberung des Stützpunkts durch die Portugiesen führen sollte. Dieses französische «Brasilienexperiment» wäre ohne entdeckungsgeschichtlichen Belang, hätten nicht zwei der Kolonisten, *André Thevet* und *Jean de Léry,* wertvolle Schilderungen von Land und einheimischer Bevölkerung hinterlassen.

André Thevet reiste als Schiffskaplan unter Villegagnon mit und publizierte im Jahre 1558 ein Buch über die «Besonderheiten» des Landes unter dem Titel «Les singularités de la France antarctique». Seine fehlende Bildung durch Unternehmungslust ersetzend, durchstreifte Thevet das Küstengebiet und gab mit einer Spontaneität, welche Widersprüchlichkeit und Fabuliererei nicht scheute, Kunde von seinen Abenteuern. Obwohl auch ihn die Ärmlichkeit des indianischen Daseins beeindruckte und obwohl auch er das Fehlen jeder Religion unter den Indianern konstatierte, nahm er die Tupinambás gegen den Vorwurf, es handle sich um Tiermenschen, entschieden in Schutz. «Was mich betrifft», schreibt Thevet, «weiss ich und kann es aus eigener Anschauung bestätigen, dass die Wilden sowohl in Ostindien als in unserem Amerika im Gegenteil aus dem Bauch ihrer Mütter ebenso schön und zart hervorgehen wie in unserem Europa.»[4] Von «Wilden» freilich scheute sich Thevet nicht zu sprechen, und es sollte dies in französischen und englischen Berichten bis zum 18. Jahrhundert die üblichste Bezeichnung für die amerikanische Urbevölkerung sein, während in den

André Thevet, Les singularitez de la France Antarctique, 1558, Indianer bei der Jagd

Jean de Léry, Histoire d'un

schen und portugiesischen Quellen das Wort «Indianer» vorherrschend blieb.
Glaubwürdiger und sicherlich bedeutender ist der Reisebericht des Jean de Léry. Dieser Autor, aus dem Burgund gebürtig, war nach Genf gezogen, um sich dort von Calvin im neuen Glauben unterweisen zu lassen, und hatte 1557 an Bord eines Nachschubschiffes die französische Kolonie erreicht. Sein Bericht erschien unter dem Titel «Histoire d'un voyage fait en la terre du Brésil» im Jahre 1578. Ein berühmter moderner Brasilienreisender, der Ethnologe Claude Lévi- Strauss, hat Lérys Reisebeschreibung als ein «eigentliches Brevier des Ethnologen»[5] bezeichnet, und es steht in der Tat ausser Zweifel, dass der Hugenotte eine wichtige Voraussetzung moderner Feldforschung, den dauernden Aufenthalt innerhalb der zu untersuchenden ethnischen Gruppe und das Teilen von deren Lebensbedingungen, erfüllt hat. Von den vielen Auskünften sei hier etwa auf seine Bemerkungen über die Ernährung und die Gastfreundschaft der Tupinambá hingewiesen. Den Nahrungsmitteln wird ein ganzes Kapitel gewidmet, und einzelne von ihnen, wie etwa die als Stärkelieferant heute noch wichtige Maniokapflanze, werden nicht nur beschrieben, sondern auch in ihren Verwertungs- und Zubereitungsmöglichkeiten eingehend vorgestellt. Auch der Beschaffenheit des Bodens schenkt Léry seine Aufmerksamkeit, rühmt dessen Fruchtbarkeit, die ein Mehrfaches der indianischen Bevölkerung ernähren könne, und empfiehlt den Anbau von europäischem Getreide, Weinreben und Zuckerrohr. Mit seinem Urteil über die Indianer verbindet der Franzose eine unmissverständliche Kritik an der eigenen Kultur: «Nach meiner Erfahrung zu urteilen», schreibt er, «würde ich mich diesem Volk, das wir als die ‹Wilden› bezeichnen, mehr anvertrauen und mich bei ihm sicherer fühlen als unter den unverlässlichen und entarteten Bewohnern mancher Gegenden Frankreichs...»[6] Dieses Urteil ist, denkt man an das Frankreich der konfessionellen Auseinandersetzungen, so abwegig nicht; Michel de Montaigne hat sich dadurch zu zwei nachdenklichen Kapiteln seiner «Essais» inspirieren lassen.
Den französischen Brasilienberichten aus der Mitte des 16. Jahrhunderts ist das Zeugnis des Deutschen *Hans Staden* an die Seite zu stellen, der 1548 erstmals nach Brasilien gelangte und als Festungskommandant in die Dienste der Portugiesen trat. Eine Haudegenfigur, durch seine geringe Bildung Thevet eher verwandt als Léry, besticht Staden durch die zupackende Frische und den Humor seiner Darstellung. Er will seine Leser nicht so sehr belehren als in Staunen versetzen, und unvergesslich bleibt die Schilderung seiner Gefangenschaft unter den Indianern, in der qualvollen Erwartung, erschlagen und verspeist zu werden. Um glaubwürdiger zu wirken, lässt Staden die Indianer in ihrer Sprache sprechen, so etwa an der Stelle, wo er schildert, wie er den Indianerinnen durch einen Zuruf Lust auf sein eigenes Fleisch machen muss: «Viele Frauen waren gerade dabei, die Wurzelgewächse auszureissen. Ich musste ihnen in ihrer Sprache ‹Aju ne xe pee remiurama› zurufen, was soviel heisst wie ‹Ich, Euer Essen, komme›.»[7]
Mit dem Bericht Stadens tritt neben die Gestalt des ungefährlichen Indianers die bedrohliche Figur des Kannibalen. Das Wort ist etymologisch verwandt mit der Stammesbezeichnung der Kariben, und in der Tat erscheint die grausige Kunde von den Menschenfressern erstmals im Bericht eines Reisebegleiters des Kolumbus über die Kleinen Antillen. Bemerkenswert ist, dass das Bild des «bösen Wilden» jenes des «guten» nicht etwa verdrängt; beide sind in den Berichten meist gleichzeitig gegenwärtig, so schon bei Vespucci, der den Kannibalismus ebenfalls erwähnt. In der Bilddokumentation, die sich im 16. Jahrhundert in Europa mit den Ländern der «Neuen Welt» befasste, ist der Kannibale als indianischer Typus so omnipräsent gewesen, dass man geneigt ist, nach tieferliegenden Motivationen als der Sensationsmache der Buchverleger zu suchen. Erst in den europäischen Darstellungen des endenden 17. Jahrhunderts wird der böse Indianer durch die heitere, aber nicht weniger realitätsferne Erscheinung des «edlen Wilden» allmählich abgelöst.
Es ist nicht zu übersehen, dass die Berichterstattung, die wir aus der Phase der Küstenerkennung in der ersten Hälfte des 16. Jahrhunderts über Brasilien besitzen, sehr lückenhaft, undifferenziert und irreführend ist. Dies hängt sicher mit dem Umstand zusammen, dass bei diesen Seereisen nur selten gebildete Persönlichkeiten mitfuhren, und wenn vielleicht doch, so fehlte es in dieser Frühphase der Kolonisation fast überall an der Musse, welche die zuverlässige Beobachtung erfordert. Auch wird man immer wieder bedenken müssen, wie schwierig es war, mit den hergebrachten Begriffen einer europäischen Sprache die Realität einer neuartigen Welt beschreibend erfassen zu wollen. Oft fehlten die Wörter, um Pflanzen und Tiere zu benennen, und ein brauchbares Klassifikationssystem, das es gestattete, die Vielfalt der Erscheinungen in eine Ordnung zu bringen, sollte erst nach 1735 durch Carl von Linné entwickelt werden. Die Erwartung, dem zu begegnen, was man bereits an Ähnlichem kannte, das Bemühen, Neues an Bekanntem zu messen, und die Hoffnung, durch den Vergleich den Leser zu Hause ins Bild setzen zu können – dies sind Haltungen, wie sie sich bei frühen Überseereisenden sehr häufig beobachten lassen. Auch sollte sich insbesondere bei den Landreisenden immer wieder zeigen,

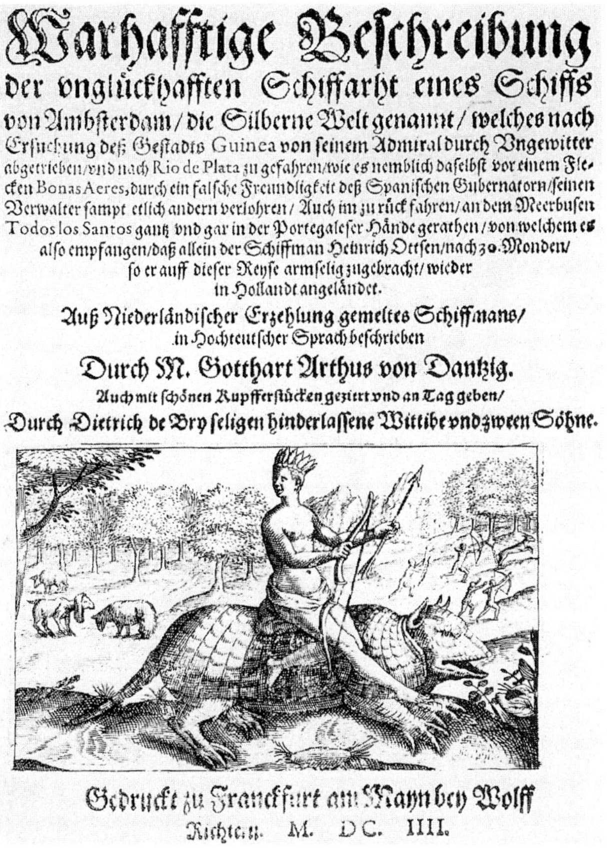

# Warhafftige Beschreibung

der vnglückhafften Schiffarht eines Schiffs von Ambsterdam / die Silberne Welt genannt / welches nach Ersuchung deß Gestadts Guinea von seinem Admiral durch Vngewitter abgetrieben / vnd nach Rio de Plata zu gefahren / wie es nemblich daselbst vor einem Flecken Bonas Aeres, durch ein falsche Freundligkeit deß Spanischen Gubernatorn / seinen Verwalter sampt etlich andern verlohren / Auch im zu rück fahren / an dem Meerbusen Todos los Santos gantz vnd gar in der Portegaleser Hände gerathen / von welchem es also empfangen / daß allein der Schiffman Heinrich Ottsen / nach 30. Monden / so er auff dieser Reyse armselig zugebracht / wieder in Hollandt angeländet.

Auß Niederländischer Erzehlung gemeltes Schiffmans / in Hochteutscher Sprach beschrieben

Durch M. Gotthart Arthus von Dantzig.

Auch mit schönen Kupfferstücken gezirt vnd an Tag geben / Durch Dietrich de Bry seligen hinderlassene Wittibe vnd zween Söhne.

Gedruckt zu Franckfurt am Mayn bey Wolff Richtern. M. DC. IIII.

Ulrich Schmidel, Beschreibung seines Aufenthaltes in Brasilien, 1535–53, Frankfurt 1604

wie schwer es ihnen fiel, Realität und Vision auseinanderzuhalten. Der Bereitschaft, alles dem übermächtigen Wunsche unterzuordnen, sagenhafte Reichtümer aufzufinden, entsprach die Bereitschaft, hinter allem dem, was man um sich her beobachtete, das Geheimnisvolle und Absonderliche zu ahnen. Dies verleiht vielen Reiseberichten des 16. und 17. Jahrhunderts aus der «Neuen Welt» etwas seltsam Widersprüchliches: Einerseits handelt es sich um ereignisgeschichtliche Darstellungen, in denen jeder Zwischenfall und jede Waffentat mit geradezu krudem Realismus geschildert wird; anderseits sind es Zeugnisse von traumhaft versponnenen und wahnhaft getriebenen Phantasten.

Die Erschliessung der rückwärtigen Gebiete Brasiliens durch die Portugiesen, des buschartig bewaldeten Berglandes im Süden und des mit immergrünem Regenwald bedeckten Amazonastieflandes im Norden, setzte nach 1520 ein. Im Jahre 1531 traf Martim Afonso de Sousa im Auftrag König Johanns III. an der Küste ein, und beim heutigen Santos wurden die zwei ersten Siedlungen São Vicente und Piratininga gegründet. Wenig später führte der portugiesische König das System der lehensrechtlichen Landschenkungen ein, um einen stärkeren Anreiz für die Kolonisation zu schaffen. Ganz Brasilien wurde in fünfzehn Abschnitte, sogenannte «capitanias», eingeteilt, deren Ausdehnung so bestimmt wurde, dass von einem Küstenstreifen aus, dessen Länge in der Regel um die fünfzig Meilen betrug, zwei in diesem Abstand parallel verlaufende Grenzlinien landeinwärts gezogen wurden, dergestalt dass die Ausdehnung nach Westen hin offen blieb. Zur prosperierendsten Kapitanie entwickelte sich Pernambuco im Norden, im Hinterland der heutigen Hafenstadt Recife. Zum Handel mit Farbholz kam hier um 1540, dank der Zufuhr von Sklaven aus Westafrika, aber auch infolge der hemmungslosen Versklavung der brasilianischen Indianer, die Zuckerrohrproduktion auf ausgedehnten Farmbetrieben hinzu, die bis zum 18. Jahrhundert das wirtschaftliche Hauptpotential des Landes darstellte. Im Jahre 1549 wurden die portugiesischen Niederlassungen durch die Einsetzung eines Generalgouverneurs stärker an die Krone gebunden, Bahia wurde zur Hauptstadt bestimmt und blieb es bis 1763.

Dass es mit der Erkundung des Hinterlandes nur zögernd voranging, lag einerseits an den fehlenden portugiesischen Einwanderern, deren Zahl um 1570 die Zwanzigtausend nur wenig überschritt; es lag anderseits auch an der andauernden Bedrohung durch europäische Seemächte. Die Gefahr der Errichtung einer ständigen französischen Kolonie konnte um 1560 zwar gebannt werden. Zu einer neuen schwerwiegenden

ländische Flotte vor Bahia erschien und die Hafenstadt sich nach kurzem Gefecht ergab. Bahia musste bereits im folgenden Jahr geräumt werden, doch gelang es den Holländern, bei Pernambuco erneut Fuss zu fassen und sich in ihrer Kolonie, die sie hoffnungsvoll «Neu Holland» nannten, bis zum Jahre 1654 zu halten. Während ihrer kurzen Anwesenheit entwickelten die Holländer unter ihrem Gouverneur Moritz von Nassau-Siegen bemerkenswerte Anstrengungen zum Studium von Land und einheimischer Bevölkerung. So wusste Moritz von Nassau einige begabte Künstler in seinen Dienst zu ziehen, unter diesen den Kunstmaler *Frans Post,* dem wir die wertvollsten Landschaftsbilder des frühkolonialen Südamerika verdanken, oder *Albert Eckhout,* dessen grossformatige Indianerdarstellungen von bedeutendem ethnographischem Wert sind. Erwähnt seien auch die Forschungen der beiden Botaniker *Georg Markgraf* und *Willem Piso,* deren beider Werke über Flora und Fauna Brasiliens bis zum Beginn des 19. Jahrhunderts unübertroffen blieben.

Was die Inlanderkundung der Portugiesen betraf, vollzog sie sich im wesentlichen in zwei Hauptstossrichtungen: im Süden, vom Gebiet des heutigen São Paulo aus, über das Bergland zum Oberlauf des Paraná; im Norden durch die Einfallstrasse des Amazonas. Im Süden gilt als der früheste Inlandreisende, der den Mut zu einer solchen «entrada» aufbrachte, der portugiesische Seemann Aleixo Garcia, der vom Gebiet des heutigen Florianópolis aus um 1520 über die Flüsse Paraná und Paraguay bis zu den Ebenen des Gran Chaco vordrang. Mit einem Heer von zweitausend Guarani-Indianern, das er um sich geschart hatte, erklomm Garcia nördlich von Potosí die Anden und erreichte – noch einige Jahre vor Francisco Pizarro – den Herrschaftsbereich der Inkas. In mehreren Gefechten mit den Inkas blieb der Portugiese siegreich und machte gute Beute an Silber- und Kupferwaren. Bemerkenswert an Garcias erstaunlicher, aber schlecht dokumentierter Expedition ist, dass der Reisende, neben dem üblichen Verlangen nach Edelmetallen, auch auf der Suche nach einem sagenhaften «Weissen König» war. Hoffte er vielleicht, dem christlichen «Priesterkönig Johannes» zu begegnen, mit dem Heinrich der Seefahrer gern eine Allianz zum Kampf gegen die Mauren abgeschlossen hätte?

Den wichtigsten Beitrag zur Durchdringung des Hinterlandes im Süden, des «sertão», leisteten die sogenannten «bandeirantes», die in Gruppen von zwanzig bis zu mehreren Hundert Mann landeinwärts zogen, um Indianer zu versklaven oder nach Gold und fruchtbarem Siedlungsgebiet zu suchen. Den Kern dieser Trupps bildeten in der Regel Portugiesen in jugendlichem, unternehmungslustigem Alter, die sich von einer grossen

Willem Piso/Georg Markgraf, Naturgeschichte Brasiliens, 1648

CASPARIS BARLÆI,
RERVM PER OCTENNIVM
IN
BRASILIA
Et alibi nuper gestarum,
Sub Præfectura Illustrissimi COMITIS
I. MAVRITII,
NASSOVIÆ, &c. COMITIS,
Nunc Vesaliæ Gubernatoris & Equitatus Fœderatorum
Belgii Ordd. sub AVRIACO Ductoris,
HISTORIA.

INDEFESSVS AGENDO

AMSTELODAMI,
Ex Typographeio IOANNIS BLAEV,
MDCXLVII.

Caspar Barlaeus, Bericht über die Regierungszeit von Johann Moritz von Nassau 1637–1644 mit Illustrationen von Frans Post und Karten von Georg Markgraf, 1647

ARTE DE GRAM-
MATICA DA LINGOA
mais vsada na costa do Brasil.
Feyta pelo padre Ioseph de Anchieta da Cõpanhia de
IESV.



Com licença do Ordinario & do Preposito geral
da Companhia de IESV.
Em Coimbra per Antonio de Mariz, 1595.

José de Anchieta, Erste Grammatik des Tupi, 1595

Christoph Thomas Scheffler, Anchieta in Brasilien, Skizze für die

Zahl indianischer Helfer und zuweilen auch von Negersklaven begleiten liessen. Die «bandeirantes», die sich so nannten, weil sie ein Fähnchen mit sich führten, blieben mehrere Monate, nicht selten sogar Jahre von ihren Ausgangspunkten im Küstengebiet weg: «Sie ziehen dahin», schreibt ein Jesuitenpater, «ohne Gott, ohne Nahrung, nackt wie Wilde und allen Widerwärtigkeiten und Drangsalen dieser Welt ausgesetzt.»[8]

Die erste Hälfte des 17. Jahrhunderts war die Blütezeit dieser «bandeirantes», ähnlich, wie sie in Nordamerika die Blütezeit der «Waldläufer» war. Beiden Gruppen von Reisenden war gemeinsam, dass sie riesige Distanzen durchmassen, dass sie in der Regel aber zu geringe Vorbildung besassen, um über den Verlauf ihrer Routen und die Landschaftsgestalt neu gefundener Gebiete schriftlich genauen Bericht zu geben. Im Zentrum der Berichte, wie sie die «bandeirantes» hinterlassen haben, steht die Ereignisgeschichte: die Schilderung von bestandenen Abenteuern und überstandenen Strapazen. In der Tat waren die Gefahren, mit denen sich diese Reisenden, die zu Fuss und zu Pferd, nicht selten auch im Kanu, landeinwärts zogen, erheblich, und immer wieder verzeichnen die Berichte die zahlreichen Opfer, welche Indianerüberfälle, Hunger und Durst, aber auch innere Zwistigkeiten forderten. «Alle diese Gefahren, Schrecken und Ängste», heisst es in einem dieser Reisejournale, «setzten mich in solche Verwirrung, dass ich keine Zeit fand, die Landschaft zu schildern, durch welche sich unsere Gruppe bewegte…»[9]

Eine besonders eindrückliche Persönlichkeit unter den zahllosen Anführern von «bandeiras» war Antônio Raposo Tavares. Im Jahre 1648 verliess er an der Spitze von zweihundert Portugiesen und tausend Indianern São Paulo und gelangte, auf dem Rio Tietê stromabwärts fahrend, zum Oberlauf des Paraná. Von dort rückte er weiter zum Rio Paraguay vor, bezwang darauf die riesigen Sumpfgebiete im Quellbereich dieses Flusses, erreichte den Amazonas und gelangte schliesslich, diesem Fluss folgend, nach Belém. Auf seiner Reise, die gegen fünf Jahre dauerte, dürfte Tavares fast zwölftausend Kilometer zurückgelegt haben, und Entbehrung und Mühsal veränderten sein Aussehen derart, dass ihn bei seiner Ankunft in São Paulo Verwandte und Freunde nicht wiedererkannten. Bis zum Ende des 17. Jahrhunderts ist der südliche Teil des heutigen Brasilien durch solche «bandeirantes» zumindest in groben Zügen erkundet worden: Im Süden wurde der Rio Uruguay erreicht und im Westen der Fuss der Anden, während man im Norden zu den Zuflüssen des Amazonas vorstiess.

Die grossen Goldschätze freilich, von denen die «bandie Wende zum 18. Jahrhundert stiess man zuerst in Minas Gerais und einige Jahrzehnte später auch im Mato Grosso auf Goldvorkommen. Der Goldrausch führte im Minas Gerais zu einem Massenzustrom von Glücksrittern aller Art, nicht nur aus den Küstengebieten, sondern vor allem aus Europa. «Jedes Jahr», schreibt der Jesuitenpater Antonil zu Beginn des 18. Jahrhunderts, «kommt eine Menge von Portugiesen und Ausländern mit den Schiffen herüber, um zu den Minen zu gelangen… Es handelt sich um eine Mischung von Menschen jeder Art und jeden Standes: Männer, Frauen, Junge und Alte, Arme und Reiche, Vornehme und Gewöhnliche, Juristen, Geistliche, Mönche verschiedener Orden, von denen manche weder über ein Haus noch über ein Kloster verfügen.»[10] Die Goldfunde drängten die bisherige Haupterwerbsquelle Brasiliens, die durch die Sklaverei ermöglichte Zuckerproduktion, in den Hintergrund und sollten sich als schwerwiegende Belastung beim Aufbau eines geordneten Staatswesens erweisen. In entdeckungsgeschichtlicher Hinsicht ging vom Goldrausch indessen auch ein positiver Anreiz aus, belebte er doch das Interesse für die Topographie und Geologie des Hinterlandes. Im Anschluss an Alexander von Humboldt, der während seines Mexiko-Aufenthalts vom Jahre 1803 eindringlich auf die Möglichkeiten eines wissenschaftlich betriebenen Bergbaus hingewiesen hatte, reisten in der ersten Hälfte des 19. Jahrhunderts eine Reihe deutscher Naturforscher und Bergwerksingenieure nach Mittel- und Südamerika. Für Brasilien wäre etwa Wilhelm Ludwig von Eschwege zu nennen, der 1811 in Minas Gerais eintraf und dort die ersten Eisenhütten des Landes einrichtete.

Im Norden Brasiliens war es, wie bereits erwähnt, der Amazonas-Strom, der den Zugang zum Landesinnern ermöglichte, dies freilich zuerst in der West-Ost-Richtung, also flussabwärts. Die Anfänge der Erkundung dieses Flusses fallen in die Mitte des 16. Jahrhunderts, in die Zeit, als sich unter den Spaniern, die nach den Vorstössen Pizarros in Peru auch in Ecuador eingedrungen waren, die Legende vom «El Dorado», vom «goldenen Mann», zu verbreiten begann, eine der geschichtswirksamsten Chimären der frühen Neuzeit. Im Jahre 1541 löste sich Francisco de Orellana von einer spanischen Expedition, welche von Quito aus zum Quellgebiet des Amazonas vorgedrungen war, und folgte diesem Fluss bis zu seiner Mündung. Gold fand er zwar nicht; aber er stiess, dem Bericht des mitreisenden Geistlichen Gaspar de Carvajal zufolge, auf das Kriegerinnenvolk der Amazonen: «Diese Frauen», schreibt er, «sind sehr weisshäutig und gross und tragen sehr langes Haar, das sie geflochten und um den Kopf gewickelt haben. Sie sind sehr kräftig und gehen, abgesehen von der bedeckten Scham, ganz nackt. In den Händen tragen sie Pfeile und Bogen, und sie leisten im Kampf soviel wie zehn männliche Indianer. Es war unter ihnen tatsächlich eine Frau, die einen Pfeil eine Spanne tief in eines unserer Boote schoss.»[11] Damit hatte sich zum «Weissen König» des Aleixo Garcia und zum «El Dorado» eine weitere Legendengestalt gesellt, die bis zum Ende des 18. Jahrhunderts in den Köpfen herumspukte und als Allegorienfigur für die «Neue Welt» immer wieder künstlerische Verwendung fand.

Eine weitere Unternehmung dieser Art, mehr berüchtigt als berühmt und wissenschaftlich von geringem Ertrag, war die Amazonas-Reise des Lope de Aguirre, eines Mannes von krankhafter Bösartigkeit, dessen Psychogramm der Filmemacher Werner Herzog in «Aguirre, der Zorn Gottes» nachzuzeichnen versucht hat. Im Juli 1561 erreichte dieser Konquistador mit einer Schar von Getreuen, welche die gemeinsam begangenen Untaten zusammenschweissten, von Peru aus den Amazonas, den er bis zur Mündung befuhr.

Weit wichtiger und politisch wie wissenschaftlich folgenreicher als diese Fahrt wurde eine portugiesische Expedition unter dem Kommando von Pedro Teixeira, welche im Jahre 1637 von der Amazonas-Mündung mit dem Auftrag ausging, erstmals stromaufwärts bis zum Quellgebiet vorzudringen. Teixeira verliess Belém mit siebzig Soldaten und über tausend Indianern, die in grosse Kanus verladen wurden; nachdem er dem Rio Napo, einem Quellfluss des Amazonas, gefolgt war und die Anden erklommen hatte, traf er in Quito ein. Auf der Rückfahrt liess sich der Portugiese von einem spanischen Jesuitenpater, *Cristóbal de Acuña,* begleiten, dessen Bericht an Genauigkeit der Beobachtung denjenigen von Carvajal weit übertrifft. Acuñas Reisejournal verrät eine erstaunlich genaue Kenntnis des riesigen Einzugsgebietes des Amazonas-Stroms. Er vergleicht den Fluss mit dem Ganges, dem Euphrat und dem Nil und kommt zum Schluss: «Der Amazonas bewässert weitere Regionen, befruchtet grössere Ebenen, erhält mehr Völker und vergrössert mit seinen Fluten einen mächtigeren Ozean; ihm fehlt lediglich, um die Gunst jener Flüsse zu übertreffen, dass seine Quelle im Paradies liegt, wie dies für jene anderen Flüsse von wichtigen Autoren behauptet wird.»[12] Acuña hütet sich, uneinlösbare Hoffnungen zu wecken, und wenn auch er an einen «El Dorado» und an die Amazonen glaubt, bemerkt er doch vorsichtig, dass er nicht nach persönlichem Augenschein urteilen könne, dass aber, wenn von der Sache soviel geredet werde, doch etwas daran sein müsse. Das Hauptinteresse des Jesuitenpaters gilt der Beschreibung des Landes und seiner Naturprodukte sowie völkerkundlichen Beobachtungen, und es ist unverkennbar, dass kolonisatorische Nutzung und Mission seine vornehmlichsten Anliegen sind.

In mancher Hinsicht mit dem Bericht Acuñas vergleichbar sind die Aufzeichnungen eines deutschen Ordensbruders, des Jesuitenpaters Samuel Fritz. Fritz wurde im Jahre 1683 nach Südamerika entsandt, gelangte nach Peru und gründete am Huallaga-Fluss, nahe beim heutigen Lagunas, eine Missionsstation zur Bekehrung der dortigen Omagua-Indianer. Im Jahre 1689 reiste der Jesuitenpater amazonasabwärts nach Belém. Es ist bezeichnend für die gespannten portugiesisch-spanischen Beziehungen jener Zeit, dass der Missionar sogleich gefangengenommen wurde, unter dem Verdacht, ein Spion zu sein, der im Auftrag der kastilischen Krone das Vordringen der Portugiesen habe beobachten müssen. Nach seiner Freilassung kehrte Fritz auf demselben Wege zurück und führte ein genaues Tagebuch. Dieses gibt Auskunft über die portugiesischen Stützpunkte und Missionsstationen, die, obwohl zuweilen bereits wieder in Zerfall begriffen, bis zur Einmündung des Rio Negro als willkommene Etappenhalte dienten. Seine Reisen erlaubten es Samuel Fritz, eine Karte des Amazonas- Stromgebietes aufzunehmen, die als die erste ihrer Art gilt.

Eine weitere Reise ins Amazonas-Gebiet, nach Motivation und Methode neu und wegweisend, wurde in den Jahren 1743 und 1744 vom französischen Naturforscher und Physiker *Charles-Marie de La Condamine* unternommen. La Condamine reiste im Auftrag der Pariser «Académie des Sciences» zu erdkundlichen Untersuchungen nach Quito und entschloss sich dann, ebenfalls den Amazonas bis zu dessen Mündung zu befahren. Im Vorwort zu seinem Bericht bemerkt der Franzose, es gehe ihm nicht darum, den Leser mit der Schilderung von «ausserordentlichen Ereignissen» und mit «reizvollen Gemälden über fremde und unbekannte Sitten und Gebräuche» zu unterhalten; wichtiger sei es, Wissen zu vermitteln und die Ergebnisse seiner geographischen und naturkundlichen Studien mitzuteilen.[13]

Aus solchen Worten spricht bereits der Geist des aufgeklärten Zeitalters: La Condamine, Humboldts Motivationen vorausnehmend, ist weder politisch noch wirtschaftlich noch missionarisch interessiert; einziger Zweck seiner Reise ist es, die wissenschaftliche Forschung voranzubringen. Obwohl nicht sehr umfangreich, vermittelt La Condamines Bericht den Zeitgenossen in eleganter Formulierung Auskünfte von geographischem, naturwissenschaftlichem und völkerkundlichem Interesse, wobei auffällt, dass der Reisende sich vor Antritt seiner Unternehmung sorgfältig über den aktuellen Wissensstand informierte. Gold und die Amazonen kein Thema mehr, wohl aber Curare und Kautschuk; vom Kautschuk, der im folgenden Jahrhundert zu einem wichtigen Exportprodukt werden sollte, brachte La Condamine Proben nach Paris mit und widmete ihm eine wissenschaftliche Abhandlung.[14]

Um die Mitte des 18. Jahrhunderts, zweihundertfünfzig Jahre, nachdem die ersten europäischen Seefahrer seine Küsten gesichtet hatten, war über das riesige Land auf den vielfältigsten Wegen eine Fülle von Informationen gesammelt worden, welche dazu beitrug, das Leben der Siedler zu erleichtern oder überhaupt erst zu ermöglichen, aber auch, sich eine Vorstellung vom Reichtum und den Möglichkeiten der neuerworbenen Heimat zu machen. In diesem Prozess der Beschaffung, Vermittlung und Anwendung von Kenntnissen spielte die katholische Geistlichkeit, insbesondere der Jesuitenorden, eine wichtige Rolle. Auch wenn man im christlichen Missionsauftrag eine Form der geistigen Kolonisierung sehen muss, die mit dem kolonialen Vorgang der Inbesitznahme und Unterwerfung unlösbar verknüpft blieb, lässt sich doch nicht bestreiten, dass die Vertreter der Kirche dank ihrer besseren Vorbildung, ihrem erhöhten Verantwortungsbewusstsein und ihrer Wissbegierde besser als andere Siedler in der Lage waren, die fortschreitende Wahrnehmung einer fremden Weltgegend voranzutreiben.

Dies galt zuerst in völkerkundlicher Hinsicht. Dadurch, dass die Jesuiten im Hinterland des Südens und am Amazonas mit den Indianern in Siedlungsgemeinschaften zusammenlebten, die man je nach Grösse «almeidas» oder «reduções» nannte, gewannen sie eine vertiefte Kenntnis ethnischer Gruppen, die zwar von Vorurteilen keineswegs frei war, jedoch das Wissen, das andere Siedler vom Indianer und seinem Lebensraum besassen, deutlich übertraf. Um ihre Bekehreraufgabe zu erfüllen, waren die Jesuiten genötigt, zu verstehen und sich verständlich zu machen. So erlernten sie die Tupi-Guarani-Sprache, eine Art von «Lingua franca» des eingeborenen Brasiliens, deren erste Wörterverzeichnisse und Glossare sie zusammenstellten.

Die Missionare unterrichteten ferner ihre indianischen Schützlinge im Ackerbau und im Handwerk und entsandten begabte Söhne von Stammesführern zur Weiterbildung in ihre städtischen Kollegien. Da die Missionsstationen, um vor den sklavenjagenden Trupps der «bandeirantes» geschützt zu sein, meist weitab von den kolonialen Siedlungsgebieten angelegt wurden, kam den Geistlichen auch eine Pionier- und Entdeckerfunktion zu: Sie waren die ersten, welche den Reichtum einer fremdartigen Flora und Fauna begrifflich zu fassen suchten und dadurch den europäischen Sprachen

Jesuiten im besonderen, bei der Beschaffung von Informationen über noch kaum bekannte Regionen und deren Bewohner hat eine umso grössere Bedeutung, wenn man bedenkt, dass es im kolonialen Amerika bis zum 17. Jahrhundert noch kaum Druckerpressen oder Bibliotheken und nur wenige Universitäten gab.

Von den Zeugnissen, wie wir sie den Jesuiten verdanken, seien hier die Aufzeichnungen des österreichischen Missionars Florian Paucke erwähnt, der nach 1750 in Paraguay wirkte. Paucke berichtet mit rührender Treuherzigkeit über seine Arbeit in der Indianerreduktion, wo er während Monaten unter Tränen Vokabeln gebüffelt habe, um in der Sprache seiner Schützlinge Predigten halten zu können; historisch und naturwissenschaftlich wertvoll sind die zum Teil handkolorierten Zeichnungen, die Paucke seinem Bericht beifügte.[15]

Im Jahre 1759 wurden die Jesuiten aus Brasilien vertrieben, aus vielerlei Gründen, die sowohl mit den europäischen Verhältnissen als auch damit zu tun haben, dass man jenseits des Atlantiks in den wirtschaftlich und administrativ weitgehend autonomen Missionssiedlungen eine Gefährdung der staatlichen Oberhoheit sah oder zu sehen vorgab. Die eigentliche Pionier-Epoche der brasilianischen Inlanderkundung war damit vorbei. Nicht dass in dem riesigen Land keine Entdeckungen mehr zu machen gewesen wären. Aber Motivationen und Zielsetzungen wandelten sich: Die Forschung emanzipierte sich im Sinne der Aufklärung von ihren stark religiös und missionarisch geprägten Prämissen und stellte sich mehr und mehr in den Dienst einer Wissenschaft, die sich rühmte, empirisch vorzugehen und ihre Resultate dem Fortschritt der Zivilisation dienstbar zu machen. Auch das Verhältnis der Europäer zu den Indianern hatte sich verändert. Von den ersten Brasilien-Reisenden nicht unfreundlich beobachtet und beschrieben, dann von den Siedlern entweder rücksichtslos der Versklavung zugeführt oder aber auf Missionsstationen patriarchalisch beschützt, erschien der Indianer der überwiegenden Mehrheit der Siedler immer mehr als störendes Hindernis, das den Expansionsprozess verzögerte und sich der gesellschaftlichen Integration entzog.

Im Jahre 1750 gelang es Portugal und Spanien, sich im *Vertrag von Madrid* auf eine Festlegung der gemeinsamen Grenzen zu einigen, welche die Verfügungen des Tordesillas-Vertrags von 1494 aufhob. Der Vertrag von Madrid honorierte die Anstrengungen, welche portugiesische «bandeirantes» und Missionare im vorangegangenen Jahrhundert erbracht hatten, indem er nach dem Grundsatz des «uti possidetis» nicht von theoretischen Besitzansprüchen, sondern von dem durch die Entdeckung und Festsetzung nachgewiesenen tatsächli-

Der Jesuitenpater Antonius Vieira predigt den Indianern, 1747

L'ARRIVEE
DES PERES CAPVCINS,
& la conuerſion des Sauuages à
noſtre ſaincte foy. Declarée par
le R. P. CLAVDE D'ABBEVILLE
Predicateur Capuçin.

73

A PARIS,
chez IEAN NIGAVT ruë S. Iean
de Latran à l'Alde.
M.D.C.XIII.
Auec Permiſsion.

Claude D'Abbeville, Erste Nachrichten über die Missionsreise der Kapuziner nach Nordbrasilien im Jahre 1612

chen Besitz ausging. Obwohl dieses Abkommen auch in Zukunft Grenzkonflikte nicht ausschloss und verschiedenen Modifikationen unterworfen war, gab es doch Brasilien im wesentlichen den territorialen Umriss, den wir heute kennen. Im Gefolge des Vertrags von Madrid wurden verschiedene Expeditionen ins noch unbesiedelte Hinterland vorgeschickt, um den Besitzanspruch zu erhärten; auch bemühte man sich in gemischten portugiesisch-spanischen Erkundungskommissionen, den Grenzverlauf in Anpassung an natürliche Gegebenheiten wie Flussläufe und Wasserscheiden festzulegen und kartographisch aufzunehmen. Eine portugiesische Militärexpedition dieser Art gelangte im Jahre 1771, sich gegen indianischen Widerstand mühsam durchsetzend, ins Innere des heutigen Bundesstaates Paraná; dem Bericht dieser Reise hat der Zeichner *Joaquim José de Miranda* Illustrationen beigegeben, die für die Kenntnis des Kulturkontakts wichtig sind.
Hervorgehoben sei in diesem Zusammenhang noch die Forscherpersönlichkeit von Alexandre Rodrigues Ferreira, der, in Bahia geboren, seine naturwissenschaftliche Ausbildung an der Universität von Coimbra erhielt. Zwischen 1783 und 1792 unternahm Ferreira mehrere ausgedehnte Reisen im Gebiet des Amazonas, insbesondere am Rio Negro, am Rio Branco und am Rio Guaporé. Über seine Unternehmungen führte er Tagebuch und entsandte Rapporte an den Direktor des Naturkundlichen Museums in Lissabon; einige seiner Begleiter fertigten auch Zeichnungen von botanischem und ethnographischem Interesse an, die sich teilweise erhalten haben. Ferreiras Hauptaugenmerk galt den Pflanzen, die er in einem Herbarium sammelte, sowie den Kristallen, die er zu klassifizieren suchte. Über die Möglichkeit, die Amazonas-Indianer in die portugiesische Kolonialgesellschaft zu integrieren, urteilte der Naturforscher skeptisch: «Die Freiheit hat für sie nichts Verlockendes, denn sie sind in ihren Wäldern in jeder Hinsicht vollkommen frei. Und dasselbe gilt von unseren Sitten, denn sie sind weit strikter als die ihrigen… Abscheu und Furcht vor dem weissen Mann haben so von ihnen Besitz ergriffen, dass der blosse Gedanke an ihn sie bereits veranlasst, sich tief in den Wäldern zu verstecken.»[16] Diese Feststellung erinnert über die Jahrhunderte hinweg an den Befund des Amerigo Vespucci, angereichert freilich durch die bittere Erfahrung einer kolonialen Konfrontation, die ihre Ausweglosigkeit zu offenbaren begann.
Im 19. Jahrhundert stand die Reisetätigkeit in Brasilien nicht mehr im Dienste der Herrschaftssicherung, sondern der Vertiefung landeskundlicher Kenntnis. Dass zu Beginn dieser Phase der Erkundung besonders deutsche Forscher zu nennen sind, hängt mit Alexander von Humboldt zusammen, der 1804 von seinen ausgedehnten Amerikareisen nach Europa zurückgekehrt war und sich eines Ruhms erfreute, der höchstens noch hinter dem Napoleon Bonapartes zurücktrat. Der Forschungsbeitrag dieser deutschen Reisenden sei zum Schluss dieses Überblicks noch kurz gestreift.
Im Jahre 1815 traf *Maximilian Prinz zu Wied* mit einer Gruppe wissenschaftlich vorgebildeter Begleiter in Rio de Janeiro ein. Diesem Reisenden war besonders an der Erforschung der indianischen Völker gelegen, was sich auch zeigte, als er zwanzig Jahre später zusammen mit dem Schweizer Maler Karl Bodmer in den nordamerikanischen Westen aufbrach; aus Brasilien brachte er die erste ethnographisch wertvolle Beschreibung der Botokuden oder Aimoré-Indianer mit, die er im Innern des heutigen Bundesstaates Espírito Santo aufsuchte. Auch führte Maximilian zu Wied, darin Humboldt folgend, eine reiche Sammlung von Pflanzen und Tierpräparaten nach Europa zurück, und die Tierbeschreibungen galten als so zuverlässig, dass sie Jahrzehnte später Aufnahme in «Brehms Tierleben» fanden.[17]
Im Jahre 1818 traten der Botaniker *Carl Friedrich Philipp Martius* und der Zoologe *Johann Baptist Spix* im Auftrag von König Maximilian Joseph von Bayern ihre Reise ins Innere Brasiliens an. Die beiden Deutschen stiessen von São Paulo aus durch Minas Gerais zum Rio São Francisco vor, erreichten die Küste bei Bahia, schlugen einen weiten Bogen durch die Bundesstaaten Pernambuco und Maranhão und gelangten schliesslich nach Belém; von dort liessen sie sich den Amazonas hinaufrudern und erkundeten dessen Oberlauf und seine Zuflüsse. Die Ausbeute dieser Reise auf geologischem, botanischem und zoologischem Gebiet übertraf alle Erwartungen: So wurden über sechstausend Pflanzenarten nach Europa geschafft, eine Sammlung, die es Martius gestatten sollte, seine wegweisende «Flora Brasiliensis» herauszugeben. Auch der Bericht über «Die Reise in Brasilien», von beiden Forschern in Angriff genommen und von Martius nach dem frühen Tod seines Gefährten zu Ende geführt, ist ein Werk von stupendem Informationsreichtum; lange Zeit in Vergessenheit geraten, ist es heute wieder in einem unveränderten Nachdruck von drei Bänden, zusätzlich versehen mit einem vortrefflichen Tafelband, zugänglich.[18]
Erwähnt sei schliesslich noch *Georg Heinrich Freiherr von Langsdorff*, der zwischen 1822 und 1829 im Auftrag des Zaren Alexander I. mehrere Expeditionen unternahm, die ihn vor allem durch die heutigen Bundesstaaten Minas Gerais, Goiás und Mato Grosso führten. Das umfangreiche gesammelte Material wurde, ohne vom Reisenden selbst noch bearbeitet werden zu können, in die A

burg überführt; es hat erst seit kurzem wissenschaftliche Beachtung gefunden und soll in den kommenden Jahren publiziert werden.[19] Zu den Reisebegleitern von Langsdorff gehörte auch der Augsburger Maler und Zeichner *Johann Moritz Rugendas,* der sich in der Folge vom Forscher löste und auf eigene Faust weite Teile Brasiliens und anderer lateinamerikanischer Länder bereiste. Rugendas hat, trotz einer gewissen Neigung zu romantisch-pittoresker Verklärung, die künstlerisch wertvollste Bilddokumentation geschaffen, die wir aus jener Zeit über Südamerika besitzen.

In der Reiseberichterstattung von Maximilian Prinz zu Wied, Carl Friedrich Philipp Martius, Johann Baptist Spix und ihren Zeitgenossen verband sich auf eindrückliche Weise das, was die Aufklärung der naturwissenschaftlichen Erkenntnissuche an Mitteln bereitgestellt hatte, mit dem neuartigen Gefühl der subjektiven Anteilnahme, das den Naturbetrachter der Romantik auszeichnete. Präzise Bestandesaufnahme, vergleichende Kritik der gesammelten Information, Unvoreingenommenheit des Urteils, eine interdisziplinäre Universalität, die es gestattete, die Vielfalt der Erscheinungen in ihrem Zusammenhang und Wechselspiel zu erkennen – diese Forderungen des 18. Jahrhunderts behielten unverändert ihre Gültigkeit. Zugleich aber erkannte sich der Naturforscher als Teil der ihn umgebenden Natur, und er gab sich darüber Rechenschaft, dass er für das Ganze der Schöpfung Mitverantwortung trug. Der besitzergreifende Zugriff des Entdeckers und Eroberers, die Schilderung spektakulärer Ereignisse und glücklich bestandener Waffentaten sind nun für den Reisebericht nicht länger charakteristisch; wichtiger wird das ins Innere des Reisenden verlegte Geschehen: das persönliche Erlebnis. Und massgebend für den Wert und den Wahrheitsgehalt der Naturdarstellung sind nun nicht mehr machtpolitische Konstellation und ideologischer Konformismus, sondern die Veranlagung des Reisenden selbst, der Grad seiner Empfänglichkeit, die Kraft seines Vorstellungsvermögens und seine Fähigkeiten der darstellenden Gestaltung. Alexander von Humboldt war es, der entscheidend daran beteiligt war, der Naturbeschreibung diese neue Dimension zu erschliessen. «Um die Natur in ihrer ganzen erhabenen Grösse zu schildern», schreibt er in seinem «Kosmos», «darf man nicht bei den äusseren Erscheinungen allein verweilen; die Natur muss auch dargestellt werden, wie sie sich im Innern des Menschen abspiegelt, wie sie durch diesen Reflex bald das Nebelland physischer Mythen mit anmutigen Gestalten füllt, bald den edlen Keim darstellender Kunsttätigkeit entfaltet.»[20] Zu solch dichterischer Höhe, wie sie Alexander von Humboldt vorschwebte, sollte sich die naturwissenschaftliche Reiseberichterstattung freilich nicht erheben: Der Positivismus der zweiten Hälfte des 19. Jahrhunderts und der durch die zunehmenden technischen Möglichkeiten der industriellen Entwicklung geförderte Utilitarismus, der die Natur lediglich unter dem Aspekt ihrer Ausbeutbarkeit ins Auge fasste, standen dem entgegen. Die Verbindung von wissenschaftlicher Erforschung und persönlicher Anteilnahme, wie sie sich die Reiseberichterstattung Humboldts und der deutschen Brasilienfahrer zu Beginn des 19. Jahrhunderts als Aufgabe stellte, ist jedoch kein überholtes Postulat. Gerade heute, in einer Zeit ökologisch orientierter Überlebensplanung, müsste diese Form ganzheitlicher Naturbetrachtung ihre Aktualität neu erweisen.

---

1 Zit. n. Burns, E. B., A Documentary History of Brazil (New York 1968), S. 21 f.
2 Schmitt, E., Dokumente zur Geschichte der europäischen Expansion, Die grossen Entdeckungen, Bd. II (München 1984), S. 177.
3 Julien, Ch.-A., ed., Les Français en Amérique pendant la première moitié du XVI$^{e}$ siècle (Paris 1947), S. 187.
4 Zit. n. Duviols, J.-P., L'Amérique espagnole vue et rêvée. Les livres de voyage de Christophe Colomb à Bougainville (Paris 1985), S. 101.
5 Lévi-Strauss, Cl., Traurige Tropen (Köln 1974), S. 32.
6 Morisot, J. Cl., ed., Histoire d'un voyage fait en la terre du Brésil par Jean de Léry (Genève 1975), S. 293 f.
7 Faber, G., Hg., Hans Staden. Brasilien. Die wahrhaftige Historie der wilden, nackten, grimmigen Menschenfresser-Leute (Tübingen 1982), S. 122.
8 Zit. n. Hemming, J., Red Gold. The Conquest of the Brazilian Indians (London 1978), S. 246.
9 Zit. n. Burns, A Documentary History, op. cit., S. 98.
10 Zit. n. Boxer, C. R., The Golden Age of Brazil, 1695 – 1750 (Berkeley 1969), S. 41.
11 Diaz Madruelo; R., ed., Gaspar de Carvajal, Pedro de Almesto y Alonso de Rojas, La aventura del Amazonas (Madrid 1968), S. 81.
12 Acuña, C. de, Descubrimiento del Amazonas (Buenos Aires 1942), S. 34.
13 La Condamine, Ch.-M. de, Relation abrégée d'un voyage fait dans l'intérieur de l'Amérique méridionale, depuis la côte de la mer du Sud jusqu'aux côtes du Brésil et de la Guyane (Paris 1745), Vorwort. Vgl. auch: Minguet, H., ed., Charles-Marie de La Condamine, Voyage sur l'Amazone (Paris 1981).
14 La Condamine, Ch.-M. de, Mémoire sur une résine élastique, nouvellement découverte à Cayenne; in: Mémoires de l'Académie Royale (Paris 1751).
15 Vgl. Becker-Donner, E., Florian Paucke, Zwettler-Codex 420, 2 Bde. (Wien 1959).
16 Zit. n. Hemming, J., Amazon Frontier. The Defeat of Brazilian Indians (London 1987), S. 149.
17 Vgl. Wied, M. zu, Reise nach Brasilien in den Jahren 1815 – 1817, 2 Bde. und Tafelband (Frankfurt 1819 ff.); Abbildungen zur Naturgeschichte Brasiliens, 15 Lieferungen (Weimar 1824 – 1833).
18 Vgl. Spix, J. B. von, Martius, C. F. Ph. von, Reise in Brasilien in den Jahren 1817 – 1820, 3 Bde. (München 1823 – 1831); unveränderter Nachdruck in drei Textbänden und einem Tafelband hrsg. von Karl Mägdefrau (Stuttgart 1966).
19 Vgl. Becher, H., Georg Heinrich Freiherr von Langsdorff in Brasilien. Forschungen eines deutschen Gelehrten im 19. Jahrhundert; in: Völkerkundliche Abhandlungen, Bd. X (Berlin 1987).
20 Beck, H., Hg., Alexander v. Humboldt, Kosmos (Stuttgart 1978), S. 192.

## Das Kartenbild

Schon im Mittelalter hatten die Europäer von sagenhaften Inseln geträumt, so stark, dass sie sie auf ihre Weltkarten setzten, irgendwo weit draussen im unbekannten Ozean. Als dann am Ende des 15. Jahrhunderts tatsächlich Umrisse am westlichen Horizont auftauchten, bekam der Traum Konturen – zunächst nichts anderes als Konturen. In Madrid und Lissabon wurde jede Neuigkeit – als Staatsgeheimnis – auf offizielle Karten notiert, aber bald gab es auch zugängliche Karten. Ihre Lektüre weist die wachsenden Kenntnisse aus, aber auch den Geist, in dessen Namen sie gewonnen wurden. Vielsagende Stichworte: «Land des Heiligen Kreuzes», «Unbekanntes Land», «Noch nicht entdecktes Land», «Neue Welt».

Arthur Dürst

# Brasilien im frühen Kartenbild

Lange vor der Entdeckung der Neuen Welt erschien der Name Brasilien auf mittelalterlichen Karten des Atlantischen Ozeans. Allerdings hatte dieser Name mit demjenigen des heutigen Brasilien vorderhand nichts zu tun; es handelte sich um eine jener Spukinseln, von denen es mehrere gab, wie z. B. Antilia, die Brandans-Insel und eben Brasil. Da ihnen reale Entsprechungen fehlten, waren sie auf den Karten bald hier und bald dort, küstennah und küstenfern, anzutreffen.

So erscheint «Insula de brazi» im Mediceischen Atlas von 1351, «Insule de brazir» in einer Karte von Soleri 1385, als «brasil» in der Karte des Andrea Bianco 1436 und auf der Karte von Pizigano von 1367 – im küstennahen Atlantik zwischen Irland und den Kanaren – gleich dreimal als «braçir». Diese sagenhafte Insel wurde ursprünglich «Breasail», Insel der Glückseligkeit, genannt und spielte in der irischen Sage und Dichtung eine ansehnliche Rolle. Der Name wurde dann irrtümlich mit dem Begriff «brasile» der romanischen Sprachen in Verbindung gebracht, der die feurig-rote Farbe der glühenden Kohle und in der Folge jedes intensiv dunkle Rot bezeichnet. Die Insel wurde als wirklich existierend angenommen: Zwischen 1480 und 1497 wurden allein von Bristol aus sieben Entdeckungsfahrten nach dem verwunschenen Eiland unternommen, und bis 1873 war die Insel «Brazil» in Seekarten auf durchaus insellosen Stellen des Ozeans eingezeichnet. Nach der Entdeckung der südamerikanischen Nordostküste glaubte man endlich die gesuchte Insel gefunden zu haben, da hier die begehrten Brazil-Farbholzbäume häufig vorkamen. Noch 1550 erscheint in der Weltkarte der Kosmographie Sebastian Münsters das neu entdeckte Land als «America vel Brasilij ins.(ula)»: Amerika oder die Insel Brasilien.

Das frühe Kartenbild Brasiliens ist durch zwei historische Gegebenheiten gekennzeichnet: Einmal dadurch, dass sowohl die Spanier als auch die Portugiesen die brasilianische Küste sozusagen gleichzeitig entdeckt hatten; so finden wir spanische und portugiesische Karten praktisch zeitgleich nebeneinander. Zweitens durch die Aufteilung der Welt in Interessensphären zwischen Spanien und Portugal durch den Papst Alexander VI., wobei Brasilien mit der Festlegung des Grenzmeridians auf 46° 37' West im Vertrag von Tordesillas, 1494, endlich Portugal zugeschlagen wurde.

Die am 5. März 1500 von Lissabon ausgefahrene portugiesische Flotte unter dem Kommando von Pedro Alvares Cabral erreichte am 22. April desselben Jahres das Land, das heutige Brasilien, im Westen auf der Höhe von Porto Seguro, im jetzigen Bundesstaat Bahia. Ohne hier zu verweilen, wendete er die Flotte und segelte weiter – Richtung Indien.

Was Cabral nicht wusste: Der Spanier Vicente Yáñez Pinzón, der schon 1492 als Kapitän der Niña mit Columbus zum ersten Mal über den Atlantik gesegelt war, hatte vermutlich bereits vorher den östlichsten Punkt Südamerikas am Cabo de São Roque (Kap Roque) auf der Höhe des 8. südlichen Breitengrades erreicht. Er drehte aber in nordwestliche Richtung und erreichte – entlang der Küste fahrend – die Mündung des Amazonas, von wo er weiter nach Costa Rica segelte.

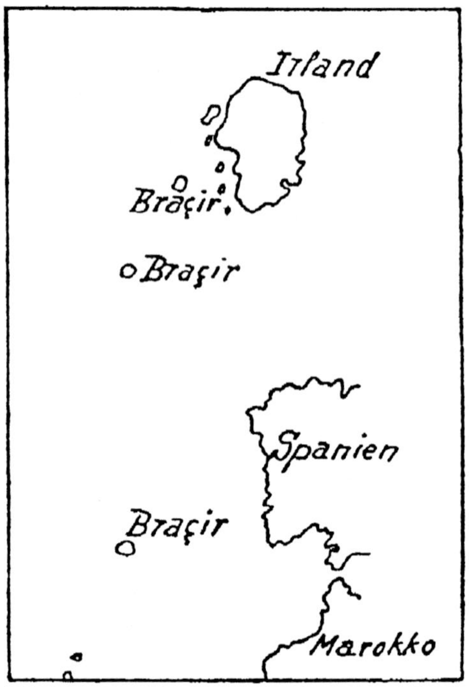


Die sagenhafte Atlantik-Insel Brasil (auch Brazi, Brazir und Braçir geschrieben):
Oben: Auf der Karte des Domenico Pizigano von 1367.
Unten: Bei Andrea Bianco, Venedig 1436.

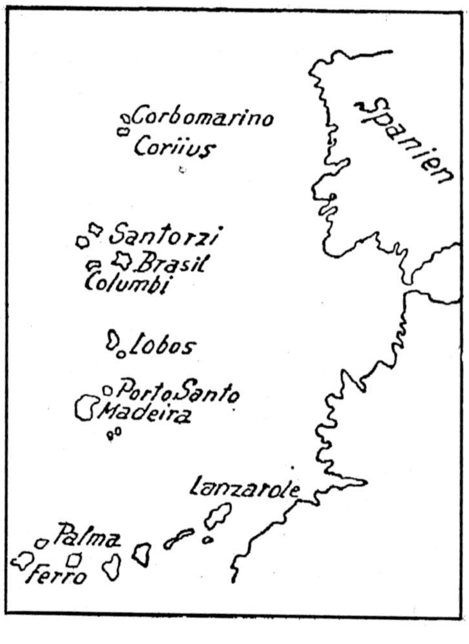

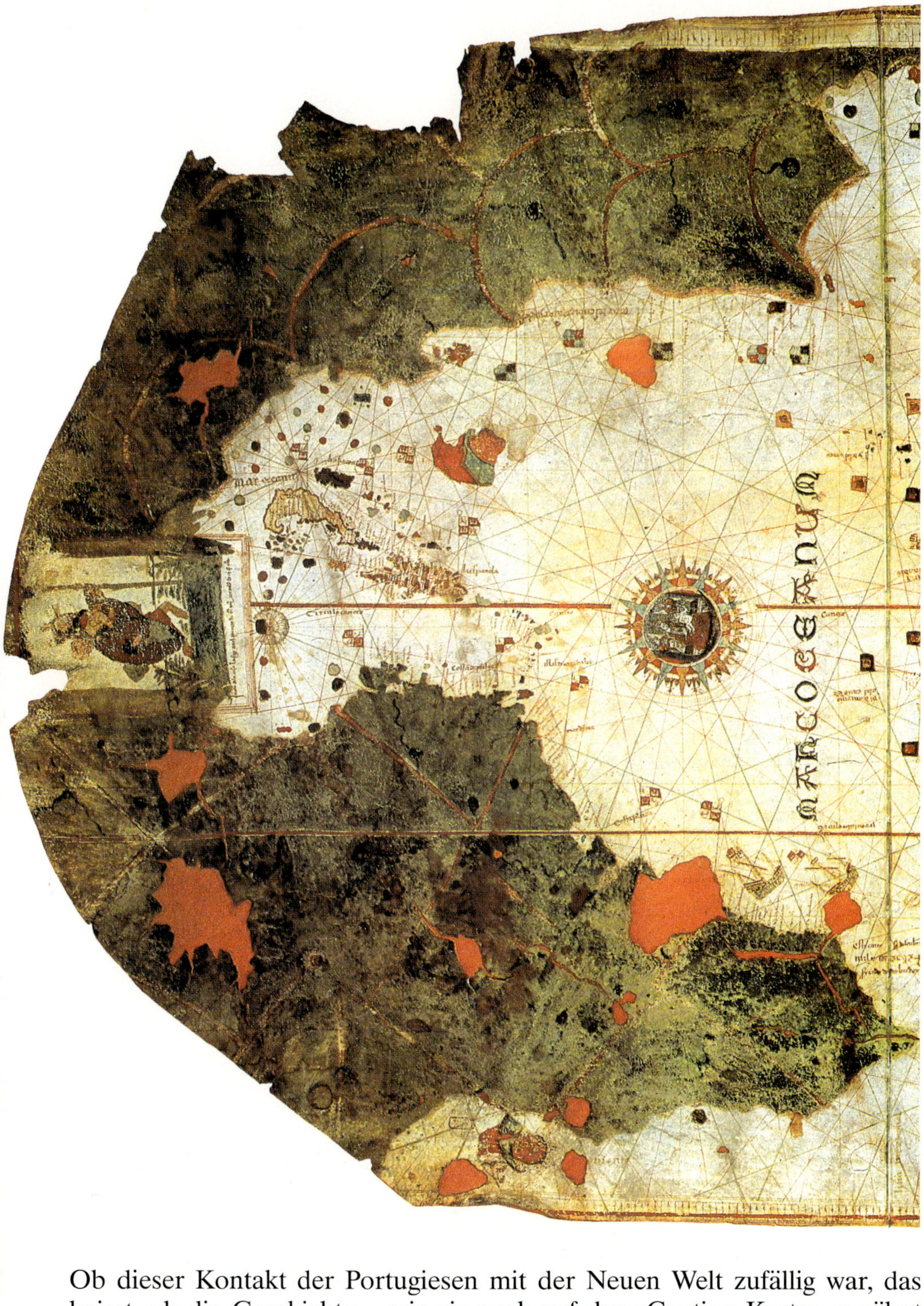


Juan de la Cosa: Weltkarte, 1500. Pergament; mehrere Blätter zu einer Karte von 180 cm Breite und 96 cm Höhe zusammengesetzt. Federzeichnung, koloriert. Madrid, Museo Naval. (Ausschnitt: Westliches Drittel).

Die Karte besteht aus zwei völlig verschiedenen Teilen: Rechts (in unserer Abbildung nicht dargestellt), zwei Drittel der Karte umfassend, die Alte Welt mit den traditionellen drei Erdteilen Europa, Asien und Afrika und links (unsere Abbildung) die Neue Welt, soweit sie von Spanien zwischen 1492 und 1500 ausgekundschaftet worden war.
Die Weltkarte ist ganz im Stil der frühen Seefahrerkarten oder Portolane gezeichnet mit den typischen Rhumbenlinien, mit Windrosen und Massstäben zur Entfernungsbestimmung. Der Äquator und der Wendekreis des Krebses sind eingezeichnet, aber ohne Gradangabe, wie auch die Breitenkreise fehlen. Daraus kann geschlossen werden, dass die Spanier die Ortsbestimmung auf See allein auf Grund des gesteuerten Kurses (Kompass) und des vermutlich zurückgelegten Weges durchgeführt haben, jedoch auf Breitenbestimmungen verzichteten. Ganz links, wo sich der Portolan verjüngt, finden wir ein Bild des Heiligen Christophorus, des «Christusträgers», in welchen die Person des Christoph Columbus projiziert wird. Die grosse Windrose in der Mitte enthält im Medaillon die Szene der Geburt Christi mit der Heiligen Familie, vielleicht eine Anspielung auf die an der Nordküste von Haiti erbaute Festung «Navidad» (Weihnachten) am Tag nach dem Schiffbruch der Santa María an Weihnachten 1492. Die Weltkarte des Juan de la Cosa gilt als Vorläuferin der «Padrones», d. h. der königlichen Referenzkarten in Lissabon und Sevilla.

Ob dieser Kontakt der Portugiesen mit der Neuen Welt zufällig war, das heisst, ob die Geschichte – wie sie auch auf der «Cantino-Karte» erwähnt wird –, Cabral sei in der Absicht, nach Indien zu fahren, von Stürmen nach Westen an die Küste Brasiliens abgetrieben worden, stimmt oder ob es sich dabei um eine geplante Erkundung im Fahrwasser des Columbus gehandelt hatte, ist schwierig zu entscheiden. Jedenfalls wurden schon 1501 und 1503 Erkundungsexpeditionen unter dem Befehl von C. Coelho nach Südamerikas Ostküste entsandt. Amerigo Vespucci, ein Florentiner Gelehrter im Dienste Portugals, der schon 1499 mit Alonso de Hojeda unterwegs gewesen war und damals im Auftrag Spaniens die Nordküste Südamerikas vom Kap Roque bis zum Golf von

Ostküste Brasiliens bis 50° südlicher Breite erkundet zu haben, ein Wert, der heute angezweifelt und mit ca. 38° angenommen wird. Dieser Fundus von Erfahrungen und Wissen spanischer und portugiesischer Seefahrer bildete die Grundlage für die ersten Seekarten der Neuen Welt, wobei sowohl Spanien als auch Portugal versuchten, sich möglichst viele Informationen der Gegenseite zu verschaffen.

Die früheste kartographische Erwähnung Brasiliens und damit Südamerikas überhaupt erfolgte auf der Weltkarte des *Juan de la Cosa,* eines baskischen Steuermannes und Kosmographen, der als Eigentümer des Admiralsschiffes Santa Maria in spanischen Diensten Christoph Columbus auf seinen beiden ersten Reisen (1492–1494) begleitet hatte. Anschliessend setzte er in verschiedenen Fahrten bis 1504 die Erforschung der amerikanischen Küstengebiete fort; so war er 1499 Hauptlotse einer anderen Expedition in denselben Gewässern, an der auch Amerigo Vespucci teilnahm. Juan de la Cosa behauptete jedenfalls, dass er über grössere Erfahrung verfüge und mehr Kenntnisse von der Neuen Welt heimgebracht habe als Columbus selber. Juan de la Cosa zeichnete seine Weltkarte in der zweiten Hälfte des Jahres 1500 in Puerto de Santa Maria, in der Nähe von Cadiz an der Mündung des Guadalete. («Juan de la Cosa la fizo en el puerto de S. m$^{a}$. 1500»).

Die Neue Welt erscheint als eine ununterbrochene, in grünen Farben dargestellte Landmasse, die – mit Ausnahme des Antillenbogens, der fälschlicherweise nördlich statt südlich des Wendekreises eingezeichnet wurde, – wenig gegliedert ist. Es stellt sich die Frage, ob der Kartenzeichner damit die (vermeintliche) Ostküste Asiens darstellen wollte oder ob er bereits die weiten Landgebiete von Nord- und Südamerika geahnt hat.

Wie bei einem photographischen Bilde im Entwicklungsprozess erscheinen zuerst die grossen und starken linearen Elemente der Küstenumrisse, während das Landesinnere noch gleichsam «latent» ist. Wir erkennen neben den von Columbus entdeckten Inseln die «Perlenküste» vom Golf von Paria bis zur Bucht von Maracaibo, wie sie von Kapitän Alonso do Hojeda, der – zusammen mit Juan de la Cosa und Amerigo Vespucci – vom Mai 1499 bis Juni 1500 die Küsten von Guayana und Venezuela befuhr, entdeckt worden war. An der brasilianischen Ostküste, etwa auf 8° südlicher Breite, bei dem Kap, welches von den Portugiesen später Cabo de São Roque genannt wurde, erinnert die Inschrift «Dieses Kap ist im Jahr 1499 entdeckt worden» an die Landung des Spaniers Pinzón.

Nur zwei Jahre (1502) nach Juan de la Cosa erschien die Neue Welt und damit auch Brasilien in einem portugiesischen Planiglob. Die unter dem Namen *Cantino-Karte* bekannte Darstellung der damals bekannten Welt ist mit Sicherheit eine Kopie nach dem sogenannten *Padrão real,* der königlichen Referenzkarte in Lissabon.

In den Seefahrer-Zentren der Alten Welt, sowohl in Lissabon als auch in Sevilla, wurden im frühen 16. Jahrhundert königliche Seefahrerschulen eingerichtet, die eine in Lissabon in Verbindung mit der «Casa da India», die andere in Sevilla mit der «Casa de la Contratacion». Diese dienten der Ausbildung von Navigatoren bzw. Steuerleuten und der Nachführung der offiziellen Kartenurkunden und waren somit auch eigentliche Nachrichtenzentren. Sie wurden von den bedeutendsten Kosmographen und Seefahrern geleitet, welche die Informationen der von Handels- und Erkundungsfahrten heimkehrenden Kapitäne und Steuerleute auswerteten, die neuen Erkenntnisse laufend überprüften und in eine Referenzkarte, den *padrão real* bzw. den *padron real* eintrugen.

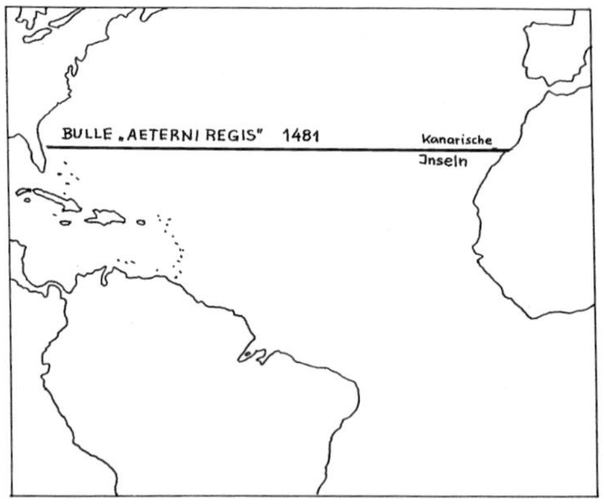


Die Aufteilung der Welt in Interessensphären zwischen Spanien und Portugal begann 1481 mit der päpstlichen Bulle «AETERNI REGIS» in welcher Portugal alle Länder südlich der Kanaren zugesprochen wurden.

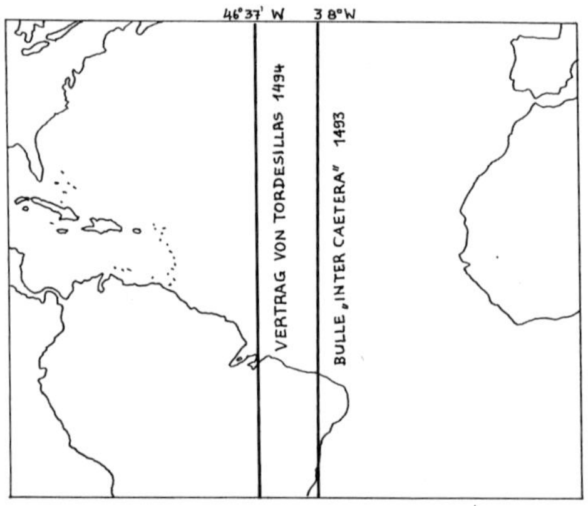


In der Folge verlangten Ferdinand und Isabella von Spanien eine neue Regelung, nämlich eine meridionale Grenzlinie, etwa 300 Seemeilen westlich der Azoren. Portugal sollten alle Gebiete östlich dieser Linie zufallen, Spanien alle Länder westlich davon. Papst Alexander VI., das Haupt der ebenso berühmten wie berüchtigten Borgia-Familie und selber Spanier, gestand in der Bulle «INTER CAETERA» 1493, trotz der Proteste Portugals, Spanien die geforderte Grenzlinie zu, und erst nach langwierigen Verhandlungen wurde 1494 ein Kompromiss erreicht, der im Vertrag von Tordesillas die Demarkationslinie zugunsten der Portugiesen um 1000 Kilometer nach Westen auf den Meridian 46° 37' W verlegte. Es kann nicht genug darauf hingewiesen werden, dass man damals – in völliger Unkenntnis der Ausdehnung und Grösse der zu entdekkenden Neuen Welt – die Folgen dieser Grenzziehung gar nicht ermessen konnte. Brasilien, das östlich dieser Grenze lag, fiel somit an Portugal und damit auch die Erschliessung und Kartierung des Landes. Andere Staaten, welche an den Entdeckungen im Westen teilhaben wollten, wie z. B. Frankreich, England und die Niederlande, hielten sich nicht daran und sprachen dem Papst das Recht ab, den Erdball aufzuteilen und Königreiche zu verleihen oder wegzunehmen.

Anonymer portugiesischer Planiglob, 1502, unter dem Namen *Cantino-Karte* bekannt. Manuskript auf Pergament, 2,2 m breit und 1,05 m hoch. Abgebildet ist das westliche der drei Blätter, aus denen die Karte zusammengesetzt ist. Das Original befindet sich in der Biblioteca Estense in Modena.

Der Name der Karte stammt von Alberto Cantino, dem diplomatischen Bevollmächtigten des Herzogs von Ferrara, Ercole d'Este, der sie im Auftrag seines Herrn heimlich in Lissabon hatte herstellen lassen. Da sie aus dem *Padrão real* herauskopiert wurde und somit die letzten portugiesischen Kenntnisse der Neuen Welt offenlegte, aber dadurch gegen die strikte Regel der Geheimhaltung verstiess, wird der Name des Kartographen verständlicherweise nicht erwähnt. Aus der noch vorhandenen Korrespondenz weiss man, dass der Herzog die Karte im November 1502 erhalten hat. Auffallend ist die Genauigkeit der Zeichnung und die Schönheit der Illuminierung, die flämische Einflüsse verrät. In Brasilien fallen vor allem die Papageien auf, welche die Entdecker immer wieder fasziniert hatten und die in ihrer Körperhaltung und in den Farben vortrefflich wiedergegeben sind. Das Hinterland wird von hochstämmigen Bäumen beherrscht; wahrscheinlich eine Andeutung auf das begehrte Brasil-Holz, das zum Rotfärben benutzt wurde und für Portugal ein wichtiges Ausfuhrprodukt aus Brasilien wurde. Bis heute ist rätselhaft geblieben, woher der Kartenzeichner die Kenntnis von Florida, dessen Umrisse im Nordwesten der Insel Kuba, westlich des Namens «Oceanus occidētalis», deutlich zu erkennen sind, hatte, da es erstens im spanischen Interessengebiet lag und offiziell nicht vor 1513, das heisst erst elf Jahre nach der Entstehung der Karte, entdeckt worden ist.

Nach diesem Karten-Urbild, das dem letzten Stand der geographischen Kenntnisse entsprach und der absoluten Geheimhaltung unterstand, wurden die Seekarten für den praktischen Gebrauch nach Bedarf kopiert. Verrat von Informationen aus dem *padrão real* bzw. *padron real* wurde mit der Todesstrafe geahndet.
Vor allem die spanische Schule wurde im Ausland berühmt und hoch geachtet. Amerigo Vespucci und Sebastian Cabot waren u. a. nacheinander die Leiter der Seefahrerschule in Sevilla.
Die Cantino-Karte zeigt – erstmals in der Seekartographie – die Demarka-

tionslinie des zwischen Kastilien und Portugal im Juni 1494 geschlossenen Vertrages von Tordesillas, der durch einen 370 Seemeilen westlich der Kapverden verlaufenden imaginären Meridian die Erde in eine spanische Einflusszone im Westen und eine portugiesische im Osten scheiden sollte. Wie die Karte zeigt, liegt Brasilien in der Interessensphäre der Portugiesen, das übrige Amerika ist spanischer Bereich.
Die Cantino-Karte ist bis zum Zeitpunkt ihrer Fertigstellung absolut aktuell, soweit es die portugiesischen Entdeckungen betrifft, hingegen ist dem Kartenzeichner z. B. unbekannt, dass der spanische Seefahrer Vincente Pinzón bereits drei Jahre vorher (1499) die Nordküste Brasiliens erreicht hatte.
Die Ostküste Brasiliens verläuft in Nord–Süd-Richtung, und Porto Seguro, der Ort, den Pedro Alvarez Cabral am 22. April 1500 erreicht hatte, ist mit einer Fahne und einer Inschrift bezeichnet: «Vera Cruz, mit diesem Namen zum ersten Mal so bezeichnet von Pedro Alvarez Cabral…; er entdeckte es auf der Reise, als kommandierender Kapitän der vierzehn Schiffe, die der König von Portugal nach Calicut sandte; von seiner Route abgekommen, traf er auf dieses Festland, das er als Kontinent ansah.»
Aber nicht nur die berühmten Entdecker mit grossen Namen prägten das Bild der Neuen Welt; man schätzt die Zahl der Atlantik-Überquerungen zwischen 1493 und 1506 auf etwa zweihundert, wobei die meisten dieser Seefahrer in Richtung Westen oder Nordwesten segelten.
Vor allem durch die Schilderungen des Florentiners Amerigo Vespucci erreichten die Kenntnisse über die Neue Welt auch die nicht direkt an den Entdeckungen beteiligten Nationen Europas und wurden durch den eben aufgekommenen Buch- und Kartendruck rasch verbreitet.
Die früheste gedruckte Weltkarte mit der Darstellung der Neuen Welt verdanken wir dem deutschen Kosmographen *Martin Waldseemüller,* der in St.

Oben: Waldseemüller – VNIVERSALIS COSMOGRAPHIA, Strassburg 1507, 236 × 132 cm. Holzschnitt in zwölf Blättern. Abbildung nach einer kolorierten Reproduktion. (Das einzige erhaltene Original ist nicht koloriert.)
Unten: Ausschnitt aus der Karte VNIVERSALIS COSMOGRAPHIA: Brasilien südlich Caput Sancte Crucis mit dem Namen AMERICA.

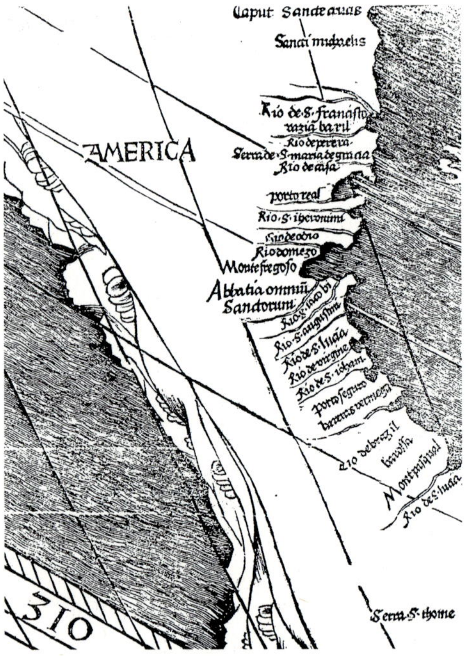

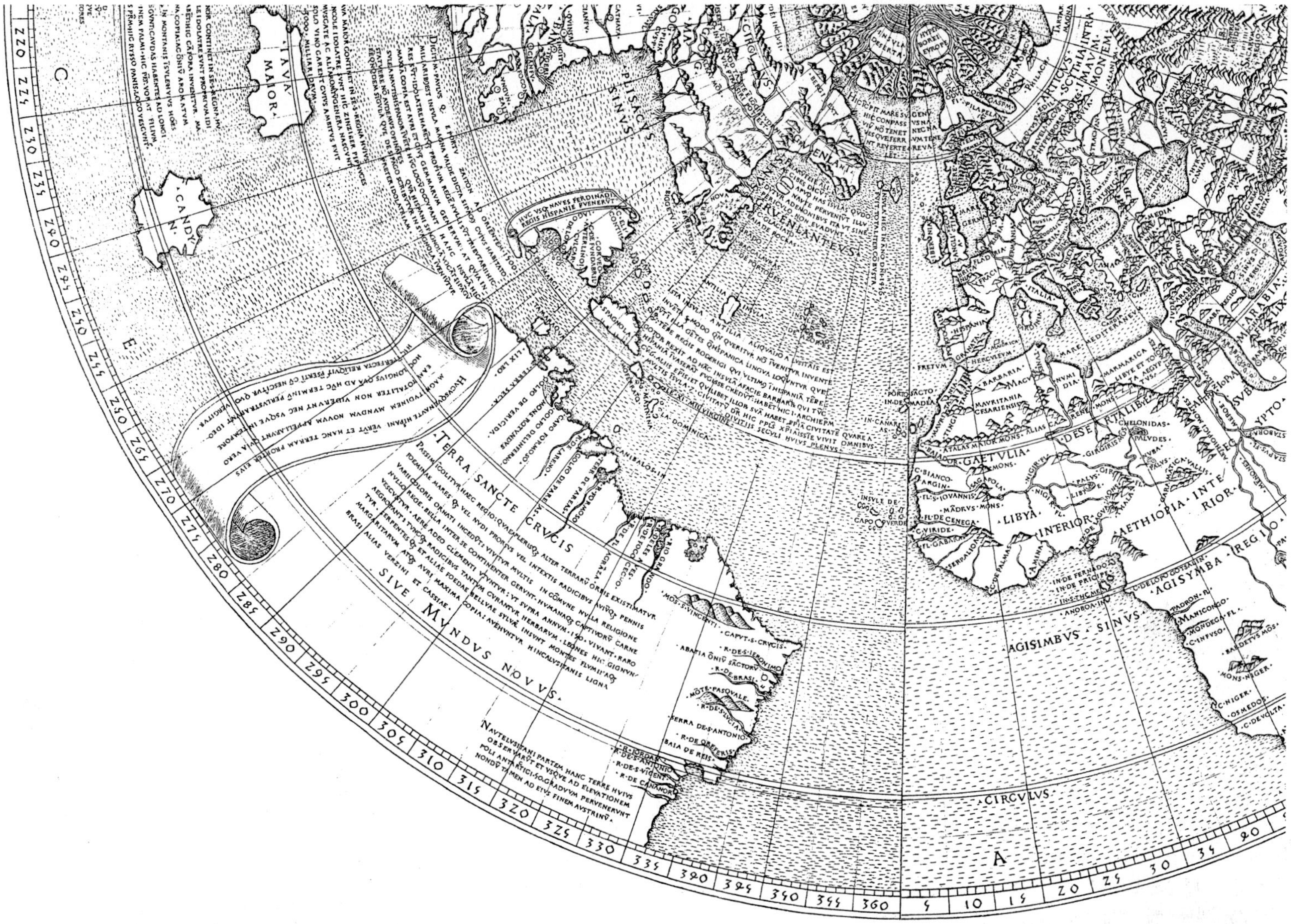


Johannes Ruysch: VNIVERSALIOR COGNITI ORBIS TABVLA EX RECENTIBVS CONFECTA OBSERVATIONIBVS. Aus der Ptolemaeus-Ausgabe, Rom 1508. Kupferdruck, Doppelfolio-gross (53,5 × 40,5 cm). Stark verkleinerter Ausschnitt.
Der Text im Gebiet des heutigen Brasilien schildert die Natur, die Eingeborenen und die Schätze des Landes, nennt den für einige Jahre gültigen Namen TERRA SANCTE CRUCIS und belegt mit SIVE MVNDVS NOVVS, dass die Grösse der neu entdeckten Länder als «Neue Welt» erkannt worden ist. Die Karte demonstriert aber auch die Not der Kartographen, verursacht durch die sich immer mehr westwärts ausdehnende Landmasse, die sich ständig näher an die asiatische Ostküste heranschiebt, so dass z. B. Japan (Sipāgu) nur erwähnt, aber – aus Platzgründen – nicht mehr eingezeichnet werden konnte. Links oben ist die Insel Java zu erkennen.

Dié am Hofe des Herzogs von Lothringen wirkte. Diese grossformatige, 1507 in der modifizierten konischen (herzförmigen) Projektion des Ptolemaeus publizierte «Universalis Cosmographia» wird zwar noch weitgehend von der ptolemaeischen Tradition beherrscht, zeigt aber auch die Neue Welt mit beachtenswert verlässlicher Linienführung der Ostküsten und dem erstmaligen Vorkommen des Namens AMERICA, der allerdings auf Südamerika beschränkt ist. Diese in einer Auflage von 1000 Exemplaren gedruckte Karte, von denen nur eine einzige überlebt hat, bildete die Vorlage für viele Folgekarten, wie z. B. von Henricus Glareanus, 1510 (im Manuskript), Joannes de Stobnicza, 1512, und Petrus Apianus, 1520 (im Druck).

Die Kartenwerke der Zeit waren die für die Verbreitung des geographischen Wissens ungemein wichtigen «Ptolemaeus-Atlanten». Sie erschienen unter dem Titel GEOGRAPHIA oder COSMOGRAPHIA und enthielten seit 1482 – neben den kanonischen, der ptolemaeischen Tradition verpflichteten Karten – auch neue, den aktuellen Wissensstand wiedergebende, sogenannte *Tabulae novae* oder *Tabulae modernae.* Zu den bedeutendsten dieser Art, Brasilien bzw. Südamerika betreffend, gehören die Weltkarte von *Ruysch* in der Römer Ausgabe von 1508 und die Karte des Atlantischen Ozeans *Tabula terre nove,* von Waldseemüller in der Strassburger Ptolemaeus-Edition von 1513.

Auf beiden Karten findet die Küste Brasiliens volle Aufmerksamkeit, aber die Kenntnisse des Landesinnern beschränken sich 1508, mit Ausnahme weniger küstennaher Bergketten, auf einige allgemeine Angaben in Textform und 1513 auf die schlichte Feststellung *Terra Incognita.* Allerdings wird bereits die enorm hohe Wasserführung des Amazonas mit dem Hinweis, dass vor der Amazonas-Mündung das Meer weit hinaus aus Süsswasser bestehe, dokumentiert. Die Tradition der Ptolemaeus-Atlanten wurde, vor allem vom letzten Viertel des 16. Jahrhunderts an, von den grossen Karten- und Atlasverlegern in Antwerpen *(Ortelius, de Jode, Hondius, Janssonius),* in Duisburg *(Mercator)* und in Amsterdam *(Blaeu)* weitergeführt, die mit immer genaueren und detaillierteren Karten aufwarten konnten.

Durch die Expeditionen von João de Lisboa, einem der hervorragendsten Seefahrer seiner Zeit, und C. Jacques wurde die brasilianische Küste weitgehend erforscht, während die Kenntnis des Landesinnern nur langsam fortschritt: linear, wie etwa durch *Orellana,* der den Amazonas, «Rio Santa de la Mar Dulce» oder «Rio Grande» genannt, von den Anden bis zur Mündung kartierte, oder punktuell, im Hinterland wichtiger Küstenstationen. Der grösste Teil des küstenfernen Gebiets blieb jedoch bis weit ins 19. Jahrhundert, zum Teil sogar bis ins 20. Jahrhundert «Terra incognita» und bildete in den Karten die sprichwörtlichen «weissen Flecken».

Im 16. Jahrhundert entstanden die bildhaft schönen Karten von Vater *Lopo* und Sohn *Diogo Homem* und von Vater und Sohn *Pedro* und *Jorge Reinel.*

Links oben: Lorenz Fries CARTA MARINA NAVIGATORIA PORTVGALLIEN . . ., Strassburg 1530. Ausschnitt Brasilien. Neubearbeitung der gleichnamigen Karte Waldseemüllers von 1519, jedoch mit deutschen (statt lateinischen) Legenden. Abbildung nach der Ausgabe 1530. Bayerische Staatsbibliothek München.

Links unten: Henricus Glareanus (Heinrich Loriti): Weltkarte, ca. 1510. Manuskript. Kopie nach Waldseemüllers VNIVERSALIS COSMOGRAPHIA 1507 und Umzeichnung in ein anderes Projektionsnetz. Da die Waldseemüller-Karte lange Zeit und bis in unser Jahrhundert hinein (1905) verschollen war, spielten die Kopien Glareans eine grosse Rolle. Original: John Carter Brown Library, Providence, Rhode Island, USA.

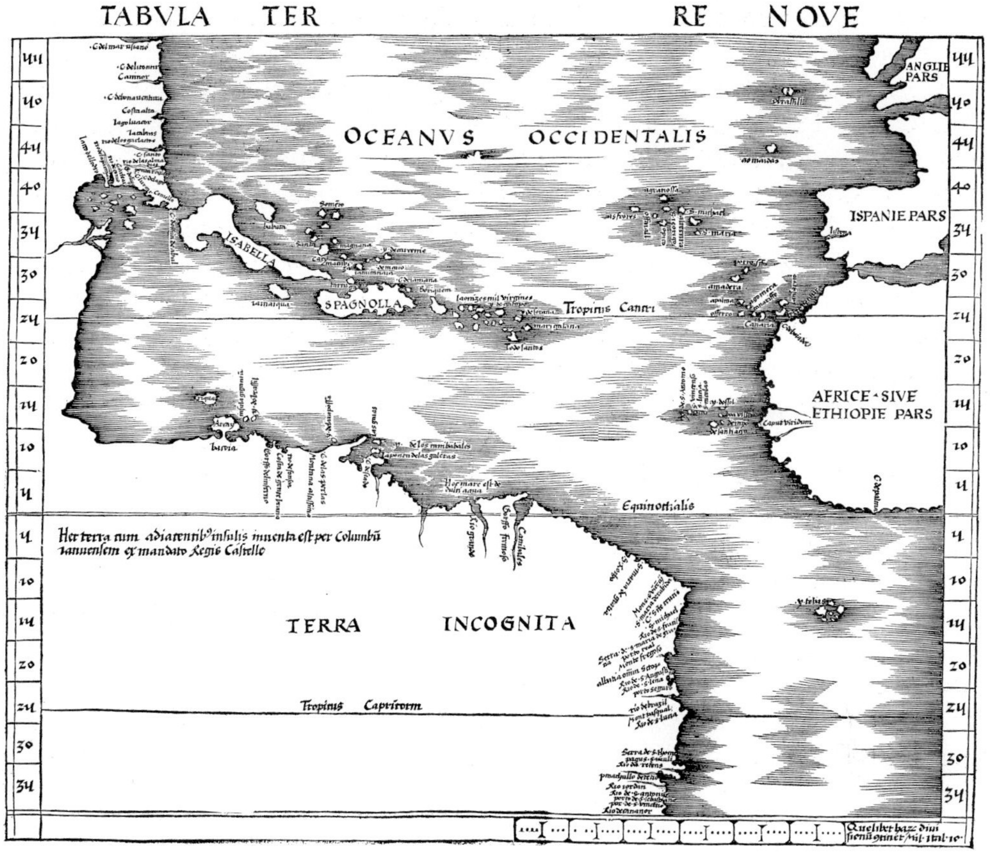


Rechts oben: Martin Waldseemüller TABVLA TERRE NOVE aus der Ptolemaeus-Ausgabe, Strassburg 1513. Auf dieser sogenannten «Admiralitätskarte des Atlantischen Ozeans» sind die Neue Welt, die Westindischen Inseln, ebenso die Festlandküste Amerikas – die als Ostküste Asiens angesehen wurde –, mit Formen und Namen der Cantino-Karte von 1502 entnommen.
Waldseemüller, der 1507 den Namen America (nach Amerigo Vespucci) eingeführt hatte, kam wieder davon ab und erwähnt hier ausdrücklich die Verdienste «des Genuesen Columbus». Am Amazonas, hier «Rio grande» genannt, bemerkt der Kartograph: «Hoc mare est de dulci aqua»: Hier besteht das Meer aus Süsswasser.

Rechts unten: Sebastian Münster NOVAE INSVLAE, XVII. NOVA TABVLA., 1538 erstellt und in die Ptolemaeus-Ausgabe, Basel 1540, als 17. Tabula nova aufgenommen. Obwohl die Karte inhaltsarm an Lokalisierungen und Namen ist, kommt ihr doch in der Kartengeschichte der Neuen Welt eine gewisse Bedeutung zu, indem sie zum erstenmal klar den Doppelkontinent-Charakter Amerikas zeigt, ebenso auch die beide Teile verbindende Landbrücke Mittelamerikas. Brasilien betreffend, wird bloss eines der üblichen Klischees, die Kannibalen, erwähnt und bildlich dargestellt. Die Neue Welt (NOVVS ORBIS) wird

Tabula hec Regionis magni brasilis est · et ad partem occidentalem
Antilias castelle regis obtinet · Gens vero eius nigrescentis coloris ·
fera et immanissima carnibus humanis vescitur · Hec eadem gens arcu
et sagittis egregie utitur · Hic psytaci versicolores alieque innumere a
ves fereque monstruose · et Sevimiarum plura genera reperiuntur plu
rimaque arbor nascitur que brasil nuncupata vestibus purpureo colo
re tingendis opportuna censetur ·:
CIRCV
LV
S·O
CLI
CIRCV
CLIMA
TERRA BRASILIS
CLIMA
C LIMA

Oben: Diogo Homem: Weltatlas mit zwölf Blättern, 1558. British Library, London. (Ausschnitt aus der Karte Brasilien). Inzwischen ist der Verlauf des Amazonas durch Orellana erforscht worden, und sein windungsreicher Lauf beherrscht das Kartenbild. Aufsehen erregte immer wieder, dass der gewaltige Strom bei seiner Mündung in den Atlantik weit hinaus das Meerwasser aussüsste («Mare aque dulcis»). Die sagenhaften sieben Städte entlang des Flusses sind Ausdruck der Träume der Goldsucher, die sich hier das phantastische Eldorado, das Goldland, erhofften.

Links: Anonym, «Atlas Miller», um 1519, Blatt 4R – Brasilien (Abschnitt). Bibliothèque Nationale, Département Cartes et Plans, Paris. Die Bezeichnung «Atlas Miller» stammt von dem letzten Vorbesitzer. Das Kartenwerk ist um 1519 in Portugal geschaffen worden, höchstwahrscheinlich von Pedro und Jorge Reinel. Die Illuminierung stammt von der Hand des Malers Gregorio Lopes. Weniger als 20 Jahre sind es her, dass Cabral (1500) mit der Neuen Welt im Bereich des heutigen brasilianischen Bundesstaates Bahia in Berührung kam; jetzt (1519) ist der gesamte Küstenverlauf von der Mündung des Amazonas bis nördlich

Den letzteren beiden wird auch die Brasilienkarte (um 1519) im sogenannten «Atlas Miller» zugeschrieben. Die Karte ist mit der genauen Darstellung des Küstenverlaufes und der grossen Zahl der senkrecht zur Küstenlinie und landeinwärts eingetragenen Namen, von denen die wichtigsten in roter Farbe herausgehoben sind, ganz in der Tradition der Portolane gezeichnet. Sie enthält auch noch ptolemaeisches Erbgut, wie die sieben «Climata». Das Landesinnere ist eine eigentliche Bildergalerie: Landschaften, Szenen aus dem Leben der Eingeborenen, Tiere und Pflanzen ersetzen die geographisch-topographische Information. Wichtige Namen sind häufig in goldener Versalschrift auf purpurne Bänder gesetzt. Auf den Meeresflächen kreuzen Schiffe; Windrosen und Rhumbenlinien dienen der Navigation, und Fahnen und Wappen dokumentieren die Hoheitsrechte.

Es wäre jedoch ungerecht, in diesen Karten nur das künstlerische Element sehen zu wollen und deren hohen wissenschaftlichen Stellenwert zu verkennen. Gerade im «Atlas Miller» ist das Bestreben nach kartographischer Qualität ganz augenfällig: Der Gesamtumriss des Bogens der Antillen-Inseln wie auch die Küste des brasilianischen Festlandes sind mit grosser Genauigkeit festgehalten.

In der zweiten Hälfte des 16. Jahrhunderts wurde das kartographische Bild Brasiliens vor allem von *Domingo Teixeira* und seinem Sohn *Luiz,* einem der besten Kartographen seiner Zeit, beeinflusst.

... Brasiliens animierte auch andere Staaten wie Frankreich,

politischen Reaktionen Portugals bzw. Spaniens, noch die religiösen Sanktionen des Papstes konnten sie daran hindern. Dadurch entstanden in diesen Ländern, die ihre besten Kartographen nach Brasilien schickten, viele neue Karten, wie z. B. die Südbrasilien-Karte (1556) des in französischen Diensten stehenden Kartographen *Guillaume Le Testu.*

Die Niederländer, die seit 1624 versuchten, in Südamerika ein Kolonialreich aufzubauen, betrauten auf dem Höhepunkt ihrer Macht ausgezeichnete Kartographen mit der Aufnahme des eroberten Landes, so z. B. *Cornelis Golijath* und *Georg Markgraf* (1639 bzw. 1643); die Resultate des letzteren machten die herrliche, 1647 von Frans Post illustrierte Wandkarte «BRASILIA qua parte paret BELGIS» möglich, die für eineinhalb Jahrhunderte unübertroffen blieb.

Oben: BRASILIA qua parte paret BELGIS, Wandkarte aus 12 Blättern. Gesamtgrösse ohne die – hier nicht wiedergegebenen – Rahmentexte 164 ×102 cm, ca. 1:400 000. Offizin Joan Blaeu, Amsterdam 1646/1647.

Die Vermessung des dargestellten Küstenstreifens wurde von dem Deutschen Georg Markgraf innert dreier Jahre durchgeführt und 1643 abgeschlossen.

Auf der Heimreise verstarb Markgraf, aber seine topographischen Aufnahmen wurden gerettet und von der Offizin Blaeu in Amsterdam für die Brasilienkarten verwendet. Ursprünglich wurden die vier der Küste folgenden eigentlichen Kartenblätter der Beschreibung Brasiliens von Caspar van Baerle (Barlaeus), 1647, beigefügt und 1662 erstmals in Blaeus Grossen Atlas aufgenommen. Für die völkerkundlich und kolonialgeschichtlich interessanten Abbildungen benutzte Blaeu Gemälde des Künstlers Frans Post, der 1637 bis 1644 in Brasilien weilte. Als Zusammensetzung aller 12 Blätter zur eigentlichen Wandkarte sind in europäischen Bibliotheken nur drei Exemplare bekannt; sie verdanken ihr Überleben dem Umstand, dass sie prestigeträchtigen Grossatlanten – so dem Atlas des Grossen Kurfürsten in der Deutschen Staatsbibliothek in Berlin – zugebunden worden sind.

## Kolonisatoren
## mit Feder, Griffel und Pinsel

Die Künstler, welche die Entdecker begleiteten, hatten zuerst den gleichen Vorwärtsblick wie die Eroberer, und sie standen dieselben Ängste aus. Die ersten bildlichen Darstellungen waren so sensationell wie die Berichte. Nach dem ersten Schauer vor dem absolut Fremden setzte die umsichtige Bewältigung ein; Genauigkeit und Systematik domestizierten das unerhörte Fremde. Der europäische Zivilisationsüberdruss führte später zu romantischer Idealisierung. Die Fremde wurde zum wiedergefundenen Paradies – in wechselnden Bildmedien, von Büchern und Gemälden bis zu Tapisserien und Panoramatapeten. Die Art der Auseinandersetzung mit dem Exotischen beschreibt nicht nur die «Neue Welt»; an ihr lässt sich auch der Gang der Geistesgeschichte im alten Europa von der Gegenreformation bis zur Industrialisierung ablesen.

Ralph Pöhner

# Brasilien von der Entdeckung bis 1920

**1492**

Im «Jahr der Entdeckung» leben auf dem Gebiet des heutigen Brasilien gut 2,5 Millionen Menschen. Sie verteilen sich auf vier Hauptsprachgruppen: die der Gê, der Tupí, der Arawaks und der Kariben. Da keine domestizierbaren Tiere vorhanden sind, handelt es sich dabei mehrheitlich um Jäger- und Fischervölker. Ackerbau kommt vor, doch die Beschaffenheit der Böden und das Fehlen adäquater Düngemethoden zwingen die Indianer dazu, regelmässig neue Anbauflächen zu erschliessen. Der Lebensstil ist deshalb sehr mobil, und dementsprechend bleiben die Stammesgemeinschaften klein. Soweit bekannt, sind diese Stämme recht egalitär aufgebaut: wohl gibt es Häuptlinge und Ältestenräte, doch geniessen diese Instanzen nur wenig Autorität. Auch ist das Besitzdenken kaum ausgebildet, was eine recht gleichmässige Verteilung des Reichtums zur Folge hat.

**1494**

Im Staatsvertrag von Tordesillas teilen Spanien und Portugal den Erdball durch eine 370 Seemeilen westlich der Kapverdischen Inseln verlaufende Meridianlinie: Alle heidnischen Länder im Westen der Linie fallen Spanien zu, alle Gebiete östlich davon dürfen von Portugal kolonisiert werden. Der Vertrag beruht auf mehreren päpstlichen Bullen: so auf fünf Erlassen des Jahres 1493, in denen Alexander VI. die von Kolumbus aufgefundenen Inseln den Spaniern unterstellt hatte. Portugal kann sich hingegen auf eine ältere Papstbulle berufen, wonach seiner Krone die afrikanischen Küstenentdekkungen zufallen. Die Länder östlich der Tordesillas-Linie werden nun, in Unkenntnis der genauen geographischen Gegebenheiten, zur afrikanischen Entdeckungszone gezählt. Dass man dabei das Recht der Eingeborenenbevölkerungen übergeht, liegt an einer Rechtsauffassung, die dem Papst die Oberhoheit über den ganzen Erdkreis zuspricht. Ohnehin nimmt das Denken jener Zeit auch in europäischen Eroberungskriegen keine Rücksicht darauf, ob die Bewohner eines Gebietes den erzwungenen Wechsel des Landesherrn billigen.

**1500**

Eine portugiesische Expedition unter Pedro Álvares Cabral gerät an die Küste Brasiliens und nimmt sie für die portugiesische Krone in Besitz. Der Anspruch wird in den kommenden vier Jahren durch zwei Flotten eines Lissabonner Handelskonsortiums untermauert, die rund 2000 Meilen brasilianischer Küste erkunden, eine Handelsstation gründen und sowohl die ersten Indianersklaven als auch die ersten Proben Brasilholz nach Europa zurückbringen. Noch optiert Portugal dafür, seinen Gewinn aus jener Weltgegend nicht durch Besiedlung, sondern lediglich mittels einer Kette von Handelsstützpunkten zu ziehen. Dabei wird das iberische Land schon nach kurzer Zeit durch Frankreich konkurrenziert: 1503 erreicht ein erstes französisches Schiff Brasilien und treibt Handel mit den Indianern. Da Frankreich weder die päpstlichen Bullen noch den Vertrag von Tordesillas akzeptiert, werden sich die französischen Expeditionen in den folgenden Jahren häufen.

Steinkreuz zur Markierung portugiesischer Landnahme, erste Hälfte 16. Jh.

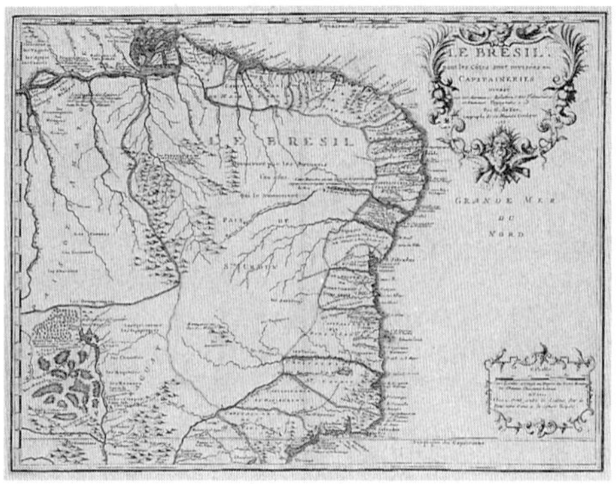


Johannes Blaeu, Karte mit den «Capitanias» im Nordosten, um 1650

**1530/1534**

Angesichts der französischen Aktivitäten an der brasilianischen Küste beschliesst König Johann III., sich nicht auf Handelsstützpunkte zu beschränken, sondern den portugiesischen Anspruch auf Brasilien durch eine permanente Kolonie zu untermauern. 1530 entsendet er eine erste Expedition mit rund 400 Siedlern. Vier Jahre später unterteilt man die brasilianische Küste von der Amazonasmündung im Norden bis São Vicente im Süden in 15 Abschnitte. Diese Zonen – *capitanias* genannt – werden durch eine königliche Schenkungsurkunde an Personen aus dem niederen Adel oder dem Mittelstand verliehen, welche sich verpflichten, auf eigene Kosten Siedlungen anzulegen. Mit dem Grund und Boden

gehen auch diverse Hoheitsrechte an die privaten Siedlungsunternehmer über. Die Grenzen nach dem Landesinneren bleiben offen.
Die zuvor noch weitgehend friedlichen Beziehungen mit den Indianern werden nun zunehmend blutig: Oft wehrt sich die Urbevölkerung dagegen, dass sich Europäer in ihrem Siedlungsgebiet niederlassen; andererseits verleitet der aufkommende Zuckeranbau die Portugiesen dazu, Indianer zu versklaven.

**1549**
Wegen des indianischen Widerstands und des französischen Interesses an Brasilien entschliesst sich Portugals König, die Verwaltung der Kolonie selbst zu übernehmen. Mit rund 1000 Siedlern wird die Stadt São Salvador da Bahia als Gouverneurssitz für ganz Brasilien errichtet. Aufgabe des Gouverneurs ist unter anderem die Durchsetzung einer einheitlichen Indianerpolitik und die Wiederbelebung stagnierender *capitanias*. Gleichzeitig mit dem Gouverneur treffen die ersten sechs Jesuitenmissionare in Brasilien ein. Sie versuchen anfänglich, die Eingeborenen in deren eigenen Siedlungen zu bekehren; das scheitert. Ab 1552 fasst man die ersten Indianer in zentralen Missionsstationen – *aldeidas* – zusammen und versucht, sie dort im Christentum zu unterweisen.

**1555**
Eine französische Siedlungsexpedition landet in der Gegend des heutigen Rio de Janeiro. Geführt vom Chevalier de Villegagnon, finanziert von nordfranzösischen Kaufleuten und unterstützt vom König Heinrich II., beginnen etwa 600 Leute mit der Errichtung einer Kolonie. Fünf Jahre später gelingt es den Portugiesen, die *France Antarctique* zu zerstören. Um ihre Präsenz im südlichen Brasilien zu untermauern, gründen sie 1565 nahe jener Stelle die Siedlung Rio de Janeiro.

**1570**
Unter dem Einfluss des Jesuitenordens versucht die portugiesische Krone, die Versklavung brasilianischer Indianer

mit der hohen Todesrate, der geringen Arbeitskraft und dem generellen Widerstand der indianischen Völker trägt sie dazu bei, die Verschleppung von Afrikanern nach Brasilien attraktiver zu machen. Noch ist die Zahl der schwarzen Sklaven gering: ein brasilianischer Chronist schätzt im Jahre 1570, dass etwa 2000 bis 3000 Afrikaner in seiner Kolonie leben. Aber nun nimmt der Import schwarzer Menschen einen immer grösseren Umfang an. Zwischen 1570 und 1630 werden laut neueren Berechnungen jährlich etwa 4000 Westafrikaner nach Brasilien entführt, und am Ende dieses Zeitraums wird die Zahl der afrikanischen Sklaven die der indianischen erstmals überschreiten.

Holzfäller, Illustration in: André Thevet, la Cosmographie universelle, 1575

Dahinter steht auch, dass Brasilien um 1570 zum grössten Zuckerproduzenten der Welt avanciert, eine Stellung, die es gut ein Jahrhundert lang halten wird. Parallel dazu entwickelt sich der Zucker zum Motor der brasilianischen Wirtschaft. Mehr und mehr verleiht er dem Land sein Gepräge: Die grossflächige Zuckerplantage mit dem imposanten Herrenhof und den kleinen Sklavenhütten (*Casa Grande e Senzela*) wird zu einer typischen Erscheinung Brasiliens.

**1580**
Philipp II. von Spanien erhält auch die Krone von Portugal. Bis 1640 wird die Personalunion zwischen den beiden Monarchien bestehen bleiben. Sie führt

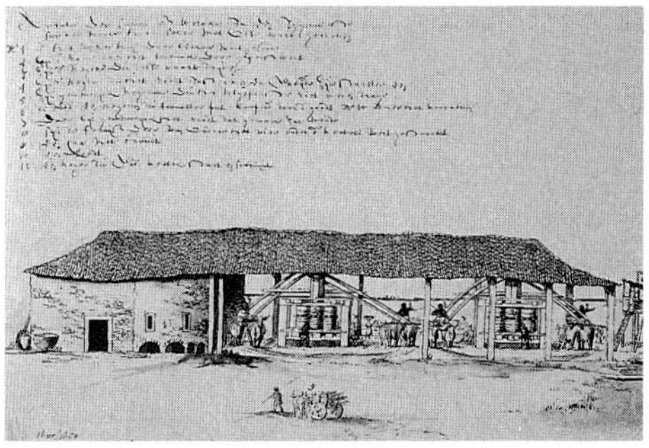

Frans Post, Zuckermühle, 1637–44, lavierte Federzeichnung, Stichting Atlas Van Stolk, Rotterdam

nischen Kolonisten anfänglich frei und auch mit dem Ausland gestattet gewesen war, beginnen nun Beschränkungen in den kommerziellen Betätigungen. 1591 verbietet man ausländischen Schiffen das Anlaufen brasilianischer Häfen.

**1624**
Mit der Eroberung von Salvador da Bahia durch eine Flotte der Niederländisch-Westindischen Kompanie beginnt 1624 das holländische Intermezzo in Brasilien. Zwar gelingt es einer kombinierten spanisch-portugiesischen Flotte im folgenden Jahr, Bahia zurückzuerobern; die Bedrohung der lusitanischen Siedlungen im Nordosten hält jedoch an. 1630 besetzen die Niederländer die Städte Recife und Olinda im Zuckeranbaugebiet Pernambuco; bis 1641 fällt ungefähr die Hälfte der portugiesischen Siedlungszone in holländische Hand. Dabei werden die luso-brasilianischen Kolonisten nicht vertrieben, und auch sie selbst entscheiden sich regelmässig für den Verbleib unter holländischer Herrschaft. In den folgenden Jahren kommt es dann regelmässig zu Aufständen portugiesischer Bevölkerungsteile, zu Rebellionen, die wahrscheinlich ohne Wissen Lissabons, aber mit Unterstützung aus der Kolonialhauptstadt Bahia erfolgen. Bis 1654 können die Portugiesen wieder alle Stützpunkte der Niederländer an sich reissen.

**um 1670**
Die Antillen laufen Brasilien den Rang als weltweit führender Zuckerproduzent ab. Damit einher geht ein Zerfall der Zuckerpreise, was sowohl in Brasi-

wirtschaftlichen Schwierigkeiten im Mutterland verstärken wiederum die Auswanderung nach Übersee. Vermutlich treten um 1680 jährlich rund 2000 Portugiesen – und immer öfter auch Portugiesinnen – die Reise nach Brasilien an; am Ende des 17. Jahrhunderts dürften es gar 3000 bis 4000 werden. Einzelne Versuche der portugiesischen Regierung, den Auswandererstrom durch Ausreisebeschränkungen einzudämmen, zeigen zwar einen gewissen, aber keinen vollen Erfolg.

Johann Moritz Rugendas, Goldfund am Rio das Pombas, 1824, Federzeichnung, Akademie der Wissenschaften, St. Petersburg

**1693**

Einen kräftigen Impuls erhält die portugiesische Auswanderung nach Brasilien, als *bandeirantes* 1693 im heutigen Staat Minas Gerais auf reiche Goldlager stossen. Phantastische Nachrichten machen die Runde und führen zum ersten «Gold Rush» in der Geschichte. Unzählige Glücksritter beschleunigen nun die Erschliessung des Landes. Gleichzeitig avanciert der Abbau goldhaltiger Erze für fast ein dreiviertel Jahrhundert zum Kern der wirtschaftlichen Betätigung, was wiederum die Landwirtschaft, und hier vor allem die Zuckerproduktion, in Mitleidenschaft zieht. Verstärkt wird diese Tendenz durch Diamantenfunde, die ab 1729 in Minas Gerais einsetzen. Brasiliens Gravitationszentrum verschiebt sich in der Folge von den nordöstlichen Agrarzonen weg nach Süden. Rio de Janeiros Blütezeit beginnt.

**1750**

Nach langwierigen Streitereien um die Einflussgrenze am Rio de la Plata wenden sich Spanien und Portugal vom Prinzip des Tordesillas-Vertrages ab. Im Vertrag von Madrid einigen sich die beiden Königreiche darauf, dass jede Partei die schon besetzten Gebiete grösstenteils behält. Im Süden wird der Uruguay-Fluss zur Grenze zwischen den beiden iberischen Staaten. Portugal kann durch den Madrider Vertrag, verglichen mit jenem von Tordesillas, einen massiv grösseren südamerikanischen Besitz legalisieren. Brasilien erhält durch den diplomatischen Akt mehrheitlich die heutige Gestalt.
Im Jahre des Vertrags von Madrid leben laut modernen Schätzungen gut eine Million Indianer in Brasilien – noch etwa halb so viele wie bei der Unterzeichnung des Vertrags von Tordesillas.

**1755**

Die Krone Portugals beschliesst ein Gesetz, das «allen Indianern . . . die Freiheit ihrer Person, ihrer Güter und ihres Handels wiederherstellt». Indianische Sklaven gelten fortan als frei. Ein Hauptziel hinter dem Gesetz ist, die teilweise sehr entvölkerten Gebiete Brasiliens für Indianer wieder attraktiv zu machen. Man hat eingesehen, dass das riesige Gebiet, das Portugal durch den Madrider Vertrag zugefallen ist, nicht durch Europäer allein zu erschliessen ist. Aber schon bald wird das Befreiungsgesetz wieder gelockert. Beispielsweise können die Indios immer noch zur Zwangsarbeit für den Staat oder für portugiesische Siedler beigezogen werden.

**1765**

Nach gescheiterten Versuchen, die Effizienz der Monopolgesellschaften im Brasilienhandel zu steigern, wird der Handel liberalisiert. Von nun an können alle lizenzierten Schiffe die wichtigsten Häfen Brasiliens anlaufen. Sowohl die Krone als auch der Vizekönig in der neuen Hauptstadt Rio de Janeiro fördern aktiv den Anbau neuer Produkte wie Baumwolle, Reis, Indigo und Kaffee sowie der traditionellen Agrarerzeugnisse Zucker und Kakao.

Johann Moritz Rugendas, Kaffeernte, 1822/25, Lithographie

**1807**

Napoleons Revolutionstruppen besetzen Portugal und zwingen die regierende Dynastie aus dem Land. Die Königsfamilie setzt sich mit einem Gefolge von ungefähr 10 000 Leuten nach Rio de Janeiro ab. Dadurch steigt Brasiliens relative Bedeutung innerhalb des portugiesischen Kolonialreiches massiv an: Dass der amerikanische Ableger 1815 in den Rang eines Königreiches erhoben wird, ist eine Konsequenz davon. Zwar macht die Niederlage Napoleons in jenem Jahr die Rückkehr nach Europa möglich, doch König Johann VI. belässt den Hof vorerst in Amerika und verfolgt eine Expansionspolitik an der brasilianischen Südgrenze. Andererseits gerät die Krone schon bald nach ihrer Ankunft in Amerika unter starken Einfluss der reform- und indianerfeindlichen Luso-Brasilianer, mit der Folge,

Jean Baptiste Debret, Porträt Johann VI., 1818, Museu Nacional de Belas Artes, Rio de Janeiro

dass Portugal 1808 einen Offensivkrieg gegen die Indianer erklärt. In diesem letzten grossen und offiziellen Indianerkrieg wird die Versklavung der Eingeborenen wieder legalisiert.

William Clark, Anlegen eines Zuckerrohrfeldes, 1823, Lithographie

### 1822

Nachdem Johann VI. ins Mutterland zurückgekehrt ist, beruft sein Sohn Dom Pedro in Brasilien einen Rat von Provinzialabgeordneten und wenig später auch eine gesetzgebende Versammlung ein. Am 7. September 1822 erklärt er Brasilien für unabhängig und proklamiert sich selbst zum Kaiser. Zweifellos ist die Zustimmung unter der weissen Elite – den hohen Beamten, den Landbesitzern und den Kaufleuten – gross. Dennoch destabilisiert die Unabhängigkeit das innenpolitische Leben: in den kommenden Jahren mehren sich die Rebellionen in abgelegeneren Provinzen, die Krawalle städtischer Handwerker und die Sklavenerhebungen. Insgesamt aber ist das Land durch die Übersiedlung des portugiesischen Hofes und dann durch die Ausrufung des Kaiserreiches von Beginn seiner Eigenständigkeit an darauf eingestellt, eine einheimische Gesamtregierung zu besitzen. Brasilien leidet denn auch nie unter bürgerkriegsartigen Zerfalls- und Spaltungstendenzen, wie sie das spanischsprachige Amerika nach dessen Unabhängigkeit überziehen. Und spätestens in den 1840er Jahren ist die politische Stabilität weit-

Arnaud Julien Pallière, Porträt der Prinzessin Leopoldina, 1818, Privatbesitz Rio de Janeiro

Simplício Rodrigues de Sá, Porträt Pedro I., um 1825, Museu Imperial, Petrópolis

Menschen in Brasilien. Fast zwei Drittel davon haben schwarze Hautfarbe, ein Drittel ist weiss. Die Indianer bilden jetzt schon weniger als zehn Prozent der Bevölkerung.

### 1824

Die neue Verfassung des tropischen Grossreichs spricht dem Kaiser fast absolute Gewalt zu: So kann der Monarch alle wichtigen Beamten einsetzen, die Gesetzgebung des Parlaments implementieren und über die

autokratisch regiert, übt sein Sohn und Nachfolger Pedro II. (1840–1889) die Befugnisse nicht voll aus. Regelmässig folgt er den Wünschen seiner Berater.

### 1850

Die Einfuhr von Sklaven wird verboten. Noch findet das Gesetz nicht überall Beachtung, aber in den folgenden Jahren kommt die Verschleppung von Menschen aus Afrika sukzessive zum Stillstand. Die Schätzungen, wieviele Personen in den drei Jahrhunderten seit der Verschleppung der ersten afrikanischen Sklaven nach Brasilien verbracht wurden, schwanken stark: die niedrigsten Angaben sprechen von drei Millionen, die höchsten von 18 Millionen. Ziemlich sicher ist, dass die Einfuhr von Sklaven schon im 18. Jahrhundert ihren Höhepunkt überschritten hatte und in den Jahrzehnten vor 1850 rückläufig war. Der innerbrasilianische Sklavenhandel nimmt nach dem Importverbot freilich noch zu.

### 1865

Im Paraguay-Krieg von 1865 bis 1870 gelingt es Brasilien zusammen mit Argentinien und Uruguay, dem paraguayanischen Diktator Francisco Solano López den Zugang zum Atlantik zu verwehren. Für Brasilien bedeutend ist dabei vor allem, dass die Streitkräfte in diesem Krieg einen *Esprit de corps* zu entwickeln beginnen. Den Offizieren dämmern nun die enormen Schwächen ihrer Armee: die organisatorischen Mängel, die unzureichende

Johann Moritz Rugendas, Ausschiffung der

Ausbildung, die Vetternwirtschaft, die Unfähigkeit vieler Kader ... Unter diesem Eindruck breiten sich im Militär reformerische Gedanken aus, was wiederum eine wichtige Voraussetzung für den Übergang zur Republik im Jahre 1889 schafft.

**1872**
Eine Volkszählung ergibt 9,9 Millionen Einwohner, darunter 1,5 Millionen Sklaven. 85 Prozent der Bevölkerung sind Analphabeten.

**1888**
Mit dem «Goldenen Gesetz» – der *Lei aurea* – wird die Sklaverei für abgeschafft erklärt. Rund 700 000 Menschen erhalten die Freiheit. Entgegen den Befürchtungen konservativer Pflanzer verläuft der Übergang zur sklavenfreien Wirtschaft recht problemlos. Denn erstens ist ein Grossteil der ehemaligen Sklaven bereit, gegen Lohn an Ort und Stelle weiterzuarbeiten, zweitens setzt ungefähr zur gleichen Zeit die grösste Einwanderungswelle nach Brasilien ein. Im Rekord-Jahrzehnt 1890–1900 ziehen gut 1,1 Millionen Menschen ins Land: billige Arbeitskräfte, zumeist aus Italien, Spanien und Portugal.

**1889**
Ein unblutiger Militärcoup beendet die brasilianische Kaiserzeit: Am 15. November 1889 wird die Republik ausgerufen. Hinter dem Umsturz stehen grosse Teile der Armee, ferner städtische Mittelschichten und Plantagenbesitzer aus der Region São Paulo. Auf der anderen Seite trägt das Sklavereiverbot vom Vorjahr dazu bei, dass selbst konservativste Pflanzerkreise keinen Finger zur Rettung der Monarchie rühren. Im Grunde aber beruht der Übergang auf der langsamen sozioökonomischen Entwicklung vergangener Jahrzehnte: die Kaiserzeit hatte eine gewisse Urbanisierung, beträchtliche Immigration, massive Verbesserungen des Transportwesens und erste Manufakturindustrien mit sich gebracht. Sie begünstigte auch neue soziale Gruppen, welche die bestehenden Institutionen und die politische Vorherrschaft der traditionellen Landbesitzer- und Kaufmannskreise bloss

Vater und Sohn feiern die Proklamation der Republik, São Paulo 1889

noch als anachronistische Hürden auf dem Weg zum Fortschritt empfanden. Dass die ersten Regierungen nach 1889 die Wirtschaftspolitik zum wichtigsten Anliegen machen, hat damit zu tun. Alles in allem hält sich die Bedeutung des Umsturzes jedoch in Grenzen: ökonomisch bleibt Brasilien auf den Export von Agrarprodukten und den Import von Kapital angewiesen; und politisch verbleibt die Macht mehrheitlich bei den alten Führungsgruppen. Die Masse nimmt auch jetzt kaum am politischen Leben teil, nur die lese- und schreibkundigen Männer über 21 dürfen an die Urnen. Ausgeschlossen ist also nicht allein die weibliche Bevölkerungsmehrheit, sondern bei einer Analphabetenrate von 85 Prozent überhaupt der grösste Teil der 14 Millionen Menschen – und dabei vor allem der nicht-weissen Einwohner.

**1891**
Unter dem Motto *Ordem e progresso,* Ordnung und Fortschritt, wird eine neue Verfassung in Kraft gesetzt. Als Vorbild dient die *Constitution* der Vereinigten Staaten von (Nord-)Amerika. So wird der Präsident alle vier Jahre durch direkte Volkswahl bestimmt; es kommt zur Trennung von Legislative, Exekutive und Judikative sowie von Kirche und Staat. Die Provinzen – jetzt bezeichnenderweise Staaten genannt – gewinnen auf Kosten der Zentralregierung an Einfluss.

**1892**
Im Bundesstaat Rio Grande do Sul brechen Aufstände aus; die Unruhen dauern drei Jahre und werden von beinahe der gesamten Flotte Brasiliens unterstützt. Bei der Niederschlagung dieser Rebellion übernimmt die Armee erstmals die – bald schon traditionelle – Rolle einer nationalen und überregionalen Ordnungsmacht.

**1894**
Mit Prudente de Morales gelangt der erste zivile Präsident Brasiliens an die Macht. In seiner Regierungszeit wird, mit den USA als Schiedsrichter, der jahrhundertealte Grenzdisput zwischen Argentinien und Brasilien beigelegt.

**1902**
Der Baron von Rio Branco avanciert zum Aussenminister. Unter seiner Führung gelingt es der brasilianischen Diplomatie in den folgenden zehn Jahren, Grenzfragen mit Argentinien, Uruguay, Bolivien, Peru, Französisch- und Britisch-Guayana meist vorteilhaft zu regeln: bis 1912 kann Brasilien sein Territorium um 900 000 Quadratkilometer vergrössern.

**1917**
Die Versenkung brasilianischer Schiffe durch deutsche U-Boote und diplomatischer Druck aus Washington veranlassen Brasilien, auf seiten der Alliierten in den Ersten Weltkrieg einzutreten. Der Konflikt erschwert den Absatz brasilianischer Produkte, und die daraus erfolgenden wirtschaftlichen Schwierigkeiten stimulieren Streiks und soziale Revolten. Der Druck städtischer Mittelschichten und mittlerer Militärränge verstärkt sich in den kommenden Jahren und ändert die politischen Rahmenbedingungen der Republik: Die alten Oligarchien müssen einen Teil ihres Einflusses abgeben.

**1920**
Eine Volkszählung ergibt 30,6 Millionen Einwohner; 87 Prozent davon leben auf dem Land. Immer noch arbeiten weniger als 3 Prozent der Beschäftigten in Industrie und Gewerbe, immer noch können 75 Prozent der Brasilianer weder lesen noch schreiben.

Fábio Magalhães

# Kunst aus der «Neuen Welt»

Das 16. Jahrhundert war die Zeit der grossen Seeunternehmungen über den Atlantik und der Entdeckung einer unvermuteten Welt, die zwar nicht das ersehnte Indien eines fernen Ostens war, deren Reichtümer aber die wagemutigen Seefahrer anzogen und ihren Mut anspornten.

Seit ihrer Entdeckung übten die Länder Amerikas als eine Art Eden einen mächtigen Reiz auf das von den Ideen der Reformation und Gegenreformation erschütterte Europa aus. Die Berichte der Seefahrer schienen in den Augen der Europäer stets wie Phantasieprodukte, und diese Erzählungen dienten als Grundlage für die ersten bildlichen Darstellungen der entdeckten Welt. Es verlangte ungestümen Abenteuergeist, «durch nie zuvor befahrene Meere» (aus Camões' portugiesischem Nationalepos «Os Lusíadas») zu reisen, mit allen Schwierigkeiten der langen Fahrt, in Stürmen und Flauten. Die Gefahren auf See regten die Einbildungskraft an und bevölkerten die Meere mit Ungeheuern und Mythen. Gleichzeitig erweiterten die neuen Erkenntnisse der Seefahrer die bekannte Welt und entwarfen eine neue Geographie.

Die ersten Bilder Brasiliens wurden von europäischen Illustratoren nach den Berichten der Reisenden geschnitten und gestochen.

Hans Stadens «Reise nach Brasilien» stellt die erste bibliographische Erwähnung Brasiliens in Europa dar. Ihre Veröffentlichung in Deutschland im Jahr 1557 machte grossen Eindruck und fand gewaltigen Widerhall. Die Holzschnitte, die den Text illustrieren, erweckten zusätzlichen Schrecken, indem sie den Kannibalismus und das Alltagsleben der Tupinambás darstellten. Darüber hinaus lösten die Berichte über menschenfressende brasilianische Indianer Polemiken und bewaffnete Auseinandersetzungen zwischen Katholiken und Protestanten aus, als letztere die Praxis der Kommunion als kannibalistischen Akt verdammten. Die Katholiken würden mit der Hostie Christus «essen».

Als Kolonie Portugals befand sich Brasilien während dreier Jahrhunderte in grösster Isolation. Es war unerreichbar weit entfernt von den sozialen, technologischen und wissenschaftlichen Umwälzungen in Europa und hatte keine Kenntnis von neuen künstlerischen und

Da sie von den grossen Bewegungen, die zur Neuzeit führten, ausgeschlossen blieb, machte die kulturelle Entwicklung Brasiliens nicht die Veränderungen des europäischen Denkens mit, welche seit dem 16. Jahrhundert stattfanden. Ein strenges Zensurwesen hielt sogenannt «gefährliche Ideen», die das intellektuelle Leben Europas aufwühlten, von Brasilien fern.

Die Kolonialverwaltung ergriff entsprechende Massnahmen, um die Verbreitung von Büchern zu verhindern, welche der «Reinheit der Lehre» zuwiderliefen. In der Kolonie durften keine Bücher gedruckt werden, und dieses Verbot, begleitet von wirksamer Repression, verhinderte die Gründung von Buchdruckereien. Die «Königliche Hofdruckerei» wurde erst nach der Ankunft der königlichen Familie 1808 ins Leben gerufen, und Brasilien hatte bis zur zweiten Hälfte des 19. Jahrhunderts weder ein Druck- und Pressewesen noch Universitäten.

Die künstlerischen Aktivitäten im kolonialen Brasilien standen im Dienste der Religion und gehorchten lange Zeit den Geboten der Gegenreformation.

Wenn die künstlerischen Modelle, welche die Kolonie erreichten, auch bestimmte formale Werte der Renaissance beinhalteten, so bewahrte man doch im wesentlichen eine mittelalterliche Ausdrucksweise. Die gebräuchlichen Modelle suchten Brasilien von den theologischen Inhalten der Reformation und den weltlichen Idealen des Humanismus abzuschotten. Portugal bestimmte die Denkweise, nach der in Brasilien Kunst geschaffen wurde. Selten erscheinen Elemente des eigenen Landes (Landschaft, Pflanzen, Tiere, Indianer) in den Künsten der Kolonialzeit, und wenn, dann als Hintergrund und zweitrangig.

So erschwerte die rückständige Kolonialpolitik Portugals die kulturelle und künstlerische Entwicklung Brasiliens und verhinderte eine umfassende Teilnahme an den künstlerischen Strömungen und am Denken seiner Zeit. Die spanische Krone war hinsichtlich ihrer Besitzungen in Amerika liberaler. Sie richtete Universitäten ein – jene von Lima in Peru wurde 1534 gegründet – liess eine bessere künstlerische und intellektuelle Ausbildung zu, legte Städte nach Entwürfen der Renaissance an und nutzte die fortschrittlichsten städtebauli-

der Gründung der brasilianischen Städte, wofür Olinda ein typisches Beispiel darstellt. Dennoch passten die Städte ihre Anlage geschickt den topographischen Gegebenheiten an. Sie entwickelten eine bestimmte Anordnung der Plätze und Strassen, die der Logik der besten Nutzung des Stadtraums und der richtigen Lage der wichtigsten Bauwerke folgte. Luís Dias, der 1549 als «Maurermeister» nach Brasilien kam, gilt als unser erster Architekt. Er entwarf das erste Rathaus, das erste Gefängnis und die Zollgebäude in Bahia. Nach ihm kamen zahllose weitere Architekten, Baumeister, Steinmetzmeister, Töpfer, Zimmerleute, aber nur wenige Bildhauer und Maler verschlug es im 16. Jahrhundert nach Brasilien. Der Maler Manuel Álvares hielt sich auf dem Weg nach Indien in Bahia auf, wo er 1560 für die Kirche des «Colégio da Bahia» zumindest eine Fassade entwarf. Er ist einer der ersten, dessen Name auf uns gekommen ist. Mit der Entstehung von Städten und dem Bau zahlreicher Kirchen, unter welchen einige reich an Ornamenten waren, kamen mehr Künstler ins Land, vor allem ab der zweiten Hälfte des 17. Jahrhunderts. Wenn die Regeln und Modelle auch aus Portugal stammten, so führten doch die gewaltige räumliche Entfernung, die Schwierigkeiten bei der Kommunikation mit Europa sowie die Knappheit von Baumaterialien und Arbeitskräften zu einem unvermeidlichen Akkulturationsprozess, aus dem ein eigener Stil und regionale Ausdrucksformen hervorgingen, welche in einigen Fällen sich von jenen anderer Gebiete erheblich unterschieden. Man vergleiche, was Bahia, Rio de Janeiro und Minas Gerais zur selben Zeit hervorbrachten.

Die langsame kulturelle Veränderung und die Isolation hinderten die Kolonialarchitektur nicht daran, ihre eigene Sprache zu entwickeln, die heute für ihre Schönheit und ihre baulichen Qualitäten berühmt ist, sowohl in den Spielarten, die unter dem Druck der Armut und Strenge entstanden, so die koloniale Architektur in São Paulo, als auch in jenen, die das Ergebnis von Reichtum und städtischer Entwicklung waren wie das Barock von Minas Gerais in Ouro Preto und Sabará.

Vor wenigen Jahren hat die Unesco einige Baudenkmäler des brasilianischen Barock zum «kulturellen Allgemeingut der gesamten Menschheit» erklärt: die Stadt Ouro Preto in Minas Gerais, die Stadt Olinda in Pernambuco, das Ensemble des Viertels des Pelourinho in Salvador da Bahia und die Missionskirchen mit ihren monumentalen Ausmassen, welche die Jesuiten im Süden des Landes erbauen liessen.

Aufgrund der Schwierigkeiten und spezifischen Probleme bei der Ausführung der Bauarbeiten schuf der brasilianische Barock eine eigene Technologie: Im Einklang mit der Umwelt, an die es sich anpasste, und durch eine besondere Konstruktionsweise entstand ein eigener Stil, der sich vom europäischen Barock unterschied. So folgte der brasilianische Barock einer besonderen Dynamik, die sich aus den Verhältnissen der Kolonie und nicht aus den Wandlungen des europäischen Barock erklärt. Seinen Höhepunkt erreichte er spät, zu Ende des 18. Jahrhunderts, mit dem Werk des genialen Künstlers Antônio Francisco Lisboa, genannt Aleijadinho.

Von offizieller Seite wird der Versuch, Brasilien in die moderne Welt einzugliedern, erst zu Beginn des 19. Jahrhunderts unternommen. Er geschieht abrupt durch die Verlegung des portugiesischen Hofes nach Brasilien, der vor den Truppen Napoleons, die Lissabon erobert hatten, geflohen war. So wurden europäische Modelle per Dekret importiert, kulturelle und wissenschaftliche Institutionen gegründet; es kam zu einer Konzentration von aus Europa kommenden Intellektuellen, Künstlern und Technikern, zur Freigabe und Einführung des bis dahin verbotenen Druckereiwesens.

Der Eintritt Brasiliens in die Gegenwart wird markiert von der Romantik in der Literatur, dem Neoklassizismus in der Architektur und dem Akademismus in der plastischen Kunst, zusammen mit der Duldung von in Europa vorherrschenden zeitgemässen Denkformen und schöpferischen Errungenschaften. Damit war eine lange Zeit der Isolation zu Ende gegangen. Der Preis dieses «Zeitgemässwerdens» war in gewisser Weise die Leugnung der Reichtümer der archaischen kulturellen Vergangenheit. Man unterwarf sich jenen kulturellen Strömungen, die das europäische Geistesleben in der stürmischen Zeit der industriellen Revolution beherrschten, oder äffte sie nach. Zur selben Zeit erwachte in den Ländern der nördlichen Hemisphäre grosses wissenschaftliches und künstlerisches Interesse an Brasilien, besonders an seiner gewaltigen flächenmässigen Ausdehnung in den tropischen Zonen. Es wurden zahlreiche Expeditionen organisiert, um die Pflanzen- und Tierwelt dieser riesigen, bislang noch so gut wie unbekannten Gebiete zu erforschen. Die Portugiesen hatten sich in der jahrhundertelangen Kolonialphase kaum von der Küste fortgewagt, nur wenige Expeditionen waren ins Landesinnere unternommen worden. Diese hatten fast immer den Charakter von Beutezügen auf Gold und Edelsteine, oder man machte Jagd auf Indianer, um sie zu versklaven.

Der erste Naturforscher Brasiliens war Bruder Cristóvão de Lisboa, der 1627 die «Geschichte der Tiere und Bäume von Maranhão» veröffentlichte. Diese enthielt detaillierte Illustrationen, welche Mateiro-Hirsche, Maracajá-Katzen, Schildkröten, Bagre-Fische und Maniok, das Grundnahrungsmittel der Indianer, darstell-

Gillis Peeters, Schlacht zwischen Holländern und Portugiesen, um 1640, Slg. Pimenta Camargo, São Paulo

ten. Von Bruder Cristóvão stammte die erste Zeichnung dieser Wurzel, die Jahre später überaus realistisch auch Albert Eckhout malte, welcher zusammen mit Moritz von Nassau nach Brasilien gekommen war. Es ist weiter hervorzuheben, dass die Zeit, in der Nassau Pernambuco mit seinen Zuckerrohrplantagen verwaltete, 1637 bis 1644, eine Zeit der «Aufklärung» darstellte, wie es sie im Amerika des 17. Jahrhunderts sonst nicht gegeben hat.

Im Gegensatz zur «finsteren» portugiesischen Kolonialpolitik rief der Gouverneur Ostindiens einen erlesenen Kreis von Intellektuellen, Wissenschaftlern, Künstlern und Kunsthandwerkern nach Recife, fast durchwegs Niederländer, die humanistische Ideen entwickelten, sich mit den Naturwissenschaften befassten und die brachte auch ein ausgeklügeltes Projekt zur Urbanisierung Recifes mit. Er liess im Palast, wo er wohnte, einen botanischen Garten anlegen, in dem er Pflanzenarten verschiedenster Gegenden ansetzen liess – ein im damaligen Amerika einmaliges Unternehmen.

Zahlreiche Künstler, die im Dienst des Grafen Moritz von Nassau standen, malten Landschaftsansichten und Menschentypen wie auch die zivilen und militärischen Bauten im holländischen Brasilien. Diese Werke wurden später nach Europa gebracht und stellten die ersten Bilder dar, die streng wirklichkeitsgetreu waren und eine den Tatsachen entsprechende Darstellung des Lebens und der Landschaft Brasiliens enthielten. Unter diesen Künstlern ragen besonders Frans Post und Albert Eckhout hervor, aber auch die wenigen Gemälde

Johann Moritz Rugendas, Die erste Messe anlässlich einer Taufe, São Vicente 1532, 1845/46, Slg. Pimenta Camargo, São Paulo

ein Bild, «Schlacht zwischen Holländern und Portugiesen», ruft in Erinnerung, dass sie ihre Anlagen nicht ins Grüne bauten.

Eine andere bemerkenswerte Persönlichkeit in Nassaus Begleitung war Georg Marcgraf (oder Marcgrave), der eigentlich als Kartograph und Astronom tätig war, sich aber auch der Zoologie, Botanik und anderen Wissenschaften wie Mathematik und Heilpflanzenkunde widmete. Sogar auf dem Gebiet der Ethnologie unternahm er Forschungen. Seine Aufzeichnungen zur Naturgeschichte gelangten nach Holland, wo sie zusammen mit Wilhelm Pies' Material, welcher gleichfalls zur Zeit der «holländischen» Epoche in Brasilien lebte, zu einer «Historia Naturalis Brasiliae» vereinigt wurden, welche im Jahr 1648 erschien.

Ohne Zweifel waren aufklärerische Ideen und die enzyklopädische Leidenschaft ausschlaggebend für die Durchführung von Südamerika-Expeditionen des im 18. und besonders im 19. Jahrhundert, welche die Natur und die Menschentypen untersuchten. Zweifellos förderten auch die romantischen Vorstellungen diese Reisen in eine «paradiesische und wilde» Welt, wo der Mensch ein Teil der Natur war und sich nicht gegen sie stellte, schon gar nicht mit der Radikalität der industriellen Revolution in den europäischen Ländern.

Zahllose Künstler unternahmen Reisen zusammen mit Pflanzenforschern, Zoologen, Ethnologen usw. oder auch allein. Einige hielten sich nur kurz an einem Punkt der brasilianischen Küste auf, während andere in das unermessliche Territorium vordrangen und viele Jahre mit der Erforschung des Landes verbrachten, wie etwa Alexandre Rodrigues Ferreira im Amazonasgebiet. Nur wenige durchquerten den Kontinent und gaben sich nicht mit der blossen Feststellung zufrieden, dass die Landschaft Brasiliens gewaltig weit sei. Sie drangen in die Andengebiete oder die argentinischen Pampas vor oder erreichten die mexikanische Hochebene. Andere reisten zu Fuss oder auf Maultieren, lieferten sich allen nur erdenklichen Schwierigkeiten und Widrigkeiten der Natur und ihrer Bewohner aus, wie Alexander von Humboldt oder Johann Moritz Rugendas; sie reisten im Kanu wie Prinz Langsdorff, der während einer Expedition wahnsinnig wurde, nachdem er zwischen 1821 und 1829 mehr als 16 000 Kilometer auf brasilianischem Territorium zurückgelegt hatte. Das kostbare Material, das die Expedition Langsdorffs sammelte, wird heute in der Russischen Akademie der Wissenschaften aufbewahrt. Auch gab es jene, die ihr Leben im Lauf einer jener Unternehmungen verloren, wie Aimé-Adrien Taunay, ein Teilnehmer der Langsdorffschen Expedition, der ertrank, als er den reissenden Guaraporé-Fluss während der Regenzeit schwimmend überqueren wollte. Wieder andere kehrten nach Europa zurück, um ihre Untersuchungen und Zeichnungen zu veröffentlichen, welche von europäischen Stechern überarbeitet wurden, wie Debret, dessen erster Band der «Voyage Pittoresque et Historique au Brésil» 1834 in Frankreich erschien und sofort zu einem grossen Erfolg wurde.

Die Portugiesen beteiligten sich bis ins 19. Jahrhundert wenig an der Erforschung der Pflanzen- und Tierwelt Brasiliens. Alexandre Rodrigues Ferreiras «Philosophische Reise an den Rio Negro» genannte Expedition zu Ende des 18. Jahrhunderts war eine der ersten, von der man in Brasilien Kenntnis hat, und sie stellte ein umfassendes Unternehmen mit einer Vielzahl von Fragestellungen dar. Sie sammelte eine stattliche Zahl von Spezies und hatte nicht nur naturwissenschaftlichen Charakter, sondern darüber hinaus auch politische und administrative Aufgaben. Man könnte sie als eine Art kolonialer Inspektionstour bezeichnen. Die Verwaltungsaufgaben, die, nebenbei gesagt, hervorragend erledigt wurden, taten den Zielsetzungen und der Qualität der wissenschaftlichen Arbeit keinen Abbruch. Alexandre Rodrigues Ferreira kam im Oktober 1783 nach Belém do Pará, brach aber erst im September des folgenden Jahres zu seiner Reise auf, nachdem er bereits vor Ort zahllose Spezies, Aufzeichnungen und Ansichten der Umgebung von Belém gesammelt und nach Europa gesandt hatte.

Erst nach einem Jahr erreichte er den Rio Negro, inzwischen schickte er jedoch fortwährend Gegenstände, Tiere und Pflanzen nach Belém. Gleichzeitig liess er eine Unmenge Aquarelle des Rio Negro und der Uferregionen anfertigen. Der König beauftragte ihn 1788, den Rio Madeira, dessen Wasserfälle er zeichnen sollte, bis hinauf zur Hauptstadt von Mato Grosso, Vila Bela, zu bereisen. Nach Beendigung dieser Expedition kehrte der Naturforscher im Februar 1792 nach Belém zurück, und Ende desselben Jahres begab er sich endgültig nach Lissabon, nachdem er neun Jahre seines Lebens damit verbracht hatte, die gewaltigen Becken der beiden Flüsse Rio Negro und Rio Madeira zu bereisen und zu erforschen.

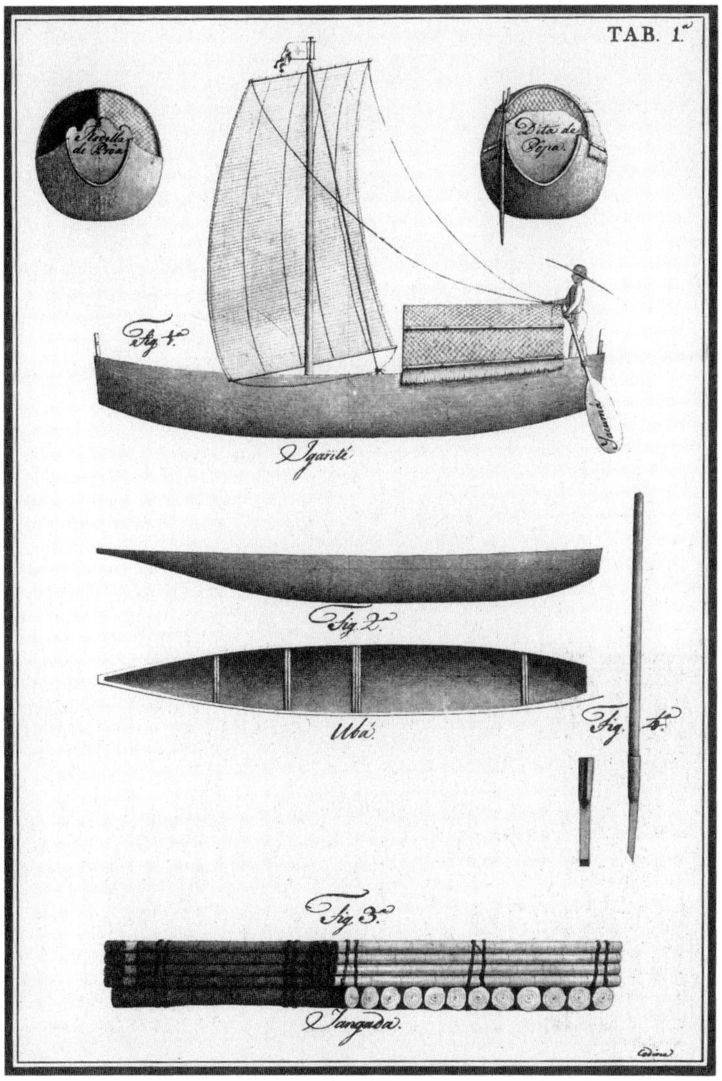

Joaquim José Codina, Bauanleitung für eine Jangada, 1783-1790, «Philosophische Reise»

Flora Amazoniens gesammelt hatte, wie auch die von Indianern und anderen Bewohnern der bereisten Gebiete hergestellten Gegenstände wurden in Portugal unsachgemäss behandelt. Bei seiner Ankunft in Lissabon erfuhr Alexandre Ferreira, dass die meisten Sendungen schwer beschädigt und dass viele Aufzeichnungen verlorengegangen waren. 1807 wurde der Grossteil seiner Sammlung während der Besetzung Portugals durch die Franzosen von Geoffroy Saint-Hilaire konfisziert, welcher mit einem Team von Naturforschern die Truppen des Generals Junot begleitete. Dieser nahm auf Anordnung Napoleons Lissabon ein und zwang den portugiesischen König João VI. mit seinem Hof zur Flucht nach Brasilien. Die aussergewöhnliche Arbeit Alexandre Rodrigues Ferreiras, die einen wichtigen Beitrag zur Naturwissenschaft seiner Zeit hätte leisten können mit ihren Informationen zur Bevölkerung, zu den

José Joaquim Freire, Pflanzendarstellung für die «Philosophische Reise» (A. R. Ferreira), 1783-1792, Slg. Fundação Biblioteca Nacional, Rio de Janeiro

Joaquim José Codina und José Joaquim Freire, Pflanzendarstellungen für die «Philosophische Reise» (A. R. Ferreira), 1783–1792, Slg. Fundação Biblioteca Nacional, Rio de Janeiro

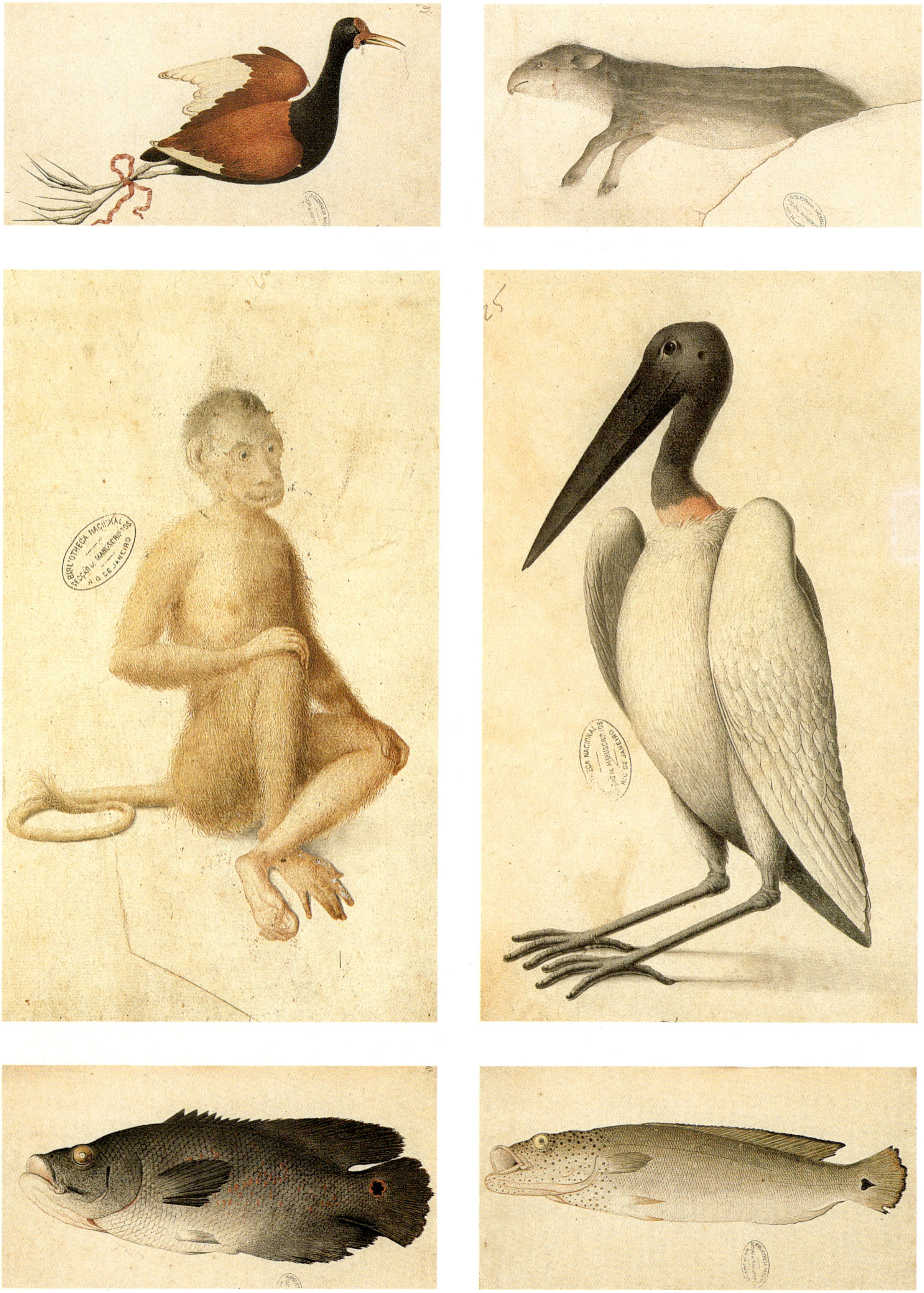

Joaquim José Codina und José Joaquim Freire, Tierdarstellungen für die «Philosophische Reise» (A.R.Ferreira), 1783-1792, Slg. Fundação Biblioteca Nacional, Rio de Janeiro

wurde von den grossen Zentren der Wissenschaft in Europa praktisch nicht zur Kenntnis genommen.
Obwohl die Philosophische Reise zum Rio Negro zeitlich vor jener der Expedition der österreichischen Akademie der Wissenschaften (ab 1817) und vor jener des Prinzen Maximilian zu Wied (1815–1817) lag, war es den deutschen und österreichischen Künstlern und Wissenschaftern vorbehalten, Europa über die Spezies jener Region zu informieren. Maximilian, der in der Nachfolge Humboldts in Rio aufbrach und nach einem langen Weg über Minas Gerais Bahia erreichte, publizierte seine «Reise in Brasilien» – Berichte und Aquarelle – 1820/21. Die beiden bayerischen Wissenschafter Spix und Martius, die sich der österreichischen Expedition (zum Anlass der Verheiratung von Erzherzogin Leopoldine mit dem Kronprinzen Dom Pedro) angeschlossen hatten, brachten den ersten Band ihrer «Reise in Brasilien» 1823 in München heraus. Thomas Ender (1793–1875), der bedeutendste österreichische Teilnehmer der folgenreichen Expedition, ein begabter Landschaftszeichner, brachte zwar insgesamt 652 Blätter nach Europa, die jedoch, kaum besser bearbeitet und bekannt als die Arbeit Alexandre Rodrigues Ferreiras, noch immer in der Akademie der Bildenden Künste in Wien unter Verschluss liegen.
Brasilien zog aber auch zahllose Reisemaler der unterschiedlichsten Nationalitäten an. Ausser Debret und Rugendas gilt es an dieser Stelle die Engländer zu erwähnen: John Mawe kam 1807 nach Südamerika und blieb lange Zeit in Minas Gerais. In London veröffentlichte er 1812 die Chronik «Reise ins Landesinnere Brasiliens» mit Zeichnungen, welche den Diamantenbergbau darstellen. Henry Chamberlain kam 1815 nach Rio de Janeiro und veröffentlichte 1822 ein Album mit Radierungen unter dem Titel «Ansichten und Sitten der Stadt Rio de Janeiro und Umgebung». Henry Koster stellte die Gebräuche der Bewohner Recifes, Charles Landseer fertigte mehr als dreihundert Zeichnungen von Menschentypen und Landschaften an. Graf von Clarac, der sich im Auftrag der französischen Regierung für einige Monate in Rio de Janeiro aufhielt und sein Land als Diplomat in den Verhandlungen um die Rückgabe Cayennes gegenüber König João VI. vertrat, machte in dieser kurzen Zeit zahlreiche Zeichnungen, die er später als Gemälde ausführte. Und zuletzt auch der deutsche Kaufmann und Maler Karl Wilhelm von Theremin, der sich zwischen 1820 und 1835 lange in Brasilien aufhielt und in dieser Zeit in Aquarellen die Landschaft und das Alltagsleben Rio de Janeiros festhielt.
In Rio de Janeiro gab es bald nach der Ankunft der französischen Gesandtschaft eine Ausbildungsmöglichkeit für Maler, und zwar durch die Gründung der «Französischen Schule der Schönen Künste». Mit der raschen Entwicklung der Stadt und der Übernahme europäischer Sitten, welche der portugiesische Hof und die französischen Gesandten mitgebracht hatten, entstand eine lebendige Kunstszene, und es bildete sich eine Kundenschicht für mondäne Malerei. Die «Vues du Brésil» wurden zum Exportartikel. Dieser neue und blühende Kunstmarkt verlockte auch Maler anderer Länder dazu, sich in Brasilien niederzulassen. Gleichzeitig zog das kulturelle Ambiente Rios Intellektuelle und Künstler anderer Landesteile an, und die Hauptstadt verwandelte sich in der zweiten Hälfte des 19. Jahrhunderts in ein dynamisches Zentrum, das für die polemischen Ideen, die in Europa entstanden, offen war.
Trotzdem ist es erstaunlich, wie schnell im 19. Jahrhundert die Photographie Eingang in Brasilien gefunden hat und mit welcher Intensität sie sich hier weiterentwikkelte. Nach ihrer Erfindung im Jahr 1839 erschien ein erster Bericht darüber, nur wenige Tage nach der allerersten Notiz im New Yorker «Observer», bereits im «Jornal do Comércio», noch vor jeder offiziellen Bekanntgabe. Kurz nach der ersten Experimentierphase mit Daguerrotypien in den Vereinigten Staaten im September 1839 wurden bereits im Januar 1840 in Rio de Janeiro die ersten Photographien hergestellt. Die drei Daguerrotypien, welche der Abt Louis Compte in der Nähe des Kaiserlichen Palastes in Rio aufnahm, zählen zu den ältesten Beispielen dieser neuen Kulturtechnik in Amerika. Noch älter freilich sind die Resultate der Experimente, die der nach seiner Rückkehr von der Langsdorff-Expedition in Rio ansässige Maler Hércules Florence mit photosensiblem Papier unternommen hatte. Schon Jahre vor Daguerres Erfindung hatte er mit einer einfachen Camera obscura Gegenstände photographisch festgehalten.
Dank der Unterstützung und der Sammlerleidenschaft des Kaisers Pedro II. konnte das reiche photographische Erbe Brasiliens weitgehend bewahrt werden. Insbesondere in Rio entwickelte sich – zur Propagierung der Schönheit dieser Stadt – eine prosperierende Panorama-Photographie (der Schweizer Georges Leuzinger, Marc Ferrez u. a.). Ferrez begleitete später wie A. Frisch und August Riedel Expeditionen ins Indianergebiet; von ihnen stammen die ersten photographischen Reportagen.
Zweifellos war das 19. Jahrhundert das eigentliche Jahrhundert der Entdeckung Brasiliens – zumindest vom ikonographischen Standpunkt aus – mit seinen wissenschaftlichen Expeditionen, den reisenden Malern und seinen ersten Photographen. Das wissenschaftliche Interesse wurde dabei zusehends durch ein touristisches ersetzt.

Guido Magnaguagno

# Bilder aus Brasilien

Wie auf den frühen Karten ist für Europa die brasilianische Kunst ebenso wie die Kunst aus Brasilien noch nach 500 Jahren eine «Terra nova» oder «non discoperta». Dass die ersten Bildzeichen überhaupt auf den damals noch unermesslichen «weissen Flecken» auf dem Innern des neuen Kontinents auftauchten, ist dabei von symbolhafter Bedeutung. Die «weissen Flecken» sind zwar über die Jahrhunderte ausgemessen und mit Flussläufen, Gebirgsketten und Städtenamen übersät und verkleinert worden, doch hat dies die Kenntnis des Landes als eines überreichen Lebensraums mit unzähligen, allemal überraschungsreichen und die Sinne erregenden Kulturformen kaum gefördert.

Nach 500 Jahren nimmt ein europäischer Bildungsbürger staunend wahr, dass da ein mit Mexico oder Peru vergleichbarer Beitrag zur Weltkultur offenbar übersehen wurde, weil er weder Zeugnisse einer vorkolumbianischen Hochkultur zu bieten hat noch durch Revolution und Industrialisierung wie im Norden des Kontinents Grossmachtsansprüche auch in der Kultur anmeldete. Dabei ist die lusitanisch-holländisch-französisch-deutsch-brasilianische Kulturgeschichte vom 16. bis zur Mitte des 19. Jahrhunderts – also über einen Zeitraum von 350 Jahren – bei weitem spannender, komplexer und lehrreicher als das, was unter dem Diktat Spaniens und später der Vereinigten Staaten kulturell in die Welt gesetzt oder mehr noch ausgemerzt und verhindert worden ist. (Sogar der Name «America» ist später vom Norden usurpiert worden – ganz im Gegenteil meinte man damit ursprünglich die weit mehr bereisten und mehr «besungenen» lateinischen Länder). Und da diese Kulturgeschichte primär ein Produkt europäischer Entwicklungen und Einflüsse, europäischer Stilbildungen und Bildphantasien ist, gehört sie mit als wesentlicher Teil in unser zu revidierendes Geschichtsbild und unser kulturelles Bewusstsein.

Da der portugiesische Kolonialismus mehr einer des Handels und des wirtschaftlichen Profits war als einer der Ausrottung und Unterdrückung, haben sich sowohl mehr Kulturgüter der indianischen Urbevölkerung als auch der afrikanischen Sklaven im Lebensalltag erhalten. Ausser in der Sprache und Literatur, der Kartographie und der Architektur ist indessen Portugals kulturelle Ausstrahlung ohne überragende Kunstformen geblieben, ganz der Dominanz der ökonomischen und religiösen Maximen entsprechend. «Les Portugais au Brésil» ist, wie die Sammlung Pimenta-Camargo und die grandiosen Kirchenlandschaften von Bahia oder Minas Gerais zeigen, durch die machtvolle Präsenz des Katholizismus der Gegenreformation und des Barock bestimmt, der nicht allein Universitäten, Verlage oder Akademien verhinderte, sondern jede ausserreligiöse Bilderwelt mit der Zensur verfolgte. Eine «Bilderwelt Brasiliens» kann jedenfalls mit Ausnahme der «Viagem filosófica» mit portugiesischen Künstlern nicht illustriert werden.

Dazu brauchte es die mit Holzschnitten versehenen Reiseberichte der deutschen Landsknechte Hans Staden und Ulrich Schmidel, die von den Reformationskriegen genug hatten, und der Hugenotten und Calvinisten Villegaignon, Thevet und Jean de Léry – und die Atempause des Dreissigjährigen Krieges, die es den Holländern unter Moritz von Nassau erlaubte, in Pernambuco ein goldenes Jahrzehnt einzurichten. Jetzt hatten die Holzschneider und Kupferstecher, die Zeichner und Maler zu tun, um etwa den Sensationshunger der Frankfurter Verlegerfamilie de Bry zu stillen und die Neugier der Künstler, von Dürer, Burgkmair zu Brueghel und Francken, von Desportes bis zu Conrad Gessner in Zürich. Dort, wo auf den enormen Holzschnitt-Weltkarten der Elsässer Kartographen Waldseemüller und Ringmann 1507 erstmals der Name «America» als Hommage an Amerigo Vespucci erschien und noch 1516 «Terra Nova» und für Brasilien «Land der Papageien», traten nun als erste und über Jahrhunderte prägende Bilder – holzfällende Männer, wilde Tiere (die Drachen verwandelten sich bald in Tapire, Gürteltiere und Krokodile), bunte Vögel, Palmenwälder, unübersteigbare Gebirgszüge und endlose Wasserströme – auf. Von allen diesen frühen Metaphern belebte aber die Nachricht vom Kannibalismus die Bildproduktion am intensivsten und nachhaltigsten, so dass sie bald und für lange als Synonym für Brasilien stand, auch wenn es mit dem gegenläufigen Modell des «edlen Wilden» konkurrieren musste, bis es um 1920 von den «Antropophagisten» als Positivum «vereinnahmt» wurde.

Vor lauter Kannibalen-Panik hatte man beinah kein Auge auf die Schönheiten der Natur geworfen. Dass die Portugiesen als bevorzugtes Menschenfleisch Brasilien kaum als «irdisches Paradies» erlebten, mag ja nicht weiter erstaunen. Hingegen entging die exotische Üppigkeit weder den Soldaten Wallensteins noch den reformierten Puritanern. Und die Zeichner und Maler, Kartographen und Naturwissenschaftler, wie sie der Spätrenaissance-Fürst Moritz von Nassau im Schlepptau hatte, stürzten sich nicht nur mit frühaufklärerischen Bürgertugenden auf die brasilianischen Raritäten, sie verspeisten mit geradezu barock-katholischem Heisshunger die Fauna wie die früchtereiche Flora und entwickelten einen Sinn für die Reize der Menschenrassen, die Produktionsformen der Stämme wie das Aussehen der Individuen. Die Allegorien sparten sie für die Titelblätter ihrer «Naturgeschichten» auf oder überliessen sie den Daheimgebliebenen, während sie auch nach ihrer erzwungenen Rückkehr ihrem Stoff ein Leben lang treu blieben und ihn als Landschaft, Stilleben, Portrait, Genre oder wissenschaftliche Studie reproduzierten. (Dass die kulturgeschichtlich wie künstlerisch wohl bedeutsamste «Ausbeute» des holländischen Siedlungs-Versuchs – die Kopenhagener Bildserie Eckhouts – im Jahre des Herrn 1991 für die Dauer einer Ausstellung erstmals in ihr Ursprungsland zurückkehrte, ist bittere Ironie und Versprechen zugleich.)

Bezeichnenderweise fehlt fast gänzlich das Historienbild, so dass die Darstellung eines «irdischen Paradieses» sich im kriegsverseuchten Europa wie eine lebensnotwendige Phantasmagorie hielt. Wenn auch weder das erhoffte Reich eines sagenhaften Christenkönigs noch das wirkliche «El Dorado» gefunden werden konnte, beschäftigte die Vorstellung einer friedlichen menschlichen Gesellschaft die europäischen Kulturträger bis hin zum spöttischen Voltaire.

Ganz besonders fruchtbar für die brasilianische Kulturgeschichte war die europäische Aufklärung, welche die vom humanistischen Holland entworfene Vision gleichsam wissenschaftlich zu vertiefen begann. Von der Amazonas-Expedition La Condamines bis zur Installierung einer französischen «Mission» in Rio de Janeiro (1816) wurde Brasilien ein Stoff für Enzyklopädisten. Das geniale Zitat von Georg Christoph Lichtenberg, das da heisst «Der Amerikaner, der den Kolumbus zuerst entdeckte, machte eine böse Entdeckung» zeigt exemplarisch den Stand eines möglichen Bewusstseins an, dessen Demontage der Neokolonialismus mit restlosem Erfolg betrieben haben muss.

Als in der Nachfolge Humboldts nacheinander Graf Langsdorff, Prinz Maximilian zu Wied und Spix & Martius von entbehrungsreichen, aber ergiebigen Forschungsexpeditionen zurückkehrten, war ein nie mehr erreichtes positivistisches Wissen gewonnen. Die Wunderwelt der Natur und ihrer Urbewohner als Bilderwelt verdanken wir der Neugier und Akribie des europäischen Adels, der von der Politik in die Wissenschaft und Kulturgeschichte «emigrierte». Hier hätten Ansätze zu einem Modell eines kulturellen Universalismus und zu einem Kulturaustausch vorgelegen, der nicht auf Vorurteilen und unterschwelligem Rassismus, sondern auf einem hohen Stand von Information beruhte. Merkwürdigerweise nahm dieser zusehends ab; als ob zu einer erfolgreichen Kolonialpolitik Investitionen und Devisen genügten und die technische Entwicklung im Bergbau oder in der Plantagenwirtschaft nicht mehr nötig gewesen wäre. Die europäischen Höfe von Versailles bis Petersburg waren vom Exotismus der Bildteppiche der «Anciennes» und «Nouvelles Indes» fasziniert – die europäische Bildungselite ihrerseits nahm die Prachtbände der Zoologen und Botaniker oder die Atlasse mit den zu Stichen umgesetzten Zeichnungen und Aquarellen von Debret oder Rugendas zusehends bloss als ferne Zuschauergemeinde zur Hand. In deren «malerischen», vom Geist wie den Stilformen der Romantik bestimmten «Brasilien-Reisen» verschränkte sich das Muster des «irdischen Paradieses» mit jenen gefahrenlosen, aber umso mehr idyllisierenden Veduten, wie sie bald die touristische Werbung in den neuen Medien der Photographie, des Plakats oder der Bildtapete propagieren sollte. Der Ruhm Rios begann zu erstrahlen, der Mythos von Bahía, das Opernhaus im Dschungel und die Samba-Sinnlichkeit der Mulattin – die Klischees vom Karneval und vom Fussball wurden geboren, und die Ethnologen kamen fast zu spät.

Armes Europa, das so viel übersehen oder wieder vergessen hat! Die von dir geschaffene «Bilderwelt Brasilien» kehrt als Teil deiner Geschichte hoffentlich nicht nur vorübergehend zurück und mindestens als Pflichtstoff für deine Gymnasien! Was trotz Jahrhunderten blinder Kolonialpolitik visuell überlebte, bis die Brasilianer endlich ihrem Brasilien zu einem Gesicht verhelfen konnten, bleibt ein unausgeschöpftes europäisches Vermächtnis.

Karl-Heinz Kohl

# Amazonen und Kannibalen

Das Bild der Bewohner Brasiliens in Hans Stadens Reisebericht von 1557

In den Fastnachtstagen des Jahres 1557 erschien in der Marburger Druckerei Andreas Kolbe ein Buch, das, bis heute über achtzig Mal aufgelegt und in zahlreiche Sprachen übersetzt, zu einer der populärsten deutschen Reisebeschreibungen des 16. Jahrhunderts werden sollte. Verfasser dieses Buches war ein aus der hessischen Stadt Homberg stammender ehemaliger Landsknecht mit dem Namen Hans Staden, der in spanischen und portugiesischen Diensten mehrere Jahre in Südamerika verbracht hatte. Während seines Aufenthalts in Brasilien war Staden um 1553 einer Gruppe kriegerischer Tupinambá in die Hände gefallen, die ihn neuneinhalb Monate lang gefangenhielten, bis es einem französischen Seefahrer gelang, seine Auslösung zu bewirken. Völlig isoliert von Menschen seiner eigenen Sprache und Kultur, hatte Staden auf diese Weise unfreiwillig Gelegenheit erhalten, eine indianische Gesellschaft gleichsam von innen kennenzulernen. Sein in einfachen Worten abgefasster, unprätentiöser und dabei in Einzelheiten sehr genauer Bericht gilt der modernen Ethnologie als eines der wichtigsten frühen ethnographischen Zeugnisse über die indianischen Bevölkerungsgruppen der brasilianischen Küste.[1]

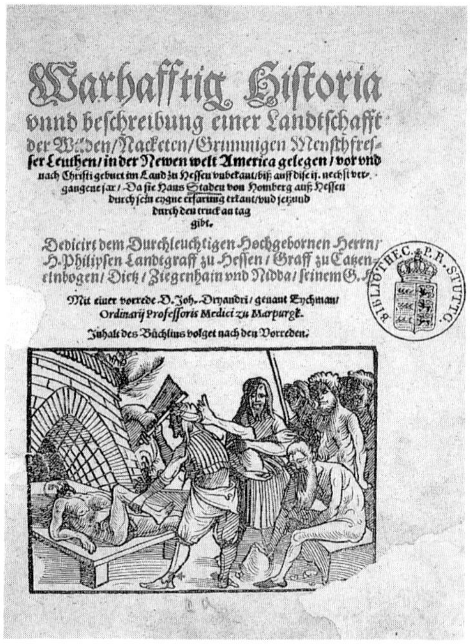
Warhafftig Historia vnnd beschreibung einer Landtschafft der W[illegible]den/Nacketen/Grimmigen Menschfresser Leuthen/in der Newen welt America gelegen/vor vnd nach Christi geburt im Land zu Hessen vnbekant/biß auff dise ij. nechst vergangene jar/Da sie Hans Staden von Homberg auß Hessen durch sein eygne erfarung erkant/vnd jetzund durch den truck an tag gibt.

Dedicirt dem Durchleuchtigen Hochgebornen Herrn/H. Philipsen Landtgraff zu Hessen/Graff zu Catzenelnbogen/Dietz/Ziegenhain vnd Nidda/seinem G. H.

Mit einer vorrede D. Joh. Dryandri/genant Eychman/Ordinarij Professoris Medici zu Marpurgk.

Inhalt des Büchlins volget nach den Vorreden.



Hans Staden, Titelblatt des Reiseberichts, Marburg, 1557

Doch waren es nicht diese Züge, denen Stadens Buch im 16. Jahrhundert seine grosse Popularität verdankte. Für seine Zeitgenossen stellte es vielmehr den ersten ausführlichen, offensichtlich authentischen und dabei zugleich ausserordentlich dramatischen Augenzeugenbericht über einen Brauch dar, der aufs engste mit den damaligen Vorstellungen über die Bewohner der Neuen Welt verknüpft war und sie masslos erregt zu haben schien: die Sitte nämlich, seinen Nächsten wie irgendein wildes Tier zu verspeisen.

«Warhaftig Historia und beschreybung eyner Landtschafft der Wilden/Nakketen/Grimmigen Menschfresser Leuthen/in der Newenwelt America gelegen» – so lautete der um die Sensationslust seines Publikums wohl wissende Titel, den Staden seiner Reisebeschreibung gegeben hatte. Was in früheren Berichten zumeist nur in Form von pauschalen Zuschreibungen, Mutmassungen und Gerüchten aus zweiter Hand mitgeteilt worden war, in diesem Buch konnten es die Leser sozusagen hautnah miterleben. Denn Staden war seinen eigenen Aussagen nach von den «wilden» Tupinambá nur zu dem Zweck gefangen worden, anlässlich des nächsten grösseren Festes geschlachtet und verzehrt zu werden.

behelff haben/heysset Mandioka/ist eyn beumlin eyner kloffter hoch/gibt drei wurtzeln von sich wen sie der wurtzeln geniessen wöllen/zihen sie das beumlin auß/vñ brechen die wurtzeln ab/vnd brechen dañ der zweiglein von den beumen vnd stickens wider in die erden/das krieget dañ wurtzeln/vnd in sex monaten wird es so groß/das man seiner geniessen kan/sie nützen die wurtzeln auff dreiley weise.



Holzschnittillustration in Hans Stadens Reisebericht. Staden betet vor dem Holzkreuz. Die Indianer beginnen an ihren Göttern zu zweifeln, da sie glauben, Stadens Gott sei mächtiger. Im Hintergrund ernten Indianerfrauen Maniokpflanzen.

Dass er seinen Bericht aus der Perspektive des zukünftigen Opfers schrieb, macht ihn selbst heute noch zu einer spannenden Lektüre. Die stete Furcht vor dem Getötet- und Verschlungenwerden und die immer wiederkehrende unverhoffte Rettung aus der Not sind seine zentralen Motive. Sie erzeugen eine identifikatorische Wirkung, die eine nur aus der Aussensicht erfolgende Beschreibung der entsprechenden Bräuche kaum erzielen könnte. Während Staden durch eine Reihe von seltsamen Zufällen, in denen er jeweils Gottes Hand am Werke sah, dem Gefressenwerden immer wieder entging, musste er selbst mehrere Male mitansehen, wie die Tupinambá ihre Gefangenen hinrichteten und anschliessend aufassen. Im zweiten Teil seines Buches, der

eine eingehende Beschreibung ihrer Sitten und Gebräuche enthält, beschreibt er den Ablauf einer solchen kannibalischen Zeremonie:
«Wenn sie einen Feind heimbringen, so schlagen die Frauen und Jungen ihn zunächst. Dann bekleben sie ihn mit grauen Federn, scheren ihm die Augenbrauen, tanzen um ihn herum und binden ihn gut, dass er nicht entlaufen kann. Darauf geben sie ihm eine Frau, die ihn versorgt und auch mit ihm zu tun hat. Wenn die ein Kind von ihm bekommt, ziehen sie es auf, bis es gross ist und schlagen es tot und essen es, sofern ihnen das in den Sinn kommt. Dem Gefangenen geben sie gut zu essen. Sie halten ihn so eine Zeitlang und rüsten sich dann zum Fest. Dabei stellen sie viele Gefässe her, in die sie ihre Getränke tun (...). Ferner machen sie Federquasten und binden sie an die Keule, mit der sie ihn totschlagen. Auch fertigen Sie eine lange Schnur an, Mussurana genannt. Mit dieser Schnur binden sie ihn, bevor sie ihn töten. Sobald sie nun alle Sachen zusammen haben, bestimmen sie die Zeit, zu der der Gefangene sterben soll, und laden die Wilden von anderen Dörfern zum Besuch ein. Dann füllen sie alle Gefässe voll Getränk. Einen oder zwei Tage, ehe die Frauen die Getränke herstellen, führen sie den Gefangenen ein bis zweimal auf den Platz zwischen den Hütten und tanzen um ihn herum. Sobald alle, die von ausserhalb kommen, beieinander sind, heisst der Häuptling der Hütte sie willkommen und sagt:‹Nun kommt und helft, euren Feind zu essen.›»[2]
Sind die zahlreichen Vorbereitungen beendet, zu denen das Bemalen des Gefangenen ebenso gehört wie ein letzter gemeinsamer Umtrunk mit dem zukünftigen Opfer, so erfolgt dessen rituelle Tötung:
«Sie binden ihm die Mussurana vom Hals los und um den Leib und ziehen sie nach beiden Seiten straff an. Er steht nun festgebunden in der Mitte. Viele Leute halten die Schnur an beiden Enden. So lassen sie ihn eine Weile stehen und legen ihm kleine Steine hin, damit er nach den Frauen werfen kann, die um ihn herumlaufen und ihm drohend vormachen, wie sie ihn essen wollen. Die Frauen sind bemalt und dazu bestimmt, wenn er zerschnitten ist, mit den ersten vier Stücken um die Hütte zu laufen. Daran haben die anderen ihr Vergnügen. Nun machen sie ein Feuer, ungefähr zwei Schritt von dem Sklaven entfernt, so dass er es sehen muss, und eine Frau kommt mit der Keule (...) herangelaufen, hält die Federquasten in die Höhe, kreischt vor Freude und läuft vor dem Gefangenen vorbei, damit er es sehen soll. (...) Darauf nimmt wieder derjenige, der den Gefangenen erschlagen soll, die Keule und sagt:‹Ja, hier bin ich, ich will dich töten, denn deine Freunde haben auch viele meiner Freunde getötet und gegessen.›Der Gefangene antwortet ihm:‹Wenn ich tot bin, so habe ich noch viele Freunde, die mich tüchtig rächen werden.›Darauf schlägt er dem Gefangenen hinten auf den Kopf, dass ihm das Hirn herausspritzt, und sofort nehmen die Frauen den Toten, ziehen ihn über das Feuer, kratzen ihm die ganze Haut ab, machen ihn ganz weiss und stopfen ihm den Hintern mit einem Holze zu, damit nichts von ihm abgeht.»[3]
Lange Zeit galt Stadens Beschreibung des Kannibalismus der Tupinambá geradezu als ein kanonischer Text. Seine Zuverlässigkeit stand ausser Frage. Hatte Staden nicht als Augenzeuge an der von ihm beschriebenen Zeremonie teilgenommen? Erweckten nicht auch seine Darstellungen anderer Kulturzüge der Tupinambá in jeder Hinsicht den Anschein von Authentizität? Nachdem Staden über vierhundert Jahre hin im Ruf einer anerkannten historischen Autorität auf dem Gebiet der

Theodor de Bry, America, Drittes Buch. Erster Teil, 1593. Illustrationen zu «Hans Staden bei Menschenfressern in Brasilien»: Der gefangene Staden wird mit einem Strick um den Hals zum Tanz geführt

Hans Staden hofft von den Portugiesen gerettet zu werden

Kampf mit den Tupiniquin-Indianern

und ein renommiertes Jahrbuch seinen Namen tragen, hat der amerikanische Kulturanthropologe William Arens in seinem 1979 veröffentlichten Buch *The Man-Eating Myth* erstmals ernsthafte Zweifel an der Glaubwürdigkeit seiner Schilderung der kannibalischen Gebräuche der Tupinambá angemeldet.

Die provokative Grundthese von Arens' Buch lässt sich dahingehend zusammenfassen, dass es eine solche Form des kulturell verankerten Kannibalismus, wie Staden sie in seinem Buch beschreibt, nie und nirgends gegeben habe. Menschenfresserei spielt zwar in den mythischen Überlieferungen, in den Märchen, Sagen und Legenden fast aller Völker eine wichtige Rolle. Als die wohl extremste Form der Nahrungsaufnahme hat sie die Phantasie der Menschen seit jeher beflügelt.[4] Dennoch muss nach Arens bezweifelt werden, dass sie als kulturelle Institution je existiert hat.[5]

Tatsächlich stammt die überwiegende Mehrzahl von Berichten über kannibalische Praktiken aus zweiter Hand. In aller Regel sind es verfeindete benachbarte Stämme, nie die eigene Gruppe, die dieses Vergehens bezichtigt werden. Bestenfalls sieht man die eigenen Vorfahren als Kannibalen an und verbannt den Brauch in die mythische Urzeit. So behaupteten etwa die peruanischen Inka, dass sämtliche von ihnen unterworfenen Indiostämme einst Kannibalen gewesen seien, die erst der erste Inka-Gott von jenem widerlichen Brauch abgebracht hätte, den die noch freien Völker am Rand ihres Reiches allerdings nach wie vor praktizierten.[6] Überraschend häufig ist der Vorwurf auch gegenüber den Europäern erhoben worden. Dass aus dem Körperfett von Indios Fett für europäische Flugzeugmotoren hergestellt würde, ist zum Beispiel ein auch heute noch in Ost-Peru verbreitetes Gerücht.[7]

Kannibalen sind in all diesen Fällen immer nur die jeweils anderen. Nach den Worten des deutschen Ethnologen Erwin Frank ist der Kannibalismus ein «Jenseits-der-Grenze»-Phänomen. Menschenfresser «existieren nur dort, wo und nur solange es eine Grenze gibt zwischen der Welt der Berichterstatter und jener ganz anderen Welt, deren Unkenntnis die Hypothese von der möglichen Existenz des ganz und gar anderen, selbst des Undenkbaren permanent bestärkt».[8] Überprüft man die vorliegenden Berichte von Forschungsreisenden und Wissenschaftlern, so zeigt sich häufig, dass sie nur das wiedergegeben haben, was die Angehörigen eines Stammes über ihre jeweiligen Feinde und Nachbarn zu berichten wussten. Es gibt es keinen neueren Ethnologen, der glaubwürdig von sich behaupten könnte, selbst bei einem kannibalischen Mahl anwesend gewesen zu sein. Aber auch für die vergangenen Jahrhunderte sind die Berichte von Augenzeugen eher rar. Zu ihnen zählt der von Hans Staden, dem William Arens aus diesem Grund in seinem Buch denn auch besondere Aufmerksamkeit gewidmet hat. Dabei überzeugen zwar keineswegs alle Argumente, die er gegen die Authentizität von Stadens Behauptungen anführt.[9] Nicht einfach zurückweisen lässt sich jedoch eine Beobachtung, die Arens gemacht hat und gegen die Glaubwürdigkeit des hessischen Landsknechts vorbringt[10]: die wichtige Rolle nämlich, die Staden den Frauen als den eigentlichen Initiatoren und auch Nutzniessern des kannibalischen Aktes zuschreibt. Nach Staden sind es die Tupinambá-Frauen, die den Kriegsgefangenen ständig vorhalten, dass sie bald in ihren Mägen landen werden, sind sie es, die die wichtigsten Vorbereitungen für das Mahl treffen, und sind sie es auch, die den Getöteten absengen, ihn über dem offenen Feuer zubereiten, unter grossem Freudengeschrei seine abgetrennten Glieder durch das Dorf tragen und sich zusammen mit ihren Kin-

Theodor de Bry, America, Drittes Buch. Zweiter Teil, 1593. Illustration zu «Hans Staden über die Sitten der Tupinamba-Indianer»:
Die Indianerinnen präparieren einen Gefangenen und bereiten die Folterwerkzeuge vor

Theodor de Bry, America, Drittes Buch. Dritter Teil, 1593. Illustrationen zum Reisebericht von Jean de Léry:
Die Frauen zerlegen die toten Gefangenen

Festtanz

dern an seinen Eingeweiden, seinem Kopffleisch, seinem Hirn und seiner Zunge erlaben. Welche Körperteile die erwachsenen Männer zu sich nehmen, wird dagegen nicht näher ausgeführt, wie sich denn überhaupt ihr Anteil am kannibalischen Akt im wesentlichen auf die Tötung des Gefangenen zu beschränken scheint. Gerade in diesem Punkt aber stimmt Stadens Bericht mit denen vieler anderer Reisender seiner Zeit überein, die den Kannibalismus gewiss nur vom Hörensagen her kennengelernt hatten. Denn fast immer wurde den Frauen unterstellt, dass sie es waren, die nach dem Fleisch der Gefangenen geradezu gierten.[11]

Zweifel an der Glaubwürdigkeit dieser Aussage resultieren nicht zuletzt daraus, dass der Kannibalismusvorwurf mit zu den gängigsten Stereotypen des europäischen Hexenbildes gehört. So herrschte etwa in Deutschland allgemein die Vorstellung, dass der Genuss von Menschenfleisch in hohem Masse Zauberkraft verleihe.[12] «Hexe» und «striga» wurden im frühen Mittelalter als Synonyma für «Menschenfresser» verwendet.[13] In den grossen Inquisitionsprozessen des 15. und 16. Jahrhunderts wurde den als Hexen angeklagten Frauen der Vorwurf gemacht, während des Sabbat neugeborene Kinder gefressen zu haben. Auch für die Herstellung der Hexensalbe soll das Fett von Kindern ein wichtiges Ingredienz dargestellt haben. Ja selbst vor der Tötung und dem Verzehr ihrer eigenen Kinder wären die angeblichen Hexen nicht zurückgeschreckt.

Illustration in einem Reisebericht von Walther Raleigh, 1595

Dass Staden in seiner Schilderung des kannibalischen Mahls der Tupinambá den Frauen eine besonders starke Vorliebe für Menschenfleisch zuschreibt, musste von den Lesern seines Buches daher geradezu als ein Hinweis auf deren hexenhaften Charakter verstanden werden. Der Frankfurter Kupferstecher Theodor de Bry, der Stadens Bericht in seine grosse Sammlung von Reiseberichten über die Neue Welt aufnahm und mit einigen Stichen illustrierte, ist bei der graphischen Darstellung der Tupinambá-Frauen denn auch ganz dem zeitgenössischen Hexenbild gefolgt.[14]

Amazonendarstellung in André Thevet «Les singularitez de la France antarctique», 1558

Auch Hans Stadens Beschreibung der brasilianischen Tupinambá reiht sich in eine Tradition der Berichterstattung über den neuentdeckten Kontinent ein, die bereits mit Kolumbus beginnt und die Neue Welt als eine verkehrte Welt zeichnet, in der die gewöhnliche Ordnung in ihr Gegenteil verkehrt erscheint. Tatsächlich waren die europäischen Entdecker und Eroberer durch die Konfrontation mit der indigenen Bevölkerung des amerikanischen Kontinents, deren Sitten und Gebräuche sich von denen der Alten Welt in einem bisher ungekannten Ausmass unterschieden, vor erhebliche Erkenntnisprobleme gestellt worden. Zeichneten sich diese Menschen nicht in allen Dingen durch einen Mangel an dem aus, was das Menschliche überhaupt auszumachen schien? Sie hatten weder Kleider noch Häuser noch Städte, sie kannten anscheinend weder Eigentumsunterschiede noch das Geld. Sie gingen nicht nur nackt umher, wie die Natur sie geschaffen hatte, sondern schienen ebensowenig die geringsten Anzeichen einer geordneten Herrschaft und Religion aufzuweisen. Von Völkern ohne König, ohne Gesetz und ohne Religion war daher in den Reisebeschreibungen und -kompilationen der Zeit geradezu durchgängig die Rede.

Dieser Anschein absoluter Kulturlosigkeit wurde in durchaus unterschiedlicher Weise gedeutet. Bald glaubte man, ihn als Hinweis auf ein irdisches Paradies ansehen zu können, bald zweifelte man, ob die Bewohner der Neuen Welt überhaupt Menschen seien, und bald nahm man an, eine vom

schen Mythologie, der von den Zeitgenossen des 16. Jahrhunderts nicht auf die Neue Welt projiziert wurde. Ja, man erwartete von den Reisenden und Eroberern geradezu, dass sie von Kopflosen, Schattenfüssern, Hundsköpfigen und anderen halbmenschlichen Fabelwesen berichteten, die den antiken und mittelalterlichen Überlieferungen zufolge am Rand der bewohnten Ökumene zu finden sein sollten.

Am meisten schienen dabei die Vorstellungen zu faszinieren, die mit der Idee einer totalen Umkehrung der bestehenden Verhältnisse spielten. Zu ihnen zählte etwa die von den Amazonen. Denn auch diese kriegerischen Frauengestalten aus der antiken Mythologie glaubte man in Amerika angetroffen zu haben. Der Dominikanermönch Gaspard de Caravajal, der den spanischen Konquistador Orellana auf dessen Eroberungs- und Entdekkungszug in das Innere Brasiliens begleitete, berichtet in seiner Chronik von einem solchen Stamm feindseliger Frauen, die das Expeditionskorps Orellanas überfallen und ihm empfindliche Verluste beigebracht haben sollen. Nach diesem Ereignis trägt der grösste Fluss Südamerikas, der Amazonas, auch heute noch seinen Namen. Die männermordenden Amazonen wurden in den folgenden Jahrzehnten noch an den unterschiedlichsten Orten des Kontinents gesichtet, bald an der Mündung des Rio de la Plata, wie um 1550 von dem deutschen Landsknecht Ulrich Schmidel, und bald auch in Guayana, wie ein halbes Jahrhundert später von dem englischen Weltumsegler und Freibeuter Sir Walter Raleigh. Kannibalismus und Amazonentum verschmolzen im zeitgenössischen Bewusstsein zu einer symbolischen Einheit. Die männerfressende Amazone wurde in den allegorischen Darstellungen der zeitgenössischen Kunst zum Signum des neuentdeckten Erdteils.

Neben solchen Versatzstücken aus der antiken Mythologie spielten auch christliche Vorstellungen eine wichtige Rolle. Sofern man die Indianer nicht mit Tieren auf eine Stufe stellte und ihnen überhaupt eine Religion zubilligte, sah man in ihnen Götzenanbeter oder gar Satansdiener. Der aztekische Kriegsgott Huitzilopochtli etwa, zu dessen Ehren den Berichten der Konquistadoren zufolge jährlich Tausende von Kriegsgefangenen abgeschlachtet und ähnlich wie der Leib Jesu im christlichen Abendmahl in Oblatenform verzehrt worden sein sollen, galt in Europa als die Verkörperung Satans selbst und wurde in den Illustrationen der Reiseberichte dementsprechend mit Bocksbeinen und Fledermausflügeln dargestellt.

Mögen uns diese Vorstellungen heute auch naiv anmuten oder gar amüsieren, so waren sie zu ihrer Zeit doch keineswegs harmlos, sondern hatten vielmehr durchaus reale Konsequenzen. Den spanischen und portugiesischen, französischen, englischen und niederländischen Eroberern der Neuen Welt dienten sie zur ideologischen Legitimation der rücksichtslosen Unterwerfung, Ausrottung und Versklavung der einheimischen Bevölkerung. Im spanischen Herrschaftsbereich etwa waren aufgrund einer langen Debatte am königlichen Hof, die durch Las Casas' Bericht über die Greueltaten der Konquistadoren ausgelöst worden war, die indianischen Bewohner der Kolonien zwar formell zu gleichberechtigten Untertanen der Krone ernannt worden. Davon ausgenommen blieben aber die ketzerischen Satansdiener und Kannibalen. Wurde ein Indianerstamm kannibalischer Praktiken überführt, stand es den Statthaltern der Krone frei, ihn zu überfallen und zu versklaven.[15] Für den erforderlichen Nachweis reichte in der Regel das Hörensagen. Zahlreiche indigene Bewohner des südamerikanischen Kontinents konnten allein deshalb ohne weiteres niedergemetzelt oder in die Sklaverei geführt werden, weil sie durch Berichte wie den des hessischen Söld-

1 Zum dokumentarischen Wert von Stadens Reisebeschreibung vgl. Elisabeth Luchesi, Von den «Wilden/Nacketen/Grimmigen Menschenfresser Leuthen / in der Newenwelt America gelegen», Hans Staden und die Popularität der «Kannibalen» im 16. Jahrhundert. In: Karl-Heinz Kohl (Hrsg.), Mythen der Neuen Welt. Zur Entdeckungsgeschichte Lateinamerikas, Berlin 1982, S. 71–74.

2 Hans Staden. Zwei Reisen nach Brasilien, 1548–1555. In die Sprache der Gegenwart übertragen, mit einem Nachwort und mit Erläuterungen versehen von Karl Fouquet, Marburg [3]1970, S. 138 f.

3 A. a. O., S. 141 ff.

4 Vgl. die ausgezeichnete und reich bebilderte Zusammenstellung von Christian W. Thomsen, Menschenfresser in der Kunst und Literatur, in fernen Ländern, Mythen, Märchen und Satiren, in Dramen, Liedern, Epen und Romanen. Eine kannibalische Text- Bild-Dokumentation, Wien 1983.

5 Vgl. W. Arens, The Man-Eating-Myth. Anthropology and Anthropophagy, Oxford et al. 1979.

6 Vgl. Erwin Frank, «Sie fressen Menschen, wie ihr scheussliches Aussehen beweist . . .». Kritische Überlegungen zu Zeugen und Quellen der Menschenfresserei. In: Hans Peter Duerr (Hrsg.), Authentizität und Betrug in der Ethnologie, Frankfurt a. M. 1987, S. 199–224.

7 Vgl. E. Frank, a. a. O., S. 203.

8 Vgl. E. Frank, a. a. O., S. 200.

9 Zur Kritik an Arens' These vgl. Ivan Brady, The Myth-Eating Man. In: American Anthropologist 84,3 (1982), S. 595–611 und D. W. Forsyth, Three Cheers for Hans Staden: The Case for Brazilian Cannibalisme. In: Ethnohistory 32,1 (1985).

10 Vgl. Arens, a. a. O., S. 26 f.

ners Hans Staden in den Ruf geraten waren, Menschenfresser zu sein. Auch den Tupinambá selbst sollte es nicht anders ergehen. Im 17. Jahrhundert bereits war dieser einst so mächtige Indianerstamm ausgerottet.

Allein, die Frage nach der Glaubwürdigkeit von Stadens Bericht über den Kannibalismus der Tupinambá ist mit dem Verweis auf den geistesgeschichtlichen Hintergrund und die ideologische Rolle solcher Schauergeschichten noch nicht endgültig beantwortet. Festhalten lässt sich zunächst nur, dass Staden an der brasilianischen Küste jene «wilden, nacketen, grimmigen Menschenfresserleuth» vorgefunden zu haben behauptet, die zu seiner Zeit jedermann dort erwartete. Wie vor ihm schon Amerigo Vespucci und Antonio Pigafetta haben nach ihm auch noch zahlreiche andere europäische Reisende über den Kannibalismus der Tupinambá berichtet.[16] Und nicht anders als er haben auch sie ihre Berichte mit Zügen ausgeschmückt, die mehr der kollektiven Phantasie der Eroberer als der Realität entsprungen zu sein scheinen.

Waren die Tupinambá also gar keine Kannibalen? Beruhen vielleicht sogar alle Berichte über die schreckenerregenden Gebräuche der Menschenfresser in Amerika, Afrika und Ozeanien auf den Phantasmagorien angeblicher Augenzeugen, wie dies William Arens, Erwin Frank und andere neuere Ethnologen behaupten? Der deutsche Völkerkundler Ewald Volhard, der 1939 die bis heute umfassendste Studie über das Phänomen des Kannibalismus vorgelegt hat, schreibt in der Einleitung zu seinem Buch: «Von allen Erscheinungen, deren Fremdartigkeit das europäische Geistesleben immer wieder beschäftigt hat, ist die Tatsache, dass Menschen ihre Artgenossen aufessen, stets in besonderem Masse erregend gewesen. Denn für die abendländische Einstellung (...) bedeutet die Anthropophagie ein Greuel und eine unverständliche Verirrung des Menschen, einen Schandfleck auf der Entwicklungsgeschichte des Menschengeschlechts.»[17]

Es scheint indes, dass das «Erregende» am Kannibalismus die frühen Reisenden nicht weniger motivierte als jene modernen Ethnologen, die sein Vorkommen heute bestreiten. Wird von diesen nicht gewaltig viel Energie aufgewendet, um nachzuweisen, dass nicht sein kann, was nicht sein darf? Gerade das Jahr 1939 aber, in dem Volhard die hier zitierten Sätze schrieb, stand am Beginn von Schandtaten und Greueln, mit denen verglichen der vermeintliche oder wirkliche Kannibalismus der Tupinambá nur als eine eher kleine Verirrung des Menschen angesehen werden kann. Aber selbst wenn der Kannibalismus irgendwo ausserhalb Europas existiert haben sollte oder noch existiert, so gilt für ihn, nach den Erfahrungen des 5. Jahrhunderts nach Kolumbus, vermehrt, was Michel de Montaigne, ein Zeitgenosse Hans Stadens, schrieb, als er von dieser Gewohnheit der Völker der Neuen Welt erfahren hatte:

«Ich denke, es sei eine weit ärgere Barbarei dabei, einen Menschen lebendig zu fressen als tot zu fressen; einen Körper durch Qualen und Martern zu zerfleischen, der noch alle seine Gefühle hat, ihn bei langsamem Feuer zu braten, durch Hunde und Schweine zerreissen zu lassen (wie wir dergleichen nicht etwa bloss gelesen, sondern erst noch kürzlich gesehen haben, und dazu nicht etwa unter alten Erbfeinden, sondern unter Nachbarn und Bürgern eines und desselben Staates; und was das Ärgste ist, unter dem Vorwande der Religion und Rechtgläubigkeit!), als ihn zu braten und zu verzehren, wenn er des Lebens beraubt ist. (...) Wir mögen jene Völker wohl, in Rücksicht auf die Vorschriften der Vernunft, Barbaren nennen, aber keineswegs in Rücksicht auf uns selbst, da wir sie in allen Arten von Barbarei übertreffen.»[18]

Amerigo Vespucci, Vier Seefahrten, Leben und Sitten der Menschen in der Neuen Welt, Strassburg 1509

11 Vgl. Karl-Heinz Kohl, Über einige der frühesten graphischen Darstellungen der Bewohner der Neuen Welt in der europäischen Kunst. In: Ders., Abwehr und Verlagen. Zur Geschichte der Ethnologie, Frankfurt a. M., Paris 1987, S. 63–88

12 Vgl. Hanns Bächtold-Stäubli (Hrsg.), Handwörterbuch des deutschen Aberglaubens, Bd. 2, Fotomech. Nachdruck Berlin, New York 1987, Sp. 1601.

13 A. a. O., Bd. 3, Sp. 1835.

14 Vgl. hierzu die eingehende Analyse von Bernadette Bucher, La sauvage aux seins pendants, Paris 1977.

15 Vgl. Erwin Frank, a. a. O., S. 207.

16 Eine Zusammenstellung und Auswertung der entsprechenden Quellen findet sich bei Astrid Wendt, Kannibalismus in Brasilien. Eine Analyse europäischer Reiseberichte und Amerika-Darstellungen für die Zeit zwischen 1500 und 1654, Frankfurt a. M. et al. 1989.

17 Ewald Volhard, Kannibalismus (Studien zur Kulturkunde, Bd. 5), Stuttgart 1939, S. IX.

18 Michel de Montaigne, Von den Menschenfressern (1580). In: Ders., Gesammelte Schriften. Hrsg. v. O. Flake und W. Wei-

Günter Metken

# Lokaltermin in Neu-Holland

Wo Frans Post malte

Frans Hals hat den Haarlemer Kollegen für eine Stichveröffentlichung porträtiert, Alexander von Humboldt ihn unter die Landschaftsmaler seines «Kosmos» aufgenommen: Frans Post (1612–1680), dessen Werk dazu einlädt, über die künstlerische Aneignung der Fremde durch Europa nachzudenken. Denn Frans Posts langes Vergessensein – noch 1950 liess das Frankfurter Städel die «Wasserfälle von Paulo Afonso» ziehen – wie das neuerliche Interesse an ihm hängen mit seiner Spezialität zusammen. Die überkommenen 138 Bilder auf Holz oder Leinwand behandeln fast ausschliesslich Themen aus Südamerika.

Der junge Maler hatte sich 1637 einer Expedition des Grafen Johann Moritz von Nassau-Siegen nach Brasilien angeschlossen. Sieben Jahre blieb er dort, um dann aufgrund des angehäuften Skizzenmaterials und einiger vor Ort entstandener Ölbilder für den Rest seines Lebens einen Garten Eden zu entwerfen, in dem tropische Fülle und niederländische Formung zum neuen Genre der exotischen Wunschlandschaft verschmolzen. Dass diese auch als politische Utopie, ja als Goldenes Zeitalter der Kolonisierung gelesen werden konnte, hängt mit dem besonderen Charakter des Unternehmens zusammen.

Anonym, Porträt von Johann Moritz von Nassau, 1637-1644, Fundação Americano, São Paulo

Seit die Niederlande sich von der Herrschaft Habsburgs befreit hatten, standen sie in heftiger Rivalität mit Spanien und Portugal, die sich bald auf die Weltmeere verlagerte. Der Wettstreit galt neben Ostindien vor allem dem Handel mit Südamerika, den die tüchtigen holländischen Seefahrer bald an sich zogen. Begleitende Kriegsschiffe überfielen die Transporte der Konkurrenz und machten fette Beute. Im Interesse des nationalen Wohlstands wollten findige Kaufleute aus Amsterdam, Enkhuizen und Middelburg das Geschäft mit Kolonialwaren, vor allem Zucker und Edelhölzer, selbst in die Hand nehmen. Die «Westindische Compagnie» wurde gegründet; das Startkapital lieferte eine 1628 vor Kuba gekaperte spanische Silberflotte. Man plante, die Portugiesen aus ihren Niederlassungen an der Atlantikküste Brasiliens zu verdrängen. Die Wahl fiel auf den klimatisch ausgeglichenen, sehr ertragreichen Küstenstreifen um Pernambuco mit der Hauptstadt Olinda und dem Hafen Recife.

Moritz von Nassau sollte die flüchtige Eroberung festigen und zu einer ständigen Kolonie mit sicheren Verbindungen nach Europa ausbauen. Doch der Graf, der sich im Den Haager Mauritshuis selber ein kulturelles Denkmal gesetzt hat, fasste seinen Auftrag von Anfang an weiter: «Qua patet orbis – so weit die Erde reicht», lautete sein Wahlspruch. Auf die grosse Reise nahm er nicht nur Seeleute und Söldner mit, sondern auch Kartographen, Baumeister, den gebildeten Arzt Vilhelm Piso, einen Astronomen, den vielseitigen jungen Naturforscher Georg Markgraf sowie die Maler Albert Eckhout und Frans Post. Ersterem fiel die Dokumentierung der Indianer als Ureinwohner zu; sie hat ihn, mitgebrachte ikonographische Vorgaben einmal abgezogen, zum ersten und später nie übertroffenen Maler der Ethnographie gemacht.

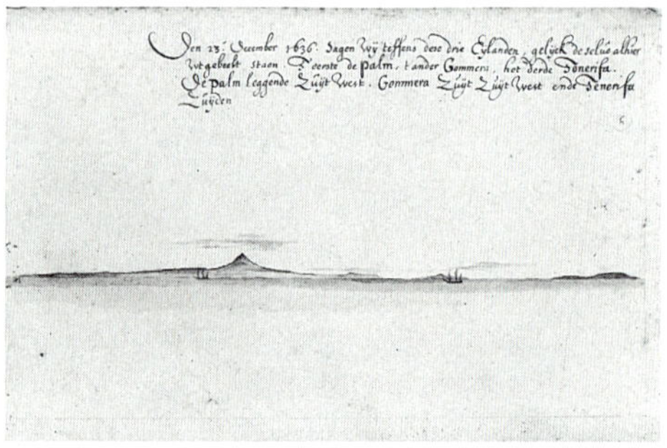

Frans Post, Überfahrt und Ankunft in Recife, Dezember 1636 - Januar 1637

Frans Post sollte wohl der Chronist und Historienmaler der Expedition sein, doch wurde etwas anderes daraus: ein zeitloser Traum der Tropen, Versöh-

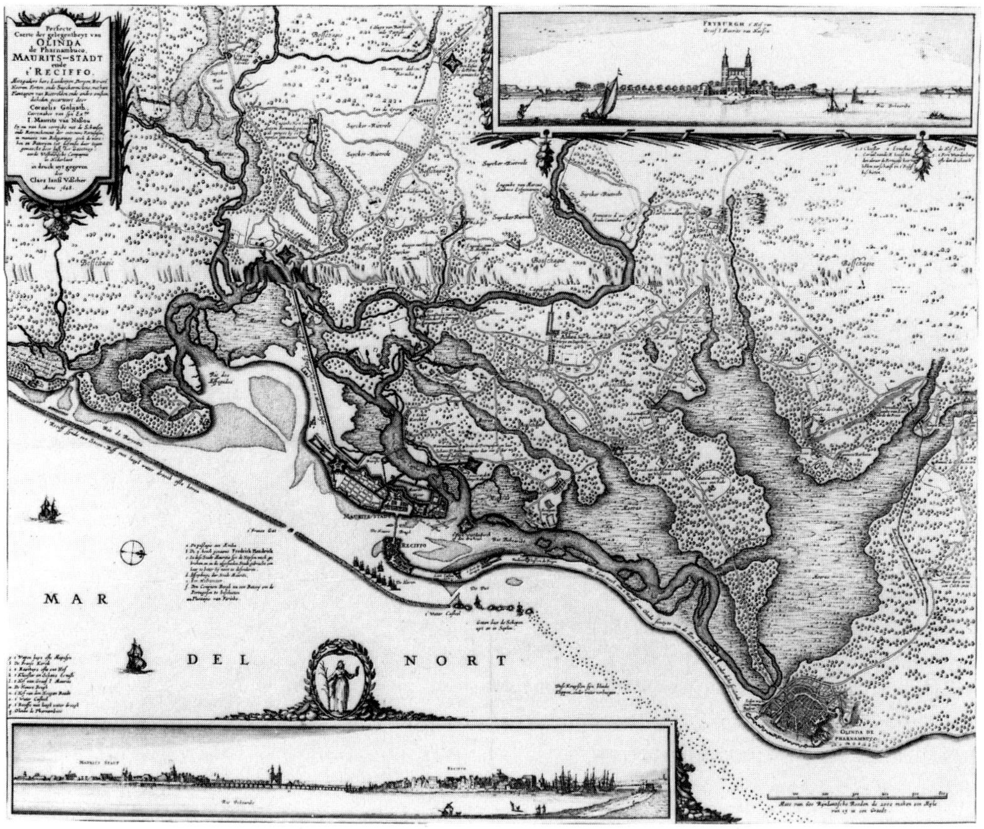

Cornelis Golijath, Karte von Olinda, Moritzstadt und Recife, 1648,
Stichting Atlas Van Stolk, Rotterdam

nung der Gegensätze, wie sie ganz wenigen Augenblicken der Entdeckungsgeschichte eignet, aber in Brasilien mit seiner Verschmelzung der Rassen gar nicht so utopisch anmutet. Denn dieses «Niederländisch-Brasilien» war nicht von Dauer; Moritz' überseeische Mission scheiterte am profitorientierten, auf Raub und Ausbeutung abgestellten Denken der Compagnie, während er selber, über die staunenswerte Organisation von Militär, Verwaltung, Verkehr und Bauwesen hinaus, um Schulen, medizinische Versorgung und Gerechtigkeit bemüht war, auch religiöse Toleranz dekretierte. Mit den gleich anfangs besiegten Portugiesen suchte er den Ausgleich; den Indianern sowie den jährlich zu Tausenden aus Angola und Guinea auf die Zuckerplantagen verschleppten Schwarzen trat er zwar prunkvoll und im vollen Bewusstsein der weissen Überlegenheit, aber auch patriarchalisch sorgend gegenüber. Wenige Jahre nach der 1644 erfolgten Abreise Moritz von Nassaus, der später in brandenburgische Dienste trat und in Kleve sein Leben beschloss, ging die Kolonie durch Korruption und Misswirtschaft verloren. Seine kurze Regentschaft verklärte sich zur *aetas aurea* von Pernambuco, die die Gemälde Frans Posts festzuhalten scheinen.

Einige wenige jedoch, im Land gemalt, zeigen ein anderes Bild: trübe, verhangene Himmel, nackte Ufer, die bleiche Tonlosigkeit schwerer Tropentage. Bei genauer Erfassung der Vegetation wirken sie schmucklos und ungeschönt. Im «Blick auf Itamaraca» sind zwei Negersklaven, ein Holländer und ein Portugiese mit Schimmel und Rappen zur schwarzweissen, typologischen Reihe mit vielerlei Blickbeziehungen auf Land und Wasser gereiht. «Fort Ceulen am Rio Grande» zeigt eine Zitadelle mit Galgen als Errungenschaften europäischer Zivilisation am öden Strand; davor Indianer, unbestreitbar echt, mit Kanu, Keulen, Lendenschurz, gefiederten Waffen – alles

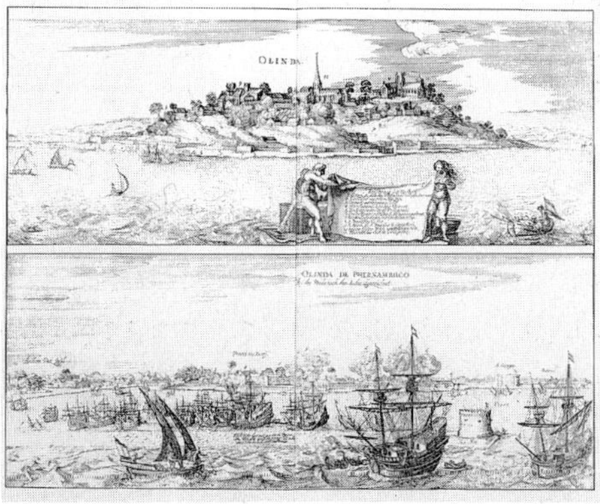
Johannes de Laet, Die Eroberung von Olinda, 1630

in einem lehmgelben, diesigen Klima. Es sind Lévi-Strauss' Traurige Tropen nach der Ankunft der Weissen, kaum arrangiert, rahmenparallel geschichtet. Post erweist sich hier als ein Temperament von lyrischer Sachlichkeit, wie es schon flüchtig hingehauchte Zeichnungen der Überfahrt erahnen liessen. Man muss diese sich lautlos entfaltenden Prospekte, unter ihnen auch der «Fluss São Francisco» aus dem Pariser Louvre, mit der isoliert dastehenden Agave und einem sonderbaren Wasserschwein als einzigem Lebewesen, zu den grossen, später nie mehr eingelösten Versprechen tropischer Landschaftskunst zählen.
Vermutlich hat Post in der brasilianischen Zeit wenig gemalt, doch umso mehr gezeichnet. In Moritzburg und Freiburg, den Landsitzen des Gouverneurs, lebend, saugt er sich mit Gesehenem voll: Fauna und Flora, Ansiedlung, Gutshof (*Casa Grande*) und Ortschaft, portugiesische Kirchen und Klöster, die gezahnte Maschinerie der unter Arkaden werkenden Zuckermühlen mit ihren Arbeitsgängen vom Herbeischaffen des Rohrs über das Pressen, Auskochen und Bleichen bis hin zum Endprodukt weisser, kegelförmiger Zuckerhüte.
Was aus solchen Eindrücken nach der Rückkehr in die Niederlande wird, ist allerdings weit von der Schlichtheit der Anfänge entfernt. Es sind Bilder der Sehnsucht, der Harmonie von Fremdem und Vertrautem. Frans Post experimentiert mit den Formaten, bis er sich auf eine mittelgrosse Breitenerstrekkung einpendelt, die sich im Sinne der holländischen Flachlandschaft zum Panorama mit tiefem, verblauendem Horizont und Himmel weitet, an dem keine Gewitter stehen, immer nur weisse, wohlig gerundete Wolken europäischer Bauart segeln. Anfangs elfenbeinfarben, wird das Firmament immer azurner, bis seine stechende Bläue das restliche Kolorit zu verschlingen scheint; tatsächlich fressen die Blau-Pigmente ihre schwächere Farbumgebung an.
Unter diesem Himmel eine parkähnliche Gegend ohne Anpflanzungen oder landwirtschaftliche Arbeit. Nie fehlt das Wasser. Mäandernde Flüsse führen den Blick spazieren, lassen ihn über wolliges Gebüsch und Auen zum Horizont schweifen, der wie das Paradies von Bergen und Baumkronen eingefasst wird. Es ist eine kultivierte, dem damaligen Holland ähnliche, wie bei De Koninck oder Ruysdael aufgebaute Landschaft. Nur dass sie vorn – und da ist Post altmodischer als seine Zeitgenossen, noch fast flämisch – dunkel

*An etlichen Orten hat es viel Wälde uñ Büsche: an etlichen viel ebenen und guten flachen Weyd-Landes / an etlichen auch gut un fettes / zum Ackerbaw sehr bequemes / Erdreich / das allzeit grünet / und durch offtmaliges Regnen befeuchtet wird: Und ist umb so viel mehr zuverwunderen / daß in einem so schönen / so fruchtbaren Lande / in einer so heylsamen und gesunden Lufft / gleichwohl so wilde unnd ungeheure Menschen gebohren werden.*

Barlaeus, «Brasilianische Geschichte», Cleve 1659, S. 66

Frans Post, Landschaft mit Fluss und Wäldern, um 1660, Fundação Americano, São Paulo

Frans Post, Brasilianische Landschaft mit einer Gruppe von schwarzen Arbeitern, um 1660, Slg. Pimenta Camargo, São Paulo

Frans Post, Weite Landschaft mit Boa, um 1660, Museu de Arte, São Paulo

beginnt und sich nach hinten und oben zu aufhellt, gleichmässig und ohne Dramatik, als ob ein Bild der Dauer, symbolischer Ausschnitt des Immerwährenden, entstehen sollte.

Im Vordergrund baut Post barockes Rahmenwerk auf. Palmen streben schlank und luftig in die Höhe. Auf Hügeln stehen Kapellen, zu denen europäisch gekleidete Gläubige und bekehrte Schwarze wallen. Manche dieser Götterhäuser scheinen ruiniert, um Kriegsfolgen oder das Vergehen der Zeit anzudeuten. Tatsächlich hatten die Holländer Olinda, das sie zunächst nicht halten konnten, angezündet. Wie die anderen Bauten Posts, dessen Bruder Pieter übrigens als Architekt mit von der Partie war, muten auch diese Ruinen für äquatoriale Verhältnisse viel zu reinlich und aufgeräumt an. Selbst die Strohhütten der Eingeborenen scheinen aus dem Gelderland importiert. Vor den Anwesen, auf Plätzen und sich verbreiternden Wegen rasten Menschengruppen, meist hellgeschürzte Sklaven, aber auch Holländer in Pumphosen und mit breiten Hüten. Obschon Kopflasten tragend, scheinen auch die Schwarzen nur zum Vergnügen unterwegs und tanzen auffallend oft. Nur die gezahnten Holzräder der Zuckerfabriken lassen bei genauerem Hinsehen den ökonomischen Hintergrund dieses Schlaraffenlandes erahnen.

An die Ränder und in Ecken verbannt, doch säuberlich wie im Herbarium voneinander geschieden, gewahrt man endlich die prallen Pflanzen und Früchte jener Breiten, darunter immer wieder Kakteen, Kokosnüsse, Orangen, Kalebassen, alles was rund, klar umrissen und strahlig ist. Im Mittelpunkt steht meistens die goldene, grün bekronte Ananas als Inbegriff geordneter Fruchtbarkeit. Und wie aus der Wunderkammer ins Freie versetzt, bewegen sich im untersten Dickicht dann Schlangen, Gürteltiere, Ameisenbären, Echsen und Affen mit menschlichen Zügen als gelegentlich noch raubtierartiger Abgrund einer Schöpfung, die dann zu immer mehr Humanität und Frieden, Helligkeit und Farbe aufsteigt, letztere im bunten Gefieder der Papageien und Tukane konzentriert. Wahrscheinlich hat der Maler, wie auch sein Kollege Albert Eckhout, Flora und Fauna

### Frans Posts Schlangen

In manchen Bildern von Frans Post taucht, versteckt im Dickicht, eine Schlange auf, die ein Tier verschlingt. Die Schlange ist auf eine unbeholfene Weise als Maske des Bösen gemalt: Wie wenn sie aus Bosheit, aus purer Lust am Töten, die Opfer verschlänge. Aber schwierig zu malen war wohl nicht so sehr die Schlange selbst als vielmehr das, was sie in der idyllischen Landschaft symbolisiert: die Gewalt der portugiesischen und holländischen Kolonisatoren. Die Schlange im Bild ist eine missglückte Verdichtung von all dem, was sich aus Europa in die Neue Welt einschlich und alles Verwertbare unersättlich in sich hineinschlang.

Verdichtungen im Traum dienen – wie Freud zeigte – dazu, den Schlafzustand des Träumers aufrechtzuerhalten; die Verdichtungen in den Bildern von Frans Post sollen den ästhetischen Genuss der paradiesischen Idylle sichern. Und doch wird der Blick des Betrachters von der merkwürdigen Schlange gefesselt. Lässt man sich von der unbeholfenen Darstellung des uralten Symbols des Bösen nicht ablenken und beruhigen, so stellt sich bald der Zweifel an der Ruhe der Idylle ein. Wer arbeitete in den Zuckermühlen und unter welchen Bedingungen? Handeln die Gespräche zwischen Schwarzen, Indianern und Weissen nur von freundlichen und harmlosen Dingen?

Missglückte Traumverdichtungen lassen den Träumer aufwachen – missglückte Bild-Verdichtungen stören den traditionellen ästhetischen Genuss und verweisen auf die tabuisierten Anteile der Realität, bei Post also auf die ungeheure Gewalt bei der Entstehung und Entwicklung Brasiliens.

*Mario Erdheim*

Frans Post, Blick auf Olinda, 1650-1655, Museu Nacional de Belas Artes, Rio de Janeiro

Natur studiert als in dem Park, den Moritz um sein Schloss Freiburg in Recife – gemeint ist die Freiheit Hollands – als ersten botanischen und zoologischen Garten der Tropen hatte anlegen lassen.

Diesen Bildtypus hat Frans Post in seinem wenig umfangreichen Werk immer wieder, und sicher nach dem Geschmack der Besteller, variiert. Er ist kein ganz grosser Maler, wohl aber einer, der das Exotische in die Kunst eingeführt, die faszinierende Ferne eingemeindet, ihre Schrecken anheimelnd möbliert hat. Lange übersehen, wurde sein Œuvre in den dreissiger Jahren als das eines «wissenden Primitiven» und angeblichen Vorfahren des Zöllners Rousseau neu bewertet, in Brasilien als Nationalkunst reklamiert, von Exotikkennern in London gesammelt. So erwacht der Wunsch, diese Bilder anlässlich einer Reise mit den Landschaften zu vergleichen, die sie angeregt haben. In den Gegenden Frans Posts umhergehen heisst allerdings, sich auf eine Umkehrung gefasst machen. Unser Blick ist heute aufs Meer gerichtet; damals war er mehr dem Land zugewandt. Nicht nur, weil Post, wie seine Kollegen in Haarlem, ein Fachmaler war, der keine Marinen, sondern Landschaften herstellte. Nein, der Pinsel folgte den Augen seiner Landsleute, die auf Erschliessung und profitable Nutzung des Küstenstreifens aus waren. Zuckerrohr, Edelhölzer, Tabak, Früchte, wozu, auf den Bildern unsichtbar, noch Indigo kam – in dieser Reihenfolge stellte sich auch für Post der irdi-

Olinda, 1985

sche Nutzen seines Paradieses dar. Olinda, dessen Kirchen bei Post in idyllischer Lage erscheinen, war der Punkt, von dem aus die Portugiesen Pernambuco missionierten. Es war auch Sitz der Kolonialverwaltung, bis Moritz von Nassau ihn direkt ans Wasser nach Recife verlegte, das selbst über Zuflüssen und Kanälen gebaut ist. Gleichsam szenographisch sind die Kirchen in Olinda an strategisch erhöhten, weithin sichtbaren Punkten plaziert, mit Doppeltürmen und geschwungenen Fassadenaufsätzen. Vor ihnen fliessen die Pflasterplätze und Kopfsteingassen mit den hellen, bunten Häuschen – Veranden zur Seite – bis hin zum Sklavenmarkt und der Karmeliterkirche ab. Vom Meer her fährt eine frische Brise in die stehende Schwüle.

Olinda, Schachtelung braunroter, vermooster Dächer unterschiedlicher Neigung hinter weissen Blendgiebeln, das Ganze im Gewedel der Palmen, der gefingerten oder grossblättrigen Bäume, der lila und roten Blüten. Hat ein Kloster geschlossen, wandert man zum nächsten, die Öffnungszeiten sind kapriziös und gleitend; oft entschädigen Durchblicke für das verwehrte Innere. Die Eindrücke gleichen sich, schieben sich übereinander. Nossa Senhora da Graça und andere – es sind alles Saalbauten, reproduzierbare Schachteln, so schlicht wie möglich, was bis zum Asketischen gehen kann, wenn die Ausstattung ins örtliche Museum oder in den Handel gewandert ist. São Francisco war 1577 die erste Klostergründung der Portugiesen in Brasilien. Die Igreja N. S. das Neves ist ganz mit blauen Azulejos gefliest, die wellenförmig über die Wände schwingen, das Marienleben salonfähig machen mit allen Emblemen der Lauretanischen Litanei, im bunten, geschnitzten Rahmen des Kolonialbarock. Salon, den ein bemalter Plafond bedeckt: der Hl. Franz wirft die Gürtelkordel, Emblem seines Ordens, wie ein Lasso um die fünf Erdteile. *Terra in qua haec religio stat, terra sancta est* (Wo diese Religion herrscht, ist die Erde heilig) steht darunter – Formel einer Weltherrschaft, von der solche Kirchen und eine immense Ernüchterung geblieben sind.

Draussen das träge Leben der Tropen, die Ruhe und das Papageiengekrächze, glatte braune Mädchen, Sand, Pflaster, dann Brunnen, angenagt, schief und krumm. Kreuze sind russgeschwärzt und von Kerzenwachs bedeckt, ehemals helle Klosterfassaden mit grünen Läden haben von Feuchtigkeit gescheckte Simse. Der Mörtel dieser Gebäude wurde mit Walfischöl gebunden. Geleerte Kokosnüsse torkeln über den Weg – ein Hauch Verwahrlosung und mehr. Wie üblich ist man hin- und hergerissen zwischen den Dreckhaufen, dem Abblättern der Wände und den idyllischen Ecken, dem plötzlich ausbrechenden tiefen Frieden, einem Lachen aus dunklen Augen. Kirchen, die im Grün versinken, die gesungene Abendmesse in São Bento, gerade oder gekröpfte Fassaden, Strassenzüge, selten eben, fast immer steil. Vom oberen Rand, da wo Posts ruinöse, ins Zeitlose gerückte Kathedrale steht, der Blick auf Ziegeldächer im Meer der Palmen, auf den Atlantik selber und in die geschwungene Bucht von Recife (= Riff) mit Wellenbrechern und Hochhäusern als Fond.

Unterwegs nach Igaraçu. Die Ausläufer von Olinda sind dicht besiedelt und industrialisiert. Rechts und links unsägliche Wohnschachteln, schmutzübersät. Endlich das Land, üppige Pflanzungen, Bananen im Rhythmus der Senken und sattgrünen Hügel, Kühe in Halbtrauer. Ein Reiter trabt durch die lichten Plantagen; man möchte es ihm nachtun, so unbeschwert über Land streifen. Dann Reihen von Hütten, blau, rosa oder in verschossenem Gelb.

*Dieser Zucker dienet zur Wollust, zur Speise und zur Artzney: Zur Wollust dienet er in dē CONFECT, zu end der Mahlzeit: Zur Speise, wenn sich der Koch desselben in der Küche, unnd zur Artzney, wenn man sich seiner in der Apotheck gebraucht: Wie aber der Zucker außgearbeitet und zubereitet werden müsse, davon haben die Alten gantz nichts gewust. Dasselbe geschihet nun auf diese Weise: Das Rohr wird aus dem Erdreich gezogen, und es wird ihm, was an der seythe hier und dar angewachsen ist, abgestreufft: Es wirdt in kleine stücken, etwa einer Handbreit, zerschnitten, aus denselben stücken wird mit einer Presse der Safft außgepresset: Dieselbe Presse bestehet aus zwo, auf einander liegenden, uñ von der Mühle steets uñ mit einer solchen Krafft umgetriebener runden Waltzen, daß, wañ etwa ein Schlave, der daran arbeitet, unversehens nur einen Finger darzwischen kriegt, alsdenn der gantze Leib mit darunter gezogen und zerknirschet wird. Auß derselben Presse fleusset der Safft in einen Kessel, und wird darin erstlich mit etwas Wasser vermischet, folgends gewisse Stunden lang gesottē, biß er schäumet, uñ die wässerichte Feuchtigkeit von sich gibt: alßdenn wird er in irdene Gefäß, die oben spitz un unten breit seynd, geschüttet, in welchen er, gleich wie ein Saltz, hart wird: Die Spitze des Gefäßes wird etliche Tage lang verstopft gehalten, biß der Safft recht gerunnen unnd hart worden sey. Darnach wird sie geöffnet, damit das grobe und schläumige des Saffts darauß fließe, unnd der Zucker gereinigt werde. Demnechst wird das unterste breyte Theil des irdinen Gefäßes mit Töpfer-Thon beschmiret, und dasselbe offtmahls wiederholet, weil man vermeynet, daß solches die unsauberkeit des Zuckers desto mehr wegnehme, und denselben weiß mache.*

*Und dieses ist die erste Arbeit, die an dem Zukker geschihet. Damit aber derselbe in seine rechte und gebührliche Sauberkeit gebracht werde, so wird noch mehr arbeitens, siedens und kochens, darzu gebraucht. Man machet eine Lauge von ungeleschetē Kalck: dieselbe geußt man mit Eyerweiß auff den Zucker: den siedet man, und rühret ihn ohn unterlaß umb, biß er recht siedent heiß ist, uñ den ubergebliebenen Schleim vollends außscheumet: weñ er aber uberlauffen will, so wirfft man Butter darin: alßdann legt er sich wieder. Auff daß aber obgemelte Lauge desto besser darauß komme, so wird der Zucker, nachdem er erst, besagter massen, gesotten worden, durch ein härin Tuch oder Sieb geseiget, und darnach auffs newe, uñ so lange, aufs allerfleißeste gesotten, biß gedachte Lauge gantz verzehret sey. Darauff wird er wiederumb, eben als wenn er nun erst aufs newe geboren were, in eben solche, wie vorgemeldet, oben spitzige, und unten breite, irdene Gefäß geschüttet, das breite Ende mit etwas reinem Thon bestrichen, derselbe, wenn er trucken wird, offt ernewert, und also, was etwa noch dickes und schleimhafftiges im Zucker möchte ubrig gebliebē seyn, gründlich daraus gebracht.*

Barlaeus, «Brasilianische Geschichte»

pisches Neu-Holland. So muss den Siedlern dies einträgliche Paradies erschienen sein, so wollten sie es von ihrem Maler gesehen haben.
Igaraçu hat sich in provinzieller Abgeschiedenheit erhalten, wie es Frans Post kannte. Mangobäume und farbige Hauszeilen rahmen einen abfallenden Platz, dessen oberer Rand von drei Kirchen in rosa, weiss und gelb eingenommen wird. Die Türme wirken vorgefertigt wie aus dem Baumarktkatalog von damals: stämmig, mit Eckfialen und Spitze. In einer zeigt die ältere, braune Nonne, die so temperamentvoll von den langweiligen Benediktinerinnen aus Bayern in Olinda absticht, den Grenzstein, der aus Portugal kam, im nachhinein mythisiert wie alle Strukturen, die von Dauer waren.
São Cosme e Damião ist die erste Kirche in diesem Gründungsort der Portugiesen auf portugiesischem Boden. Wie in Olinda ist es ein rechteckiger Saal mit Rundstützen und gemuldeter Kehle, ein schlichter, schöner Bau der Gegenreformation. Gedrechselte Holzgitter, welche auch die Sängertribüne nach aussen öffnen wie ein Musikzimmer, sind die einzige Zutat des Barock. Auf den Seitenaltären, über denen sich Holztonnen wölben, stehen immer die gleichen Statuen: der leidende Heiland, die um ihn trauernde Madonna, Maria von der Unbefleckten Empfängnis, sie wohl als Gegenbild der kinderreichen Promiskuität dieser Breiten gedacht. Ebenso oft wurden Kosmas und Damian als Ärzte-Doppelgespann und letzte Retter gegen Krankheit und Seuche in ohnmächtiger Zeit gebraucht. Sie sind wie Doktoren mit Talar und Fakultätsmütze dargestellt, man kann sie in allen Devotionalienläden kaufen. Vor ihnen liegen Photos und Zettelchen zum Dank für eingetretene Hilfe.
Weiter zur Halbinsel Itamaracá. Am Himmel wechselt Azur mit flauschigen Wolken gleich Regentransportern, die sich nicht entladen, aber Schatten bringen, hochwillkommen im gleissenden Licht, das plötzlich grau wird und

Frans Post, Zuckermühle und Casa Grande, 1661, Slg. Pimenta Camargo, São Paulo

Verlassene Zuckermühle, 1991

Frans Post, Fort Ceulen am Rio Grande, 1638, Musée du Louvre, Paris

pastellen schattiert, was sonst grellbunt ist. Auch hier hat Post gemalt, vielleicht die Vorgängerin der Zuckermühle, die wir vor uns sehen, mit Zerkleinerer, Siede- und Lagerraum. Das Herrenhaus, die Casa Grande, liegt etwas erhöht; im Garten schreien die Pfauen, ihre Fächerkunst kontrastiert mit den verwilderten Beeten. Überall die offenen weissen Schuppen mit den tiefen Dächern wie bei Post, die Bottiche für den Sud. Nur die Dampfmaschine, auch sie längst stillgelegt, stammt aus späterer Zeit.

Forte Orange, das Fort Ceulen der Holländer, ist noch da, Zwingburg und schwarzer Stern, trutzig gegen die Palmen und das vordringende Chlorophyll gesetzt, aussen spitze Bastionen mit Geschützen, auf denen man sich heute photographieren lässt, innen ein Carré weissgekalkter Steinbaracken samt Kapelle, aus der gerade eine Katze retiriert, als sei sie der Teufel, der das Weihwasser fürchtet. Die Festung, halb vom Wasser umspült, nimmt die Spitze der Halbinsel ein, da wo der Rio Grande ins Meer mündet. Heute ist dies Strandgebiet, doch mit unberührten Teilen am hügeligen Ufer gegenüber. Sie vermitteln noch einen Eindruck von jener sandigen Einsamkeit und Melancholie, die Post hier in seinen ersten, vielleicht noch durch desolate holländische Meeresufer beeinflussten Bildern eingefangen hat. Landeinwärts zu verschwindet der mäandernde Fluss zwischen grünen Polstern, stossweise weht lauwarmer Wind. Einen Moment lang hält man das übersetzende Boot für Frans Posts Indianerkanu auf dem gleichen Fluss.

Elly Albertin

# Fauna und Flora der «Neuen Welt»

## Die Irrfahrt von Zeichnungen Eckhouts, Pisos und Markgrafs

Als ich dabei war, ein Thema für eine kunstgeschichtliche Studie auszuwählen, ahnte ich nicht, dass eine kleine Meldung in einer niederländischen Zeitung vom April 1977 mich mit Zeichnungen in Berührung bringen würde, die am Anfang des siebzehnten Jahrhunderts während der holländischen Besetzung Brasiliens geschaffen wurden und die seit dem Zweiten Weltkrieg als verloren galten.

Der kleine Artikel berichtete auf schlichte Weise, dass in Polen eine Sammlung von Manuskripten aufgefunden worden war, die Zeichnungen der Sammlung von Johann Moritz von Nassau einschloss. Nachdem meine Aufmerksamkeit geweckt war, begann ich eine Nachforschung, die fast drei Jahre dauerte.

Ende 1979 bewilligte die polnische Regierung die Einsicht und das Studium der Sammlung *Libri Picturati.* Die Bücher befanden sich in der Jagiellonska-Bibliothek von Krakau; derjenige Teil, der sich auf Brasilien bezieht, umfasst sieben Teile.

Im Jahre 1636 wurde Johann Moritz vom Vorstand der Westindischen Companie zum General-Gouverneur des holländischen Gebietes in Brasilien ernannt. Während seines siebenjährigen Aufenthaltes im Nordosten Brasiliens regte Johann Moritz Untersuchungen an und förderte diese auf verschiedenen Gebieten wie der Zoologie, der Botanik, der Ethnologie, der Geographie und der Astronomie. In seinem Gefolge brachte er die Wissenschaftler Vilhelm Piso und Georg Markgraf, den Landschaftsmaler Frans Post und den Portraitmaler Albert Eckhout mit. Es waren denn hauptsächlich diese Männer, die das Brasilien im siebzehnten Jahrhundert beschreiben und darstellen sollten.

Eine grosse Sammlung von Studien, Zeichnungen, Möbeln und Gebrauchsgegenständen wurde 1644 nach Holland gebracht. Acht Jahre später schenkte Johann Moritz einen Teil seiner Kollektion Zeichnungen Friedrich Wilhelm I. von Brandenburg. Die Zeichnungen wurden von dem Hofarzt Christian Mentzel betreut. Den grössten Teil dieser Sammlung fasste Mentzel in vier Büchern zusammen, nämlich: I Icones Aquatilium – II Icones Volatilium – III Icones Animalium – IV Icones Vegetabilium. Der Büchersatz wurde später unter dem Namen *Theatrum Rerum Naturalium Brasiliae* bekannt. Er umfasst 417 Zeichnungen.

Zwei weitere Bücher sind bekannt als *Handbücher* oder *Libri Principis.* In ihnen hat Johann Moritz eigenhändig Anmerkungen zu den Abbildungen angebracht. Es handelt sich hier um 307 Zeichnungen, praktisch die gleichen, mit Ausnahme von den wenigen menschlichen Gestalten.

Der letzte Teil, bekannt als *Miscellanea Cleyeri,* weist 34 Zeichnungen auf, die sich mit der brasilianischen Fauna und Flora befassen; die übrigen Zeichnungen stammen aus dem Osten.

Die vier Bücher des *Theatrum* sowie die *Handbücher* gehörten im Laufe der Zeit der Bibliothek Friedrich Wilhelms I. und der Königlichen Bibliothek in Berlin (später Preussische Staatsbibliothek) an. Die *Miscellanea Cleyeri* wurden möglicherweise noch in der Form von einzelnen Zeichnungen in die

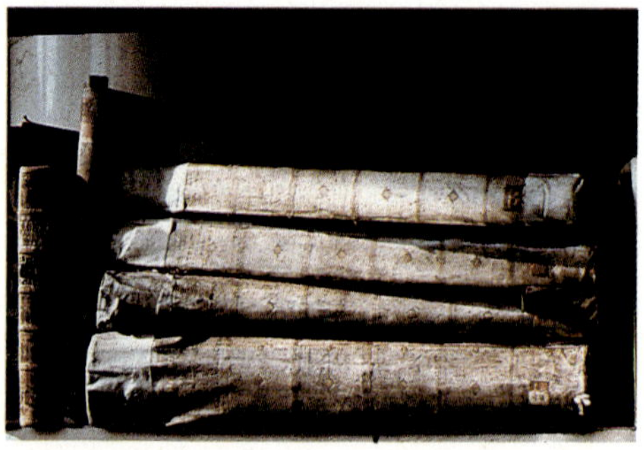

Die *Libri Picturati* in der Jagiellonska-Bibliothek von Krakau

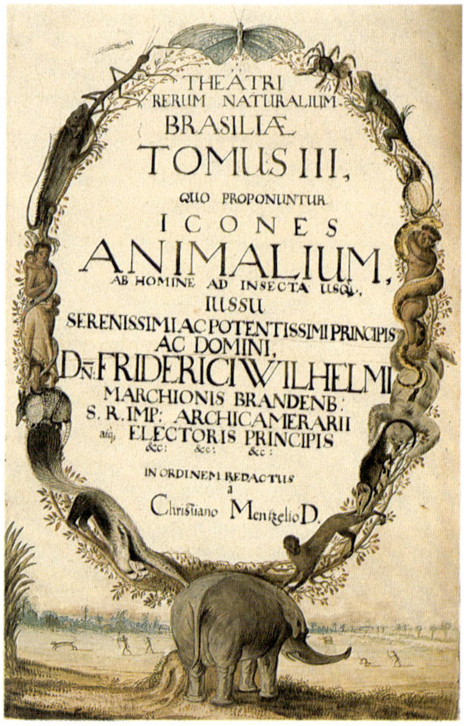


Titelseite *Theatri,* Band III

Albert Eckhout (?), Iacapucaya (Brasilianische Nüsse), um 1640 (Theatri IV), Jagiellonska-Bibliothek Krakau

Albert Eckhout, Tanz der Tapuya (Tarairiu), 1641–41, 168 × 294 cm, Dänisches Nationalmuseum Kopenhagen, Ethnographische Sammlung

Berliner Bibliothek gebracht. Um 1828 herum wurde beschlossen, sämtliche illustrierten Manuskripte der Bibliothek unter ein einziges Kennwort zu bringen: die *Libri Picturati*. In dieser Weise wurden die vier Teile des *Theatrum* zu *Libri Picturati* A 32–35, die *Handbücher* zu *Libri Picturati* A 36–37 und die *Miscellanea Cleyeri* zu *Liber Picturatus* A 38.

Bis 1941 befanden sich die *Libri Picturati* noch in der Preussischen Staatsbibliothek. Während des Krieges wurde dieses Material nach sichereren Orten geschafft und legte einen abenteuerlichen Weg zurück, bis es im polnischen Krakau wieder aufgefunden wurde.

Die Zeichnungen, welche sich in den vier Büchern des *Theatrum* und in dem der *Miscellanea Cleyeri* befanden, wurden während der Entdeckungsreise auf separaten Blättern hergestellt und auf Brettchen aufgeheftet. Später wurden sie ausgeschnitten und eingerahmt.

Die Abmessungen der Skizzen liegen zwischen 12,2 × 15 cm und 59,6 × 35,4 cm. Die angewandte Technik ist Öl auf Papier; auch sind einige mit Bleistift ausgeführt. Als Urheber der meisten Zeichnungen ist, wegen des Reichtums an Details und Naturtreue der Objekte, Albert Eckhout zu betrachten.

Die Abbildungen der *Handbücher* sind Aquarelle und Gouachen, direkt auf die Seiten des Buches gemalt. Die Zeichnungen in der *Theatrum*-Reihe sind kleiner; sie werden Georg Markgraf zugeschrieben. Da Johann Moritz in seinem Vrijburg-Palast in Recife einen zoologischen und botanischen Garten unterhielt, ist es möglich, dass er seine Kommentare und Aufzeichnungen auf die dort vertretenen Arten abgestützt hat. Beim Ordnen des Materials setzte Christian Mentzel die Zeichnungen des *Theatrum* in Bezug zu dem

Albert Eckhout, Porträt eines Tapuya (Tarairiu), um 1640 (Theatri III), Jagiellonska-Bibliothek Krakau

Buch *Historia Naturalis Brasiliae* von Vilhelm Piso und Georg Markgraf, das 1648 in den Niederlanden verlegt wurde. Bevor die Zeichnungen verschenkt wurden, hatten sie als Vorlagen für die Stiche gedient, die man für dieses Buch anfertigte.

In der Einführung des ersten Teils des *Theatrum* stellt Mentzel die Zeichnungen in der folgenden Weise vor: «Also hier sehen Sie (. . .) die Naturgeschichte Brasiliens, ein absolut ausserordentliches und mit dem, was Sie in Bibliotheken antreffen, unvergleichbares Werk, mit Illustrationen, die die Sorten, wie sie in ihrer natürlichen Umgebung in Brasilien leben, darstellen mit einer Naturtreue, welche der Wirklichkeit fast gleichzustellen ist.»

Im Vorwort des zweiten Teiles erklärt er, nach welchem Kriterium die Zeichnungen geordnet sind. Im Teil I die Wassertiere, weil sie die ersten von Gott geschaffenen Tiere sind. Im Teil II die Vögel. Die Tatsache, dass einige Vögel ins Meer tauchen und einige Fische auftauchen und über kurze Strekken fliegen können, erklärt er mit dem Hinweis, dass beide am selben Tag geschaffen wurden. Die Lebewesen des dritten Teils werden angeführt vom Menschen, danach kommen die Affen und die übrigen Tiere. Am Ende dieses Teils erscheinen die Insekten, als Verbindung zu dem Teil der Pflanzen, da sie als Tiere einer nicht perfekten Sorte betrachtet wurden, als Zwischenglied zwischen Pflanze und Tier; so liegen sie der Abteilung Pflanzen bei. Pflanzen und Früchte finden sich im vierten Teil. Das Studium der Pflanzen verdankt man hauptsächlich Vilhelm Piso, dem Leibarzt von Johann Moritz, der ihren medizinalischen Wert prüfte. Diese Zeichnungen hatten einen fast didaktischen Charakter; die Pflanzen sind in ihren verschiedenen Phasen dargestellt: Blüte, Frucht und Samen.

Im Europa des 17. Jahrhunderts bestand ein grosses Interesse für die «kuriosen» Fauna- und Florasorten der Neuen Welt mit ihren Gürteltieren, Ameisenfressern, Faultieren und exotischen Vögeln. Die Prinzen und reichen Bürger bemühten sich auch, von Reisenden solche Neuigkeiten zu bekommen. Diese Tiere wurden bei den Festen dieser Zeit zu Sehenswürdigkeiten.

Die Dokumentation, die von dem Gefolge des Johann Moritz angelegt wurde, ist nicht allein sehr wichtig für die Naturgeschichte, sondern auch für die Kunstgeschichte. Die Zeichnungen, welchen man jetzt in den *Libri Picturati* begegnet, dienten nicht nur als Vorlage für die Holzschnitte der *Historia,* sondern ihre Elemente wurden schliesslich auch vielfach für die Komposition der Reihe von Wandteppichen «Les anciennes Indes» und «Nouvelles Indes» sowie als Vorlagen für die Ölgemälde von Frans Post und Albert Eckhout benutzt.

Albert Eckhout (?), Curucua, um 1640 (Theatri II), Jagellionska-Bibliothek Krakau

Albert Eckhout (?), mit Anmerkungen von Moritz von Nassau, Fliegender Fisch, um 1640 (Handbuch I)

Diese lebensgrossen Darstellungen von Albert Eckhout stellen Bevölkerungsgruppen in der niederländischen Kolonie Moritz von Nassaus in einer Art Typologie vor, welche die Lebensweise, die Umgebung, Fauna und Flora ebenfalls genau wiedergibt. Sie befinden sich heute in der Ethnographischen Sammlung des Dänischen Nationalmuseums Kopenhagen.

Tarairiu (Tapuia)-Indianer, 1643

Tarairiu (Tapuia)-Indianerin, 1641

Tupi-Indianer, 1643

Tupi-Indianerin mit Kind, 1641

Mameluckin, 1641

Mestize, um 1641

Diese zwei Früchte- und zwei Gemüsestilleben (unten rechts: Maniok) von Albert Eckhout gehören zu einer zumeist auf 90 × 90 cm beschnittenen Serie von 12 Bildern, deren Datierung vor oder nach Eckhouts Rückkehr nach Holland offen ist. Bemerkenswert an ihnen ist neben der Üppigkeit die durch die Untersicht gegebene Monumentalisierung sowie die Plazierung unter holländischem Wolkenhimmel. Alle befinden sich in der Ethnographischen Sammlung des Dänischen Nationalmuseums Kopenhagen.

Sigrid Pallmert

# La tenture des Indes

## Eckhouts Echo auf französischen Bildteppichen

Am 21. September 1679 besuchte Ludwig XIV. die Salle de la Comédie im Louvre, um sich Kunstwerke anzusehen, die Prinz Moritz von Nassau-Siegen in einem Brief folgendermassen beschrieben hatte: «... Les dites raritès représentent tout le Brésil en pourtrait, à sçavoir la nation et les habitants du Pay, les animaux à quatre-pieds, les oiseaux, poissons, fruits et herbes, tout au grandeur de vif...» (Die besagten Raritäten stellen ganz Brasilien dar, das heisst das Land und seine Bewohner, die vierfüssigen Tiere, die Vögel, Fische, Früchte und Pflanzen, alles in seiner natürlichen Grösse.) Der König zeigte sich mehr als beeindruckt und meinte nach seinem Besuch: «Je veux revenir voir pour mon plaisir.» Der Grundstein für die «Tenture des Indes», die erfolgreichste der von der Manufacture des Gobelins in Paris hergestellten Tapisserien-Folge, war gelegt. Während Jahrhunderten sollten diese Wirkereien das Brasilien-Bild der Europäer mitprägen.

Wegbereiter für dieses Bild war Moritz von Nassau-Siegen, von 1637 bis 1644 Generalgouverneur von Neu-Holland. Wissenschaftler und Künstler hatte er beauftragt, die Mannigfaltigkeit Brasiliens in Wort und Bild einzufangen. Die Kunst- und wissenschaftlichen Produkte brachten diese dann in ein Europa zurück, das sich für die Neue Welt brennend interessierte, in ethnographischer, botanischer und zoologischer Hinsicht, Faszination verspürte für das Exotische, Vorurteile und zwiespältige Gefühle dem Fremden, Unbekannten und somit Unheimlichen gegenüber miteingeschlossen.

Am 16. April 1667 bestätigte Maximilaan van der Gucht, Besitzer einer Tapisserie-Manufaktur in Delft, dem Kurfürsten von Brandenburg den Erhalt von elf Bildern, «indiaenische schilderijen van allerhande menschen, gedierte en kruijen soo groot als 't leven». Van der Gucht wollte die Bilder, welche durch Moritz von Nassau bereits 1652 an den Kurfürsten gelangt waren, innerhalb von vier Monaten in Tapisserien umsetzen. Diese als Kartons verwendeten Malereien sollen von Albert Eckhout ausgeführt worden sein, was sich heute nicht mehr überprüfen lässt, weil sich die Wirkereien nicht erhalten haben.

1678 entschloss sich Moritz von Nassau, auch Ludwig XIV. mit einer Gruppe von «Braziliana» zu erfreuen. Der König erhielt eine Reihe von Bildern – darunter eventuell auch diejenigen, die bereits dem Kurfürsten von Brandenburg offeriert worden waren –, wobei Moritz von Nassau erneut die Idee einbrachte, aus den vorliegenden Sujets Tapisserien herzustellen: «...de quels pourtraits on peut former une tapisserie pour meubler une grande sale ou galerie, ce qui seroit une chose très rare, qui ne se trouve plus au monde...» (...von diesen Porträts könnte man sehr wohl eine Tapisserie gestalten, die einen grossen Saal oder eine Galerie ausstatten könnten, eine sehr seltene Sache, einzig auf der Welt.) Die Gemälde, welche als potentielle Gobelin-Kartons angepriesen wurden, finden Erwähnung sowohl im «Inventaire Général des Meubles de la Couronne» als auch in der 85 Objekte umfassenden «Description des Tableaux que le Prince Maurice de Nassau a offerts au Roi», wobei die Zahl

Le combat d'animaux («Nouvelles Indes»), um 1750, Slg. Pimenta Camargo, São Paulo

warten. Erst als die Manufacture des Gobelins Mitte 1687 auf der Suche nach neuen Vorlagen war, fiel die Wahl auf die «Braziliana»-Gegenstände. Dieser Sachverhalt ist insofern bemerkenswert, als die Manufaktur nicht aktiv nach neuen Motiven suchte, sondern quasi auf das zurückgriff, was sich gerade anbot. Und umso mehr erstaunt der Erfolg eben dieser Tapisserien-Folge.

Zwischen 1687 und 1730 wurden in Paris unter dem Namen «Anciennes Indes» acht Serien mit je acht Stück, die folgende Themen aufnahmen, fabriziert: «Le cheval rayé»; «Les deux taureaux»; «L'éléphant ou Le cheval Isabelle»; «Le chasseur indien»; «Le combat d'animaux»; «Le roi porté par deux maures»; «Le cheval pommelé ou L'indien à cheval»; «Les pêcheurs». (Das gestreifte Pferd, Die zwei Stiere, Der Elefant oder Das Pferd Isabelle, Der indianische Jäger, Der Kampf der Tiere, Der König, von zwei Mohren getragen, Der Schimmel oder Der Indianer zu Pferd, Die Fischer.) Wir begegnen hier dem brasilianischen Universum, europäisch interpretiert. Es stellt sich natürlich sofort die Frage nach den Vorlagen, nach dem Eckhoutschen Anteil an denselben. Ob die Kartons als solche von Eckhout stammen, kann heute nicht mehr schlüssig beantwortet werden. Und auch der Beizug der originalen Kartons, die sich bis in unsere Tage erhalten haben, bringen uns in dieser Frage nicht weiter, da an ihnen immer wieder starke Übermalungen vorgenommen worden sind. Schwierig ist auch zu eruieren, welche Rolle die Maler der Manufacture des Gobelins spielten, gibt es doch eine schriftliche Quelle, die besagt, dass die vier Maler Bonnemer, Houasse, Monnoyer und Blain de Fontenay beauftragt worden seien, die acht Bilder zu bearbeiten; auf deren Erfahrung mit dem Medium Wirkerei konnte kaum verzichtet werden. Die «Anciennes Indes» werden unterteilt in die fünf «Grandes Indes» von je 4,75 Meter Höhe, drei davon in Basselisse, zwei in Hautelisse, drei «Petites Indes» von je 4,1 Meter Höhe, alle in Basselisse, einer Anzahl Einzelanfertigungen.

Die Tapisserien arbeiten sehr stark mit der Unterteilung in Vorder-, Mittel- und Hintergrund. Der unterste Bildstreifen gibt den Ausschnitt eines Gewässers wieder, belebt von Fischen und Wassertieren. In Vorder- und Mittelgrund tummeln sich Menschen und Tiere. Der Hintergrund gibt den Blick frei auf die Landschaft. Die Vegetation ist von einer unvergleichlichen fruchtbaren Üppigkeit. Sie spriesst, gedeiht und formiert sich vereinzelt zu eigentlichen Stilleben. Es kreucht und fleucht in den Büschen und zwischen den Ästen. Es gibt eine Menge zu sehen, zu entdecken, verstecken sich die Tiere doch häufig chamäleonartig zwischen den Pflanzen. Menschen, Tiere und Pflanzen leben in Harmonie in einer intakten Landschaft, obwohl der Kampf der Tiere, der Überlebenskampf, das Fressen und Gefressenwerden, Teil der Lebensdarstellung ist. Der Naturalismus in der Darstellung von Fauna und Flora erlaubt es, den grössten Teil der Pflanzen und Tiere in deren Spezies zu bestimmen. Diese Kennerschaft der Materie legt einmal mehr die Vermutung nahe, macht es eigentlich zur Gewissheit, dass das Eckhoutsche Werk geradezu zwingend mit den Tapisserien in Verbindung gebracht werden muss. Die Konsultation der Aquarelle und Ölmalereien dieses Künstlers belegen diese Annahme, kommen doch einzelne Elemente in den künstlerischen Erzeugnissen und auf den Tapisserien absolut identisch zur Wiedergabe. Als Vorlage für die Landschaften haben höchstwahrscheinlich die Skizzen von Frans Post gedient.

Nutztiere treten neben wilden Tieren auf, südamerikanische neben afrikani-

Le combat d'animaux (Detail)

Le combat d'animaux (Detail)

schen und einen zoologischen Garten angelegt, in dem auch Pflanzen und Tiere nichtbrasilianischer Herkunft zu besichtigen waren. Eckhout dürfte auch die auf den Tapisserien auftretenden afrikanischen Tiere aus eigener Anschauung gekannt haben. Vereinzelt wird sogar spekuliert, dass Eckhout an einer Expedition nach Afrika teilgenommen habe.
Die Tapisserien präsentieren sich in ihrer Komposition als sehr traditionell, d. h. sie fallen nicht aus dem Rahmen, verglichen mit den anderen, von der Manufacture des Gobelins hergestellten Tapisserien, die sich vor allem mythologischer, biblischer und historischer Themen annahmen. Man wusste, was der Empfänger von einer Wirkerei, die oft Repräsentationsräume schmückte, erwartete. Das Kriterium der Dekoration hat die Komposition entscheidend mitbeeinflusst. Dass die Welt Brasiliens von Tieren mitbevölkert wird, die ihren Ursprung in Afrika und Europa haben, mag den heutigen Betrachter irritieren; der Mensch des 17. und 18. Jahrhunderts war fasziniert von der «neuen» Welt, über die er immer mehr erfuhr, und die er, ob sie nun von Rhinozeros, Zebra, Lama oder Wildschwein bevölkert war, als Einheit erlebte.
Die Popularität der Tapisserien und die damit verbundene grosse Nachfrage brachten es mit sich, dass von den «Anciennes Indes» über neunzig Stück hergestellt wurden. Es versteht sich von selbst, dass die dafür verwendeten Kartons übermässig beansprucht wurden. Bereits in den Jahren 1692/93 hatte François Desportes den Auftrag erhalten, an den Kartons Retouchen vorzunehmen, und im Jahre 1735 beauftragte Philibert Orry, Direktor der «Bâtiments du Roi», denselben Künstler mit der Herstellung von Kartons für eine zweite, neue Folge. Zwischen 1737 und 1741 kamen die Kartons zur Ausführung und waren in diesen Jahren für eine gewisse Zeit in den Ausstellungs-Salons zu sehen.
Der Franzose François Desportes (1661–1748) war beim flämischen Künstler Nicasius Bernaerts (1608–1678), einem Spezialisten der Tiermalerei, in die Lehre gegangen. 1699 besuchte er die Kunstakademie, und es sollte darauf ein halbes Jahrhundert intensiver Kunstproduktion folgen, wobei Jagdthemen und Porträts den Grossteil der Aufträge ausmachten. Desportes avancierte zum Meister in der Gattung der Jagdmalerei.

François Desportes, Gürteltier, um 1735,
Manufacture Nationale de Porcelaine, Sèvres

Eine Extra-Serie der «Anciennes Indes», wobei «L'Éléphant» fehlte, wurde von Bernard Ferdinand von Wattenwyl-de Sacconay (1772–1836), der als Hauptmann in Frankreich gedient hatte, erworben. Seit 1886 hängen «Le cheval rayé» und «L'indien à cheval» im Treppenhaus des Beatrice von Wattenwyl-Hauses an der Berner Junkerngasse.

François Desportes, Sechs Vögel und Gürteltiere, um 1735,
Manufacture Nationale de Porcelaine, Sèvres

Die neue Folge, die «Nouvelles Indes», begann ihren Siegeszug im Jahre 1740, und in den kommenden Jahrzehnten gelangten mehr als hundert Stück zur Ausführung. Inwiefern unterscheiden sich nun die «Nouvelles Indes» von den «Anciennes Indes»? Desportes hatte sich vorgenommen «à éviter de tomber dans le deffaut de simple copie» (dem Fehler der simplen Kopie zu verfallen), und der Vergleich der beiden Folgen zeigt dann auch, dass Desportes zahlreiche Ergänzungen und Modifikationen vorgenommen hat, weshalb einzelne Titel umbenannt wurden: «Les deux taureaux» in «Les taureaux», «L'éléphant ou Le cheval Isabelle» in «L'éléphant», «Le roi porté par deux maures» in «La négresse portée dans un hamac» (Die in einer Hängematte getragene Negerin), «Le cheval pommelé ou L'indien à cheval» in «Le cheval pommelé ou Le chameau». Von François Desportes besitzt die Manufacture Nationale de Porcelaine in Sèvres über 600 Öl- und Bleistiftskizzen, 24 davon können mit seinen Arbeiten für die Tapisserien in Verbindung gebracht werden.

Die Skizzen «Zwei Lamas», «Tapir» und «Zebra, Jaguar, Rhinozeros, Zukkerrohr» zum Beispiel lehnen sich direkt an die Tapisserien der «Anciennes Indes» an, und zwar an «Le cheval rayé», «Le combat d'animaux» und «Le cheval pommelé ou L'indien à cheval». Die Detailtreue gegenüber den Tapisserien lässt die Vermutung aufkommen, dass Desportes die oben genannten Tiere von den Kartons der «Anciennes Indes» kopiert hatte. Er war ja mehrfach mit diesen in Kontakt gekommen: beim Anbringen der Retouchen 1692/93, bei kleineren Veränderungen 1722 sowie bei der Vorbereitung der Kartons für die «Nouvelles Indes». «Le cheval pommelé ou L'indien à cheval» aus den «Anciennes Indes» und das Gegenstück «Le cheval pommelé ou Le chameau» aus den «Nouvelles Indes» dokumentieren auf eindrückliche Weise, wie Desportes mit der Vorlage umgegangen ist: Die Grundkomposition des Kartons bleibt dieselbe, Desportes fühlt sich aber frei, nach eigenem Gutdünken Details zu verändern und zu variieren. An die Stelle des indianischen Jägers ist ein Kamel getreten, Vögel bevölkern das Ufer, die Vegetation ist eine andere. Auffällig ist aber die Ähnlichkeit der Darstellung des Lamas, wobei sich die Stellung der Vorderbeine gegenüber den «Anciennes Indes» verändert hat. Zwei Gürteltiere von Desportes hatten ursprünglich wohl die Aufgabe, in die «Nouvelles Indes» integriert zu werden, weisen diese doch eine gewisse Ähnlichkeit mit den Gürteltieren in «Le cheval rayé» in den «Anciennes Indes» auf, die Desportes ebenfalls skizziert hatte.

Vermutlich hat Desportes die Gürteltiere nach der Natur gemalt; ebenso das «Krokodil», waren solche Tiere doch in zoologischen Gärten und an Jahrmärkten zu bestaunen. Besonders zu nennen wäre in diesem Zusammenhang die von Ludwig XIV. gegründete sogenannte Ménagerie, zuerst in Vincennes, später in Versailles situiert. Desportes soll nach Aussage seines Sohnes Claude-François vom König die Aufgabe erhalten haben, laufend alle diejenigen Tiere zu malen, welche neu in die Menagerie aufgenommen wurden.

Ein Vergleich der «Nouvelles Indes» mit den «Anciennes Indes» ergibt in seiner Gesamtheit das bereits oben angedeutete Bild: Desportes behält zumeist die Grundkomposition und die Grundelemente bei. Die Kartons der «Anciennes Indes» waren Vorbild und Inspirationsquelle. Desportes hatte als ein auf Jagden spezialisierter Maler ein besonderes Interesse für Tiere in natürlicher Bewegung. Die Popularität der «Anciennes Indes» und

Atelier Jean Jans fils, Le cheval pommelé ou L'indien à cheval («Anciennes Indes», Extra-Serie), 1718–25, Eigentum der Schweizerischen Eidgenossenschaft

Atelier Neilson, Le cheval pommelé ou Le chameau («Nouvelles Indes»), um 1760, Slg. Pimenta Camargo, São Paulo

Phantasie freien Lauf zu lassen. Sicher benutzte er als Quelle auch die Zeichnungen und Malereien, die in direktem Zusammenhang mit den Kartons der «Anciennes Indes» stehen und König Ludwig XIV. von Moritz von Nassau offeriert worden waren, sowie die «Historia Naturalis Brasiliae», das gültige Brasilien- Kompendium der damaligen Zeit. Desportes fehlte aber im Gegensatz zu Eckhout der direkte Zugang zu Brasilien. Aus diesem Grund wird in den «Nouvelles Indes» in verstärktem Masse nachvollziehbar, was diese Tapisserien-Folge allgemein kennzeichnet. H. R. Hoenik formulierte dazu einmal treffend: «Wenn immer so genaue und realistische Mittel der Annäherung an exotische Wirklichkeit auftreten, kann man nicht mehr von Exotismus sprechen. Doch wenn immer solche sauberen, für sich selber wirklichen Reproduktionen in einem anderen Zusammenhang gebraucht werden, was häufig mit Tapisserien geschehen ist, zeigt sich der Exotismus wieder offen.»

Gerade diese Exotismus-Diskussion führt uns zur Rezeption der «Tentures des Indes». Die «Nouvelles Indes»-Serie wurde in der Manufacture des Gobelins bis 1826, Einzelstücke sogar bis 1941 hergestellt. Berechtigterweise kann man also von einer «Série triomphale de l'exotisme» sprechen. Von der «Tenture des Indes» wurden insgesamt 200 Stück produziert, darunter fünfzehn komplette Serien zu acht Stück. Der Erfolg der «Tenture des Indes» beruht unter anderem auch auf der Tatsache, dass die Tapisserien immer wieder dem Zeitgeschmack angepasst wurden. Deshalb kann es auch nicht als Zufall gelten, dass der beliebte Künstler François Desportes mit der Herstellung der Kartons für die neue Serie beauftragt worden war, denn er galt als Garant für das Einfliessen eben dieses Zeitstiles.

Der Erfolg der «Tenture des Indes» war vor allem ein internationaler. Die Folge hatte nicht die Aufgabe, nur die königlichen Gemächer in Versailles oder im Louvre zu schmücken. Es gelangten ganze Serien oder Einzelstücke an ausländische Höfe oder in ausländischen Privatbesitz. Die Vorliebe für den Exotismus im 17. und 18. Jahrhundert kann nicht alleine die Ursache für die grosse Beliebtheit der «Tenture des Indes» sein, die auch die Französische Revolution überlebt hat. Auf diesen Tapisserien kommt ein Brasilien zur Darstellung, das trotz Akribie und Detailtreue, trotz grosser Kenntnis der zoologischen und botanischen Materie kein reines Abbild von Brasilien bietet. Vermittelt werden soll vielmehr die «Vision Brasilien», die Sehnsucht nach dem Verlorenen Paradies überhaupt. Albert Eckhout hatte brasilianisches *Sein,* wahrhafte Exotik nach Hause gebracht; die Tapisserien als Dekorationsstücke hatten vor allem dem *Schein,* dem Exotismus als Idee zu dienen.

Literatur:


Benisovich, M., The History of the Tenture des Indes. In: Burlington Magazine, 1943 (Sept.), S. 216–225

Jarry M., Dessins et études provenant de l'atelier de Desportes concernant la Tenture des Indes, conservés à la Bibliothèque de la Manufacture de Sèvres. In: Bulletin Société Histoire de l'Art Français, 1957, S. 339–345

Jarry, M., Les Indes. Série triomphale de l'exotisme. In: Connaissance des Arts, 1959 (Mai), S. 62–69

Jarry , M., L'exotisme au temps de Louis XIV. Tapisseries des Gobelins et des Beauvais. In: Bulletin de liaison du Centre International d'Etude des Textiles Anciens, 1974 (43/44), S. 124–127

Krotoff, M.-A. u. a., La Tenture des Anciennes et Nouvelles Indes. Ausstellungskatalog Aix-en-Provence, Musée des Tapisseries, Juni bis Oktober 1984

Prado Valladares, C. do/Mello Filho, L. E. de, Albert Eckhout. A Presen ça de Holanda no Brasil, século XVII. Rio de Janeiro 1989

Whitehead, P. J. P./Boeseman, M., A Portrait of Dutch 17th century Brazil. Animals, plants and people by the artists of Johan Maurits of Nassau. Amsterdam/Oxford/New York 1989

François Desportes, Rhinozeros, Zebra, Jaguar, Zuckerrohr, um 1735, Manufacture Nationale de Porcelaine, Sèvres

René Haguenauer

# Das Sammlerehepaar Beatriz und Mario Pimenta Camargo

Mit Vergnügen stelle ich das Sammlerehepaar Beatriz und Mario Pimenta Camargo vor, mit dem mich eine lange und tiefe Freundschaft verbindet. Seine Sammlung umfasst mehr als 900 Objekte, darunter Möbel sowie Silber, Goldschmiedekunst, Malerei, Tapisserien, Skulpturen, Karten, religiöse Kunst, Porzellan und Keramik. Sie gibt einen repräsentativen Überblick über die portugiesische Präsenz in Brasilien, die portugiesische Alltagskultur bis 1822 und ist zugleich ein Zeugnis der Entstehung der brasilianischen Kultur.
Dass die Sammlung Pimenta Camargo in kurzer Zeit in Lissabon, Brüssel und Zürich in grossem Rahmen ausgestellt wird, zeugt von ihrer unbestrittenen Bedeutung. Sie widerspiegelt die gemeinsame Liebe der Sammler für die schönen Dinge, ihren sicheren und ausgewählten Geschmack und ihre Absicht, die brasilianische Kunst in all ihren Formen zu bewahren. Seit ihrer Jugend hat diese gemeinsame Passion das Paar verbunden, und Beatriz und Mario Pimenta Camargo vermochten sie auch an ihre vier Kinder weiterzugeben, die das Erbe zweifelsohne in ihrem Sinne weiterverwalten werden.
Mario Pimenta Camargo erzählt dazu folgendes: «Im Februar 1941 erfuhr ich, damals in der friedlichen Stadt Uberaba in Minas Gerais lebend, dass ich als Bester ins angesehene Gymnasium, das Colégio Marista, aufgenommen worden war. Wie gross war meine Freude, als mich mein Vater aufforderte, zur Belohnung ein Geschenk auszuwählen. Man muss dazu wissen, dass die Kinder damals nur ein Weihnachtsgeschenk und manchmal eine Kleinigkeit zum Geburtstag erhielten. Auch das Taschengeld kannte man noch nicht. Und so bat ich meinen Vater um eine bescheidene Summe Geld.‹Weshalb Geld, was willst Du damit tun?›fragte mich mein Vater.‹Ich möchte vier wunderschöne Kaffeetassen kaufen, die ich bei Mme Ritinha Cardoso gesehen habe.›Mein Vater fand es jedoch angebrachter, mir die Enzyklopädie *Tesouro da Juventude* (Die Schätze der Jugend) zu schenken. Aber die ‹Schätze der Jugend› vermochten meinen Wunsch nach den Tassen nicht zu stillen. Ich bat deshalb den Verwalter der väterlichen Fazenda, mir die schönsten und besten Früchte des Obstgartens zu bringen: Orangen, Bananen, Avocados, Papayas, Karambolen. Es gelang mir, diese in den Pensionen der Stadt unter dem Marktpreis zu verkaufen. Aus dem Erlös kaufte ich mir dann die gewünschten Tassen bei Mme Cardoso.»

Beatriz und Mario Pimenta Camargo, 1992

Nach Jahren ohne irgendeinen Kauf kam Mario Pimenta Camargo schliesslich 1949 nach São Paulo, um an der Rechtsfakultät von Largo São Francisco zu studieren. Die bescheidenen Einkünfte, die er als Praktikant bei einem Rechtsanwalt erzielte, verwendete er dazu, Antiquitäten zu kaufen, auf denen ihm die Händler oftmals Rabatt gewährten.
Beatriz Mendes Goncalves wurde in São Paulo in einem Elternhaus geboren, in dem man sich nicht für Antiquitäten interessierte. Als Achtzehnjährige unternahm sie eine Europareise und erwarb im berühmten Auktionshaus Dorotheum in Wien unter anderem einen Mörser, der noch heute zur Sammlung gehört.
Einige Jahre später lernten sich Beatriz und Mario Pimenta Camargo kennen. Anstatt der konventionellen Geschenke unter Vermählten zogen sie es vor, kleine Antiquitäten auszutauschen, soweit ihre Mittel es zuliessen. Dies war der Anfang ihrer Sammlung, deren Aufbau ihnen viel Freude bereitete, sie aber auch viele Opfer kostete. Doch vierzig Jahre später erfährt man durch sie einen Einblick in die Kunstgeschichte Brasiliens, vom ersten bahianischen Silbergegenstand bis zu den Werken zeitgenössischer Künstler.
Die Präsentation von Originalausgaben brasilianischer Reiseberichte (von Jean de Lery und La Condamine bis Debret und Rugendas) und von geographischen Karten

der brasilianischen Küste wird sicherlich das Interesse vieler Kenner wecken. Wie auch die Tapisserien aus der Serie der «Nouvelles Indes» und die hervorragenden Gemälde von Frans Post. Die Aquarelle von Miranda beschreiben in einer naiven Frische und mit grosser Realitäts- und Detailtreue die Expeditionen der Paulistas in das unerforschte Landesinnere. Diese sensationelle, bisher unbekannte Haupterwerbung der letzten Jahre stellt die zehnte von elf Expeditionen (1768 bis 1773) dar, die zum Ziel hatten, im Auftrag der offiziellen Behörden die Ebenen von Guarapuaba (heute im Staate Paraná) und deren Ressourcen zu erforschen. Sie stand 1771 unter der persönlichen Leitung von Oberstleutnant Afonso Botelho de São Paio e Sousa. Die zu vierzig Momenten gegliederte Folge beschreibt die erstmalige Begegnung mit der einheimischen Bevölkerung, den Indianern. Der Zeichner Joaquim José de Miranda, der die Expedition vermutlich nicht begleitet hat, aber die wichtigsten Ereignisse nach den Erzählungen festgehalten hat, gibt ein genaues Bild über die indianischen Dörfer und deren Bewohner und die kämpferischen Handlungen zwischen Indianern und Forschern.

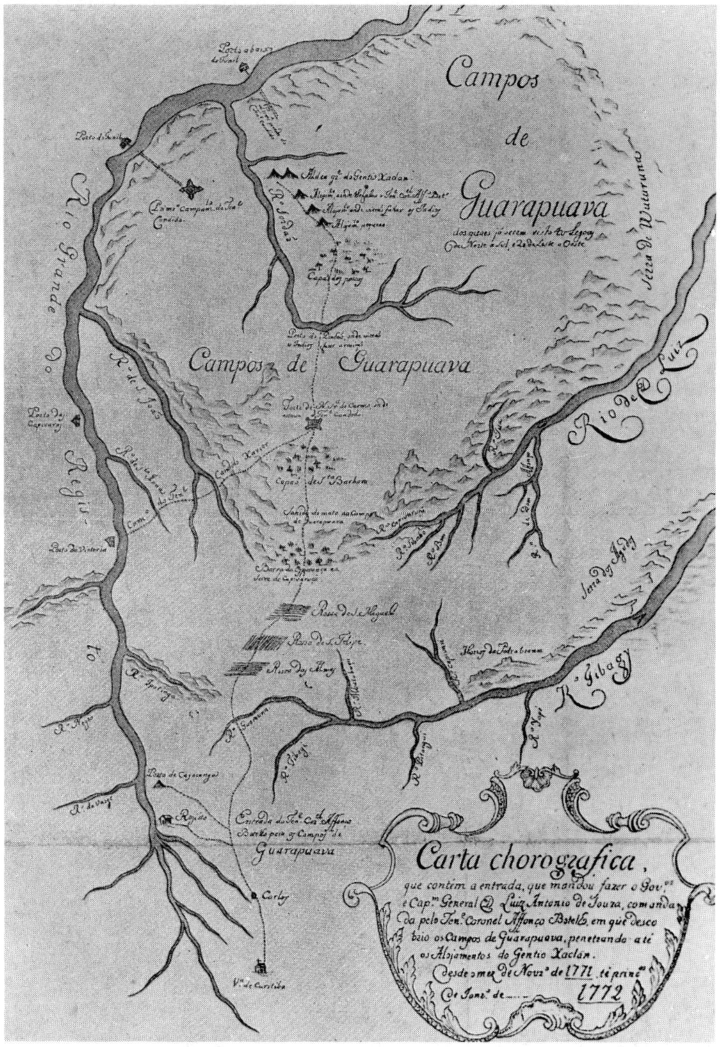

Karte der Region Guarapuaba, 1772

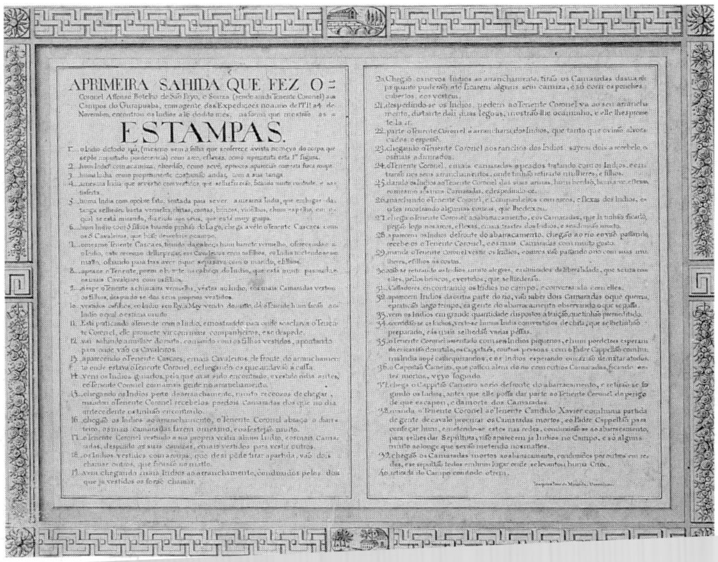
APRIMEIRA SAHIDA QUE FEZ O

ESTAMPAS.

Joaquim José de Miranda, 36 Aquarelle der Expedition des Oberstleutnants Afonso Botelho in die Ebenen von Guarapuaba, um 1772, Slg. Pimenta Camargo, São Paulo

Die zehnte von elf Expeditionen führte die rund 100 Mann starke portugiesische Gruppe von São Paulo in das Gebiet des heutigen Paraná. Am 16./17. Dezember 1771 trafen sie nach vorerst friedlichen Begegnungen auf die «Xaclán» (oder «Xokleng»)-Indianer, mit denen sie sich ein Gefecht lieferten, wo es offenbar nur tote Portugiesen gab ... Noch 1808 machte dieser Stamm den Kolonisatoren schwer zu schaffen. Diese Darstellung einer typischen «bandeira» in Form einer Bildgeschichte (jede Reihe vertikal von oben nach unten zu lesen) ist ein seltenes Dokument von Ereignissen, die sich seit dem 16.Jahrhundert in allen Landesteilen wiederholten.

1
2

4
3

5
5

9

38

40

Albert Eckhout, Porträt eines Negers mit Turban und Muschel, o.J., Slg. Pimenta Camargo, São Paulo

Carlos Julião, Riscos iluminadas de figurinos de Brancos e Negros de usos do Rio de Janeiro e Serro do Frio, 1767, Fundação Biblioteca nacional, Rio de Janeiro

Sklavinnen in Festtracht

Maurice Pianzola

# Geschichten und Szenen

Französische Reporter-Zeichner aus drei Jahrhunderten

Die ersten Seefahrer aus der Normandie oder der Bretagne, die Anfang des 16. Jahrhunderts regelmässig an der brasilianischen Küste anlegten, um dort Farbhölzer, Papageien, Affen oder Häute zu laden, dachten offensichtlich nicht daran, Künstler mit an Bord zu nehmen, die ästhetische oder historische Zeugnisse dessen hätten ablegen können, was sie erlebten. Gewiss brachten sie von ihren Reisen ins «Land des roten Holzes» phantastische Berichte nach Hause zurück, doch das älteste erhaltene künstlerische Dokument ihrer fernen Unternehmungen ist seltsamerweise ganz und gar realistisch. Es handelt sich um ein «L'Isle du Brésil» genanntes, um 1530 in zwei riesige Bohlen geschnitztes Relief. Es zierte die Fassade des Hauses eines Reeders im Zentrum von Rouen und befindet sich heute im Antiquitätenmuseum dieser Stadt.

Das Werk zeigt, wie Indianer «Brasilienholz» fällen und transportieren. Diese sind dem Kanon der klassischen Schönheit entsprechend nackt dargestellt, und die Szenen folgen einander wie in einem Comic, wobei sie allerdings von rechts nach links zu entziffern sind. Sie wurden vermutlich von einem Künstler gezeichnet, der sein Handwerk bei einem gewissen Jean Cousin (um 1490–1560) erlernt hatte. So sieht man Männer defilieren, die in einem schon recht lichten Wald mit der Axt Stämme des berühmten «Brasilienholzes» (caesalpina echinata) fällen; andere transportieren Hauklötze, ohne dass dieses ganze rege Tun die Papageien erschrecken würde, die seelenruhig auf einem Ast oder sogar am äussersten Rand eines Stammes sitzen, der auf der Achsel einer der Figuren balanciert wird. Diese sind von Kindern umringt und begeben sich vor den Augen einer nackten Schönheit, die ihr Kleines stillt, ans Ufer. Sie laden das Holz auf eine Schaluppe, wo

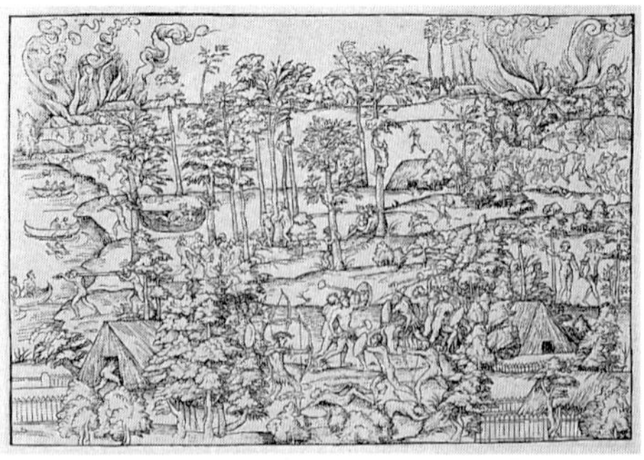

Brasilianisches Fest zu Ehren Heinrichs II. in Rouen, 1550

Nach Jean Cousin, *L'Isle du Brésil,* um 1530

bekleidete Männer (Franzosen) sie ablösen, die es auf ein vor Anker liegendes zweimastiges Segelschiff bringen.

Rund zwanzig Jahre später werden die ersten französischen Bücher gedruckt, die von diesen Brasilienreisen berichten: zunächst dasjenige des Franziskanermönches *André Thévet,* das 1558 in Paris unter dem Titel «Die Merkwürdigkeiten des antarktischen Frankreich, genannt Amerika, und mehrerer zu unserer Zeit entdeckter Länder und Inseln»[1] erscheint, mit 41 im Text eingestreuten Holzschnitten, auf denen man die Manier der damals tonangebenden Künstler wie Jean Cousin oder eventuell auch Jean Goujon und Germain Pilon erkennen kann. Weitere zwanzig Jahre später, 1575, publizierte derselbe Autor ein zweites Buch: «Die universelle Kosmographie von André Thévet, dem königlichen Kosmographen. Illustriert mit verschiedenen Abbildungen aussergewöhnlicher Dinge, die der Autor gesehen hat und die den Alten wie den Modernen unbekannt sind . . .»[2] Der vierte Band des Werkes beschreibt Amerika mit 25 bemerkenswerten Holzschnitten, auf denen die Menschen feiner und weniger muskulös dargestellt sind als etwa auf dem Relief von Rouen, aber doch in antikem Stil, wahrscheinlich um der Vorstellung zu entsprechen, die man sich vom Menschen machte, der «unschuldig, ganz ungezähmt und ganz nackt» umherirrt, wie der Dichter Ronsard schrieb. Thévet behauptet, die Skizzen, nach denen er diese Holzschnitte anfertigen liess, selber zurückgebracht zu haben, was bei der Wahrheitstreue der abgebildeten Flora und Fauna nicht auszuschliessen ist. Manchmal allerdings lässt er sich von seiner Phantasie mitreissen, die ihn eher zum «Reisereporter» als zum Ethnologen stempelt. Drei Jahre später, 1578, wird die erste Ausgabe des bekannten Werkes von Jean de Léry vertrieben: «Bericht einer Reise in das Land Brasilien, auch Amerika genannt»[3], auch dieses seiner Illustrationen wegen interessant, die zwar spärlich (fünf ganzseitige Holzschnitte, einer davon zweimal), dafür aber umso wirklichkeitsnaher sind. Mit einer Ausnahme freilich: seltsamerweise sind seine Indianer glatz- wenn nicht gar kahlköpfig, während dies nach Meinung aller Reisenden, die gerne ihre langen schwarzen Haare beschrieben, nie der Fall war. Auch diese Holzschnitte dürften von einem Pariser Künstler aufgrund von Hinweisen des Autors und nach Originaldokumenten ausgeführt worden sein, die Waffen (Pfeilbogen, Pfeile und Keulen), Hängematten, Ananas oder auch eine Maniokpflanzung abbildeten, die wahrscheinlich auf Originalzeichnungen von Jean Gardien, dem kalvinistischen Begleiter de Lérys basieren. 1614 schliesslich erscheint in Paris «Die Geschichte der Mission der Kapuzinerväter auf der Insel von Maragnan und in den umliegenden Ländern» von *Pater Claude d'Abbéville.*[4] Das Werk zieren sieben im Text eingestreute Stiche. Der eine davon (gez. L. Gaultier incidit) zeigt auf sehr konventionelle Art die Errichtung eines Kreuzes auf der Insel Maragnan (wie die Franzosen Maranhão nannten), umringt von scheinbar begeisterten Indianerinnen und Indianern, deren Nacktheit zwar suggeriert, durch die perspektivische Darstellung aber wieder verborgen wird. Im Vordergrund knien die Kapuziner und Adeligen, die eigentlichen Expeditionsleiter, mit Ausnahme selbstverständlich des Prinzipals la Ravardière, der hugenottischer Konfession war. Die sechs anderen Stiche, die vielleicht vom selben Gaultier stammen, sind von grösster Bedeutung, denn sie leiten eine neue Ära der französischen Brasilien-Ikonographie ein. Sie stellen drei nackte und drei mit europäischen Taufkleidern bekleidete Indianer dar. Zwei der drei Nackten ...

Holzschnitt-Illustration in Jean de Léry's Reisebericht, Tanzende Tupinamba, 1578

Tabajaré. Die Stiche wurden nach der Natur in Paris ausgeführt, wohin die Indianer von Herr de Razilly gebracht worden waren, um König Ludwig XIII. als Botschafter der Bevölkerung Maranhãos vorgestellt zu werden oder, genauer, als Geiseln.[5] Pater Claude behauptet sogar, die Tätowierung des Tabajaré stelle eine Art Hieroglyphen dar, die von seinen Heldentaten berichteten:

«Seine Namen waren von entsprechendem Lob begleitet, wie in einem Epigramm, das aber weder auf Papier noch auf Erz oder Baumrinde geschrieben war, sondern auf seinem eigenen Fleisch; der Marmor und der Porphyr waren sein Gesicht, sein Bauch und die beiden Oberschenkel, auf die er mit solchen neuen Zeichen und Figuren seine Lebensgeschichte eingravieren liess, dass man seine Haut sehr wohl für einen mit Einlegearbeiten verzierten Brustharnisch hätte halten können, wie auf diesem nach dem Leben ausgeführten Porträt zu sehen.»

Der wackere Kapuziner hatte entdeckt, was wir heute Körperkunst nennen. Sie müsste das Anfangskapitel jeder brasilianischen Kunstgeschichte bilden, freilich glaube ich, dass diese geometrischen Tätowierungen mit ihren parallelen Linien und kreuzförmigen Dehnungen nicht in buchstäblichem Sinn als Hieroglyphen gelten können. Es handelt sich sicher um konventionelle Zeichen, die vielleicht eine symbolische Bedeutung haben, aber sie erzählen nicht die «Biographie» des Tätowierten, selbst wenn sie seinen sozialen Rang angeben. Ähnliche Zeichen sieht man auf den Urnen der Insel Marajó an der Mündung des Amazonas. Dieselben beiden Indianer findet man, in Kupferstichen, auf ein und demselben Blatt unter dem Titel «Nach Frankreich gebrachte Wilde, um daselbst in der katholischen Religion erzogen zu werden» vereinigt. Die Figuren sind in bizarrer Weise europäisch herausgeputzt; mit Federn im Haar tanzen sie im Rhythmus ihrer Maracas. Gezeichnet wurden sie von Joaquin du Viert, für den Stich zeichnet P. Firenz. Beide Künstler stammten aus Flandern und lebten in Paris. Zusammen mit einem dritten Stich («Die Taufe von drei Wilden oder Tououpinabous in der Kirche der Kapuzinerväter am Heiligentag Johannes des Täufers 1613 von dem von König Ludwig XIII. ernannten Bischof von Paris») kann man sich ein Bild davon machen, welche Neugier der Pariser Aufenthalt dieser «Brasilianer» weckte, waren diese Stiche doch beliebte Blätter, die auf der Strasse verkauft wurden.

Darauf verstreichen zwei Jahrhunderte, während denen Brasilien eine abgeschlossene Kolonie bleibt. Die französischen Armeen dringen in Portugal ein, dessen König und Hof sich unter englischer Schutzherrschaft nach Rio de Janeiro absetzen. König João VI. beabsichtigt die Gründung einer «Schule der Wissenschaften, der Künste und des Handwerks», um sein Land zu modernisieren. Und an wen richtet er sich nach der Unterzeichnung des Friedensabkommens, um diese Akademie auf die Beine zu stellen? Natürlich an Frankreich! Sein Botschafter in Paris bittet Alexander von Humboldt um Ratschläge, und dieser bringt ihn mit einem hohen Beamten, Joaquin Lebreton, in Kontakt, einem ehemaligen jakobinischen Revolutionär, der zu den Bonapartisten übergelaufen und von den Bourbonen von all seinen Ämtern abgesetzt worden ist, namentlich von jenem eines Sekretärs auf Lebzeiten der Kunstabteilung des Institut de France. Er hatte es nämlich gewagt, während der Heiligen Allianz die Rückgabe der von den napoleonischen Armeen im Ausland beschlagnahmten Kunstwerke zu verweigern und Lord Elgin der Barbarei zu bezichtigen, der die Friese aus dem Parthenon herausgeschlagen hatte.

Holzschnitt-Illustration und Legende aus Jean de Léry's Reisebericht, Tupinamba-Familie, 1578

*Amerikanischer Mann mit seinem schön polierten Knochen-Halsschmuck, seinem Stein in der Unterlippe ... und seinen Pfeilen und Bogen in den Händen. Es stimmt, dass wir, um die Tafel zu füllen, diesem Tupinamba eine seiner Frauen beigegeben haben, die der Sitte gemäss ihr Kind in einer baumwollenen Schlinge trägt ... Und daneben befindet sich ein Baumwoll-Bett, einem Fischnetz gleich in der Luft schwebend, so schlafen sie in ihrem Land. Ebenso ist dargestellt eine Frucht die sie ananas nennen, und die zum Besten gehört, was dieses Land Brasilien hervorbringt.*

Jean Baptiste Debret, Ansicht der Stadt São Paulo, 1827, Fundação Americano, São Paulo

Manuel de Araújo, Porträt von Debret, um 1830

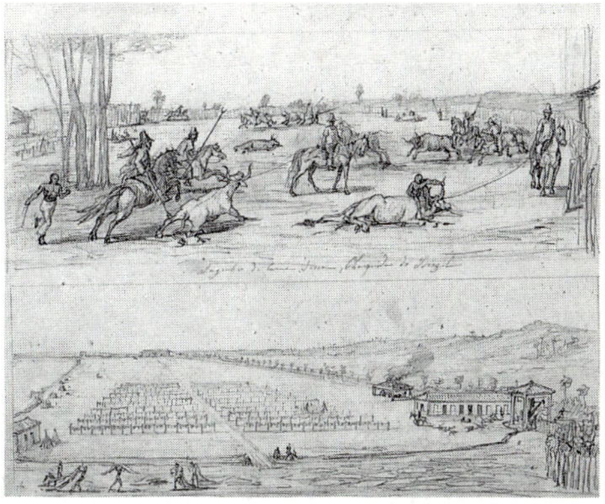

Jean Bapiste Debret, Rio Grande do Sul: Beim Einfangen der Kühe und Produktionsstätte für luftgetrocknetes Fleisch, um 1820, Slg. Pimenta Camargo, São Paulo

Das unerwartete Resultat dieser Wirren war, dass dem ultra-konservativen Hof von Rio eine prestigereiche künstlerische Mission beschert wurde, die aus Nostalgikern der Revolution und des Empire zusammengesetzt war! Die aus etwa zwanzig Künstlern und Kunsthandwerkern bestehende Mission unter dem Befehl Lebretons kam am 26. März 1816 nach einer mühsamen zweimonatigen Reise in Rio an. Sie wurde in ihren Aktivitäten durch die Intrigen des französischen Konsuls behindert, der die beschwichtigenden Ratschläge seines Ministers nicht befolgte, aber auch durch Kleinlichkeit und lokalen Neid. Nur um die ihr versprochenen Räumlichkeiten zu beziehen, brauchte es nicht weniger als zehn Jahre. Zum vornherein sei jedoch festgehalten, dass diese Mission die Bedeutung eines simplen Zwischenspiels bei weitem übersteigt. Ihr Einfluss war im ganzen 19. Jahrhundert stark spürbar, führte sie doch beispielsweise dank der Arbeit und Ausstrahlung des Architekten Grandjean de Montigny im Städtebau den neoklassizistischen Stil ein.[6]

In ihren Rängen befand sich der Historienmaler *Jean Baptiste Debret,* ein Vetter von David und Boucher. Auch er gehörte zu jenen, die von der politischen Entwicklung in seiner Heimat enttäuscht waren, aufs empfindlichste verletzt vom Sturz des Kaisers, zu dessen Ruhm er, was allein schon aus deren Titel hervorgeht, mit grossen Kompositionen beigetragen hatte: «Napoleon erweist der glücklosen Tapferkeit die Ehre» (im Museum von Versailles), «Napoleon verleiht einem russischen Soldaten in Tilsit das Band der Ehrenlegion», «Andromeda von Perseus befreit». Ausserdem hatte er soeben einen 19jährigen Sohn verloren. Nichts hält ihn mehr in Paris zurück. Er könnte als Lehrer nach Sankt Petersburg ziehen, doch nach der Begegnung mit Lebreton beschliesst er, diesem nach Rio zu folgen. Einfluss übt er in Brasilien namentlich als ausgezeichneter Lehrer aus, der zahlreiche Studenten ausbilden wird, darunter als bekanntesten *Manuel de Araújo Porto-Alegre.* Er ermutigt sie, den sakralen, mythologischen und ausschliesslich dekorativen Charakter der offiziellen Kunst zugunsten einer realistischeren Historienmalerei, aber auch von im Atelier komponierten Landschaften aufzugeben, selbstverständlich ohne das Porträtieren von Persönlichkeiten und Damen der Gesellschaft zu vernachlässigen. Er selber beginnt mit dem Bildnis eines in majestätischer Pose dargestellten João VI,

Jean Baptiste Debret, Die Familie eines Camaca-Häuptlings bereitet sich auf ein Fest vor, um 1825, Museus Castro Maya, Rio de Janeiro

Jean Baptiste Debret, Botokuden auf dem Kriegspfad, um 1825, Museus Castro Maya, Rio de Janeiro

Jean Baptiste Debret, Heimkehr eines Landbesitzers, 1822, Museus Castro Maya, Rio de Janeiro

Jean Baptiste Debret, Brasilianisches Essen, 1827, Museus Castro Maya, Rio de Janeiro

Jean Baptiste Debret, Nach dem Essen, 1826, Museus Castro Maya, Rio de Janeiro

Jean Baptiste Debret, Bestrafung eines Negersklaven, 1826, Museus Castro Maya, Rio de Janeiro

dung von Erzherzogin Leopoldine in Rio»; er entwirft auch für die königlichen Feste die Dekorationen der Stadt, ähnlich wie es zuvor David in Paris getan hatte. Das führt ihn zu häufigen Spaziergängen in den engen Strassen von Rio, das damals schon über hunderttausend Einwohner zählte. Es amüsiert ihn, nachmittags in der schwülen Atmosphäre seines improvisierten Ateliers zu aquarellieren und zu zeichnen, was ihm vor die Augen kommt.
So beginnt er schon kurz nach seiner Ankunft mit der Ausführung eines Werkes, das ihm Ruhm und Ruf einbringen sollte. Er hat den Kopf voller Bilder dieses Schauspiels schwarzer Frauen oder Mulattinnen, die in den Strassen ihren Geschäften nachgehen, Gebäck oder Pasteten verkaufen und zahlreiche kleine Berufe ausüben. Es ist ein einziges geschäftiges Gewimmel, das den portugiesischen Beamten kaum mehr auffällt, die ihren Wanst und ihren Dünkel auf dem Platz vor dem Palast zur Schau tragen. Debret hält sich seit knapp zwei Tagen in Rio auf, als er schon in den Genuss einer Begegnung mit einer Gruppe Botocudo-Indianer kommt, die zum ersten Mal ihren Urwald verlassen haben und von einem Reisenden in die Stadt gebracht worden sind. Er macht dessen Bekanntschaft, worauf es ihm dieser ermöglicht, sie in aller Ruhe zu zeichnen.
Diese Situation wiederholt sich in der Folge öfters, und das Strassenspektakel erscheint dem Pariser Künstler jedesmal derart erstaunlich, dass es zu einer unbewussten Wandlung in seiner Kunst kommt. Während er morgens die Kunst des akademischen Porträts lehrt und vor seinen Schülern die Regeln und Gesetze der Antike zelebriert, erfindet er nun nachmittags mit dem Zeichenstift in der Hand, und ohne dass er das so genau wüsste, eine auf der wirklichkeitsnahen Beobachtung gründende Kunst. Manchmal muss er selber lachen, wenn er während des Karnevals mit Mehl bestreute Gesichter erblickt oder die Leibesfülle einer zu Besuch aufs Land gehenden Bürgerin. Als er aber letztere Szene zu einem Bild komponiert, lässt er darin einen Sklaven auftreten, dessen Gesicht mit einer trichterförmigen Eisenmaske bedeckt ist: der Maske, die jene Sklaven zu tragen hatten, die das Opfer einer eigenartigen Verzweiflungskrankheit waren, die sich darin äusserte, dass sie zwangshaft Erde essen mussten. Schliesslich ist nichts lustiger als dieser «Regierungsbeamte, der mit seiner Familie sein Haus verlässt», selbst wenn Debret das Lachen vergeht, wenn er etwa den Sklavenmarkt oder die Bestrafung und Peinigung eines Schwarzen durch einen Vorgesetzten malt. In diesen Bildchen von gekonnter Spontaneität erweist er sich, wie er selber sagt, als ein «getreuer Historiker» – «historischer» und «getreuer» jedenfalls als in seinen grossen Historienbildern.
Zurück in Paris schreibt Debret seine monumentale «Pittoreske und historische Reise nach Brasilien», ein Buch, dessen teilweise konfuser Text unzählige im allgemeinen sichere und bestätigte Detailinformationen enthält. Die Firma Firmin-Didot Frères, berühmt geworden als die Druckerei des Institut de France, übernimmt die dreibändige Edition mit 508 Seiten Text und 156 Abbildungen, vorwiegend Lithographien von Charles-Simon Pradier, Bruder des Bildhauers James Pradier und auch er Mitglied der französischen Mission in Brasilien. Abgezogen werden die Lithographien von Thierry Frères, dem Nachfolger Engelmanns – eine äusserst gepflegte Ausgabe also, mit einer Auflage von 200 Exemplaren. Der 1834 erschienene erste Band handelt ausschliesslich von den brasilianischen Eingeborenen, ihren Sitten, Waffen, Werkzeugen und Ornamenten (36 Abbildungen). Der zweite, 1835 erschienen, gibt ein getreues Abbild der brasilianischen Gesellschaft zu Beginn des 19. Jahrhunderts (48 Abbildungen), während der 1839

Manuel de Araújo Porto-Alegre, Selbstbildnis, um 1823

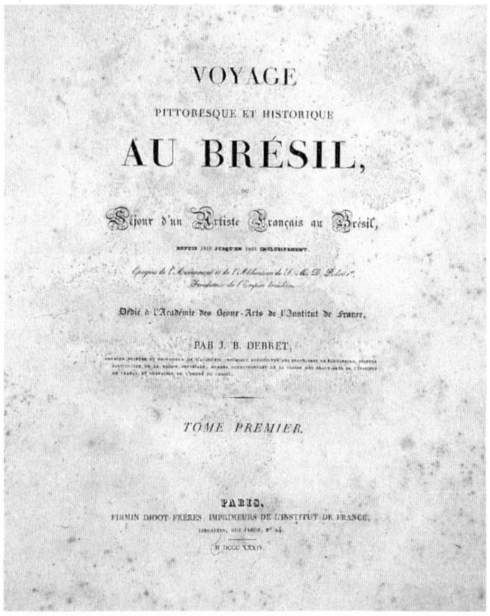

Erstausgabe *Voyage au Brésil,* Band I, 1834

Manuel de Araújo Porto-Alegre, Floresta brasileira, 1853, Museu Nacional de Belas Artes, Rio de Janeiro

herausgekommene dritte Band der politischen und religiösen Geschichte sowie der Kunst gewidmet ist, mit Zeichnungen, die an verschiedene Zeremonien und grosse Ereignisse erinnern, mit Porträts der kaiserlichen Familie und anderer Persönlichkeiten, Darstellungen von Galaempfängen und Dekorationen und, nicht zu vergessen, mit Ansichten von Rio sowie Abbildungen von Blumen und tropischen Früchten. Die brasilianische Kritik äusserte sich angesichts dieses Angebots nicht sonderlich enthusiastisch. Die offiziellen Historiker erklärten sich bezüglich der Auswahl der Szenen aus dem Volks- und insbesondere aus dem Sklavenleben sogar schockiert.[7]

Ein anderer Maler, *Nicolas Antoine Taunay,* nimmt als Landschaftsmaler an der Mission teil, obwohl auch er ein fruchtbarer Historienmaler war, wie es die Zeit erforderte. In Pariser Kunstkreisen nannte man ihn liebevoll, wenn auch etwas abschätzig den «Poussin der Kleinformate» oder den «La Fontaine der Malerei». Von ihm sind gute und sehr klassische Landschaftsbilder aus Rio erhalten, die in das Nationalmuseum dieser Stadt sowie in einige Privatsammlungen Eingang fanden. Bemerkenswert ist, dass er nicht davor zurückschreckte, sich zusammen mit seiner Frau, seinen fünf Söhnen und einer Hausangestellten für diese unbequeme Reise und ein fünfjähriges Exil einzuschiffen. Unser Interesse gilt aber auch seinen Söhnen Felix Emile (1799–1881), dem Landschaftsmaler von Rio und dem bedeutenderen Aimé-Adrien, der mit seinen Zeichenblöcken, Farbstiften und Aquarellfarben weit ins Landesinnere Brasiliens und bis ins Mato

Manuel de Araújo Porto-Alegre

Nicolas Antoine Taunay, Umgebung von Rio de Janeiro,
Fundação Americano, São Paulo

Félix-Émile Taunay, Ansicht einer Wasserquelle, um 1850,
Museu Nacional de Belas Artes, Rio de Janeiro

François-Auguste Biard, Amazonas-Indianer beten den Sonnengott an, um 1860, Sammlung Kugel

Aimé-Adrien Taunay, Die Bestrafung des Verräters, 1819, Museus Castro Maya, Rio de Janeiro

Aimé-Adrien Taunay, Selbstporträt, um 1825

Porträt von Langsdorff, um 1810

*Aimé-Adrien Taunay* war knapp 23jährig, als er 1825 vom russischen Vizekonsul in Rio *Grigori Ivanovitsch Langsdorff* vorgestellt wurde, dem aus Mainz stammenden vormaligen Baron Georg Heinrich von Langsdorff, der soeben ausserordentliches Mitglied der wissenschaftlichen Akademie von Sankt Petersburg und Generalkonsul des Zars in Rio de Janeiro geworden war. Dieser organisierte eine russische Wissenschaftsexpedition, die aber international besetzt war und vom Zar Alexander I. finanziert wurde, um ausgedehnte geografische Untersuchungen über Brasilien durchzuführen, statistische Angaben zusammenzutragen, neue Ausfuhrprodukte zu entdekken und nichts zu vernachlässigen, was die Natur dieses Landes betraf.

Langsdorff wusste damals noch nicht, dass er bis über beide Ohren verliebt war in ein Brasilien, das ihm und einigen anderen in der Folge völlig den Kopf verdrehen würde. In Paris hatte er einen Zoologen rekrutiert, in Sankt Petersburg einen Astronomen, und auf der Suche nach einem Maler begab er sich nach Deutschland und fand diesen schliesslich in München in der Person des 19jährigen Studenten *Johann-Moritz Rugendas,* der ihm bis nach Brasilien folgte, wo die beiden einander nicht mehr ausstehen konnten. Obschon ihm Langsdorff weniger Talent zusprach als Rugendas, machte sich der junge Taunay vor allem seiner Spontaneität, seines Enthusiasmus und seiner breitgefächerten Interessen wegen beliebt. Der Botaniker Riedel, ein enger Mitarbeiter Langsdorffs, schrieb später: «Taunay besass mannigfaltige natürliche Gaben. Er war wirklich und in jedem Sinn des Wortes ein genialer Künstler. Ausgeprägter Einfallsreichtum, Sinn für Musik, Mechanik, Malerei, aber äusserst unvorsichtig und draufgängerich. Die Feinfühligkeit, mit der er zeichnete, und das Übermass an Vorstellungsvermögen und Naturtalent bewirkten, dass oft niemand anderes als er etwas von seinen

Aimé-Adrien Taunay, Am Rio Quilombo, 1827

Skizzen verstand, was ich ihm auch unentwegt freundschaftlich nahezubringen versuchte. Wenn er inspiriert war, produzierte er in einer Stunde mehr als irgendein anderer in einem halben Tag. Sein Talent lag darin, die Gegenstände präzis wiederzugeben. Er war ein perfekter Zeichner, wenn seine Zeichnung auch nicht immer absolut korrekt war und er zuweilen sogar zu schmutzigen Pinseln griff. Er las viel, war Autodidakt und besass ein aussergewöhnliches visuelles Gedächtnis.»[8]

Amié-Adrien Taunay, Nachtgesang der Bororo-Indianer, 1827

Taunay arbeitete zwei Jahre und vier Monate in der Expedition, ehe er am 5. Februar 1828 ertrank, als er unvorsichtigerweise versuchte, einen nach einem Unwetter angeschwollenen Fluss im Mato Grosso zu überqueren. Er hinterliess 133 Blätter mit Zeichnungen und Aquarellen. Man begegnet darin einer bemerkenswerten Frische der Orchideen, viel Humor, wenn er die Köpfe von Geiern oder Tukanen karikaturenhaft wiedergibt und eine gewisse Unbefangenheit, wenn er Indianer darstellt, die dem Bericht einer Spurenjagd zuhören; die Schlaffheit der sich ausruhenden Körper wirkt völlig echt, doch sind sie mit grossen runden, sozusagen nordischen Köpfen ausstaffiert, woraus wir schliessen dürfen, dass die Zeichnung unvollendet geblieben ist. Die grau- schwarze Atmosphäre hingegen, die von einem seiner letzten Bilder, dem «Nachtgesang der Bororo-Indianer», ausgeht, in dem er sich selber mit einem grossen Hut zeichnend darstellt, enthält mehr als bloss ein Versprechen.

Der durch den Ausfall Rugendas' vorsichtig gewordene Langsdorff hatte Taunay zum «ersten Zeichner» der Expedition ernannt. Demzufolge brauchte er einen zweiten und fand ihn mit einer Zeitungsannonce in Rio. Es stellte sich Langsdorff ein gewisser *Antoine-Hercule-Romuald Florence* vor, dessen Zeichnungen ebenso beeindruckten wie seine Kenntnisse im Kartenlesen. Also wurde er als zweiter Künstler und Geograph angestellt. Ausser von Malerei auch von Chemie und Physik begeistert, war Florence auf eigene Kosten nach Rio gekommen und schlug sich durch, wie er konnte. Sehr widerstandsfähig bot er Müdigkeit, Gefahren, Epidemien und der chronischen Unruhe Langsdorffs die Stirn und hielt es bis ans Ende der Expedition aus, mit der er während drei Jahren und sieben Monaten weit nach Amazonien vordrang, ehe er am 26. März 1829 nach Rio zurückkehrte. Der völlig erschöpfte Langsdorff hatte nun endgültig den Verstand verloren. Die 136 vollendeten Zeichnungen und Aquarelle, Hunderte von Skizzen nicht mitgezählt, die Florence von der Expedition zurückbrachte, bilden ein reizvolles und unglaublich präzises Material.

Was die Schilderung des Lebens der Indianer betrifft, ist es das Werk eines frühzeitigen Ethnologen. Ein richtiger Modekatalog – der Tätowierungsmode natürlich. Die Apiabas-Indianer waren von Kopf bis Fuss grossflächig schwarz oder rot bemalt (mal ein Bein, mal beide, im Stil schweizerischer Landsknechte), mit Reihen von mehr oder weniger grossen Punkten, oder abwechslungsweise von Strichen und Punkten, die ein perfektes geometrisches, kreuzförmiges Labyrinth bilden, jenem ähnlich, das Pater Claude d'Abbéville auf dem Körper eines Tausende von Kilometern nördlich davon angetroffenen Tabajaré-Indianers gesichtet hatte: nämlich das kunstvolle Rautenmuster auf der Brust und den Armen eines Munduruba-Indianers. Alle diese Indianer sind in Wirklichkeit nicht mehr nackt, sondern auf ihre Weise und ihrem Rang entsprechend möglichst ausgesucht und elegant gekleidet.

Hercule Florence, Apiacá-Indianerin aus

... Hercule Florence liess es nicht dabei bewen-

Universitätsstadt, und erfand, wahrscheinlich vor Daguerre und Niepce, in völliger Abgeschiedenheit und ohne dass es jemand wusste, die Photographie. Stossen wir nun ins 19. Jahrhundert vor, als das Reisen einfacher wurde, und halten wir uns bei *François-Auguste Biard (1798–1882)*auf, einem vom Anekdotischen besessenen «Reporter», der den Mut aufbrachte, mit sechzig Jahren bis in den Norden des Landes zu reisen, wo die prächtigen Landschaften ihn zu mehr als einem blossen Maler «für Touristen» werden liessen. Zu erwähnen wären ferner *Quinsac de Monvoisin (1790–1870), Jean-Baptiste Sabatier, Arnaud Julien Pallière (1784–1862), G. Duperre, Charles Martin* und so viele andere, deren betörende Variationen über das Thema der Bucht von Rio zum brasilianischen kulturellen Erbe gehören.

*Abraham-Louis Buvelot,* ein Waadtländer, nimmt im Herzen der ihrem kulturellen Erbe verbundenen Brasilianer eine bevorzugte Stellung ein. 1814 in Morges geboren, war Buvelot Schüler von Marc-Antoine Arlaud in Lausanne und später von Jean-Georges Volmar in Bern gewesen. Er besuchte das Pariser Atelier von Camille Flers und kam als gut ausgebildeter Maler in den fünfziger Jahren des 19. Jahrhunderts nach Brasilien, wo er als Buchhalter in der Handelsfirma eines Onkels in Salvador arbeitete. Dort begann er, die Landschaften der «Bucht aller Heiligen» zu malen, und ergriff die erstbeste Gelegenheit, sich nach Rio abzusetzen, wo er sein Leben in einer Tabakfabrik verdiente und nebenbei gewissenhaft weitermalte.

Der Erfolg liess nicht lange auf sich warten: er malte das Porträt von Kaiser Pedro II. und dessen Gemahlin. Er publizierte unter dem Titel «Pittoreskes Rio de Janeiro» eine Serie Lithographien, die unter Diplomaten und vorbeiziehenden Geschäftsleuten reissenden Absatz fanden. In seinen Landschaftsbildern lässt er schliesslich ein wesentlich intensiveres Licht als in seinen Schweizer Bildern spielen und entfernt sich damit vom damals unumgänglichen Genre holländischer Landschaftsmalerei. Seine Bilder sind allerdings von zusätzlichem Interesse: sie dokumentieren die schöne Ausrichtung der Plantagen in der Provinz von Rio – jenseits aller Versuchung zum Pittoresken. Buvelot, der bezeichnenderweise auch als Photograph arbeitete, musste Brasilien 1852, von der Malaria vertrieben, verlassen. Er gehört, wie nach ihm so mancher andere Schweizer Künstler, zu den ewigen Emigranten und wurde später in Melbourne, wo er 1885 gestorben ist, zu einem Pionier der australischen Malerei.[9]

Am 5. Februar 1849 geht das französische Schulschiff «Havre et Guadeloupe» in der Bucht von Rio vor Anker. Einer der Offiziersschüler schreibt seiner Mutter: «Die Bucht von Rio ist reizend und von grünen Bergen umgeben.» Diese Beschreibung ist gar nicht so banal wie es scheint, denn tatsächlich ist das Grün der Rio überragenden Berge das grünste aller Grün. Der junge Matrose, knapp siebzehnjährig, schreibt drei Wochen später in einem Brief an seinen Vetter, was ihn am meisten beeindruckt: «Obwohl die Stadt ziemlich hässlich ist, hat sie für einen Maler ihren ganz eigenen Reiz. Die

Hercule Florence, Mandurucú-Indianer am Rio Tapaios, 1828

Arnaud Julien Pallière, Ansicht von São Paulo vom Rio Tamanduateí aus, 1821/22, Slg. Pimenta Camargo, São Paulo

Raymond Auguste Quinsac Monvoisin, Ansicht der Bucht von Rio de Janeiro von der Gloria-Kirche aus, 1847, Museus Castro Maya, Rio de Janeiro

Louis Buvelot, Baia de Todos os Santos, Bahia, 1835–1840, Privatsammlung Schweiz

Bevölkerung besteht zu zwei Dritteln aus Negern und Mulatten, diese Gruppe ist gewöhnlich schrecklich, mit Ausnahme einiger Negerinnen und Mulattinnen; letztere sind fast alle hübsch.»[10] Der junge Mann zeichnet einige Skizzen. Wurde er vom Licht Brasiliens geblendet, das die Halbtöne verschwinden lässt, so wie er es, zu einem Helden der modernen Malerei geworden, später in seinen Bildern tun wird? Wäre die «Olympia», das skandalumwitterte Meisterwerk Edouard Manets, etwa von den Obsessionen eines am Kai von Rio schlendernden jungen Matrosen inspiriert? Es wäre

1 Thévet, André, Les Singularitez de la France antarctique, autrement nommée Amérique, et de plusieurs Terres et Isles découvertes de nostre temps, Paris 1558.

2 Thévet, André, La Cosmographie universelle d'André Thévet, Cosmographe du roy. Illustrée de diverses figures des choses plus remarquables veues par l'Auteur, et incognues de noz anciens et modernes... Tome IV. Description de la quatrième partie du monde, illustrée de nostre temps, Paris 1575.

3 Léry, Jean de, Histoire d'un voyage faict en la terre du Brésil, autrement dite Amérique, 1578.

4 Abbeville, Claude de, Histoire de la Mission des Pères Capucins en l'isle de Maragnan et terres circonvoisines..., Paris 1614.

5 Pianzola, Maurice, Les Perroquets jaunes. Des Français à la conquête du Brésil, XVII^e^ siècle, Paris/Genève 1991.

6 Taunay, Afonso de E., A Missão Artística de 1816. Rio de Janeiro 1956; Bittencourt, Gean Maria, A Missão Artística Francesa de 1816, Petrópolis 1967; Barata, Mario, Rio Neoclássico, Rio de Janeiro, ohne Jahr.

7 Debret, Jean Baptiste, Voyage pittoresque et historique au Brésil..., Paris 1834.

8 Komissarov, Boris N., Expedição Langsdorff ao Brasil, 1821–1829, Vol.1, Rio de Janeiro 1988.

9 Pianzola, Maurice et Ferrez, Gilberto, Brasil Antigo. Louis Buvelot, Oito Quadros Ineditos, Rio de Janeiro 1981.

10 Manet, Edouard, Lettres de jeunesse

Renate Löschner

# Fixsterne im System Alexander von Humboldt

## Maximilian zu Wied, Johann Moritz Rugendas und der Comte de Clarac

Die künstlerische Darstellung Lateinamerikas im 19. Jahrhundert ist mit dem Namen Alexander von Humboldt untrennbar verbunden. Impulse, die von seiner grossen Forschungsexpedition 1799 bis 1804 ausgingen, regten Naturforscher und Künstler an, auf seinen Spuren in Amerika zu reisen. Für künstlerisch-physiognomische Landschaftsbilder hatte Humboldt auf der Grundlage seiner «Ideen zu einer Geographie der Pflanzen» (1807) ein eigenes Konzept entwickelt. Illustrationen seiner mehr als dreissig Bände umfassenden «Voyage aux régions équinoxiales du Nouveau Continent» dienten als Vorbilder. Besonders wichtig wurde Band XVI dieser monumentalen Edition, der «Atlas Pittoresque», der unter dem Titel «Vues des Cordillères et monumens des peuples indigènes de l'Amérique» 1810 bis 1813 in Paris erschienen ist.

*Maximilian Prinz zu Wied-Neuwied* (1782–1867) zu den bedeutendsten Persönlichkeiten, die in der ersten Hälfte des 19. Jahrhunderts an der wissenschaftlichen Erschliessung des amerikanischen Kontinents beteiligt waren. Er bereiste weite Regionen Brasiliens und Nordamerikas. Anregung zur ersten Expedition ist von Humboldt gekommen, den er 1804 kennengelernt hatte. Als es die politischen Umstände in Europa und Südamerika möglich machten, begab sich Wied im Frühjahr 1815 von England aus nach Brasilien. Im Juli traf er in Rio de Janeiro ein. Am 4. August brach er mit einer Expedition von dort auf, um das noch unerschlossene Hinterland bis nach Bahia hinauf zu erforschen, wo «die Stämme der Urbewohner in ihrer Originalität und unangefochten von den sich überall nach und nach ausbreitenden Europäern»[1] anzutreffen waren. Über weite Strecken waren der Ornithologe Georg Wilhelm Freyreiss und der Botaniker Friedrich Paul Sellow an Maximilians Unternehmungen beteiligt.

Am Rio Paraíba kam es zu ersten intensiven Kontakten mit indianischen Zivilisationen. Diese Begegnungen führten Wied, dessen Interesse als Schüler des Göttinger Zoologen und Anthropologen Johann Friedrich Blumenbach ursprünglich mehr auf die fremde Fauna gerichtet war, weit in das Gebiet der Völkerkunde hinein. Er wurde zum Fürsprecher der damals schon in ihrem Lebensraum bedrängten Eingeborenen und bemühte sich, möglichst viel über ihre Sitten und Gebräuche zu erfahren. Über die Botokuden konnte er später die erste fundierte Monographie veröffentlichen und dabei ausführlich über ihre Sprache berichten.

Von Vila de São Salvador am Paraíba zog die Expedition weiter zum Espírito Santo-Fluss; am 19. November war die Ortschaft Espírito Santo erreicht. Von dort aus schlug man die Richtung zum Rio Doce ein. «Der Aufenthalt am Rio Doce war unstreitig einer der interessantesten Punkte meiner Reise in Brasilien», resümierte Maximilian später, «denn an diesem Flusse, der an herrlichen Naturscenen und an naturhistorischen Merkwürdigkeiten so reich ist, findet der Naturforscher auf lange Zeit Beschäftigung und die mannigfaltigsten Genüsse.»[2] Das nächste Ziel war Caravelas. Anschliessend ging es weiter zum Flusse Alcobaça und zur Fazenda Morro

**Reise von Caravellas nach dem Rio Grande de Belmonte**

*Ich verliess Caravellas am Morgen des 23. Juli. Obgleich jetzt die kälteste Jahreszeit des hiesigen Klimas eingetreten war, so war doch an diesem Tag die Hitze drückend. Die Einwohner dieser Gegenden litten jetzt sehr häufig an Katarrhen, Husten und Kopfschmerzen, denn die sogenannte kalte Jahreszeit hat auf ihre an die Wärme gewöhnten Körper denselben Einfluss als auf uns die Kälte des ersten Frostes im November oder Dezember. Verschiedene Personen in Caravellas waren an den Krankheiten gestorben, welche die Veränderung der Temperatur herbeiführte, während wir Fremde weniger dadurch litten. (...)*
*Wir erreichten gegen Abend einen rasch fliessenden Bach, den man die Barra Velha nennt. Unweit der Mündung des Flusses hat man an dem nördlichen Ufer desselben die Villa de Alcobaça auf einer weissen Sandfläche erbaut, die mit kurzem Gras, mit niedrigen kriechenden Mimosen, mit weissblühendem Plumbago und mit den schönen rosenroten Blumen der Vinca rosea bedeckt ist. – Alcobaça hat etwa 200 Häuser und 900 Einwohner. Die meisten der Gebäude sind mit Ziegeln gedeckt, und die Kirche ist von Steinen erbaut.*
*Fünf Legoas weiter nördlich vom Flusse Alcobaça fällt der Rio do Prado in das Meer, der ehemals bei den Urbewohnern dieser Gegend den Namen Sucurucú trug. Der Weg längs der Küste bis dorthin ist ein ebener fester Sand. Die Villa do Prado, welche anfänglich aus Indianern gebildet wurde, ist unbedeuten-*

F. Th. Kloss, Bildnis des Botokuden Quäck, 1832

J.H.Richter, Maximilian zu Wied

*der als Alcobaça, denn sie hat nur etwa 50 bis 60 Feuerstellen und 600 Einwohner.*

*Da ein heftiges Regenwetter eintrat und überdies eines unserer Maultiere entlaufen war, so sah ich mich genötigt, ein paar Tage in dieser traurigen Sandgegend zu bleiben. Ich wurde indessen am letzten Tage meiner Anwesenheit reichlich für diesen Nachteil entschädigt, denn zufällig erschien an demselben ein Trupp von Wilden in der Villa, auf deren Bekanntschaft ich längst vergebens gehofft hatte. Sie waren vom Stamme der Patachos, den ich bis jetzt noch nicht von Angesicht kannte, und erst vor wenigen Tagen aus den Wäldern zu den Pflanzungen herabgekommen. Völlig nackt traten sie, ihre Waffen in der Hand, in die Villa ein, wo sogleich eine Menge von Menschen sich um sie her versammelte. Sie brachten grosse Kugeln von schwarzem Wachs zum Verkauf, und wir tauschten gegen Messer und rote Schnupftücher eine Menge von Bogen und Pfeilen von ihnen ein. Sie hatten nichts Auffallendes, waren weder bemalt noch sonst entstellt; einige waren klein, die meisten von mittlerer, etwas schlanker Gestalt, mit grossem knochigem Gesicht und plumpen Zügen. Nur wenige unter ihnen hatten Tücher umgebunden, die man ihnen früher geschenkt hatte. Ihr eben nicht ausgezeichneter Anführer (von den Portugiesen Capitam genannt) trug eine rote wollene Mütze und blaue Hose, die er auch früher irgendwo erhalten hatte. Nahrung war sogleich ihr Hauptanliegen. Man gab ihnen etwas Mehl und einige Cocosnüsse, die sie mit einer kleinen Axt sehr wohl zu öffnen wussten, worauf sie mit ihren gesunden starken Zähnen die weisse Kernmasse aus der harten Schale herausbissen; merkwürdig war dabei die Begierde, mit welcher sie assen. Im Tauschhandel zeigten sich einige von ihnen sehr klug, sie forderten vorzüglich Messer oder Äxte; jedoch ein rotes Tuch liess sich einer von ihnen sogleich um den Hals binden. Man steckte ihnen auf 40 Schritt eine Cocosnuss auf eine Stange und liess sie nach diesem Ziele schiessen, das von ihnen nie gefehlt wurde. Da niemand mit ihnen reden konnte, so hielten sie sich nicht lange auf und kehrten nach ihren Wohnungen zurück. Um sie noch näher kennenzulernen, schiffte ich am 30. Juli den Fluss Prado aufwärts bis zu der Stelle, wo die Wilden ihre Hütten gehabt hatten; allein ich fand sie nicht mehr, sie waren schon weiter gezogen. Es leben hier an den Ufern des Sucurucú sowohl Patachos als Machacaris in den Wäldern. Die letzteren sind immer mehr zum Frieden gegen die Weissen geneigt gewesen als*

Maximilian zu Wied, Schiffahrt auf dem Rio Doce, 1815,
Brasilien-Bibliothek Robert Bosch GmbH, Stuttgart

da Arara am Mucuri. Darauf zog die Expedition zum Rio Grande de Belmonte, wo nahe am Quartel dos Arcos (heute Jequitinhonha) die Botokuden und ihre Lebensgewohnheiten studiert wurden. In der gleichen Gegend traf man ausserdem verstärkt auf Pataxó-Indianer. Später verweilte man in São Pedro de Alcântara. Eine vierwöchige Urwalddurchquerung schloss sich an, bevor am 31. Januar 1817 Barra da Varela im Sertão erreicht war. Die Expedition drang dann bis zur Grenze der Capitania Minas Gerais vor und begab sich abschliessend zur Küste. Im April 1817 trafen die Männer in Salvador da Bahia ein, wo sie sich mit einem Schwarzen und dem Botokuden Quäck nach Europa einschifften.

Maximilian kehrte mit reichen ethnologischen, zoologischen und botanischen Sammlungen, mit Manuskripten – darunter illustrierte Reisetagebücher – und vielen separaten Skizzen zurück. In seinem künstlerischen Nachlass finden sich 123 Zeichnungen und Aquarelle aus Brasilien. Diese geben Einblick in Erlebnisse, vermitteln Landschaftseindrücke, zeigen Indianer und ihren Lebensraum, Menschen in der Stadt und auf dem Lande. Wieds Darstellungen sind spontan aufgefasste, persönliche Interpretationen fern von akademischen Regeln. Er hatte darin keine Ausbildung erhalten, nur durch seine Geschwister Carl und Louise, die Schüler der Dresdner Akademie waren, Einblick in künstlerische Schaffensprozesse gewonnen. Seine ersten Bevölkerungsskizzen aus Rio de Janeiro wirken noch unbeholfen. Die anschliessend gestalteten Indianerstudien sind bereits lebendiger. Maximilian bevorzugte Profilansichten. Komplizierte Bewegungsabläufe, starke Verkürzungen und Perspektiven hat er im allgemeinen vermieden. Ausrüstung, Schmuck, Haartracht und Gerätschaften galt seine besondere Aufmerksamkeit. Viele Häuptlinge haben ihm Modell gestanden. Wieds Indianerstudien sind für die Aufarbeitung der brasilianischen Völkerkunde von unschätzbarem Wert.

Wied hat die Indianer keinem Klischee angepasst, sie weder als «gute Wilde» – das taten später die Umzeichner – noch als «Barbaren» dargestellt, son-

*Jahren ein friedliches Einverständnis hat zustande bringen können. Die Patachos gleichen im Äusseren sehr den Puris und Machacaris, nur sind sie grösser als die ersteren. Sie entstellen ebensowenig als diese ihr Gesicht und tragen ebenso ihre Haare natürlich um den Kopf herabhängend, bloss im Genick und über den Augen abgeschnitten; doch rasieren auch manche unter ihnen den ganzen Kopf und lassen bloss vorn und hinten einen kleinen Busch stehen. Die Unterlippe und das Ohr durchbohren einige und tragen in der gemachten kleinen Öffnung ein dünnes kurzes Rohrstäbchen. Um den Hals tragen die Männer, so wie die aller andern Stämme der Ostküste, ihr Messer an einer Schnur, und die Rosenkränze, die man ihnen schenkte, hingen sie ebenfalls um denselben. Ihr Körper war in seiner natürlichen rötlichbraunen Farbe und nirgend bemalt. Sehr sonderbar und auffallend ist ihr Gebrauch, an einem gewissen Teil des Körpers die Vorhaut mit einer Schlingpflanze zuzubinden, wodurch derselbe eine höchst sonderbare Gestalt erhält. Ihre Waffen sind in der Hauptsache dieselben als die der andern Wilden. Ihre Bogen sind jedoch grösser als bei allen übrigen Stämmen der Tapuyas. Ich mass einen derselben und fand, dass er 8 Fuss 9½ Zoll englisches Mass in der Höhe hielt. Sie sind von Airi- oder Pao d'arco(Bignonia)-Holz gemacht. Die Pfeile sind unten mit Arara-, Mutum- oder Raubvogelfedern befiedert, und ihre Spitze ist mit Taquarussú- oder Ubá-Rohr beschaftet; allein nirgends fand ich unter den verschiedenen Stämmen der Tapuyas die Bogenschnur aus Darmsaiten oder Tiersehnen gemacht, wie dies Lindley fälschlich berichtet. Auf dem Rücken trägt ein jeder Mann einen um den Hals befestigten Beutel oder Sack, von Embira oder andern Schnüren geflochten, worin er verschiedene Kleinigkeiten aufzuheben pflegt. Ihre Weiber sind ebensowenig bemalt und gehen völlig nackt. Die Hütten dieser Wilden unterscheiden sich durch eine abweichende Bauart von den früher beschriebenen der Puris. Junge Stämme und eingesteckte Stangen werden oben übergebogen, zusammengebunden und darüber Pattioba- und Cocosblätter gedeckt. Diese Hüttchen sind sehr flach und niedrig. Neben einer jeden von ihnen bemerkt man einen Rost, der aus vier in die Erde eingesteckten gabelartigen Pfählen besteht, in die vier Stäbe gelegt und auf welche nahe aneinander Querstäbe gereiht werden, um die erlegten Jagdtiere darauf zu braten oder zu rösten. Die Patachos gleichen in vieler Hinsicht den Machacaris, oder Machacalis, auch sind ihre Sprachen etwas verwandt, obgleich in manchem Betracht wieder sehr verschieden. Beide Völkerstämme sollen gegen die Botocudos zusammenhalten und scheinen ihre Gefangenen zum Teil als Sklaven zu behandeln, denn noch unlängst boten sie zu Villa do Prado eine junge Botocudin zum Verkauf an. Nie hat man einen begründeten Verdacht gehabt, dass diese Patachos Menschenfleisch essen.*

Maximilian Prinz zu Wied-Neuwied: Reise nach Brasilien 1815–1817. Nach der Neuausgabe von Wolfgang Joost, Edition Leipzig, 1987, S. 109 ff.

dern als Menschen mit besonderen Eigentümlichkeiten. Auch die Botokuden, die in ihrer Aufmachung, besonders durch die Lippenscheibe, allen europäischen Schönheitsvorstellungen widersprachen, hat Wied mit allen Stammesattributen ästhetisch ansprechend dargestellt. «Sie durchstechen Ohren und Unterlippe und erweitern die Öffnungen durch cylindrische, von einer leichten Holzart geschnittene Pflöcke, die immer grösser genommen werden, dergestalt, dass ihr Gesicht dadurch ein höchst sonderbares widerliches Ansehen erhält.»[3] Wied erkannte aber, dass der Abscheu und Furcht erweckende Eindruck von Hässlichkeit, der andere Reisende abstiess, nicht das Eigentliche dieser Indianer war: «Die Natur hat diesem Volk einen guten Körperbau gegeben; . . . Sie sind grösstentheils von mittlerer Statur, einzelne erreichen eine ansehnliche Grösse, dabey sind sie stark, fast immer breit von Brust und Schultern, fleischig und muskulös, aber doch proportiniert, Hände und Füsse zierlich.»[4]

Stammesangehörige der Puri hatte Wied im Februar 1816 vor ihren Hütten beobachtet. Bei schlechtem Wetter drängen sich die Indianer um ein Feuer im Freien, das stets von der Frau des Hauses geschürt wird. Sie brät auch das Fleisch. Der Mann liegt meist in der Hängematte, die aus dem Bast einer Cecropia-Art angefertigt und zwischen zwei Baumstämmen aufgehängt ist. Eine Querstange darüber ist mit Schlingpflanzen festgebunden. Schräg angelehnte Palmwedel sollen Wind abhalten. Auf dem Boden liegen ausgehöhlte Kürbisse in Form von Schlangen und Flaschen, ferner Wachs, Rohr für Pfeile, Federn, Bananen und andere Früchte. Bogen und Pfeile sind an Bäume gestellt. Magere Hunde bellen jeden Fremden an. Dem Betrachter des Bildes den Rücken zukehrend, hockt eine Frau mit einem Kind auf dem Boden. Ein Affe wird über dem Feuer geröstet. Die «Puris vor ihrer Hütte», später als Kupferstich im Bildatlas verbreitet, gehört zu den bekanntesten Motiven der brasilianischen Ikonographie.

Nach diesen und anderen Originalen Maximilians, die von den Zeitgenossen als Kunstwerke nicht gewürdigt wurden, führten professionelle Künstler –

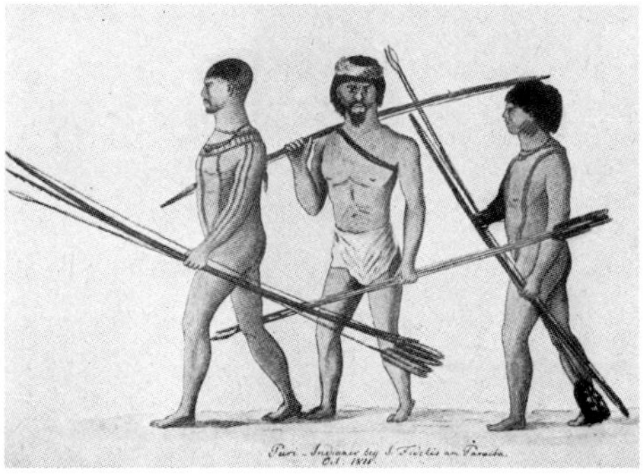

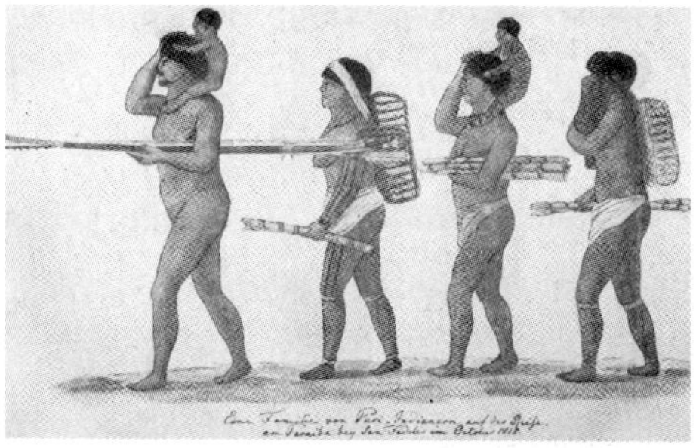

Maximilian zu Wied, Puri-Indianer am Rio Paraiba, 1815, Brasilien-Bibliothek Robert Bosch GmbH, Stuttgart

Anonym, Puri-Indianer im Urwald, Vorlage für den Kupferstich

Kupferstich in der *Reise nach Brasilien,* 1820/21

wohl vor allem seine Geschwister – reproduzierfähige Umzeichnungen im Stil der Zeit aus. Dabei kam es zu massiven, «verschönernden» Eingriffen. Bei dem Kupferstich, der die Puris vor ihrer Hütte zeigt, schneidet eine dunkle Repoussoirzone in den Bildraum ein. Die von Maximilian individuell gestalteten Pflanzenstrukturen sind durch einförmige Raster ersetzt. Der Hund, der in Maximilians Fassung aufmerksam hockt, liegt nun schlafend am Boden. Dem ehemals indifferent ins Leere schauenden Indianer in der Hängematte wurde eine andere Blickrichtung gegeben. Stolz sieht er auf Frau und Kind herab. Die Mutter zieht ihren Sprössling zärtlich an sich. Das Kind schaut der Mutter strahlend ins Gesicht. So idyllisch stellte man sich in Europa das Indianerleben vor. Brasilianische Eingeborene, die in Haltung und Körperbau klassizistischen Schönheiten nachempfunden sind, stellte man in eine malerische, unwirkliche Urwaldkulisse, die einem romantischen Garten nahekommt.

Der dokumentarische Wert der einzigartigen Zeugnisse von Maximilians Hand war durch das Umzeichnen und den Kupferstich herabgesetzt worden. Wied war sich dessen bewusst, denn er erklärte im Reisewerk:

«Die Zeichnungen zu den Kupferplatten, welche den Bericht meiner Reise in Brasilien begleiten, sind meistentheils von mir an Ort und Stelle skizzirt, und nachher vollkommener ausgeführt worden; (. . .) Den Stich der Platten haben verschiedene Kupferstecher besorgt; aller angewandten Mühe ungeachtet haben sich aber dennoch einige Unrichtigkeiten eingeschlichen.»[5]

Die Kupferstecher kamen vor allem aus dem Kreis der Dresdner Akademie. Maximilian liess mit ihren Arbeiten seine zweibändige «Reise nach Brasilien in den Jahren 1815 bis 1817 illustrieren, die 1820/21 im Buchhandel erschienen ist. Neunzehn Motive auf separaten Blättern und 22 grossformatige Kupferstiche im ergänzenden «Atlas zur Reise», den ausserdem drei geographische Karten nach Originalen von Maximilian bereichern, bilden das Abbildungsmaterial dieses kostbaren Werkes. Einige Motive gehen auf den künstlerisch hochbefähigten Sellow zurück. Es sind Botokuden-Physiognomien und Landschaftsansichten. Von Sellow findet man 25 Arbeiten im Nachlass Maximilians. Sie sind sehr fein ausgeführt, in Blei und Feder, zum Teil mit Tusche laviert. Davon sind neunzehn Skizzen während der Expedition mit Wied entstanden.

Zwischen 1822 und 1831 publizierte Wied seine kunstvollen «Abbildungen zur Naturgeschichte Brasiliens» in mehreren Lieferungen. Die handkolorierten Bilder gehen auch auf Skizzen von Maximilian zurück. Wilhelm Hartmann, ein brillanter Schweizer Zeichner und Grafiker, und Hermann Bekkers, der nicht minder sensibel gearbeitet hat, haben das zoologische Abbildungsmaterial gezeichnet und aquarelliert. Die «Beiträge zur Naturgeschichte von Brasilien» – Maximilians gesamte wissenschaftliche Untersuchungen zur südamerikanischen Fauna – wurden 1825 bis 1833 in vier Bänden veröffentlicht.

Im Park von Neuwied, wo Comte de Clarac sein berühmtes Aquarell vom tropischen Regenwald vollendet hat, liess sich der Prinz zu Wied im Jahre 1828 von Johann Heinrich Richter malen – in Lebensgrösse, mit seinem Diener, dem Botokuden-Indianer Quäck, «im brasilianischen Urwald auf der Jagd». Maximilians Blick ist in die Ferne gerichtet. Die zweite Reise nach Amerika, diesmal in den Norden des Kontinents, war bereits geplant. Sie fiel in die Jahre 1832 bis 1834.

Wied-Neuwied, Maximilian Prinz zu, Reise nach Brasilien in den Jahren 1815 bis 1817. Bd. 1.2, Frankfurt a. M. 1820–21

Wied-Neuwied, Maximilian Prinz zu, Kupfer und Karten zum 1ten und 2ten Band der Reise Sr. Durchl. des Prinzen Maximilian von Neuwied nach Brasilien in den Jahren 1815 bis 1817, O. O. u. J. [Frankfurt a. M. 1820–21]

Brasilien-Bibliothek der Robert Bosch GmbH. Katalog Band II. Nachlass des Prinzen Maximilian zu Wied-Neuwied. Teil I: Illustrationen zur Reise 1815 bis 1817 in Brasilien. Bearb. von Renate Löschner und Birgit Kirschstein-Gamber, Stuttgart 1988

Löschner, Renate, Die Reisen des Prinzen Maximilian zu Wied 1815–1817 in Brasilien [Ausstellungskatalog], Ausstellung des Ibero-Amerikanischen Instituts, Preussischer Kulturbesitz in Berlin, Berlin 1982

Maximilian zu Wied, Die Reisenden treffen auf Bento Lourenzo, der eine neue Strasse eröffnet, 1816,
Brasilien-Bibliothek Robert Bosch GmbH, Stuttgart

Maximilian zu Wied, Hunde umstellen einen Jaguar, 1817

Maximilian zu Wied, Urwaldlandschaft mit Papageien und Indianer, 1816

*Johann Moritz Rugendas* (1802–1858) hat insgesamt zwanzig Jahre in Lateinamerika gelebt. Er lernte Brasilien, Mexiko, Chile, Peru, Bolivien, Argentinien und Uruguay kennen. Kein anderer Künstler hat diesen Kontinent im 19. Jahrhundert motivisch so vielschichtig und ästhetisch vollkommen dargestellt. Wesentliche Anregungen dafür gehen auf Alexander von Humboldt zurück. Ihm war der Maler sein Leben lang dankbar verbunden.
Rugendas entstammte einer bekannten Augsburger Künstlerfamilie. Nach ersten Unterweisungen durch seinen Vater Johann Lorenz und Unterricht bei dem Schlachtenmaler Albrecht Adam trat Johann Moritz 1817 in die Münchner Akademie ein. Dort widmete er sich unter Anleitung von Lorenzo Quaglio II. der Genre- und Landschaftsmalerei. Aus eigenem Antrieb zeichnete er darüber hinaus in der freien Natur. Dadurch besass er gute Voraussetzungen für seine anschliessende künstlerische Tätigkeit in Südamerika. Die Gelegenheit dazu ergab sich, als Georg Heinrich von Langsdorff, der russische Geschäftsträger in Brasilien, sich bei einem Europaaufenthalt nach einem wissenschaftlichen Zeichner für eine Expedition in dem südamerikanischen Kaiserreich umsah. Er entschied sich für den unkonventionell arbeitenden jungen Rugendas. Die beiden Männer schlossen im September 1821 einen Vertrag.
Am 5. März 1822 ging Rugendas in Rio de Janeiro an Land. Malerische Bergsilhouetten, tropische Vegetation, dekorative Landhäuser und exotische Bevölkerung faszinierten ihn in hohem Masse. Die Maler Jean Baptiste Debret und Adrien Aimé Taunay wurden seine Freunde. Letzterer bewohnte ein Haus am Wasserfall von Tijuca, wo Rugendas gern gezeichnet hat. Die Bucht von Guanabara hielt er auf Exkursionen von immer anderen Aussichtspunkten fest. Er arbeitete in Botafogo, Flamengo und Laranjeiras, fixierte Zuckerhut und Corcovado. Rugendas war an der Lagoa Rodrigo de Freitas. Er malte den kaiserlichen Palast São Cristóvão, wo er Militärparaden miterlebte. Wie ein künstlerischer Chronist hielt er die Krönungsfeierlichkeiten für Dom Pedro I. im Dezember 1822 fest. Er beobachtete die Menschen auf Plätzen und Märkten.

A. Riedel, Bildnis von J. M. Rugendas, 1833

Johann Moritz Rugendas, In der Rua Direita, Rio de Janeiro, 1822–1825,
Secrétaria Municipal de Cultura, São Paulo

Johann Moritz Rugendas, Gebräuche der Neger in Brasilien – *Le Cafuné* (Haarestreichen), 1822–1825, Slg. Pimenta Camargo, São Paulo

Auf dem Landgut «Mandioca», das Langsdorff gehörte, zeichnete Rugendas Expeditionsteilnehmer wie den Botaniker August Riedel und den Zoologen Edouard Ménétrièz. Auf dem Weg nach Mandioca nördlich von Rio de Janeiro kam er durch das bizarre Orgelgebirge. In den Bergen hinter Porto Estrela fand er die Fazenda, eingebettet in ein tropisches Pflanzenparadies. Demgemäss wurde die Auseinandersetzung mit der Vegetation hier zu einem Hauptanliegen. Erste Zeichnungen von Palmen schickte Rugendas nach München an Carl Friedrich von Martius. Farbige Pflanzenskizzen, aquarellierte Federzeichnungen, finden sich vor allem unter den Arbeiten, die Rugendas Langsdorff hinterlassen hat. Dabei sind wissenschaftliche und künstlerische Gesichtspunkte miteinander verbunden.

Johannn Moritz Rugendas, Negro Cabinda und India Machacari, 1822–1825, Slg. Pimenta Camargo, São Paulo

*Meine Einbildungskraft, mein Verehrtester, ist noch ganz erfüllt mit den üppigen Formen der Tropenwelt, welche Ihre geistreichen Zeichnungen so herrlich und wahr darstellen. Ich stehe auf dem Punkt mit Herrn Prof. Kunth eine neue Auflage meiner Géographie des Plantes herauszugeben. Für das Kapitel Physiognomie der Gewächse, welches Sie vielleicht schon aus meinen Ansichten der Natur kennen, wünschten wir, wenn auch nur drei Platten, eine Palme, ein baumartiges Farnkraut, eine Banane geben zu können. Sie allein scheinen mir, der ich sechs Jahre unter diesen Formen gelebt, den wahren Charakter meisterhaft aufgefasst zu haben. Ich denke, dass bei der Fülle der Sachen, die Sie besitzen, Ihr neues Werk, in dem Sie die Pflanzen zusammengruppieren, nicht leiden kann, wenn Sie uns vorher zwei bis drei isolierte Bäume für unser Prachtwerk cedierten. Ihren Namen wird es mir eine Freude sein zu verherrlichen. Das Publikum wird aufmerksam auf Sie und Ihre bald zu publizierenden grossen Arbeiten. Ich wünsche nicht unbescheiden Wald oder Landschaft, bloss einzelne Formen von einer Palme, einem Farrenkraut, einer Mimose. Die Zeichnungen, über deren Grosse wir hier übereinkämen, sendeten Sie uns vergrössert von München aus durch unseren verehrten Freund Graf Brayx. Der Stich au burin wird hier von den ersten Künstlern besorgt, alles so, dass Ihre Arbeit auf ehrenvolle Weise in das englische und französische Publikum kommt. Ich denke, dass dies, da alle meine Werke viel gekauft werden, Ihren zu publizierenden Arbeiten nützlich sein wird. (...) Mein Buchhändler wird Ihnen jede der Zeichnungen, die Sie uns liefern, auf eine sehr anständige, von Ihnen zu bestimmende Weise vergütet. Dies sollte vorschussweise jetzt geschehen. (...) Ich fürchte, Sie sind Ihrer Abreise nahe. Wollten Sie uns noch heute Ihre grösseren Landschaften senden und könnten wir die Freude haben, Sie morgen Sonntag um 9 Uhr früh bei uns zu sehen mit dem ganzen Portefeuille zur Auswahl? Mein Vorschlag kann Ihnen unbescheiden erscheinen. Als amerikanischer Reisender behandle ich Sie nun, Verehrtester, wie einen Kollegen. Ich bitte Sie meine Bitte abzulehnen, wenn Sie glauben, dass Sie im geringsten Ihren weiteren und für Sie wichtigen Plänen hinderlich sein könnte.*

Erster Brief von Alexander von Humboldt an Rugendas, November 1825

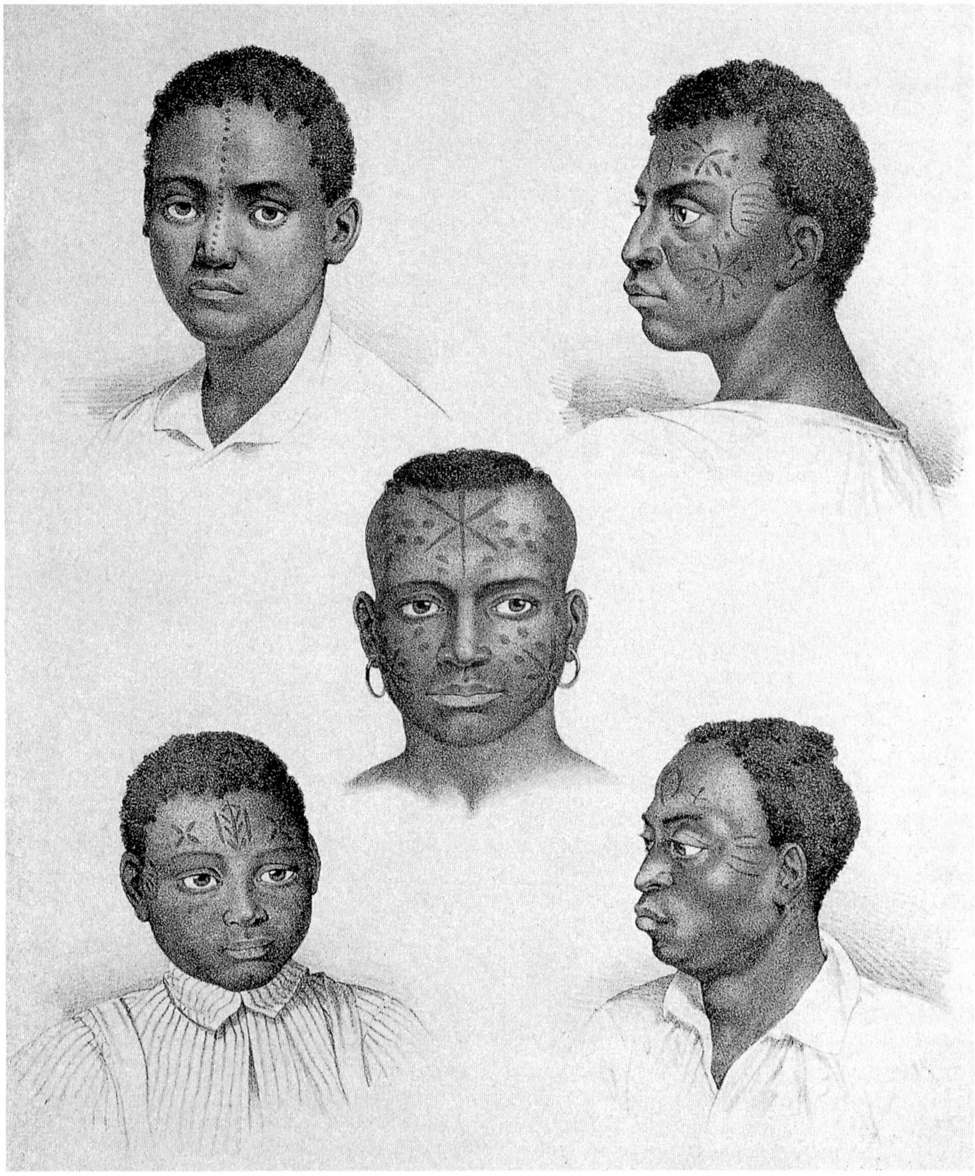

Johann Moritz Rugendas, Negertypen aus Mozambique, Lithographie für die *Malerische Reise*, 1827–1835

*Ihr gestriges Schreiben kündigt mir die am 17. Januar abgegangenen vier Zeichnungen an. Diese sind noch nicht in meinen Händen, das muss Sie aber nicht besorgt machen, die ersten zwei vom Dezember habe ich auch eine Woche später als Ihren Brief erhalten. Sobald Herr Tessari mir die Zeichnungen bringt, werde ich dankbarst ihm für Sie den Rest zahlen (1000 Frs.) Nun aber, mein Lieber, muss ich Sie dringendst bitten, uns recht bald einzusenden: Von jedem Blatte, besonders von den Palmen die Notiz:*

1. *den portugiesischen Namen,*
2. *womöglich die botanische Benennung der Palmen von Martius, aber recht sicher. Sie könnten ihm ja schreiben. Der portugiesische Name wird ihn schon leiten.*
3. *Den Ort, wo Sie etwa das Original in Brasilien gezeichnet.*

*Damit wir uns verstehen, sagen Sie ja die Palme mit dem Neger oder die Palme neben den Araukarien. Skizzen von Araukarien und Bambusen, alles, alles, auch ein Kaktus und Manglegruppen würden uns sehr willkommen sein. Lassen Sie ja in ihrer Korrespondenz alle Titulaturen weg, unter Reisenden muss ein freier Ton herrschen. Es wird mich sehr freuen, wenn Sie im Frühjahr hierher zurückkommen. Rechnen Sie auf meine Freundschaft und die Aufnahme, die Ihr schönes Talent und Ihre Bescheidenheit Ihnen zusichern.*

Alexander von Humboldt in einem Brief vom 1. Februar 1826 an Rugendas

Das gilt auch für seine Tierdarstellungen. Rugendas aquarellierte Affen, die «gehörnte brasilianische Kröte», einen schwarzen Bären, den Ameisenbär, das Gürteltier, Arten des Opossums, eine schön gefleckte liegende Unze und den stolz schreitenden Laufvogel Ema. Auch Schlangen, Fledermäuse und Eidechsen gehörten in dieses Konvolut.

Figürliche Szenen, Schilderungen des Ambiente, reizten Rugendas als ausgebildeten Genremaler besonders. Auf Mandioca hielt er das Leben der Sklaven fest und hinterliess mit seinen Bildern eindrucksvolle historische Dokumente. Das traurige Schicksal dieser Menschen hat ihn tief berührt und auch das spätere Zerwürfnis mit Langsdorff vorbereitet, der auf seinem Anwesen wohl 200 Sklaven beschäftigte. Rugendas beobachtete sie bei der schweren Arbeit in der Zuckermühle und bei der Kaffee-Ernte. Er suchte sie in ihren primitiven Behausungen auf. Im Hafen von Rio de Janeiro sah er angekettete Männer in Schiffsräumen. Auch vor dem entwürdigenden Menschenhandel auf dem Sklavenmarkt verschloss er nicht die Augen.

Am 8. Mai 1824 nahm die so lange vorbereitete Expedition endlich ihren

Johann Moritz Rugendas, Matrosen, 1822–1825, Secrétaria Municipal de Cultura, São Paulo

Anfang. Rugendas zeichnete die Männer um Langsdorff auf dem Marsche und hielt Maultiertropas und Personengruppen fest, denen sie unterwegs begegneten. Ein Diamantentransport nach Caeté erregte Aufmerksamkeit. Der Maler arbeitete mit Aquarellfarben, lavierter Tusche, Feder und Bleistift vor der Natur. Meist hat er mit wenigen, oft sehr zarten, aber präzise gesetzten Linien das Typische der Gegenden markiert. Bergsilhouetten sind naturgetreu im Hangverlauf umrissen, dominierende Pflanzen akzentuiert.
An den Urwaldflüssen Paraîba, Paraibuna und Pomba konnte Rugendas in tropischer Pflanzenpracht schwelgen. Motive aus der Capitania Minas Gerais sind besonders zahlreich. Abbildungen von Wasserfällen, Fazenden, Ausblicke auf Ortschaften, Strassenzüge und Bauwerke fanden sich in seiner Skizzensammlung. Caeté, Vila Rica, Sabará, Matozinho, Barbacena, Mariana und Ouro Preto sind dokumentiert.
Die Expedition kam auch mit Tapuia-Indianern zusammen. Rugendas hielt die mongolisch geprägte Physiognomie dieser Menschen fest. Angehörige anderer Indianerstämme – Puris, Coroados, Coropos, Botokuden – konnte er in ihrem natürlichen Lebensraum beobachten, nachdem er sich im November 1824 von der Langsdorff-Expedition getrennt hatte.
Rugendas zog danach mit einigen Männern, die er angeworben hatte, auf eigene Rechnung durch die Provinzen Minas Gerais, Espírito Santo, Mato Grosso und Bahia. Während der Regenzeit hielt sich die Gruppe wochenlang in Urwäldern am Rio Doce unter Indianern auf. Motive aus ihrem Leben, darunter der «Tanz der Puris», «Indianerbegräbnis», «Indianer an einer Fazenda» gehören zu den völkerkundlich interessantesten Abbildungen der Zeit.
Im April 1825 war Rugendas wieder in Rio de Janeiro. Im Mai kehrte er mit rund 500 Arbeiten nach Europa zurück. Er begab sich sogleich nach Paris, um dort die Herausgabe seiner brasilianischen Skizzen zu betreiben. Dadurch wurde er mit Humboldt bekannt, der das feine Naturempfinden und die sichere Beobachtungsfähigkeit des Künstlers richtig einschätzte und ihn um Illustrationen für das Kapitel «Physiognomik der Gewächse» in einer geplanten, aber in dieser Form niemals realisierten Neuauflage seiner Schrift «Geographie der Pflanzen» bat. Der nun beginnenden künstlerisch-wissenschaftlichen Zusammenarbeit beider Männer hat Lateinamerika die schön-

Johann Moritz Rugendas, Der Jäger und Zoologe, 1822–1825, Secrétaria Municipal de Cultura, São Paulo

Johann Moritz Rugendas, Urwald

südamerikanischen Skizzen von Rugendas zu interessieren. Die «Voyage pittoresque dans le Brésil» kam zwischen 1827 und 1835 als Lieferungswerk mit 100 lithographierten Tafeln in den Handel. Das Werk ist in vier Abteilungen gegliedert: I «Paysages», II «Portraits et costumes», III «Mœurs et usages des indiens» sowie «Vie des Européens» und «Européens à Bahia et à Pernambuco», IV «Mœurs et usages des nègres».
Im Sommer 1828 ging Rugendas für längere Zeit nach Italien. Das Tropenerlebnis blieb auch hier lebendig und wirksam. Er malte in Rom – wie schon in Paris – Urwaldbilder. Dabei stilisierte er den wild wuchernden Dschungel zum «tropischen Arkadien». Ein späteres Urwaldgemälde entstand 1831 in Paris, als Rugendas nach Möglichkeiten für eine zweite Amerikareise sondierte. Dass diese realisiert werden konnte, verdankte der Maler wiederum Humboldt. Dieser und Carl Friedrich Schinkel hatten sich dafür eingesetzt, dass der preussische König vier Landschaftsbilder mit brasilianischen Motiven von Rugendas ankaufte. 1831 verliess er von Bordeaux aus den europäischen Kontinent.
Die zweite Amerikareise brachte die künstlerische Vollendung. Johann Moritz Rugendas wurde mit seinen farbenprächtigen Ölskizzen zum Freilichtmaler der Tropen. Brasilien war das letzte Land, das er damals besucht hat. Er war dort überwiegend als Porträtmaler tätig, um seinen Lebensunterhalt zu verdienen.
1847 kehrte er für immer nach Europa zurück. Er lebte in Augsburg und München. Da er die tropische Natur weder kopieren noch aus der Erinnerung malen konnte, fehlte ihm die Voraussetzung für eine Tätigkeit, die ihn befriedigt und ausgefüllt hätte. An einem grossformatigen Historienbild, der «Entdeckung der neuen Welt durch Columbus», einer Auftragsarbeit für König Maximilian II. von Bayern, ist Rugendas gescheitert. 1858 ist der Künstler in Weilheim an der Teck gestorben.
Fast alle Arbeiten, die er nach Europa zurückgebracht oder vorab geschickt hatte, wurden den Kunstsammlungen der Könige von Bayern und Preussen einverleibt, wo sie relativ unbeachtet blieben. Erst um 1930 begann eine adäquate Aufwertung dieses Werkes. Nur die «Voyage pittoresque dans le Brésil» ist von Anfang an bekannt gewesen und als Meisterleistung gewürdigt worden.
In Landschaftsbildern hat Rugendas das physiognomisch Bedeutsame erfasst, Zusammenhänge in der Natur betont, bestimmte Klimazonen charakterisiert. Humboldt lobte, dass Rugendas einen wichtigen Beitrag zur Landes- und Völkerkunde sowie zur Geschichte Brasiliens geleistet habe. Es wurden aber auch kritische Anmerkungen laut. Maximilian zu Wied bemängelte zu Recht die reizvolle Urwaldansicht vom Rio Manqueritipa: «Der Wald ist schön gezeichnet und seine mannigfaltigen Gewächse versinnlichen die Reichhaltigkeit jener erhabenen Pflanzenschöpfung. Dass übrigens der Zeichner sich nicht genau an die Natur gehalten, sondern aus dem Kopf Zusammenstellungen gemacht habe, zeigen die Flamingos [...] im Urwald.»[6]
Eine Ansicht der Praia Rodrigues lobte er als «schönes, charakteristisches Blatt, welches eine Idee einer brasilianischen Küstenansicht gibt». Gegen die von Rugendas abgebildeten Botokuden aber hatte Wied als Fachautorität die stärksten Vorbehalte. Er wisse nicht, wo der Zeichner seine «Originale hergenommen» habe. Die abgebildeten Botokuden seien anders tätowiert, trügen die Haare anders und wichen auch sonst von jenen Botokuden ab, die ihm in Brasilien begegnet seien.

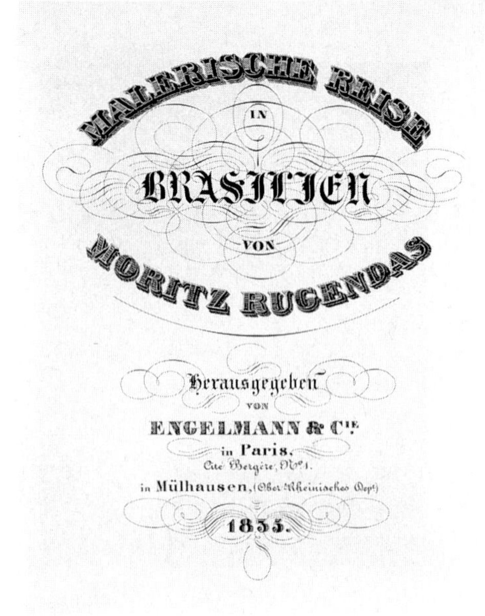
Malerische Reise in Brasilien von Moritz Rugendas
Herausgegeben von Engelmann & Cie. in Paris, Cité Bergère, No 1. in Mülhausen, (Ober Rheinisches Dept)
1835.

Erstausgabe der *Malerischen Reise,* 1827–1835

Carneiro, Newton, Rugendas no Brasil. Rio de Janeiro, São Paulo, Porto Alegre, 1979

Löschner, Renate, Lateinamerikanische Landschaftsdarstellungen der Maler aus dem Umkreis von Alexander von Humboldt. [Diss.] Berlin, 1976

Löschner, Renate, Deutsche Künstler in Lateinamerika. Maler und Naturforscher des 19. Jahrhunderts illustrieren einen Kontinent [Ausstellungskatalog des Ibero-Amerikanischen Instituts, Preussischer Kulturbesitz in Berlin] Berlin, 1978

Richert, Gertrud, Johann Moritz Rugendas. Ein deutscher Maler in Ibero-Amerika, München, 1952

Richert, Gertrud, Johann Moritz Rugendas. Ein deutscher Maler des XIX. Jahrhunderts. Berlin, 1959

1 Wied-Neuwied, 1820, S. 4.
2 Ebd., S. 213.
3 Wied-Neuwied, 1821, S. 5.
4 Ebd., S. 3.
5 Wied-Neuwied, 1820, S. [382].
6 Maximilian Prinz zu Wied, «Rugendas Werk» MS (Brasilienbibliothek der Robert Bosch GmbH, Stuttgart).

Comte de Clarac, Brasilianischer Urwald, 1817–1819, Privatbesitz

**«Forêt vierge au Brésil» von Comte de Clarac**

Charles Othon Frédéric Comte de Clarac (1777–1847) war Archäologe, Zeichner und Schriftsteller. Er hatte an Ausgrabungen in Pompeji teilgenommen, bevor er 1816 bis 1818 als Begleiter des in französischen diplomatischen Diensten stehenden Herzogs von Luxemburg in Brasilien und in der Karibik reiste. Von Juni bis September 1818 weilte Clarac in Rio de Janeiro, wo er mit dem Naturforscher Auguste de Saint-Hilaire in Beziehung kam. Clarac zeichnete und aquarellierte vor der Natur. Er brachte viele Skizzen nach Europa zurück und besuchte nun Orangerien und Gärten, um weiterhin exotische Gewächse abzubilden. Das war ihm auch im Schlosspark von Neuwied möglich, wo Prinz Maximilian

Aquarell vom tropischen Regenwald vollendet. Dabei darf man annehmen, dass Clarac in Neuwied Details verschiedener Pflanzen vervollkommnet hat. Das Original ist an einigen Stellen – wohl von der Hand des Künstlers – sehr kunstvoll, sicherlich korrigierend, überklebt worden. Die Gesamtauffassung, die der Wildnis am Rio Bonito in der Provinz Rio de Janeiro entspricht, muss grundsätzlich in Brasilien konzipiert worden sein.

Die Darstellung ist in Sepiatechnik gehalten. Das Atmosphärische ist stark betont. Das Kompositionsschema, das in niederländischer Tradition wurzelt und ohne Vorbilder wie Roelandt Savery, Jacob Isaackzoon Ruisdael und Allaert van Everdingen nicht denkbar ist, wurde zum Vorbild für Urwalddarstellungen im 19. Jahrhundert. Ein schräg in den Bild-

zeln gehörten dazu. Typische Tiere und niedrigwachsende Pflanzen wurden silhouettenhaft im ersten Plan herausgestellt. Riesenfarne, Bambus und Palmen gehörten zum Vegetationsbild.

Claracs Aquarell wurde 1819 im Pariser Salon ausgestellt und von der Öffentlichkeit stark beachtet. Claude François Fortier hat das Motiv 1822 in Kupfer gestochen. Die kostbare Abbildung fand weite Verbreitung. Humboldt, der mit Clarac persönlich bekannt war, erwarb eines der grossformatigen Blätter und machte es seinem Bruder mit folgenden Worten zum Geschenk: «Ich glaube, man schuf niemals etwas, was die Eigenart und Eigenschaften der Pflanzen besser ausdrückt.» Den Grafen Clarac erwähnte Humboldt lobend im «Kosmos». Er hatte aus Humboldts Sicht als erster eine

Jürg Müller

# Systematik und Staunen

Die Reise von J. B. Spix und C. F. Ph. Martius in Brasilien, 1817–1820

Unter den zahlreichen Reiseberichten über das Brasilien des frühen 19. Jahrhunderts ist einer bis heute in besonderem Masse lesenswert: Es ist die meisterhafte Schilderung der beiden bayerischen Naturforscher Spix und Martius, die in den Jahren 1817 bis 1820 Brasilien von Süden nach Norden durchquerten und die ihre Forschungsergebnisse anschliessend in einem dreibändigen Werk und einem Atlas veröffentlichten[1]. Ihre «Reise in Brasilien» gehört zu den grundlegenden Werken der Erforschung der Erde, inspiriert und vergleichbar mit dem Werk des Universalgelehrten Alexander von Humboldt über die andern Länder des tropischen Südamerika. Sie enthält nicht nur eine Fülle von neuen Erkenntnissen aus den Bereichen Botanik, Zoologie, Geologie, Geographie und Ethnographie, sondern besticht darüber hinaus durch die Schönheit ihrer sprachlichen Formulierungen.

Anlass für die Forschungsreise war die Heirat des portugiesischen Thronfolgers, der später als Dom Pedro I. Kaiser des unabhängigen Brasiliens werden sollte, mit der Erzherzogin Leopoldine von Österreich. In deren Gefolge entsandte die österreichische Akademie der Wissenschaften im Jahre 1817 eine Delegation von Wissenschaftern, Gelehrten und Malern nach Brasilien mit dem Ziel, das noch kaum bekannte Land zu erforschen und darüber in der Alten Welt Bericht zu erstatten. Dazu gehörten zwei bayerische Naturwissenschafter, der Zoologe Johann Baptist Spix (1781–1826) und der Botaniker Carl Friedrich Philipp Martius (1794–1868).

Spix und Martius verliessen Triest am 7. April 1817 und erreichten Rio de Janeiro am 15. Juli. Nach einem mehrmonatigen Aufenthalt in der brasiliani-

Carl Friedrich Philipp von Martius, Isabella vom Stamme Miranka, 1822, Zeichnung, Bayerische Staatsbibliothek München

Carl Friedrich Philipp von Martius, Juri vom Stamme der Juri Comás, 1821, Zeichnung, Bayerische Staatsbibliothek München

Carl Friedrich Philipp von Martius, Rancho zwischen Cocaes und der Serra de Caraça, 1818, Zeichnung, Bayerische Staatsbibliothek München

schen Hauptstadt begannen sie im Dezember 1817 ihre Expedition ins Interior. Sie bereisten in den folgenden drei Jahren die damaligen Provinzen von São Paulo und Minas Gerais, folgten dem Rio São Francisco nach Bahia (Nov. 1818) und durchquerten anschliessend den trockenen Sertão und gelangten über Juazeiro nach São Luís in Maranhão. Die Fortsetzung der Reise erfolgte per Schiff nach Belém an der Amazonasmündung (Aug. 1819). In der Folge führte ihr Weg amazonasaufwärts bis zum heutigen Manaus. Um die Zeit besser zu nutzen, trennten sie sich dort, und sie erkundeten verschiedene Stromgebiete weiter im Westen. Im März 1820 trafen sie in Manaus wieder zusammen, von wo sie über Belém und Lissabon nach Deutschland zurückkehrten. Nach fast vierjähriger Abwesenheit trafen sie am 8. Dezember 1820 wieder in München ein.

Beim Lesen ihrer Reiseberichte beeindruckt immer von neuem, mit welcher Genauigkeit sie das beschrieben, was sie sahen und erlebten. Ihr Interesse galt nicht nur ihren engeren Fachgebieten, der Zoologie und der Botanik, sie widmeten sich vielmehr allem und jedem mit einer Akribie, die ihresgleichen sucht. Ihr Reisebericht vermittelt ein überaus lebendiges Brasilienbild jener Zeit.

Ein Beispiel dafür sei das erste Kapitel des zweiten Bandes, überschrieben mit dem Titel «Aufenthalt in Rio de Janeiro» (S. 89–138). Die Inhaltsangabe in Stichworten lautet wie folgt: Beschreibung der Stadt. Bevölkerung. Einfluss des jetzt anwesenden Hofes. Culturzustand. Bibliothek. Buchdruckerei. Erziehungsanstalten. Errichtung einer chirurgischen Schule. Fühlbarer bisheriger Mangel einer Universität. Akademie der Künste. Klima. Lebensart des Volkes. Krankheitscharakter. Hospitäler. Passeio público. Negerhandel und Feste in Rio. Commerz, Importation, Exportation der Hauptstadt und

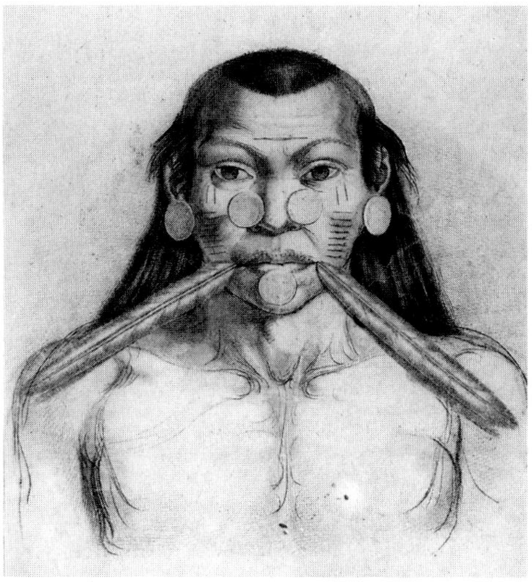

Carl Friedrich Philipp von Martius, Anführer der Maxurunas am Favari, 1819/20, Zeichnung, Bayerische Staatsbibliothek München

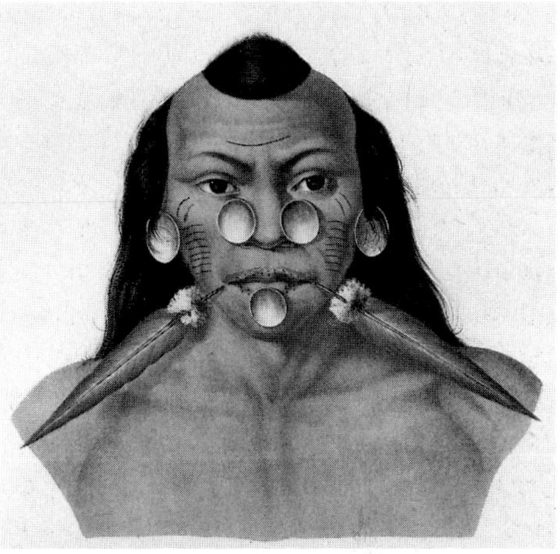

Lithographie von Philip Schmid, 1823

Trinkfest der Coroado, 1823, Lithographie von F. Mayer nach einer Zeichnung von Carl Friedrich

[1] Reise in Brasilien in den Jahren 1817–1820 von Joh. Babt. von Spix und Carl Friedr. Phil. von Martius.
Unveränderter Neudruck des 1823–1831 in München in 3 Textbänden und 1 Tafelband erschienen Werkes.
Herausgegeben und mit einem Lebensbild des Botanikers C. F. Ph. von Martius sowie mit einem Register versehen von Karl Mäg-

des Innern. Bank. Geld. Übersicht der Zollverhältnisse in Brasilien und der Ausfuhr von Rio de Janeiro. Königlicher Reisepass.
Nach ihrer Rückkehr begannen Spix und Martius mit der Auswertung ihrer Reise. Es ging einerseits um das Verfassen des erwähnten ausführlichen Reiseberichts, anderseits um die Beschreibung von annähernd zehntausend bis dahin unbekannten Pflanzen- und Tierarten. So gross war die Ausbeute der langen Reise, und dazu kamen zahlreiche Mineralien und Gesteinsproben. Der Reisebericht erschien zusammen mit einem Atlas in den Jahren 1823 bis 1831. Er wurde 1966 in einem Neudruck bei Brockhaus in Stuttgart als unveränderter Nachdruck des Originalwerks zum zweiten Mal der Öffentlichkeit zugänglich gemacht. Der erste Band sowie die beiden ersten Kapitel des zweiten wurden von beiden Forschern gemeinsam verfasst. Im Jahre 1826 starb Johann Baptist von Spix, so dass Martius das begonnene grosse Werk allein fortführen und vollenden musste. Gleichzeitig fing er mit der wissenschaftlichen Bearbeitung des gesammelten Pflanzenmaterials an. Davon zeugen die in den folgenden Jahren und Jahrzehnten entstandenen grossen botanischen Werke von Martius: die «Nova genera et species plantarum»; die «Historia naturalis Palmarum», die Naturgeschichte der Palmen (3 Bände von zusammen 550 Seiten mit 135 Bildtafeln); und die von Martius begründete «Flora Brasiliensis», die 1868, als er starb, allerdings noch lange nicht vollendet war. Sie wurde von einem seiner Schüler und einem weiteren Botaniker erst im Jahre 1906 zum Abschluss gebracht und umfasste über 20 000 beschriebene Pflanzenarten und nahezu 4000 Tafeln. Darüber hinaus interessierte sich Martius auch für Ethnographie und Eingeborenensprachen Südamerikas, worüber er ebenfalls ein zweibändiges Werk verfasste. Nach dem frühen Tode von Spix war er ausserdem um die Veröffentlichung der zoologischen Resultate der Expedition besorgt, d. h. er gewann kompetente Wissenschafter für deren Bearbeitung.
Bereits im Jahre 1826 wurde er ordentlicher Professor der Botanik in München und sechs Jahre später auch Konservator der dortigen Botanischen Anstalten.
Nach Karl Mägdefrau, der für den Neudruck der «Reise in Brasilien» ein kleines Lebensbild von Carl Friedrich Philipp von Martius verfasste, liegt dessen Leistung in drei Bereichen, die jedoch miteinander verbunden sind: in der Erforschung Brasiliens, in der Systematik und Geographie der Pflanzen, und im akademischen Unterricht. Martius blieb dem Lande, wo er als junger Mann drei Jahre gelebt und geforscht hatte, sein ganzes Leben lang verbunden und widmete ihm den grössten Teil seiner Arbeitskraft. Seine botanischen Hauptwerke sind nach Mägdefrau – «obwohl mehr als ein Jahrhundert zurückliegend, heute noch grundlegend und werden es noch lange Zeit bleiben».

Die Arbeitsweise von Spix und Martius am Beispiel des «Teichs am Rio São Francisco»:
Spix und Martius bereisten die Region des mittleren Rio São Francisco im August und September des Jahres 1818. Sie befanden sich während der winterlichen Trockenzeit auf dem Weg von den Städten in der Provinz Minas Gerais nach Salvador da Bahia. Die beschwerliche Reise durch die Gebirgslandschaften des nördlichen Minas Gerais erfolgte mit Pferden sowie Mauleseln zum Tragen des Gepäcks. Ein Arieiro (Truppführer) war verantwortlich für das nur wenige Personen umfassende Hilfspersonal, die Tiere und

Iriartea Ventricosa, 1823, Lithographie nach einer Zeichnung von Carl Friedrich Philipp von Martius

*Der Weg senkt sich über mächtige Kalksteinfelsen allmälig abwärts. Als wir in der Ebene angelangt waren, glaubten wir eine Verschiedenheit in der Vegetation zu bemerken. Durch Wiesen, welche hier minder verbrannt schienen, als in den Geraës, ziehen lange Reihen niedriger Gebüsche oder Streifen hoher Catingaswaldung hin, wodurch der Landschaft ein eigenthümlicher Reiz von Mannichfaltigkeit verliehen wird. Unmittelbar am Ufer des Flusses steht ein dichtes Gehäge von einer stachlichten Bauhinie, einigen Acácia-Bäumen und der Triplaris, mit blattlosen Lianen von Cissus durchstrickt. Diese Ufervegetation ist durch die Reste der jährlichen Überschwemmungen, Schlamm und Treibreisig des Stroms, verunstaltet, und ebenso widerlich durch diesen Unrath, als beschwerlich zu durchdringen durch die Häufigkeit der Stacheln und die dichten Schwärme von Mosquiten. Nachdem wir diesen Waldsaum, welchen die Einwohner Alagadiço nennen, durchbrochen hatten, sahen wir zu unserer grossen Freude den Rio S. Francisco seine spiegelnden Wellen in majestätischer Ruhe vor uns vorüberführen. Der Strom misst hier fast eine Viertelstunde in der Breite und ist auch auf dem entgegengesetzten Ufer mit einem Saume von dichtem Alagadiço eingefasst.*
*Dicht am Ufer bezogen wir die Fazenda Capão, um das zahlreiche Gepäck unterzubringen, bis Mittel geschafft waren, es überzusetzen. Wir glaubten uns hier in ein ganz fremdes Land versetzt. Statt der dürren, blattlosen Waldungen oder der Campos des hochliegenden Sertão sahen wir uns rings umgeben von saftiggrünenden Wäldern, welche ausgedehnte Fischteiche umsäumen. Als wir gegen Abend einen dieser Teiche beschlichen, – welch' sonderbares Schauspiel stellte sich da unseren Blicken dar. Hunderte der rosenfarbenen Löffelgänse (Plata-*

Carl Friedrich Philipp von Martius, See mit Vögeln bei Rio de Janeiro, 1818, Sepia und Aquarell, Fundação Maria e Oscar Americano, São Paulo

Kolorierte Lithographie von C. Heinzmann, Museus Raymundo Ottoni de Castro Maya, Rio de Janeiro

das Gepäck. Man übernachtete je nachdem in freier Natur oder war auf einer abgelegenen Fazenda zu Gast. In Städten gab es auch Gasthäuser. Die natürliche Vegetation in jener Region des mittleren Rio São Francisco ist kein tropischer Regenwald, sondern eine Art Savanne, d. h. eine Graslandschaft mit unterschiedlich hohem Gras und Büschen, einzelnen Bäumen, Baumgruppen und – besonders entlang dem Fluss – kleineren Waldstücken. Spix' und Martius' Schilderungen dieser Landschaft mit ihren vielfältigen Pflanzenformationen und ihrer prächtigen (heute nur noch in Relikten bestehenden) Tierwelt gehört inhaltlich wie auch sprachlich bis heute zu den

*lea Ajaja, L.) standen in langen Reihen, gleichsam Compagnienweise vereinigt, längs den Ufern hin, und wateten, mit dem Schnabel emsig im Sumpfe umhersuchend, langsam vorwärts. Tiefer im Wasser schritten gravitätisch einzelne grosse Störche, die Jaburús und Tuiuiús (Ciconia Mycteria Temm., Tantalus Loculator, L.) einher, mit ihren langen Schnäbeln die Fische verfolgend. Auf einer kleinen Insel inmitten des Teiches waren dichte Schwärme von Enten und Wasserhühnern (Anas brasiliensis, Anas viduata, Anas moschata, L. und Gallinula galeata, Lichtenst.) gelagert, und zahlreiche Kibitzen umkreisten im schnellen Fluge die Ränder des Waldes, auf der Jagd nach Insecten geschäftig. Hier herrschte endloses Geschnatter, Geschrei und Gezwitscher der mannichfaltigsten Vögelgeschlechter, und je länger wir das seltsame Schauspiel betrachteten, worin die Thiere mit aller ihnen innwohnenden Selbständigkeit und Lebendigkeit allein die Rollen ausfüllten, um so weniger konnten wir es über uns gewinnen, durch einen feindseligen Schuss die Behaglichkeit dieses Naturzustandes zu stören. Wir sahen hier gewiss mehr als zehntausend Thiere nebeneinander, welche, jedes nach seiner Weise, den angebornen Trieb der Selbsterhaltung verfolgten. Das Gemälde der ersten Schöpfung schien vor unsern Blicken erneuert, und dieses so überraschende Schauspiel hätte noch angenehmer auf uns wirken müssen, wäre nicht das Resultat unserer Betrachtungen der Gedanke gewesen, dass Krieg und ewiger Krieg die Losung und die geheimnisvolle Bedingung alles thierischen Daseyns sey. Die unzählbaren Arten von Sumpf- und Wasservögeln, welche hier, unbekümmert um einander, ihr Wesen treiben, verfolgen jede ihre eigene Beute an Insecten, Fröschen und Fischen, so wie jede von einem andern Feinde heimgesucht wird. Den mächtigen Störchen, welche sich als die Könige dieses Wasserreiches betrachten, stellen die grossen Adler und die Onzen nach, den Enten und Löffelgänsen die Fischotter, Vielfrasse, Tiegerkatzen und Geier, den kleineren Wasservögeln stärkere Nachbarn; allem diesen beweglichen Gefieder aber wird die Herrschaft über die abgelegenen Gewässer durch die Kaimans, die Riesenschlangen und den fürchterlich gefrässigen Fisch, die Piranha, streitig gemacht. Diese Vögel wohnen in der Nähe des Flusses, sie nisten im Schilfe und im sumpfigen Ufer der Teiche, oder auf den überhängenden Zweigen des Alagadiço, vollenden ihre Brütezeit während der trockenen Monate, und ziehen, wenn die Überschwemmung eintritt, nach den höheren Gegenden des Ufers, zum Theil auch, gleich unseren Zugvögeln, gegen die Meeresküste hin.*
*Nachdem wir eine Skizze von diesem seltsamen Reiche der Vögel entworfen hatten (S. den Atlas), führte uns Senhor Nogueira auf einem andern Wege gen Capão zurück.*

Reise in Brasilien, S. 528–531

Friedrich Hagedorn, Grosse Panoramaansicht von Rio, von Santa Teresa aus, 1875,
Slg. Pimenta Camargo, São Paulo

August Müller, Ansicht von Rio, von der Ilha de Villegaignon aus, 1835–1840,
Slg. Pimenta Camargo, São Paulo

Friedrich Hagedorn, Teilstück eines Panoramas von Recife, 1855,
Slg. Pimenta Camargo, São Paulo

Als die Veduten- und Panoramamalerei blüht, ist Brasilien entdeckt. Die Ansichten der malerischen Küstenstädte formulieren die neuen Klischeevorstellungen des 19. Jahrhunderts, die von der Tourismuswerbung bis heute benutzt werden. Auch das neue Bildmedium, die Photographie, schliesst sich vorerst dieser Bildproduktion an, dem Versprechen eines Ausflugs- und Ferienparadieses, das nie eine ungetrübte Idylle war und erst heute in seiner Widersprüchlichkeit bewusst wird.

E. F. Schute, Die Wasserfälle von Paulo Afonso, um 1830, Museu de Arte de São Paulo

Anonym, Fabrik bei Magé, Provinz Rio de Janeiro, um 1850, Slg. Pimenta Camargo, São Paulo

Marc Ferrez, Die Einfahrt von Rio de Janeiro, 1880

Verena Baumer-Müller

# Exotik und Abenteuer in den eigenen vier Wänden

Die Panoramatapete «Les Vues du Brésil», 1829/30

Die bildungshungrigen Bürger der Empire- und Biedermeierzeit liessen die weite Welt in ihre Wohnräume Einzug halten. Nach dem Vorbild der gemalten Panoramen, die ab 1792 in den grossen europäischen Städten einem begeisterten Publikum gezeigt wurden, brachten die französischen Tapetenhersteller kurz nach 1800 eine absolute Neuheit auf den Markt: die «papiers peints panoramiques». Alle Wände eines Zimmers wurden mit zusammenhängenden Folgen von Tapetenbahnen bedeckt, so dass die Illusion entstehen konnte, der Besucher des Raumes befinde sich in Paris, Rom oder London, in einem romantischen Park, an einem Hirtenfest im Berner Oberland, an den Ufern des Bosporus oder im brasilianischen Urwald. Die Hersteller der Tapeten brachten es sogar fertig, die aktuellsten Ereignisse auf Tapeten zu bannen, so dass diese Wanddekorationen schon fast als Vorläufer unserer Medien gelten können. Neben historisierenden Bildtapeten (vier davon verherrlichen Napoleons Feldzüge) gab es solche mit der bildlichen Darstellung literarischer Werke, die gerade en vogue waren. Mit Erstaunen nehmen wir zur Kenntnis, dass man zur Feier der Eröffnung einer Eisenbahnlinie 1852 eine Tapete herstellte, ja, dass es sogar Bürger gab, die ihre Wohnungen mit einer Tapete schmückten, die verschiedene Szenen der Pariser Juli-Revolution von 1830 festhält!

Johann Moritz Rugendas, Begegnung zwischen europäischen Reisenden und Indianern, Lithographie, um 1827

Die Manufaktur Jean Zuber im elsässischen Rixheim hatte schon 1828 eine politisch brisante Tapete über die Freiheitskämpfe der Griechen herausgegeben, und die nächstfolgende Produktion sollte ebenfalls auf grosses Interesse stossen, da das Thema «Brasilien» in jenen Jahren im Blickpunkt der Öffentlichkeit stand:
1822 war der portugiesische Prinzregent als Pedro I. zum Kaiser von Brasilien gekrönt worden.
Kurz vorher, 1820/21, waren in Frankfurt die zwei grossen, mit Lithographien geschmückten Bände des Prinzen Maximilian zu Wied-Neuwied erschienen: «Reise nach Brasilien in den Jahren 1815–1817». Diese Reiseberichte weckten in Europa ungeheures Interesse für den neuen, weitgehend noch unbekannten Kontinent mit seinen paradiesisch anmutenden Landschaften, seiner üppigen Vegetation, seinen exotischen Eingeborenen, die vom Prinzen zu Wied als «Furcht einflössende» und «rohe Wilde» vorgestellt worden waren.
1825 war der junge Johann Moritz Rugendas (1802–1858), der aus einer bayrischen Künstlerfamilie stammte, von seiner Expedition nach Brasilien heimgekehrt. Der Pariser Verleger und Lithograph Engelmann begann sofort mit der Herausgabe von Lithographien nach den Vorlagen Rugendas'. Die ganze Edition, die 100 Blätter umfasst, wurde erst 1835 abgeschlossen und erschien zu diesem Zeitpunkt mit den Schilderungen Rugendas' in einem grossen Band: «Malerische Reise nach Brasilien». Das Gesamtwerk mit den Illustrationen war in vier «Abtheilungen» gegliedert, von denen einige teilweise schon ab 1827 veröffentlicht wurden. Jean Zuber muss für seine Tapetenfirma Engelmanns Lithographien, kaum dass sie gedruckt

Jean Julien Deltil/Manufaktur Zuber, Les Vues du Brésil, 1829/30, Begegnung, Ausschnitt Bahn 7–10

waren, erworben haben, denn «Les Vues du Brésil» wurden 1829 hergestellt und gelangten 1830 in den Verkauf.[1]
Zubers Brasilien-Tapete erschien also gerade zur rechten Zeit und erreichte 1831 die hohe Verkaufszahl von 228 Exemplaren. Für die späteren Jahre gibt es im Archiv Zuber keine lückenlose Übersicht über den Verkaufserfolg. Da in der Wohnkultur nichts so sehr der Mode unterworfen ist wie eine Tapete, sind auch von der «Vues du Brésil» nur wenige Exemplare erhalten geblieben.[2]

Jean Julien Deltil/Manufaktur Zuber, Les Vues du Brésil, 1829/30, Im Urwald, Ausschnitt aus Bahn 11

Maultier-Konvoi, Ausschnitt aus Bahn 18

Die Manufaktur Zuber in der Nähe von Mülhausen[3] hatte seit ihrem ersten Erfolg mit der Panoramatapete «Les Vues de Suisse» (1804) bis zum Erscheinen der Brasilientapete schon neun überaus qualitätvolle Papiertapeten herausgebracht. Der Pariser Künstler Jean Julien Deltil (1791–1863), der nach Engelmanns Lithographien «Les Vues du Brésil» entwarf, war von 1828 bis 1834 in Rixheim tätig.[4] Er ist auch der Schöpfer weiterer Rixheimer Tapeten: «Paysages à Chasse» 1832, «Vues d'Amérique du Nord» 1834 und «Courses de chevaux» 1837.

Die Herstellung handgedruckter Papiertapeten war sehr aufwendig. Der Dessinateur stellte zuerst eine Gesamtmaquette und später für jede Tapetenbahn eine Maquette im Massstab 1:1 her. Dann wurden die Zeichnungen auf die Holzplatten übertragen, die von beinahe quadratischem Masse waren (48 × 52 oder 52 × 54 cm). Die Oberfläche der Druckplatten besteht aus Birnbaumholz. Die Formenstecher müssen die Linien und Formen herausstechen, die erhaben auf der Platte stehen, und dann die Farbe auf das Papier bringen. Für jede Farbe muss eine eigene Platte hergestellt werden. Die Platten sind mit Passmarken versehen, damit sie gut aufeinander schliessen. Ist eine Papierbahn bedruckt, wird sie überprüft, eventuell mit dem Pinsel korrigiert, ehe der nächste Arbeitsgang erfolgt. Die Papierbahnen (seit 1829 gibt es das «endlos Papier») erhalten vor dem farbigen Druck einen Grund «Himmelsbläue». Vor jedem neuen Farbdruck muss die Papierbahn getrocknet werden. Die Farben, meist Leimfarben, sind noch heute von überraschender Leuchtkraft. Die «Vues du Brésil» besteht aus 30 Bahnen zu 0,54 m Breite. Die Höhe der Bahnen ist variabel, je nach der Höhe des Raumes bleibt mehr oder weniger «Himmelsbläue» erhalten. Für die Herstellung der «Vues du Brésil» benötigte man 247 Farben und 1693 Druckplatten. Ungefähr 20 Formenstecher arbeiteten sieben Monate an der Zubereitung der Druckplatten. Der Käufer zahlte 1831 100 Francs für diese Tapete. Der Künstler J. J. Deltil erhielt für die «Vues du Brésil» 5000 Francs und je 1 Franc pro Exemplar bis zum ersten Tausend verkaufter Exemplare.[5]

Die Firma Zuber druckte zu der Tapete «Vues du Brésil» auf deutsch und französisch einen Verkaufsprospekt.[6] Darin wird die «jungfräuliche und wilde Natur» Brasiliens gepriesen und festgehalten: «Alles ist für einen Bewohner der Alten Welt neu, und wir haben uns gedacht, dass wir, indem wir einige dieser interessanten Ansichten auf einem Bild in einer Tapete vereinigen, dabei etwas unternehmen würden, was bei dem Publikum Gefallen findet . . . Die Ansichten, sowohl als auch die Kostüme, die diese Tapete darbietet, sind von der genauesten Wahrheit, ihr Wesentliches ist aus den Originalzeichnungen eines berühmten Reisenden, Hr. Joh. Moritz Rugendas,

Jean Julien Deltil/Manufaktur Zuber, Les Vues du Brésil, Panoramatapete, 1829/30, Bahnen 1–16

Bahn 1–6: Ansicht von Rio de Janeiro, im Vordergrund Jagd von Europäern auf wilde Stiere,
Bahn 7–10: Begegnung von europäischen Reisenden mit Indianern,
Bahn 11–16: Der brasilianische Urwald, Jagd der Indianer auf Jaguar und Krokodil,
Bahn 17–20: Teil eines Konvois, aus 7 Maultieren bestehend, wird von einem Neger angeführt,
Bahn 21–23: Kampf der Indianer mit brasilianischen Soldaten,
Bahn 24–30: Ansicht einer Plantage mit dem Herrenhaus und der Behausung der Negersklaven. Im Hintergrund die Reede von Rio.

Wenn heute die Rede von Brasilien ist, so steigen als erstes nicht so farbenprächtige Bilder vor unserem inneren Auge auf. Wir denken eher an die Vernichtung der tropischen Regenwälder, an die Reste der brasilianischen Urbevölkerung in den gefährdeten Reservaten, an Favelas in den Grossstädten, an die unlösbaren Drittwelt-Probleme. Für die Menschen des frühen 19. Jahrhunderts waren die eben erst erschienenen Reisebeschreibungen ferner Kontinente ungemein faszinierend, und diese Bücher, die von der Bodenbeschaffenheit, den Pflanzen und Tieren, vom Aussehen, den Sitten und Bräuchen der Ureinwohner berichteten, stiessen auf grösstes Interesse. Damals konnten, neben den Seeleuten, nur einige wenige Kaufleute und reiche Gelehrte die neue, fremde Welt kennenlernen. So war das «Tapetenzimmer»

[1] Zuber war imstande, sich die Vorlagen zu seiner Tapete so schnell zu beschaffen, weil er mit Engelmann liiert war: Engelmann verkaufte in Paris die Zuberschen Tapeten, Zuber seinerseits war seit 1816 Aktionär des Verlagshauses Engelmann. Diese Information sowie alle Angaben zur Herstellung der «Vues du Brésil» in der Manufaktur Zuber entnehme ich Bernard Jacqué (1984; zur «Liaison» Zuber-Engelmann, S. 93) und Bernard Jacqué (1990).

ein Ersatz für unerfüllbare Wünsche und konnte dem Besucher ein Erlebnis vermitteln, das wir, von visuellen Eindrücken übersättigt, uns gar nicht mehr vorstellen können.
Die Bildtapeten sollten wesensmässig belehren und erfreuen. Keinesfalls aber wollten sie auf irgendwelche Probleme hinweisen oder sogar zum Umdenken veranlassen. Heute hängt man vielleicht ein Poster auf, das zur Bewusstseinsbildung und zum politischen Handeln anregen soll. Die Bildtapeten sind hingegen geöffnete Bilderbücher für die ganze Familie und sollen Gross und Klein gefallen. Die historisierenden und literarischen Tapeten entbehren zwar nicht einer gewissen Dramatik, doch werden Gewaltszenen nur andeutungsweise gezeigt, genau wie in jener Pariser Tapete, die von Jean de La Fontaines Roman «Les Amours de Psyché et Cupidon» inspiriert ist, jegliche Anzüglichkeit fehlt.

Uns interessiert besonders, wie Deltil auf seiner Tapete die Eingeborenen und die Negersklaven dargestellt hat. Auf einer Lithographie im Buch des Prinzen zu Wied[7] sind die «rohen Wilden», wie er die Botokuden nennt, mit ihren Holzplättchen in Lippen, Nase und Ohren eher abstossend dargestellt. Deltil zeigt uns die Indianer als sympathische Menschen, als flinke und höchst gewandte Turner auf den Bäumen, als treffliche Bogenschützen und in der Begegnung mit den Europäern als zutrauliche, neugierige Männer, Frauen und Kinder. Schon in den Texten von Rugendas zu Engelmanns

[2] Aus der Schweiz sind uns 4 Exemplare bezeugt (vgl. meine «Bestandesaufnahme1989»): 1. In einem Bürgerhaus in Zofingen ist die Gesamttapete «in situ» erhalten. 2. In Näfels hing die Tapete bis 1962 im Haus «Bachmann an der Letz». Sie wurde dann bei einem Umbau entfernt. Heute befinden sich 10 Bahnen im Depot des Museums des Landes Glarus. 3. In Mitlödi, ebenfalls im Kt. Glarus, ist die Tapete im «Hause Wild», das 1829/30 erbaut wurde, durch eine Photographie im Jahr 1950 bezeugt. Heute ist die Tapete verschollen. 4. In La Chaux-de-Fonds ist die Tapete, die 1968 in «Les monuments d'art et d'histoire de la Suisse» Neuchâtel III (S. 348/349) beschrieben wurde, seit dem Ende der siebziger Jahre verschollen. – Auch aus Deutschland sind 4 Exemplare bekannt: eines im Tapetenmuseum Kassel (einige Bahnen davon werden hier an der Ausstellung gezeigt), ursprünglich im Schloss Bernsdorf, weitere sodann im Schloss Weesenstein bei Dresden, im Stift Bassum in der Grafschaft Hoya (Unterweser) und im Herrenhaus zu Schirgiswalde (Frdl. Mitteilung von Dr. Sabine Thümmler, Kommissarische Museumsleiterin des Deutschen Tapetenmuseums Kassel).

Lithographien ist eine gewisse Skepsis in bezug auf das Verhältnis der Weissen zu den Eingeborenen herauszulesen. Rugendas weist zwar auf eine gewisse «dumpfe Fühllosigkeit» dieser Völker hin, bemerkt aber, dass die Vorfahren dieser Eingeborenen, die den weissen Mann noch nicht kannten, wohl erst durch das Einwirken der Europäer in diesen dumpfen Zustand geraten seien. «Es wäre besser gewesen für die Indier, wenn diese Begegnung nicht statt gefunden hätte.»[8]

Unsere Tapetenszene der «Begegnung» ist wahrheitsgetreu nach dem Original von Rugendas übernommen worden. Was Deltil aus den Vorlagen gemacht hat, wie er uns die farbenprächtige Atmosphäre des Urwaldes erleben lässt, ist grossartig. Zur Lage der Eingeborenen sagt der Verkaufsprospekt nur folgendes: «Diese wilden Gegenden sind heute der Zufluchtsort der Indianer. Sie sind dorthin von der Zivilisation zurückgedrängt worden, die sie umgibt. Sie verteidigen dort ihre kümmerliche Existenz gegen die wilden Tiere». Zum Problem der Negersklaven in Brasilien schreibt Rugendas, das Verhältnis vom «Schwarzen zum Weissen» gleiche demjenigen vom «Kind zum Vater». Die Sklavenjagd in Afrika prangert Rugendas als höchst verwerflich an und fährt fort: «Von 120 000 Negern, die jährlich an den afrikanischen Küsten für Brasilien eingeschifft werden, erreichen selten mehr als 80–90 000 den Ort ihrer Bestimmung.» Rugendas teilt aber die allgemeinen Ansichten seiner Zeit, wenn er den Europäer ermahnt, die Schwarzen, ohne die man eben keine Plantage betreiben könne, gut zu behandeln: « . . . und nichts kann einem guten Mann leichter seyn, als die Sklaverei in diesem Sinn zu einer Wohlthat für beide Theile zu machen.»[9] Rugendas unterlässt es auch nicht, folgende Beobachtung seiner Schilderung der «Sitten und Gebräuche der Neger» beizufügen: «Es ist eine Thatsache, dass die Lage der Sklaven in dem portugiesischen und spanischen Theil der Neuen Welt ohne Vergleich besser ist, als in den Colonien anderer europäischer Nationen und besonders im englischen Westindien.»[10] Aus diesem Geist heraus werden dem Käufer der Brasilien- Tapete auf Bahn 23 und 24 die freundlichen Behausungen der Negersklaven gezeigt, mit dem Pflanzgärtchen, das sie zum Eigengebrauch kultivieren dürfen. Auf Bahn 26–30 sehen wir schwarze Frauen beim Pflücken und Zusammenschütten der Kaffeebohnen. Die weissen Aufseher unterhalten sich unterdessen gemütlich im Schatten einer Baumhütte. Den Hintergrund auf diesen letzten Bahnen bildet das weite Meer, das mit seinen Segelschiffen dem Betrachter in Erinnerung ruft, wie weit und beschwerlich die Seereise nach Brasilien ist. Die Weite des Meeres führt uns am Ende unseres Rundgangs durch das Zimmer wieder auf Bahn 1 der Tapete zurück, wo Deltil mit einem Blick auf die Bucht von Rio, der «schönsten Stadt der Welt», sein Brasilien-Panorama beginnen lässt.

Jean Julien Deltil/Manufaktur Zuber, Les Vues du Brésil, 1829/30, Das Herrenhaus und die Sklavenhütte, Bahn 26

3 Die Manufaktur Zuber besteht noch heute und fertigt von den Tapeten, deren Druckplatten erhalten geblieben sind, Neudrucke an. In einem Teil der Gebäude der Manufaktur befindet sich seit 1984 das Musée du Papier Peint mit dem Forschungsarchiv Zuber. Ein Neudruck der «Vues du Brésil» ist in diesem Museum zu sehen. 1948–1969 wurden 119 Ex. des Neudrucks der «Vues du Brésil» verkauft.

4 Philippe de Fabry (1984) 102.

5 1848 verwendete man den Hintergrund der «Vues du Brésil» mit neuen Figuren für eine Tapete: «La conquête du Mexique.»

6 Alle Zitate aus dem deutschen Verkaufsprospekt in J. Leiss (1961).

7 Reise nach Brasilien in den Jahren 1815–1817, Frankfurt 1820/21.

8 Malerische Reise nach Brasilien, 3. Abtheilung, 1. Heft: Sitten und Gebräuche der Indier, S. 1.

9 ebda., 2. Abtheilung: Portraite und Trachten, S. 25.

10 ebda., 4. Abtheilung, 1. Heft: Sitten und Gebräuche der Neger, S. 1.


Literatur

Verena Baumer-Müller, Bild- und Landschaftstapeten des frühen 19. Jahrhunderts in der Schweiz. Versuch einer Bestandesaufnahme, in: ZAK 46 (1989), S. 153–160

Verena Baumer-Müller, Schweizer Landschaftstapeten des frühen 19. Jahrhunderts, Bern und Stuttgart 1991

Philippe de Fabry, Dessins et dessinateurs de la manufacture Jean Zuber et Cie, in: Bulletin de la Société Industrielle de Mulhouse 2/1984, S. 101–105

Bernard Jacqué, Les papiers peints panoramiques de Jean Zuber et Cie au XIXe siècle, in: Bulletin de la Société Industrielle de Mulhouse 2/1984, S. 89–100

Bernard Jacqué, Approche économique des panoramiques. Etablie à partir des archives de la manufacture Jean Zuber & Cie, in: Odile Nouvel-Kammerer: Papiers Peints Panoramiques (1990) s. unten

Josef Leiss, Bildtapeten aus alter und neuer Welt, Hamburg 1961

Ernst Wolfgang Mick, Deutsches Tapetenmuseum Kassel, Kassel 1983

Odile Nouvel-Kammerer, Panoramiques, miroir d'une société: Les thèmes d'une nouvelle philosophie du quotidien; dieselbe: Catalogue raisonné, in: Papiers Peints Panoramiques: Musée des Arts Décoratifs, Paris 1990, S. 103–133 bzw. S. 257–316

Heinrich Olligs, Tapeten: Ihre Geschichte bis zur Gegenwart, Band II, Braunschweig 1970

Matthias Schulz, Bildtapeten – Einführung und Erklärungen, Leipzig 1968

François Teynac; Pierre Nolot; Jean-Denis Vivien, Le monde du papier peint, Paris 1981

## Der goldene Barock

Auf den ersten Blick sind die barocken Kirchen und Stadtpaläste in und um Recife, über der «Bucht aller Heiligen» und in Minas Gerais – in den Allgemeinen Minen – ein Import aus dem katholischen Europa. Das erste Gotteshaus kam denn auch, als Fertighaus sozusagen, in Schiffsbäuchen über den Atlantik. Doch dieser Kolonialstil der jesuitisch geprägten Gegenreformation entwickelte in den reichen brasilianischen Städten mit den sprechenden Namen «Ouro Preto» oder «Diamantina» Spielarten. Der Barock war eine katholische Weltsprache, aber diese Weltsprache liess auch Dialekte zu. Der brasilianische ist mit einem Namen eng verbunden, mit «Aleijadinho», dem von Lepra geplagten Baumeister und Bildhauer der Kirche Bom Jesus de Matosinhos in Congonhas do Campo, einem Zeitgenossen des legendären Vorkämpfers für die brasilianische Unabhängigkeit, Tiradentes.

Maurice Pianzola

# Der Barock – Kunst der Vermittlung

Die Vertreter der jüngsten Welle brasilianischer Kunsthistoriker behaupten gern: «Unser Barock ist eigentlich spätes Rokoko, das äusserste Ende des Barock, so ist das . . .» Das mag daran liegen, dass sie ihre Vergangenheit als «Kolonisierte» verdrängen möchten, könnte seinen Grund aber auch darin haben, dass sie in der akademischen Geschichte der Formen gut bewandert sind. Sie haben mit ihrer Vermutung wohl recht.

Ich selber habe mich, als Resultat eines unsteten Wanderlebens, Ende des 20. Jahrhunderts fast zwangsläufig mit dem brasilianischen Barock auseinandergesetzt, als ich die Bergkirchen im Staat Minas Gerais, namentlich jene von Diamantina, mit den schlichten, von Einheimischen erbauten Kapellen des einen oder anderen Walliser Tals miteinander in Verbindung brachte, die von italienischen und zuweilen auch von spanischen Wanderkünstlern dekoriert wurden. Sie kamen meist im Gefolge von Obersten, die in ausländischen Diensten während der Kriege in Flandern reich geworden waren, in diese Regionen. Der Vergleich erstreckt sich auch auf die entschieden reicheren Klöster, Abteien und Kirchen der Ostschweiz, die jenen Bayerns und Böhmens näher stehen.

Richtiggehend barbarisch, mit einem anderen Blick als dem des Gelehrten, glaubte ich etwas anderes zu entdecken: dass sich die «Zeugen-Völker», «neuen Völker» und «versetzten Völker», wie sie der brasilianische Anthropologe Darcy Ribeiro[1] in Lateinamerika unterscheidet, sich auch hier aneinander gerieben haben – willentlich oder nicht, aus verschiedener Absicht und zuweilen sogar unabsichtlich: aus Sachzwang, kraft der Geschichte.

Mir kam Simon Bolivars Vorwort zu seinem berühmten «Diskurs von Angostura» in den Sinn: «Vergessen wir nicht, dass unser Volk nicht europäisch ist und ebensowenig nordamerikanisch, sondern eher als europäischen Ursprungs eine Mischung aus Afrika und Amerika, denn selbst Spanien entzieht sich mit seinem afrikanischen Blut, seinen Institutionen und seinem Nationalcharakter Europa. Es ist nicht möglich, die menschliche Familie zu bestimmen, der wir angehören. Die Ureinwohner sind praktisch ausgerottet, der Europäer hat sich mit dem Amerikaner und Afrikaner verbündet und der Afrikaner mit dem Indianer und dem Europäer. Obwohl wir alle von ein und derselben Mutter abstammen, sind unsere Eltern unterschiedlicher Herkunft und unterschiedlichen Bluts, einander fremd und von verschiedener Hautfarbe . . .»[2] So wurden wir also vom «libertador» selbst einem der Hauptthemen unserer Zeit voll ausgesetzt: dem Kulturschock nämlich.

Als sich im 17. und 18. Jahrhundert die brasilianische Kolonie konsolidierte, wurde die Barockkunst in der katholischen Welt allgemein zu einem Phänomen, wobei man aber nicht vergessen darf, dass es sich in Portugal erst spät und in Brasilien erst um 1740 durchgesetzt hat.

Während man den Barock zuweilen als Stil der Dekadenz eingestuft hat, sehen wir ihn in unserem Jahrhundert, mit unseren Widersprüchen, unserer Ratlosigkeit und einer ungewissen Aufeinanderfolge künstlerischer Vereinnahmung, wie wir sie von Monat zu Monat beobachten können, nicht mehr als eine von der Renaissance und den Stilen der Vergangenheit abgeleitete

O Aleijadinho, der Prophet Abdias vor dem Santuario do Bom Jesus de Matosinhos

Santuario do Bom Jesus de Matosinhos in Congonhas do Campo

Anthologie, sondern vielmehr als eine globale Ideologie, einen Glaubensstil, wenn ich so sagen darf, jedenfalls als einen Stil zu leben, zu denken und zu spielen, der sich in einer allgemeinen «Festlichkeits-Inszenierung» der Formen ausdrückt, einem allgegenwärtigen «offenen Werk», vom Hof bis zum Volksfest, von der Musik und der Poesie bis zum Feuerwerk, ohne das Theater, die Architektur, die Bildhauerei und die Malerei zu vergessen.

Kunst der Gegenreformation, der Entdeckung Amerikas, der Entwicklung des Welthandels und der Durchsetzung absolutistischer Regimes: Was konnte der Barock sein, was konnte er werden in dieser riesigen Welt Brasiliens, das vom winzigen Portugal kolonisiert wurde, mit seinem Ozean von Stränden, Wäldern, Bergen und Savannen, wo sich so wenige Siedler festzusetzen versuchten?

Der Reisende aus der alten Welt, der heute dieses Land überfliegt, dürfte, geprägt von seinen herkömmlichen Denkweisen, darauf antworten – meine brasilianischen Freunde mögen mir verzeihen! –, dass diese Kunst dort nichts zu suchen hatte und im Grunde nichts anderes war als das kolonialistische Aufpfropfen einer europäischen Kulturform, die dort schon überholt war: Trugbilder, von einer herrschsüchtigen Kirche errichtetes Blendwerk, ein jäh abgebrochener Traum, wurden diese Monumente beliebig und mitten im Urwald errichtet und erschienen bald als lächerlich und in einem Klima, in dem sie von der Sonne, dem Regen und einer erstickenden Feuchtigkeit zerfressen wurden und dem unerbittlichen Termitenfrass ausgeliefert waren, zum Verschwinden bestimmt, begraben unter der Gleichgültigkeit eines 19. Jahrhunderts, das den französischen Neoklassizismus nachzuahmen suchte. Kaum ein englischer, französischer oder deutscher Reisender des 19. Jahrhunderts schreibt in den jeweils an Beschreibungen der Wälder, Mineralien oder Insekten reichen Berichten von den barocken Klöstern oder Kirchen Brasiliens, es sei denn, um in ihnen nur überladene Monumente von schlechtem Geschmack oder populären Aberglaubens zu sehen. Diese höfische Kunst ist indessen in Lateinamerika zum Ausdruck eines Mediationsprozesses geworden.

O Aleijadinho, Apostel, Kreuzweg

Sie wurde es insbesondere wegen ihrer Fest-Atmosphäre, die sie in einer desolaten Landschaft und in einer rauhen und gewalttätigen Welt, ausstrahlt, die bisweilen fürchterlich schlammig ist, wenn sie nicht im Staub erstickt, einer Welt im Abseits, die hoffnungslos erscheinen könnte. Die Beschreibung eines solchen Festes wurde uns im Bericht eines gewissen Simão Ferreira Machado überliefert. Sie ist überschwenglich und möglicherweise (aber nicht unbedingt) auch etwas übertrieben, jedenfalls so ausschweifend wie «Das barocke Konzert» von Alejo Carpentier. Diese wunderbare Erzählung hat den franko-mexikanischen Cineasten Paul Leduc zu seinem Film «Barroco» inspiriert, einem der verrücktesten Streifen, der kaum in unseren Kinos läuft. Es geht um die von Machado an Ort selber und zum Zeitpunkt des Geschehens geschriebene Evokation eines Umzugs, der am 24. Mai 1733 aus Anlass der Überführung des heiligen Sakramentes in eine neu erbaute Kirche durch das Stadtzentrum von Vila Rica (dem heutigen Ouro Preto) zieht: «An der Spitze tanzten zweiunddreissig Türken und Christen darstellende Figuren.» Ihnen folgten andere Gruppen von in Seide und Brokat gekleideten Tänzern, die von zwei Wagen begleitet wurden: «Auf dem einen, dem kleineren, konnte man eine Schlange erkennen. Auf dem grösseren, der von einer Schale überwölbt war, verbarg sich ein Reiter, der zu Pferd und mit einem Schlangenkopf versehen zum Vorschein kam, sobald sich die Schale öffnete.» Es ist, «kurz und bündig», die Geschichte des Men-

O Aleijadinho, Christus auf dem Kreuzweg

Matriz de Santo Antônio, Tiradentes (Minas Gerais), Fassade von Aleijadinho

Nossa Senhora do Carmo, Mariana (Minas Gerais)

schen und der heiligen Schrift, schreibt der Autor. Hernach folgten Gruppen von die vier Himmelsrichtungen symbolisierenden Rittern, reich mit Gold und Diamanten geschmückt, dann verschiedene allegorische Figuren und sogar ein Deutscher, der sich seltsamerweise in dieses den Ausländern verbotene Land verirrt hatte: «Er spielte eine anmutige und melodische Musik auf seinem Horn. Wegen seines musikalischen Talentes war er gebeten worden, an dieser Zeremonie teilzunehmen.» Die das Quartier von Ouro Preto (das der heutigen Stadt den Namen gegeben hat) verkörpernde Figur ritt ein fuchsfarbenes Pferd, dessen samtener Sattel mit Gold bestickt und dessen Hufe mit Silber beschlagen waren, während die Mähne mit diamantenbesetzten Schleifen durchflochten war. Den Abschluss bildeten die sieben Planeten, die «den antiken Götzendienst» versinnbildlichten, die Bruderschaften der Weissen, Mulatten und Schwarzen – aber, wie uns scheint, kein einziger Indianer.[3] Brasiliens Karneval also, schon damals? Eher «eine Art, die eigene Religion wie eine andere zu verstehen», schrieb 1869 Graf de Gobineau, als er als französischer Gesandter in Rio eine an ihm vorbeiziehende Prozession beschrieb: «Ich sah den Teufel zwar nirgends, ich bin aber überzeugt, dass wenn er irgendwo dargestellt wurde, dies nur in der Uniform eines Generals mit dem Ehrenband der Rose erfolgen konnte und dass er dem heiligen Michael einen Blumenstrauss oder zumindest eine Prise Tabak anbieten konnte.»[4]

Man weiss, wem diese Kirchen alle zu verdanken sind, die nach wie vor auf allen Plätzen sprudelnden Brunnen, die Ratspaläste mit ihren Gefängnissen, die Wachthäuser und Theater: Wunderbar, diese filigranen Arbeiten aus bemaltem Holz und Stuck, die diese Schmuckkästchen von Theatern in Ouro Preto und Sabará inwendig zieren, Spitzen, denen im 19. Jahrhundert die Eisenspitzen des Theaters von Fortaleza folgen. Man weiss, dass dies alles das Werk portugiesischer Architekten ist, die nach Plänen arbeiteten, die den Traditionen der nördlichen Provinzen ihres Heimatlandes entsprangen und gegebenenfalls von Rom geprüft und genehmigt wurden. Wir wollen indes hier nicht mehr von den ersten in Brasilien eingeführten Kirchen wie Nossa Senhora da Conceição da Praia in Salvador reden, die im Schiffsbauch als Ballast den Atlantik in Form sorgfältig numerierter Steine überquert haben, die nach einem in der Nähe von Lissabon gelegenen Steinbruch als *de lioz* bezeichnet wurden.

Während die Kirchen der Zuckerküste durch ihre bemerkenswert reichen Sakristeien auffallen, wo sich sonntags die «guten Menschen» versammelten, das heisst die Herren der Zuckermühlen, gehören die Tempel von Minas den Bruderschaften, in welchen man um Prestige wetteiferte, das heisst eine Art Klassenkampf austrug: den Bruderschaften aus den Bettelorden der Franziskaner und Karmeliter, den Bruderschaften der Mestizen, kreolischer Schwarzer oder sogenannt barbarischer Afrikaner. Sie rivalisierten untereinander mit der Pracht der Altäre und weigerten sich, jene zuzulassen, die nicht ihrem Milieu angehörten.

Hier ist des Beitrags der Einheimischen zu gedenken, der Zimmerleute, Kunsttischler, Maurer, Architekten, Bildhauer und manchmal sogar Maler aus der Region. Sie waren weder Konzessionäre von Minen noch Grossgrundbesitzer oder hohe Stadtbeamte, aber auch nicht Sklaven. Sie gehörten – in einer schnell urbanisierten Gesellschaft – der sich später unter den Mischlingen und Freigelassenen herausbildenden Mittelschicht an: 1776 zählte man in den Minengebieten 319 769 Einwohner. Aufgelistet wurden 166 791 Schwarze, 82 110 Mischlinge und 70 664 Weisse. In der Haupt-

Sonnenuhr vor der Pfarrkirche von Tiradentes

Pfarrkirche Santo Antônio, Tiradentes (Minas Gerais)

O Aleijadinho, der Prophet Esequiel, Congonhas do Campo

stadt Vila Rica (dem heutigen Ouro Preto) registrierte man im selben Jahr 76 616 Einwohner. Gezählt wurden 49 149 Schwarze, 16 791 Mischlinge und 12 679 Weisse.[5] Vermutlich vernachlässigte man die im Land herumirrenden Indianer oder verzichtete auf deren Zählung.

In diesen Städten, erbaut jenseits des Atlantiks in einem anderen, neuen geographischen, historischen und gesellschaftlichen – das heisst zwangsläufig unvorhersehbaren – Kontext, die entsprechend schlecht funktionierten, waren es die Mischlinge, die das vom endenden europäischen Mittelalter geerbte Kastensystem sprengten: «Wenn sie nicht ganz untätig sind, üben sich diese Mischlinge in der Rolle von Musikern. Sie sind im Minenmilieu so häufig anzutreffen, dass ihre Zahl wahrscheinlich jene des gesamten Reiches übersteigt», schrieb 1780 der Richter José Teixeira Coelho in einem Rapport an den König.[6]

Wie viele unbeholfene und unpassende Arbeiten sind das Werk dieser zuvor unfreien und noch nicht an die neuen Werkzeuge gewöhnten Hände! Immerhin, ein Plan kann auch in Schlamm, Holz und in Speckstein genanntes Steatit gezeichnet und wieder entziffert werden. Eine Skulptur lässt sich bemessen und mehr oder weniger präzise kopieren, nur die Malerei entwickelt sich nicht und breitet sich, fast immer naiv und ungeschickt, auf den Wänden und Decken aus. Und doch ziehe ich den grossen und gewiss beeindruckenden Kirchenschiffen im Tiefland, von Caeté zum Beispiel, die rustikalen Kapellen von Diamantina in den entfernten Bergregionen vor. Das genauso isolierte Serro allerdings ist eine andere Sache: der teilweise Verfall und die wuchernde Vegetation kommen da als unvorhergesehene neue Elemente hinzu, wie wenn sie diesen Barock im Exil vervollkommnen wollten.

Am anderen Ende dieses provinziellen, sagen wir «kolonialen» Erfolgs, um ein Eigenschaftswort zu verwenden, das sich gegen Ende des 20. Jahrhunderts mit Gewalt auflädt, steht die gekonnte Vollendung der heroischen Arbeit Antônio Francisco Lisboas, genannt Aleijadinho. Er war der Sohn eines portugiesischen Architekten und einer afrikanischen Sklavin. Sein Übername «O Aleijadinho» könnte übersetzt werden mit «der liebe kleine Krüppel». Seine bescheidene Herkunft, die Krankheit, die ihn körperlich behindert hat (man nimmt heute an, dass es sich um Lepra, Syphilis oder degenerativen Rheumatismus gehandelt haben könnte), und sein Werk erschienen so exemplarisch und legendär, dass es Schriftsteller gegeben hat, die sogar an seiner Existenz zweifelten: eine solche Erscheinung konnte tatsächlich fast nur die süsse Frucht eines populären Traumes sein.

Als einer der ersten erkannte der Dichter Blaise Cendrars, der 1924 die Region der Minen hübsch als «Berge einer tropischen Auvergne» bezeichnete, die universelle Tragweite des Werkes dieses lange unbekannt gebliebenen Mannes. Er beabsichtigte vorübergehend sogar, unter dem Titel «Aleijadinho oder die Geschichte eines brasilianischen Sanktuariums» einen Roman über diesen «leprakranken Kathedralenbauer» zu schreiben.[7]

Antônio Francisco Lisboa war es, der zu Beginn des 19. Jahrhunderts die Wandlung des Barockzeitalters in Brasilien und in der Welt in Stein gehauen hat: im Sanktuarium von Congonhas do Campo nämlich, das aus dem gotischen Mittelalter aufzutauchen scheint und das mit der theatralischen und tänzerischen Grazie des ausgehenden Ancien Régime den absoluten Glauben feierlich verkündet. So fern von Europa und seinen Modeströmungen auch immer, er erscheint hier geradezu als Vorläufer der Romantik.

Aufschlussreich ist hier das erste erhaltene Zeugnis über ihn, nämlich ein von einem gewissen Rodrigo José Ferreira Bretas gezeichneter und 1858,

**O Aleijadinho**

*«Antônio Francisco Lisboa wurde am 29. August 1730 in der Umgebung der Bom Sucesso genannten Stadt geboren. Er gehörte zur Gemeinde Nossa Senhora da Conceição de Antônio Dias. Er war der uneheliche Sohn von Manuel Francisco de Costa Lisboa, einem vornehmen portugiesischen Architekten. Seine Mutter war eine Afrikanerin oder Kreolin namens Isabel und Sklavin im Dienste Lisboas, der seinem Sohn bei seiner Taufe die Freiheit schenkte.*

*Antônio Francisco Lisboa war ein dunkelhäutiger Mulatte, er hatte eine kräftige Stimme, war aufbrausend im Sprechen und hatte einen schwierigen Charakter. Er war von kleiner Statur, sein Körper war fett und plump, sein Gesicht, sein Kopf waren gross und rund, die Haare schwarz gekräuselt, der Bart war dicht, die Stirn breit und seine Nase regelmässig, wenn auch etwas spitz. Er hatte wulstige Lippen, grosse Ohren und trug den Kopf in den Schultern. Er konnte kaum lesen und schreiben, und so viel man weiss, besuchte er nur die erste Klasse der Primarschule, obwohl andere zu glauben wissen, er habe Lateinunterricht genommen.*

*Seine Kenntnisse im Zeichnen, in der Architektur und in der Bildhauerei legte er sich im Atelier seines Vaters zu, vielleicht auch in jenem des Zeichners und Malers João Gomes Batista, der am Hof in Rio de Janeiro bei dem bekannten Künstler Vieira gelernt hatte und vorübergehend auch als Graveur in der Münzstätte der Hauptstadt angestellt gewesen war.*

*Nach mehrjähriger Arbeit unter der Verantwortung und Aufsicht seines Vaters in- und ausserhalb dieser Stadt – er galt als der wichtigste Architekt der ganzen Provinz – begann Antônio Francisco seine Laufbahn als Meister der Architektur und Skulptur. In dieser Qualität übertrumpfte er alle anderen Künstler seiner Zeit. Bis zum 47. Altersjahr, als er ein aussereheliches Kind zeugte, dem er den Namen seines Vaters gab, verbrachte er sein Leben mit der Ausübung seiner Kunst. Er achtete immer sehr auf sein Essen und genoss eine derart gute Gesundheit, dass man ihn öfters auf Volksfesten tanzen sah. Von 1777 an begannen ihn Krankheiten zu quälen, die wahrscheinlich grossenteils syphilitischer Natur waren. (. . .) Höchstwahrscheinlich weil er es unterliess, dem Übel von Anfang entgegenzutreten, oder auch weil die Krankheit unbesiegbar war, verlor Antônio Francisco alle Zehen und konnte sich fortan nur noch auf den Knien fortbewegen; auch seine Finger verkrüppelten und wurden krumm, ehe sie abstarben. Es blieben ihm nur gerade Daumen und Zeigfinger, allerdings gelähmt. Die äusserst starken und nie nachlassenden Schmerzen an den Händen sowie sein heftiger cholerischer Charakter brachten ihn dazu, sich mit dem Hohlmeissel, den er für seine Arbeit brauchte, die Finger selber wegzustechen. Seine Lider waren stark angeschwollen und hingen so über den Augen, dass man ihre Innenseite sehen konnte. Er hatte praktisch alle Zähne verloren, und sein Mund hatte sich verzerrt, wie*

Kassette in der Kirche Nossa Senhora d'Ô, Sabará (Minas Gerais); Einflüsse aus dem Fernen Osten, dem portugiesischen Macao

Nossa Senhora d'Ô, Sabará (Minas Gerais)

das heisst 44 Jahre nach dem Tod des Künstlers, in der Lokalzeitung erschienener Artikel. Immerhin konnte der Autor noch lebende Zeugen befragen, darunter namentlich die Schwiegertochter des Bildhauers.

Wir zitieren dieses rührende Dokument so ausführlich, weil es zwischen den Zeilen und hinter den Anekdoten die Enge der sozialen Bandbreite in der portugiesischen Kolonialgesellschaft zu spüren gibt, innerhalb der sich ein Künstler damals bewegen musste, wie gross auch sein Talent war. War er als *Infâmia de mulato* abgestempelt, konnte ein Künstler nur im Tagelohn oder pro verrichtete Arbeit bezahlt werden. War er weiss, arbeitete der Künstler oder besser der Kunsthandwerker einem Statut gemäss, das Überbleibsel der alten Berufsordnung enthielt. Hatte er die Mittel, sich zu etablieren, konnte er vom *juiz* oder Präsidenten seiner Zunft, die den Stadtbehörden unterstellt war, eine schriftliche Lizenz erhalten, die es ihm ermöglichte, als Meister zu arbeiten, nicht aber, sich um ein öffentliches Amt zu bewerben, das heisst in der sozialen Leiter emporzusteigen, genausowenig wie die Juden, die Mauren, die Neuchristen (konvertierte Juden), Geächteten, Zigeuner, freien Mulatten oder Hausdiener. Wir haben somit eine Gesellschaft vor uns, in der die Handarbeit zwar anerkannt, aber auch verachtet wird, ja alles Schöpferische sogar negiert: der Künstler kann da also höchstens Kopist sein. Wenn man das weiss, wird man die Energie und Aleijadinhos Durchhaltevermögen umso höher einschätzen, die er zur Realisierung seines Werkes aufzubringen hatte. Und man wird auch die wahren Ursachen für den ungestümen Charakter und den revoltierenden Geist dieses Mannes besser verstehen, der übrigens sein Leben lang die Sanftmut des *poverello* von Assisi besungen hat.

Er hat, wie man es von ihm erwartete, dem Zeitgeschmack entgegenkommende Monumente entworfen – etwas altmodisch zwar, war man doch fern der mondänen Modeströmungen Europas –, aber sein Genie verhinderte, dass er sich aufs Nachahmen beschränkte. So sublimierte er die ihm auferzwungenen Modelle, indem er alles verwendete, was ihm in die Hand kam:

*das häufig bei Menschen der Fall ist, die bestürzt in die Welt schauen. Sein Kinn und seine Unterlippe hingen leicht herunter. Dies alles trug dazu bei, dass der Blick des Unglücklichen einen düsteren und grimmigen Ausdruck erhielt, der selbst jene zu erschrecken vermochte, die sich ihm jäh gegenüber befanden. Dieser Umstand und das Grinsen auf seinem Mund verliehen ihm ein ekelerregendes und schreckliches Aussehen.*

*Antônio Francisco wusste sehr wohl, welch unangenehmen Eindruck seine Physiognomie hervorrief, und eben das machte ihn jenen gegenüber, die ihn mit Blicken massen, intolerant und sogar jähzornig; immerhin war er mit den Leuten seiner Umgebung meist fröhlich und heiter. Sein Misstrauen allen gegenüber war indessen so gross, dass, selbst wenn man sich schicklich an ihn wandte und sein künstlerisches Geschick rühmte, man seinen Groll auf sich zog, weil er alles, was ihm diesbezüglich gesagt wurde, für Ironie, Spott und Hohn hielt. All das war der Grund, warum er gewöhnlich unter einer Decke versteckt arbeitete, selbst im Innern einer Kirche.*

*Es wird erzählt, dass ein General (vielleicht Dom Fernardo José de Larema), der einmal seine Arbeit aus nächster Nähe anschauen wollte, zum Weggehen gezwungen wurde, weil unser Künstler beim Behauen des Steins wahrscheinlich absichtlich Splitter auf seinen unbequemen Zuschauer fallen liess.*

*Er besass einen Sklaven namens Maurício, der als Holzbildhauer arbeitete und ihn überallhin begleitete; er war es, der Holzhammer und Scheren den verkrüppelten Händen des grossen Bildhauers anpasste. Von da an kannte man ihn unter dem Übernamen «kleiner Krüppel» (Aleijadinho). An seinen Knien war zudem eine Art*

die grosse Tradition so gut wie die Vignetten, die das Messbuch eines florentinischen, holländischen oder österreichischen Geistlichen zierte. Sein Können (das dem eines mittelalterlichen Handwerkers ebenbürtig ist), sein Herz (durch das alle europäischen Strömungen von der Renaissance bis zum 19. Jahrhundert flossen, und von der Zeit der grossen Entdeckungen bis zu derjenigen, die die Unabhängigkeit der lateinamerikanischen Staaten in die Wege leitet), seine vom unbarmherzigen Leben müde gewordenen Augen, die angestauten dumpfen Kräfte – alles setzte er ein, um aus der roten Erde die Fassaden von São Francisco de Assis de Ouro Preto und von São João del Rei hervorzuzaubern und auch die Gesichter Christi in den Kapellen von Congonhas, die jeweils am ersten Septembersonntag die in Ungnade gefallenen Massen faszinierten, die sich bis zur Basilika von Bom Jesus de Matozinhos geschleppt hatten.
Sein wohl urwüchsigster Beitrag müsste meines Erachtens aus den Plänen seiner Fassaden abzulesen sein. Neu daran ist die Lebendigkeit, die er ihnen auferlegt. Er bringt die hohen Mauern richtiggehend zum Wogen, wobei die Wellenbewegung ihren Kontrapunkt in den architektonischen Ornamenten findet, in ihrem Spiel und Gegenspiel.
Aber für wen wurden diese Monumente errichtet, die von Hügel zu Hügel grüssen? Man hat es sich oft wiederholt: in erster Linie, um sich selber zu versichern, denn die Portugiesen waren von einer ihnen unbekannten, ungezähmten und feindlichen Welt umgeben. Und die barocke Welt, dieser geschlossene Kosmos, dieser abgeschirmte Raum, der sich vollständig selbst genügt und sich nur auf einen von gemalten Engeln bevölkerten Himmel öffnet, ist eine Oase, ein wiedergefundenes Paradies.
Was die afrikanischen Sklaven betrifft, die es zu terrorisieren, dominieren und arbeitsam zu machen galt, und die gleichzeitig den Widerspruch einer Kirche zu ertragen hatten, die ihnen seltsamerweise eine Seele zugestand, kann man sich heute vorstellen, was geschah, als die Vitalität ihrer überbordenden Kultur wahrgenommen wurde: Sie brachten im Rhythmus ihrer

Vergoldeter Altar von São Francisco, Salvador (Bahia)

*Gerät aus Holz und Leder befestigt, und jedermann wunderte sich über den Wagemut und die Behendigkeit, mit welcher er sich damit auf die höchsten Leitern seiner Gerüste schwang.*
*Maurício erhielt als Entgelt die Hälfte des Lohnes, die Aleijadinho für seine Arbeit kassierte. Die Treue dieses Sklaven war aussergewöhnlich, wenn man berücksichtigt, dass sein Meister eine schwache Person war und er ihn oft streng mit dem Meissel bestrafte, den er ihm an der Hand befestigt hatte. Ausser Maurício hatte Aleijadinho noch zwei andere Sklaven, Agostinho und Januário. Ersterer war auch Holzbildhauer, der andere führte den Maulesel, auf dem sich der Bildhauer fortbewegte.*
*Zur Messe kam er auf einem von zwei Sklaven getragenen Stuhl, aber wenn er sich in die gleich neben seinem Haus gelegene Kirche von Antônio Dias begab, liess er sich von Januário auf dem Rücken tragen. Nach seiner fürchterlichen Behinderung kleidete er sich mit einem Gehrock aus schwerem blauem Tuch, der ihm bis an die Knie reichte, mit einer Hose und einem Wams aus gewöhnlichem Stoff. Er trug der Form seiner Füsse angepasste schwarze Schuhe, und wenn er ritt, trug er ein schwarzes Cape mit Ärmeln, hochgeschlagenem Kragen und Kapuze sowie einen Hut aus grauer Wolle, dessen breite Flügel oben mit zwei Agraffen zusammengehalten wurden.*
*Er hatte Briefe geschrieben, die die bereits genannten Sklaven freisprachen, ebenso eine Sklavin namens Ana, und behielt diese Briefe in einer Schachtel auf. Die Betroffenen stahlen ihm diese Schachtel und brachten sie den Behörden, um unverzüglich freigesprochen zu werden. Doch sicher konnten die Freigesprochenen zu Lebzeiten ihres Wohltäters keine Freiheit geniessen.*
*Antônio Francisco erhielt einen Tageslohn von einer halben Gold-Oitava, doch als er seine Arbeit in der Kapelle Do Carmo beendet hatte, beklagte er sich, mit Falschgeld bezahlt worden zu sein. Später, 1811 oder 1812, gelang es einem gewissen Justino, der bei ihm Bildhauerkunst erlernte, nach zahlreichen Bittschriften bei der Errichtung der Altäre dieser Kirche zum Inspektor und Direktor der Bauarbeiten ernannt zu werden und gleichzeitig in dem angrenzenden und ebenfalls zum Sanktuarium gehörenden Haus wohnen zu können. Um die heilige Weihnachtszeit zog Justino in die Strasse Do Alto da Cruz um, wo Verwandte von ihm wohnten. Er überliess das Haus seinem Meister, doch dieser musste deshalb mehrere Tage ohne die gewohnte Behandlung und Pflege auskommen. Die Folge davon war, dass er nun langsam die Sicht verlor.*
*In diesem Zustand begab er sich nach Hause an die Strasse Detrás de Antônio Dias und installierte sich endgültig bei seiner Schwiegertochter Joana, die ihn barmherzig bis zu seinem Tod pflegte, der zwei Jahre nach seinen letzten Inspektionsarbeiten in der Kapelle Don Carmo am 18. November 1814 eintrat. Er war genau vierundachzig Jahre, zwei Monate und einundzwanzig Tage alt.*

Tänze die wuchernde, geschmeidige, schräge und graziöse Welt der barokken Mythologie an die Oberfläche und assimilierten sie auf ihre Art.
Die Indianer, die man aufspüren, in Schranken halten, jagen und massakrieren musste, haben die Dinge ernsthafter verstanden, aber auch sie auf ihre Art. Doch wer kann behaupten, dass ihnen der reizvolle Barock geholfen hat? Unmittelbar nach den ersten Landungen äusserst leicht und zwangslos konvertiert, nämlich allein durch die Gnade Gottes und mit Hilfe geschäftigen Prestiges der Konquistadoren – was beides jedoch von den Erfordernissen der Knechtschaft schnell weggewischt wurde –, erinnerten sie sich aber sehr genau des ihnen erteilten Unterrichtes. Unter ihnen sollten deshalb von da an unzählige Propheten aufstehen, die behaupteten – und es bis heute tun –, dass sie sie auf den Weg zur «Welt-ohne-Qual», ihrer ältesten Utopie, führen würden.[9]
Dennoch kam in den Kirchen der Minen damals auch eine populäre Kraft auf. Es geschah etwas, das mehr war als nur die Palmen und tropischen Pflanzen, mehr als die Ananas: die Kranzköpfe und schwülstigen Gesichter von mulattenhaften Engeln, die mehr oder weniger in die Deckengemälde, zum Beispiel des Malers Athaide, hineingeschmuggelt oder aus Demagogie eingeführt wurden. Das Volk von geringen Weissen, Mestizen und schwarzen Sklaven erkannte sich darin und sah sich in diesem Dekor leben. Bewiesen sei das, a contrario, mit der offiziellen Aversion des Paters Júlio Engracias (dem Verwalter des Sanktuariums von Congonhas) gegen die Skulpturen von Aleijadinho, die er 1908 als «unanständige Fetische» bezeichnete: «Es sind vulgäre Bildnisse in irrationellen und unmöglichen Stellungen, mit monströsen Körperteilen, der Nase vor allem, in denen die Ästhetik Antônio Franciscos wütete, wie wir das bereits für die Propheten gesehen haben. Es sind groteske Attitüden, die eher Kinder zum Lachen bringen, als dass sie die Ehrfurcht oder Sympathie andächtiger Herzen wecken. Für die Institution des Heiligen Jesus wäre es eine grosse Ehre, wenn die Administration versuchen würde, diese aussermenschlichen Monster durch Figuren zu ersetzen, die eine ernsthafte Vorstellung der grossen Momente der Passion des Befreiers geben würden»... Und trotzdem, fügte der Pater hinzu, «gerät die populäre Frömmigkeit vor diesen lebhaften Gemälden in Verzückung»... Naive Illusion einer Begegnung der Kulturen oder einzig und allein das Massaker der amerindischen Kultur? Widerrechtliche Deportation und kulturelle Regression von Millionen von afrikanischen Bauern oder wesentlicher Beitrag Afrikas an Brasilien? Man musste dreihundert Jahre warten, ehe man eine Antwort auf diese Frage überhaupt ins Auge fassen konnte, die keine kitschig pseudo-tropische und auf Touristen zugeschnittene Banalisierung enthält.
Im Bereich der bildenden Kunst erfolgt kein eigentlicher Synkretismus, weil die Welt der Bilder streng kodifiziert ist. Die kulturelle Integration muss somit in anderen Domänen zum Ausdruck kommen, in einer gewissen Verhaltensweise der Bevölkerung, in ihrer Art, ohne Vorstellung von der zerrinnenden Zeit zu leben, in der Symbiose afrikanischer, amerindischer und christlicher Kulte, wie sie sich heute ausbreitet, aber auch in der Poesie, in der Musik und in den Liedern dieses Volkes, die über die Ozeane und Kontinente hinweg erkannt werden, im Tanz, wo der Einfluss der Eingeborenen-Kulturen besonders stark zum Ausdruck kommt, bis, warum nicht, zu einer spezifischen Art, Fussball zu spielen.

Macao in Minas Gerais; Sabará

1 Ribeiro, Darcy, Le Americhe e la Civiltà, Torino, 1975.
2 Descola, Jean, Les libertadors, Paris, 1957.
3 Avila, Affonso, O lúdico e as projeções do mundo barroco. São Paulo, 1971.
4 Schemann, Ludwig, Quellen und Untersuchungen zum Leben Gobineaus, 2. Band. Berlin und Leipzig, 1919.
5 Correia Dias, Fernando, Para uma sociologia do barroco mineiro, in Barroco, No 1, Belo Horizonte, 1969.
6 Correia Dias, a. a. o.
7 Eulalio, Alexandre, A aventura brasileira de Blaise Cendrars. São Paulo et Brasilia, 1978.
8 Bretas, Rodrigo José Ferreira, Traços biográficos relativos ao finado Antônio Francisco Lisboa, mais conhecido pelo apelido de Aleijadinho. Publicações da Diretora do Patrimônio Histôrico e Artístico Nacional, No 15. Rio de Janeiro, 1951.
9 Métraux, Alfred, Religions et magies indiennes d'Amérique du Sud. Paris, 1968.

Photographien: Antonio Gusmão (Seite 154), Claus Meyer (Seiten 148–150, 152, 153), Martin Schaub (Seite 151), Willy Spiller (Seiten 156–158)

## Vôo da Asa Branca
## Aus dem Nordosten Brasiliens

In den Augen vieler, die Brasilien kennen und lieben, ist Brasilien im Nordosten am brasilianischsten. Da, wo die tropische Üppigkeit eines relativ schmalen Küstenstreifens in ein karges und bald einmal dürres Hinterland übergeht, wo ein armes Bauern- und Landarbeitervolk sein spärliches Auskommen sucht, da, wo die periodisch sich wiederholenden Dürrekatastrophen Wellen von verarmten Landbewohnern zur Migration zwingen, wo die Melodien melancholisch und spröde sind, wo archaische Spielrituale den Tod und die Auferstehung des Ochsen beschwören, da, wo die Zuckerrohrplantagen seit Jahrhunderten die soziale und agrarische Struktur des Landes bestimmen und wo um einen Robin Hood-artigen Räuber eine Art Christuslegende entsteht, da sei der «Flug des weissen Flügels» (Vôo da Asa Branca) zu verspüren.

für Iracema

Pablo Stähli

# Das Land der Ziege, das Land des Ochsen, das Land des Fischs

Liebe Marie-Louise,
«Es gehört in Brasilien nicht zum guten Ton, etwas zu Ende zu bringen», heisst es an einer Stelle von Márcio Souzas «Der fliegende Brasilianer». In der Schweiz offensichtlich schon, denn sonst müsste ich diesen Text nicht schreiben...

Als Du mich vor mehr als einem Jahr anfragtest, ob ich Dir bei der Erarbeitung eines Konzeptes für Ausstellung und Katalog im Zusammenhang mit *Brasilien*, dem Thema der Zürcher Juni-Festwochen 1992, behilflich sein würde, sagte ich begeistert zu. Was kann einem Brasilien-Fan Schöneres passieren, als die Möglickeit zu bekommen, mitzumachen bei einer Präsentation dessen, was mit Grund dafür ist, dass es ihn seit Jahren immer wieder an den selben Ort hinzieht? Ein Traum schien sich realisieren zu lassen, und die Vorfreude über die Möglichkeit, eine Gegenstudie zum gängigen und zurzeit überwiegend negativ besetzten Brasilienbild skizzieren zu können, war riesig. Dass dann vieles anders wurde, steht auf keinem anderen Blatt...

Zwei Dinge waren bereits nach unserem ersten Gespräch klar: Wir würden nicht «Kunst» präsentieren wollen, und wir würden nur über den Teil des Riesenlandes berichten, zu dem ich den besten Zugang habe, über den Nordosten.

Bald war deshalb auch der Titel klar: «Asa Branca». Dieser kleine Vogel, eine weisse Taube – Symbol für den Nordosten und Thema eines der schönsten Lieder des grossen Luiz Gonzaga – zeigt den Bewohnern des Sertão (Hinterland) mit seinem Gesang und durch sein Verhalten an, wann die grosse Dürre kommt, kündigt ihnen an, dass es einmal mehr Zeit ist, das angestammte Land, das nun wohl für mehrere Jahre auch den Bedürfnislosesten keine Nahrung mehr geben und auf dem das Vieh verdursten wird, zu verlassen und damit eine grosse Unsicherheit gegen eine noch grössere zu vertauschen.

Bald standen auch die vier Hauptsäulen, auf denen das Darzustellende ruhen sollte: einerseits das grosse und in Brasilien einzigartige Dreigestirn des Nordostens, bestehend aus dem religiösen Führer der Massen, Padre Cícero, dem Räuberhauptmann Lampião und dem Sänger Luiz Gonzaga, anderseits der Pragmatiker Delmiro Gouveia, Unternehmer und Erbauer eines der tollkühnsten Monumente der brasilianischen Fortschrittsgläubigkeit, des Wasserwerkes Paulo Afonso. Und natürlich durfte eine Vorstellung des Soziologen Gilberto Freyre, der das Selbstverständnis des Brasilianers in diesem Jahrhundert nachhaltig geprägt hat, nicht fehlen.

Padre Cícero Romão Batista, Virgulino Ferreira da Silva (Lampião) und Luiz Gonzaga waren charismatische Figuren auf ein und derselben Bühne; dieselbe Erde, eben der unvergleichliche und unbeschreibliche Nordosten, hat alle drei geprägt; und dennoch waren sie fundamental verschieden: hier der liebende Padre mit dem Rosenkranz, der Ketzer, der zwischen Gott und den Menschen direkt und ohne «Rom» vermittelte und die Leiden seiner Gläubigen lindern wollte; da der singende Luiz, der die glücklichen und tragischen Momente im Leben des von ihm geliebten Volkes gültig formulierte; und dort der mordende und brandschatzende Lampião, der Inbegriff des aufgebrachten und empörten Revoluzzers, der Terrorist, die schliesslich zum unkontrollierten Fanatismus pervertierte dunkle Seele.

Hinzu kamen in unserem Konzept der Radiomoderator, Sänger und Dichter Reinaldo Belo und der landesweit bekannte Holzschneider, Marktfahrer und Verleger José Francisco Borges, der eine aussterbende Kultur pflegt und liebevoll die Einladungskarte zur Ausstellung druckte.

Diese wird gespiesen aus Sammlungen von Recife, allen voran aus der Fundação Joaquim Nabuco und ihrem Museu do Homem do Nordeste, welches die wichtigsten

Im Zuckerrohrfeld

Zwischen Recife und Caruaru

Jangada

Zeugnisse zur Kultur des Nordostens beherbergt. Als Glücksfall darf bezeichnet werden, dass die beiden Sammler aus dem Süden, Jacques Van de Beuque (Volkskunst aus dem Nordosten) und Paulo Pardal (Carrancas), unserem Unternehmen ihre Unterstützung gewähren.

Die Stärken dieser Kultur des Nordostens liegen wie diejenigen der brasilianischen Kultur überhaupt in der Literatur, im Gedicht, in der «angewandten Kunst» (was hier die unzähligen Formen im täglichen Leben meint, die häufig aus der puren Not entstehen), vor allem aber in der populären Musik (mit der verglichen, meinte einmal ein Journalist in einem brillanten Artikel über brasilianische Musik in der «Weltwoche», alle U-Musik aus den USA bloss Stacheldraht sei), und weit weniger in der bildenden Kunst. Dieses Phänomen konnte ich mir bis heute nicht erklären (lassen).

Musik ist omnipräsent, die Radiostationen überziehen den Kontinent vierundzwanzig Stunden pro Tag mit ihrem Angebot, wenn dieses auch seit einiger Zeit immer weniger brasilianisch und immer seichter, unverbindlicher und immer mehr nordamerikanisch ausgerichtet scheint.

Grosser Schwimmer gegen den Strom: Reinaldo Belo, der auf unerhört witzige Art und Weise, zweimal pro Tag, mit Musik und Anekdoten am Radio FM in Recife Volksaufklärung und Politik betrieben hat, bis man ihn schlussendlich rausschmiss.

Der Nordosten Brasiliens umfasst ein Gebiet von 1,5 Millionen Quadratkilometer. Der vergleichsweise kleine Staat Pernambuco ist dreimal so gross wie die Schweiz. In der Hauptstadt Recife gibt es 70000 Strassenkinder, 80 Prozent der Landfläche sind im Besitz von 200 Familien. Im Nordosten werden Menschen, als Folge von permanenter Unterernährung, erblich kleinwüchsig. Das Salario minimo (der gesetzlich festgelegte Mindestlohn) liegt bei 75 Franken im Monat! In einem kürzlich neu erstellten, 17stöckigen Hochhaus an der Boa Viagem (Recifes Badestrand) hingegen ging im März 1992 die letzte der 500000 Franken teuren Wohnungen weg. Die durchschnittliche Zahl der Kinder einer Familie ging in den letzten zehn Jahren von zehn auf drei zurück.

In Brasilien ist alles dramatischer und extremer, gewalttätiger und zärtlicher, farbiger und dunkler, unreflektierter und genauer, emotioneller und rationaler als in den Ländern, die ich vorher kennengelernt hatte. Ich war nie so glücklich wie in Brasilien, aber nirgends hatte ich grössere Depressionen. Und im Nordosten wird das alles potenziert, er ist halt eben noch ein wenig brasilianischer als das übrige Brasilien…

Unser Konsul in Recife, Rudolf Fehr, hat schon recht: es liegt da irgendetwas in der Luft, etwas nicht zu Fassendes, nicht zu Beschreibendes, und wer das einmal geschnuppert hat, den lässt Brasilien niemals mehr los. Der kommt immer wieder, trotz der vielen entsetzlichen Aspekte und trotz der überall präsenten «Bagunça». Der Begriff steht für Chaos, Konfusion, Unberechenbarkeit, Schlitzohrigkeit, Durcheinander und auch noch für ein paar andere Spezialitäten; er charakterisiert eine Grundstimmung in diesem Land sehr treffend.

Du weisst, wovon ich rede: Ich habe mich diebisch gefreut, als es auch Dich erwischt hat; als ich ihn auch bei Dir diagnostizieren konnte, unseren Freund, den Brazillus…

Doch zurück zum Thema: Der Nordosten Brasiliens, das sind eigentlich drei Riesenländer in einem Land mit kontinentalen Dimensionen: Das eine (die *Zona da mata)* an der Küste, fruchtbar und heute dicht besiedelt. Postkartenlandschaften, die schönsten Strände Brasiliens, Hunderte von Kilometern unberührte Buchten, Fischerdörfchen wie vor zweitausend Jahren, wenige Autominuten von modernen Millionenstädten entfernt, wo man alles findet, was das Herz begehrt, subtropische Vegetation, ein Traumklima für europäische Touristen: das Land des Fischs.

Das andere (das *Agreste),* 200 Kilometer weit im Hinterland gelegen, durch Zuckerrohr-Monokulturen geprägte Landschaft, weniger üppige Vegetation, weniger Niederschläge, mit grossen Vieh- und Pferdezuchten und riesigen brachliegenden, weniger ergiebigen Ländereien. Feudalistische Sozialstrukturen, Kleinstädte und Dörfchen, wo ein Handschlag noch etwas gilt, riesige staatliche Projekte und, nur als Beispiel, eine von den Franzosen finanzierte Solarenergieanlage, die vor sich hin rostet. Rückständigkeit und Armut: das Land des Ochsen.

Und das dritte (der *Sertão),* noch weiter westlich, Marlboro-Landschaft, Wilder Westen, sengende Hitze, kein Wasser, magere Sträucher, Kakteen, armseligste Behausungen, Hunger, Elend, Zukunftslosigkeit, extremste Lebensbedingungen, eine feindselige Natur, der allgegenwärtige Tod: das Land der Ziege.

Zwei kleine Geschichten, die typisch sind, will ich Dir noch kurz erzählen: Als ich den Fischer, der am frühen Morgen im grossen Netz einen einzigen, kleinen Fisch zum Strand brachte, bedauerte, schaute er mich an und sagte: «Ich bin zufrieden. Wenn es anders wäre, wäre es zu einfach. Jeder würde fischen und ich würde nichts mehr verdienen.» Und die Geschichte von dem Bauern, der seine Ziege auf dem Markt von Caruaru feilhält. Ein Interessent kommt und ist nicht bereit, die geforderten 5000 zu bezahlen. Er bietet 2000. Der Bauer will nicht. Sie kommen überein, das Geschäft im Wirtshaus weiter zu bereden, und der Interessent hat im Sinn, den Bauern unter den Tisch zu trinken und ihn so zu Zugeständnissen zu bewegen.

Es wird ein strenger Tag für beide: der potentielle Käufer gibt eine Runde Cachaça nach der andern aus, der Verkäufer bleibt unnachgiebig bei seinem Angebot. Als der Käufer, schon stockblau, ein letztes Angebot macht, erwidert der Matuto: «Nichts zu machen, weisst du warum? Ich wollte die Ziege sowieso nur verkaufen, um Geld zum Herumsaufen zu haben. Und jetzt bin ich – auch so – herrlich blau!»

Liebe Marie-Louise, ich hoffe, recht bald mit Dir und unseren Freunden zusammen frühmorgens auf einer Jangada auf das offene Meer hinausfahren und mit Euch allen einige Zeit hier, in der einzigartigen Welt des brasilianischen Nordostens, verbringen zu können. In dieser Welt der Dürre, der steinigen Erde, der schwarzen Bohnen und des *carne de sol,* der Zuckerstange und des Maniokmehls, des Tanzes und der melancholischen Musik, des Barbiers auf der offenen Strasse, der sengenden Sonne und des silbernen Mondscheins, der Bänkelsänger und der Hängemattenhändler, der Viehhirten, in dieser Welt der unvergesslichen Nächte im Hinterland, wo ein ferner Gitarrenklang sich mit dem Zirpen der Zikaden vereint.

Antônio Carlos Montenegro

# Eine Stiftung für die Kultur des Nordostens

Die «Fundação Joaquim Nabuco» (FUNDAJ) ist ein dem Erziehungsministerium unterstelltes Forschungszentrum, das sich zum Ziel setzt, die Kenntnis der sozio-kulturellen und wirtschaftlichen Wirklichkeit der Regionen im Norden und Nordosten Brasiliens zu fördern, zur Erhaltung und Verbreitung kultureller Werte beizutragen und sich für die regionale Entwicklung sowie die Verbesserung der Lebensbedingungen der Arbeiter der Region und, im weiteren Sinn, des ganzen Landes einzusetzen.

Die FUNDAJ hat ihren Sitz in Recife, Hauptstadt des Staates Pernambuco und wichtiges Wirtschafts-, Industrie- und Kulturzentrum des Nordostens. Die Stiftung verdankt ihre Gründung der Annahme eines Gesetzesentwurfs des Soziologen und Anthropologen Gilberto Freyre, damals (1948) Bundesabgeordneter, durch das nationale Parlament. Nach Sanktionierung des Gesetzesentwurfs durch den Präsidenten Eurico Gaspar Dutra nahm das Institut Joaquim Nabuco seine Tätigkeit auf; später entwickelte es sich auf natürliche Weise zur Stiftung Joaquim Nabuco. Der Patron der Institution, der Pernambucaner Joaquim Nabuco, war ein bedeutender Intellektueller und Politiker Brasiliens, der keine Mühe scheute, als es darum ging, in unserem Land ein Regime der Freiheit und Gleichberechtigung aller Rassen aufzubauen. In der Kampagne für die Sklavenbefreiung war er ein Vorkämpfer für die Abschaffung des Sklavenregimes in Brasilien. Nach den Worten Gilberto Freyres «soll das Engagement Nabucos zu lehren, stets der Jugend nahe zu sein, den jüngeren Landsleuten und Ausländern und dem Publikum ganz allgemein sein Wissen zu übermitteln, auch das Engagement der ‹Fundação Joaquim Nabuco› sein».

Das «Museu do Homem do Nordeste» (Museum des Menschen des Nordostens) ist ein wesentlicher Teil der FUNDAJ, dessen Aufgabe es ist, das Kulturgut in seinem musealen Bereich zu erforschen, zu erhalten und zu verbreiten. Es beherbergt ungefähr 10 000 Stücke als Dauer-Exponate, die zusammen ein umfassendes und lebendiges Bild des Volkes im Nordosten Brasiliens darstellen. Ethnische, religiöse und folkloristische Aspekte, zusammen mit geschichtlichen und sozioökonomischen Hinweisen, zeigen eine anthropologische Sicht der Region, wo die Vermischung des Indianers, des Weissen und des Schwarzen zur Bildung einer neuen Ethnie führte, welche eine der Säulen der brasilianischen Nationalität bildet.

Der ideelle Wert dieser Sammlungen übersteigt den allfälligen reellen oder ästhetischen Wert der Exponate. Der Sinn, die Bedeutung, welche ihnen die regionale Kultur in all ihren verschiedenen Manifestationen zuschreibt, verleiht ihnen einen unschätzbaren Wert, denn durch sie werden unbekannte und immer wieder neue Aspekte des langen anthropologischen Werdegangs des Begriffes «Mensch des Nordostens» sichtbar gemacht: Mensch–Region–Geschichte.

Mittels Wechselausstellungen, die sich auf bestimmte Themen im Zusammenhang mit seinem Auftrag beziehen, sowie mit Dauerausstellungen und Lehrveranstaltungen in Schulen, hält das Museum seine Tore offen für das Publikum und erlebt dadurch eine Wechselwirkung im Sinne einer besseren Kenntnis unserer Kultur und dadurch auch der Erhaltung unserer Werte und unserer Identität als Volk und als Nation.

Porfirio Faustino
(zugeschrieben)
Zwei Maskierte, um 1940
Ton, gebrannt und bemalt
h 15 cm
FUNDAJ/MUHNE

Porfirio Faustino
(zugeschrieben)
Zwei weibliche Figuren,
um 1940
[illegible]

Paulo Pardal

# Die Carrancas vom Rio São Francisco

Francisco Guarany, 1966

Die brasilianischen Carrancas sind die Bugfiguren der 14 bis 24 Meter langen, schweren Barcas (Boote zum Nahtransport von Passagieren und Waren), die bis in die fünfziger Jahre auf dem Rio São Francisco verkehrten. Sie zeichnen sich durch eine originelle Zooanthropomorphie aus und stellen eine der bemerkenswertesten kollektiven Manifestationen brasilianischer Volkskunst dar; ihr misst der Kunsthistoriker Clarival Valladares eine «extreme Bedeutung in der Geschichte der brasilianischen Kultur» bei.

Sie haben auch eine Huldigung von Jacques Cousteau erhalten: Bei seiner Amazonas-Expedition war der Bug der «Calypso» mit einer zwei Meter hohen Carranca geschmückt[1].

Der wichtigste Schöpfer dieser Figuren war Francisco Biquiba dy Lafuente Guarany, geboren am 2. April 1882, einer der herausragendsten Namen der brasilianischen Volkskunst. Seine Tätigkeit als Bildhauer dauerte ununterbrochen von seinem neunzehnten bis zu seinem siebenundneunzigsten Lebensjahr. Er starb 1985, im Alter von 103 Jahren. Die Präsidentin des Pariser Comité International pour l'Etude des Figures de Proue, Liliane Bedel, schrieb ihm: «Ihr Werk gehört zum Schönsten, das ich während meiner Recherchen angetroffen habe», und bei seinem Tod: «Dieses so gewaltige menschliche Potential, das deines war, berührt mich tief. Ich bin erfüllt von dieser Erfahrung. Mit dir geht ein Stück der Vergangenheit, der Identität Brasiliens.» Die Persönlichkeit von Guarany beherrscht diese Kunst vom Anfang dieses Jahrhunderts bis zu den Werken seiner Nachfolger, seines Sohnes Ubaldino – der heute leider keine Carrancas mehr macht – und anderer, jüngerer, die sehr aktiv sind, wie Paulo Rocha.

Die ursprüngliche Motivation, die dem Brauch der Bugfigur zugrunde liegt, ist mystisch: Es ist die Suche nach einem Schutz vor den Gefahren des Wassers. Die ältesten Darstellungen von Booten – aus dem Ägypten von vor 6000 Jahren – zeigen an den Bugen ein Paar Hörner. J. Hornell beschreibt die Taufe eines Schiffes an der Koromandelküste (Indien) im Jahr 1870, bei der ein Widder geopfert wird, dessen Kopf dann am Bug befestigt wird. Alan Villiers erwähnt einen analogen Brauch in Arabien. Viele Ethnologen sehen in diesen Schädeln und Hörnern an Schiffsbugen den Ursprung der Tradition. Lixa Filgueiras dagegen glaubt, dass der Brauch dieser Hörner auf die rituelle Taufe zurückgeht, der die Ägypter ihre Boote unterzogen. Dabei wurde die am Bug befestigte Amon-Statue mit der Haut – inklusive Hörner – eines Widders umwickelt, den man kurz zuvor geopfert hatte und dessen Blut, in Verbindung mit der Gottheit, das Boot weihen sollte. Die gängigen Schiffstaufen mit Wein – dem symbolischen Blut –, heute durch Champagner ersetzt, der einen höheren sozialen Status hat, wäre die Weiterentwicklung dieses Rituals.

Die Taufe der «Calypso» mit Champagner und der ornamentale Brauch einer Carranca an ihrem Bug haben vielleicht einen gemeinsamen geschichtlichen und mystischen Ursprung.

Barcas mit Carrancas
von Francisco Guarany, um 1940

Während in den primitiven Zivilisationen die ersten Bugfiguren vergöttlichte Tiere darstellten, wurde ihre dekorative Funktion durch die Verfeinerung

Barca mit Carranca von Francisco Guarany, um 1940

des künstlerischen Ausdrucks des Menschen herausgehoben, ohne dass die Figuren dabei jedoch ihren mystischen Bezug verloren hätten, der durch die Darstellung von Göttern und mächtigen Wesen beibehalten wurde. Die Tradition wurde bis ins 19. Jahrhundert gepflegt, wo der Löwe, der König der Tiere, an Bootsbugen sehr häufig auftaucht.

In der Tat ähnelt die Behaarung der Carrancas der eines Löwen, und auf dem São Francisco nennt man die Figuren auch *Leão da Barca.* Sie tauchten dort gegen 1875 auf, wohl als Imitationen der ozeanischen Bugfiguren und als Statussymbole. Der Wettbewerb im Handel begünstigte ihre Verbreitung – die exotische Skulptur zog die Aufmerksamkeit der Kundschaft auf sich –, aber der tief verwurzelte Glaube der örtlichen Bevölkerung an das Übernatürliche gab den Carrancas über das kollektive Unterbewusste ihre ursprüngliche mystische Funktion zurück: der Schutz des Fahrzeugs. Bis in die Mitte dieses Jahrhunderts waren alle schweren Barcas auf dem São Francisco mit Carrancas geschmückt. Die leichteren, schnelleren und wirtschaftlicheren *Canoas Sergipanas,* die auf die Barcas folgten, konnten die schwere Verzierung nicht tragen. Man kam von den nunmehr überholten Figuras de Barcas ab, und viele wurden als Feuerholz oder als Zaunpfähle usw. verwendet. Von den wahrscheinlich etwa 120 Carrancas, die im Laufe dieses Jahrhunderts entstanden, sind nur noch die Hälfte in Museen oder Privatsammlungen vorhanden.

Zur Seltenheit dieser Skulpturen kommen ihre ausserordentliche künstlerische Qualität und ihre Originalität, ihre Mischung von tierischen und menschlichen Elementen, die man nirgendwo sonst und in keiner anderen Epoche als kollektiven Ausdruck für Bugfiguren antrifft. Die Isolation und das archaische Verhalten der Bevölkerung des Mittellaufs des São Francisco zu Beginn des Jahrhunderts begünstigte einen plastischen Ausdruck von extremer Ausdruckskraft. Der mystische Gehalt der authentischen Carrancas, die den São Francisco befuhren, wird in jenen Stücken geringer, die Guarany für Sammler herzustellen begann, als in den fünfziger Jahren die Epoche der Barcas zu Ende ging. Die Virtuosität hingegen nahm zu; Guarany war fähig, ein Maul mitsamt seinen zahlreichen Zähnen aus einem Stück Holz zu schnitzen. Die künstlerische Qualität blieb konstant; eine stili-

Ab 1965, und besonders in den siebziger Jahren, erfährt das Carranca-Handwerk einen beachtlichen Aufschwung: In einigen Werkstätten halbindustriell und für Kundschaft in den grossen Städten hergestellt, beschränkt es sich jedoch auf Stücke von niedrigem Preis und minderer Qualität. Die Würde und die imposante Haltung, die die grossen Holzoberflächen den authentischen Prototypen verleihen, werden oft durch ein Übermass an Linien, Flächen und Farben ersetzt, das die Carrancas fast wie Karnevalsmasken aussehen lässt. Nach der grossen Carranca-Ausstellung, die 1981/82 zu Ehren von Guarany vom Schiffahrtsmuseum von Rio de Janeiro in sechs grossen Städten gezeigt wurde, darunter Petrolina, in der Nähe von Juazeiro (Bahia), in einer Region, die über 200 Carranca-Bildhauer (Carranqueiros) zählt, begannen sich einige von ihnen am Meister zu inspirieren und ihre Produktion bedeutend zu verbessern, so auch Paulo Rocha.

Guarany, der zwei Drittel der in diesem Jahrhundert entstandenen authentischen Figuras oder Leãos de Barca geschnitzt hat, wurde in Santa Maria da Vitória (Bahia) geboren. Nachdem er barocke Heilige hergestellt hatte, wobei er die anatomische Darstellung meisterlich beherrschte, wandte er sich 1901 der Herstellung von Carrancas zu: bis in die vierziger Jahre, als die Epoche des Barca-Baus zu Ende ging, hatte er fast 80 Stück fertiggestellt. Er war Schreiner, Beobachter des Wasserstands für das Landwirtschaftsministerium und auch Friedensrichter seiner Stadt. Nach 1950 entstanden annähernd 130 Carrancas für Sammler.

Guarany war der Urenkel eines spanischen Priesters, José dy Lafuente, der mit einer Schwarzen aus Mosambik, Maria Biquiba, zusammengelebt hatte. Mütterlicherseits stammte er von Indianern vom Paraguaçu ab; von dort bekam er den Übernamen Guarany, den er in seinen Namen einfügte. Als Synthese der drei Rassen, die unsere Nationalität geformt haben, ist er der Prototyp des Brasilianers.

Guarany drückte sich eigenartig und mit sorgfältig gewählten Worten aus. Er war stolz auf seine schöpferische Kraft: «Ich werde», sagte er, «hundert Jahre alt, wenn Gott will ... und bis ans Ende meines Lebens werde ich Carrancas machen.» Er war religiös: «Ich bin sehr glücklich, mein Ideal ist es, ein ehrenhafter Mann zu sein, ein Anhänger des Evangeliums von Jesus Christus.» Er war eng mit seiner vielköpfigen Familie verbunden, und sein Sohn Ubaldino wurde der würdige Fortsetzer seiner Tradition. «Buiuna» wurde durch jene Carranca angeregt, die sein Vater für die beste hielt, die er in der letzten Dekade seiner Tätigkeit geschaffen hat: «Salão».

Die faszinierende Persönlichkeit von Francisco Guarany inspirierte den grossen Dichter Carlos Drummond de Andrade zu dem wunderbaren Gedicht «Centenário», das wie folgt endet:

*Poesie und Geheimnis legten sich*
*Auf das hundertjährige Gesicht von Francisco, dem schwarzen Bruder*
*Des Heiligen von Assisi, auch er wundertätig,*
*Durch die Kraft seiner schwieligen und schöpferischen Hände.*

Barca mit Carranca
von Francisco Guarany, um 1940

[1] Da die Carranca auf diesem im Norden des Landes gelegenen Fluss nicht gebräuchlich und noch nicht einmal bekannt war, sagte Cousteau in einem Interview, habe die lokale Bevölkerung sie für eine französische Tradition gehalten.

Francisco Guarany
Carranca, um 1900
Zedernholz

Francisco Guarany
Carranca, um 1920
Zedernholz, bemalt
h 105 cm
Paulo Pardal

Francisco Guarany
Carranca, um 1910
Zedernholz

1

2

3

4

1 Ubaldino Guarany
Carranca, um 1970
Zedernholz, bemalt
h 100 cm
Paulo Pardal

2 Francisco Guarany
Carranca, um 1970
Zedernholz, bemalt
h 93 cm
Paulo Pardal

3 Francisco Guarany
Carranca, um 1970
Zedernholz, bemalt
h 97 cm
Paulo Pardal

4 Ubaldino Guarany
Carranca, um 1970
Zedernholz, bemalt
h 100 cm
Paulo Pardal

Anonym
Barke mit Carranca, um 1965
Holz

Zé Caboclo
«Retirantes» (Landflüchtige), um 1970
Ton, gebrannt und bemalt
h 18 cm
Van de Beuque

Marie-Louise Lienhard

# Jacques Van de Beuque
# und die Kunst des armen Mannes aus dem Nordosten

Jacques Van de Beuque

Die schönste und grösste Sammlung von Volkskunst aus dem Nordosten Brasiliens befindet sich nicht etwa im Staate Pernambuco, der so etwas wie der Inbegriff des brasilianischen Nordostens ist, sondern weit im Süden, in Rio de Janeiro, in einer ländlichen Gegend etwa anderthalb Autostunden ausserhalb der hektischen Stadt mit ihren steil ins Meer abfallenden Bergen und ihren steil über den Villenvierteln aufsteigenden Favelas.

Die Anfahrt zur Sammlung Van de Beuque geht von Rio aus südwestwärts, mehr oder weniger der Atlantikküste entlang durch eine stetig dünner werdende typische Vorortsszenerie einer Weltstadt: Einkaufszentren, Satellitenagglomerationen, Kleinindustrie, Kleinlandwirtschaft, Kanäle, einzelne bescheidene Anwesen, Kuhweiden. Mit etwas gutem Willen (wenn man die Augen zusammenkneift und ignoriert, dass das Thermometer treu 38 Grad Celsius anzeigt) könnte man manchmal für einige Augenblicke meinen, man sei in den Vogesen oder auf dem Plateau de Langres. Edimilson, unser Fahrer, biegt von der Hauptstrasse ab, überquert einen Kanal, einen Moment lang führt die Nebenstrasse ganz nah an die Küste, wo ein liebliches Stück Sandstrand und ein paar romantische Fischerhütten um die Gunst der kunstbeflissenen Reisenden buhlen (allerdings nur so lange, bis sie von Edimilson, der in seinem Hauptberuf Polizist in Rio ist, belehrt werden, dass just an diesem Strandstück die von den Mafiabanden Rios exekutierten Personen deponiert werden). Die Strasse ist jetzt ungeteert, kleine Kinder, Hühner, Hunde beleben die üppig und tropisch bewachsenen Strassenränder und lassen vermuten, dass sich hinter der undurchsichtigen Wand von Palmen und Hibiskus dörfliches Leben abspielt. Eine letzte Abzweigung, knapp breit genug, um ein Auto über einen dichtbewachsenen kleinen Bach oder Strassengraben zu führen, und man steht vor dem Tor zur Casa do Pontal, dem Ort, an dem sich einer der wichtigsten Kulturschätze Brasiliens verbirgt.

Von aussen sieht das Ganze aus wie der wohlarrondierte Landsitz eines Geschäftsherrn aus Rio. Eine von hohen Bäumen beschattete, kiesbedeckte Zufahrt zum hofartigen Eingangsbezirk, ein Konglomerat von Gebäudeteilen, ein Hauptbau mit mehreren Anbauten. Einzelne Signale, etwa die kreisrunde, leicht erhöhte ornamentale Pflästerung des Hofes oder der dem sumpfigen Gelände abgewonnene, mit Lotusblüten bedeckte Teich, in dessen Mitte ein mit Cyprusgras umrandetes Inselchen schwimmt, schärfen die Aufmerksamkeit des Besuchers: Künstlerisches, Exzentrisches liegt in der Luft. Wem vom zurückhaltend liebenswürdigen Hausherrn zum erstenmal Einlass in die labyrinthisch verschachtelten, sich schier endlos aneinanderreihenden Ausstellungsräume gewährt wird, wer treppauf, treppab, um Ecken und durch Klapptüren, durch enge und weite Korridore an Tausenden von Tonfigurinen vorbeizieht, der wird früher oder später überwältigt auf einen Fenstersims sinken; und dann kann es sein, dass sich ihm ein vorlautes kleines Äffchen nähert, das von der nächsten Palme herab durch die unverglaste Fensteröffnung gehüpft ist, um zu schauen, ob da nicht

Indessen ist, was sich in dieser ländlichen Abgeschiedenheit verbirgt, nichts weniger als ein einmaliges Universum der brasilianischen Volkskunst des Nordostens. Weit über fünftausend Exponate, Figürchen, Figuren, Exvotos und Puppen hat Van de Beuque im Lauf seines Lebens hier vereinigt. Den Hauptanteil der Sammlung bilden die kleinen, ca. 20 bis 25 cm hohen bemalten Tonfiguren, die Menschen darstellen: Menschen in ländlichen Szenen, auf der Jagd oder auf dem Felde; Menschen bei der Ausübung exemplarischer Tätigkeiten wie der Gewinnung von Maniokmehl, beim Essen von Bananen, eine Mutter, die das Kind füttert; verschiedene Berufsleute wie Doktor, Advokat, Abgeordneter, Fotograf, Spitzenklöpplerin, Tabakverkäufer; Menschen bei Tanz und Spiel, bei Hochzeiten oder Beerdigungen. Von den dargestellten Tieren ist der «Boi» das wichtigste, der Ochse, der ein wirtschaftlicher und emotionaler Brennpunkt in der Existenz der Landbevölkerung des Nordostens ist; eine Tatsache, die nicht nur in figürlichen Darstellungen, sondern auch in rituellen Spielen wie dem «Bumba-meu-Boi» ihren Niederschlag findet.
Längst nicht alles sind Einzelfiguren. Es gibt Karnevalsumzüge, Krippenspiele, ganze Lebens- und Leidenswege Christi, Szenerien mit Hunderten von Figuren, die sich auf Knopfdruck in Bewegung setzen, angetrieben durch ebenso einfache wie ingeniös ausgeklügelte Mechanismen. Manche dieser Szenerien weisen einen Erfindungsreichtum auf, eine Poesie und auch eine kindliche Freude am Drastischen, die eine Dimension von Volkskunst ausmessen, die viel mehr mit dem 17. oder 18. als mit dem 20. Jahrhundert zu tun hat.
Und dennoch sind all diese Sachen nicht älter als fünfzig Jahre. Alle grossen Namen der «Volkskunst-Szene» des Nordostens sind in der Sammlung Van de Beuque mit ihren besten Stücken vertreten. Luís Antônio, Zé Caboclo, Vitalino, Zé Rodrigues, Nhô Caboclo, Manuel Eudocio, Capitão Pereira, Mané Galdino und viele andere; und es hat auch manches ehrwürdige Stück, bei dem auf dem Täfelchen steht: anonym.
Die Sammlung Van de Beuque enthält auch eine bedeutende Abteilung von Exvotos, ausschliesslich plastischen Exvotos. Es sind einfache plastische Abbildungen von Körperteilen, Köpfen, Bäuchen, Brüsten, Beinen, Händen, wie sie vom ärztlich schlecht versorgten und wundergläubigen Volk in den Kirchen deponiert werden, damit sie dort Heilung für den kranken Körperteil erwirken können, oder als Dank für eine erfolgte Genesung. Wie schon bei den Ton- oder Holzfiguren wird auch bei dieser Gruppe von Objekten klar, dass nicht nur ein kenntnisreicher und gewiefter Sammler am Werk ist, sondern dass ein Künstler seine totale Empathie einsetzt bei der Auswahl der Objekte. Die unerwartete Vielfalt der archaischen Köpfe, die einfachen, primitiven Gesten, die von jedem Kunstwollen ausgenommenen bildlichen Beschreibungen von Schäden und Krankheiten machen diese Abteilung der Sammlung zu einem Ort, wo Bezüge zur modernen Hochkunst spürbar werden.

Jacques Van de Beuque wurde vor siebzig Jahren im nordfranzösischen Bavay nahe der belgischen Grenze geboren. Als junger Mann sei er in die Armee eingezogen worden, sei in deutsche Gefangenschaft geraten und 1945 frierend und hungrig in ein langsam aus dem Besatzungstrauma aufwachendes Paris zurückgekommen. Hier habe er Arbeit gefunden bei der Zeitung «Les Etoiles» unter Chefredaktor Louis Aragon. Aragon sei es auch gewesen, der ihn mit Portinari bekannt gemacht habe, Cândido Portinari[1],

*Bei der Entstehung unserer Gesellschaft übte das schlechte, durch die Monokultur bedingte Ernährungssystem einerseits und der Mangel an Anpassungsfähigkeit an das Klima andererseits denselben ungünstigen Einfluss auf die physische Entwicklung und die wirtschaftliche Leistungsfähigkeit des Brasilianers aus wie das deprimierende Klima und der an chemischen Substanzen arme Boden. (…)*
*In dieser Sklavengesellschaft waren die extremen Elemente am besten genährt: die Weissen in den Herrenhäusern und die Neger in den Sklavenhütten. Daraus erklärt sich, dass gerade die kräftigsten und gesündesten Elemente unserer Bevölkerung von den Sklaven abstammen: Athleten, Capoeiras, Cabras und Seeleute. Aus der freien, aber verelendeten Mittelschicht dagegen gingen viele der schlechtesten Elemente hervor, der schwächsten und unfähigsten. Ihre Schwäche und Unterernährung erhöhte ihre Anfälligkeit für paludische Anämie, Beriberi, Würmer, Syphilis und Beulenpest. Den Zustand physischen Elends und unproduktiver Trägheit dieser ganzen fast unnützen Bevölkerung von Caboclos und hellhäutigen Mulatten, die eher den Wert eines klinischen Materials als den einer wirtschaftlichen Kraft hatte, halten diejenigen, die es beklagen, dass wir nicht reinrassig sind und dass Brasilien kein gemässigtes Klima besitzt, für das Ergebnis der in ihren Augen verdammenswerten Vermischung von weissen Männern und schwarzen Frauen, von Portugiesen und Indianerinnen. An der Trägheit oder der Faulheit ist also die Rasse schuld oder das Klima, das nur die Neger ertragen können. Hier wird das Todesurteil über den Brasilianer verhängt, weil er ein Mischling ist, und über Brasilien, weil es zum grössten Teil in der heissen Klimazone liegt.*
*Um all dies hat sich aber diese seltsame Soziologie wenig oder gar nicht gekümmert, die sich über die Merkmale der Rassenmischung mehr aufregte als über die Syphilis und die sich mehr über die Auswirkungen des Klimas besorgt zeigte als über die von bestimmten sozialen Ursachen, die kontrolliert oder verbessert werden könnten; ebensowenig berührte sie der Einfluss, den auf die Mischlingsbevölkerung – und besonders auf die Freien – der durch die Monokultur und die Sklavenarbeit bedingte Nahrungsmangel und die chemische Gehaltlosigkeit der traditionellen Lebensmittel ausübten, wie sie – mit geringen örtlichen Ausnahmen – alle Brasilianer seit mehr als drei Jahrhunderten verzehren, wozu noch die unregelmässige Versorgung und die schlechten hygienischen Verhältnisse bei der Konservierung und Verteilung eines grossen Teiles dieser Lebensmittel kamen. Diese Bevölkerungsteile sind noch heute – oder vielmehr heute mehr als zur Kolonialzeit – völlig unzureichend ernährt.*

Gilberto Freyre (siehe Fussnote 3)

der damals in Paris gewesen sei, weil er bei Charpentier eine Ausstellung gehabt habe.
Eine unglückliche Liebesgeschichte habe ihm das Paris der rationierten Lebensmittel und der ungeheizten Mansarden endgültig unerträglich gemacht, und als ihm Portinari geraten habe, doch der ganzen Mühsal den Rücken zu kehren und nach Brasilien zu kommen, und den guten Rat auch noch mit einer grosszügig spendierten Schiffspassage untermauert habe, sei er gegangen. Das sei 1946 gewesen. Eigentlich halte er ja nichts von Zahlenmystik. Aber beschäftigt habe es ihn dennoch, als er Anfang 1992, also genau 46 Jahre später, vom Sohn Portinaris, der ihn persönlich nicht kenne, die Anfrage bekommen habe, ob er die grosse Portinari-Retrospektive, die in Rio geplant ist, gestalten wolle. Und ob er das wolle. Dies sei die nobelste Aufgabe seines Lebens!
Van de Beuque ist von Beruf Ausstellungsmacher. Als Jüngling im Frankreich der Vorkiegsjahre begann er, Kunst zu studieren, und fasste eine Karriere als Maler und «professeur de peinture» ins Auge. Ein paar Bilder aus jener Zeit hängen in Van de Beuques privaten Wohn-Arbeits-Räumen im Pontal: eigenartig flämisch anmutende kleine dunkle Bilder, auf denen in beinahe breughelscher Manier traumartig katastrophische Landschaftsszenen aus dem Zweiten Weltkrieg gemalt sind, Szenen, auf denen die Menschen wie Tonfigurinen mit herausstechenden roten Käpplein erscheinen. Die Bilder reden von einem verletzten jungen Menschen, einem Romantiker, der im harten Klima des Nachkriegs-Paris zwischen Revanchismus und aufkommendem Existentialismus wohl nicht nur körperlich fror.
«Ich sehnte mich nach Wärme. Ich kam mit einem Rucksack voll Büchern in Rio an, und ich küsste den Boden, der mich trug. C'était le coup de foudre! – Im ersten Brief an meinen Bruder schrieb ich, dass die Leute hier im Zucker wateten. Und das war auch die Wahrheit. In den Bars lag eine Zuckerschicht am Boden; das kam von den unzähligen Cafezinhos, die dort getrunken wurden. Die Leute füllten die kleinen Tässchen bis an den Rand mit Zucker und gossen ein wenig heissen, starken Kaffee nach.»
Eine Rückkehr nach Europa kam nicht in Frage. Zunächst sei er, der mittellose junge Franzose, in einer Favela untergekommen. Bereits 1947 habe er geheiratet und sich etabliert als Graphiker und Gestalter technischer und industrieller Ausstellungen, als Spezialist für «architecture promotionelle». Seine Hauptkunden in dieser Zeit waren die Fluggesellschaften. Das war noch nicht die Zeit der Nonstop-Flüge. Die Flugzeuge von Europa nach Südamerika flogen über Dakar, überquerten den Atlantik und mussten in Recife landen. Der Landezwang in Recife wurde erst 1955 aufgehoben. Bis zu diesem Zeitpunkt war Recife der wichtigste internationale Flughafen Brasiliens. Van de Beuque war der meistbeschäftigte Graphiker der SAS. Zwischen 1948 und 1955 habe er durchschnittlich zweimal pro Monat ein paar Tage in Recife verbracht. Über tausend Vitrinen und Showcases habe er zu dieser Zeit im mondänen Flughafen gestaltet. In den freien Stunden, abends und an den Wochenenden, sei er durch die örtlichen Märkte gestreift und sei dort der Passion seines Lebens begegnet.

Als «Reich des Mondes» hat Nhô Caboclo, einer der grossen unter den Volkskünstlern des Nordostens, die Welt seiner Kunst bezeichnet[2]. Eine erstaunliche Setzung, poetisch und stolz, von einem bewegenden Selbstbewusstsein. In der Sammlung Van de Beuque gibt es eine Photographie, auf der Nhô Caboclo vor seiner Wohn- und Arbeitsstätte zu sehen ist: eine

**Der Mord an der Erde in Nordostbrasilien**

*Der Zucker war dem Nordosten zum Verhängnis geworden. Der feuchte, von Regenfällen begünstigte Küstenstreifen besass einen sehr fruchtbaren, an Humus und Mineralsalzen reichen Boden, der von Bahia bis Ceará von Wäldern bedeckt war. Dieses Gebiet tropischen Urwalds verwandelte sich, wie Josué de Castro berichtet, in eine Grasebene. Man hatte anfänglich Orangen- und Mango-Pflanzungen vorgenommen, die «ihrem Schicksal überlassen wurden und sich schliesslich auf kleine Gemüsegärten beschränkten, die das Haus des Fabrikbesitzers umgaben und ausschliesslich für die Familie des weissen Pflanzers bestimmt waren». Die Brände, durch die Erde für die Pflanzungen freigelegt wurde, verwüsteten den Wald und mit ihm die Fauna; es verschwanden die Hirsche, die Wildschweine, die Tapire, die Kaninchen, die Pakas und die Gürteltiere. Der Pflanzenteppich, Flora und Fauna wurden auf den Altären der Monokultur dem Zuckerrohr geopfert. Die extensive Bewirtschaftung erschöpfte den Boden schnell.*

*Die Eigentümer, die den besten Boden besassen, bauten keine Nahrungsmittel an. Sie führten sie ein, wie sie auch eine lange Reihe von Luxusartikeln einführten, die aus Übersee zusammen mit den Sklaven und den Salzsäcken kamen. Der Überfluss und der Wohlstand bildeten, wie gewöhnlich, das Gegenstück zum Elend der Mehrheit der Bevölkerung, die sich in einem Zustand chronischer Unterernährung befand. Die Viehzucht wurde weit weg von dem feuchten Streifen der Küste in die trockenen Zonen des Inneren, den «Sertão», verlegt, der bei zwei Stück Vieh pro Quadratkilometer das harte und geschmacklose, immer knappe Fleisch lieferte (und noch heute liefert).*

*Aus jenen Zeiten der Kolonie stammt die noch heute anzutreffende Gewohnheit, Erde zu essen. Der Mangel an Eisen verursacht Blutarmut. Ihr Instinkt treibt die Kinder des Nordostens dazu, mit der Erde die Mineralsalze zu ersetzen, die sie in ihrer normalen Nahrung nicht vorfinden; diese beschränkt sich auf Maniokmehl, Bohnen und bestenfalls gedörrtes Fleisch. Einst bestrafte man diese «afrikanischen Laster» der Kinder, indem man ihnen Maulkörbe aufsetzte oder sie in Weidenkörbe steckte, die man weit vom Boden entfernt aufhängte.*

*Der Nordosten Brasiliens ist derzeit das unterentwickeltste Gebiet der westlichen Halbkugel. Ein riesiges Konzentrationslager für 30 Millionen Menschen, das heute an den Folgen der Erbschaft der Zuckermonokultur leidet. (...) Heute wird weniger als ein Fünftel der feuchten Zone Pernambucos für den Anbau von Zuckerrohr verwendet; der Rest liegt brach. Die Besitzer der grossen Zuckerfabriken im Zentrum erlauben sich diesen Luxus der Vergeudung und belassen ihre ausgedehnten Latifundien in unproduktivem Zustand. Es ist nicht in den ganz oder halb trockenen Zonen des Inneren der Nordostzone, wo die Menschen am schlechtesten ernährt sind, wie irrigerweise angenommen wird. Der «Sertão», eine Steinwüste mit dünnem Gestrüpp und spärlicher Vegetation, wird periodisch von Hungersnöten heimgesucht;*

Hütte ist es nicht, eher ein ausrangierter, liegender, auf einer Seite offener Container oder sonst ein fassartiger Behälter. Die Raumhülle ist horizontal unterteilt durch einen Boden. Im oberen Bereich befindet sich der Wohn- und Schlafteil, im unteren das Atelier. Über Nhô Caboclo gibt es wilde Geschichten, zum Beispiel die, dass er, um die Freunde zu amüsieren, jeweils an einer Tankstelle ein Glas Benzin bestellt und getrunken habe. Caboclo, ein Name, mit dem manche Volkskünstler sich bezeichnen, heisst eigentlich Mischling. Indianisch-weiss, schwarz-weiss, schwarz-indianisch – jeder sagt etwas anderes. Sicher ist mit dem Wort immer die Vorstellung von Unterprivilegiertheit verbunden. Der Langenscheidt übersetzt: «Mischling; allg. Landarbeiter, armer Teufel». Gilberto Freyre, der wohl berühmteste Pernambucaner, Schriftsteller und Soziologe, hat in seinem 1933 herausgekommenen Klassiker «Herrenhaus und Sklavenhütte» die herrschende Einschätzung des Caboclo schonungslos formuliert[3].
Man muss sich das Land vorstellen, das die Kunst eines Nhô Caboclo oder eines Vitalino hervorbringt. Zwar liegt es am Äquator; aber das sind nicht die üppigen Tropen, wie sie in den Phantasien eines Douaniers Rousseau vorkommen. Das ist ein versehrtes, durch menschliche Misswirtschaft und klimatische Grausamkeit ausgelaugtes und ausgedörrtes Land; ein Land, wie es Eduardo Galeano in den «Offenen Adern Lateinamerikas» beschrieben hat[4]. Es ist aber auch ein Land, dessen geschundenes Volk Würde und Zartheit hat und ein – oft verletztes – glühendes Verlangen nach Achtung und Respekt und nach einer ausgleichenden Gerechtigkeit des Schicksals: so, wie es Hugo Loetscher in seiner «Wunderwelt» geschrieben hat, einer Geschichte aus dem Nordosten Brasiliens, die eigentlich alles sagt, was man über die Leute wissen muss, deren Figuren in Van de Beuques Museum stehen[5].

Die Kunst, die Van de Beuque in den späten vierziger Jahren zu sammeln begann, ist die Kunst der «armen Teufel» des Nordostens. Sie hat sich aus der traditionellen Herstellung von Tongefässen und -geräten heraus ergeben. Eine der hervorragendsten Figuren unter den Volkskünstlern des Nordostens ist Mestre Vitalino, der Meister Vitalino. Man darf sich wohl vorstellen, dass es die Persönlichkeit des Meisters Vitalino war, welcher dem vorhandenen und landesüblichen Kunsthandwerk jenen Atem einhauchte, der es, mindestens für ein paar Jahrzehnte lang, über das hinaustrug, was an manchen Orten auf der Welt in ländlichen Gegenden als Ausdruck eines kindlich-volkshaften Gestaltungstriebes entsteht. «In Vitalinos Familie», schreibt Etta Becker-Donner, die Wiener Ethnologin und Spezialistin für südamerikanische Volkskunst, «war die Mutter die Töpferin, die allerdings nur nützliches Haushaltgerät anfertigte, während der Vater sich als Arbeiter verdingte. Der Sechsjährige begann neben der Mutter, kleine Tierfiguren herzustellen – typische *Caxixis* (Bezeichnung für die weitverbreiteten kleinen Tonfigürchen, M.-L.L.) – oder Stücke, zu denen er durch Importe aus Portugal angeregt wurde, und ein Bruder verkaufte sie mit gewissem Erfolg auf dem Markt als Spielzeug. Die Mutter war von dieser Spielerei anfänglich wenig begeistert, doch währte es nicht lange, und die Einkünfte aus diesem kleinen Handel überstiegen ihre eigenen. Im Jahre 1930, als er 21 Jahre zählte, fing er an, menschliche Figuren und Szenen aus dem ländlichen Leben zu gestalten… Fünf Jahre später waren es schon ganze folkloristische Gruppen, Prozessionen, Taufen, Hochzeiten…»[6]

*(…) sie zwingt die Menschen zum Verlassen des Gebietes und besät die Strassenränder mit Kreuzen. In der feuchten Küstenzone aber ist der Hunger endemisch. Dort, wo die Üppigkeit am üppigsten ist, in diesem Lande der Widersprüche, ist das Elend am elendsten; die von der Natur dazu auserwählte Region, alle Nahrungsmittel zu spenden, verweigert sie alle. Der Küstenstreifen ist in einer Ironie der Sprache noch heute als «Zona da mata» (Waldzone) bekannt, zu Ehren der weit zurückliegenden Vergangenheit und der armseligen Spuren von Wald, der die Jahrhunderte des Zuckers überlebt hat. Das Zuckerlatifundium und seine Struktur der Vergeudung zwingen weiter dazu, Nahrungsmittel aus anderen Zonen, hauptsächlich aus den Gebieten im Zentrum und Süden des Landes, zu ständig steigenden Preisen herbeizuschaffen. Die Lebenshaltungskosten in Recife sind die höchsten des Landes und übertreffen die Ziffern von Rio de Janeiro bei weitem. Die Bohnen sind im Nordosten teurer als in Ipanema, dem luxuriösesten Strand der Hauptstadt. Ein halbes Kilo Maniokmehl entspricht dem Tageslohn eines erwachsenen Arbeiters in einer Zuckerplantage, für den er von frühmorgens bis abends arbeiten muss. Wenn der Arbeiter protestiert, lässt der Aufseher den Tischler zum Massnehmen holen. Für die Eigentümer oder ihre Verwalter ist nach wie vor in weiten Zonen das «Recht auf die erste Nacht» jeder jungen Frau in Kraft. Ein Drittel der Bevölkerung Recifes lebt ein Randdasein in den Hütten des Lumpenviertels; in dem Bezirk «Casa Amarela» stirbt mehr als die Hälfte aller Kinder, die geboren werden, ehe sie das erste Lebensjahr vollenden. Die Prostitution von Kindern – zehn- bis zwölfjährige Mädchen, die von ihren Eltern verkauft werden – ist in den Städten des Nordostens häufig anzutreffen. Für einen Arbeitstag wird in einigen Plantagen ein Betrag bezahlt, der niedriger als der niedrigste Tageslohn in Indien ist. In einem Bericht der FAO, einer Organisation der Vereinigten Nationen, wurde 1957 erklärt, dass in dem Orte Victoria, in der Nähe von Recife, der Mangel an Proteinen «bei den Kindern einen 40 Prozent grösseren Gewichtsverlust hervorrufe, als im allgemeinen in Afrika zu beobachten ist». In zahlreichen Plantagen bestehen noch die privaten Gefängnisse, «aber die für die Morde durch Unterernährung Verantwortlichen», sagt René Dumont, «werden in ihnen nicht gefangengehalten, da sie es sind, die die Schlüssel haben».*

Eduardo Galeano (siehe Fussnote 4)

namentlich auch einigen brasilianischen Künstlern auf. Ein besonderes Verdienst komme, das ist für Van de Beuque wichtig, in dieser Hinsicht dem Maler und Ästheten Auguste Rodriguez zu – «une personne indispensable», was die Entdeckung Vitalinos betreffe. Sogar im Ausland wurden Arbeiten Vitalinos ausgestellt. Er selber blieb Zeit seines Lebens ein bescheidener, einfacher Mann, ein Analphabet. Als er am 13. Juli 1977 an einer ansteckenden Krankheit starb, mussten seine wenigen persönlichen Effekten auf Geheiss des Gesundheitsamtes verbrannt werden.
Die Vitalinos sind eine Sippe. Im «Reinado da Lua», wie das wichtigste Buch über die Künstler des Nordostens zu Ehren von Nhô Caboclo heisst, sind mindestens sieben weitere Mitglieder der Familie Vitalino erwähnt, die ihren Lebensunterhalt mit der Produktion von Vitalino-Figuren bestreiten. Der Besucher des als bescheidene Wallfahrtsstätte eingerichteten Sterbehauses von Mestre Vitalino in einem kleinen Dörfchen ausserhalb Caruarú trifft noch heute einen Sohn Vitalinos, Manuel, einen älteren Mann, beim Bemalen kleiner Figürchen an. Vielfach ist die Produktion von Volkskunst eine Sippenangelegenheit, oft mit geteilten Aufgaben: einer formt, einer malt, einer brennt, einer verkauft. Die Selbstverständlichkeit, mit der ein Kollektiv diese Aufgabe übernimmt, zeigt mindestens zweierlei: Einerseits ist der Sinn für die Einmaligkeit und die Unersetzlichkeit des Individuums in diesem Umfeld schwach ausgeprägt. Zum anderen ist Vorsicht geboten im Umgang mit dem Wort Kunst, insbesondere, wenn man gewohnt ist, das Wort im elitären Wortgebrauch einer intellektuellen Schicht zu verwenden.

Dennoch hat sich um die Mitte des 20. Jahrhunderts im Nordosten so etwas wie ein künstlerisches Wunder ereignet. Dafür sprechen einerseits die Namen einzelner Volkskünstler, die aus der Anonymität aufgetaucht sind und von denen jeder einen unverwechselbaren, anrührenden Klang hat. Es sprechen auch die grossen Anonymen dafür, von denen ein paar der schönsten Stücke in Van de Beuques Sammlung stammen. Vor allem gewinnt aber das Phänomen dieser künstlerischen Blüte in der Tonfigurenkunst des Nordostens vor dem Hintergrund der neueren Entwicklung an Gewicht.
Diese Kunst war und ist verwundbar. Sie hat kein starkes Fundament. Sie hat ihre Wurzeln nicht in der ausgeprägten kulturellen und sozialen Identität eines Stammes. Ihr Imperativ ist nicht religiös: alles Bedingungen, die die Erzeugnisse präkolumbianischer Hochkulturen bestimmen. Sie ist eben nicht Zeuge einer Hochkultur, sondern kindliche Artikulation einer von Anbeginn an unterdrückten, kolonialisierten, ausgebeuteten Landbevölkerung, deren Wurzeln in drei Erdteilen zu suchen sind. Dies schmälert nicht den Wert und das künstlerische Ansehen der Figuren und sicher nicht unsere Zuneigung zu ihnen und ihren Schöpfern. Hingegen erklärt es die geringe Widerstandskraft dieser Kunstform gegen kommerzielle Ausbeutung. Die zwangsläufige Entwicklung einer solchen Produktion von Tonfiguren geht von den «Prototypen» zu den repetierten Mustern; von der mit kindlichem Erstaunen und mit der schöpferischen Entdeckungsfreude gestalteten Welt des einfachen Mannes bis zu einer Art Heimindustrie für den innerbrasilianischen und den internationalen Tourismus, die in den ländlichen Zentren um Recife herum, wie Caruaru oder Tracunhaém, gefördert wird. Dabei gerät die zerbrechliche Welt der Tonfiguren gleich von zwei Seiten her unter Druck: von der Massenproduktion der billigen Art – Stichwort Plastik; aber auch von den gutgemeinten Bemühungen derjenigen, die die Volkskultur behüten und behalten möchten und sie deshalb in ein hei-

*Dieses andere Wunder aber ist an Fatimas Hinterland vorbeigegangen, obwohl manche Strasse gebaut und manch andere asphaltiert wurde. Doch wenn in diesem Nordosten unzählige Bäche versickern, warum sollte nicht wenigstens Milch und Honig fliessen? Warum sollte unter den wasserführenden Flüssen nicht einer Jordan heissen?*
*Konnte angesichts der kriechenden Höhenzüge, die sich hinterm Horizont verlieren, konnte nicht einer der Hügel, Höcker oder Buckel der Heilige Berg, der Sinai sein? Und wo, wenn nicht in den weglosen Tälern und den aussichtslosen Ebenen, wo, wenn nicht in dieser unbekümmerten Öde, lag Kanaa, das Gelobte Land?*
*Man musste nur lange genug suchen, und dieser Nordosten dehnte sich aus, dass mancher ein Leben lang herumirrte, ohne im Kreis gehen zu müssen. Man musste nur das Land mit den aufgekauften Brunnen hinter sich lassen. Alle eingezäunten Weiden und abgesteckten Felder. So weit ins Innere vordringen, bis man auf eine verlassene Farm stiess, wo andere aufgegeben hatten und wo man noch einmal anfing.*

Hugo Loetscher (siehe Fussnote 5)

matwerkmässiges Ghetto einsperren. So hat ein junger Konservator der staatlichen Förderungstätte für Volkskunst in Caruaru uns mit Stolz über den quadratkilometergrossen Markt von Kunsthandwerk geführt, auf dem die Kopien der Kopien der Kopien der ersten Generation zu Tausenden stehen; mit Stolz und völlig unempfindlich für den Verlust, der sich daraus ergibt, dass ein ganzer Stand von Kunsthandwerkern dazu ermuntert wird, in einer «Manier» zu produzieren.

Jacques Van de Beuque schaut der unvermeidlichen Entwicklung mit Melancholie zu: «Wir sind Zeugen des Übergangs von der Populärkunst zur Vulgärkunst» (de l'art populaire à l'art vulgaire), sagt er. Noch immer ist Van de Beuque ein Mäzen der alten Schule. Er hält Kontakt zu den Familien der Grossen seiner Sammlung. Hin und wieder kämen sie, sagt Van de Beuque, und stünden gerührt und ehrfürchtig vor den Werken ihrer Väter. Noch immer arbeiten die besten Leute auf Bestellung für ihn.

Van de Beuque kommt ein unermessliches Verdienst zu: Dadurch, dass er die Volkskunst des armen Nordostens in einem lebenslangen totalen Einsatz seiner Kraft und seiner Mittel gesammelt hat, ihr in einem privaten Museum einen Ort und damit eine Identität gegeben hat, bewahrte er eines der rührendsten Phänomene der brasilianischen Kultur vor dem Zerfall und dem Vergessenwerden. Die als private Leidenschaft begonnene Sammlertätigkeit ist in eine kulturelle Verantwortung gemündet, die fast zuviel ist für einen einzelnen Mann: Auf seinen Schultern lastet der geistige und physische Unterhalt von Tausenden von delikaten, fragilen Objekten; lastet der Druck, aus einer privaten Sammlung ein Museum zu machen, um einen Beitrag an diesen Unterhalt zu erwirtschaften einerseits, um den längst über das Private hinausgewachsenen Kulturschatz mit der Öffentlichkeit zu teilen andererseits. Es muss eine dringende Verpflichtung des brasilianischen Staates oder auch der Unesco sein, Jacques Van de Beuque bei seiner grossen Verpflichtung beizustehen.

1 Cândido Portinari (1903–1962), wichtigster brasilianischer Vertreter des Soz-Realismus

2 *Disso você não entende não, isso é coisa do reinado da lua.* (Davon versteht ihr gar nichts, dieses ist Sache aus dem Reich des Mondes.)

3 Gilberto Freyre: Herrenhaus und Sklavenhütte. Ein Bild der brasilianischen Gesellschaft, München: Deutscher Taschenbuchverlag, 1990 (Erstausgabe: Rio de Janeiro, 1933), S. 57 f.

4 Eduardo Galeano: Die offenen Adern Lateinamerikas. Die Geschichte eines Kontinents von der Entdeckung bis zur Gegenwart, Wuppertal: Hammer, 1991 (Erstausgabe: Montevideo, 1971), S. 74 ff.

5 Hugo Loetscher: Wunderwelt. Eine brasilianische Begegnung, Zürich: Diogenes, 1983 (Erstausgabe: 1979), S. 89

6 aus: Etta Becker-Donner, in: Volkskunst aus Lateinamerika (Katalog), Museum für Völkerkunde, Wien (o. J.), S. 66 f.

Vitalino
Flucht vor dem Stier, um 1948
Ton, gebrannt und bemalt
h 33 cm
Van de Beuque

Vitalino
Wöchnerin, um 1940
Ton, gebrannt und bemalt
h 16 cm

Vitalino
Operation, um 1950
Ton, gebrannt und bemalt
h 19 cm
Van de Beuque

Zé Caboclo
Untersuchung, um 1955
Ton, gebrannt und bemalt
h 19 cm

Zé Caboclo
Fotograf, um 1954
Ton, gebrannt und bemalt
h 15 cm
Van de Beuque

Zé Caboclo
Barbier, um 1954
Ton, gebrannt und bemalt
h 18 cm
Van de Beuque

Zé Caboclo
Advokat, um 1950
Ton, gebrannt und bemalt
h 14 cm
Van de Beuque

Zé Caboclo
Ziegendieb, um 1955
Ton, gebrannt und bemalt
h 20 cm
Van de Beuque

Zé Caboclo
Bananenesser, um 1960
Ton, gebrannt und bemalt
h 13 cm
Van de Beuque

Zé Caboclo
Wäscherin, um 1950
Ton, gebrannt und bemalt
h 11 cm
Van de Beuque

Zé Caboclo
Begegnung, um 1950
Ton, gebrannt und bemalt
h 25 cm
Van de Beuque

Luis Antônio
Maniokverarbeitung, um 1975
Ton, gebrannt und bemalt
h 19 cm
Van de Beuque

Zé Rodrigues
Apollo 12, 1969
Terrakotta
h 36 cm
Van de Beuque

Nilson
Töpfer, um 1955
Terrakotta, glasiert
h 20 cm
Van de Beuque

Luis Antônio
Jazz-Band, um 1985
Terrakotta
h 15 cm
Van de Beuque

Anonym
Maniokverkäuferin,
um 1947
Ton, bemalt
h 22 cm
Van de Beuque

Anonym
Früchteverkäuferin,
um 1947
Ton, gebrannt
und bemalt
h 32 cm
Van de Beuque

Sebastião Vila Nova

# Gilberto Freyre

## Der Soziologe der brasilianischen Seele

Gilberto (de Mello) Freyre (1900–1987) ist eine der wichtigsten Figuren im intellektuellen Leben Brasiliens überhaupt. Sein Name ist unausweichlich mit «Casa Grande e Senzala» (Herrenhaus und Sklavenhütte) verbunden, seinem in Brasilien und im Ausland bekanntesten Buch, das die Erforschung der Gesellschaft Brasiliens von Grund auf umgestaltete und sogar das Bild veränderte, das der Brasilianer von sich selber hatte.

Gilberto Freyre wurde am 15. März 1900 in Recife geboren. Er besuchte die Grundschule in seiner Heimatstadt, wo er schon in seiner Kindheit mit kulturellen Traditionen französischer und angelsächsischer Prägung in Berührung kam. Nach der Mittelschule im von Baptisten geleiteten amerikanischen College Gilreath von Recife glaubt er sich zum Priestertum berufen, und in der Absicht, Pfarrer zu werden, reist er mit achtzehn Jahren in die Vereinigten Staaten, wo er an der Baylor University, in Waco, Texas, studiert und mit einem Lizentiat der Philosophischen Fakultät («Liberal Arts») abschliesst. Unter der Führung von Professor Oliveira Lima, ebenfalls aus Recife stammend und zu jener Zeit Dozent an der Katholischen Universität von Washington, wendet er sich der Soziologie zu und begibt sich an die Universität von Columbia in New York, wo er Politische Wissenschaften, Jurisprudenz und Soziologie studiert. Unter seinen Meistern sind einige der bedeutendsten Humanisten und Soziologen der damaligen anglo-amerika-

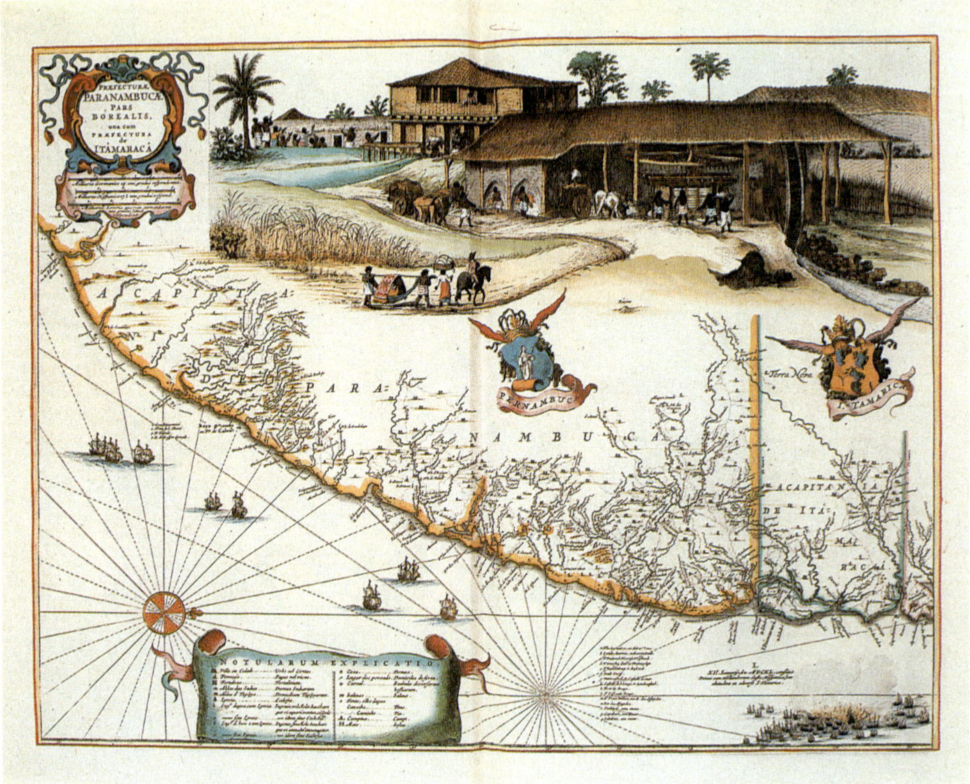


Johannes Blaeu, Grosser Atlas, B. 8, Karte 58 (1665), Pernambuco: Herrenhaus und Zuckermühle

Gilberto Freyres Buch «Herrenhaus und Sklavenhütte» wurde von Anfang an als Meisterwerk gefeiert und brachte dem Autor unzählige Ehrungen ein. Nun beruhen «Bestseller» immer auf Ambivalenzen; ihr Erfolg verdankt sich oft einer gewissen Doppelbödigkeit: einerseits brechen sie Tabus und wirken befreiend, andererseits aber zementieren sie bereits bestehende Vorurteile und bestätigen den Leser in dem, was er schon immer gewusst zu haben glaubte.

Freyres Tabubruch bestand in der Thematisierung der Kolonialzeit, die dem Nationalbewusstsein ebenso wie der Geschichtswissenschaft grosse Mühe bereitete. Beide tendierten dazu, sich entweder der vorkolumbianischen Zeit oder dem 19. Jahrhundert zuzuwenden. In jenen Gebieten Lateinamerikas, in welchen es zur Herausbildung von Hochkulturen gekommen war, bezog man sich auf die hochidealisierten Inka, Azteken oder Maya, um sie in den Dienst des Nationalbewusstseins zu stellen, oder man berief sich auf die Befreiungsbewegungen des frühen 19. Jahrhunderts und idealisierte den Freiheitsdurst und das Selbstbewusstsein der kreolischen Oberschicht bzw. der in den Kolonien geborenen und herrschenden Abkömmlinge der portugiesischen und spanischen Eroberer. Über die eigentliche Kolonialzeit, über den Zusammenprall der Kulturen und über die gewalttätige Einsetzung neuer Hierarchien wurde in der Regel geschwiegen. Diese Themen hätten den gesellschaftlichen Konsens, dessen die neuen Staaten bedurften, in Frage gestellt.

Vielleicht war es das Fehlen einer Hochkultur im brasilianischen Raum, welche es Freyre eher als einem mexikanischen oder peruanischen Historiker möglich machte, sich auf die Kolonialzeit und die Herausbildung neuer Strukturen zu konzentrieren. Das Tabu, das Freyre brach, war die Thematisierung des Beitrags der Indianer und Afrikaner an die brasilianische Gesellschaft. Das Vorurteil jedoch, das er zementierte, war die Betonung eines mehr oder weniger einheitlichen Nationalcharakters, der sich während der Kolonialzeit angeblich gebildet hatte.
Sein theoretisches Instrumentarium hatte sich Freyre bei Franz Boas angeeignet. Dessen Stärke war es gewesen, homogene Kulturen ethnologisch genau zu erfassen, aber seine Schüler machten sich auch daran, grössere heterogene Einheiten, wie zum Beispiel Staaten, ethnographisch zu beschreiben. Ruth Benedict versuchte es mit den Japanern, Margret Mead und Geofrey Gorer mit den Amerikanern. Diese Arbeiten psychologi-

nischen Welt, so zum Beispiel der Soziologe Franklin Giddings und der Jurist Sir Alfred Zimmern von Oxford, der Anthropologe Franz Boas, welcher in den Staaten als der Vater der Anthropologie gilt. Mit zwanzig Jahren erwirbt Freyre den Doktortitel mit der Dissertation «Social Life in Brazil in the Middle of the 19th Century». Zu jenem Zeitpunkt knüpft er Beziehungen zu bedeutsamen Intellektuellen Nordamerikas wie dem Philosophen John Dewey, den Dichtern William Butler Yeats, Vachel Lindsay und Amy Lowell. Er unternimmt Studienreisen nach Europa, nach Portugal, Frankreich, Deutschland und vor allem nach Oxford.
1922 lässt er sich in Recife nieder, arbeitet als Journalist und amtiert gleichzeitig als Privatsekretär des damaligen Gouverneurs des Staates Pernambuco, Estácio Coimbra. Von 1928 bis 1930 lehrt er, als Inhaber des ersten in Brasilien geschaffenen Lehrstuhls für Soziologie, am Lehrerseminar von Recife. 1926 organisiert er den ersten «Congresso Regionalista» in Amerika. 1930 wird er gezwungen, Brasilien zu verlassen. Zusammen mit dem Gouverneur Estácio Coimbra, der in diesem Jahr durch Getúlio Vargas abgesetzt worden ist, geht er ins Exil. Er übersiedelt nach Lissabon, wo er sich mit Englischunterricht über Wasser hält. Nach einer Gastdozentur an der Universität von Stanford in Kalifornien nimmt er in Lissabon seine Studien über die Entstehung der brasilianischen Gesellschaft wieder auf. Längere Zeit hält er sich in Deutschland auf, kehrt 1932 nach Brasilien zurück. Wieder in Recife, beginnt er an «Casa Grande e Senzala» zu schreiben, seinem Meisterwerk, das die Resultate seiner Forschungen enthält. Das Buch kommt 1933 heraus und markiert einen Wendepunkt in der brasilianischen Soziologie, die sich von nun an mit wissenschaftlichen Grundlagen an das Studium der brasilianischen Gesellschaft heranmachen kann.
1934 organisiert Freyre den «1. Afro-Brasilianischen Kongress»; danach

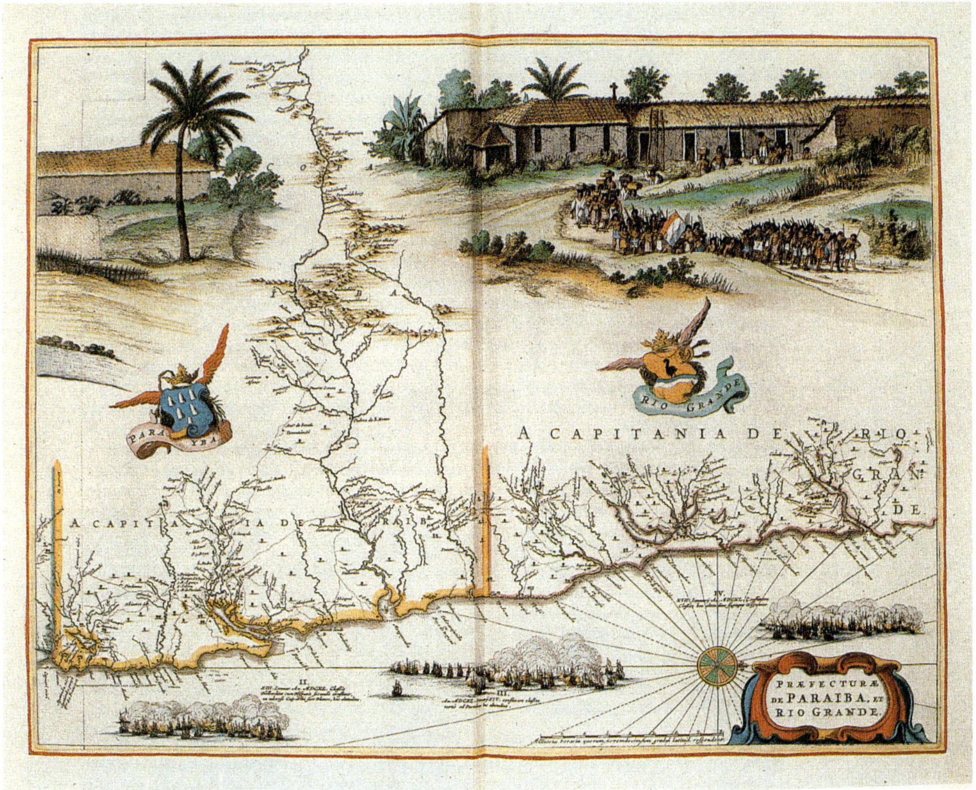


Johannes Blaeu, Grosser Atlas, Band 8, Karte 60 (1665), Paraíba: Sklavenhütten

sierten politische Verhältnisse, beschrieben als Nationalcharakter, was blosse Ideologie war und unterschätzten die sozialen Widersprüche.
Auch Gilberto Freyre konnte diese theoretischen Mängel nicht überwinden. Seine Beschreibungen «des» Negers oder «des» Indianers als «extrovertiert» bzw. als «introvertiert» reproduzieren lediglich die gängigen Klichees, wobei Freyre besondere Sympathien für die Afrikaner und weniger für die Indianer hatte. In gewisser Hinsicht idealisierte und idyllisierte Freyre die alte Zeit und verschleierte die Gewalt, auf der die koloniale Sklavengesellschaft beruhte. Aber gerade diese Seite trug wesentlich zum Erfolg von Freyres Buch bei, und zwar indem es das, was eigentlich ein gewalttätiger Zusammenprall war, als stark sexualisierte Durchmischung beschrieb. Wer sich diesem nostalgischen Bann und den psychologischen (dem Rassismus oft nahe kommenden) Erklärungen entziehen kann, kann jedoch Freyres Buch mit Gewinn lesen.

*Mario Erdheim*

widmet er sich intensiver Forschungsarbeit; 1936 erscheint das Buch «Sobrados e Mucambos» (Die Häuser der Reichen und die Hütten der Armen), eine Weiterführung der sozio-anthropologischen Deutung der brasilianischen Gesellschaft und Kultur. 1937 folgt «Nordeste» (Nordosten), sein literarisch bedeutendster Essay.

Mit dem Sturz des Diktators Getúlio Vargas, 1945, und der Rückkehr Brasiliens zur Demokratie wendet sich Freyre wieder der politischen Tätigkeit zu und wird 1946 zum Abgeordneten des Staates Pernambuco gewählt; als solcher nimmt er teil an der Ausarbeitung der neuen Verfassung.

1945 erscheint in den Vereinigten Staaten das Buch «Brazil: An Interpretation», das ein paar Jahre später ergänzt und unter dem Titel «New World in the Tropics» herausgegeben wird. 1946 erscheint die englische Übersetzung von «Casa Grande e Senzala», die in den akademischen und intellektuellen Kreisen der anglo-amerikanischen Welt Furore macht.

Als Abgeordneter beantragt er 1948 im brasilianischen Parlament die Schaffung eines Instituts zur Erforschung der Lebensbedingungen des Arbeiters im Norden und Nordosten Brasiliens, das dann tatsächlich ein Jahr später mit dem Namen «Instituto Joaquim Nabuco» gegründet wird (heute die Fundação Joaquim Nabuco).

Gilberto Freyre, 1918

Nach Beendigung seines Mandats als Abgeordneter unternimmt er, zwischen 1951 und 1952, eine Reise durch die portugiesisch sprechenden Länder Afrikas – Kapverdische Inseln, Angola, Moçambique und Portugiesisch Guinea – und weiter bis nach Goa in Indien, um die portugiesische Kolonisation in tropischen Gebieten zu erforschen. Das Resultat dieser Reise waren die 1953 erschienenen Berichte «Um brasileiro em terras portuguesas» (Ein Brasilianer in portugiesischen Ländern) und «Aventura e rotina» (Abenteuer und Routine). In Goa stellt er zum ersten Mal seine Idee von einer neuartigen Annäherung an die bio-sozio-kulturelle Wirklichkeit des in den Tropen lebenden Menschen vor, die später unter dem Namen «Tropicologie» zu einem neuen Begriff wurde.

1959 kommt «Ordem e Progresso» (Ordnung und Fortschritt – die Inschrift auf der brasilianischen Flagge, Anm. d. Übers.) heraus, Freyres reifstes und letztes Werk zur Interpretation der brasilianischen Gesellschaft.

1962 beginnt Freyres schriftstellerisches Werk mit der Gedichtsammlung «Talvez poesia» (Beinahe Gedichte). 1964 versucht er sich in der Prosaliteratur mit der Novelle (oder «Halbnovelle», wie er es lieber nannte) «Dona Sinhá e o filho padre» (Dona Sinhá und der Pfarrer, ihr Sohn).

1973 erscheint «Além do apenas moderno» (Jenseits des Nur-Modernen), eine Schrift, in der er Fragen der Zukunftsforschung, insbesondere in bezug auf den brasilianischen Menschen, nachgeht. Dann wendet er sich nochmals der Literatur zu und publiziert «O outro amor do doutor Paulo» (Die andere Liebe des Doktor Paulo), eine Fortsetzung von «Dona Sinhá e o filho padre».

Am 18. Juli 1987 ist Gilberto Freyre im Stadtteil Apipucos von Recife gestorben, in jenem alten Haus, wo er beinahe ein halbes Jahrhundert lang gelebt hatte.

Gilberto Freyre war einer der grössten Denker und einer der originellsten Essayisten des portugiesischen Sprachraumes. Trotz seiner systematischen akademischen Ausbildung auf dem Gebiet der Soziologie und seiner Forschungstätigkeit als Soziologe, Anthropologe und Historiker sowie seiner Abstecher in die Sozial-Philosophie sah er sich in erster Linie immer als

Gilberto Freyre, 1968

Schriftsteller. Darum ist es nicht ohne weiteres möglich, den Schriftsteller vom Sozialwissenschafter zu trennen. Bis zu seinem Tod hatte er insgesamt 95 Bücher und 113 kürzere Schriften veröffentlicht; daneben hinterliess er eine ausserordentliche Anzahl (bis jetzt noch nicht gesammelt, doch schätzungsweise über 2000) Artikel in Zeitungen oder wissenschaftlichen Publikationen. Nach seinem Tod erschienen nochmals zwei Bücher: «Ferro e Civilização» (Eisen und Zivilisation) und «Bahia e baianos» (Bahia und die Bahianer). Obwohl er sich mit so verschiedenen Themen wie Verstädterung, bildende Kunst, Kochkunst, Medizin, Alter, Mode, Literatur, etc., befasste, war sein intellektuelles Hauptanliegen das Verständnis des brasilianischen Volkes – «seines» Volkes. Mit Recht nannte er sein ganzes Werk «autobiographisch».

Als Soziologe und Anthropologe war er ein Eklektiker, der sich keinerlei theoretischer oder methodologischer Orthodoxie verschrieb; er bezeichnete seine Art, Soziologie zu treiben, als «existenziell»; er wich dabei vom «naturalistischen Ideal» der Sozialwissenschaft ab und neigte eher dazu, jede einzelne gesellschaftliche Gegebenheit als etwas Einmaliges zu verstehen. Er glaubte an die Empathie als Mittel zur Erfassung des gesellschaftlichen Lebens und kümmerte sich nie um die Abgrenzung von wissenschaftlicher Annäherung und künstlerischer Wahrnehmung der Welt, weshalb er oft von orthodoxen Soziologen und Anthropologen kritisiert wurde.

Das beste Beispiel der vielseitigen Methode, die seine Forschungsweise kennzeichnet, bietet «Casa Grande e Senzala». In diesem Buch sucht Gilberto Freyre den einmaligen Charakter des brasilianischen Volkes anhand des geschichtlichen Prozesses seiner Entstehung zu deuten, indem er hervorhebt, welche Rolle in diesem Prozess der Katholizismus, die patriarchalische Familie, die auf dem Grossgrundbesitz und der Sklavenarbeit aufgebaute Wirtschaft, die Rassendurchmischung und die grosse Anpassungsfähigkeit des Portugiesen an das tropische Milieu (als Folge früherer Erfahrung in anderen tropischen Kolonien) spielen.

Nicht zufällig widmete Gilberto Freyre einen Grossteil seines Werkes dem Schwarzen, der als Sklave von Afrika nach Brasilien verpflanzt wurde. Trotz der untergeordneten Stellung des Schwarzen in der Sozialstruktur der brasilianischen Gesellschaft sah Freyre in ihm einen wesentlichen Faktor der Rassendurchmischung, der biologischen wie auch der kulturellen, aus welcher das brasilianische Volk entstand und in der das schwarze Element weit bedeutender ist als das indianische.

Die revolutionäre Rolle von «Casa Grande e Senzala» kommt daher, dass Gilberto Freyre mit diesem Werk zwei Mythen endgültig abbaute, die auf diesem Gebiet vorherrschten: den arianistischen Mythos von der Überlegenheit des weissrassigen Siedlers und den Mythos, wonach die Gesellschaft nicht von der natürlichen Umgebung bestimmt werde. So erklärt es sich, weshalb dieses Buch nicht nur in der Gesellschaftsforschung eine neue Phase eröffnete, sondern vor allem auch im eigentlichen Prozess der Selbstfindung des Brasilianers. Und so versteht man auch die Behauptung des Anthropologen Darcy Ribeiro, dass «Casa Grande e Senzala» das brasilianischste aller Bücher sei und dass «Gilberto Freyre den kulturellen Grundstein für Brasilien gelegt habe wie Cervantes für Spanien, Camões für Portugal, Tolstoj für Russland und Sartre für Frankreich».

Die literarische und darstellerische Einmaligkeit von «Casa Grande e Senzala» löste bei bedeutenden Intellektuellen in der ganzen Welt Bewunderung und Respekt aus, so zum Beispiel bei Roberto Rosselini, der mit dem

Gilberto Freyre, um 1980

Gedanken spielte, das Buch zu verfilmen, und bei Roland Barthes, der den Autor mit Jules Michelet vergleicht und bedauert, dass «Frankreich noch keinen solchen Interpreten der ersten Jahrhunderte seiner Entstehung» gehabt habe.

Über den Beitrag hinaus, den Gilberto Freyre grundlegend mit «Casa Grande e Senzala» und weiter ausholend dann mit «Sobrado e Mucambo» und «Ordem e Progresso» zur Deutung der brasilianischen Gesellschaft und Kultur leistete, hat er mit seinem Engagement für die Förderung der «Tropicologie» (die Systematisierung der spezifischen Kenntnis über das Wesen des in den Tropen lebenden Menschen) eine weitere bedeutende Leistung erbracht. Laut Freyre ist die «Tropicologie» keine Wissenschaft für sich, sondern viel eher eine interdisziplinäre Annäherungsweise an die besonderen Probleme des Menschen und des Lebens in den Tropen, die sich mit der Wechselwirkung von Kultur und Natur befasst und vom üblichen, eurozentrischen «approach» an diese Probleme abweicht. Er regte 1965 bei der Universidade Federal von Pernambuco die Gründung eines tropenkundlichen Seminars an, welches dann ab 1966 auch als dauerhafter Bestandteil jener Hochschule zu funktionieren begann und seit 1980 als Fundação Joaquim Nabuco in Recife eine eigenständige Institution darstellt.

Eines der wichtigsten Merkmale von Gilberto Freyres Gedankengut ist das Gespür für die Bedeutung der Umwelt im gesellschaftlichen Leben eines Volkes; daher rührt auch sein besonderes Augenmerk für das regionale Umfeld der Gesellschaft und der Kultur. Aus keinem anderen Grund blieb er, auch als Kosmopolit, gefühlsmässig stets mit seiner eigenen Region, dem Nordosten Brasiliens, eng verbunden. Bereits im «Manifesto regional» von 1926 brachte Freyre seine tiefgehende und liebevolle Identifikation mit der Kultur des Nordostens zum Ausdruck. Für ihn stellte der Nordosten die eigentliche Synthese aller sozio-kulturellen Erfahrungen des brasilianischen Volkes dar, «das Hauptgefäss, in dem diese Verbindungen, diese Fusion, diese Mischung von Rassen und Werten sich bis zum heutigen Tag vollziehen und noch immer brodeln: Portugiesen, Eingeborene, Spanier, Franzosen, Afrikaner, Holländer, Juden, Engländer, Deutsche, Italiener». Fasziniert von dem Reichtum und der Vielfalt der Kultur seiner Region, glaubte er: «Wer sich im Nordosten in die Nähe des Volkes begibt, der steigt hinab zu den Wurzeln und Quellen der Region – seines Lebens, seiner Kultur und seiner Kunst». Seine grosse Ehrfurcht vor der schöpferischen Kraft im Volk des Nordostens spiegelt sich in der Behauptung: «Wer unter das Volk geht, der findet sich dort Meistern gegenüber und wird zum Lehrling, und wäre er ein noch so grosser Lehrer der Künste oder ein noch so bedeutender Doktor der Medizin.

Am allerbesten gibt sein Essay «Nordeste» sein Interesse für die Dinge seiner Region wieder. In ihm befasst er sich, wie der Untertitel besagt, mit dem «Einfluss des Zuckerrohrs auf das Leben und auf die Landschaft des brasilianischen Nordostens».


*Casa Grande e Senzala* (Formação da Familia Brasileira sob o Regime da Economia Patriarcal). 23. Auflage, Rio de Janeiro, José Olímpio, 1984 (erstmals erschienen 1933)

*Herrenhaus und Sklavenhütte* (Ein Bild der Brasilianischen Gesellschaft). Übersetzung von Ludwig Graf von Schönfelt, mit einem Vorwort von Hermann Matthias Görgen. Köln, Kiepenheuer & Witsch, 1965; 2. Auflage: Stuttgart, Klett-Cotta, 1982; 3. Auflage: München, dtv, 1990

*The Masters and the Slaves* (A Study in the Development of Brazilian Civilization). Übersetzung von Samuel Putnam. New York, Alfred A. Knopf, 1946

*The History of Brazil.* 3 Bände. Sammelband, enthaltend *The Masters and the Slaves, The Mansions and the Shanties* und *Order and Progress.* London, Secker & Warburg, 1971

*Brazil: An Interpretation.* New York, Alfred A. Knopf, 1945; 2. Auflage: 1947

*New World in the Tropics.* New York, Alfred A. Knopf, 1959; 2. Auflage: New York, Random House, 1963

*Terres de Sucre.* Übersetzung von Jean de Arechioni. Paris, Gallimard, 1956

*Nordeste – L'Uomo e gli Elementi.* Übers. von Alberto Pescetto. Mailand, Rizzoli, 1970

Pablo Stähli

# Warum es zum Drucken Pfeffer braucht

Der Drucker und Verleger José Francisco Borges

«Cordel» heisst Schnur, und an Schnürchen aufgehängt werden die kleinen Büchlein, auf dem Markt und an anderen Orten, etwa an Busstationen und überall dort, wo viele Leute sich treffen, zum Verkauf angeboten. Der Hersteller ist der «Cordelista», und das Ganze ist die «Literatura de Cordel». Entstanden ist sie im 17. Jahrhundert auf der iberischen Halbinsel, und später ist sie von den Portugiesen nach Brasilien gebracht worden. Im Nordosten Brasiliens ist sie auch heute noch weit verbreitet.

Ende des 19. Jahrhunderts: Die Bänkelsänger zogen von Ort zu Ort, berichteten über Gott und die Welt, erzählten alte Geschichten und Legenden. Sie sangen und lasen in öffentlichen Sälen aus handgeschriebenen Büchern und von ihren Manuskripten. Dann und wann haben wohl Leute aus dem Publikum nach diesen Texten gefragt, und die Bänkelsänger, mit der Aussicht auf ein kleines Geschäft, begannen ihre Vorlagen von Hand zu kopieren und zu verkaufen.

Der Holzschnitt und die Verbreitung einfacher Druckmaschinen gestatteten dann die Herstellung von grösseren Auflagen: die «Literatura de Cordel» war geboren und trat ihren Siegeszug durch das ganze Land an.

In ihren besten Zeiten, den vierziger Jahren des 20. Jahrhunderts, verbreiteten zehn grosse Verleger und 2000 Cordelistas die kleinen Heftchen. Diese waren in der Vor-Fernseh-Epoche Information, Unterhaltung, Zeitung, Schulbuch, Bildungsinstrument und Hofnachrichten zugleich; sie waren in fast jedem Haushalt zu finden, kosteten sie doch nicht mehr als der Gegenwert von drei, vier Hühnereiern.

Die Verbreitung war enorm: vom Titel «Der geheimnisvolle Pfau», sagt man, seien weit über 10 Millionen Exemplare verkauft worden.

Die alten Cordelistas hatten eine bedeutende soziale Funktion: sie waren Volksdichter, Bewahrer des Kulturgutes der einfachen Leute, Informanten und Vermittler. Nur von ihnen erfuhren die Leute, bis weit in das verlorene Hinterland hinein, was in der grossen Welt und in der näheren Umgebung passierte. Heute, wo die modernste Fernsehanstalt der Welt (die brasilianische «Rede Globo») das Land bis in den hintersten Winkel im Griff hat (wo kein direkter Empfang möglich ist, bringt das Postauto einmal pro Woche die Videokassette mit den Neuigkeiten auch ins bescheidenste Gemeindehaus), hat die «Literatura de Cordel» ihre Bedeutung eingebüsst, und José Borges meint: «Die Literatura de Cordel droht noch vor mir zu sterben.»

Borges wohnt und arbeitet hundert Kilometer weit im Hinterland von Pernambuco. Er ist ein «cordelista», er und seine Familie, sechs Leute, leben schlecht und recht vom Verkauf der Büchlein und der Holzschnitte und von gelegentlichen Druckaufträgen.

Neben dem Tagesgeschäft mit den Schnurbüchlein arbeitet Borges zurzeit an den Illustrationen für das neue Buch von Eduardo Galeano. Galeano, 52, Paraguayaner, der viele Jahre im spanischen Exil verbracht hat, ist der Autor der «Offenen Adern Lateinamerikas». Borges ist sich der grossen Ehre, die dieser Auftrag bedeutet, sehr wohl bewusst und arbeitet begeistert an dem langsam fortschreitenden Projekt (er ist in ständigem Austausch mit

José Francisco Borges

In der Druckerei von José Francisco Borges

Galeano, der ihm die jeweils gerade entstandenen Kapitel zur Bebilderung zugehen lässt).
Die Produktionsbedingungen, unter denen Borges arbeitet, berühren uns im Zeitalter von Laserprintern und riesigen Rollenoffsetmaschinen merkwürdig. Bei einem meiner letzten Besuche musste ich recht lange warten: Borges war gerade beim Arzt, um sich zwei Finger, die er in der 120jährigen Druckmaschine zerquetscht hatte, pflegen zu lassen.
Borges arbeitet in einem grossen Haus, das Wohnhaus, Werkstatt und Verkaufslokal zugleich ist. Beim Druck und der Produktion packen alle Familienmitglieder mit an, vom 10jährigen Benjamin bis zum 23jährigen Adoptivsohn. Neben den Büchlein produziert Borges auch schwarzweisse und farbige Holzschnitte in unlimitierten Auflagen, die auf jedem Markt im Nordosten feilgeboten werden. Ihre Themen sind die klassischen Geschichten aus dem Nordosten.
Das erfolgreichste Bändchen heisst «Die Frau, die ihre Haare verkaufte und die Hölle besuchte». Borges: «1967 wurde es plötzlich Mode, dass Frauen im Nordosten ihre Haare (für die Herstellung von Perücken) verkauften. Da kam also ein Jeep, und ein Mädchen mit sanften Händen schor unseren Frauen die Köpfe. Die Frauen stiegen in den Wagen und kamen kurze Zeit später kahlköpfig wieder heraus – mit einem bisschen Geld, das gerade für ein gutes Kleid oder für ein paar neue Schuhe reichte.
Das hat mich damals sehr aufgeregt, weil ich persönlich finde, dass das Haar eine Frau schön macht und sie schmückt. Beim Anblick der immer zahlreicher werdenden kahlköpfigen Frauen fragte ich mich deshalb: mein Gott, was kann man da machen, um das zu verhindern?

Holzschnitte von José Francisco Borges

Ich druckte dann ein Heftchen mit dem Titel ‹Die Frau, die ihre Haare verkaufte und die Hölle besuchte›. Ich erfand zuerst den Titel, wusste aber nicht, wie ich die Geschichte entwickeln sollte. Dann hatte ich folgenden Einfall: die Frau verkaufte ihre Haare gegen den Willen ihres Ehemannes. Vierzehn Tage danach stirbt sie. Ich habe sie also sozusagen ‹umgebracht›, damit ich sie die Hölle besuchen lassen konnte, wo sie – weil sie durch den Verkauf der Haare ihrem Gatten so viel Leid zugefügt hatte – flüssiges Blei trinken muss. Der Erfolg blieb nicht aus, die eingeschüchterten Frauen verweigerten danach den Raub ihres Haupthaares.
Von diesem Titel machte ich zuerst mal 1000 Exemplare, die sich auf Anhieb auf dem Markt verkauften. Dann nochmals 1000, die sofort weg waren. Dann 15 000 Exemplare (die ich auswärts drucken liess), und so habe ich dann innerhalb eines einzigen Monats 40 000 Stück dieses Cordels verkauft. Ein Riesenerfolg, der gerade zur rechten Zeit kam – denn die Verkäufe waren damals gar nicht so gut – und der mir Mut zum Weitermachen gab.»

Holzschnitt von José Francisco Borges

Cordel-Literatur

Es entstanden eine grosse Anzahl weiterer Titel, hier eine kleine Auswahl: «Die Intrige zwischen Hund und Katze», «Fussball in der Hölle», «Der Alte, der den Teufel täuschte», «Der Krieg im Orient oder die Hölle im Irak», «Die Geburt des Padre Cícero in Crato-Ceará», «Vom Mädchen, das während der grossen Dürre 1877 gegen ein Maultier, einen Sack Mehl und 40 Stück Stangenzucker eingetauscht wurde», «Der Roman von Iracema, der Jungfrau mit den Honiglippen», «Das Mädchen, welches sich – Lambada in Brasilia tanzend – in ein Tier verwandelte», «Der Bursche, den im Staate Alagoas ein Schwein heiratete», «Würdigung anlässlich des 100. Jahrestages der Abschaffung der Sklaverei», «Diskussion zwischen einer Waschfrau und einem Polizisten».
Eine andere erfolgreiche Geschichte, die Borges erfunden, geschrieben, gezeichnet, gedruckt und vertrieben hat, handelt von der «Frau, welche den Teufel in eine Flasche steckte». Ein eifersüchtiger Ehemann, der oft auf Reisen ist, bittet den Teufel, auf seine Gattin aufzupassen. Aber die Frau ist listiger als der Teufel. Als der Mann sie mit dem Teufel allein lässt, lädt sie ihn zu einem Bad in den nahen Teich ein und fragt: «Wetten wir, dass ich besser tauche als du?» Der Teufel ist einverstanden. «Also, wer zuerst wieder auftaucht, hat die Wette verloren. Verliere ich», sagte die Frau, «kannst du mich mein Leben lang verfolgen. Verlierst aber du, so stecke ich dich in eine Flasche.» Beide tauchen unter, die Frau aber taucht sofort wieder auf. Sie geht seelenruhig fort und amüsiert sich auswärts. Sie bleibt ganze sechs Monate weg, Zeit hat sie ja, da ihr Mann auf Reisen ist. Nach einem halben Jahr kommt sie zurück zum Teich und bemerkt, dass der Teufel ab und zu auftaucht und sich umschaut. Schnell geht sie unter Wasser und richtet es so ein, dass sie wieder auftaucht, wenn der Teufel gerade über Wasser ist. «Du hast die Wette verloren, jetzt stecke ich dich in die Flasche!» Sprach's und tat's.
Und wie war das jetzt mit dem Pfeffer, den Borges zum Drucken braucht? «Den Malaquita-Pfeffer streuen wir in den Maniok-Leim, damit die Küchenschaben ihn nicht fressen!»

Frederico Pernambucano de Mello

# Lampião

Der Nordosten, mit eineinhalb Millionen Quadratkilometern knapp ein Fünftel des gesamten brasilianischen Territoriums, weist zwei Klimagebiete auf: das eine ist die typische Tropenregion mit üppiger Vegetation an der Küste, das andere ist das Trockengebiet, heiss, mit stacheliger und buschartiger Vegetation, von den Indianern «Caatinga» genannt. Dieses Gebiet wird in regelmässigen Zeitabständen von Dürrekatastrophen heimgesucht, die ein bis fünf Jahre dauern können. Die «Secas» sind schuld an der überaus fragilen Wirtschaft, deren Grundlage die Viehzucht ist, und sie sind der Grund für die im Sertão herrschenden trostlosen Zustände.

Alle Kolonisationsversuche (ab dem 17. Jahrhundert) wurden nach etwa hundert Jahren wieder eingestellt, die Besiedelung des Gebietes gestoppt. Das bedeutete für die dort bereits Niedergelassenen Isolation und grosse Armut. Der markanteste Charakterzug in dieser weltabgeschiedenen Region wurde zwangsläufig der Archaismus. Das Sozialleben, die Produktionsmittel, die Handelsbeziehungen, die Religiosität, die Moral und die Sexualmoral, die Vorherrschaft von privaten Interessen, alles wurde davon nachhaltigst geprägt. Der Sertão atmete zu Beginn unseres Jahrhunderts noch die Luft des 16. und 17. und bildete somit ein klassisches Umfeld für die Entwicklung des Banditenwesens. Die Strassenräuberei tritt überall dort auf, wo der Staat beim Bildungsprozess einer Gesellschaft versagt. Eine unwirkame und korrupte Verwaltung trägt dazu bei, die Gesetzlosigkeit noch zu beschleunigen. Hinzu kommen selbstverständlich noch andere Faktoren, etwa natürliche, historische und soziokulturelle Gegebenheiten: ein hügeliges Gelände, eine undurchdringliche Vegetation, ein rauhes und heisses Klima. Ein Minimum an Wasser und Jagdfauna bildeten die idealen Voraussetzungen für das Entstehen des «Cangaço» (Banditentum).

Lampião, 1936

Zwei wichtige Merkmale dieses mittelalterlichen Sertão sind hervorzuheben: Das eine ist die Gleichgültigkeit gegenüber dem Tod, die ihren Ursprung wahrscheinlich in religiösem Fatalismus hat. Sie wird allerdings noch dadurch vertieft, dass Epidemien immer wieder zahllose Opfer forderten. Das andere ist der tägliche und selbstverständliche Umgang mit Blut vor allem auch im Zusammenhang mit der Viehzucht. Der junge «Sertanejo» lernt sehr früh zu schlachten und zu kastrieren und verliert dabei schnell den Ekel. Das Messer wird zum unverzichtbaren Begleiter.

Der Kampf gegen Wildtiere, die das Vieh ständig bedrohten, oder die blutigen Auseinandersetzungen mit Indianern und Banditen erklären, warum Mut und Tapferkeit damals die gefragtesten Tugenden in Sertão waren. Wer den Umgang mit Waffen beherrschte, genoss grosses Ansehen; das Handwerk der Messerschmiede florierte.

So wurde der Cangaço vierhundert Jahre lang ein fester Bestandteil der Volkskultur des Sertão. Der grösste Cangaceiro aller Zeiten wurde 1897 in Pajeú im Staat Pernambuco geboren, in jenem Dorf, wo schon andere tapfere Cangaceiros das Licht der Welt erblickt hatten. Lampião aber war der vollkommenste von ihnen, ein Krieger, dessen Taten sogar in der «New York Times» und im «Paris Soir» Schlagzeilen gemacht haben.

Lampião und Maria Bonita, 1936

Lampião und seine Bande in Limoero do Norte mit drei Geiseln, 1927

Er war der zweite von vier Söhnen eines Kleinbauern, welcher noch vier Töchter besass. Virgulino Ferreiras (der bürgerliche Name Lampiãos) Kindheit und Jugend verliefen normal. Er verbrachte seine Tage mit epischen Spielen, die das Abenteuerleben der Cangaceiros romantisierten. Das einzig Ungewöhnliche war vielleicht ein Glaukom im rechten Auge. Das Schicksal wollte es, dass er sich mit einem Stock gerade in dieses Auge stach und in der Folge einseitig erblindete. Aber so etwas gehört zum Alltag eines Viehhirten.

Lampião erlebte die Gewalt zum ersten Mal, als er gerade neunzehn war: Eine Auseinandersetzung mit einem Nachbarn mündete in eine Schiesserei, bei welcher Lampiãos ältester Bruder verletzt wurde. Von da an liefen die vier Brüder nur noch bewaffnet herum. Um die Gemüter zu beruhigen, verliessen sie ihr Elternhaus und zogen ins benachbarte Nazaré. Doch bald schon liessen sie sich erneut in einen Konflikt verwickeln. Daraufhin flohen sie in den Nachbarstaat Alagoas und befreundeten sich mit den Gebrüdern Porcino. Sie traten deren Banditenbande bei.

Eine Attacke auf ein Dorf an der Grenze zwischen Pernambuco und Alagoas hatte tragische Folgen: Eine Woche später umzingelte die Polizei Lampiãos Elternhaus mit dem Auftrag, die vier Brüder – wenn nötig unter Gewaltanwendung – zu verhaften. Bei dieser Aktion kam der Vater ums Leben und die Mutter, die den Tod ihres Mannes nicht verkraftete, starb wenig später. Eine unbändige Wut überkam die Brüder Ferreira. Sie schworen Rache, und der Weg in eine kriminelle Zukunft war damit geöffnet. Das war im Jahre 1921. Wenige Monate später löste sich die Porcino-Bande wegen des Todes eines ihrer Führer auf. Lampião und seine Brüder kehrten in den Sertão von Pernambuco zurück, um den Tod der Eltern zu rächen. Der Cangaceiro «Sinhô» Pereira nahm sie in seine mächtige Bande auf. 1922 trat er zurück und übergab das Kommando an Lampião.

Zwölf Jahre lang zog dieser mit seiner Bande durch den Nordosten und verbreitete Angst und Schrecken. Er plünderte, zerstörte und mordete, bis er 1938 erwischt und getötet wurde.

Clorisco und Vinte-e-Cinco, 1936

Lampião verfügte über gründliche Kenntnisse im Nähen und Sticken, ohne dass dadurch seine Männlichkeit je in Frage gestellt worden wäre. In seinen Verstecken vertrieb er sich die Zeit damit, seine Kostüme mit ausserordentlicher Akuratesse anzufertigen. Äusserst genau war er auch bei all seinen Bestellungen und Anweisungen. Präzision war eines seiner hervorstechendsten Charaktermerkmale.
Lampião entfaltete sein geniales Talent vielseitig und kontrastreich: beim militärischen Kommando ebenso wie hinter der «Singer»-Nähmaschine. Im traktvollen diplomatischen Umgang, wenn er sich der Unterstützung von Einflussreichen aus der Oberschicht versicherte, ebenso wie beim Handorgelspiel. Bei der tadellosen Verwaltung seiner hundertzwanzigköpfigen Bande, die ihm direkt unterstellt war, sowie derjenigen von weiteren dreihundert «Bandoleiros», welche ihm sympathisierend ergeben waren, ebenso wie beim harten Handwerk des Viehhirten und Rinderzüchters.
Seine Liebe zu Gold und Schmuck war unersättlich. An seinen Fingern glänzten mehrere brillantenbesetzte Ringe und Edelsteine. Aus purem Gold waren auch viele seiner persönlichen Gegenstände, von der Nagelschere bis zum Minenhalter. Die Muskete und der Hut waren mit unzähligen alten Goldmünzen bestückt. Zahlreiche andere Gegenstände aus Lampiãos Besitz sprechen für den raffinierten Geschmack ihres Besitzers, so zum Beispiel ein deutsches, ausziehbares Fernrohr, der aus Silber und Gold gefertigte Dolch oder das berühmte Messer mit dem silbernen Griff, mit welchem Lampiãos Kopf nach seinem gewaltsamen Tod vom Körper getrennt wurde.
Lampião schätzte üppiges und luxusbetontes Leben; so liess er sich etwa französischen Liqueur, portugiesischen Brandy und schottischen Whisky in den Sertão liefern; man stelle sich das vor!
Bestimmt erwähnenswert ist auch die Qualität des Briefpapiers, welches Lampião für seine rege Korrespondenz mit Farmern, Politikern und Geschäftsleuten benutzte und auf welchem er seine Erpressungen formulierte oder Schutz- und Lösegeld forderte. Er soll 1927 bei der Umzingelung von Mossoró im Staat Rio Grande do Norte vierhundert «contos de réis» vom Bürgermeister gefordert haben, um ihm so die Plünderung der Stadt zu ersparen, und zwar auf einem Briefpapier, auf dessen Kopf maschinengeschrieben fein säuberlich Name und Übername des Erpressers getippt war. Das galt zu jener Zeit im Nordosten als überaus mondän und erregte Bewunderung allenthalben.
Lampiãos ausgeprägte Vorliebe für das Feine und Moderne ist auch an seinem Waffenarsenal ablesbar. Am Anfang seiner Laufbahn war er noch mit einer veralteten amerikanischen Winchester-Flinte bewaffnet gewesen. Bald jedoch ersetzte er sie durch moderneres Gerät. In den dreissiger Jahren hatte er sogar Mauser-Gewehre mit Baujahr 1922. Einzig sein sehnlichster Wunsch, einmal im Leben ein tragbares Maschinengewehr zu besitzen, wurde ihm nicht erfüllt.
Zu seinen Pistolen zählte als erstes eine belgische Browning, Baujahr 1900, ein amerikanischer Colt und schliesslich die deutsche Luger Parabellum, welche er bis zu seinem Tode behielt.
Als Viehtreiber und späterer Bandit unterhielt Lampião mit der Oberschicht des nordöstlichen Hinterlandes enge Beziehungen nach dem Motto: eine Hand wäscht die andere. Den Reichen garantierte dieses Bündnis mit Lampião den Schutz ihres Besitzes, und er war gleichzeitig auch ein Machtfaktor, den der eine oder andere Fazendeiro gegen Rivalen ausspielen konnte.
Lampião wurde von Leuten, die ihn bei Laune halten wollten, mit Geschen-

Lampião - das berühmteste Porträt des Cangaço

Cordel-Literatur

ken geradezu überhäuft; meistens handelte es sich dabei um raffinierte technische Neuheiten, die bei den Hinterwäldlern natürlich grösstes Aufsehen erregten: eine Taschenlampe, ein Gummimantel oder eine Thermosflasche beispielsweise.

Im alten Sertão beherrschten noch Aberglaube, Isolation, gegenseitig ausgeprägtes Misstrauen, Sittenstrenge und Fatalismus den Alltag. So ist erstaunlich, dass es für Lampião, der mit dieser Mentalität eng verbunden war, offenbar einfach war, Sensationen wie Grammophon, Kinomatographen, Telefon, Fernschreiber, Elektrizität, ja sogar Lastwagen und Omnibus in diese rückständige und verschlossene Welt einzuführen.

Doch zurück zu Lampiãos Lebensweg: Sein erster Coup fand unmittelbar nach der Machtübernahme der «Sinhô»-Pereira-Bande statt. Er richtete sich gegen die Baronin von Água Branca. Lampião überfiel mit fünfzig Mann ihren Palast und raubte alles, was nicht niet- und nagelfest war.

Kurze Zeit später tötete er kaltblütig jemanden, der nur indirekt mit dem Tod seiner Eltern zu tun gehabt hatte. Das nächste Opfer war eine einflussreiche Persönlichkeit aus dem Wirtschaftsleben der Region, die Lampião im Auftrag eines seiner Beschützer aus der Oberschicht ermordete. Mit solchen Taten gelangte Lampião rasch in die Schlagzeilen. Ein Überfall jagte den andern: 1923 umzingelte er das Städtchen Nazaré, wo er und seine Brüder auch schon Unterschlupf gefunden hatten; er mordete, zerstörte die Behausungen, zerschlug die Zäune und tötete das Vieh.

Ein anderes Mal kam er mit einem blauen Auge davon: Er wurde bei einem Scharmützel mit der Polizei am rechten Fuss verletzt. Dies machte ihm jedoch keinen grossen Eindruck, ganz im Gegenteil. Noch nicht geheilt, befahl er seinen Brüdern einen der tollkühnsten Angriffe, die überliefert sind: Sie nahmen die ganze Stadt Sousa im Staat Paraíba im Handstreich ein, jagten die Polizei in die Flucht, brandschatzten und plünderten. Sie verprügelten den Stadtrichter und ritten auf ihm wie auf einem Pferd durch die Strassen. Nach diesem Vorfall liess die Polizei von Paraíba Lampião nie mehr aus den Augen und blieb ihm sein Leben lang auf den Fersen.

Der Tod von Livinio, Lampiãos jüngstem Bruder, bei einem Gefecht gegen die kooperierenden Polizeitruppen aus den Staaten Pernambuco und Paraíba, traf den Bandenchef im Innersten. Er rächte sich sofort auf grausamste Art an einem zwölfjährigen Knaben und an einem 96jährigen Mann.

Man berichtet auch von einer besonders merkwürdigen Angelegenheit: Lampião soll einmal sogar im Auftrag der Bundesregierung gehandelt haben. Es ging darum, eine Rebellion innerhalb der Staatsarmee niederzuschlagen. Die Bundesregierung rüstete seine Bande auf und schickte sie gegen die Rebellen los, die auf der Suche nach Unterstützung im Nordosten unterwegs waren. Um Lampiãos Tat zu legitimieren, ernannte man ihn zum Hauptmann der brasilianischen Armee.

1926 starb sein ältester Bruder, Antônio, als Opfer eines Unfalls mit einer Schusswaffe. Lampiãos Verzweiflung war grenzenlos. Antônios Tod bedeutete nicht nur einen grossen persönlichen Verlust, seine Bande verlor mit ihm den strategischen Kopf, den Taktiker, und das sollte sich binnen kurzem verheerend auswirken. Lampião, ganz der Tradition des Interiors folgend, liess zum Zeichen der Trauer und des Schmerzes die Haare bis auf Schulterlänge wachsen.

Der Untergang der Bande war jetzt nur noch eine Frage der Zeit. Zudem hatten sich die Polizeikräfte des Nordostens zu gemeinsamem Vorgehen gegen die Räuberbanden im allgemeinen und gegen diejenige Lampiãos im

besonderen entschlossen. Der Erfolg der massiven Attacken stellte sich bald ein: Bis Mitte des Jahres 1926 wurden vierzig «Cangaceiros» getötet und weitere zweihundert festgenommen.

Derart in die Enge getrieben, zog Lampião gegen Norden. Die Attacke auf Mossoró wurde zu seinem Verhängnis, denn damit reizte er die Polizei bis aufs äusserste: Seine Gruppe wurde dezimiert und auseinandergerissen, Lampião selbst konnte zusammen mit fünf Kumpanen nach Bahia entkommen.

Aber er gab sich noch nicht geschlagen und wurde seinem legendären Ruf als tapferer Krieger mit eisernem Willen einmal mehr gerecht: Innert kürzester Zeit baute er seine Truppe neu auf, diesmal aber mit kleinen Sechs-Mann-Einheiten, welche zuverlässigen und verdienten Führern unterstellt wurden. Diese Strategie zeigte Früchte, die Polizei war verunsichert und verwirrt.

Lampião trieb sein Unwesen jetzt ausschliesslich in ländlichen Gegenden zwischen Bahia und Sergipe. Er war älter, reifer und erfahrener geworden. Dies und die Tatsache, dass ihm seine Gefährtin Maria Bonita 1930 eine Tochter schenkte, mag seinen ungestümen Rebellengeist etwas gedämpft haben: Lampião suchte nach angemesseneren Formen der Ausbeutung. Nach wie vor arbeitete er mit Schutzgeld, aber er überfiel kaum noch Städte wie vorher.

Die neue sesshafte Lebensweise der Banditenbande zog nun auch mehr und mehr Frauen an. Die Bande hielt in dieser Phase fester zusammen als je.

1936 liess sich Lampião zusammen mit seinen Gefährten filmen. Er war stolz darauf, bereits Thema zweier Biographien gewesen und in unzähligen Balladen verewigt worden zu sein. Der Film, der Lampião als wohlgenährten, vermögenden und in seinem Versteck sicheren Helden zeigte, dessen Hund ein mit Gold geschmücktes Halsband zierte, schlug sowohl in der Öffentlichkeit wie auch bei den offiziellen Stellen wie eine Bombe ein: Er stellte die Polizei bloss und zeigte auf, wie ineffizient und korrupt sie in Wirklichkeit war. Das Diktaturregime, das im November 1937 die Macht übernahm, versprach, diese Zustände zu beenden. Die moralische Aufrüstung der Armee trug unmittelbar Früchte. Die korrupten Farmer, nach wie vor mit den Banditen in allerlei Geschäfte verwickelt, sahen sich plötzlich in ihrem Handlungsspielraum eingeschränkt. Für die Cangaceiros wurde es eng. Lampiãos letzter Überfall fand 1938 in Alagoas, auf dem Lande, statt. Danach flüchtete er nach Sergipe und war in den nächsten drei Monaten wie vom Erdboden verschwunden.

Durch Verrat geriet er aber in die Hände der Polizei, die im Morgengrauen des 28. Juli 1938 mit fünfzig Mann und vier Maschinengewehren Lampiãos 34köpfige Bande in ihrem Hinterhalt umzingelte. Schon bei den ersten Schüssen wurde Lampião tödlich getroffen, die Banditen stoben auseinander; dennoch gab es zehn weitere Todesopfer, darunter zwei Frauen. Eine davon war Maria Bonita, die Lebensgefährtin Lampiãos.

Maria Bonita und Lampião wurden enthauptet, ihre Köpfe wurden einbalsamiert und anschliessend von Rio de Janeiro bis hinauf in den Nordosten öffentlich zur Schau gestellt. Vom grossen Schatz des Cangaceiros blieb wenig übrig, die Soldaten verschleuderten das kostbare Gut schnell.

Viel wesentlicher als die materielle Hinterlassenschaft ist das kulturelle Erbe Lampiãos. Kein anderer Brasilianer ist in Wort und Bild so oft besungen worden wie Virgulino Lampião. Hunderte von Biographien, Essays, Romane, Gedichte zeugen von der unvergessenen Legende Lampião. Und

die älteren Leute im Nordosten sprechen, wenn sie die zwanziger und dreissiger Jahre meinen, noch heute von der «época de Lampião».
Für das Volk ist Lampião Symbol des Widerstands gegen die Unterdrükkung der Armen durch die Reichen, obwohl es erwiesen ist, dass Lampião mit den Besitzenden unter einer Decke steckte. Doch das Volk will seinen Robin Hood, und der Mythos Lampião ist seit seinem Tod nur noch gewachsen. Weshalb?
Sein mythisches Bild ist das eines Mannes, der sich gegen die Unbill, gegen die feindselige Welt des Sertão durchzusetzen vermochte, der bis zu seinem Tode um die eigene Freiheit kämpfen musste und sich von der Obrigkeit nie kleinkriegen liess. Und dies alles, obwohl seine körperlichen Voraussetzungen nicht eben vorteilhaft waren: Er war dunkelhäutig, auf einem Auge blind, er hinkte, er war weder der älteste noch der jüngste Sohn – was im Nordosten sehr grosse Bedeutung hat! –, und dennoch setzte er sich gegen alle Vorurteile durch und brachte es zu Ruhm und Reichtum.
Er war ein intuitiver Administrator (er schloss alle Räuberbanden zu einem Verband zusammen und liess sich als dessen Chef feiern) und ein geschickter Politiker. Es sei hier nur die Episode in Erinnerung gerufen, wo er im Regierungsauftrag handelte und diese Gelegenheit natürlich dazu nutzte, seine Bande aufzurüsten. Bis heute ist es übrigens ein Rätsel, wie er es fertiggebracht hat, sein Waffenlieferantennetz so perfekt zu organisieren. Als hervorragender Tänzer kümmerte sich Lampião gerne auch um die Unterhaltung seiner Truppe und veranstaltete immer wieder Bälle.
Auch als Familienoberhaupt und Ehemann erfüllte er seine Pflicht vorbildlich, liebevoll und zärtlich. Der tragische Tod seines Bruders, logische Konsequenz eines risikoreichen Lebens, traf Lampião aufs härteste. Und dennoch blieb er unverbesserlich: Kurz vor seinem Tode nahm er noch seinen Neffen in die Bande auf.
Als Mann des Fortschritts wusste er wie kein zweiter die jeweils neuesten technischen Errungenschaften ins Banditenwesen einzubringen. Die militärische und logistische Organisation war perfekt, ebenfalls der Einsatz von Spionage und Gegenspionage, von psychologischer Kriegsführung usw. Er war ein gebildeter Mann, der sich seine Lektüre aus dem aufgeschlossenen Süden kommen liess, gleichzeitig war er aber auch durchaus imstande, einem Bandenmitglied eigenhändig die Männlichkeit abzuschneiden, bloss weil dieses sich zu sehr in amouröse Abenteuer verstrickt hatte. Das Leben eines Menschen hatte für ihn keinen grossen Wert. Nach seinem Bekunden waren ein Toter und tausend Tote dasselbe.
Lampião war einundvierzig, als die Polizei ihn erschoss. Ein hohes Alter für jemanden, der in einem so gefährlichen Geschäft tätig war. Seine eigentliche Todesursache ist denn wohl letztlich auch eher das Alter, die Erschöpfung und die Müdigkeit gewesen und nicht die Kugeln der Polizei… So paradox es bei seiner Vorliebe für technische Raffinessen auch tönen mag: Es war Lampião durchaus bewusst, dass er in einem Sertão mit Asphaltstrassen und elektrischem Strom nicht hätte (über-)leben wollen noch können.

Zézé
Tafel, um 1985
Ton, gebrannt und bemalt
h 25 cm
Van de Beuque

Cica
Maske, um 1985
Ton, gebrannt und bemalt
h 38 cm
Van de Beuque

Vitalino
Ochs, um 1950
Ton, gebrannt und bemalt
h 28 cm
Van de Beuque

Vitalino
Auf dem Feld, um 1940
Terrakotta
h 15 cm
Van de Beuque

Antônio Caboclo
Konferenz der Tiere, um 1970
Ton, gebrannt
h 28 cm
Van de Beuque

Nhô Caboclo
Zirkus, um 1980
Holz, Federn und Schnur
h 53 cm
Van de Beuque

Nhô Caboclo
Jangada, um 1970
Holz, Federn und Schnur
h 36 cm
Van de Beuque

Nino
Skulptur, um 1988
Holz, bemalt
h 100 cm
Van de Beuque

Nino
Skulptur, um 1988
Holz, bemalt
h 87 cm
Van de Beuque

Zé Caboclo
Die Stunde des Todes, 1967
Ton, gebrannt und bemalt
h 15 cm
FUNDAJ/MUHNE

Anonym
Anbetung, um 1955
Ton, gebrannt und bemalt
h 18 cm
Van de Beuque

Zé Caboclo
Maracatu, 1966
(Schwarzer Karneval)
Ton, gebrannt und bemalt
22teilig, h ca. 20 cm
FUNDAJ/MUHNE

Reinaldo Belo

# «Recife FM»

Dies ist die Abschrift und Übersetzung eines Tonbandes, welches der Radio-Journalist Reinaldo Belo für das Schweizer Publikum zusammengestellt hat: Geplauder über Lieder und Gedichte und Geschichten. Belo gibt in seiner unvergleichlichen Art, die ihn zum beliebtesten «Radialista» Pernambucos gemacht hat, für die Region typische Anekdoten und Sketches zum besten.

*Hallo, liebe Freunde, meine Damen und Herren,*
*Hier spricht der alte Reinaldo Belo aus Petrolina. Seit zehn Jahren befasse ich mich mit dem Forró, mit der brasilianischen Musik des Sertão, der música sertaneja, dem authentischen Ausdruck der Volkskultur des Nordostens. Meine Karriere begann 1963 in Petrolina, bevor ich nach Recife ging, um Journalismus zu studieren. Dann stieg ich beim Radio ein und wurde eingeladen, beim UKW-Sender «Recife FM» eine Sendung mit Forró-Musik zu machen, die erste in Brasilien überhaupt. Am 15. August 1983 starteten wir mit diesem Programm, und ich moderierte die Sendung bis 1988 (an sechs Tagen pro Woche, jeweils von 5 bis 8 Uhr und von 17 bis 19 Uhr!).*
*Ich arbeitete auch bei Rádio Globo und kam schliesslich zur «Emissora Rural Apolo de São Francisco». Dieser Sender steht im Hinterland von Pernambuco, achthundert Kilometer von Recife entfernt, wo natürlich der Forró dominiert, dieser Forró, der international bekannt geworden ist durch die Stimme seines Meisters, des grossen Luiz Gonzaga, des «Rei do Baião» (König des Baião-Rhythmus). Das Wort Forró stammt übrigens ursprünglich aus dem Englischen, aus der Zeit, als die Engländer sich in der Hauptstadt Pernambucos, Recife, niedergelassen hatten und die Eisenbahn kontrollierten. Damals veranstalteten sie grosse Feste für die Arbeiter, «für alle» und so, aus dem «for all», ist dann «Forró» entstanden.*
*Jetzt werde ich ein Gedicht vom grossen Volksdichter Zé da Luz vortragen. Es steht im schönen Buch «Brasil Caboclo, o Sertão Encarnioso» (Das ländliche Brasilien, der Sertão in Fleisch und Blut), und der Dichter erzählt von drei hübschen Schwestern, die er an einem Fest kennengelernt hat:*
*«Drei teuflisch schöne Schwestern habe ich eines Tages in Buxinana gesehen. Die älteste, gleichzeitig auch die grösste, war sehr verführerisch. Sie sah aus wie eine zärtliche Blume des Sertão, die Leute nannten sie Augusta. Die zweite hiess Guilhermina, sie hatte Augen wie ein Fluch für alle, die sie anschauten. Sie konnte damit jeden Christen umbringen, die Augen glichen zwei flimmernden Sternen, sie schalteten ihr Leuchten ein und aus in den windigen Nächten des Sertão. Die Dritte war Maroca. Sie hatte keinen besonders schönen Körper, aber ihre Brüste waren wie zwei Maniok-Couscous. Als sie an mir vorüberging, haben die meinen Geruchssinn angestachelt.*
*Ich war so benommen und verwirrt, dass ich gar nicht mehr wusste, welcher der Dreien ich den Vorzug geben sollte. Damit mein Leiden ein Ende hätte, träumte ich davon, in den Armen derjenigen mit den Maniok-Couscous-Brüsten zu sterben.*
*Wenn mir die Welt gehörte, würde ich dem Vater der drei Schwestern folgendes schenken: einen Koffer voll mit Geld und Goldstücken, ein Wams aus echtem Leder, ein junges, elegantes Pferd, das den Neid der Vaqueiros erwecken würde. Ich würde einen rassigen Hahn schenken, der auf ihrem Grundstück krähen würde, ein Gewehr und einen wunderschönen Patronengürtel, damit die drei in ihrer Freizeit als Cangaceiros posieren könnten. Da ich ja aber nichts besitze ausser meinem Herzen, schenke ich diese Verse, die nur eines vermitteln sollen: meine ewige Dankbarkeit für dieses schöne Erlebnis.»*
*Jetzt aber die Geschichte von den zwei Vettern Compadre Zeca und Compadre Joaquim. Sie nahmen den Jeep und gingen in den Wald, auf Jagd in den Sertão, in die Caatinga. Sie fuhren bis zu einer bestimmten Stelle und trennten sich dann. Einer sagte zu dem andern: «Ich gehe nach Süden, geh' du nach Norden. Wir treffen uns dann wieder hier, nicht wahr?». Der Compadre Zeca geht also zu Fuss weiter, Joaquim nimmt den Jeep und fährt bis zu einem Ort, wo er glaubt, die Jagd sei gut. Gerade als er sich eingerichtet hat, kommt plötzlich ein Jaguar auf ihn zu und will ihn angreifen. Was mach ich nur? denkt Joaquim. Er nimmt eine Trommel und wirft sie nach dem Jaguar. Aber der frisst die Trommel auf. Was aber nun? Da denkt er plötzlich an die Bananen, die er als Proviant bei sich hat und schmeisst sie dem Jaguar zum Frasse hin. Ein Biss, und weg sind sie. Was jetzt? fragt er sich verzweifelt. Da fällt ihm ein, dass er auf dem Jeep noch einen Ziegenbock hat und wirft ihn dem Jaguar hin. Der frisst auch diese Beute.*
*Joaquim fürchtet sich sehr, denn einen so grossen Jaguar hat er überhaupt noch nie gesehen. Er legt auf ihn an und gibt drei Schüsse ab.*

*Der Jaguar sah nun aus wie ein Camion kopfüber, mit den Rädern nach oben. Da dachte Joaquim: «Jetzt weiss ich, was ich tun werde», nahm ein Messer und schnitt den Bauch des Jaguars auf, und was sah er da? Den Compadre Zeca, der auf einem Bänkchen sass, Bananen schälte und sie dem Ziegenbock zu fressen gab.*
*Jetzt kommt das Liedchen vom Regenschirm. Es erzählt vom «Matuto» (matuto kommt von «mato», Wald, und bezeichnet diejenigen, die aus dem Hinterland und dem Sertão stammen), der zu einem Hochzeitsfest eingeladen ist. Er hat sich schön gemacht, aber da Regen droht, nimmt er seinen Regenschirm mit. Bei der Hochzeit von Zé Eliseu hat er viel getrunken, und natürlich vergisst er beim Nachhausegehen seinen Schirm. So muss er später nochmals zurück, um ihn zu holen. Unglückseligerweise ist der Schirm aber im Schlafzimmer der beiden Frischvermählten, die gerade dabei sind, ihre Flitterwochen zu beginnen. Er hört zwangsläufig zu, wie der Ehemann mit seiner jungen Frau schäkert:*
*«Wem gehört denn dieses Kinnchen?» «Ganz dir, mein Schatz!». «Und wem gehört dieses Hälschen?» «Ganz dir, mein Schatz». «Und wem gehört dieser Nabel?» «Ganz dir, mein Schatz». Da räuspert sich der Matuto und sagt: «Wenn dann der Schirm drankommt, sag' bitte, dass er mir gehört!».*
*Im Hinterland ist natürlich Wasser eines der ganz grossen Probleme, und nicht selten wird die Fähigkeit eines Bürgermeisters daran gemessen, wie er mit dem Wasserhaushalt, mit dem «Açude» (dem Reservoir, bzw. dem künstlichen Becken) des Örtchens umgeht. Also, unser Matuto kommt zum ersten Mal nach Recife, an die Boa Viagem, sieht zum ersten Mal in seinem Leben das Meer und staunt: «Was müssen die hier für einen tollen Bürgermeister haben!»*
*Nun werde ich Euch von Brasil Caboclo erzählen. (Das Wort Caboclo bedeutet Mischling.) Und Brasil Caboclo ist das Brasilien fern der Hauptstädte, fern vom Meer, ist ein nationales Brasilien ohne Einfluss des Fremden. Das Brasilien ohne Kaschmirhemd, ohne Goldknöpfe. Der Brasil Caboclo zieht nur ein Hemd und eine Hose aus Baumwolle an, ein Wams und einen Lederhut. Der Brasil Caboclo nimmt nicht an Banketten teil und setzt sich nicht an den gleichen Tisch mit den Mächtigen, die Anzüge tragen und Ringe. Der Brasil Caboclo isst hingegen carne seca und Bohnen und ab und zu mal frisches Fleisch, dann, wenn die Mächtigen auf die Stimmen des Volkes aus sind. Dann sind die Caboclos die Leiter zur Macht.*
*Der Brasil Caboclo spricht weder Englisch noch Französisch und spricht auch kein Portugiesisch, er kann, wenn's hoch kommt, seinen Namen schreiben, um am Wahltag die Abgeordneten zu wählen. Brasil Caboclo ist das Brasilien der Sertanejos, der Rhythmen des Nordostens, der Drehorgeln, der Trommeln und der Rasseln, es ist das Brasilien der Vaquejadas (grosse Feste am Ende des Sommers, wenn die Viehhirten ihre Tiere wieder zusammengetrieben und auf der Fazenda neu markiert haben), das Brasilien der Lieder der Viehhirten, der Viehherden, die plötzlich ausbrechen, es ist das Brasilien der Caboclas, der Mischlingsfrauen, mit ihren magischen, zauberhaften, kleinen Augen und mit ihren Mündchen so rot, das Brasilien der São João-Nächte, das Brasilien der Ochsenkarren, die zu singen scheinen, wenn sie an einem vorbeifahren.*
*Es ist das Brasilien der Hahnenkämpfe (zwar verboten, aber im Innern noch sehr populär), es ist auch das Brasilien der Pferdedompteure, der Soco-toco-Spieler, der Cantadores (Bänkelsänger), die in improvisierten Versen die Liebe und anderes besingen, es ist das Brasilien der Caboclas, die abends ihre jungfräulichen Brüste an den Fenstersims lehnen, wenn sie den Caboclos zuhören, die an ihren Gitarrensaiten streichen und mit viel Gefühl, weinend, ihren Angebeteten die Serenaden vortragen.*
*Das ist es, das Brasil Caboclo, ein ganz brasilianisches Brasilien ohne Einfluss von Fremdem, ein nationales Brasilien, das Brasilien, so wie es von Pedro Álvarez Cabral entdeckt worden ist.*
*Ja, Freunde, jetzt ein Liedchen über die Cocotinhas (das sind die jungen Mädchen mit ihren kleinen, festen Brüsten und ihren wie bei den Ameisen nach oben gereckten Hintern; die Mädchen, die den Kopf noch voller Träume haben und das Leben und die Liebe erst noch entdecken werden.*
*Fahren wir fort mit unserem Geplauder. Der Sertão heutzutage leidet unter einer furchtbaren Dürre und einer grausam heissen Sonne, unter Hoffnungslosigkeit, Wassermangel und mangelnder Unterstützung von seiten der Zentralregierung. Die Produktivität und die Leistungsfähigkeit sind natürlich auch gesunken. Das führt zu Auswanderungen und zu Landflucht. Die Leute suchen ihr Heil in den grossen Städten, wo der Traum oft in den Favelas endet. Sie müssen ihre Heimat zugunsten einer ungewissen Zukunft verlassen und kommen oft wieder zurück, weil es auch in São Paulo nicht für alle Arbeit hat, vor allem nicht für ungelernte Leute.*
*Diese Wanderungsströme vom Norden nach dem Süden sind in der Literatur vielfach beschrieben worden, bei Jorge Amado, Graciliano Ramos, José Lins do Rego. In ihren Texten ist die traurige Realität des Sertão zentrales Thema. Das Buch «Vidas secas» von Graciliano Ramos ist ein besonders starkes Beispiel. Wir nehmen teil am Schicksal, am Drama einer Meeiro-Familie (d. h. einer Familie, die auf dem Feld eines Grossgrund-*

*besitzers Anbau treibt, aber die Hälfte der Ernte an ihn abliefern muss. Wenn die Dürre keine Ernte zulässt, so vertreibt der Grossgrundbesitzer die Meeiro-Familie üblicherweise).*
*Bis auf den heutigen Tag gibt es diese Züge von hungernden Nicht-Sesshaften, von den Grossgrundbesitzern vertrieben und auf der Suche nach einem besseren Schicksal. Durch die kilometerlangen Fussmärsche ohne gutes Schuhwerk in der Caatinga ziehen sie sich dadurch, dass sie in stacheliges Pflanzenwerk, wie etwa den Mandacaru, treten, Verletzungen an Füssen und Beinen zu, Wunden, die oft nicht zuheilen. Das ist das Drama der Realität im Sertão des Nordostens.*
*Nun die Geschichte des Mannes, der nur Wörter, die mit einem «F» anfangen, sprechen konnte oder wollte. Er geht ins Restaurant, spricht, wie er eben spricht und verblüfft die Wirtin derart, dass sie zu ihm sagt: «Wenn du jetzt noch einen Satz mit sieben Wörtern, die alle mit «F» anfangen, kannst, bist Du von mir eingeladen.» Worauf er: «Foi formidável ficando fiado, fico freguês». (Etwa: «Es war prima, gratis hier gewesen zu sein, so bleibe ich gerne Kunde ...»)*
*Nun hören wir ein Liedchen, eine Lambadinha (Lambada kommt auch aus dem Nordosten, sie ist die eigentliche Fortsetzung des Forrós), schliesslich gehört das alles zur nordöstlichen brasilianischen Kultur. Also die Lambada, oje!*
*Die nächste Geschichte handelt vom Stier Carambola: Es war einmal eine Fazenda im Interior, und der Fazendeiro (der Bauer) hatte auch einen Stier mit dem schönen Namen Carambola. Dieser Stier lebte in einem Gehege, hinter einem hohen Stacheldrahtzaun. Auf der andern Seite des Geheges war die schöne, junge Kuh Mimosa, schon lange verliebt in den Stier. Sie lockte und lockte und liess nicht locker: «Carambola, komm, mein Lieber, komm, spring über den Zaun. Komm doch zu mir. Bitteschön!». «Aber nein, das kann ich nicht, der Zaun ist viel zu hoch, meine Liebe.» Aber eines Tages hielt er es nicht mehr aus. Er sprang. Als er bei ihr ankam, war sie überglücklich: «Endlich, mein Lieber, bist du bei mir! Wie schön!» Carambola aber sagte nur: «Ja, ich bin zwar schon bei dir, nur: meine Eier hängen jetzt im Zaun.»*
*Das nächste Lied wird ein «Arrasta-pé» sein. Der «Arrasta-pé» ist eine Fortsetzung der von Luiz Gonzaga kreierten Rhythmen. Der Baião ist das Musterbeispiel, aus ihm haben sich viele andere Rhythmen entwickelt, so der «Xote» oder der «Xaxado». Letzterer ist sehr alt, Xaxado wurde schon damals in den Dreissigern von Lampião und seiner Bande getanzt. Damals in der Caatinga engagierte Lampião einen Xaxado-Spieler, einen Sanfoneiro (Ziehharmonikaspieler), und so tanzten er, seine Frau Maria Bonita und seine Banditen zu dieser Musik.*
*Bevor wir abschliessen, werde ich Euch die Geschichte vom Mann erzählen, der einen Esel mit der Eisenbahn transportieren wollte. So ging er denn zum Bahnhof und fragte den Schalterbeamten: «Darf ich den Esel transportieren, darf ich ihn mitnehmen?» «Ja, natürlich», sagte der. «Eine Fahrkarte für Sie kostet 1000, die für den Esel 2000». «Oh, mein Gott, 1000 für mich und 2000 für den Esel? Ich möchte nur die Fahrkarte für den Esel». «Ja, und Sie?» «Ich? Ich reise auf dem Esel.»*
*Meine Freunde, so sind wir am Ende angekommen. Ich bedanke mich bei Euch und hoffe, dass diese Arbeit nur der Anfang für etwas Grösseres gewesen ist.*

Simão Gutiérez

# Delmiro Gouveia

Der Beginn der wirtschaftlichen Entwicklung Brasiliens war Profitgier und schonungslose Ausbeutung. Allerdings standen die portugiesischen Kolonisatoren der ersten Jahrzehnte einer widerspenstigen Natur gegenüber: Meer, Urwald, Flüsse, Gebirge, tropisches Klima, Indianer, wilde Tiere – eine mannigfaltige Herausforderung für einen, der die unbekannten Weiten mit den Augen und Füssen eines Europäers zu bewältigen hatte und der sich stets mit dem Gedanken an eine rasche Rückkehr tröstete, sobald er sich, um welchen Preis auch immer, soviel angeschafft hatte, um zu Hause für den Rest des Lebens ausgesorgt zu haben. In einem Land, wo man nur vorübergehend weilte, erlaubte man sich alles, um reich zu werden – auch wenn aus vorübergehend oft drei Jahrzehnte, ja sogar ein ganzes Leben wurde. Aber das Gefühl des Provisorischen liess keinerlei Bindung an das eroberte Land aufkommen.

Wasserkraftwerk in Paulo Afonso, erbaut von Delmiro Gouveia

Die Gewinnung des «pau brasil» (Brasilholz – eine Baumart, die in Europa für die Gewinnung von rotem Farbstoff hoch im Kurs stand) war Ausbeutung reinster Art: der Küste entlang wurden ganze Wälder abgeholzt. Die so gerodeten Flächen boten nun die Möglichkeit, Zuckerrohr anzupflanzen, und so entstand eine Monokultur mit Grossgrundbesitz und Sklavenarbeit. Dies wiederum brachte eine Aufwertung des afrikanischen Schwarzen als menschliches Werkzeug in den sogenannten «engenhos», ländlichen Zuckerfabriken, deren Zahl sich sehr rasch vermehrte. Als menschliche Ware wurden die Schwarzen zu einem der lukrativsten Investitionsgüter des Landes, bis Mitte des 19. Jahrhunderts, als der Sklavenhandel verboten und bekämpft wurde. Nicht selten legten freigelassene und zum Wohlstand aufgestiegene Schwarze ihrerseits ihr Geld in Sklaven an.

Anfänglich beschränkte sich die Produktion der Kolonie fast ausschliesslich auf den Nordosten, bis in der zweiten Hälfte des 18. Jahrhunderts im Südosten Gold- und Edelsteinminen entdeckt wurden. Gleichzeitig fiel der Zuckerpreis auf dem Weltmarkt zusammen, als Folge der Vertreibung der Holländer aus dem nordöstlichen Brasilien und der Abwanderung der Zuckerproduktion auf die Antillen.

Der nächste Schritt in der Entwicklung der brasilianischen Wirtschaft war die Kaffeeproduktion, die während des ganzen 19. Jahrhunderts als Monokultur auf der «Terra roxa» (violett-rote Erde) im Staat São Paulo vorherrschte und bis zum Crash von 1929 die Grundlage des brasilianischen Exports bildete.

1888 wurde die Sklaverei endgültig abgeschafft. Aber schon vorher hatten Immigranten mehr und mehr die immer unerschwinglicher gewordenen Sklaven ersetzt. Auch im Nordosten, wo die Immigration weniger ins Gewicht fiel, ging die Landwirtschaft allmählich dazu über, Arbeiter mit geregelter Arbeitszeit und festem Lohn anzustellen. Trotzdem überlebte die alte Gesellschaftsordnung noch bis Ende des 19. Jahrhunderts: Die architektonische Einheit der «engenhos-de-açúcar», bestehend aus Herrenhaus («Casa grande»), Sklavenhütte («Senzala») und Kapelle, blieb unverändert bis zum Erscheinen der modernen Zuckerfabriken. Die Grünzone hinter dem nordöstlichen Küstenstreifen war allerdings noch immer stark von der portugiesischen Kolonisation geprägt: eine patriarchalische, auf Sklavenarbeit ausgerichtete und von jesuitisch-barocken Grundsätzen beeinflusste Gesellschaft. Die Grundschule, die lange Zeit in den Händen der Jesuiten war, lehrte die kleinen Weissen, Mulatten und Indios alles ausser dem, was man zum Leben braucht.

Im jungen Brasilien war die Form immer wichtiger als der Inhalt, das magische Denken näher als das logische, die intellektuelle Arbeit besser als die manuelle, das ausgeschmückte Detail beliebter als das funktionell Wesentliche, das Ausbeuten angesehener als das Säen, das Auswendiglernen von lateinischen Psalmen bequemer als das Studium landwirtschaftlicher Techniken. Der mystische Subjektivismus dominierte den weltanschaulichen Objektivismus. In den Augen der brasilianischen Aristokratie war handwerkliches Arbeiten etwas Erniedrigendes – «coisa de escravo», Sklavensache.

All dies müssen wir uns vor Augen halten, wenn wir nach den Hintergründen fragen, die einen Delmiro Gouveia so gross werden liessen, diesen zu kühnen Taten berufenen Mann, der für den brasilianischen Nordosten den Weg zu materiellem Fortschritt ebnete. Den minimalen Aussichten zum Trotz, die ein Waisenknabe im allerärmsten Sertão hatte, stieg er zu den Gipfeln gesellschaftlicher und populärer Anerkennung auf. Sein Name steht, innerhalb der regionalen Zeitgeschichte, an der Seite der Grossen des Nordostens, neben Padre Cícero, dem Hauptexponenten der Magie, neben Lampião, der Schlüsselfigur in der epischen Volksdichtung und in der kriegerischen Folklore, neben Gilberto Freyre, Luís da Câmara Cascudo und José Américo de Almeida, den gelehrten Vermittlern unserer sozialen Wirklichkeit. Das Erstaunliche am Leben von Delmiro Gouveia ist die Tatsache, dass er seinen Erfolg auf dem Gebiet des Handels und der Industrie suchte, dies zu einer Zeit, da ehrgeizige junge Männer in Brasilien eher nach einem Lizenziat der Jurisprudenz und einem öffentlichen Posten, am liebsten dem eines Richters oder eines Polizeikommissars, strebten.

Delmiro wurde 1863 im Staat Ceará geboren; wenige Monate nach seiner Geburt starb sein Vater, und bald darauf floh seine Mutter mit ihm vor der Dürre, die regelmässig den Sertão heimsucht, nach Recife. In der Hauptstadt nicht nur des Staates Pernambuco, sondern des ganzen brasilianischen Nordostens, war der Handel fest in den Händen von Portugiesen, und Ausländer beherrschten auch die Industrie, die sich in diesem letzten Viertel des 19. Jahrhunderts in einem verheissungsvollen Aufschwung befand. Vor allem trugen die Zuckerfabriken und der Hafen – der grösste der Region – dazu bei, Recife in den Rang einer Stadt von hanseatischer Bedeutung, mit Verbindungen zu aller Welt, zu erheben.

Um 1875 verliess Delmiro seine Mutter. Erst zwölf Jahre alt, machte er sich auf die Suche nach Arbeit. Er fand eine Stelle als Druckerlehrling. Doch das alte Handwerk behagte ihm nicht, und er wechselte ins Lebensmittelgeschäft eines Portugiesen, wo er mitunter recht demütigende Arbeiten zu verrichten hatte. Er arbeitete bei der Eisenbahn, wo er eine Weile einer Bahnstation vorstand, und bei der Küstenschiffahrt, wo er kleine Dampfer abfertigte.

Nirgends hielt er es lange aus. Der Handel im trockenen, mit Gestrüpp bedeckten Hinterland, das während Jahrhunderten isoliert geblieben war, begann zu funktionieren: Delmiro wurde Hausierer und transportierte Waren auf Eselsrücken bis in die winzigsten und abgelegensten Ortschaften. Auf diesen Reisen lernte er seine eigentliche Heimat, den unwirtsamen Ser-

Der Rio São Francisco bei Paulo Afonso

tão kennen, und in dieser Gegend, wo eine archaische Kultur und beinahe barbarische Sitten herrschen, sollte sich dann auch der beste Teil seiner Aktivität als «Condottiere» des Wirtschaftslebens abspielen.

Die Beschäftigung mit den Küstendampfern hatte ihm die Augen für den Geschäftszweig geöffnet, mit dem er reich werden sollte: der Handel mit Ziegen- und Schafhäuten – einer Ware, die damals im Nordosten wenig Wert besass. Mit 22 Jahren trat Delmiro in eine kleine Firma in Recife ein, die Leder nach Nordamerika exportierte. Es war die lang gesuchte einträgliche Stelle, die es ihm endlich erlaubte, seinem angeborenen merkantilen Talent freien Lauf zu lassen. Von einer Ortschaft am Rande des Sertão aus organisierte er den Ankauf der Häute aus vier Staaten des Nordostens. Die Firma florierte, und Delmiro expandierte. Vom einfachen Angestellten stieg er in kurzer Zeit zum Makler und zum Unternehmer auf. Er heiratete eine junge Frau aus dem Sertão; bei seiner Rückkehr nach Recife bezog er eine Villa in einem reichen Stadtteil.

Bald besass er das Monopol des Lederhandels im ganzen Nordosten – man nannte ihn «König der Häute». Auf einem Sumpfland am Rande der Stadt baute er eine Reitbahn, mit Tribünen und allem Drum und Dran; in weniger als zehn Jahren wurde der Sumpf zu einem angesehenen Wohnviertel, dem «Derby». Gegen Ende des Jahrhunderts installierte er in Recife eine Zuckerfabrik, die raffinierten Zucker in fein verpackten Tafeln herstellte; er baute ein Hotel von internationalem Niveau und wohl etwas zu gross für eine Stadt von 110 000 Einwohnern. Alles, was er zu jener Zeit unternahm, schien von Midas' Hand berührt zu sein.

Das neue Jahrhundert sah einen jungen, wohlhabenden Delmiro, erfolgreich und von kompetenten Mitarbeitern umgeben. Er gönnte sich mehr Freizeit und reiste häufig nach Europa, vor allem nach Venedig, wo er jeweils monatelang blieb und sich die Zeit mit dionysischen Festen vertrieb. Während

Delmiro Gouveia

Delmiro Gouveia (erster von rechts) empfängt den Gouverneur von Pernambuco (in der Bildmitte sitzend) in Vila da Pedra, 1917

Die Wasserfälle von Paulo Afonso

einer dieser Vergnügungsreisen erfuhr er von plötzlichen Kursstürzen auf dem internationalen Markt. Er kehrte sofort nach Brasilien zurück und stellte fest, dass die Krise weit grösser war, als er angenommen hatte. Er meldete den Konkurs an. Doch schon kurze Zeit danach hatte er sich vom wirtschaftlichen Missgeschick erholt, allerdings um bald darauf in ein anderes, politisches, zu fallen, das für sein Leben weit nachhaltigere Folgen haben sollte. Über eine Steuerfrage geriet er in Streit mit einem Senator (gleichzeitig Vizepräsident der Republik); die Meinungsverschiedenheit endete damit, dass Delmiro den hohen Politiker auf offener Strasse mitten in Rio tätlich angriff. Und als ob er noch nicht genug Scherereien mit der alles dominierenden Obrigkeit gehabt hätte, verführte und entführte er auch noch eine Pflegetochter des Gouverneurs von Pernambuco. Das verschloss ihm alle Türen. Er musste die geliebte Stadt verlassen und floh nach Maceió, wo ihn der Gouverneur von Alagoas, ein alter Freund, aufnahm. Er hatte den grössten Teil seines Vermögens eingebüsst, doch er verkraftete den Verlust, und mit der Hilfe seiner amerikanischen Kunden gelang es ihm, in Maceió den ihm vertrauten Lederhandel wieder aufzubauen.

Langsam kehrte der Erfolg zurück; ein Teil seiner früheren Geschäftspartner folgte ihm nach Maceió. Delmiro lernte nun den Sertão von Alagoas kennen und, erneut von den Fortschrittsvisionen seiner Jugend gepackt, kaufte er eine kleine Viehfarm in Pedra, das zu jener Zeit aus sechs Wohnhäusern und einer Bahnstation bestand. Die Bahnlinie war wichtig, denn sie verband die Stadt Piranhas am Unterlauf des Rio São Francisco mit Jatobá (heute Petrolândia) am mittleren, pernambucanischen Teil dieses Flusses. So war die sonst unscheinbare Viehfarm durch Schiffahrt und Bahn mit den wichtigsten Handelsorten des Nordostens verbunden. Von nun an entwikkelte sich das Kaff: ein Lager für die Häute neben der Station, ein Telegraphenamt zur Kommunikation mit dem Markt, ein Stausee zur Lösung des Wasserproblems, ein geräumiges und komfortables Wohnhaus mit Garten und Fruchtbäumen, ein Stall voller Rassenpferde für den Nahverkehr, eine Fazenda und Ställe für die Rinder, die Delmiro selber züchtete, und die schon bald Fleisch, Milch, Käse und Butter im Überfluss produzierten.

Der Erste Weltkrieg bewirkte einen Preisaufschwung im Lederhandel, was Pedra zum Status eines regionalen Wirtschaftszentrums verhalf und Delmiros Träume neuen Horizonten entgegenwachsen liess. Der nächste Schritt des grossen Unternehmers, der Höhepunkt seiner Zukunftsvisionen, war die Nutzung des Wasserfalls von Paulo Afonso am Rio São Francisco. Nach wochenlangen Abklärungen an Ort gab die vom nordamerikanischen Ingenieur Stewart geleitete technische Kommission grünes Licht für die Arbeiten im Fels, die sich mangels Spezialausrüstung sehr schwierig gestalteten. Doch im Hintergrund stand ein Mann mit eisernem Willen, und der Sertão erlebte den erfolgreichen Abschluss der Epopee im Jahr 1911, als die erste Turbine mit einer 150 PS- Pumpe zu funktionieren begann. Pedra bekam eine Wasserzuleitung und die Fazendas im Umkreis von Paulo Afonso konnten bewässert werden.

1914 eröffnete Delmiro eine Nähfaden-Fabrik, welche die Baumwolle aus seinen Plantagen verarbeitete und tausend neue Arbeitsplätze schuf. Sie galt als Musterfabrik in bezug auf Arbeitshygiene und -disziplin. Delmiro erstellte im weiteren eine Druckerei für Waren-Etiketten, baute ein Strassennetz von Hunderten von Kilometern, das dem Automobil Zugang zum Sertão verschaffte, errichtete Arbeitersiedlungen (ein Novum in dieser Region), erliess ein Alkohol- und Waffenverbot auf städtischem Gebiet. Immer öfter empfing er nun auch Besucher aus dem Ausland, die Interesse zeigten für einen derartig revolutionären Wandel im gesellschaftlichen und wirtschaftlichen Gefüge einer der ärmsten Gegenden Brasiliens. Der Pionier setzte sich sogar für ein öffentliches Freizeitangebot ein, indem er samstags und sonntags in der Fabrik Tanzabende und Gratis-Kinovorführungen veranstaltete. Pedra entwickelte sich zudem zu einem touristischen Anziehungspunkt.

Freilich ging nicht alles ohne Schwierigkeiten; da war zum Beispiel der viel zu hohe Preis der Holzspulen für den Nähfaden, die schliesslich billiger aus England importiert wurden, und da war der Fehlschlag des Projekts, die wichtigsten Städte des Nordostens mit der Elektrizität von Paulo Afonso zu versorgen, ein visionärer Traum, der erst vierzig Jahre später verwirklicht werden sollte.

Es gehört zum Los der Pioniere, nicht verstanden zu werden. Und was wäre im Sertão anderes zu erwarten gewesen – in einer Region, wo die hohen Politiker der alten Garde mit dem Banditentum verhängt und von Gangstern umgeben waren, wo die Analphabeten nicht zur Schule durften, damit die Elite an der Macht blieb, und wo die Sitten noch auf die portugiesischen Siedler aus dem 17. Jahrhundert zurückgingen? In einem solchen Milieu war es gefährlich, ein Licht anzuzünden. Delmiro besass zwar die Unterstützung einiger weniger «Landlords», doch die meisten misstrauten seiner Betriebsamkeit; der eine oder andere hasste ihn gar, oft bloss wegen einer Bagatelle. Im Sertão schläft, wie man sagt, der Hass nicht: am 10. Oktober 1917, um neun Uhr abends, als Delmiro sich von Gästen verabschiedet und auf seine Veranda zurückgezogen hatte, fielen drei Schüsse aus dem Hinterhalt. Eine Kugel traf ihn ins Herz.

Mit Delmiro Gouveias Tod verlor Brasilien – vor allem der Nordosten – nichts weniger als einen Dynamo. In jener Mordnacht wurde die Zukunft das Opfer der Vergangenheit. Allerdings, jener Teil seiner Träume, die der Öffentlichkeit galt, überlebte: Das Kraftwerk von Paulo Afonso brachte in den vergangenen Jahrzehnten schliesslich doch die ersehnte Erleichterung für die Region und verewigte Delmiros Ruhm.

Carlos Antonio Baptista Domingues da Silva

# Padre Cícero

Der Priester Cícero Romão Batista ist die wichtigste Symbolfigur des religiösen Volksglaubens im Nordosten Brasiliens. Er wurde 1844 in der Stadt Crato im Bundesstaat Ceará geboren und starb 1934 in Juazeiro do Norte.
Er prägte die Religiosität unter den Armen im Sertão, dem elenden Trokkengebiet im Nordosten, so stark, dass er auch liebevoll Padre Cíço genannt und vom Volk als Heiliger verehrt wird. Es wurde in den letzten Jahren sogar in ganz Ceará eine Kampagne eingeleitet, damit der «Heilige aus Juazeiro» vom Vatikan offiziell seliggesprochen werde. Juazeiro gilt seit den neunziger Jahren des vorigen Jahrhunderts als eines der Zentren religiöser Kulte. Jedes Jahr zieht Juazeiro Scharen von Pilgern an, die zu Tausenden enorme Distanzen zu Fuss oder auf dem Lastwagen zurücklegen, um vor dem Denkmal des Padre Cícero zu beten und zu büssen und ihre Leiden dort loszuwerden. Besonders viele Wallfahrer kommen jeweils am 24. März, dem Geburtstag des Padre, und zu seinem Fest am 1./2. November nach Juazeiro do Norte. Das Denkmal für Padre Cícero ist die zweitgrösste Statue in Brasilien. Auch lebt Padre Cícero weiter als Volksheld in den Geschichten der billigen Heftchen, die im Sertão noch stark verbreitet sind, oder durch die Stimme der Bänkelsänger und im einheimischen Kunsthandwerk.

Padre Cícero (1844-1934)

In seiner Haltung als Priester war er der Kirche seiner Zeit, die eine gewisse Distanz zum Volk hielt, weit voraus. Unermüdlich setzte er sich für das Wohl der armen Bevölkerung des Sertão ein. Dank seinem charismatischen Charakter, seiner mystischen Art und seiner Gabe, den einfachen Bauern aus dem Sertão anzusprechen, hatte Padre Cícero bald die notleidenden Massen hinter sich. Schon mit 27 Jahren begann er die Arbeit als Missionar in der damals kleinen Gemeinde Juazeiro do Norte. Ganz in der Art der Propheten und Fanatiker, der sogenannten «Beatos», welche den Armen in allen Breiten des Sertão die Heilige Schrift verkünden, pilgerte auch Padre Cícero, bekleidet mit einer geflickten Soutane, einem Strohhut und ausgerüstet mit einem Stock, von Dorf zu Dorf, um das Evangelium zu predigen. Doch er war kein Prophet, sondern vielmehr ein messianischer Führer und nicht zuletzt auch ein politischer Führer.
Denn im gepeinigten Sertão, wo die Einwohner ihrem unheiligen Schicksal ausgeliefert sind und seit eh und je von der Staatsverwaltung vernachlässigt werden, ist die Botschaft vom Wort Gottes nicht zu trennen von der Botschaft der sozialen Gerechtigkeit. Padre Cícero wurde im Sertão zum Träger einer sozialen Utopie. Bis heute sorgen die kaum veränderten Lebensbedingungen dafür, dass sein Mythos erhalten bleibt.
Diesem Mythos wurde durch ein wunderbares Ereignis Vorschub geleistet: Im Munde einer Gläubigen verwandelte sich bei der Kommunion die Hostie in Blut. Dieses Wunder, das sich noch mehrmals wiederholte, machte aus dem einfachen Padre einen der einflussreichsten und mächtigsten Menschen in ganz Ceará, und Juazeiro do Norte wurde zum Ziel religiöser Wallfahrten. Dass Padre Cícero eher von seinen Wundertaten erzählte, als dass er sie verheimlichte, missfiel den klerikalen Behörden. Untersuchungen wurden im Auftrag des Bischofs von der Hauptstadt Fortaleza aus eingeleitet. Der

Padre Cícero

Padre wurde von seinem Amt suspendiert; die Kirche versuchte, seine Aktivitäten zu unterbinden; man verbot ihm zu predigen – vergebens. Er nahm weiterhin seine Pflichten als Geistlicher wahr. Die Anziehungskraft des Wallfahrtsortes Juazeiro do Norte wuchs. Die Pilger- und Einwandererströme hielten an, so dass die einst kleine und armselige Siedlung bald zur geistlichen Hauptstadt und zum wichtigsten Wirtschaftspol des Sertão wurde. Padre Cícero büsste an Popularität nichts ein. Die getrübten Beziehungen zur Obergewalt der Kirche verliehen ihm den Glanz eines Märtyrers. 1921 entschied man sich für die endgültige Entlassung Padre Cíceros aus dem Priesteramt. Doch niemand wagte es, ihn aus der Stadt zu vertreiben. Bei aller persönlicher Bescheidenheit war er mächtig und einflussreich geworden. Er predigte weiter vor seiner Haustür für Hunderte von Pilgern. In seinen kirchlichen Aktivitäten eingeschränkt, geriet er mehr in die Welt der Politik und wurde zum ersten Bürgermeister von Juazeiro do Norte ernannt. Seine Macht wuchs. Eine Auseinandersetzung mit dem Gouverneur des Bundesstaates Ceará löste sich zu seinen Gunsten auf, unter anderem auch deshalb, weil hinter dem Padre die ihm ergebenen Cangaceiros (Räuberbanden) aus dem Sertão standen. Als Heiliger und Volksheld pflegte er gute Beziehungen zu den Cangaceiros, auch zum berüchtigtsten unter ihnen: Lampião. Es wird von einem Besuch Lampiãos in Juazeiro berichtet und wie Padre Cícero den Banditen und seine Truppe mit allen Ehren empfangen habe. Padre Cícero brachte dem Banditentum viel Verständnis entgegen. Für ihn war das Banditenleben eine soziale Ausdrucksform des Sertão, an deren Entwicklung der Staat schuld war. Immer wieder warf man ihm vor, mit den Banditen unter einer Decke zu stecken. Bänkelsänger behaupteten gar, das Banditentum des Sertão hätte ohne den Padre keine Chance gehabt. Eines steht fest: das Phänomen des Banditentums sowie die Legende des Padre Cícero sind natürliche Erscheinungen in einer gesetzlosen und ungerechten Gesellschaftsordnung wie jener des Sertão. Weder der Cangaceiro noch der Missionar liessen sich durch die Staats- oder irgendeine andere Gewalt zähmen, und sie werden deshalb heute noch vom Volk als Helden und Symbol des Widerstands gefeiert und verehrt.

Das Denkmal des Padre Cícero in Jouazeiro do Norte

Padre Cícero als alter Mann

Souvenirladen in Jouazeiro do Norte

Exvoto
Figur, um 1968
Holz, bemalt
h 57 cm
Van de Beuque

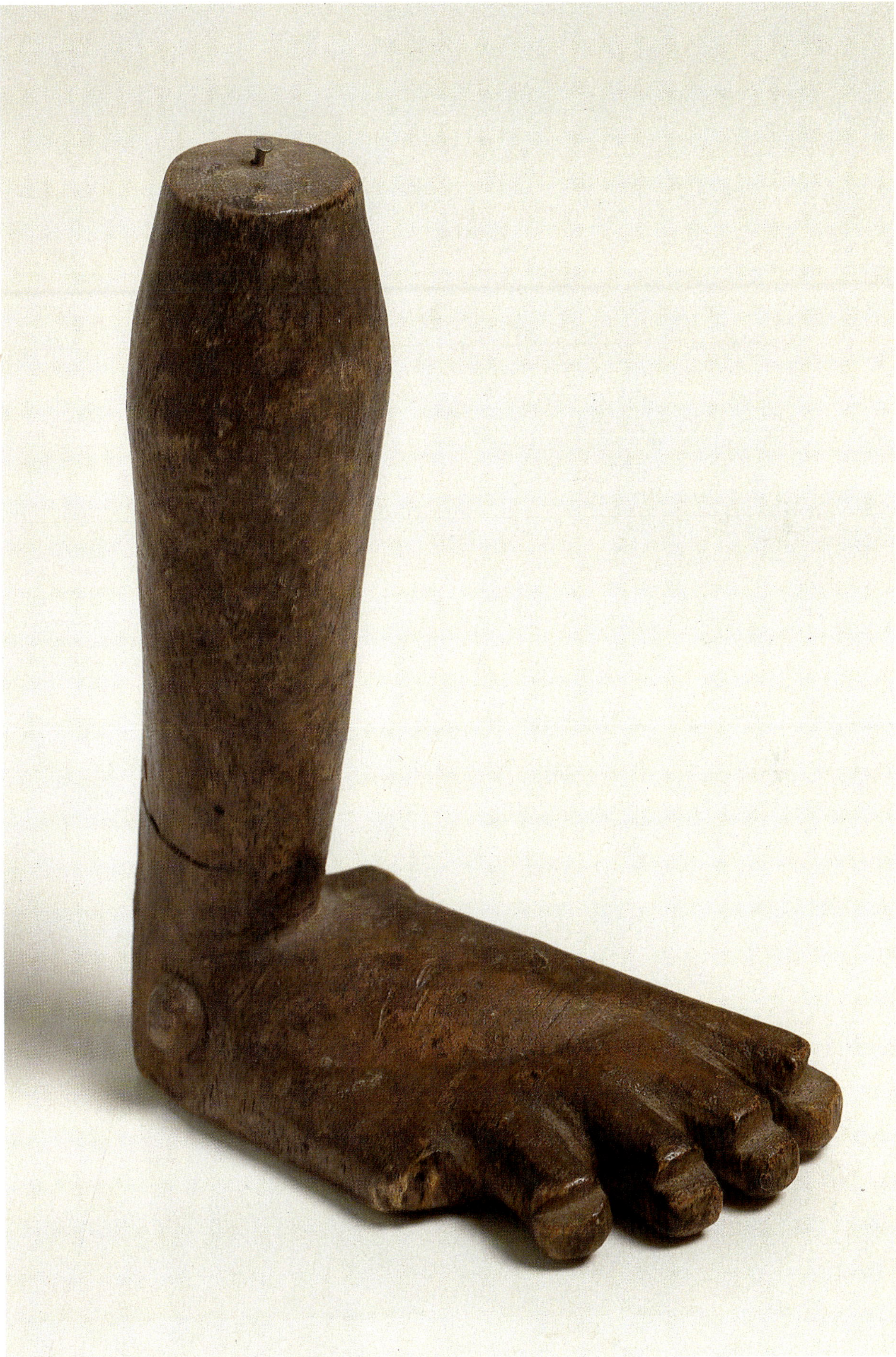

Exvoto
Fuss, um 1967
Holz, bemalt
h 18 cm
FUNDAJ/MUHNE

Exvoto
Ochsenbein, um 1952
Zedernholz, bemalt
h 30 cm
FUNDAJ/MUHNE

Exvoto
Kuheuter, um 1952
Holz, lackiert
h 18 cm
FUNDAJ/MUHNE

1

2

3

4

1 Exvoto
Augenpaar, um 1964
Holz, lackiert
h 2 cm
FUNDAJ/MUHNE

2 Exvoto
Brust, um 1952
Holz, bemalt
h 10 cm
FUNDAJ/MUHNE

3 Exvoto
Herz, um 1964
Holz, bemalt
h 12 cm
FUNDAJ/MUHNE

4 Exvoto
Ohr, um 1964
Holz, lackiert
h 8 cm
FUNDAJ/MUHNE

1

2

3

4

1 Exvoto
Kopf, um 1965
Ton, gebrannt und bemalt
h 9 cm
Van de Beuque

2 Exvoto
Rücken, um 1960
Ton, gebrannt
h 18 cm
Van de Beuque

3 Exvoto
Bauch, um 1960
Ton, gebrannt
h 19 cm
Van de Beuque

4 Exvoto
Kopf, um 1960
Ton
h 12 cm
Van de Beuque

Exvoto
Kopf, um 1965
Holz, bemalt
h 22 cm
Van de Beuque

Pablo Stähli

# Luiz Gonzaga – der König des Baião

3. August 1989. Am Vortag hatte sich die Nachricht, Luiz Gonzaga sei gestorben, wie ein Lauffeuer verbreitet. Eine dreitägige Landestrauer wurde in Pernambuco angeordnet. Die Stadt Recife war verändert.

Dom Helder Câmara, 1989 Erzbischof von Recife und Olinda, zelebrierte morgens um acht Uhr eine Messe und hielt die Abdankung. Als der Trauerzug mit den sterblichen Überresten von Luiz Gonzaga durch die Stadt fuhr, fiel Recife in Trance. Tausende von Personen begleiteten weinend den Sarg, aus Fenstern und von Balkonen schwenkten Trauernde Tücher und winkten mit Fotos, mit Schallplattenhüllen und anderen Erinnerungsstücken. «Hey, hey, hey, Luiz é nosso rei» (Luiz ist unser König) riefen sie immer wieder. Die Stadt war wie gelähmt, der Verkehr kam zum Stillstand, als der Trauerzug sich langsam zum Flughafen bewegte. Dort stellte sich das Volk vor die Jets, um sie am Abfliegen zu hindern, und bezeugte damit seinen Respekt für den Verstorbenen. So etwas hatte selbst die überschwengliche Stadt Recife noch nie erlebt. Nicht ein Politiker, ein Industrieller oder ein Kirchenfürst war gestorben, sondern ein Künstler, ein Sänger: Luiz Gonzaga, der König des Baiãos, der «Grösste». Nach 42tägigem Kampf war er seinem Leiden erlegen, und bereits war klar: er würde unsterblich sein.

Die Fernsehstationen sendeten Tag und Nacht Mitschnitte aus Konzerten, Interviews und Filme mit und über Luiz Gonzaga, alle Radiostationen schalteten Spezialsendungen ein, die Zeitschriften und Zeitungen zeigten nochmals die Stationen im Leben des volkstümlichsten aller brasilianischen Sänger. Seine Persönlichkeit, seine Bescheidenheit und seine Ehrlichkeit, seine unverwechselbare Stimme, seine Ziehharmonika und seine eindringlichen Texte: Luiz Gonzaga ist ein brasilianisches Phänomen. Über tausend Musikaufnahmen, ein Museum im Hinterland Pernambucos, eine Statue, unzählige Publikationen mit den Liedtexten und die Tatsache, dass auch heute noch kein Tag vergeht, ohne dass man Gonzaga am Radio hört, mögen auf seine unerhörte Popularität hinweisen.

Luiz Gonzaga do Nascimento wurde am Freitag, dem 13. Dezember 1912, in Exu, einem kleinen Ort, 700 km von der Küste entfernt, in einer für die dortige Gegend typischen Lehmhütte geboren. Er wuchs in bescheidenen Verhältnissen auf, im Sertão, der ihn prägte, und den er in der ganzen Welt bekannt machen würde.

Gonzaga war sein Leben lang unterwegs, sei es für Konzerte oder Studioaufnahmen, in Städten und Dörfern des riesigen Brasilien, aber auch im Ausland. Er genoss sein Leben lang eine uneingeschränkte Wertschätzung von Kollegen und Publikum, der auch seine zahlreichen Liebesaffären nichts anhaben konnten. Seine starke Persönlichkeit, Gradlinigkeit, die Integrität in Leben und Werk machen ihn zu einem Idol, das auch heute noch, Jahre nach seinem Tod, allgegenwärtig ist.

Die auf den folgenden Seiten abgedruckten Liedtexte sind, so gut wie möglich, übersetzt worden. Sie geben trotzdem nicht mehr als eine Ahnung vom grossen Charme der Lieder Gonzagas, aber sie sind vielleicht Anreiz, sich mit der Musik des «rei do Baião» eingehender zu beschäftigen.

Der Gonzaga-Sammler Mávio Holanda in seinem Kabinett, 1992

Zé Dantas und Luiz Gonzaga

**A volta da asa branca**

Já faz três noites qui pro Norte relampeia
A asa branca ouvindo o ronco do trovão
Já bateu asas e vortô pro meu Sertão
Ai, ai, eu vou m'imbora
Vô cuidá da prantação

A seca fez eu desertá da minha terra
Mas felizmente Deus agora se alembrô
De mandá chuva presse Sertão Sofredô
Sertão das muié séria
Dos home trabaiadô

Rios correndo, as cachuera tão zuando
Terra moiada, mata verde, qui riqueza
E asa branca à tarde canta qui beleza
Ai, ai, o povo alegre
Mais alegre a natureza

Sentindo a chuva me arrecordo de Rosinha
A linda frô do meu Sertão pernambucano
E se a safra num atrapaiá meus prano
Que qui hai, ô seu vigaro
Vou casá no fim do ano

**Die weisse Taube kehrt zurück**

Seit drei Nächten blitzt es schon im Norden
Als die weisse Taube den Donner grollen hörte,
Flog sie auf und davon, zurück in meinen Sertão
Oh, oh, ich gehe fort
Ich will nach meinen Feldern sehen

Die Dürre zwang mich, mein Land zu verlassen
Zum Glück hat Gott jetzt daran gedacht,
Regen zu schicken in den geplagten Sertão
Den Sertão der ehrbaren Frauen
Und der arbeitsamen Männer

Die Bäche fliessen, die Wasserfälle tosen
Die Erde ist nass und grün der Wald, welche Fülle
Und die weisse Taube singt am Abend, welche Pracht
Oh, oh, wie freut sich das Volk
Und noch mehr freut sich die Natur

Ich spüre Regen und denke an meine Rosinha,
Die schöne Blume im Sertão von Pernambuco
Wenn die Ernte meine Pläne nicht durchkreuzt
Komm, was kommen mag, Herr Pfarrer,
Ich heirate sie noch Ende Jahr

Armando Cavalcanti und Klecius Caldas

**Boiadeiro**

Vai, boiadeiro, que o dia já vem
Guarda o teu gado e vai pra junto do teu bem

De manhãzinha, quando sigo pela estrada
Minha boiada pra invernada vou levá
São dez cabeça, é muito pouco, é quase nada
Mas não tem outras mais bonitas no lugá

Vai, boiadeiro, que a tarde já vem
Guarda o teu gado e vai pra junto do teu bem

De tardezinha, quando venho pela estrada
A fiarada vem correndo me abraçá
São dez fiinho, é muito pouco, é quase nada
Mas não tem outros mais bonitos no lugá

Vai, boiadeiro, que a noite já vem
Guarda o teu gado e vai pra junto do teu bem

E quando eu chego na cancela da morada
Minha Rosinha vem correndo me esperá
É pequenina, é miudinha, é quase nada
Mas não tem outra mais bonita no lugá

**Der Viehtreiber**

Geh, Viehtreiber, der Tag bricht schon an,
Versorge dein Vieh und geh zu deinem Schatz

Frühmorgens, wenn ich die Strasse hinunter
Mit meiner Herde zur Winterweide ziehe,
Zehn Tiere sind's, sehr wenig, ja fast nichts,
Doch gibt es keine schöneren im Ort

Geh, Viehtreiber, schon naht der Abend
Versorg dein Vieh und geh zu deinem Schatz

Am Abend, wenn ich die Strasse heraufkomme
Rennt mir die Kinderschar entgegen, mich zu umarmen,
Zehn Kinderchen sind's, sehr wenig, ja fast nichts,
Doch gibt es keine schöneren im Ort

Geh, Viehtreiber, schon bricht die Nacht herein
Versorg dein Vieh und geh zu deinem Schatz

Und bin ich beim Gatter meines Hauses angelangt,
Eilt meine Rosinha mir entgegen, mich zu empfangen
Sie ist ganz klein, ganz zierlich, ja fast nichts
Doch gibt es keine Schönere im Ort

Onildo Almeida
**Feira de Caruaru**

A feira de Caruaru
Faz gosto a gente vê
Tem tudo que há no mundo
Nela tem pra vender

Tem massa de mandioca
Castanha assada tem ovo cru
Banana, laranja, manga

Batata doce, queijo e caju
Cenoura, jaboticaba
Guiné galinha
Pato, peru
Tem bode, carneiro e porco
Se duvidar inté cururu

Tem cesto, balaio, corda
Tamanco, greia
Tem caititu
Tem fumo
Tem tabaqueiro
Feito de chifre
De boi zebu
Caneco acovitero
Penêra boa
E mé de uruçu
Tem carça de arvorada

Qui é pra matuto
Num andá nu.

Tem rede, tem baliêro
Mode menino
Caça nambu
Maxixe, cebola verde
Tomate, coentro, côve e xuxu
Armoço feito nas torda
Prião mexido qui nem angu
Mobia de tamborete
Feita de tronco de mulungu.

Tem loiça tem ferro véio
Sorvete de raspa
Qui faz jaú
Gelado cardo de cana
Fruta de parma e mandacaru
Boneco de Vitalino
Qui são conhecido inté no su
De tudo que há no mundo
Tem na feira de Caruaru

**Der Wochenmarkt von Caruaru**

Den Markt von Caruaru zu sehen,
Das macht jedem Spass
Alles, was es gibt auf der Welt,
Gibt es dort zu kaufen

Da hat es geriebenen Maniok,
Geröstete Cajunüsse, rohe Eier
Es gibt Bananen, Orangen, Mangos

Süsskartoffeln, Käse, Cajufrüchte
Rüben, Jaboticaba,
Perlhuhn und gewöhnliches Huhn,
Enten, Truten
Es hat Ziegen, Schafe, Schweine
Und, kaum zu glauben, sogar Kröten

Es hat kleine, grosse Körbe, Seile,
Holzschuhe und Roste
Es hat Reibhölzer für Maniok
Es hat Tabak
Es hat Tabakdosen,
Geschnitzt aus dem Horn
Des Zebu-Ochsen
Es hat Trinkbecher
Gute Siebe
Es hat Bienenhonig
Es hat Arbeitshosen,

Damit der Taglöhner
Nicht nackt herumzulaufen braucht

Es hat Hängematten, Vogelfallen,
Womit die Buben
Den Nambuvogel fangen,
Maxixegurken, grüne Zwiebeln
Tomaten, Suppenkraut, Kohl und Kürbis,
Am Marktstand gekochtes Mittagessen
Maniokbrei, wie Maisbrei gerührt
Grobgezimmerte Möbel
Aus dem Stamm des Mulungubaums

Es hat Geschirr, und Alteisen hat's
Geschabtes Eis,
Mit dem man den Jaufisch gefriert,
Zuckerrohrsaft
Palmfrucht und Kaktusfeige,
Lehmfiguren von Vitalino,
Die berühmt sind auch im Süden
Alles, was es gibt auf der Welt
Hat's auf dem Markt von Caruaru

Patativa Ascaré

**A triste partida**

Setembro passou
Cum outubro e novembro
Já tamo em dezembro
Meu Deus, qui é de nós?
Assim fala o pobre
Do seco Nordeste
Cum medo da peste
Da fome feroz

A treze do mês
Ele fez experiência
Perdeu sua crença
Nas pedra de sá
Mas noutra esperança
Cum gosto se agarra
Pensando na barra
Do alegre natá

Rompeu-se o natá
Porém a barra num vêio
O sol bem vermêio
Nasceu muito além
Na copa da mata
Buzina a cigarra
Ninguém vê a barra
Pois a barra num tem

Sem chuva na terra
Descamba janeiro
Depois fevereiro
E o mesmo verão
Entonce o nortista
Pensando consigo
Diz isso é castigo
Num chove mais não

Apela pra março
Que é o mês preferido
Dos santo querido
Sinhô São José
Mais nada de chuva
Tá tudo sem jeito
Lhe foge do peito
O resto da fé

**Die traurige Abreise**

September ist vorbei
Und auch Oktober und November
Schon sind wir im Dezember
Mein Gott, was wird aus uns?
So spricht der Arme
Im trockenen Nordosten
Aus Angst vor der Plage
Vor der schrecklichen Hungersnot

Am Dreizehnten des Monats
Macht er die Probe
Er glaubt nicht mehr
An das Orakel der Salzbrocken,
Doch da ist eine andere Hoffnung
An die er froh sich klammert
Er denkt an die Wolkenbank
Zur Zeit des frohen Weihnachtsfests

Und das Weihnachtsfest kam,
Aber die Wolkenbank blieb aus
Eine grosse rote Sonne
Ging über den Baumwipfeln auf
Über jenem fernen Hügel
Die Zikade macht viel Lärm
Niemand sieht die Wolkenbank
Denn weit und breit gibt's keine Wolken

Ohne Regen auf der Erde
Geht der Januar dahin
Dann der Februar auch
Und immer derselbe Sommer
So denkt bei sich selbst
Der Mann vom Nordosten,
Sagt sich, das ist eine Strafe
Es wird nie mehr regnen

Er fleht den März an,
Denn das ist der Lieblingsmonat
Des lieben Heiligen
Des Herrn Sankt Joseph
Aber noch immer keine Spur von Regen
Alles ist wie verhext
Aus seiner Brust
Entweicht der letzte Glauben

Agora pensando
Ele segue outra tria
Chamando a famia
cumeça a dizê
Eu vendo meu burro
Meu jegue e o cavalo
Nóis vamo a São Paulo
Vivê ou morrê

Nóis vamo a São Paulo
Qui a coisa tá feia
Por terras alêia
Nóis vamo vagá
Se o nosso destino
Num fô tão mesquinho
Pro mesmo cantinho
Nóis torna a vortá

E vende seu burro
O jumento e o cavalo
Inté mesmo o galo
Venderam também
Pois logo aparece
Feliz fazendêro
Por pôco dinheiro
Lhe compra o que tem

Em um caminhão
Ele joga a famía
Chegô o triste dia
Já vai viajá
A seca é terríve
Qui tudo devora
Lhe bota pra fora
Da terra natá

No dia seguinte
Já tudo infadado
E o carro imbalado
Veloz a corrê
Tão triste, coitado
Falando saudoso
Um seu fio choroso
Cumeça a dizê

De pena e sardade
Papai sei que morro
Meu pobre cachorro
Quem dá de comê
Já outro pergunta
Mãezinha e meu gato
Cum fome e sem trato
Mimi vai morrê

Nun denkt er nach
Und wählt einen anderen Weg
Ruft seine Familie zusammen
Und fängt an zu reden
Ich verkaufe meinen Esel
Mein Maultier und das Pferd
Wir gehen nach São Paulo,
Um zu leben oder zu sterben

Wir gehen nach São Paulo,
Denn hier steht es schlecht
Durch fremdes Land
Werden wir irren
Wenn unser Schicksal
Nicht ganz so garstig ist,
Kehren wir später wieder
Zu unserem Fleckchen Erde zurück

Und er verkauft seinen Esel
Das Maultier und das Pferd
Und sogar den Hahn
Haben sie verkauft
Denn schnell ist zur Stelle
Der glückliche Grossgrundbesitzer
Der für ein kleines bisschen Geld
Ihm alles abkauft, was er hat

Auf einen Lastwagen
Verfrachtet er die ganze Familie
Der traurige Tag ist gekommen
Schon geht es auf die Reise
Die Dürre, die ist schrecklich
Alles verschlingt sie
Und vertreibt ihn
Aus seinem Heimatland

Am nächsten Tag
Ist das Schicksal schon besiegelt
Der Wagen ist in vollem Schwung
Und auf schneller Fahrt
Plötzlich sagt mit weinerlicher Stimme
Eines seiner Kinder,
vom Heimweh geplagt
So traurig, das ärmste

Vater, ich weiss, ich sterbe
Vor Trauer und vor Heimweh
Mein armer Hund,
Wer gibt ihm zu fressen?
Da fragt auch schon ein zweites:
Und, Mutter, meine Katze,
Die Hunger hat und niemand schaut zu ihr,
Meine Mimi wird auch sterben

E a linda pequena
Tremendo de medo
Mamãe meu brinquedo
Meu pé de fulô
Meu pé de rosera
Coitado, ele seca
E a minha boneca
Também lá ficô

E assim vão deixando
Cum chôro e gemido
Do berço querido
O céu lindo e azu
O pai pesaroso
Nos fio pensando
E o carro rodando
Na estrada do Su

Chegô em São Paulo
Sem cobre, quebrado
E o pobre acanhado
Procura um patrão
Só vê cara estranha
De estranha gente
Tudo é diferente
Do caro torrão

Trabaia dois ano
Trêis ano e mais ano
E sempre nos prano
De um dia vortá
Mais nunca ele pode
Só vive devendo
E assim vai sofrendo
É sofrê sem pará

Se arguma notícia
Das banda do Norte
Tem ele por sorte
O gosto de ouvi
Lhe bate no peito
Saudade de móio
E a água nos óio
Começa a caí

Do mundo afastado
Ali vive preso
Sofrendo o desprezo
Devendo ao patrão
O tempo rolando
Vai dia e vem dia
E aquela famía
Num vorta mais não

Und die herzige Kleine
Zitternd vor Angst
Mami, mein Spielzeug
Und meine Blumen
Mein Rosenstrauch
Der arme, er vertrocknet,
Und meine Puppe
Die blieb auch zurück

Und so verlassen sie
Mit Weinen und Stöhnen
Den schönen blauen Himmel
Ihrer geliebten Heimat
Der Vater ist voller Kummer
Doch der Wagen
rollt weiter
Auf der Strasse nach dem Süden

So kam er in São Paulo an,
Ohne einen Rappen, völlig blank,
Und der Arme sucht
schüchtern einen Arbeitgeber
Er sieht nur fremde Gesichter
Von fremden Leuten
Alles ist so anders
Als in der geliebten Heimat

Zwei Jahre arbeitet er
Drei Jahre und noch ein Jahr
Und immer hegt er den Plan,
Eines Tages heimzukehren,
Doch es gelingt ihm nie
Immer lebt er in Schulden
So leidet er Tag und Nacht
Sein Leid nimmt kein Ende mehr

Und hat er das Glück,
Dass einmal eine Nachricht
Aus dem fernen Norden
Zu seiner Freude ihn erreicht
Dann schlägt in seiner Brust
Geballtes Heimweh
Und das Wasser beginnt
Aus seinen Augen zu fliessen

Von der Welt getrennt
Lebt er als Gefangener
Verachtet und gequält
Stets in der Schuld seines Patrons
So rollt die Zeit
Tagein, tagaus
Und diese Familie
Kehrt nie mehr zurück

Distante da terra
Tão seca mais boa
Exposto à garoa
À lama e ao paú
Faz pena o nortista
Tão forte e tão bravo
Vivê cumo escravo
No Norte e no Su

Fern von dem Land,
Das wohl trocken, aber gut ist,
Ist er jetzt dem Nieselregen
Ausgesetzt und dem Schlamm und Sumpf
Er tut mir leid, der Mann aus dem Norden
So stark und so mutig
Der lebt wie ein Sklave
Im Norden sowie im Süden

Luiz Gonzaga und Guido de Morais
**Pau-de-Arara**

Quando eu vim do Sertão seu moço
Do meu Bodocó
A malota era um saco
E o cadeado era um nó
Só trazia a coragem e a cara
Viajando num pau-de-arara
Eu penei, mas aqui cheguei
Eu penei, mas aqui cheguei
Trouxe um triângulo
No matulão
Trouxe um gonguê
No matulão
Trouxe um zabumba
Dentro do matulão
Xote, maracatu e baião
Tudo isso eu trouxe no meu matulão
Quando eu vim do Sertão seu moço…

**Arme-Leute-Bus**

Als ich vom Sertão kam, junger Mann
Von Bodocó, meinem Dorf,
Hatte ich als Koffer einen Sack
Mit einem Knoten als Verschluss
Nichts brachte ich mit als meinen Mut
und mein Gesicht
Ich reiste im «Arme-Leute-Bus»
Es war schlimm, aber jetzt bin ich da
Es war schlimm, aber jetzt bin ich da
Meinen Triangel hab ich mitgebracht
In meinem Reisesack
Und auch ein kleines Tamburin
Hab ich im Reisesack
Die Musik zum Xote,
Maracatu und Baião,
Das alles hab ich mitgebracht in meinem Sack
Als ich vom Hinterland kam, junger Mann…

Luiz Gonzaga und João Silva
**Xote ecológico**

Não posso respirar
Não posso mais nadar
A terra está morrendo
Não dá mais pra plantar
Se plantar não nasce
Se nascer não dá
Até pinga da boa
É difícil se encontrar

Cade a flor que estava aqui?
Poluição comeu
O peixe que é do mar?
Poluição comeu
O verde onde é que está?
Poluição comeu
Nem o Chico Mendes sobreviveu

**Umwelt-Schottisch**

Ich kann nicht atmen
Ich kann nicht mehr schwimmen
Die Erde liegt im Sterben
Man kann schon nichts mehr pflanzen
Und was man pflanzt, das wächst nicht mehr
Und wenn es wächst, gibt's keine Frucht
Sogar ein guter Schnaps
Ist kaum mehr aufzutreiben

Wo ist die Blume, die hier wuchs?
Die Umweltverschmutzung frass sie weg
Wo ist der Fisch, der ins Meer gehört?
Die Umweltverschmutzung frass ihn weg
Und wo ist das Grün geblieben?
Die Umweltverschmutzung frass es weg
Nicht einmal Chico Mendes hat überlebt

Cachaça-Flaschen, um 1950
FUNDAJ/MUHNE

1

2

3

4

1 Anonym
Fischerlicht, 1969
(wird wie eine
Krone getragen)
Recycling-Blech
h 37 cm
FUNDAJ/MUHNE

2 Anonym
Öllämpchen, 1976
Recycling-Blech
h 28 cm
FUNDAJ/MUHNE

3 Anonym
Öllämpchen, 1976
Recycling-Blech
h 21 cm
FUNDAJ/MUHNE

4 Anonym
Öllämpchen, 1976
Recycling-Blech
h 39 cm
FUNDAJ/MUHNE

Anonym
Öllämpchen, um 1976
Recycling-Blech
h 24 cm
FUNDAJ/MUHNE

Edgar
Sandflaschen, 1982/1988
Van de Beuque

**Impressum Helmhaus Zürich**

**Vôo da Asa Branca**
**Aus dem Nordosten Brasiliens**
Eine Veranstaltung der Präsidialabteilung der Stadt Zürich

Konzept: Pablo Stähli

Realisation: Pablo Stähli und Marie-Louise Lienhard

Assistenz: Ursula Traffelet

Sekretariat: Margrit Meyer

Photographie: Friedrich Zubler

Gestaltung: Silvio Schmed und Rico Bosshardt

Technik: Rico Bosshardt

Transport: Transway Transportes Internacionais LTDA., São Paulo und Möbeltransport AG, Zürich

Autoren:
**Carlos Antônio Baptista Domingues da Silva** ist Rechtsanwalt in Recife und hat sich über Jahre eingehend mit dem Phänomen Padre Cícero auseinandergesetzt.

**Simão Gutiérez** (Pseudonym für Frederico Pernambucano).

**Marie-Louise Lienhard,** Leiterin des Helmhauses.

**Carlos Antônio Montenegro**, Direktor des Museu do Homem do Nordeste an der Fundação Joaquim Nabuco in Recife.

**Paulo Pardal,** Forscher an der Abteilung für Kultur der Bundesuniversität von Rio de Janeiro. Passionierter Sammler von Carrancas und Autor von zahlreichen Ausstellungen und Publikationen zur brasilianischen Volkskunst, insbesondere zu Carrancas («Carrancas do São Francisco», «Guarany – 80 Anos de Carrancas»).

**Frederico Pernambucano de Mello**, Vorsteher der Dokumentationsstelle an der Fundação Joaquim Nabuco in Recife. Publizierte 1986 «Guerreiros do sol – o banditismo no Nordeste do Brasil» (mit einer Einführung von Gilberto Freyre), ein wissenschaftliches Werk über das Banditenwesen im Nordosten Brasiliens.

**Pablo Stähli**, Galerist und Verleger, verheiratet mit einer Brasilianerin aus Recife, lebt in Zürich.

**Sebastião Vila Nova,** Soziologie-Professor an der Katholischen Universität in Recife und Vorsteher des Institutes für «Tropicologie» an der Fundação Joaquim Nabuco. Zahlreiche Publikationen zu Gilberto Freyre. Zurzeit erforscht er die nordamerikanischen Wurzeln im Denken Gilberto Freyres.

Übersetzungen:
Reinaldo Belo: Walter Paulo Zoss/ Pablo Stähli
Carlos Antônio Baptista Dominques da Silva: Walter Paulo Zoss
Luiz Gonzaga (Liedtexte): Heide Wunderli-Bucher
Simão Gutiérez: Heide Wunderli-Bucher
Carlos Antônio Montenegro: Heide Wunderli-Bucher
Paulo Pardal: Sandra Bernoulli
Frederico Pernambucano de Mello: Walter Paulo Zoss
Sebastião Vila Nova: Heide Wunderli-Bucher

Photonachweis:
Benjamin Abrahão (Seite 203), Marcel Gautherot (Seiten 166–168), Hist. Museum, Fortaleza (Seite 205), José Otávio (Seite 204 o.), Paulo Pardal (Seite 166 o.), Willy Spiller (Seiten 177, 204 u., 223, 226), Pablo Stähli (Seiten 161–163, 196, 199–202, 222, 224–225, 228–229, 236, 238–241), Rucker Vieira (Seite 197), Friedrich Zubler (Seiten 165, 169–175, 182–193, 209–218, 230–235, 243–246)

Leihgeber:
Fundação Joaquim Nabuco;
Museu do Homem do Nordeste, Recife
Jacques Van de Beuque, Rio de Janeiro
Paulo Pardal, Rio de Janeiro
Dr. Frederico Pernambucano de Mello, Recife
Pablo und Iracema Stähli-Couto

Für umfassende Unterweisung danken wir Hugo Loetscher.
Den Hinweis auf die Sammlung Van de Beuque verdanken wir Martin Schaub.
Dem brasilianischen Generalkonsul in Zürich, René Hagenauer, danken wir für mannigfache Kontakte.
Philippe Widmer vom schweizerischen Generalkonsulat in Rio de Janeiro hat sich unermüdlich und liebenswürdig für das Gelingen des Unternehmens eingesetzt.
Konsul Rudolf Fehr von der schweizerischen Konsularagentur in Recife hat die Stadt Zürich bei den Museen in Recife in verdankenswerter Weise vertreten.
Dass eine Original-Jangada vor dem Helmhaus vertäut werden kann, verdanken wir der Stahli Ltda., Recife, der Air France, Recife (Norberto, Augusto und Valter) sowie Otto Gläser von der WOGG, Baden.
Der Firma Expomus in São Paulo danken wir für wertvolle Ratschläge zur Transportorganisation.

Abkürzungen:
FUNDAJ/MUHNE:
Fundação Joaquim Nabuco, Museu do Homem do Nordeste, Recife
Paulo Pardal:
Sammlung Paulo Pardal, Rio de Janeiro
Van de Beuque:
Sammlung Jacques Van de Beuque, Casa do Pontal, Rio de Janeiro

«Bumba-meu-boi» in Alcântara (Maranhão), 1986 (Photos Barnabás Bosshart)

## Das Haus des Bahianers

Über sechzig Millionen Brasilianer sind dunkler Hautfarbe, der überwiegende Teil davon Mulatten, Nachfahren der Sklaven, die einst aus Afrika ins Land geholt wurden. Trotz Unterdrückung schufen sie eine eigene Welt, wie sie sich in Religion, Musik, Tanz, Kampfspiel und Küche ausdrückt. Ein faszinierendes Kapitel kultureller Selbstbehauptung. Für die Lebendigkeit dieser Tradition bietet der Bahianer Emanoel Araújo ein Beispiel, als Künstler wie als Sammler. Brasilianische Kreativität ist nicht denkbar ohne den Beitrag jener, die aus schwarzer Phantasie eine afro-brasilianische machten.

Hugo Loetscher, Text  Willy Spiller, Photos

# Das Haus des Bahianers

«Rua dos Ingleses», die «Strasse der Engländer», liegt in einem Viertel, wo hauptsächlich Schwarze und Italiener wohnen. Das erklärt die vielen Cantinas und Tabernas und auch, dass sich hier eine Samba-Schule befindet. Die Strasse zieht sich dem Hügel entlang, auf dessen Grat São Paulo Manhattan spielt. Die Avenida Paulista demonstriert mit Stahl, Glas und Beton Metropole, eine stupende Anthologie von Wolkenkratzern bietend, wie sie Wirtschaft und Finanz sich zu Ruhm und Geschäft errichteten.

An der Strasse der Engländer haben sich weitgehend Bürgerhäuser aus dem Ende des letzten Jahrhunderts erhalten, Zeugnisse von einem andern nicht minder trügerischen Boom. Ein Bereich zwischen den Wolkenkratzern der Avenida Paulista und denen von Downtown, auf das man von hier hinunterschaut, was dem Viertel seinen Namen gab, «Bela Vista». Bereits beginnen sich Hochhäuser breit zu machen, Kondominien oder ein Kinderspital. An der Strasse liegt auch das «Teatro Ruth Escobar». Unvergesslich als Schauspielerin und Regisseurin, hat Ruth Escobar als Theaterdirektorin die Avantgarde des modernen brasilianischen Theaters mitbestimmt; sie hat unter den Militärs Tapferkeit bewiesen wie wenige. Ansonsten Wohnhäuser, gewöhnlich zweistöckig, vom eklektischen Geschmack einstiger Wohlhabenheit, und unter diesen Häusern das mit der Nummer, die wir suchen.

Eigentlich wollten wir nur ein Buch abholen. Ein Buch allerdings, hinter dem ich her war, seitdem es erschien: «A mão afro-brasileira» (Die afro-brasilianische Hand). Es gehört zu den erstrangigen Publikationen, wie sie in Brasilien nur herauskommen, wenn sie gesponsert werden. Im vorliegenden Fall hatte die Fundação Odilio Odebrecht, die Stiftung eines Bauunternehmens, die Finanzierung ermöglicht, zusammen mit TENENGE (Técnica Nacional de Engenharia). Solche Publikationen gehen zwar an Bibliotheken, Institute und Universitäten; aber sie gelangen nicht in den Handel. Sie dienen nicht ungern Ministerien und der Diplomatie als repräsentative Geschenke. Finden diese gewöhnlich reich bebilderten Bücher, über welchen Umweg immer, ins Antiquariat, dann zu horrenden Preisen.

Beim Erscheinen des Buches stand fest, dass es sich um ein Standardwerk handelte. Es war 1988 herausgekommen, als hundert Jahre «Abolition» gefeiert wurde. In Brasilien wurde die Sklaverei, schrittweise abgebaut, erst 1888 aufgehoben. Das Gedenkjahr war Anlass für Neuauflagen klassischer Werke zur Geschichte und Soziologie der Sklaven und Schwarzen, Anlass für neue Untersuchungen wie für Ausstellungen, für bedruckte T-Shirts wie Telenovelas. Ein Datum, um Geschichte zu revidieren und neu zu schreiben, ein Moment mehr, um sich mit dem Mythos der Rassengleichheit auseinanderzusetzen. Aus mit der Übereinkunft der traditionellen Definitionen Brasiliens: «unblutige Geschichte», «verschwenderische Natur», «unbegrenzte Ressourcen», «Land der Zukunft», eine lange «Kette, in der die Rassendemokratie ein Glied mehr ist», schrieb Joel Rufino dos Santos in seiner Einleitung zu «A mão afro-brasileira: die Bedeutung des historischen und künstlerischen Beitrags».

Natürlich war der Beitrag der Schwarzen und Mulatten zur brasilianischen Kultur kein neues Thema. Schliesslich war ein Klassiker des 19. Jahrhunderts, der Schriftsteller Machado de Assis, der erste Präsident der Brasilianischen Akademie, Mulatte. Und Mulatte war auch Aleijadinho, der erste eigenständige Künstler Brasiliens, dem wir die Propheten-Skulpturen und den Stationenweg von Congonhas verdanken. Aber Wissen und Vorstellung ändern sich, wenn man erfährt, dass auch Leandro Joaquim ein Schwarzer war («schwarz, klein und dick»); von ihm stammen die sechs ovalen Bilder im Historischen Nationalmuseum von Rio; diese Ansichten vom damaligen Rio und der Guanabara-Bucht zählten zum Schönsten, was an Kunst während der Kolonialzeit hervorgebracht wurde. Erstaunlich, was in dieser Epoche die afro-brasilianische Hand an Deckengemälden, Bildern, Skulpturen, Altären und Fassaden schuf, und nicht minder imposant die schwarze Präsenz in der heutigen Kunstszene. Nicht nur die Bildende Kunst sollte in dem Band «A mão afro-brasileira» abgedeckt werden, die breite Fächerung der Volkskunst mitberücksichtigend. Theater, Musik (auch E-Musik), Film, Tanz, Literatur, Photographie erhielten ihre eigenen Kapitel – eine dunkelhäutige Kulturgeschichte, wie sie in dieser Komplettheit bis anhin nicht vorlag.

Eine solche kulturelle Gesamtbilanz ist Grund genug, um vor dem Weiterflug nach Rio ein Taxi zu nehmen und an die Rua dos Ingleses zu fahren, wo der Herausgeber, Emanoel Araújo, wohnt. Dank einer spontanen

Emanoel Araújo mit trauernder Magdalena beim innern Hauseingang

Telefonvermittlung durch Bekannte erklärte er sich ebenso spontan bereit, uns eines der letzten Exemplare zu überlassen. Aber es ist nicht das Buch, das den Hauptpart in der Begegnung spielte, sondern das Haus.

Die Portaltüren öffnen sich auf einen Raum, der einst als Eingangshalle gedient haben mochte und heute als Garage benutzt wird. Unter einer silbernen Plache das Auto. An der einen Wand Holzobjekte wie Herz, Knochen, Römerhelm, eine Säule mit einer Geissel und mehr Derartiges. Und gegenüber in einer Ecke, bis zur Decke reichend, auf Holz gemalt und aus einer Holzplatte ausgeschnitten, eine trauende Magdalena.

Das Buch liegt auf einem Tischchen bereit. Doch der Blick richtet sich gleich auf die Szenen aus der Passionsgeschichte, zwei Gemälde, flankiert von lebensgrossen Engeln. Auf der Gegenseite ein barocker Zeitgenosse auf einer Konsole, dicklich und etwas missraten, bereit, in den Händen das Licht zu halten, aber nicht sehr begeistert, himmlische Last wie Flügel tragen zu müssen. Auf dem Boden kauert ein schwarzer Teufel, der einst zu einem Skulpturen-Ensemble gehörte. Noch immer zittert der Dämon; es könnte sein, dass der Erzengel Michael, und sei's über eine Kunstauktion, mit seiner siegreichen Lanze zurückkehrt. Im Moment schaut der böse Geist erschrocken zur Wand, an der Afrikanisches angebracht ist: ein Hauspfosten aus Nigeria, wie wir des weitern erfahren, alte Stiermasken aus dem Bundesstaat Goiás und Menschenmasken von einem zeitgenössischen Künstler aus Bahia.

Ob wir einen «cafezinho» möchten. Die Frage nach dem «Kaffeechen» ist der freundliche Bestandteil einer herzlichen brasilianischen Begrüssung. Schon hantiert Emanoel in der Küche. Wir sitzen vor einem niedrigen Glastischchen. Darauf weisses Porzellan, europäische Fayencen, aus Frankreich, Deutschland und Italien. Auf einer Schmalwand Emblem-Bilder, die müssen von Rubem Valentim sein. Aber von wem ist das Bild im Hintergrund des anschliessenden Raumes und von wem das «gemalte Fell» über dem Kolonialkanapee? Im Rükken ein Grossgemälde, eindeutig eine Allegorie, wie sie das achtzehnte Jahrhundert in Europa malte: Amerika ist eine Indianerin, die ein Kind an der Hand führt.

Unsere Neugierde braucht sich ihrer Indiskretion wegen nicht zu genieren. Wir sind Gäste geworden, und der Hausherr bietet sich an, uns durchs Haus zu führen.

Auf einer Wendeltreppe hinauf, vorbei an einem armlosen Christus aus Spanien, einem Gekreuzigten ohne Kreuz, und vorbei an einem Bild mit Mäusen aus dem heutigen Reich des phantastischen Realismus. Oben ein Schlafzimmer, das Kaiserzimmer, mit Bildern, Grafiken, Zeichnungen und Photos aus der Regierungszeit von Dom Pedro II. Im nächsten Zimmer an der Wand ein Textilbild der Bahianerin Madalena Santos Reinbolt, und unter dem, was sich auf einer Kommode an Gegenständen drängt und drängelt, der Drachentöter Georg aus dem Arsenal des afro-brasilianischen Sanktuariums, altsilberne Balangandans, Glücksbringergehänge, wie sie die Bahianerin als Schmuck am Gürtel trägt, und neben irgendwelchen Köpfen ein anthropomorpher Wasserkrug.

Danach ein Raum, in dem sich Statuen versammelt haben. Auf einem Tischchen Heilige verschiedener Grösse, alle mit schwarzen Gesichtern. Zwangsgetauft, gaben die Sklaven den Heiligen, wenn sie sich schon an sie zu halten hatten, ihre eigene Gesichtsfarbe. Die Heilige Edwirges und die Heilige Ifigenia und der populäre São Benedito, und natürlich Santo Antonio. Zu ihnen gesellen sich Figurinen im Taschenformat, portable Heilige, wie sie die Sklaven im letzten Jahrhundert für ihre gläubigen Herren schnitzten. Mit dem Gang in den nächsten Raum der Szenenwechsel von katholischen Heiligen zu afrikanischen Gottheiten. Zwar wachen um das Pfostenbett in vier Rundbildern die Evangelisten, aber auf einem Tisch, Holzschulter an Holzschulter, schwarze Gestalten, dominierend Xangô, eine Gottheit, die männlich und weiblich in Erscheinung tritt, Beispiele dafür aus Nigeria und aus Bahia, aus dem letzten und aus unserem Jahrhundert, stets als Signet die Doppelaxt auf dem Kopf.

Und dann ein Kleinaltar, den Emanoel aufgebaut hat. Als Beschützer afrikanische Zwillinge, Ibejis. Im Vordergrund Iemanjá, die Göttin des Wassers und vom Ursprung allen Lebens. Emanoel nimmt die schwarze Figur in die Hand. Er deckt ihr den Leib ab, und wir sehen ein verklärtes Madonnengesicht; darauf deckt er den Kopf mit dem Strahlenkranz ab, mit tief herabhängenden Brüsten und einem gebärfreudigen Becken präsentiert eine schwarze Urmutter ihren Leib. Katholisches Christentum und afrikanische Naturreligion sind eine Verbindung eingegangen. Das Thema der afro-brasilianischen Kultur hat in dieser Statue Gesicht und Gestalt angenommen.

Es ist, als würden die Bilder und Gegenstände, die auf dem Boden und an der Wand zu sehen sind, auf Konsolen, Kommoden oder Schränken, es ist, als würden sie nur auf das Stichwort des Hausherrn warten, um ihre Geschichte preiszugeben. Auch wenn wir uns bald nicht mehr genau erinnern, wo wir die vergoldeten Karyatide sahen, antike Figuren, die einst Stützdienst in einer Kirche leisteten, und wo São Elesbão stand, der schwarze Herrscher über das schwarze Königreich Äthiopien.

In diese Evokation stimmt auch ein, was zwei Stockwerke tiefer seinen Platz fand und was wir erst im

Altaraufbau mit der Meeresgöttin Iemanjá und den Zwillingen Ibejís

Begriff sind, kennen zu lernen: die Indianerin und der Indianer mit Bogen, Köcher und Pfeil aus Porzellan oder der mannshohe Schwarze mit Lendenschurz, an der Wand Keramikteller, übervoll mit Fischen und Krebsen. Dort, wo unterm Arbeitstisch bronzene Hunde liegen und in einer Ecke eine Prozellankatze lauert. Für einmal nehmen nicht Gegenstände das Interesse gefangen, sondern eine Bibliothek. Bildband um Bildband, bis zur Decke reichend. Publikationen zur europäischen und afrikanischen Kunstgeschichte, zur Kultur der beiden Amerika und unter den «Brasiliana» Ausgesuchtes und Seltenes.

Eingeprägt haben sich uns Spielzeugpuppen, lauter Schwarze, kümmerlich bekleidet und abgerissen, im Plastikkopf eine Beule oder ein Loch, lottrig das Gummiband, das die Glieder zusammenhält –, als hätten schwarze Strassenkinder auf dem Geflecht eines kostbaren Kolonialmöbels Zuflucht gefunden, aneinander lehnend und ineinander liegend; begännen sie zu reden, würden sie von kolonialen Sklavenhütten sprechen und von der Tradition der Hütten in den Favelas, den Elendsvierteln.

Nur eines hat uns Emanoel Araújo vorenthalten: sein eigenes Werk. Die Plastik in Pyramidenform neben der Wendeltreppe. Oder sein weisses Relief, das sich noch an den Umriss eines Rechteckes hält, während das Relief im untersten Stockwerk farbenstark mit geknickter Linienführung ein solches Grundmuster durchbricht und der Wand entlang in den Raum hinausgreift. Und hier im Arbeitszimmer graphische Blätter, die eine Entwicklung abstecken: eine Sitzende aus den Anfängen, Frauen mit Katzen, als er noch thematisch arbeitete, und zuunterst an der Wand eine «gravura de armar», Papierstreifen wellen sich und schaffen Raum, eines der schmalen Grafik-Kistchen hinter Glas, aus einer Serie, die er zum ersten Mal 1976 in Washington zeigte; sie kündigten den Übergang zum Dreidimensionalen und zum Plastiker an.

Interieur mit dem Allegoriebild «America» von Niccolo Frangipani (1553–1597)

Araújo begann erst von seinem Werk zu reden, als wir danach fragten. Er drückt uns zum Abschied neben dem Buch «A mão afro-brasileira» einen Katalog in die Hand; er hatte im Frühling 1991 seine erste Ausstellung in Europa, «Skulpturen, Reliefs und Monoprints», in Lissabon, in der Gulbenkian-Stiftung.
Wir hatten ein Buch gesucht, wir hatten ein Haus entdeckt und waren einem Künstler begegnet.

Emanoel Araújo ist Bahianer. Er kam 1971 nach São Paulo, hat hier drei Jahre später sein Haus an der Rua dos Ingleses gekauft und an der gleichen Steil-Strasse, weiter abwärts, Atelierräume erworben.
Er stammt aus dem Recôncavo, jener Region um die Bucht von Bahia de Todos os Santos, die vom Zuckerrohr und Tabak lebt. In Santo Amaro da Purificão waren seine Vorfahren, Nachkommen von Sklaven, seit Generationen als Goldschmiede tätig. Er, der an der vordersten Front des Neo-Konstruktivismus steht, meinte einmal, er komme aus dem neunzehnten Jahrhundert, in Santo Amaro da Purificão zogen noch Ochsen die Strassenbahn.
Als Zehnjähriger arbeitete er bei einem Möbelschreiner; er wehrte sich gegen diese Art «solider» Berufsausbildung. Denkt man an das Mobiliar, mit dem er sein Haus an der Rua dos Ingleses ausstattete, weiss man, dass der Mann, der keine Hand für Möbel anlegen mochte, für sie ein Auge besitzt.
Seiner Neigung entsprachen die Lehre und Arbeit in der Staatlichen Druckerei seines Heimatortes. Als Typograph machte er dort seine ersten Erfahrungen in graphischer Gestaltung. Davon wird er später profitieren. Im gleichen Jahr, als er «A mão afro-brasileira» herausgab, betreute er auch den Band von José Roberto Teixeira Leite «Pintores negros dos Oitocentos» (Schwarze Maler des neunzehnten Jahrhunderts). Die Edition von zwölf polychromen Serigrafien, «Genaro de Carvalho-Seleta», gilt noch immer als richtungweisend

Der Barockengel als Wächter der Vorhalle

für Kunstpublikationen. Emanoel zeichnet auch verantwortlich für das an Information und Präsentation Beste, was über die Malerin Tarsila do Amaral erschienen ist, des grossartigsten Künstler-Genies der brasilianischen Moderne.

Als er mit achtzehn nach Bahia (eigentlich Salvador de Bahia) kam, dachte er daran, Architektur zu studieren. Zwar liess er die Architektur, aber die Architektur liess nicht ihn; sie meldete sich als Formverstand. In dem Sinne charakterisiert er die Kunst seiner letzten zwanzig Jahre: «Meine Skulpturen, das ist Architektur, Flächen, die mit Rhythmen, Spannungen und Farben entwickelt werden.»

Statt an die Hochschule begab sich Araújo zu Henrique Oswald in die Lehre. Der Holzschneider war vom Talent seines Schülers so angetan, dass er ihn gleich als Ausbildner einsetzte. Ein Vierteljahrhundert später wird Araújo an der CUNY (City University of New York) ein Semester lang unterrichten.

Keine Ausstellung brasilianischer Künstler, an der er von Anfang an nicht vertreten gewesen wäre, ob national oder international, ob in Havanna (1963) oder in Mexiko (1965). An der III. Biennale für grafische Künste 1972 in Florenz wurde er mit der Goldmedaille ausgezeichnet. Als er am zweiten Festival der Schwarzen Kunst und Kultur 1977 in Lagos ausstellte, zeigte er neben seinen grafischen Blättern bereits Reliefs.

Aufs vielfältigste hatte sich der junge Künstler in Bahia betätigt. Er entwarf für den Tourismus Plakate, die heute von Sammlern gesucht sind; er illustrierte die Erzählungen von Graciliano Ramos; er gestaltete Bühnenbilder zu Jean Anouilh und Nélson Rodrigues. Er schuf 1965 die Karnevalsdekoration «Lenda negra» (Schwarze Legende).

1969 fand in Bahia ein Grossereignis statt: «Bossa nova/ Bossa velha» (Neue Welle/Alte Welle). An diesem Treffen traten Sängerinnen und Sänger auf, die seither in der brasilianischen Musik nicht wegzudenken sind, wie Gilberto Gil oder Maria Betânia. Bahia, die erste Hauptstadt Brasiliens, wo vier Fünftel der Bevölkerung schwarz sind, erlebte in den Sechzigern einen Aufbruch an kulturellem Selbstbewusstsein, den die Militärs bald unterbanden. Als nach der politischen Öffnung sich zu Wort meldete, was unter der Diktatur zum Schweigen

Alltag inmitten von Kunstobjekten

Kolonialer Christus und zeitgenössische Kunst: «Pele» von Siron Franco

Schlafzimmer mit Reliquarien, Evangelisten, afrikanischen Göttern sowie schwarzen und weissen Heiligen

gebracht worden war, gab es auch für Emanoel die militante Verpflichtung, den Mythos der ethnischen Demokratie in Frage zu stellen. Die Kritik konnte sich bis zur Behauptung steigern, dass auch Brasilien eine Apartheid kennt. Ein Radikalismus, zu dem er heute allerdings Distanz hält.

Sein Bahia übte mit seiner Magie der afrikanischen Herkunft stets auf Ausländer Faszination aus. Hier liess sich der Franzose Pierre Verger nieder, ein Kenner aussereuropäischer Kulturen. Er verfasste eines der wichtigsten Werke über den Sklavenhandel, zeigte mit seinen Photos aus Afrika und Bahia Parallelen auf und hielt Entsprechungen und Variationen fest. Er setzt heute zwischen Vor- und Nachnamen Fatumbi als Markierung dafür, dass er der Eingeweihte einer Candomblé ist, einer der religiösen Gemeinschaften afrikanischen Ursprungs. Und es ist ein Argentinier, der als Zeichner, Maler und Gestalter von Reliefs zum visuellen Erzähler des bahianischen Alltags und seiner Mythen wurde, Carybé. Kein Zufall, dass Emanoel das Layout der «Orixas» betreute, eine grossformatige umfangreiche Zusammenstellung von Blättern, die in enzyklopädischer Absicht afrikanische Gottheiten («Orixas») darstellen, ihre Tänze, Instrumentarien und Symbole.

Es ist das Bahia, das Jorge Amado mit seinen Romanen weltberühmt machte und dessen Mulattinnen in Film und Fernsehen populär wurden. Amado hatte an dem jungen Emanoel eine Kraft bewundert, «wie sie oft reifen Künstlern nicht eigen ist». Er verstand ihn aus dem bahianischen Ambiente heraus: «Ich sehe den jungen Künstler fröhlich an der Arbeit, wie er aufgeht in einer fremden und realen Welt: das Mysterium der Strassen und Häuser Bahias, der Tanz der Candomblés.»

Emanoel brach aus Bahia aus, auch wenn er dort sein Atelier behielt. So sehr die «bahianidade» Imaginationskraft verlieh, das «Bahianertum» war eine Gefahr: Ghetto eines wenn auch erregenden Regionalismus zu werden mit allen Verlockungen zum Folkloristischen in der Kunst und mit aller Verführung zur ideologischen Fixierung im Denken.

Die Übersiedlung nach São Paulo war mehr als ein Ortswechsel. Es setzte mit Enschiedenheit eine neue Etappe ein. Der Weg vom Flächigen zum Dreidimensionalen, vom Figürlichen zum Konstruktivismus führte nicht ins Kalkül des Abstrakten. Emanoel nahm seine Vitalität mit. Das Tropikale konnte durchbrechen, wenn er wie bei einem «muro vegetal», einer «vegetativen

Mauer», die Einfassung mit einem Relief ausstattete, deren geometrische Strenge er dem Wuchern der Pflanzenwelt überliess.
Als 1980 das MASP (Museu de Arte São Paulo) eine Werkschau zeigte und aus diesem Anlass seine erste Monographie erschien, stand diese unter dem Stichwort «construtivismo afetivo», Konstruktivismus der Empfindung. Bezeichnend, dass das Buch mit Photos eröffnet wird, auf denen vergoldetes Schnitzwerk aus dem Innern der Kirche São Francisco zu sehen ist, einem bahianischen Beispiel für den Triumph des Kolonialbarocks. Die Photos sind nicht Souvenir, sie sind Bekenntnis zur Sinnlichkeit des barocken Gestus.
Auch der Bauch behielt seine bahianische Erinnerung. Wenn Emanoel als Gastgeber kocht, werden Gerichte aus Bahia aufgetragen, eine Fisch-Moqueca oder ein Hühnergericht wie Xinxim. Dann durchzieht sein Haus der Geruch jenes Dendê-Öls, das sich in den Strassen von Bahia unüberriechbar von den Garküchen aus verbreitet.
Auch wenn er Bahia verliess, er nahm die afrikanischen Götter mit. Er kann seine jüngsten Monoprints nach ihnen benennen, «Phallischer Exu» oder «Phallischer Ogun», und nach ihnen können auch seine Plastiken heissen «Totem von Ogun» oder «Totem von Exu». Und er kann dem schwarzen «Totem von Ogun» Stelen beigeben, die völlig weiss sind, als müssten sie das Weiss der Bahianerinnen aufgreifen, und die folgerichtig «Orixas» heissen; sie ordnen sich nicht in Trance zum Tanz, sondern in einer Choreographie künstlerischer Gesetzmässigkeit. Der Wechsel von Bahia nach São Paulo war die Ausweitung des einen Brasiliens in ein anderes, von einem Bahia, das schwarz geprägt ist, zu einem multikulturellen.

Als wir nach unserem ersten Besuch Emanoel wieder aufsuchten, ein gutes halbes Jahr danach, feierte São Paulo gerade seinen 438. Geburtstag. Aus diesem Anlass wurde ein afro-brasilianisches Zentrum eingeweiht, das erste in der Metropole, ein Ausweis dafür, dass auch in dieser Stadt dem schwarzen Bevölkerungsteil kulturell Rechnung getragen werden soll. Es verstand sich von selbst, dass wir Emanoel zur Einweihungszeremonie begleiteten. Die offiziellen Geburtstagsfeierlichkeiten selber eröffneten Japaner, die mit ihren Trommeln die bösen Geister vertrieben; ihnen folgte die deutsche Musikgruppe «Alpenrosen» und danach eine italienische Formation, und es traten bei dieser Feier der «tausend Völker», auch Samba-Schulen auf – alle unter dem Credo «Não ao preconceito»: Nein zum Rassenvorurteil.
Und dass wir Emanoel wieder aufsuchen würden, stand fest. Ein Grund dafür war die Brasilien-Thematik der Zürcher Junifestwochen 1992. Da durfte Afro-Brasilien nicht fehlen. Was, wenn wir seinem Haus in São Paulo zu einer ad-interim-Bleibe in Zürich verhalfen, mitten in der City? «Das Haus des Bahianers» nicht an der Rua dos Ingleses, sondern an der Bärengasse, an der Travessa dos Ursos.
Ein Wiedersehen, das zugleich Entdeckerfreude war. Verlegenheit ob all dem, was man beim ersten Mal übersah oder nicht richtig zur Kenntnis nahm. Diesmal auf detaillierte Information bedacht, begutachtend wie ein Transportunternehmer, sich wie ein Gerichtsvollzieher fühlend, der Gegenstände ausräumt, und am Ende Interessierter und stets von neuem Bewunderer.
Über die hölzernen Objekte an der Garagenwand zum Beispiel erfuhren wir nun Genaueres, sie hingen einst an einem Kruzifix, das vor einer Kirche im Bundesstaat Minas Gerais stand. In der Karwoche wurde jedes einzeln in einer Prozession durch die Strassen getragen: das durchbohrte Herz, die Lanzenspitze, das Schweisstuch der Veronika, Nägel, über zwanzig Gegenstände.
Was als Einzelgegenstände wahrgenommen wurde, geriet in Zusammenhang. Eine Grafik von Rugendas: im Bauch eines Sklavenschiffes. Dazu eine Malerei von naiver Gläubigkeit, die Taufe eines Schwarzen feiernd. Ein berühmtes Blatt: bewaffnete Wächter und Sklaven, die Sand und Kies in einer Goldmine waschen. Das Bild eines jungen schwarzen Musikanten im koketten Rokokostüm, und mit einem Beineisen. Und danach ein Schwarzer, der mit einer Maulsperre bestraft wird. Fünf bildgewordene Grundsituationen: Versklavung und Vertaufung, Schinderarbeit, musikalischer Auftritt und Mundtod.
Afrikanische Präsenz ist aber nicht denkbar ohne Exu, ein zwielichtiger, mächtiger Gott der Zerstörung und des Lebens, oft in der Nähe des Teufels plaziert. In jedem der Räume hat er seine Wand oder seine Ecke gefunden. Als Paillettenbild aus dem letzten Jahrhundert, als anonymer, grob behauener Stein, als rachenaufsperrender Dämon, wie er als Dutzendware auf dem Markt der Volkskunst zu haben ist, und mit erschreckend-schrecklicher Visage, die ihm der bahianische Bildhauer Mário Cravo verpasste.
Wenn aber schon die Verbindung von Religionen aufgezeigt werden soll, muss eine Besonderheit des Synkretismus miteinbezogen werden. Viele der Sklaven waren Muslims. So kam es nicht nur zur Zwangsehe zwischen Christentum und afrikanischen Naturreligionen, sondern auch zu einer mit dem Islam. Der reumütige Petrus, Pedro arrependido, ist in Haltung und Kleidung eine arabische Erscheinung, nur der Taufname verweist ihn ins christliche Himmelreich.

Afrikanische Masken und brasilianische aus Goiás und Bahia

Arbeitszimmer: an der Wand graphische Blätter aus der Frühzeit des Künstlers

«Rad», 1990, Skulptur von Emanoel Araújo in der Bahnhofstation Barra Funda (São Paulo)

In dem Zusammenhang erhalten auch die Bilder eines Rubem Valentim zusätzliche Bedeutung. Ein Maler, der als Vorlagen die Symbole und das Instrumentarium der Candomblés benutzt, der abstrakte Bilder schafft, mit der Zeichensprache von Emblemen. Im Vergleich aber zeigt es sich, dass Emanoel in der Umsetzung des afrobrasilianischen Erbes viel weiter ging, er abstrahierte nicht Formen, sondern schuf sie neu.

Das schwarze Brasilien weist bei ihm auch über Brasilien hinaus. Zu den Afro-Amerikanern der USA. An einer Aussenwand eine Eisenplastik von Edward Melvin. Und im Arbeitszimmer eine Collage (Eine Frau, ein Fetisch und ein Schloss) von George Nelson Prestos, einem Künstler, der einen Band herausgab «Sets, Serris and Ensembles in African Art».

Nein, an Material mangelt es nicht. Dafür garantiert schon die Sammlerleidenschaft des Hausherrn. Die kann sich aufs überraschendste äussern. Sie gilt ebenso Exvotos wie Flaschen und Gläsern oder Sparbüchsen. Mit kindlicher Freude führt Emanoel vor, wie ein Frosch nach einer Münze schnappt oder ein Hund die Münze durch einen Ring in den Sparbauch bringt. Bei einem Mann, der mit Holz arbeitete und in den letzten Jahren vermehrt mit Stahl, mag die Vorliebe für Zerbrechliches wie Keramik und Porzellan überraschen.

Und doch mag man nicht von einer Sammlung reden. Schon deswegen nicht, weil Emanoel mit dem lebt, was er zusammentrug. Es lassen sich kaum Alltagsgegenstand und Sammlungsobjekt unterscheiden, der eine

Relief des Künstlers «Weisse Konstruktion»

partizipiert am andern, und sie machen zusammen einen Lebensraum aus. Eine Schutzmantelmadonna und davor eine Figur von der Elfenbeinküste, neben einem Designsessel ein afrikanischer Schemel. Für einen ästhetischen Puritaner willkürliche Laune, Eklektizismus oder gar Greuel von Unentschiedenheit, auch wenn er zugeben muss, dass das Arrangement Raffiniertheit verrät – nur schon das Bild «Pele» (Fell) von Siron Franco über einem Kanapee mit Fellmuster-Überzug.
Was hier zusammenfand, ist Ausdruck von Mentalität. Zweimal drückt sie sich aus, einmal durchs eigene Werk und dann durch die Werke von andern. In den Objekten objektiviert sich die eigene Welt, das Innere wird zum sichtbar Äusseren, so behauptet sich das Private, es bestätigt sich, indem es sich übersteigt, das Persönliche wird Geschichte, zur Geschichte seiner Rasse und seines Volkes.
In dieser Geschichte nimmt Portugal einen selbstverständlichen Platz ein. Und sei es nur durch einen Künstler wie Rafael Bordalo Pinheiro (1846–1905) mit seinen Keramiktellern und bizarren Figuren. Und weitere europäische Reminiszenzen mit einem spanischen Christus, einem Rosenthal-Set oder einem Geweihleuchter. Es ist die Geschichte des portugiesischen Kolonialreichs mit seinen Engeln und Heiligen. Mit weissen Heiligen und schwarzen. Das koloniale Brasilien, das auch eines der Schwarzen und ihrer Gottheiten war. Die Opferschale aus Nigeria und Reliquarien in Palmform. Der afrikanische Dämon und der christliche in Kohabitation, Exu wie Teufel. Die schwarze Mutter und die Indianerin, die ein Kind an der Hand führte. Der geschundene Christus und der Schinderchrist. Silberner Strahlenkranz und indianischer Federschmuck. Ein Afro-Brasilien, das im Dienst der Herren schuftete, das sich in akademischer Manier um europäische Vorbilder bemühte und das aus jeglichem Kanon ausbrach. Eine Besinnung auf Amerika, die zugleich eine auf Afrika ist und nur Brasilien meinen kann. Volkskunst und die Bilder der Malerfreunde, zeitgenössische Kunst, und diese abstrakt, expressiv und von phantastischem Realismus. Nipp und Unikat. Naives Gestalten, barocker Gestus und konstruktivistische Formgebung. Ein Nebeneinander, bei dem das eine nicht gegen das andere ausgespielt wird. Keine totalitäre Linearität und keine Diktatur der Einheit. Kulturelle Simultaneität – unversehens wird das «Haus des Bahianers» zum brasilianischen Haus.

**Aus der afro-brasilianischen Sammlung von Emanoel Araújo**

Bilder von
Rubem Valentim (1922–1991)

Emblem, 1970

Logotypisch-poetisches
Emblem I, 1975

Logotypisch-poetisches
Emblem II, 1975

Anonym (Schule von Cuzco), Musizierender Sklave mit Beineisen, Ende 18. Jahrhundert, 41 × 21 cm, Öl auf Leinwand

Rafael Bordalo Pinheiro (1846–1905), Keramikteller

Anonym, Der afrobrasilianische Gott Exu, Ende 19. Jahrhundert, 75 × 55 cm, Paillettenbild

Santa Edwirges, 17. Jahrhundert,
Barra de Bahia, Holz, 40 cm

Santo Benedito das Flores, 17. Jahrhundert,
Sergipe, Holz, 70 cm. Rechts Santo Antonio,
Holz, 75 cm

Xango aus Nigeria (links) und aus Bahia,
Holz, 57, bzw. 56 cm

Heilige, die auf Reisen mitgeführt wurden,
im 19. Jahrhundert von Sklaven
hergestellt, São Paulo, 7 bis 18 cm

Santa Ifigênia, Holz, 85 cm

Wasserkrüge, 19. Jahrhundert,
Minas Gerais, Holz, 37 bzw. 40 cm

Reumütiger Petrus, 19. Jahrhundert, Salvador da Bahia, Holz, 62 cm. Beispiel für Muslim-Einfluss

Das Zwillingspaar Ibejís, 19. Jahrhundert, Salvador da Bahia, Holz, bemalt, 26 cm, mit Gold- und Silberschmuck

Iemanjá. Afrobrasilianische Meeresgöttin, 19. Jahrhundert, Salvador da Bahia, Holz, bemalt, 19 cm.
Beispiel für Synkretismus afrikanischer und katholischer Religion

Georg Sütterlin

# Das schwarze Brasilien in Stichworten

**Sklavenhandel**

Im Lauf von drei Jahrhunderten wurden Millionen von Schwarzen als Sklaven von Afrika nach Brasilien verschleppt. Anfänglich versklavten die Portugiesen die einheimischen Indios. Die Schwarzen jedoch widerstanden der grausamen Zwangsarbeit besser, zudem verbot der Papst 1537 die Versklavung der Indios in ganz Lateinamerika. Der regelmässige Sklavenimport setzte nach 1550 ein, als im Nordosten Brasiliens die ersten Zuckerplantagen entstanden. Schwarze Sklaven erwirtschafteten in der Folge den ganzen Reichtum Brasiliens. Zu Beginn war es der Zucker, im 18. Jahrhundert waren es Gold und Diamanten, im 19. Jahrhundert schliesslich der Kaffee. Über die Sklavenzeit in Brasilien ist verhältnismässig wenig bekannt, nicht zuletzt deshalb, weil 1890 ein Dekret erlassen wurde, das die Vernichtung aller die Sklaverei betreffenden Dokumente anordnete – aus Scham über die schändliche Einrichtung der Sklaverei und «zur Ehre des Vaterlandes», wie es hiess. Schätzungen, wieviele Sklaven nach Brasilien verfrachtet wurden, gehen von vier bis achtzehn Millionen. Als 1675 der Sklavenhandel nach den britischen Kolonien Nordamerikas in vollem Umfang einsetzte, waren bereits mehr Sklaven in Brasilien, als je nach Nordamerika gebracht wurden. Die Schwarzen Brasiliens entstammen verschiedenen Regionen, Ethnien und Kulturen. Importiert wurden Bantus aus dem südlichen Afrika, insbesondere aus den portugiesischen Besitzungen Angola und Moçambique; Gege aus Benin; Fanti und Ashanti von der Goldküste; Yorubas aus dem heutigen Nigeria; islamisierte Schwarze wie die Peuhl, Mandinga, Haussa.

**Quilombo**

Der Widerstand der Sklaven gegen Zwangsarbeit und Gefangenschaft nahm verschiedene Formen an: Sabotage und bewaffnete Revolte, Mord am Unterdrücker und Abtreibung der eigenen Kinder, Passivität und Selbstmord. Die für das Kolonialsystem bedrohlichste Form des Widerstandes waren Flucht und die Bildung von Quilombos, befestigten Siedlungen in den Wäldern des Hinterlandes, wo sich die geflüchteten Sklaven oft während Jahren verschanzten, bevor sie entdeckt wurden. Die grösseren dieser nach afrikanischen Traditionen organisierten Wehrsiedlungen umfassten mehrere Dörfer mit Tausenden von Einwohnern. Über Entwicklung und Organisation der Quilombos, auch Mocambos genannt, ist wenig bekannt. Die Befehlsgewalt lag wahrscheinlich bei einem Kommandanten mit politischen und militärischen Kompetenzen. Viehzucht und Ackerbau verschafften den Quilombos weitgehend Autarkie, die Bewohner leisteten Tribute. Sie trieben auch Handel mit den portugiesischen Städten und duldeten weisse Besucher und Kaufleute. Truppen aus den Quilombos unternahmen Beutezüge zu entlegenen Farmen und Plantagen, wo sich ihnen oft neue Sklaven anschlossen. Die versteckte Lage, die militärischen Befestigungen und der lange Anmarschweg gewährleisteten das Überdauern der Quilombos. Früher oder später jedoch wurden sie alle vernichtet. Den erneut in Gefangenschaft geratenen Sklaven wurde ein «F» eingebrannt, das sie als «Fugitivos», Entlaufene, kennzeichnete. Jene, die Widerstand leisteten, wurden enthauptet, ihre Köpfe zur Abschreckung auf Plätzen zur Schau gestellt. Quilombos entstanden vom 16. bis ins 19. Jahrhundert überall, wo es Sklaven gab. Diese afrikanisch geprägten Gegengesellschaften sind Ausdruck der permanenten Revolte der Schwarzen gegen ihre Versklavung.

Im Sklavenschiff. J.M.Rugendas: «Malerische Reise in Brasilien», 1835

**Palmares**

Der bedeutendste Quilombo war jener von Palmares. Um 1630 besetzten misshandelte Sklaven eine Zuckerplantage in Alagoas. Vor den anrückenden Truppen und dem sicheren Tod entwichen sie in die Wälder und gründeten einen Quilombo. Zwanzig Jahre später war daraus ein eigentlicher Staat geworden, der verschiedene Dörfer mit insgesamt zwanzig- bis dreissigtausend Einwohnern umfasste. In der Hauptstadt Macaco allein lebten achttausend entlaufene Sklaven sowie Indios, Weisse und Mischlinge. Macaco verfügte über Märkte, eine Kapelle, Schmieden, wo Waffen hergestellt wurden. Der Verteidigung kam höchste Bedeutung zu, sie umfasste Guerillatruppen, eine Wachmiliz, sogar einen Nachrichtendienst, der mit den Sklaven auf den Plantagen in Verbindung stand. Die Dörfer von Palmares wurden von Vorstehern verwaltet, die zusammen den Chef dieser Schwarzenrepublik wählten. Die Portugiesen sandten rund vierzig Militärexpeditionen gegen Palmares aus; sie scheiterten alle. 1678 unterzeichnete der portugiesische Gouverneur einen Vertrag, der allen in Palmares Geborenen die Freiheit zusicherte. Die Palmarinos durften überdies das Land ohne Einschränkungen nutzen und mit ihren Agrarerzeugnissen freien Handel treiben. Nachdem 1687 eine Verschwörung aufgedeckt wurde, die zu einer Erhebung der Sklaven in ganz Brasilien hätte führen können, beauftragten die Portugiesen Jorge Velho, den «schlimmsten Mörder Brasiliens», mit der Aufstellung eines Heeres gegen Palmares. Diesen neuntausend Mann vermochte die Schwarzenarmee unter Führung des legendären Zumbi nicht zu widerstehen. Nach dreijährigen Kämpfen wurde Palmares 1697 zerstört. Kein anderer Quilombo hat so lange bestanden. Im Andenken an diese Republik machte 1986 die Bundesregierung die Region von Palmares zu einem Nationalpark.

**Zumbi**

Der letzte Heerführer von Palmares, Zumbi, ist zur Symbolfigur des Selbstbewusstseins brasilianischer Schwarzer geworden. Zumbi wurde in Palmares geboren, er geriet in portugiesische Gefangenschaft, wurde von einem Pater erzogen und floh 1670 im Alter von fünfzehn Jahren zurück nach Palmares. Nach einer blutigen Auseinandersetzung mit Ganga Zumba, einem anderen Buschgeneral von Palmares, übernahm Zumbi das Kommando im Kampf gegen die Portugiesen. 1695 wurde er von einem Verräter erdolcht. Sein Todestag, der 20. November, wird seit den siebziger Jahren von den Schwarzen-Organisationen als «Tag des schwarzen Bewusstseins» gefeiert. Die Figur des Zumbi inspirierte 1965 die Theaterleute Augusto Boal und Gianfrancesco Guarnieri zum Theaterstück «Arena erzählt Zumbi», vom Experimentaltheater Arena in São Paulo mit derartigem Erfolg aufgeführt, dass daraus ein Film und eine Schallplatte wurden. Der Filmregisseur Carlos Diegues hatte 1963 in «Ganga Zumba» den Kampf der Sklaven für die Freiheit thematisiert. In der Vorstellungswelt der Schwarzen lebt Zumbi weiter, er ist einer der Hauptgeister der Umbanda-Religion.

Sklavenmarkt in Pernambuco. Stich, 1824

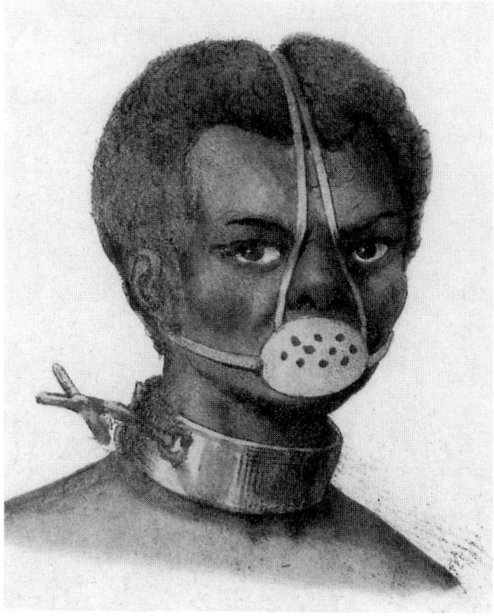

Bestrafung. Aus: J.E. Arago «Souvenirs d'un aveugle. Voyage autour du monde». 1822

**Xica da Silva**

Zur Zeit des Diamantenrausches im 18. Jahrhundert war die Mulattin Xica da Silva die wohl einflussreichste Frau in Minas Gerais, der brasilianischen Bergbauregion. Im Städtchen Diamantina residierte damals der Vertreter der portugiesischen Krone, João Fernandes. Als dessen Geliebte schuf sich Xica da Silva eine Machtposition, wie sie in jener Zeit keine Frau, schon gar keine farbige, innehatte. Fernandes, reichster Mann Brasiliens, fügte sich allen Wünschen der Mulattin. «Xica manda» wurde in Diamantina zum geflügelten Wort: «Xica befiehlt».

Sie bewohnte einen Palast, trug höfische Kleidung, liess sich in einer Sänfte durch die Gassen tragen und verfügte über ein eigenes Orchester und eine eigene Theatertruppe. Als die feine, d.h. weisse Gesellschaft ihr den Besuch der Kirche verwehrte, liess sie sich eine private Kapelle bauen. Einige ihrer vierzehn Kinder schickte sie zum Studium nach Portugal. Wäre Xica da Silva bloss eine extravagante Mätresse gewesen, würde man sich ihrer heute kaum erinnern. Doch sie nutzte ihre Position für die Verbesserung der Arbeitsbedingungen der Sklaven in den Minen. Sie drängte Fernandes, die

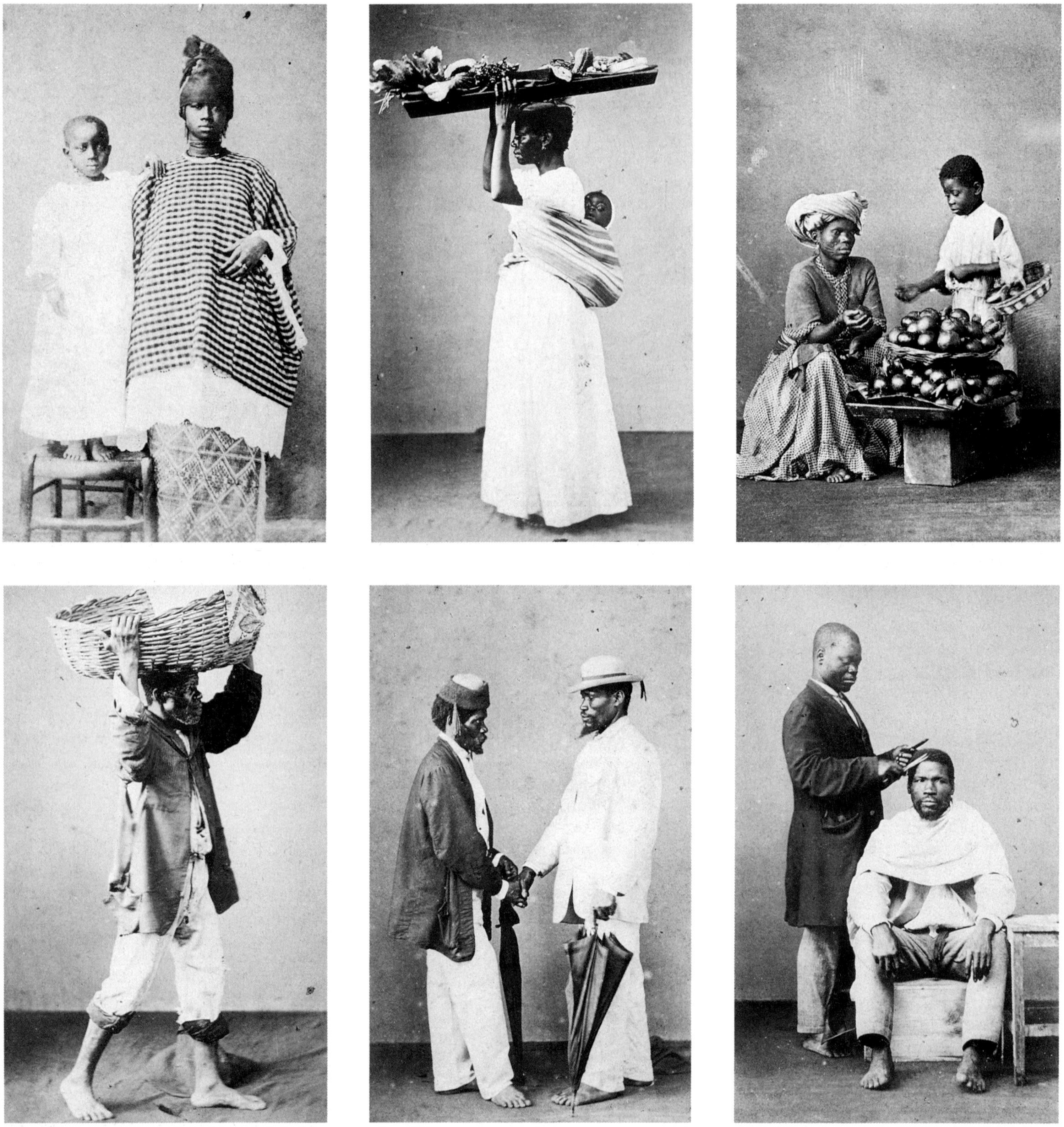

Aufnahmen von Sklaven existieren nur in Brasilien, da in den andern südamerikanischen Ländern die Sklaverei vor der Erfindung der Photographie aufgehoben wurde. Um 1865

Sklaven am Gewinn der Minen zu beteiligen, so dass viele Schwarze sich die Freiheit erkaufen konnten. Bei ihrem Tod 1796 kamen in Diamantina auf einen Sklaven drei «Libertos», Freigelassene. Xica da Silva ist ins Pantheon der brasilianischen Volkshelden eingegangen; sie wird in Liedern besungen, Carlos Diegues hat ihr 1976 einen Film gewidmet, Antonio Callado ein Theaterstück und Paulo Amador seinen 1991 erschienenen Roman «Weisser König, schwarze Königin».

**Xico-Rei**

Er war ein afrikanischer Herrscher, bevor er als Sklave nach Brasilien verkauft wurde. Er arbeitete in den Goldminen, vermochte sich freizukaufen, betrieb selber eine Goldmine und wurde schwerreich. Als Schwarzer nahm er einen Platz ein, der den Weissen vorbehalten war. Sein prunkvoller Hofstaat war nach afrikanischem Muster organisiert; Xico-Rei nutzte seinen Reichtum auch, um Sklaven freizukaufen. Sein Palast im Barockstädtchen Ouro Preto ist heute eine Ruine. Xico-Rei symbolisiert den cleveren Schwarzen, der sich von der Unterdrückung befreit und erst noch zu Vermögen und Ansehen gelangt. Als Volksheld ist er zur Figur im Karneval geworden.

**Abolição**

Die Abschaffung der Sklaverei, die Abolition, war ein langwieriger, von Rückschritten begleiteter Prozess, der erst 1888 mit der Lei Áurea zum Abschluss kam. Das Goldene Gesetz verschaffte allen Sklaven die Befreiung von Zwangsarbeit und Leibeigenschaft. Brasilien war das letzte Land der Neuen Welt, das die Sklaverei abschaffte. 1755 bereits verbietet der Marquis de Pombal den Import von Sklaven nach Portugal, ermuntert aber gleichzeitig die Kolonisten in Brasilien, mehr Sklaven einzuführen. Der Jurist Ribeiro da Rocha fordert 1758 als einer der ersten die Abschaffung der Sklaverei. Der englisch-portugiesische Allianzvertrag von 1810 stipuliert die allmähliche Abschaffung des Sklavenhandels. Im Anschluss an den Wiener Kongress 1815 verpflichtet sich die portugiesische Regierung in einem weiteren Vertrag mit Grossbritannien, den Sklavenhandel nördlich des Äquators zu unterbinden, ein Gesetz, dem die Behörden keine Nachachtung verschaffen. 1822 wird Brasilien ein von Portugal unabhängiges Kaiserreich. 1831 tritt auf britischen Druck hin ein weiteres Gesetz zur Unterbindung des Sklavenhandels in Kraft; es wurde so wenig beachtet wie jenes von 1815. In dieser Zeit gelangen jährlich gegen vierzigtausend neue Sklaven nach Brasilien. 1838 und 1845 erlässt das britische Parlament Gesetze, die den Sklavenhandel zur Piraterie erklären und die Marine ermächtigen, Sklavenschiffe aller Nationen aufzubringen. Die brasilianischen Sklaveneinfuhren steigen auf über fünfzigtausend pro Jahr. 1850 weist der Kaiser die brasilianische Marine an, den Sklavenhandel zu unterbinden. 1852 werden Sklavenhändler, meist Portugiesen, aus Brasilien ausgewiesen. Die europäische Einwanderung wird gefördert. Als Folge des Ausbleibens neuer Sklaveneinfuhren intensiviert sich der interne Sklavenhandel. Während des Krieges gegen Paraguay wird 1866 allen Sklaven, die sich in Regierungsbesitz befinden, die Freiheit gewährt, unter der Bedingung, dass sie in die Armee eintreten. 1869 folgen das Verbot von Sklavenauktionen, das Verbot der erzwungenen Trennung eines Sklavenehepaares, das Verbot der Trennung von Kindern unter fünfzehn Jahren von ihren Eltern. 1871 «Gesetz des freien Mutterschosses» («Lei do Ventre Livre»): Kinder von Sklaveneltern werden fortan frei geboren. 1880 publiziert Castro Alves «Das Sklavenschiff» und «Stimmen Afrikas», die bekanntesten abolitionistischen Gedichte, denen der Autor 1883 den Lyrikband «Die Sklaven» folgen liess. 1880 gründet Joaquim Nabuco die Brasilianische Gesellschaft gegen die Sklaverei. Kaiser Pedro II. befreit die Sklaven auf seinen Privatgütern. 1881 erlassen Provinzregierungen Gesetze, die den innerbrasilianischen Sklavenhandel einschränken. 1883 verbinden sich siebzehn lokale Gesellschaften gegen die Sklaverei zur nationalen Vereinigung für den Abolitionismus, die im selben Jahr ein Manifest veröffentlicht. Joaquim Nabuco veröffentlicht sein Buch «Der Abolitionismus». 1884 Sklavenbefreiung in Ceará und Amazonien, Provinzen, in denen die Sklavenarbeit von geringer wirtschaftlicher Bedeutung ist. 1885 Befreiung aller über sechzig Jahre alten Sklaven, die gleichzeitig verpflichtet werden, ihren früheren Besitzern weitere fünf Jahre ohne Lohn zu dienen. 1886 verbietet das brasilianische Parlament das Auspeitschen von Sklaven. Ermutigt durch die Abolitionisten, fliehen 1887 Tausende von Sklaven aus den Kaffeeplantagen von São Paulo; die Armee bittet um Aufhebung des Befehls, die Flüchtigen einzufangen. Am 13. Mai 1888 tritt das Goldene Gesetz in Kraft, das die sofortige Freilassung aller Sklaven verfügte. Es waren noch rund 700 000.

**Candomblé**

Neben Mythen und Legenden, Musik und Tanz, der Sprache und den Essgewohnheiten brachten die afrikanischen Sklaven auch ihre Religion nach Brasilien. So unterschiedlich die Herkunft der Sklaven, so verschieden waren ihre religiösen Vorstellungswelten. Die vitalste und am weitesten verbreitete Religion afrikanischen Ursprungs ist der Candomblé, der sein Zentrum in Salvador da Bahia hat und unter Namen wie Macumba, Xango, Batuque auch in anderen Teilen Brasiliens bekannt ist. Im 18. Jahrhundert gelangten vor allem Schwarze aus dem Golf von Guinea nach Brasilien. Unter die-

Maria Bibiana do Espíritu Santo, eine Maede-Santo (Heiligenmutter). 1950

Afrikanisch-brasilianische Parallelen: Xango-Kult in Nigeria (oben) und in Bahia

Afrikanisch-brasilianische Parallelen: Initiationsritus in Nigeria (oben) und in Bahia

sen waren die Yorubas besonders zahlreich. Ihre Religion, der heutige Candomblé, wurde allmählich auch von schwarzen Sklaven aus anderen Teilen Afrikas übernommen. Von den afrikanischen Religionen, die in Brasilien überdauert haben, hat sich keine so gut erhalten wie der Candomblé der Nagos, wie die Yoruba auch genannt werden. Noch heute bestehen zwischen Göttern und Riten des brasilianischen Candomblé und der Yoruba-Religion in Nigeria zahlreiche Übereinstimmungen. Der Franzose und Wahlbrasilianer Pierre Verger hat diese religiösen Parallelen auf zwei Kontinenten erforscht und im Band «Orisha. Les Dieux Yorouba en Afrique et au Nouveau Monde» auch mit eigenen Photographien zur Darstellung gebracht. *Olorum* ist der Name des höchsten Wesens, des Schöpfergottes. *Oxalá* ist sein Sohn, Erschaffer der Menschheit. Alle anderen Gottheiten, die Orixas, sind Olorum untergeordnet. Ähnlich wie die katholischen Heiligen werden die Orixas mit bestimmten Phänomenen assoziiert. *Xango* beispielsweise ist der Gott des Donners. *Ogun,* Xangos Bruder, ist Herr über das Eisen und den Krieg. Für die Fischer wichtig ist *Iemanjá,* die Meeresgöttin; jeden Februar wird sie in einem grossen Volksfest in Salvador da Bahia gefeiert. *Oxossi* wacht über die Jagd, und selbst der Regenbogen hat seinen Schutzherrn: *Oxumare.* Der Candomblé bewies eine erstaunliche Vitalität und widerstand jahrhundertelang der Christianisierung und Verfolgung afrikanischen «Aberglaubens». In der Umbanda gingen die afrikanischen Riten eine Verbindung mit dem Spiritismus ein. Zu deren Zeremoniell gehören Räuchertabletten, Seifen, Salben usw., denen magische Kräfte zugeschrieben werden. Der Candomblé war lange eine Religion im Untergrund; erst in diesem Jahrhundert trat er an die Öffentlichkeit. Im Laufe der Zeit hat sich zwischen dem Katholizismus und dem Candomblé eine Annäherung ergeben. Viele Orixas werden mit katholischen Heiligen assoziiert. Für die Gleichsetzung katholischer Heiliger und afrikanischer Gottheiten verwendet man den Begriff Synkretismus. Umstritten ist, inwieweit es sich beim Candomblé um eine Verschmelzung oder ein Nebeneinander handelt. Ursprünglich erlaubte der Synkretismus den Sklaven die verdeckte Verehrung afrikanischer Gottheiten, während äusserlich dem christlichen Gott und seinen Heiligen gehuldigt wurde. Der Löwe als Emblem des heiligen Hieronymus beispielsweise führte zu dessen Identifizierung mit Xango, vor seiner Deifizierung ein Herrscher der Yoruba, für die der Löwe ein Symbol königlicher Macht ist. Der Pockengott *Obaluaë* wurde mit dem heiligen Lazarus in Verbindung gebracht, dessen von Wunden und Abszessen bedeckter Körper an Pockenmale erinnerte.

Die Kirche Bonfim in Salvador da Bahia

*Orixas*
Afrikanische Gottheiten in der afrobrasilianischen Candomblé. Aquarelle von Carybé zu Orixas und ihren Instrumentarien

Xango, der Gott des Donners, dessen Adepten Männer wie Frauen sein können

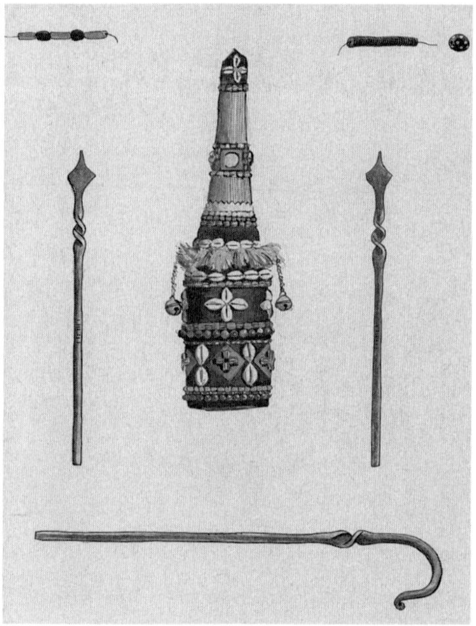

Omolu, auch Obaluaë, der Pockengott

Oxossi und der heilige Georg verschmolzen, weil das Pferd, die Lanze und der Drachen diesen Heiligen in den Augen der Yoruba zum Inbegriff des Jägers machten. Die Kultstätten des Candomblé befinden sich meist in Städten und grösseren Agglomerationen. Diese sogenannten Terreiros bestehen aus einem Barracão, einem grossen, den Zeremonien dienenden Raum, den Hütten für die einzelnen Orixas sowie den Behausungen der Priester *(pai-de-santo)* und Priesterinnen *(mãe-de-santo)*. In Afrika sind die Orixas deifizierte Vorfahren, die Schutzgötter der Nachgeborenen. In Brasilien dagegen zerstörte die Sklaverei die Clans und Familienstrukturen. Es ist heute der Einzelne, der sich seine Orixas auswählt und sich unter deren Schutz stellt. Ausschlaggebend bei der Wahl der individuellen Orixas ist deren Archetyp, den der Gläubige entsprechend seines Charakters und seiner Veranlagung in Beziehung zu seiner Person setzt. Die Kommunikation zwischen einem Gläubigen und seinem Orixa verläuft über die Trance, während der Gott vom Gläubigen Besitz ergreift, ihn «reitet». Doch kann jeder Anhänger des Candomblé einem Orixa in Zeremonien und Kulthandlungen seine Reverenz erweisen.

**Capoeira**

Die Capoeira ist ein Kampftanz, ausgeführt von zwei Männern. In ihrer ursprünglichen Form diente sie der Selbstverteidigung – oder dem Angriff. Sie war die Waffe der Sklaven, denen das Waffentragen verboten war. Das

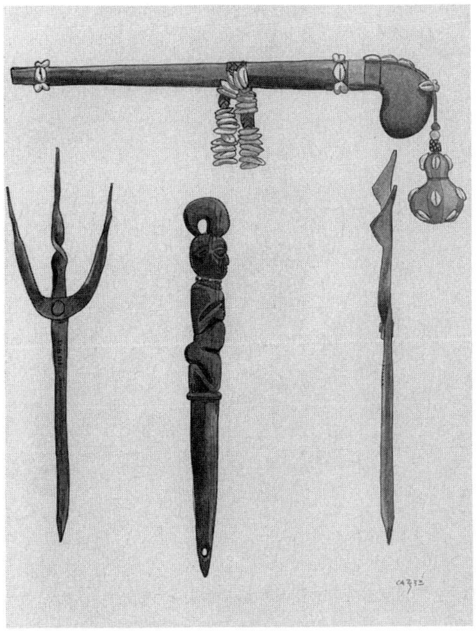

Exu, Bote und Wächter, Gott des Zornes, agiert als «guter Teufel»

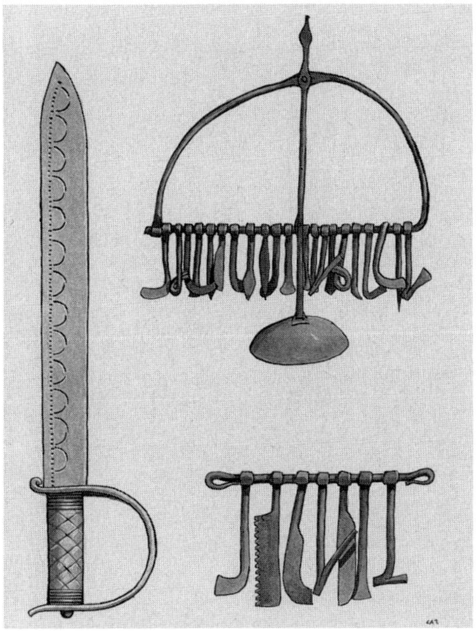

Ogun, Gott des Krieges und des Eisens

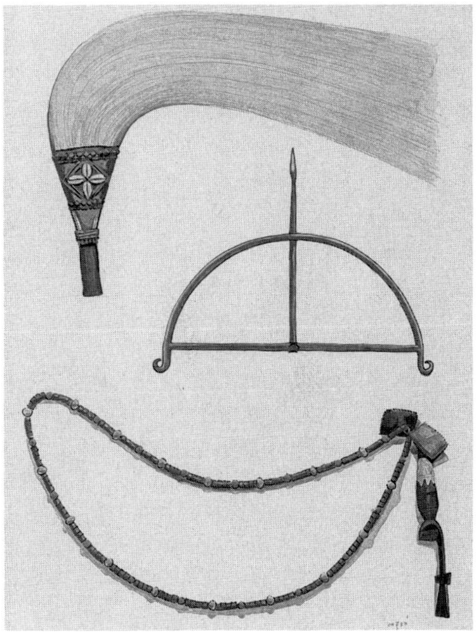

Oxossi, der Jagdgott

Wort «Capoeira» bezeichnet eine gerodete Lichtung im Wald, was auf ihren möglichen Ursprung in den Quilombos hindeutet. Die Capoeira entstand im 16./17. Jahrhundert bei den Sklaven – Bantus wahrscheinlich, deren Vorfahren aus Angola stammten. Selbst nach Abschaffung der Sklaverei 1888 wurde die Capoeira von den Behörden unterdrückt, die Capoeiristas als gefährliche Delinquenten oft blutig verfolgt. In der Capoeira manifestierte sich die zähe Bereitschaft zum Widerstand jener schwarzen Unterschicht, der die Abolition keine Verbesserung ihres sozialen Status gebracht hatte. Die staatliche Repression endete erst 1937, als der Capoeira-Meister Manuel dos Reis Machado, genannt Bimba, in Salvador da Bahia die Bewilligung für eine Capoeira-Akademie erhielt, die der «körperlichen Schulung der Jugend» diente. Gewalt und Aggression sind in der Capoeira umgesetzt in streng reglementierte Schläge, Figuren und Bewegungsabläufe mit Namen wie «Halbmond», «Rochenschwanz», «Aufrechter Hammer», «Fledermausflug», wobei es zu hautnaher Annäherung, aber nie zur Berührung der Gegner kommt. Eine zusätzliche Formalisierung erfährt dieser getanzte Kampf – oder kämpferische Tanz – durch das Berimbau, ein Instrument, das aus einem mit einer Saite bespannten Bogen und einer Kalebasse als Klangkörper besteht. Die Saite wird mit der Baqueta, einem Holzstäbchen, angeschlagen, die Tonhöhe mit einem auf die Saite gedrückten Stein, Glasstück oder einer Münze moduliert. Die Anschlaghand hält neben der Baqueta

Capoeira

zusätzlich eine kleine Rassel, die den Rhythmus verstärkt. Die «klassische», ursprüngliche Capoeira de Angola findet man fast nur im Raume von Salvador da Bahia, dem Zentrum der schwarzen Kultur Brasiliens. Im Gegensatz zur heute in ganz Brasilien praktizierten Capoeira Regional pflegen die «Angolaner» ein eher tänzerisches, streng reglementiertes Bewegungsrepertoire und betonen die afrikanischen Wurzeln der Capoeira. Die akrobatischere Capoeira Regional dagegen macht Anleihen bei asiatischen Kampfsportarten. Ihre Anhänger praktizieren sie vermehrt wieder als Mittel des Nahkampfes. Während diese eklektische Form der Capoeira inzwischen auch im Ausland Anhänger findet, nimmt sie unter den Kindern und Jugendlichen, die elternlos und ohne festen Wohnsitz in den Strassen Brasiliens leben, wieder ihre ursprüngliche Funktion an: als Waffe in einer gefährlichen, brutalen Welt.

**Cozinha Baiana**

Die originäre und originellste Küche Brasiliens ist jene aus Bahia. Sie geht auf die Sklavenküche zurück, weshalb man von ihr auch als der afrikanischen Küche spricht. Sie setzt sich dementsprechend aus billigen Bestandteilen zusammen, für das *Sarapatel*-Gericht beispielsweise aus Kutteln und anderen Innereien vom Schwein. Die Crevetten (Camarões) wurden gewöhnlich in den Schlammbänken der Flüsse gesammelt; sie finden frisch oder wie beim *Caruru* getrocknet Verwendung. Als Fleisch kommt vorzugsweise das Huhn in Frage: Im eigenen Blut gekocht, wird daraus die *Galinha ao Molho Pardo.* Wenn Rindfleisch, dann gewöhnlich als *Carne Seca*, das für die Konservierung an der Sonne getrocknet wird.

Zwei der wichtigsten Elemente der bahianischen Küche stammen von afrikanischen Palmen, die mit den Sklaven nach Brasilien gelangten: das Dendê-Öl und die Kokosnuss. Das gelbliche, dickflüssige Dendê-Öl besitzt einen starken Geruch, der unverkennbar zu den Garküchen Bahias gehört. Es verleiht dem *Acarajé*, einem Krapfen aus gekochter, in Palmöl ausgebackener Bohnenmasse, seinen Geschmack. Dendê-Öl findet bei der Zubereitung der meisten Gemüse- und Fleischspeisen Verwendung, so auch für die *Xinxim de Galinha,* bei der das Huhn mit Zitrone eingerieben wird, und in dessen Sosse neben Dendê-Öl Zwiebeln, Knoblauch, gemahlene Mandeln und reichlich Crevetten kommen. Von der Kokosnuss wird die Milch wie das Fleisch benutzt. In der Kokosmilch wird vor allem Fisch gekocht. Sie bildet auch die Basis für die *Frigideira* oder die Marinade der *Moqueca,* gewöhnlich ein Fischgericht. Das Kokosfleisch, getrocknet und geraffelt, wird für die *Cocada* verwendet, eine Süssspeise, die

Bahianische Strassenköchin

ohne Zutaten weiss, mit Kakao braun und mit Eiern gelb ist. Die afrikanische Küche Bahias hat auch Elemente der indianischen aufgenommen, indem sie Maniok verwendet. *Vatapá* ist ein stark gepfefferter, mit Dendê-Öl geschmalzener Maniokbrei, der zu Fisch oder Fleisch gegessen wird. *Bobó* besteht aus Bohnen und Bananen, die mit Maniok gemischt und mit Palmöl gefettet werden. Maniok bildet auch die Basis für Sagokuchen und *Beijos* (Küsse) aus Tapioka.

**Ethnische Demokratie**

Der Anthropologe Gilberto Freyre veröffentlichte 1933 «Herrenhaus und Sklavenhütte», ein für das Verständnis Brasiliens klassisches Werk. Er stellt darin die portugiesische Kolonialgesellschaft des 16. und 17. Jahrhunderts dar, die auf Skalvenarbeit beruhte. Hervorstechendes Merkmal dieser «Zuckergesellschaft» ist die Vermischung der Rassen, an der neben den Schwarzen und Weissen auch die Indios teilhatten. Zu einer Zeit, als auch in Brasilien von Rassenreinheit geträumt wurde und die Rassenvermischung gerne als Erklärung aller gesellschaftlichen Übel betrachtet wurde, nahm Freyre eine Umwertung vor. Er sah die Mischgesellschaft nicht als Makel, sondern als neue Möglichkeit menschlichen Zusammenlebens ohne rassische Vorurteile. Die Vorstellung einer «ethnischen Demokratie» ist Teil des brasilianischen Selbstverständnisses geworden. Das egalitäre Nebeneinander der Ethnien ist jedoch eher Wunschvorstellung denn Wirklichkeit. Soziologen wie Florestan Fernandes oder Octávio Ianni haben gezeigt, dass in Brasilien die Spitze der sozialen Stufenleiter weiss ist und der Prozentsatz der Schwarzen zunimmt, je tiefer man steigt. Die Hauptwerke von Florestan Fernandez befassen sich mit der «Integration des Schwarzen in die Klassengesellschaft» (1965) und mit dem «Neger in der Welt der Weissen» (1972).

**Afrobrasilianische Kongresse**

Freyre lud 1934 zum ersten Afrobrasilianischen Kongress in Recife, ein Jahr später folgte der zweite in Salvador da Bahia. Die Referate des Recife-Kongresses erschienen unter dem Titel «Neue afrobrasilianische Studien», die Einleitung dazu verfasste Arthur Ramos, Autor von «Der brasilianische Neger» (1934). Die brasilianische Thematik weitete er aus mit einer Darstellung der «Negerkulturen in der Neuen Welt» (1937). An den afrobrasilianischen Kongressen nahm auch Edison Carneiro teil, der später Studien über den Candomblé oder den Quilombo von Palmares veröffentlichte. Carneiros Sammlung afrobrasilianischer Kunst und Kunsthandwerk bildete den Fundus des Folkloremuseums in Rio de Janeiro. Es ist dies das beste afrobrasilianische Museum neben dem von Pierre Verger geförderten Museu Afrobrasileiro in Salvador da Bahia. Die afrobrasilianischen Kongresse spiegeln einen generellen politisch-kulturellen Aufbruch der Schwarzen in den dreissiger Jahren wieder. 1932 wurde in São Paulo der Frente Negra Brasileira gegründet, ursprünglich eine Hilfsorganisation mit ärztlicher und juristischer Assistenz, die sich zu einer Partei formierte und 1937 wie alle anderen Parteien vom Diktator Getúlio Vargas verboten wurde. Ein Opfer der Diktatur wurde auch Solano Trinidade, der mit seinen «Schwarzen Gedichten» (1936) zu einem Wortführer der schwarzen militanten Poesie wurde. Sein Band «Gedichte eines einfachen Lebens» wurde 1944 beschlagnahmt und der Autor inhaftiert. Erst nach der Vargas-Ära kam es wieder zu nationalen Treffen der Schwarzen. Der erste «Nationalkonvent der Schwarzen» fand 1945 in São Paulo statt, ein zweiter folgte 1946 in Rio de Janeiro. Einer der Initianten war Abdias do Nascimento.

**Abdias do Nascimento**

Der Theatermann gründete 1944 das Teatro Experimental do Negro (TEN), das Stücke schwarzer Autoren spielte und solche, in denen Schwarze wichtige Rollen spielen. Er wurde allmählich zum Kritiker eines «maskierten Rassismus» in Brasilien, was ihn in den sechziger Jahren in Konflikt mit der Militärregierung brachte. Nascimento gründete in Rio de Janeiro das Museum des Negers, veröffentlichte 1968 «Der Neger in der Revolte» und ging im selben Jahr freiwillig ins Exil in die USA. Als Nascimento 1977 am zweiten Festival der Negerkulturen in Nigeria über die «Rassendiskriminierung in Brasilien» referieren wollte, verhinderten die brasilianischen Behörden seinen Auftritt. Diese Erfahrung stellte er im Band «Belagert in Lagos» (1981) dar. Nascimento radikalisierte sich zunehmend, eines seiner Werke trägt den Titel «Das Genozid des brasilianischen Negers» (1978). Als Nascimento nach Brasilien zurückkehrte, wandte er sich der direkten politischen Arbeit zu. 1983 wurde er Abgeordneter der oppositionellen Demokratischen Arbeiterpartei PDT. Als einzige brasilianische Partei verfügte diese über ein Büro für Negerfragen, dessen Leiter Abdias do Nascimento wurde. In der Diskussion um die Rassendiskriminierung spielt das Konzept des «Negers an seinem Platz» eine wichtige Rolle. Die Mehrzahl der Schwarzen und Mulatten verrichtet schlecht bezahlte Arbeit. Die Schaltstellen in Politik, Wirtschaft, Militär sind nach wie vor weitgehend von Weissen besetzt. Im Kampf gegen die Diskriminierung haben sich rund 600 Schwarzenorganisationen zu einem losen Bündnis zusammengeschlossen. Bedeutendste Gruppe ist die 1978 in São Paulo gegründete Vereinigte Negerbewegung MNU. Leitung und Anhängerschaft der Schwarzenorganisationen rekrutieren sich aus hellhäutigen Mulatten und «morenos» der Mittelklasse; die sozial schlechter gestellten dunkelhäutigen «pretos» und «negros» sind schwieriger zu organisieren. Die soziale Basis dieser Organisationen ist entsprechend schmal, dennoch sind sie heute fast in ganz Brasilien tätig. Aufgrund ihrer Aktivitäten wurde 1988 in die neue Verfassung ein Zusatzartikel aufgenommen, welcher die Diskriminierung verbietet. Eine bescheidene symbolische Geste – und das Eingeständnis, dass die rassische Dekokratie nicht so wirklich ist, wie es die offizielle Rhetorik proklamiert.

Abdias do Nascimento, Begründer des Teatro Experimental do Negro, als Othello. Plakat für die Ausstellung zum gleichnamigen Buch «A Mão Afro-Brasileira» («Die Afro-brasilianische Hand»), herausgegeben von Emanoel Araújo


**Impressum**
**Das Haus des Bahianers**

Präsidialabteilung
der Stadt Zürich

**Das Haus des Bahianers**
**Der Künstler**
**Emanoel Araújo und**
**seine afro-brasilianische**
**Sammlung**

Wohnmuseum Bärengasse

Konzeption:
Hugo Loetscher
Ausstellungsregie:
Emanoel Araújo
Realisierung Ausstellung:
Nicolas Baerlocher,
Hugo Loetscher,
Georg Sütterlin (Text),
Willy Spiller (Photos),
Peter Figlestahler (Musik),
Anita Bodmer (Graphik),
Heiner Jenny (Plakat)
Technik:
Adrian Buchser,
Werner Hegglin,
Sereina Hess
Beleuchtung: Mati
Ton:
Christoph Stahel,
Rolf Derrer
Bauten:
Hochbauinspektorat
der Stadt Zürich,
Scheifele Container
Sekretariat:
Angelika Bernardi,
Gabriela Dietrich

Organisation in Brasilien:
EXPOMUS –
Exposiçôes, Museus,
Projetos Culturales Ltda.
São Paulo.
Romulo Fialdini (Photo)
Verpackung und Transport:
METROPOLITAN
Transportes SA.

Photonachweis:
Willy Spiller (Seite 276 o.),
Georg Sütterlin (Seite 276 u.),
Pierre Verger
(Seiten 271–273)

## Der Regenwald

Seit die industrialisierte Welt den Staat Brasilien anfleht, dem Regenwald Amazoniens Sorge zu tragen, ist Brasilien endgültig ins moderne Weltbild integriert. Brasilien, selbst nicht Haupturheber der globalen Umweltprobleme, versucht mit der neuen Aufgabe umzugehen. Doch vieles steht einer effizienten Umweltpolitik im Wege: die Tatsache, dass die Aufforderung zu mehr Naturbewusstsein von den ehemaligen Kolonialherren kommt, die Tradition der rücksichtslosen Ausbeutung natürlicher Ressourcen, die Finanzknappheit Brasiliens und schliesslich ganz einfach die fast unermessliche Grösse des Regenwalds. Oft wird – nicht nur in Brasilien – auch vergessen, dass es nicht bloss um den Wald und um unsere Luft zum Leben geht, sondern auch und vor allem um die Menschen, die im Wald wohnen. Die Menschen, denen die Europäer den Namen «Indios» gegeben haben, und die nach Jahrhunderten der Unterdrückung ihre Menschenrechte reklamieren.

Peter R. Gerber

# Amazonien und seine Bewohner

Amazonien ist mit seinen 7 Millionen Quadratkilometern das grösste zusammenhängende Regenwaldgebiet der Erde; das brasilianische Amazonas-Gebiet umfasst 59 Prozent des gesamten Territoriums, rund 5 Millionen Quadratkilometer, ein Gebiet so gross wie Europa ohne den europäischen Teil der ehemaligen Sowjetunion. Vor 500 Jahren lebten in diesem riesigen Lebensraum über 500 verschiedene indianische Gesellschaften und Gemeinschaften mit einer Gesamtbevölkerung von wahrscheinlich über 5 Millionen. Entlang der fruchtbaren Flussniederungen, der *várzea,* war die Bevölkerungsdichte mit 28 Bewohnern pro $km^2$ relativ hoch, während in den weniger fruchtbaren «terra firme»- Gebieten die Dichte unter 1 Person pro $km^2$ lag. Die *várzea* nimmt allerdings nur 2 Prozent des gesamten Amazonas-Gebietes ein.

Als die europäischen Eroberer ab dem 16. Jahrhundert den Flussläufen entlang Amazonien zu besiedeln begannen, dezimierten Kriege und europäische Krankheiten die einheimischen Flussanwohner in erschrekkendem Umfang. Berechnungen ergeben eine Aussterberate von bis zu 90 Prozent. Heute leben im brasilianischen Amazonas-Gebiet nur noch rund 140000 Indianer. Diese bilden in ihrem ureigensten Lebensraum eine verschwindende Minderheit neben den über 400000 Seringueiros (Kautschuk-Sammler), den über 2,5 Millionen Garimpeiros (Goldsucher) und den über 10 Millionen zugewanderten Kleinbauern, Viehzüchtern, Minenarbeitern und Holzfällern. Vor allem in den letzten 20 Jahren hat die staatlich geförderte Erschliessung Amazoniens Ausmasse angenommen, die eine tiefgreifende Gefährdung der Existenz der indianischen Urbevölkerung und die Zerstörung ihres traditionellen Lebensraumes, des tropischen Regenwaldes, bedeutet. Zwei Ausstellungen weisen auf diese Bedrohung der indianischen Regenwaldbewohner und ihres Lebensraumes hin: «Amazonien – eine indianische Kulturlandschaft»[1] im Zürcher Stadthaus und «Ka'apor – Menschen des Waldes und ihre Federkunst. Eine bedrohte Kultur in Brasilien» im Völkerkundemuseum der Universität Zürich.

Die «Amazonien»-Ausstellung ist in drei Teile gegliedert: Im ersten Teil wird «Der Wirtschaftskalender der Desâna: Sternbilder und Regenfälle» vorgestellt. Die Desâna leben im Grenzgebiet zu Kolumbien am Rio Tiquié, einem Seitenfluss des oberen Rio Negro. Die brasilianische Ethnologin Berta G. Ribeiro versucht in enger Zusammenarbeit mit dem Desâna Tolamãn Kenhíri die ethnobiologischen und kosmologischen Kenntnisse der Desâna darzulegen. So schreiben sie im Ausstellungskatalog:

«Die Desâna können ihr regionales Klima auf der Grundlage ihres empirischen Wissens in eine bestimmte Anzahl von Regen- und Trockenzeiten einteilen. Die Regenfälle werden durch das Erscheinen der jeweiligen Sternbilder angekündigt. Diesen Regenfällen und Sternbildern entsprechen bestimmte Wirtschaftszyklen: z. B. der Beginn, der Reifeprozess und das Ende der Ernte bestimmter Früchte, die Laichzeiten und Wanderungen bestimmter Fischarten flussaufwärts, das Sammeln der für die Ernährung wichtigen Insekten, wie der *maniuara,* der *saúva,* fliegende Termiten, Nachtameisen und anderer essbarer wirbelloser Tiere sowie bestimmter Arten von Schmetterlingslarven und Heuschrecken. Der durch die Sternbilder gekennzeichnete Witterungsverlauf bedingt auch den Landwirtschaftszyklus der Desâna, die während der kurzen Trockenperioden Waldflächen zu Anbauzwecken *(roças)* abbrennen. Die Reife des Manioks, der Hauptquelle für Kohlenhydrate, steht nicht in Zusammenhang mit den Regenfällen und Sternbildern.»

In ihren Untersuchungen stellen Ribeiro und Kenhíri, ihr indigener Gewährsmann, also fest, dass die empirischen Beobachtungen von Sternbildern bei den Desâna mit den wirtschaftlichen Tätigkeiten in Zusammenhang stehen. Die Jagd bleibt dabei fast gänzlich ausgeschlossen, mit Ausnahme der «Jagd auf die pacas, die zu einer bestimmten Jahreszeit erfolgt, in Verbindung mit der Reifezeit von Früchten, von denen diese Nagetiere sich ernähren».

Was den Ethnoromantiker in uns wohl eher erstaunt, ist die Tatsache, «dass die Bewegungen der Sterne nur eine geringe Beziehung zum rituellen Kalender der Desâna haben». Nur zu oft verbinden wir in unseren Vorstellungen den «edlen Wilden» mit einem kosmologischen Weltbild, das sein ganzes Dasein bestimmt. Die astronomischen und klimatologischen Kenntnisse der Desâna zeigen uns jedoch, dass Regenwaldbewohner Pragmatiker und Empiriker sind und dadurch nicht nur für ihr Überleben sorgen, sondern auch den Regenwald schonend und regenerierbar nutzen.

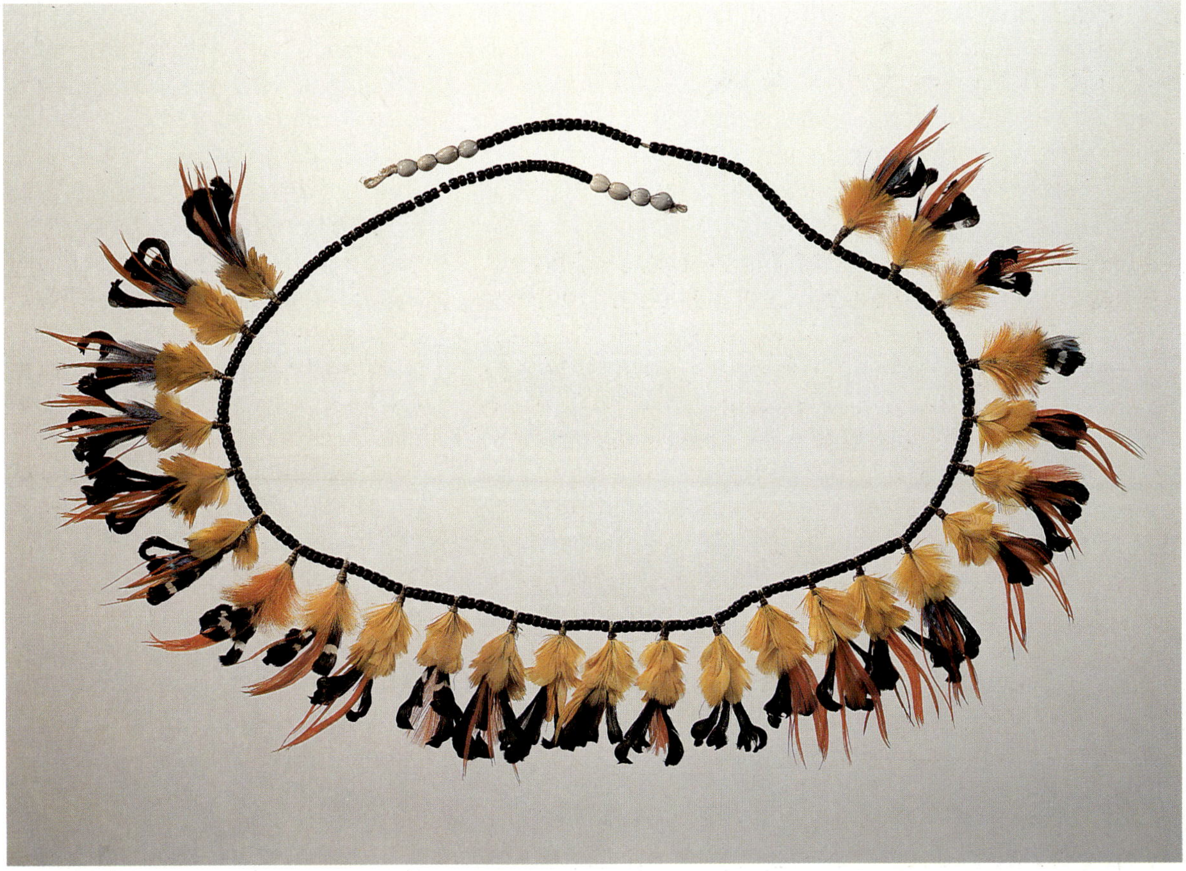

Männerschmuck der Ka'apor: Gürtel, auf Faserschnüre aufgereihte Federbouquets, «Perlen» aus Samenkapseln

Männerschmuck der Ka'apor: Federkrone eines Vorstehers, auf Baumwollband montierte Federn (Slg. Armin E. Caspar)

Bei allen Regenwaldvölkern muss ein umfassender naturwissenschaftlicher Kenntnisstand vorhanden sein, damit sie im fragilen Ökosystem Regenwald überleben können. Auch der amerikanische Ethnologe William Balée berichtet von den Ka'apor, sie wüssten von über 180 Pflanzen spezifische Nutzanwendungen als Nahrungs- oder Heilmittel, als Farbstoffe und als Material für andere Zwecke. Doch die indianische Regenwald-Wissenschaft ist bis heute «von der scheinbar überlegenen ‹modernen› Wirtschaftspolitik verachtet worden – mit den bekannten verheerenden Konsequenzen», kommentiert Clarita Müller Plankenberg nüchtern.
In der «Amazonien»-Ausstellung aus Kassel wird im zweiten Teil folgerichtig die Aufmerksamkeit auf den «Naturbezug der amazonischen Bevölkerung: Indianer, Sammler und Flussanwohner» gelenkt. Die Wirtschaftsweise der indianischen Bevölkerung bestand und besteht hauptsächlich in der Form der Brandrodungs-Landwirtschaft, die ergänzt wird durch Jagd und Fischfang. Der Brandrodungsfeldbau ist eine Landnutzungsform, die auf jahrtausendelanger Erfahrung beruht. Eine so lebende Gemeinschaft braucht einen grossen Lebensraum, weil die Pflanzungen nach drei, vier Jahren erschöpft sind und einige Kilometer weiter neue Pflanzungen gerodet werden müssen. Auch das im Regenwald spärliche Jagdwild zwingt zu häufigem Wohnwechsel. Die sich langsam in Regenwald regenerierenden Pflanzungen können zwar noch als Sammelort und Jagdgebiet genutzt werden, doch dauert es meist 20 bis 30 Jahre, bis wieder von neuem gerodet werden kann.
Solche Lebensweise scheint den meisten weissen Eroberern – in der Vergangenheit wie in der Gegenwart – eine ineffiziente ökonomische Nutzung des Reichtums Amazoniens. Zudem wird den indianischen Völkern der als «ungenutztes Gebiet» interpretierte Lebensraum streitig gemacht – legale Landtitel im Sinne des westlichen Rechtssystems haben die Ureinwohner eh nicht vorzuweisen. Und trotzdem haben die Seringueiros in wenigen Generationen von den Indianern gelernt, eine dem Regenwald angepasste Sammelwirtschaft zu entwickeln. Aber auch sie sind heute von der gigantischen Erschliessung Amazoniens durch Viehbarone, Bergbau und Elektrowirtschaft bedroht, und wer seine Rechte verteidigt, ist seines Lebens nicht mehr sicher: der Gewerkschaftsführer der Seringueiros, Francisco «Chico» Mendes, wurde kurz vor Weihnachten 1988 ermordet, obwohl er sich besonders durch eine friedfertige Form des Widerstandes ausgezeichnet hatte.
Wer sich in Brasilien oder in anderen Regenwald-Ländern als Umwelt- und Minderheitenschützer nützlich machen will, tut dies auf eigenes Risiko: «Der Tod im Regenwald», wie der Titel eines Geo-Artikels über die Ermordung Chico Mendes' lautet, hat wenig mit der natürlichen Gefährlichkeit dieses Lebensraumes zu tun, hingegen weit mehr mit der ungehemmten «Arroganz der Macht», hinter der die Interessen der Wirtschaftsmultis Europas, der USA und Japans stehen, im Verbund mit den Wirtschaftskräften im südlichen Brasilien. Allein im riesigen Entwicklungsprojekt Grande Carajás, das ein Gebiet von 800 000 Quadratkilometern umfasst, «warten» beispielsweise 17,8 Milliarden Tonnen Eisenerz auf den Abbau, was den Weltbedarf für die nächsten 500 Jahre decken würde. 1987 lieferte Grande Carajás schon 5,9 Millionen Tonnen Eisenerz an die Industrieländer. Einer solchen Nutzung stehen Indianer und Sereingueiros im Wege: So dokumentiert denn der dritte Teil der Ausstellung am Beispiel der Völker des Javaritales die Schrecken der «Erschliessung». Der Lebensraum von 12 indianischen Völkern im Grenzgebiet zu Peru wird durch die eindringenden Holzfirmen sowie durch die staatliche Ölfirma Petrobrás seit 20 Jahren – mit Unterbrüchen – zerstört, die Indianer quasi zu Sklavenarbeit gezwungen. Clarita Müller-Plankenberg schreibt resigniert: «Inzwischen wurde das Eindringen per Vertragsabschluss zwischen der staatlichen Indianerschutzbehörde FUNAI und der staatlichen Ölgesellschaft, Petrobrás, offiziell abgesegnet.» Offenbar besteht die Firmenleitung von Petrobrás aus lauter «Indianern», die durch die FUNAI geschützt werden müssen – fragt sich nur, vor wem, vor den echten indianischen Regenwaldbewohnern oder neuerdings vor ausserbrasilianischen Regenwaldschützern?
Der seit rund 500 Jahren währende Völkermord und die heute nach wie vor bestehende tödliche Bedrohung der Regenwaldbewohner führen leider oft zu Resignation und Zynismus. Wahrlich, 1992 bietet absolut keinen Anlass, ein «Kolumbus»-Jubiläum zu feiern: Nein, für die teils nur noch spärlichen Reste überlebender Ureinwohner in Nord-, Mittel- und Südamerika wird es ein Jahr der Trauer sein, aber auch ein weiteres Jahr des ungebrochenen Widerstandes gegen ihre physische und kulturelle Vernichtung als selbständige Völker und Gemeinschaften.
Von einer weiteren bedrohten Gemeinschaft handelt die Ausstellung im Völkerkundemuseum der Universität Zürich: von den Ka'apor, die im nordöstlichen Bundesstaat Maranhão leben. «Ka'apor» heisst wörtlich «Fussspuren im Walde», im übertragenen Sinne «Menschen des Waldes». Die Ka'apor waren noch vor 60 Jahren ein Volk von 5000 Seelen, dann wurden sie «befriedet», kamen mit den todbringenden weissen Krankheiten wie Grippe, Masern, TB u. a. m. in Berührung und wurden innerhalb von 40 Jahren auf rund 500 Menschen dezimiert. Aufgeteilt in kleine Dorfgruppen von 40 bis 50 Personen,

Frauenschmuck der Ka'apor: Halsschmuck mit Anhänger; das Brustmedaillon aus mehreren Schichten

Männerschmuck der Ka'apor: Festschmuck, an Oberarm oder um die Fesseln getragen, Federn des Ara und des weiblichen Hokkos (Sammlung Armin E. Caspar)

ernähren sie sich hauptsächlich von den Nutzpflanzen aus ihren Brandrodungsfeldern wie Maniok, Süsskartoffeln und Bananen; Jagd und Fischfang ergänzen die Diät. Nach wenigen Jahren sind die Felder erschöpft, das Dorf wird umgesiedelt und einige Kilometer entfernt neu aufgebaut, frische Felder werden gerodet.

Eine relativ egalitäre Gesellschaftsordnung mit einem Dorfchef ohne grosse Machtbefugnisse lässt ein fast idyllisches Bild der Ka'apor aufleuchten. Doch dieses Bild trügt: Die existentielle Bedrohung der Ka'apor ist, wie William Balée in seinem Beitrag in der Ausstellungspublikation darlegt, seit über 200 Jahren zur bitteren Alltäglichkeit geworden. Als Reaktion auf diese Bedrohung verlagerten die Ka'apor immer wieder ihre Lebensräume, oftmals unter gewaltsamer Vertreibung anderer Gemeinschaften. Deshalb wurden sie seit dem 19. Jahrhundert von benachbarten Völkern «Urubu» – Geier – genannt. Die gegenseitige kriegerische Dezimierung der Ureinwohner, wo immer sie auf dem Globus geschah und zum Teil bis zum heutigen Tag geschieht, konnte den Kolonialherren und kann den heutigen Machthabern nur recht sein. Es soll hier nicht der Mythos vom «friedlichen Wilden» beschworen werden; sicher gab es auch vor der Anwesenheit der Weissen territoriale Streitigkeiten, aber es bleibt die Tatsache, dass aufgrund der weissen Eroberung der angeblich «unberührten Wildnis» die Auseinandersetzungen um die verbliebenen Territorien zunahmen.

Diese Auseinandersetzungen finden in den letzten 20 Jahren eine neue Form: Jetzt sind es Holzfäller und Siedler, die sich im traditionellen Lebensraum der Ka'apor breitmachen. Die heute rund 520 Ka'apor erhielten 1978 zwar ein Reservat von rund 5000 Quadratkilometern zugesprochen. Doch auch dieses legalisierte Reservatsland ist vor Übergriffen nicht geschützt. Schon im Sommer 1990 war ein Viertel des Waldes im

Reservat *Alto Turiaçu* illegal gefällt und das Land zerstört worden. Die traditionelle Lebensweise der Ka'apor weicht je länger, desto mehr einer fragwürdigen Anpassung an die «brasilianische Zivilisation» mit all den üblichen Begleiterscheinungen wie Verelendung, Alkoholismus, Prostitution und familiärer Zerrüttung.

Erst in jüngerer Zeit haben in gleicher Weise betroffene Ureinwohner eine neue Strategie zur Verteidigung ihrer Länder und ihrer Rechte entwickelt. Sie schlossen sich zusammen und begaben sich auf den langen und mühsamen Weg an die Weltöffentlichkeit bis in die UNO. In einer neuen UN-Deklaration soll ein besonderer völkerrechtlicher Status der indigenen Völker anerkannt werden. Nicht nur die brasilianischen Ureinwohner, auch die Indianer Nordamerikas, die Sami in Skandinavien, die Inuit (Eskimo) in den Polargebieten, die Maori in Neu-Seeland, die Aborigines in Australien und viele andere mehr erhoffen sich mit einer solchen Deklaration eine gesicherte Existenz in autonomen Gebieten innerhalb der jeweiligen Nationalstaaten. Eine geringe Hoffnung besteht, dass diese Deklaration 1993 durch die UNO-Vollversammlung angenommen werden könnte; 1993 soll dann auch zum «Internationalen Jahr der indigenen Völker» erklärt werden. Nach Annahme der Deklaration sollten anschliessend alle Staaten mit Ureinwohner-Völkern diese ratifizieren und ihre innerstaatliche Gesetzgebung entsprechend anpassen.

Soweit ist die Entwicklung des internationalen Völkerrechts allerdings noch nicht gediehen, geschweige denn das nationale Recht in den einzelnen Staaten. Wie William Balée berichtet, gibt es in Brasilien zwar seit 1988 im Rahmen der neuen Verfassung ein spezielles Gesetzeswerk zum Schutz der Indianer, doch fehlt es der Regierung offensichtlich am Willen, die darin enthaltenen Rechte auch durchzusetzen. Sogar zugesicherte und abgegrenzte Reservate wie dasjenige der Ka'apor sind vor Übergriffen landhungriger Siedler – die ihrerseits der drückenden Armut als Landlose entfliehen möchten – nicht geschützt. Auch hier das hässliche Spiel der Mächtigen: die Ärmsten des Landes vertreiben die Schutzlosesten. Und dieselben Armen landen früher oder später wieder in den städtischen Slums, da eine intensive landwirtschaftliche Nutzung des Urwaldes in Amazonien, wie man ihnen vorgetäuscht hat, gar nicht möglich ist.

Die gigantische infrastrukturelle Erschliessung Amazoniens mit Strassen und Flugplätzen dient weder den Ureinwohnern noch den Armen Brasiliens, sondern der Ausbeutung der reichlich vorhandenen Bodenschätze, was ausschliesslich den Mächtigen und, via internationale Konzerne, den westlichen Industrieländern – auch der Schweiz! – Profite bringt.

Diesem «Fortschritt der Zivilisation» stehen die Ureinwohner im Weg; wirtschaftliche Interessen kommen vor Menschenrechten. Der Katalog-Beitrag der deutschen Ethnologin Mona Suhrbier, «Der Überlebenskampf der Amazonas-Indianer», macht deutlich, dass die existen-

Frauenschmuck der Ka'apor: Anhänger an Halsschmuck, imaginäre Vögel darstellend

Männer- und Frauenschmuck der Ka'apor: Ohrgehänge, auch im Alltag getragen (Sammlung Armin E. Caspar)

tielle Bedrohung der brasilianischen Ureinwohner, trotz der Einführung einer neuen Verfassung, die ihre Rechte definiert, keineswegs zu Ende ist.
Im Zentrum der Ausstellung und der Begleitpublikation steht aber der Federschmuck der Ka'apor, ein Federschmuck, der zum Schönsten gehört, was in Amazonien hergestellt wird, und von höchstem künstlerischem Können zeugt. Wie aber kommt es, dass das Völkerkundemuseum der Universität Zürich eine Sammlung von Federkunst-Objekten der Ka'apor ausstellt und sich gleichzeitig in einer Tonbildschau mit der heutigen Lage der Indianer Amazoniens befasst? Ein zentrales Anliegen unseres Hauses ist es, mit Ausstellungen und Publikationen auf dic schwierige Lebenssituation der Ureinwohnervölker und der Menschen in der sogenannten Dritten Welt aufmerksam zu machen. Das war Armin E. Caspar aus Kilchberg bekannt, als er mit uns Kontakt aufnahm und ein Ausstellungsprojekt entwarf. Er hatte vor über 40 Jahren mit der Schweizer Malerin Anita Guidi (1890-1978) zwei Expeditionen zu Indianern in Amazonien unternommen, 1945 u. a. zu den Tucano am Rio Tiquié im Einzugsgebiet des oberen Rio Negro und 1948 zu den Ka'apor am Rio Gurupi. Von beiden Reisen brachten sie wertvolle dokumentarische Ölbilder nach Hause. Und die Ka'apor gaben ihren Federschmuck für Gebrauchsgüter her, die die beiden Besucher ursprünglich mitnahmen, um sie gegen Nahrungsmittel zu tauschen. Heute gilt diese Sammlung als eine der umfangreichsten und schönsten ausserhalb des Lebensraumes der Ka'apor.
Als die beiden Besucher nach mehreren Wochen Aufenthalt bei den Ka'apor zur Rückkehr aufbrachen, verabschiedete Piarú, ihr Gastgeber und Vorsteher eines Ka'apor-Dorfes, Anita Guidi und ihren Begleiter Armin Caspar mit folgenden Worten:
«Zeigt Euren weissen Brüdern und Schwestern in der Welt, in der Ihr lebt, meinen leuchtenden Federschmuck, erklärt seine Bedeutung – und lasst sie gleichzeitig wissen, dass der Indio nicht derjenige ist, wofür ihn der Weisse Mann zu halten pflegt, der uns und unseren unschuldigen Frauen und Kindern weiterhin viel Leid zufügt, uns wegnimmt und zerstört, was ihm gar nicht gehört...»
Armin Caspar hat diesen Auftrag, den ihm Piarú mitgab, nach seiner Rückkehr in die «Zivilisation» schon vor 40 Jahren mit mehreren Ausstellungen in Brasilien und in der Westschweiz verwirklichen können. Die neuen schlimmen Berichte aus Brasilien in den 70er und 80er Jahren haben ihn nochmals motiviert, mit seinen Sammlungen an die Öffentlichkeit zu gelangen.
Der Federschmuck wird von den Ka'apor zu Feiern getragen, bei denen die etwa sechs Monate alten Kinder ihren Namen und gleichzeitig den ersten Federschmuck erhalten. Mit dem Tragen von Federn wird ein Ka'apor ein Mensch und unterscheidet sich dadurch von den Tieren und anderen «menschenähnlichen Wesen» – zum Beispiel von uns.
Somit ist die Federkunst für die Ka'apor von zentraler sozialer und religiöser Bedeutung. Sollte die heutige existentielle Bedrohung dazu führen, dass die Ka'apor keinen Federschmuck mehr herstellen könnten, sei es, weil die Vögel vertrieben werden oder gar aussterben, sei es, dass sie ihren Schmuck nicht mehr zu tragen wagen, dann würden sie ihre kulturelle Identität verlieren – es gäbe keine Ka'apor mehr, nur ein paar «halbintegrierte indianische Brasilianer».
Im Regenwald Amazoniens und anderswo ist nicht nur die Artenvielfalt von Tieren und Pflanzen bedroht, auch die Vielfalt von Völkern und ihren Lebensformen sowie ihren kulturellen Äusserungen. Geht die Federkunst der Ka'apor verloren, so geht ein weiterer Teil der Weltkultur verloren!

[1] Die von Professor Clarita Müller-Plantenberg und von der Projektgruppe «Ökologie und Entwicklung» an der Gesamthochschule Kassel konzipierte Schau ist in Zürich im Mai 1990 bereits einmal gezeigt worden als gemeinsames Unternehmen von Greenpeace, Incomindios Schweiz, WWF und vom Völkerkundemuseum der Universität Zürich.

---

Literatur:

Brose, Markus; Müller-Plantenberg, Clarita; Pabst, Eije und Seul, Heinrich (Hrsg.), Amazonien – eine indianische Kulturlandschaft: Traditionen naturverbundenen Lebens und Wirtschaftens im tropischen Regenwald (Begleitband zur Ausstellung), Gesamthochschule, Kassel 1988

Cattaneo, Claudia und Gerber, Peter R. (Hrsg.), Farbenprächtig und gefährdet. Federschmuck aus Amazonien (Begleitbroschüre für Lehrer/innen zur Ausstellung «Ka'apor»), Völkerkundemuseum der Universität Zürich und Pestalozzianum Zürich, Fachstelle Schule und Museum, Zürich 1991

Erni, Christian, Menschen des Waldes – Wald der Menschen. Über traditionelle Umweltanpassung in Amazonien, Manuskript des Vortrages am Völkerkundemuseum der Universität Zürich, 11. März 1992

Gerber, Peter R. (Hrsg.), Ka'apor – Menschen des Waldes und ihre Federkunst. Eine bedrohte Kultur in Brasilien (Begleitpublikation zur gleichnamigen Ausstellung), Völkerkundemuseum der Universität Zürich und Offizin Zürich-Verlag, Zürich 1991

Geo-Nummer 10/1985: «Der Tropische Regenwald»

Geo-Nummer 3/1990: «Letzte Chance für den Regenwald»

Seiler-Baldinger, Annemarie, Indianer im Tiefland Südamerikas (Begleitschrift zur Ausstellung «Indianisches Amerika»), Museum für Völkerkunde, Basel 1987

Oswald Iten

# Grüne Hölle oder Letztes Paradies?

«Grüne Hölle» oder «Letztes Paradies» – unsere Vorstellung über den Regenwald neigt erst seit geraumer Zeit zum zweiten Mythos. Während des überwiegenden Teils der Geschichte des Menschen setzte der Tropenwald dem kaum Grenzen akzeptierenden Lebewesen eine Barriere. Erst Flugzeuge, Aussenbordmotoren und billige Motorsägen erschlossen den Regenwald als Siedlungsraum für grosse Menschenmassen.

Dass der Regenwald der Menschheit sozusagen als Krippe gedient habe und heute noch steinzeitliche Gruppen beherberge, gehört zu den völlig falschen Vorstellungen über diesen Lebensraum. Tatsächlich zählen die Tropenwälder zu den am spätesten vom Menschen erschlossenen Gebieten der Erde. Führende Erforscher von Jäger- und Sammlerkulturen im Regenwald, wie die Amerikaner Thomas N. Headland und Robert C. Bailey, sind unabhängig voneinander zum Schluss gekommen, «dass Jäger und Sammler niemals in tropischen Regenwäldern ohne direkten oder indirekten Zugang zu kultivierten Nahrungsmitteln gelebt haben können». Trotzdem hat die schöne Vorstellung von einer neolithischen Waldgesellschaft so fest auch in den Köpfen von Romantikern der industrialisierten Welt genistet, dass sich das New York Times Magazine unter dem Titel «Accidents of History» noch am 23. Februar 1992 die Story von einer kürzlich in Bolivien von der New Tribes Mission entdeckten Indianergruppe erlauben konnte, die angeblich die Kunst des Feuermachens verlernt und deshalb glühende Kohlen in Blättern verpackt ständig mit sich herumgetragen habe.

Unsere Kenntnis vom Regenwald hat sich in jüngster Zeit enorm vergrössert, und der uns eigene egoistische Blickwinkel nimmt den Tropenwald immer mehr als wertvolle genetische Bank wahr. Die Regenwälder berhergen mindestens fünfzig Prozent der Arten dieses Planeten, vielleicht sogar neunzig Prozent, obwohl sie bloss einen Fünfzehntel der Landoberfläche bedecken. Auf einer Hektare Regenwald kommen mehr Baumarten vor als in ganz Europa. Jede neue Untersuchung eines Stückes Tropenwald fördert bisher unbekannte Arten hervor. Obwohl die Artenvielfalt grenzenlos ist, reicht sie dem Menschen doch nicht zum paradiesischen Überfluss, denn die einzelnen Spezies kommen nur in geringer Dichte vor. Um sich ausschliesslich von den frei anfallenden Sammelprodukten ernähren zu können, müsste der Mensch viel zu grosse Distanzen zurücklegen, zuviel Zeit und Energie aufwenden. Deshalb wurden die tropischen Regenwälder erst später besiedelt als andere Lebensräume, und viele der Völker, die heute als Urbewohner des Regenwaldes betrachtet werden, wanderten erst vor einigen hundert Jahren in diese unwirtschaftlichen Nischen, nachdem sie anderswo von Eroberern verdrängt worden waren.

Voraussetzung für ein Überleben im Regenwald war die Entwicklung landwirtschaftlicher Techniken, keine einfache Sache auf tropischen Böden, deren Humusschicht äusserst dünn und leicht abschwemmbar ist und wo zahlreiche gefrässige Insekten und Bakterien die Nährstoffe unablässig umsetzen. Die Schwachstelle des Tropenwaldes ist sein dünner Boden; neunzig Prozent aller Nährstoffe sind in den lebenden Pflanzen und nicht in

Kajine, ein Yanomami, mit seiner Jagdbeute, einem Ara: Exotenvogel für uns – Mahlzeit für ihn

der Erde gespeichert. Die Kunst des Waldbauern ist es, ausgewählte Nahrungspflanzen in sich ergänzender Nachbarschaft anzubauen. Monokulturen sind im Tropenwald zum vorneherein zum Scheitern verurteilt.

Die Pflanzungen der Waldbauern wirken wie vielfältige Gärten, in denen die einen Gewächse den Stickstoff produzieren, den die anderen benötigen. Die Pflanzungen sind stets klein und liegen auf Brandrodungen. Einen wichtigen Teil der Diät der Regenwaldbewohner liefern aber stets die wilden Früchte und das Wild. Weil diese Quellen und der Boden sich kontinuierlich erschöpfen, wechseln die Waldmenschen alle paar Jahre ihren Standort. Sollen die letzten Waldbewohner tatsächlich überleben, sind deshalb stets grosse Territorien notwendig und nicht einfach Reservate von ein paar hundert Quadratkilometern. Den Bürokraten in den Hauptstädten geht dies meistens nicht in den Kopf, sie belieben von Verschwendung zu sprechen.

Die halbnomadische Lebensweise fast aller Waldbewohner durchdringt ihr ganzes religöses und soziales Dasein. Zum Beispiel kennen manche Regenwaldbewohner die Tötung von Zwillingen oder von Neugeborenen, die zu rasch auf ihre Geschwister folgen – eine sehr unsanfte Geburtenkontrolle. Der Grund liegt darin, dass eine Mutter beim Wohnortwechsel nebst all den Haushaltsgeräten nicht mehr als ein Kind tragen kann; ihr Mann muss dabei den Weg mit seinen Waffen absichern. Bevor sie ein neues Kind aufzieht, muss das vorherige laufen können.

Einige Waldvölker entwickelten überdurchschnittliche Techniken bei der Meisterung tropenlandwirtschaftlicher Probleme. Die Maya im Petén und in Yucatán legten überhöhte Felder an und perfektionierten ein Be- und Entwässerungssystem, sodass sie mit ihren vielen verschiedenen Maissorten grosse Überschüsse produzierten. Dadurch konnte eine städtische Adels- und Priesterschicht am Leben erhalten werden, die eine Hochkultur mit präzisen astronomischen Kenntnissen und ein ausgeklügeltes Schrift- und Zahlensystem hervorbrachte. Bei allem Verständnis für die heutigen Idealisierungstendenzen punkto präkolumbianischer Zeit darf das Beispiel der Maya auch in Erinnerung gerufen werden, weil diese Hochkultur lange vor der Ankunft der Conquistadoren versank – die Grenzen des Lebensraumes waren erschöpft worden und das aristokratische System hatte das gemeine Volk ausgeblutet, sodass gnadenlose indianische Eroberer das geschwächte Reich überrennen konnten.

Bis heute hat es die Menschheit nicht geschafft, den Lebensraum Regenwald ohne Beschädigung besser zu nutzen als mit dem System der Jäger- und Sammlerwirtschaft, verbunden mit Wanderfeldbau, der auf Brandrodung beruht. Diese äusserst extensive Lebensweise setzt der Bevölkerungsdichte enge Grenzen. In Amazonien aber verfünfzigfachte sich die Einwohnerzahl in den letzten dreissig Jahren. Versuche, diese Steigerung durch die ökonomische Ausbeutung einzelner Komponenten des fragilen Ökosystems wirtschaftlich zu kompensieren, gingen stets auf Kosten des Regenwaldes. So war es schon im letzten Jahrhundert, als der Kautschukboom nur wenige Jahrzehnte dauerte. Zum Glück für die ausgebeuteten Indianer nahmen die Erträge ab und wurde Latex alsbald billiger in Plantagen produziert.

Und so ist es bis heute geblieben. Der Goldrausch und die Ausbeutung der Tropenhölzer bringen dem Regenwald ein böses Ende. Die Garimpeiros verwandeln im Handumdrehen den Urwald in eine wahrhaftige grüne Hölle, eine mit Quecksilber verseuchte Kraterlandschaft. Den Indianern bleiben

intakt

«angeschlossen»

abgeholzt

ausgewaschen

und Erdölgesellschaften an die Ausbeutung der Bodenschätze gehen. Vor ihnen sind nicht einmal gesetzlich verbriefte Reservate sicher, denn nach lateinamerikanischer Lesart gehören alle Bodenschätze dem Staat, der für den Abbau Konzessionen vergibt. Im Amazonasbecken von Ecuador und Peru sprudeln Ölquellen ohne jede Rücksicht auf die Natur oder die Indianer-Reservate. In Brasilien frisst das Projekt Ferro Carajás nicht nur den Wald über dem Eisenerzkörper. Unendlich grössere Flächen fallen dem für die Stromerzeugung benötigten Stausee und der Fabrikation von Holzkohle für den Verhüttungsprozess zum Opfer.
Die Exporteure von Tropenholz rechtfertigen ihre Operationen damit, dass irgendwann einmal jeder Baum sterben müsse, ihn also vorher zu «ernten» schade nicht. Doch nicht einmal ein Zehntel des umgelegten Holzes wird vermarktet; der grosse Rest bleibt als minderwertig liegen oder wird durch unsachgemässes Fällen und die schweren Maschinen beschädigt. In den Rodungen weiden nachher Rinder, durchschnittlich eines auf drei Hektaren. Die anfänglich hohen Grasbestände schwinden rasch dahin, die Huftritte beschleunigen die Erosion.
Jährlich verschwinden 200 000 Quadratkilometer Regenwald von der Erdoberfläche, davon in Brasilien alleine etwa ein Stück von der Grösse der Schweiz. Die Regierung findet dies nicht alarmierend. Ihrer Ansicht nach verläuft der Vernichtungsprozess langsamer als von den «Ökopessimisten» dargestellt; es würde nämlich 300 Jahre heutiger Rodungsgeschwindigkeit bedürfen, um den brasilianischen Tropenwald auszuradieren, meinte der höchste diplomatische Beamte von Präsident Collor. Vergleiche man diese Zahl mit den 80 bis 100 Jahren, die es bloss brauche, damit sich der Wald von selbst und völlig «rekuperiere», so sei die Aufregung in den Industriestaaten unverständlich. Brasilien könne es sich nicht leisten, auf die «Entwicklung» von vierzig Prozent seines Territoriums zu verzichten.
Fragt sich bloss, was unter «Entwicklung» zu verstehen ist. In Amazonien, wo der politisch-gesellschaftlichen Struktur noch quasi-feudale Elemente anhaften, heisst dies vor allem, dass ein paar wenige einflussreiche Leute schnell abkassieren. Dagegen helfen auch die besten Gesetze nicht. Wie praktisch alle 33 holzexportierenden Staaten verfügt Brasilien über ein gutes Forstgesetz, das zum Beispiel die Wiederaufforstung vorschreibt. Dort, wo aufgeforstet wurde, stehen nun oft Monokulturen, etwa Eukalypten, welche durch ihre Einseitigkeit wiederum ökologische Schäden anrichten. Und was die Indianer betrifft, geniessen sie in der Verfassung Brasiliens einen weitergehenden Schutz als etwa in den USA. Raffgier, Bestechung und Gewalt sorgen dafür, dass zwischen Gesetzen und Wirklichkeit eine himmelweite Lücke klafft.
Grundproblem bei den meisten Entwicklungsplanungen ist, dass der Ausgangspunkt schon falsch gesetzt wird. In den nationalen Statistiken finden defintionsgemäss nur Transaktionen ihren Niederschlag, die über den Markt laufen. Jene Tonnen Paranüsse, welche der Familienverband einer indianischen Maloca in einem Jahr sammelt und konsumiert, sind für die Volkswirtschaft scheinbar wertlos, sie erhöhen das Bruttosozialprodukt nicht. Ist die Lebensgrundlage der Indianer aber zerstört und muss ihnen «geholfen» werden, so erhöhen die ihnen barmherzig überlassenen Büchsen Corned Beef paradoxerweise das Bruttoszialprodukt und machen Brasilien auf dem Papier reicher.
Die Strategie des schnellen Profites muss in der Entwicklungsplanung von derjenigen des langfristigen Nutzens verdrängt werden. Dies bedingt, dass

### Chico Mendes, Kautschukzapfer

In jener Nacht des 22. Dezember 1988 war es schwülheiss in der armseligen Ortschaft Xapuri. Chico Mendes, in der Badehose, schlenderte mit der Laterne in der Hand vom simplen Holzhäuschen, das er mit seiner Frau und den beiden Kindern bewohnte, zur provisorischen Dusche im Hof. Und auf diesen Moment hatte der Grossgrundbesitzersohn Darci Alves da Silva in seinem Versteck gleich hinter dem Zaun seit über zwei Stunden gewartet: Darci feuerte aus wenigen Metern Entfernung mit einem Gewehr auf den 44jährigen und tötete die Symbolfigur für den Kampf gegen die Zerstörung der Amazonasregenwälder.
Chico Mendes, seit seinem neunten Altersjahr Kautschukzapfer, war den Grossfazendeiros und den mit ihnen verbündeten Politikern seit geraumer Zeit ein Dorn im Auge, weil er pfiffig und phantasievoll, mit juristischen Mitteln, aber auch mit gutgeplanten Aktionen das illegale, doch von den Behörden geduldete Abholzen und Abbrennen des Urwaldes erfolgreich verhinderte. Nicht zuletzt deshalb ist die Natur von Acre noch weitgehend intakt, im krassen Unterschied zu den anderen Teilstaaten der Amazonasregion. Wenn der Gewerkschaftsführer Wind davon bekam, dass Fazendeiros wieder einmal Wald roden wollten, blockierte er mit den eiligst mobilisierten Kautschukzapfern und deren Familien die betreffenden Flächen, organisierte Menschenketten gegen Planierraupen und Traktoren. Bordon, eines der grössten Rinderzuchtunternehmen Brasiliens mit Fleischexporten von jährlich 140 Millionen Dollar, warf deshalb in Acre das Handtuch. In Washington konnte der lebenslustige, träumerische, Bohémien-Eskapaden nicht abgeneigte «Seringueiro» die Senatoren überzeugen; die Interamerikanische Entwicklungsbank änderte auf Chicos Argumente hin auch ihre Vergabekriterien für Brasilien.
Der Clan des gefürchteten Fazendeiros Darly Alves da Silva beschloss indessen, sich des Geschäftsschädigers Nummer Eins in der für die Wildwestregion üblichen Weise zu entledigen. Der Mord erregte international Aufsehen – die davon völlig überraschte brasilianische Regierung musste deshalb einem Musterprozess zustimmen, der mit hohen Gefängnisstrafen für Darly und Darci Alves da Silva endete. Anfang 1992 wurde überraschend das Urteil gegen den zuvor wie zu Kolonialzeiten polygam mit fünf Frauen lebenden Fazendeiro Darly aufgehoben – wegen «Mangels an Beweisen». An denen fehlt es nicht; Anklagevertreter Márcio Thomaz Bastos hofft nun ein weiteres Mal auf den Druck von aussen. Den angesehenen Menschenrechtler schmerzt, dass der Fall Chico Mendes trotz seiner immensen Resonanz am Prinzip der Straffreiheit für Täter und Drahtzieher nicht rüttelte – in Brasiliens ländlichen Gebieten dominieren weiterhin Mentalität und Politikverständnis einer geistig in vergangenen Jahrhunderten stehengebliebenen, extrem autoritären Agrarelite.

*Klaus Hart*

Ein mannigfaltiger Yanomami-Garten mit Cassava, Hülsenfrüchten, Tabak

die ansässigen Waldbewohner für voll genommen und ihre Rechte in jeder Hinsicht respektiert werden. Auf diesem Fundament können ökonomische Aktivitäten aufbaut werden, die sowohl den Waldbewohnern wie der gesamten Volkswirtschaft dienlich sind. Bereits laufen viele Projekte zur marktwirtschaftlichen Nutzung von bisher kaum bekannten Früchten, des Aufbaus alternativer Schmetterlingsfarmen bis hin zur Gewinnung von Rohstoffen für Kosmetika mit Öko-Anstrich und für die Pharmaindustrie. Der darniederliegende Weltmarkt für manche Tropenprodukte, wie Kaffee und Kakao, begrenzt allerdings die Hoffnungen bezüglich der sanften Nutzung. Und wo einzelne Vorhaben gelingen, fallen fast immer die grossen Profite ausserhalb des Urwaldes an, bei den gewieften Zwischenhändlern und der Industrie. Genau gleich läuft es bei vielen Öko-Tourismusprojekten, bei denen meistens ein «Gringo» die Fäden zieht und die Indianer willkommene Statisten abgeben.

Den Tropenwald zu retten ist schwieriger, als manchem Gutwilligen vorgegaukelt wird. «Kaufen wir den Regenwald», lautete das Motto einer skandinavischen Schülerbewegung, die allen Ernstes meinte, mit dem Kauf von ein paar tausend Hektaren in Costa Rica sei der Tropenwald gerettet. Und erfolgreich suggerierte der WWF mit dem Aufruf an Schweizer Gemeinden, dass sie mit einer Spende von 2.50 Franken pro Hektare Gemeindefläche den Schutz eines gleichgrossen Stückes Urwaldes sicherten. Auf ähnlich naive Reaktionen hoffen diejenigen Tropenwaldländer, die einen Schuldenerlass fordern, wenn vom Schutz des Regenwalds die Rede ist. Wenige Advokaten eines Schutzes des Regenwalds glauben, dass der Erlass der Auslandschulden automatisch den Schutz des Waldes herbeiführe. In der Schweiz rühmen ja die Landwirte auch ihre ökologischen Verdienste und rechtfertigen damit die höheren Subventionen, ohne dass sich dann in natura viel ändern würde. Statt schöner Absichtserklärungen brauchte es konkrete, überprüfbare Projekte, wozu sich Schuldenswaps eher eignen. Dahinter steckt die Idee, dass Gläubigerbanken die nahezu wertlosen Schuldtitel von Drittweltländern an Entwicklungsorganisationen verkaufen, welche von den Zentralbanken der Schuldnerstaaten in lokaler Währung zum Nennwert ausbezahlt und für Schutzprojekte im Landesinnern verwendet werden müssen. Einige solcher Projekte wurden schon verwirklicht, doch nach anfänglichem Enthusiasmus ist eine Abkühlung zu verspüren. Erstens mangelt es angesichts des immensen Schuldenberges an durchsetzbaren Projekten, zweitens sind die Börsenkurse der Schuldentitel nach der makroökonomischen Lageverbesserung einiger südamerikanischer Länder auf dem Schuldensekundärmarkt gestiegen, die Swaps also weniger attraktiv geworden.

Den Waldschutz alleine den Regenwaldländern aufzubürden, dagegen wehren sich diese zurecht, vor allem angesichts der andauernden Umweltzerstörungen in den Industrieländern, ja vor allem angesichts der groben Ausbeutung der Regenwälder der klimatisch gemässigten Zonen, wie etwa in Kanada und den USA, wo zwar einige Umweltaktivisten und Indianer Sturm laufen gegen die immensen Kahlschläge, aber nirgends eine internationale Boykottkampagne in Sicht ist.

Brasiliens Politiker verbuchten im Oktober 1991 wohl mit Befriedigung die 340 Millionen Mark, die ihnen der deutsche Bundeskanzler bei seinem Besuch zum «Schutz des Regenwaldes» liegen liess, Geld für Gesundheitsversorgung, Stromleitungen und «ökologische Projekte». Was unter letzterem alles unterzubringen ist, demonstriert seit langem die im Besitz der Bundesregierung stehende Deutsche Entwicklungshilfegesellschaft, die mit

**Wir, die Kautschukzapfer,**

Vertreter der Staaten Rondônia, Acre, Amazonas und Pará, Teilnehmer des ersten Nationalen Treffens von Kautschukzapfern der Amazonasregion vom 11.–17. Oktober 1985 in Brasilia, haben die folgenden abschliessenden Einschätzungen erarbeitet:

Entwicklung der Amazonasregion

1. Wir verlangen eine Entwicklungspolitik für die Amazonasregion, die unseren Bedürfnissen und Rechten entspricht. Wir akzeptieren keine Entwicklungspolitik, die die grossen Firmen begünstigt, Arbeiter ausbeutet und Umwelt zerstört.
2. Wir sind nicht gegen Technologie, solange sie uns nützt und solange unsere Kenntnisse, unsere Fähigkeiten, Bedürfnisse und Rechte nicht ignoriert werden. Wir möchten die Kultur und den Lebensstil von uns Waldbewohnern respektiert sehen.

(...)

Agrarreform

1. Wir verlangen, dass die Gebiete von traditionellen Kautschukfirmen, wo Kautschuk gewonnen wird, enteignet werden.
2. Dass die Gebiete, die von den einzelnen Kautschukzapfern genutzt werden («colocações»), von den Kautschukzapfern selbst vermessen werden. Die Vermessung sollte gemäss dem Verlauf der für das Zapfen der Bäume genutzten Wege vorgenommen werden.

(...)

6. Die Schlussfolgerungen des 4. Nationalen Kongresses der Landarbeiter in bezug auf die Agrarreform Amazoniens sehen ein Minimum von 300 ha und ein Maximum von 500 ha pro «colocações» vor. Dies sollte berücksichtigt werden. («colocações, das Gebiet, in dem ein Kautschukzapfer seine Strassen zum Zapfen der Bäume angelegt hat.)

(...)

Kautschukpolitik

1. Die Gebiete mit natürlichen Kautschukvorkommen sollten geschützt und nicht zerstört werden.

(...)

3. Vierteljährlich sollten die Preise aller Arten von Kautschuk gemäss der Inflationsrate zunehmen.

(...)

8. «Miniusinas» – kleine Fabriken zur Verarbeitung von Kautschuk – sollten ausschliesslich von den Kautschukzapfern verwaltet werden, mit technischer Beratung seitens der SUDHEVEA.
11. Kautschukzapfer, die von Grossgrundbesitzern vertrieben wurden und die gezwungen sind, ins Ausland zu emigrieren, sollten die Möglichkeit erhalten, als Kautschukzapfer zurückzukehren.

Jährlich verschwindet in Brasilien ein Stück Regenwald von der Grösse der Schweiz

Regenwald, nach der ganzen Arbeit von Goldsuchern

Eine der über 200 illegalen Landepisten im Regenwald

Holzschlagkonzessionären und Bergwerksriesen in Regenwäldern fast aller Welt notorisch zusammenspannt, in Ecuadors Amazonas-Tiefland zum Beispiel bei der Anlage der von Indianerorganisationen verwünschten Palmölplantagen. Die Weltbank hat unter dem Einfluss gewiefter Lobbyisten in Washington schon ein paar Kredite für Strassenbauten sistiert, doch ist die Organisation noch weit von einer systematischen Prüfung aller ihrer Projekte auf ökologische Kriterien hin entfernt.
Private Umweltbewegungen in den Industriestaaten, wie Greenpeace, haben Lawinen von Protestbriefen verschickt und Boyokottparolen ausgegeben oder schlicht ein Verbot des Importes von Tropenholz gefordert. Der Handel mit Tropenhölzern ist jährlich weltweit etwa 10 Milliarden Dollar wert, vergleichbar mit dem von Baumwolle. Diese Kampagnen sind nicht ohne einen gewissen Erfolg geblieben. Zahlreiche Architekten ersetzen Tropenhölzer mit einheimischem Holz, einige Städte verlangen bei Ausschreibungen ganz den Verzicht. Als Coca-Cola in Belize Dschungel für eine Zitrusplantage roden wollte, bewogen Boykottdrohungen die Firma, stattdessen ein bestehendes Jaguarreservat zu verzehnfachen. Militante Waldschützer rechneten dem Fleischklossgiganten Burger King vor, dass für einen einzigen Hamburger 5 $m^2$ Regenwald gerodet werden müssen, bloss damit er 5 cents billiger kommt. Die 5 $m^2$ setzten sie dem Tod von 50 Bäumen, 2 kg Insekten und einer unbestimmten Quantität Vögeln und Säugetieren gleich. Die Umsätze des Hamburgermultis schrumpften, er musste beteuern, in Zukunft weniger Rinder aus Costa Rica einzuführen.
Der WWF hat ein gewichtigeres Konzept zur Regulierung des Geschäftes mit Tropenhölzern ausgearbeitet. An erster Stelle sollen Industrieländer nur noch Hölzer einführen, die unter den Prinzipien des «erneuerbare Forst-Managements» gewonnen wurden: rund um eine völlig geschützte Kernzone darf der Wald in solchem Umfange genutzt werden, als er nicht dauerhaft zerstört wird. Unter Einbezug der Internationalen Tropenholzorganisation (ITTO) und anderer Organisationen soll ein überprüfbares Gütesiegel für Holz solcher Herkunft geschaffen werden. Ab 1995 soll nur noch solches Tropenholz in den internationalen Handel gelangen. Der Grossverbraucher Niederlande unterstützt dieses Ansinnen, dem natürlich nur Japan zum Durchbruch verhelfen kann, der mit 55 Prozent Marktanteil grösste Abnehmer von tropischen Hölzern. Konsequenterweise möchte der WWF sämtliche Länder der Erde zum gleichen Verhalten in Bezug auf ihre eigenen Wälder und die Holzimporte bewegen und schlägt deshalb eine «Globale Forstkonvention» vor.
Einige europäische Städte haben sich zum «Klimabündnis zum Erhalt der Erdatmosphäre» mit den amazonensischen Völkern zusammengeschlossen. Darin verpflichten sich die Europäer zur Senkung des Energierverbrauchs und zur Reduktion des motorisierten Verkehrs, wobei als Zielgrösse 40 Prozent weniger Kohlendioxid bis zum Jahr 2005 angepeilt wird. Eine ambitiöse Grösse, gerade wenn man Unterzeichnerstädte wie Rom, Mailand, Berlin, Frankfurt, Amsterdam und Berlin anschaut. Und in Zürich muss sich der Gemeinderat in diesem Sommer aufgrund eines Postulates der Grünen Partei entscheiden, ob er dem «Klimabündnis» beitreten und damit weiter gehen will, als bloss die Bänke bei den Haltestellen der Verkehrsbetriebe nicht mehr aus Tropenholz zu fertigen.

**Klimabündnis zum Erhalt der Erdatmosphäre Manifest europäischer Städte**

Globale Klimaveränderungen drohen. Die Weltkonferenz von Toronto hat drastische Senkungen der $CO_2$-Emissionen – insbesondere für die Industrieländer des Nordens – für notwendig erachtet.
Mindestens 75 Prozent der Emissionen aus Verbrennungen fossiler Brennstoffe werden in den Ländern der nördlichen Hemisphäre produziert. Daraus ziehen wir die Folgerung, dass wir gefordert sind.

1. *Das Bündnis europäischer Städte*
Wir europäischen Städte bemühen uns, durch Senkung des Energieverbrauchs und die Verringerung des motorisierten Verkehrs dazu beizutragen, dass die Belastung der Atmosphäre abnimmt und dadurch die Lebensbedingungen für zukünftige Generationen erhalten bleiben.

2. *Keine unnötigen $CO_2$-Emissionen*
Unser Ziel ist es, die Emissionen von $CO_2$ bis zum Jahre 2010 um 50 % zu reduzieren (laut Brundtland-Report) bzw. bis zum Jahre 2005 um 40 % (laut Weltkonferenz von Toronto) und sie später schrittweise weiter zu senken. Wir werden auch alles unternehmen, um jegliche Produktion und jeglichen Gebrauch von FCKW-Treibgasen sofort zu stoppen. All jene, die in ähnlicher Weise zum Schutz des Weltklimas beitragen, sehen wir als unsere Verbündeten.

3. *Wir unterstützen das Bündnis der amazonensischen Völker*
Wir europäischen Städte unterstützen die Interessen der amazonensischen Völker an der Erhaltung des tropischen Regenwaldes, ihrer Lebensgrundlage. Durch ihre Verteidigung der Wälder und Flüsse tragen sie dazu bei, dass unsere Erdatmosphäre für die zukünftigen Generationen als grundlegende Bedingung für ein menschliches Leben erhalten bleibt. Holz aus tropischen Regenwäldern darf deshalb weder importiert noch verwendet werden. Die Wälder binden das Kohlendioxyd, dessen Emission in die Atmosphäre auch wir – auf unsere Weise – zu beschränken suchen. Im Bemühen um die Erhaltung der Lebensbedingungen auf dieser Erde sehen wir uns als ihre Partner im Klima-Bündnis, dem – wie wir hoffen – sich immer mehr europäische Städte anschliessen werden!

# «Litjoko»-Tonpuppen der Karajá

Unverheiratete Karajá-Frau (Privatsammlung Schweiz)

Karajá-Frauen (Privatsammlung Schweiz)

Südamerikanische Töpferkunst hat Tradition. Die älteste Keramik Amerikas stammt nicht etwa aus seinen Hochkulturgebieten, sondern vom Mittellauf des Orinoco (3600 v. Chr.) sowie aus den küstennahen Tiefländern Kolumbiens, Ecuadors und Brasiliens. Heute haben allerdings bei den meisten Indianergruppen Email, Plastik und Blech die zerbrechliche Keramik verdrängt. Zu den wenigen Ausnahmen, die nach wie vor töpfern, gehören die Karajá in Zentralbrasilien. Diese bewohnen seit vorkolumbischer Zeit die grösste Flussinsel der Welt, nämlich die vom Rio Araguaia umspülte Ilha do Banal, flächenmässig so gross wie Portugal. Die Insel ist heute Naturschutzgebiet und Indianerreservat zugleich. Der etwa 2000 Menschen umfassende Stamm lebt hauptsächlich vom Fischfang und von Pflanzenbau. Die Karajá siedeln in mehreren Dörfern von 100 bis 200 Einwohnern.

Trotz der seit dem 17. Jahrhundert immer häufiger werdenden Kontakte mit den «Weissen» sind sie ihren Traditionen in vielerlei Hinsicht treu geblieben. Nach wie vor spielen in ihrer Gesellschaft die Gliederung in Altersklassen, Maskenkulte und Totenfeste eine zentrale Rolle. Und so werden diese auch, nebst Szenen aus dem Alltag, in Form von Tonpuppen dargestellt. Über die ursprüngliche Verwendung dieser Tonfiguren – die älteste erhaltene stammt aus dem vergangenen Jahrhundert – ist nichts bekannt. Sie könnten sehr wohl in einen religiösen Kontext gehören.

Heute werden sie einerseits von Müttern für ihre Kinder hergestellt anderseits von den Frauen als Souvenirs und eigene Kunstgattung gehandelt. Die jungen Mädchen lernen schon früh töpfern und beherrschen das Handwerk bereits mit 10 bis 12 Jahren. Während die Figuren früher stark stilisiert waren, überwiegen nun naturalistische Formen und Darstellungen von Alltagsszenen. Diese zeigen Männer auf der Jagd, Frauen beim Reiben von Maniok, aber auch Tiere wie Fischotter, Affen und Jaguare. Dazu kommen noch Tier- und Wassergeister sowie Ahnengestalten und mythische Wesen, die zum Teil als Maskenfiguren auftreten.

Die Ausstattung der Puppen spiegelt die traditionelle Tracht der Karajá wieder, an der die Zugehörigkeit zur jeweiligen Altersklasse abgelesen werden kann. Die mit roten Armstulpen und gehäkelten Wadenbändern ausstaffierten Puppen mit den roten Federrosetten im Ohr stellen unverheiratete Jugendliche dar, denn üppiger Schmuck ist bei den Karajá das Vorrecht der Ledigen. Verheiratete haben diesen abzulegen und sich auf den Rindenbastschurz und die Körperbemalung zu beschränken. Die betreffenden Muster beziehen sich, in stark stilisierter Form, auf gewisse Tiere wie z.B. den Jaguar oder den Riesenfisch «pirarucu» und ändern bei jedem Übergang in eine andere Altersklasse. Auch das Stammesabzeichen der Karajá, die Kreise auf den Wangenknochen, die ihnen bei der Initiation eintätowiert werden, darf nicht fehlen. Mit diesen Figuren spielen die Kinder das Leben nach. Sie lassen die Puppen, nach Geschlechtern getrennt oder zusammen, die Wirklichkeit nachahmend, agieren. So erlernen sie spielerisch ihre zukünftigen Rollen in der Gesellschaft und korrektes Verhalten nach den Regeln ihres Stammes, wozu auch der Umgang mit den spirituellen Wesen und Maskengestalten gehört. Seit der Mitte dieses Jahrhunderts wird mit den Puppen auch ein schwunghafter Handel getrieben, wodurch die Frauen zu einem ehrenvollen Verdienst kommen. Im übrigen sind kreative Töpferinnen hoch geachtet, was durchaus in der egalitären Tradition der Karajá-Gesellschaft steht, in der Männer und Frauen ihre Eigenständigkeit bewahrt haben.

*Annemarie Seiler-Baldinger*

Unverheiratete Karajá-Frau (Privatsammlung Schweiz)

«Kleiner Zauberer» (Privatsammlung Schweiz)

# «Cara grande»-Masken der Tapirapé

Masken spielen im Kult südamerikanischer Indianer eine zentrale Rolle. Sie bilden zusammen mit den Glaubensvorstellungen und mit den in diesen verankerten Riten eine untrennbare Einheit. Sie verkörpern nicht nur die spirituellen Wesen, sondern sie *sind* diese Wesen. Zu den auffälligsten Gebilden gehören dabei die grossen hölzernen Federmosaikmasken der Tapirapé (Mato Grosso). Diese zur Sprachfamilie der Tupi zählende Gruppe bewohnt den nach ihr benannten Nebenfluss des Rio Araguaia in unmittelbarer Nähe der Karajá. In der ersten Hälfte dieses Jahrhunderts durch eingeschleppte Krankheiten und Fehden mit den Karajá und den ebenfalls benachbarten Kayapó stark dezimiert, siedeln die überlebenden etwa 150 Tapirapé in einem einzigen Dorf an der Mündung des Flusses. Sie leben von der Jagd, vom Fischfang und von den Erträgen aus ihren Pflanzungen.

In ihrer religiösen Vorstellung nehmen nicht nur die Ahnen- und Buschgeister einen wichtigen Platz ein, sondern auch die gefürchteten Feinde: die Karajá und Kayapó. Diese pflegen in Form von «cara grande»-(Grossgesicht)-Masken paarweise in einem Kriegstanz aufzutreten, der zum Festzyklus der Trockenzeit gehört. Die von den Tapirapé dargestellten Karajá- und Kayapó-Maskentänzer liefern dabei den Tapirapé einen Scheinkampf, aus dem letztere als Sieger hervorgehen.

Zum Herstellen der Masken ziehen sich die Männer ins zentral gelegene Männerhaus zurück, das ihnen als Werkstatt, Versammlungsort und Kultstätte dient. Während der Arbeit dürfen die Maskennamen nur geflüstert werden, befürchtet man doch, die darzustellenden Feinde zu beleidigen und zu reizen.

Zuerst werden die halbkreisförmigen Holzbretter geschnitzt und mit Bienenwachs bestrichen. Die so präparierte Unterlage wird nun sorgfältig mit Papageienfedern beklebt, wobei der Farbabfolge ein mythisch begründeter Kanon der Ästhetik zugrunde liegt. Die Augen- und Mundpartien, aber auch der Mittelpunkt der Federrosetten werden mit Perlmuttstücken markiert. Diese kennzeichnen die Masken als Karajá-Krieger. Den krönenden Abschluss bilden radial angeordnete Federdiademe, die je nach ihrer Form den Karajá oder, in unserem Falle, den Kayapó zugeordnet werden können. Diese Federornamente sind nicht nur schmükkendes Beiwerk, sondern von zentraler Bedeutung für die Tapirapé. Nicht nur gliedert sich ihre Gesellschaft in Altersklassen und Verwandtschaftsgruppen, die alle bestimmten Vogelarten zugeordnet sind, auch die Zeremonialgruppen tragen Vogelnamen. Denn nach indianischer Vorstellung verkörpern die Vogelarten in ihrer Vielfalt das Prinzip der Ordnung in der Natur, der Gruppenzugehörigkeit par excellence. Vögel gelten als Seelenträger, als Boten zwischen Himmel und Erde. Sie versehen den Träger mit magischen Kräften, schützen ihn vor Unbill, stärken ihn in Krisensituationen (Geburt, Initiation, Krankheit, Tod). Unter allen Vögeln spielen Papageien, vor allem der Ara, eine grosse Rolle. Schamanen verwandeln sich in Vögel, um auf ihren Traumreisen den mythischen Riesen-Ara aufzusuchen, der die Federn für den Schmuck der übernatürlichen Wesen und der verstorbenen Schamanen liefert. Auch die Sonne verdankt ihre Wärme dem Riesen-Ara. Nach Tapirapé-Überlieferung ist die Sonne nämlich ein alter glatzköpfiger Mann, der Tag für Tag in mühseliger Wanderung die verschiedenen Himmelsrichtungen abschreiten muss. Als Hitzespender trägt er ein riesiges Federdiadem aus glühendroten Ara-Schwanzfedern. Federn bedeuten Seelenkraft, Wärme, Leben und Reichtum zugleich, und die irdischen Tapirapé beneiden denn auch ihre mythischen Vorfahren, den Donner und die Totenseelen um ihren nie versiegenden Vorrat an roten Federn.

Papageien sind nämlich in der Zwischenzeit am Araguaia rar geworden, was paradoxerweise auch mit der Maskenproduktion zusammenhängt. Diese nahm nämlich seit den fünfziger Jahren auf Nachfrage von Sammlern aus aller Herren Länder enorm zu, sodass das Männerhaus eher einem Handwerksbetrieb gleicht, denn einer Kultstätte.

Dennoch bemühen sich die Tapirapé nach wie vor, auch die zum Verkauf angefertigten Masken möglichst getreu nach dem Muster der von ihnen heute noch benutzten herzustellen, bilden diese doch einen Höhepunkt im Kunstschaffen ihres Stammes.

*Annemarie Seiler-Baldinger*

«Cara grande»-Masken; Darstellung eines Kajapó-Kriegers (Privatsammlung Schweiz)

«Cara grande»-Masken; Darstellungen von Karajá-Kriegern (Privatsammlung Schweiz)

Peter Schröder

# Indianischer Widerstand gestern und heute

Altamira 1989

Heute gibt es in Brasilien noch etwa 250 000 Indianer, die 220 Ethnien angehören. Niemand kennt ihre Gesamtzahl genau, da noch immer 40 Gruppen in Amazonien jeglichen Kontakt mit den Kolonisatoren verweigern und die Zählungen der Indianerbehörde FUNAI Lücken aufweisen. Die Indianer machen damit nur 0,17 Prozent der Landesbevölkerung von über 146 Millionen aus. Im Kolumbusjahr 1492 stellten sie noch 100 Prozent der Bevölkerung. Ob es nun um 1500 bei Ankunft der Portugiesen nur eine oder bis zu fünf Millionen Indianer in Brasilien gab, werden wir wohl nie mit Sicherheit erfahren, doch deuten viele Indizien eher auf letztere Zahl. Von 1500 bis heute wurden nicht «nur» Zigtausende von Indianern getötet, zwangsassimiliert und durch Seuchen dahingerafft, sondern auch über 500 Gesellschaften mit spezifischen Kulturen zerstört. 1992 ist daher für Brasiliens Indianer kein Anlass zum Feiern.

Und da ihnen das Fest ihrer Gegner missfällt, versuchen sie, Gegenveranstaltungen zu organisieren und in Informations- und Protestkampagnen auf ihr Schicksal aufmerksam zu machen. Um den Provokationen des Festaktes zu begegnen, gründeten verschiedene Gruppen und Organisationen für dieses Ereignis ein Komitee «500 Jahre Widerstand», das die geplanten Aktionen koordinieren und die Weltkonferenz der Indigenen Völker, die diesmal in Brasilien stattfindet (in der zweiten Maihälfte), mit vorbereiten soll.

Widerstand der brasilianischen Indianer gegen ihr scheinbar vorgezeichnetes Schicksal ist nichts Neues: bereits die ersten portugiesischen Siedlungen wurden von den Tupinambá angegriffen (wenn auch überwiegend erfolglos). Ihr Widerstand ist genauso alt wie die Präsenz von Nicht-Indianern in Brasilien, nur dessen Formen haben sich verändert, insbesondere während der letzten zwei Jahrzehnte.

Grundsätzlich gab es von Anfang an den Unterschied zwischen bewaffnetem und unbewaffnetem Widerstand, wobei letzterer viel weniger bekannt wurde, weil er sich nicht so offensichtlich zeigte. Bei bewaffneten Massnahmen (Überfällen, Kriegen, Aufständen) traten entweder die Krieger eines ganzes Volkes oder – viel häufiger – diejenigen bestimmter Untergruppen in Aktion. Eines der Hauptprobleme indigenen Widerstands zieht sich als ein Kontinuum durch dessen Geschichte: die fehlende Einheit der vielen verschiedenen Mikrogemeinschaften. Zu viele kulturelle, soziale und sprachliche Unterschiede und Gegensätze behinderten immer wieder notwendige politische und militärische Bündnisse, während die kolonisierenden Gegner, abgesehen von waffentechnischen und später auch zahlenmässigen Vorteilen, trotz aller internen Gegensätze Einigkeit zeigten im Ziel, gegen die Indianer vorzugehen. Allein die sprachliche Hürde bildet ein enormes Hindernis, zumal niemals indigene Verkehrssprachen selbständig Verbreitung fanden, wie z. B. in weiten Teilen Afrikas. Vertreter moderner multi-ethnischer Organisationen müssen deswegen gezwungenermassen auf Portugiesisch, die Sprache der Kolonisatoren, zurückgreifen.

Feindschaften zwischen Lokalgruppen oder Ethnien führten sogar so weit, dass sich Indianer mit «Weissen» gegen andere Indianer verbündeten. Für

Altamira 1989

viele Gruppen und Einzelpersonen boten sich bis in die jüngere Zeit kaum Möglichkeiten, die wirkliche Macht der kolonisierenden Gesellschaft vollständig zu erkennen. Was sich über Jahrtausende als praktikable Überlebensmöglichkeit darbot, das Leben in mehr oder minder kleineren und untereinander verfeindeten Gemeinschaften, erwies sich als fatal gegenüber skrupellosen Kolonialmächten.

Nur selten entstanden grössere Kriegsbündnisse gegen die Portugiesen. Eines der bekanntesten war Mitte des 16. Jahrhunderts ein Verband mehrerer Tupinambá-Gruppen im Gebiet zwischen dem Cabo Frio und der Hochebene von Piratininga (dem Ort der heutigen Stadt São Paulo), die *Confederação dos Tamoios.* Diese verbündete sich mit den Franzosen, die 1555 in der Bucht von Guanabara (Rio de Janeiro) eine eigene Kolonie *(France Antarctique)* zu gründen versuchten. Die Tamoios sahen offenbar in den Franzosen eine geringere Gefahr als in den Portugiesen, doch letzteren gelang es 1567 zusammen mit einigen indianischen Hilfstruppen, die Gegner zu besiegen und zu vertreiben.

Da die Portugiesen ihren kolonialen Konkurrenten die Möglichkeiten für Allianzen mit Indianern nehmen wollten, begannen sie ihre brutalen Ausrottungskriege *(guerras de extermínio),* also einen systematischen Völkermord. Die Indianer setzten sich verzweifelt zur Wehr, besonders während dem «Krieg gegen die Barbaren» *(guerra dos bárbaros)* im Gebiet der heutigen Bundesstaaten Paraíba, Rio Grande do Norte und Ceará. Der Krieg dauerte von 1654 bis ca. 1714 und stellt somit den längsten bewaffneten Widerstand der Indianer in der brasilianischen Geschichte dar. Der *Confederação dos Kariris* gelang es 1713 sogar, fast die gesamte Provinz Ceará von den Portugiesen zurückzuerobern. Doch die Rache war furchtbar: im 18. Jahrhundert wurde die grosse Mehrheit der Indianer zwischen Rio Grande do Norte und Maranhão ausgerottet.

Viel häufiger als in Form dieser spektakulären Kriege leisteten Indianergruppen bewaffneten Widerstand durch gezielte kleinere Überfälle und Hinterhalte auf die ersten Eindringlinge, was manchmal längerfristig viel

abschreckendere Wirkung hatte. So konnten in Pará die Gavião am östlichen und die Parakanã am westlichen Ufer des mittleren Rio Tocantins bis Mitte dieses Jahrhunderts die Expansion der Siedler effektiv unterbinden, indem sie alle Versuche zur Kontaktaufnahme mit Pfeilschüssen beantworteten (die Gavião bis 1956, die Parakanã bis 1971). Dieser Widerstand im Vorfeld der Kontaktaufnahme signalisiert allen Invasoren (ob Missionar, Siedler oder Regierungsbeamter) unmissverständlich: «Wir wollen mit euch nichts zu tun haben, denn wir ahnen, was mit uns passieren wird.» Diese Art der Verweigerung wird auch heute noch von kleinen Restgruppen praktiziert.
Traditioneller bewaffneter Widerstand beschränkte sich jedoch nicht nur auf Situationen vor der Integrierung in koloniale Verhältnisse. Wiederholt entschlossen sich Indianer zu anti-kolonialen Revolten, die allerdings weniger bekannt wurden als diejenigen im Andenraum und Mexiko. Die berühmteste ist noch die *Cabanagem* (1835–1836) in Amazonien, die hauptsächlich von einer weitgehend akkulturierten Indianergruppe innerhalb der Kolonialgesellschaft, den Tapuios, getragen, aber bald durch äusserst brutale Gegenmassnahmen der kaiserlichen Regierung niedergeschlagen wurde. Der letzte Indianeraufstand fand 1901 im Zentrum Maranhãos statt. Mehrere zu einem Kriegsbündnis zusammengeschlossene Guajajara-Gemeinschaften unter Führung des Dorfchefs Cauiré Imana massakrierten am 13. März 1901 alle Mönche und Nonnen eines Kapuzinerklosters, das sich 1897 mit einer landwirtschaftlichen Kolonie mitten auf ihrem Land festgesetzt hatte. Zwischen den Städten Barra do Corda und Grajaú wurden fast alle Siedler umgebracht oder vertrieben. Drei Monate später hatten Streitkräfte die Aufständischen besiegt, wobei es schliesslich mehr Opfer auf indianischer als auf brasilianischer Seite gab.

Formen unbewaffneten Widerstands fallen zwar weniger auf, können aber effizienter sein. Trotz inzwischen 380jährigem Kontakt und Einbindung in regionale Wirtschaftssysteme gelang es den Guajajara, ihre Nahrungsmittelproduktion für den Eigenkonsum weitestgehend aufrechtzuerhalten. Für Siedler wird gewöhnlich nur so lange gearbeitet, bis das benötigte Geld beisammen ist. Danach verschwindet man einfach wieder, da die Erfahrungen der Vergangenheit zeigten, dass permanente Arbeitseinbindungen nur den Arbeitgebern dauerhafte Vorteile brachten. Weiterhin gehört es zu den bevorzugten Strategien der Guajajara, Mitarbeiter der staatlichen Indianerbehörde FUNAI durch Gerüchte und Desinformationen gegeneinander auszuspielen, was gelegentlich zu deren kompletter Entnervung führt.
Aus einmal bestehenden kolonialen Abhängigkeiten von sich aus wieder auszubrechen, ist fast unmöglich. Die Maku in Nordwest-Amazonien versuchten dies über Jahrzehnte hinweg durch Rückzug in entlegenere Gebiete und Kontaktverweigerung, doch es gelang schliesslich nur einer kleinen Minderheit, da die einmal etablierten wirtschaftlichen und materiellen Beziehungen bereits zu starke Bedürfnisse nach Waren der Industriegesellschaft geweckt hatten. Es gibt hingegen einige wenige Versuche, sich auf die Seite der Gewinner im System zu schlagen. Den Gavião vom Reservat Mãe Maria in Südost-Pará ist dies teilweise gelungen, denn 1974 wurde bei ihnen mit Hilfe zweier Anthropologinnen von der Universität São Paulo ein Wirtschaftsprojekt begonnen, das den Aufbau eines eigenen Unternehmens zur direkten Vermarktung von Paranüssen zum Ziel hatte. Der Erfolg des Unternehmens half beim Ausbruch aus ausbeuterischen Abhängigkeiten und lieferte ihnen stabilisierende Grundlagen zur Revitalisierung vieler Teil-

Altamira 1989

bereiche ihrer Kultur. Sie stellen damit aber eine Ausnahme dar. Als eine Sonderform zwischen bewaffnetem und gewaltlosem Widerstand sind die messianischen Bewegungen zu erwähnen, die meistens auf einem bereits vorher existierenden Paradiesmythos beruhten. Mangels realer Möglichkeiten zur Durchsetzung von Veränderungen griffen Schamanen oder andere Personen in einer Prophetenrolle auf Mythen und magische Mittel zurück, um deprimierende Verhältnisse umzukehren. Sie scheiterten alle nach kurzer Zeit an den Realitäten.

Kriege und messianische Bewegungen kommen heute nicht mehr vor. Der indianische Widerstand wird überwiegend auf gewaltlosem Wege praktiziert. Kleinere bewaffnete Aktionen bilden die grosse Ausnahme. Man schliesst dauerhafte Bündnisse zwischen Lokalgemeinschaften oder ganzen Ethnien und gründet Organisationen, um verfassungsmässig garantierte Grundrechte einzuklagen. Womit wir auch beim Kernproblem der gegenwärtigen brasilianischen Indianerpolitik angelangt wären: Offiziell/*de iure* tritt der Staat für einen weitreichenden Minderheitenschutz ein, inoffiziell/*de facto* betreibt er gegenüber den Indianern noch immer eine Assimilationspolitik. Die Veränderung dieser real existierenden Indianerpolitik ist das Hauptziel moderner indigener Oppositionsbewegungen.

Ab 1974 hatten befreiungstheologisch orientierte Kreise der katholischen Kirche mehrere Treffen indigener Oberhäupter angeregt, um politische Bewusstseinsbildungs- und Informationsarbeit unter deren Teilnehmern zu betreiben. Die Mehrheit dieser Indianer löste sich jedoch aus den drohenden neuen Abhängigkeitsbeziehungen von den Missionaren und gründeten selbständig Organisationen. Eine der ersten war 1981 die überregionale UNI *(União das Nações Indígenas),* die jedoch erst ab 1983/84 in eine Stabilisierungsphase eintrat. Inzwischen gibt es über 100 verschiedene Organisationen, welche die brasilianische Situation zu einer der kompliziertesten in Lateinamerika überhaupt machen. Die Organisationsebenen reichen von Dorfzusammenschlüssen auf ethnischer Basis, wie z. B. der *Associação Comunitária Guajajara* (für alle Guajajara-Dörfer im Bezirk Barra do Corda/ Maranhão) bis hin zur UNI, die Vertretungsanspruch auf nationaler Ebene anmeldet. Sehr rezenten Gründungsdatums (1989) ist die COIAB *(Coordenação das Organizações Indígenas da Amazônia Brasileira),* ein regionaler Dachverband für die Organisationen in Amazonien.

Von ihren Organisationsstrukturen her ergeben sich viele Parallelen zu nicht-staatlichen Gewerkschaften (Landarbeiter, Landlose, Kautschuksammler etc.), in ihren Auswahlkriterien für Mitglieder, Sprecher und Vorsitzende bleiben sie jedoch stärker an den Traditionen orientiert. Die UNI bildet insofern eine Ausnahme, als ihre Protagonisten mehrheitlich Studenten in Brasília waren und damit innerhalb der überlieferten politischen Systeme ihrer Herkunftsgemeinschaften Aussenseiterrollen einnahmen. Ihre Vertretungslegitimation können sie vor allem aus sprachlichen Fähigkeiten und profunden Kenntnissen des politischen Systems Brasiliens ableiten, was beides in besonderer Weise zur Mobilisierung nicht-indigener Allianzpartner befähigt.

Akteure sind neben diesen Akademikern und den traditionell einflussreichen Persönlichkeiten (Dorfchefs, Schamanen) auch zweisprachige Lehrer, Krankenpfleger und andere Indianer in FUNAI-Diensten, also Personen, die sich aufgrund ihrer beruflichen Stellung erweiterte Kenntnisse und damit Ansehen erworben haben, aber nach einiger Zeit auch neue Ansprüche

**Die vergewaltigte Vielfalt**

«Der glückliche Christ» heisst ein 1743 in Venedig erschienenes Werk des Italieners Lodovico Antonio Muratori, welches das Wirken der Jesuiten in Südamerika beschreibt. Es enthält eine Karte mit allen Namen der den wissbegierigen Jesuiten damals bekannten Indio-Ethnien.
Die von Annemarie Seiler-Baldinger in ihrem Ausstellungskatalog «Indianer im Tiefland Südamerikas» publizierte alphabetische Stammesliste für ganz Mittel- und Südamerika nennt rund 100 Namen, Namen, die uns bewusst machen können, wer und was in 500 Jahren überrollt worden ist, und wie wenig die Europäer wissen wollten und wissen: Fremde Wörter, Fremdwörter.
(Die Namen der in Brasilien lebenden – oder gelebt habenden – Ethnien sind kursiv gesetzt.)

Stammesliste
Abipon Achuar Aguaruna Andoque Angaité Aparai Aruak Ayoré Bora *Boróro Botocudo* Chamacoco Chimane Chiquitano Chiriguano Choroti Coroado Cuna Desana Embera *Gavioẽs* Goajiro Guahibo Guaná Guató Huambisa Huaorani-Auca *Kaapor-Urubu* Kadiwéu Kagabá-Kogi Kaingua *Kalapálo Kamayurá Karajá* Kashibo Kashinawa *Kayabí Kayapó* Kofan Kokama Konibo *Krahó* Kubeo *Kuikuru Kulina* Macushi Makiritare-Yekuana Maku *Mamaindê* Mataco Matsigenka Mbaya-Kadiwéu *Megkranotí Mehinakú* Miraña Mocovi *Mundurukú Nambikwara* Nivaclé Noanama Ocaina *Omagua* Pasé Pauserna-Guarasugwä Piaroa Piro Quichua-Canela *Rigpaktsa* Sáliva *Shavante* Shipibo Shuar (Jivaro) *Suyá* Tacana Tairona Tapiete *Tapirapé* Tareapa Tehuelche *Tembé* Tirió Toba Tukano *Tukuna* Tunebo *Tupari Tupinambá* Warrau *Waurá* Wayana Witoto *Xikrin* Yagua *Yanomami Yawalapiti* Yuko-Motilones Yukuna

anzumelden wissen. Artikulations- und Argumentationsfähigkeit gegenüber Vertretern staatlicher Organe sind entscheidende Qualitäten. Die Organisationen besitzen immer noch sehr basisdemokratischen Charakter. Wie in den Dorfversammlungen kann jeder Teilnehmer das Wort ergreifen. Machtpositionen konnten noch nicht institutionalisiert werden, so dass eine Anführergestalt, die sich als Caudillo gebärdet, mit heftigstem Widerstand zu rechnen hat. Somit stellen die modernen indigenen Organisationen praktisch Gegenbilder zum autoritären brasilianischen Staatsapparat dar.

Diskursthemen drehen sich vor allem um die Landproblematik und die Praxis der Indianerpolitik (u. a. Landsicherung, Gesundheitsdienste, schulische Bildungsmassnahmen, staatliche Bevormundung, Verhalten des Personals), welche meistens auch die primären Gründungsursachen darstellen.

Zu den Arbeitsweisen zählen Protestkampagnen, Aktionen, Lobbying, Informationsarbeit und Versammlungen. Sie reichen von Protestschreiben über Gebäude- und Bürobesetzungen bei der FUNAI bis hin zu Beratungen mit hohen Regierungsmitgliedern. Indianische Organisationen geben eigene Informationsblätter und Zeitungen heraus und beteiligen sich inzwischen sogar an Planung und Durchführung universitärer Curricula. Sie schliessen Bündnisse mit nicht-indigenen Selbstvertretungsorganen, wie z. B. dem Nationalen Kautschuksammlerrat – ein Novum in der Geschichte Brasiliens.

Während viele Indianer Mitte der achtziger Jahre noch glaubten, die Indianerpolitik durch eine Veränderung der FUNAI verbessern zu können, haben sich die Positionen inzwischen gewandelt in Richtung einer grundlegenden Neugestaltung der Indianerpolitik unter Abschaffung der FUNAI in ihrer jetzigen Form. Den grossen Erfolgsdurchbruch erzielten die indianischen Oppositionsbewegungen 1988/89 anlässlich zweier Ereignisse, bei denen sie unerwartete Geschlossenheit demonstrierten: zum einen während der Beratungen zur Verfassungsgebenden Versammlung *(Constituinte)* 1987/88, an deren Ende ihnen mehr Rechte zuerkannt wurden als erwartet, und zum anderen auf dem Treffen von Altamira im Februar 1989, dessen Bilder durch die Medien der Welt gingen und das sich gegen die Vergabe des zweiten Energiesektorkredits der Weltbank an Brasilien richtete. Mit den Geldern sollten in Amazonien Staudämme gebaut werden, deren Seen auch Indianerland in weiten Teilen überschwemmt hätten. Aufgrund der internationalen Proteste im Vorfeld des Treffens und danach liess die Weltbank wenige Monate später den Kredit fallen.

Es wirkt auf Beobachter befremdlich und faszinierend zugleich, mit welcher Entschlossenheit sich die kleinen indianischen Gesellschaften Brasiliens gegen den Staatsapparat zu opponieren getrauen. Sie haben in den letzten zwei Jahrzehnten Enormes erreicht: einen vorher nicht gekannten Grad der Einigkeit. Doch elementare Rechte werden ihnen noch immer vorenthalten. Sonst wäre ein Genozid wie der an den Yanomami kaum denkbar.

Entsprechend sollen auf der UN-Umweltkonferenz in Rio de Janeiro an die Politiker Forderungen nach Formulierungen verbindlicher Rechtsnormen für den Schutz indigener Völker (nicht nur Brasiliens) herangetragen werden. Diese drehen sich vorrangig um Landsicherung und Bewahrung der Umwelt in ihren Gebieten, aber auch um die Aufwertung indigener Kulturen, vor allem was nachhaltige Wirtschaftsformen und traditionelle Erziehungswerte betrifft. Die Indianer berufen sich dabei auf bereits existierende UN-Deklarationen zu den universellen Rechten indigener Völker. Sie sehen in dem Konferenzspektakel eine Möglichkeit, durch eine eigene alternative Parallelveranstaltung auf ihre gegenwärtige Situation hinzuweisen.


Birraux-Ziegler, Pierrette, Indianer Brasiliens – Von lokalen Kämpfen um das Land bis zur Gründung einer nationalen Union (1974–1984), in: Gerber, Peter R. (Hrsg.), Vom Recht, Indianer zu sein – Menschenrechte und Landrechte der Indianer beider Amerika, Ethnologische Schriften Zürich, 4, Völkerkundemuseum der Stadt Zürich, 1986, S. 193–206

Branford, Sue; Glock, Oriel, The Last Frontier: Fighting Over Land in the Amazon, London: Zed Books 1985

Gomes, Mércio Pereira, Os índios e o Brasil. Ensaio sobre um holocausto e sobre uma nova possibilidade de convivência, Petrópolis: Vozes 1988

Hemming, John, Red Gold: the Conquest of the Brazilian Indians, London: Macmillan 1978

Juruna, Mário; Hohlfeldt, Antônio; Hoffmann, Assis, O Gravador do Juruna. Série Depoimentos, 2. Porto Alegre: Mercado Aberto 1982

Maybury-Lewis, David: Indian & Pro-Indian Organizations in Brazil, in: Cultural Survival Quarterly, 8, 4. Cambridge/ Mass. 1984, S. 19–21

Moreira Neto; Carlos de Araújo, Índios da Amazônia, de Maioria a Minoria (1750–1850), Petrópolis: Vozes 1988

Münzel, Mark (Hrsg.), Die indianische Verweigerung – Lateinamerikas Ureinwohner zwischen Ausrottung und Selbstbestimmung, Reinbek bei Hamburg: Rowohlt (rororo-aktuell) 1978

Münzel, Mark, Neue Formen der Opposition bei Indianern, in Ginsburg, Theo; Ostheider, Monika (Hrsg.), Lateinamerika vor der Entscheidung – Ein Kontinent sucht seinen Weg, Frankfurt a. M.: Fischer, 1984, S. 67–84

Oliveira, Roberto Cardoso de, Movimentos indígenas e indigenismo no Brasil, in América Indígena, XLI, 3, México, 1981, S. 399–405

Oliveira, Roberto Cardoso de, "Plural Society" and Cultural Pluralism in Brazil, in: Maybury-Lewis, David (Hrsg.), The Prospects of Plural Societies, 1982 Proceedings of the American Ethnological Society, Washington, D. C.: American Ethnological Society, 1984, S. 39–48

Schröder, Peter, Zur Geschichte eines Landkonfliktes: Cana Brava in Maranhão, in: Brasilien Nachrichten, 109, 15. Jg., Osnabrück, 1991, S. 30–44

Souza Márcio; Ribamar Bessa; Juruna Mário; Megaron; Terena Marcos, Os índios vão à luta, Rio de Janeiro: Marco Zero 1981

Tassara, Eda; Bissiliat, Maureen: O Índio/ Ontem, Hoje, Amanhã. Dossiê do I Ciclo, São Paulo: Fundação Memorial da América Latina & EDUSP 1991

Klaus Hart

# Brasiliens Indianerpolitik

Einige Fortschritte, auch als Folge internationalen Drucks

Oberflächlich betrachtet befinden sich die eigentlichen Besitzer Brasiliens derzeit in einer einmalig günstigen, komfortablen Situation: Der demokratisch gewählte Staatspräsident Fernando Collor de Mello verfügte die Demarkation ihrer Stammesgebiete. Er hielt sich damit strikt an die neue Verfassung, welche die Menschenrechte der Ureinwohner in vorzüglicher Weise garantiert. Platz zum Leben müsste für die Minderheit der 230 000 Indios in dem Riesenland reichlich vorhanden sein – schliesslich ist es 24mal so gross wie Deutschland, hat aber nicht einmal doppelt so viele Einwohner, laut neuestem Zensus etwa 148 Millionen. Diese konzentrieren sich zu 70 Prozent auf die grossen Städte an der Atlantikküste – die mehrere tausend Kilometer entfernten Indioareale sind dagegen geradezu menschenleer.
Unter solchen Voraussetzungen sollte es der Indianerschutzbehörde FUNAI nicht schwerfallen, ihrer klar definierten Aufgabe gerecht zu werden, zumal Staatschef Collor letztes Jahr mit Sidney Possuelo den Wunschkandidaten der Xavante, Kaiapó, Guarani, Txucarramae, Krenakorare, Xingu oder Yanomami zum FUNAI-Präsidenten ernannt hat. Auf internationalem Parkett, beispielsweise vor den Vereinten Nationen in New York, wird Collor nicht müde, den Schutz von Leben und Kultur der einstmals fünf Millionen Indios als eine seiner Hauptsorgen zu bezeichnen. Frühere Regierungen entschuldigten mangelhafte FUNAI-Aktivität gewöhnlich mit leider fehlenden Mitteln. Der jetzige Staatschef lässt derlei Argumentationen nicht mehr gelten. Von den brasilianischen Massenmedien befragt, ob denn überhaupt Ressourcen für den Indioschutz, darunter für die Demarkation, existierten, erklärte Collor: «Sie müssen einfach vorhanden sein. Absolute Priorität unserer Regierung sind die Kinder, der Umweltschutz, die Menschenrechte und die Indianer. Seit dem ersten Amtstag kämpfe ich dafür – und jedermann weiss, dass für Prioritäten nötige Gelder nicht fehlen können!»
Der einstige Parteigänger der Diktaturgeneräle leitet die elftgrösste westliche Wirtschaftsnation seit März 1990. Die Kritik aus dem In- und Ausland an seiner Menschenrechtspolitik hat indessen, wie neuere Untersuchungsberichte des US State Department, von America's Watch oder Amnesty International zeigen, nicht abgenommen. Weit mehr als nur Befremden löste gleich zu Beginn von Collors Amtszeit eine spektakuläre Aktion in den nordbrasilianischen Stammesgebieten der Yanomami aus. Collor, sein damaliger Umweltstaatssekretär José Lutzemberger und Bundespolizeichef Romeu Tuma hatten sich mit grossem Gefolge in den Teilstaat Roraima begeben, um aus nächster Nähe die Sprengung der ersten von insgesamt 110 illegal in Yanomami-Territorien angelegten Goldgräberflugplätzen zu beobachten. Der Vorgang wurde von eigens eingeflogenen ausländischen Journalisten und Fernsehreportern beschrieben bzw. gefilmt und sorgte auch in europäischen Medien für positive Schlagzeilen. Nationale Menschenrechts- und Indianerorganisationen hatten bereits im Vorfeld von einer Farce zur Beruhigung des Auslands gesprochen, denn die Spezialkommandos sprengten tatsächlich nur wenige Pisten, die von den Goldgräbern, wie angekündigt, rasch wiederhergestellt und wie zuvor für den An- und Abtransport von Prostituierten, Waffen, Rauschgift, Gold, Gerätschaften und Treibstoff benutzt wurden. Zehntausende von Garimpeiros, darunter Polizisten und Armeeoffiziere, schalteten und walteten weiterhin ungehindert in Wildwestmanier; schürften notfalls, wie ich beobachtete, mit umgehängtem Armeekarabiner und zwei Revolvern am Gürtel. Die Goldgräber legten Feuer, brannten sich sozusagen den Weg frei, schossen nahezu sämtliches Wild ab. Und schlimmer noch: Die zuvor sehr reichen Fischgründe wurden durch Chemikalienleitungen zerstört, Pflanzungen der Indios geplündert, Yanomamifrauen vergewaltigt. Angesichts solcher Zustände, die auch in den meisten anderen Stammesgebieten Amazoniens herrschten, sahen die politische Organisation der brasilianischen Indianerstämme (UNI), der Indianermissionsrat der katholischen Kirche (CIMI) und selbst führende Mitarbeiter der FUNAI keinerlei Anzeichen einer neuen Indianerpolitik, sondern verhängnisvolle Kontinuität. Der anfangs erwähnte Sidney Possuelo, damals noch FUNAI-Experte für völlig isoliert lebende Ureinwohnergruppen, folgerte daher: «Was wir getan haben, können wir am Volk der Yanomami ermessen, das durch unsere Gier aufgerieben wird, grausamer und unmenschlicher Behandlung ausgesetzt ist und uns hier und jetzt das lebendige Bild einer mörderischen Politik vor Augen hält.»
Nach der Publicity-Farce der Pistensprengung sorgte die Collor-Regierung 1990 durch die Ernennung eines neuen FUNAI-Chefs für weitere scharfe Proteste. Die UNI hatte den auch im Ausland hochgeschätzten 49jährigen «Waldläufer» Sidney Possuelo, wahrscheinlich heute bester Amazonas- und Indiokenner, für den Posten vorgeschlagen. Possuelo hatte lange Zeit mit Brasiliens «Indianervätern» Cláudio und Orlando Villas-Boas zusammengearbeitet, die im Teilstaat Mato Grosso in den fünfziger Jahren den Xingu-Nationalpark, ein Reservat für 16 dorthin verpflanzte Stämme, schufen. Beide konnten den Nationalpark leider nicht völlig gegen das gewaltsame Eindringen der sogenannten Zivilisation und ihrer fragwürdigsten Werte abschirmen. Aus Altersgründen sind die Villas-Boas-Brüder kaum noch in der Öffentlichkeit präsent, sehen aber ihre Positionen durch den Sertanista Possuelo teilweise sogar militant vertreten. Staatschef Collor bevorzugte indessen

Tupinambá-Indianer mit Körperbemalung (Abbeville 1614)

Tupinambá-Indianer, nach der «Zivilisierung» (Abbeville 1614)

für die FUNAI-Präsidentschaft den berüchtigten Ex-Offizier Cantidio Guerreira Guimarães, der nicht nur von UNI und CIMI als Interessenvertreter der Gegenseite, vor allem der Bergwerksgesellschaften, der Goldgräbermafia und der Holzfäller, bezeichnet wurde. Mit Guimarães, so die Kritiker, verlängerte die konservative Zentralregierung ihren Pakt mit den traditionellen archaischen Machteliten Amazoniens.

Der neue FUNAI-Chef redete diesen sofort nach dem Munde: Die den Yanomami per Gesetz und Verfassung zustehenden Gebiete sollten verkleinert und den Indianern statt eines zusammenhängenden Lebensraumes 19 inselartige Reservate zugewiesen werden. Unter Guimarães wurde die Yanomami-Region zum sogenannten brasilianischen Äthiopien; als Folge der fortdauernden illegalen Goldgräberinvasion – 80 000 Garimpeiros contra 9000 Yanomami – litten bis zu 90 Prozent der Indios unter eingeschleppten Krankheiten, darunter Malaria, Tuberkulose, Gelbfieber und sogar Aids. Die Krankheitsanfälligkeit nahm wegen des akuten Nahrungsmangels rapide zu, die zuständige FUNAI unterliess selbst rudimentäre medizinische Betreuung.

Brasiliens Bischofskonferenz, der in Indianerfragen stark engagierte Bischof Roraimas, Dom Aldo Mongiano, und nicht zuletzt der auch in der Schweiz bekannte sozialdemokratische Menschenrechts- und Umweltexperte des Nationalkongresses, Fábio Feldmann, hielten daher am Vorwurf des Völkermords an den Yanomami fest. Dem Abgeordneten, einem Rechtsanwalt, war zudem nicht entgangen, dass die FUNAI ausgerechnet für Amazonien einen Regionalchef auswählte, der in dem von der Kirche mitherausgegebenen zweibändigen Dossier über die Diktaturepoche (1964–1985) «Nunca mais» als Folterknecht genannt ist. Verständlicherweise hatte der damalige, inzwischen durch einen Gesinnungsgenossen abgelöste Justizminister Jarbas Passarinho, dessen Ressort die FUNAI traditionell untersteht, Vorbehalte gegen Feldmann. Der 71jährige Reserveoffizier von jener Rechtspartei PDS, der zu Diktaturzeiten auch Collor angehörte, war in der Generalsära dreimal Minister, bekennt sich nach wie vor offen zum Militärputsch von 1964.

Doch längst nicht nur die Yanomami-Frage brachte Collors Indianerpolitik ins Zwielicht: 1991 machten brasilianische Anthropologen auf eine Selbstmordwelle unter Indios aufmerksam und hoben vor allem das Schicksal der rund 6500 Guarani, Caiuá (auch «Kaiowa») und Terena hervor, die in den siebziger Jahren gewaltsam aus ihren Stammesgebieten in ein Reservat von nur 3000 Hektaren umgesiedelt wurden, das unmittelbar an die Stadt Dourados im Teilstaate Mato Grosso do Sul grenzt. Subsistenzlandwirtschaft oder gar Jagd und Fischfang sind dort seit langem nicht mehr möglich; ältere Indios leben in extremem Elend, die jüngeren suchen gewöhnlich Nahrung und Arbeit ausserhalb des Reservats. Die «Naivität» der Indianer im Umgang mit der «restlichen» Bevölkerung nutzten auch in Dourados Bewohner, Fazendeiros und sogar Sekten schamlos aus: Indiofrauen, nicht wenige zwischen zwölf und vierzehn Jahren, wurden von Männern betrunken gemacht, dann auf Feiras genannten Orgien gruppenweise vergewaltigt und so auch mit Geschlechtskrankheiten infiziert. Traumatisiert kamen die Indias danach ins Reservat, verkrafteten jedoch häufig die dann folgenden Zurückweisungen durch Familien- bzw. Stammesmitglieder nicht, prostituierten sich oder brachten sich um. Grossgrundbesitzer fingen Indios zur Sklavenarbeit auf den Feldern und in den Zuckerdestillerien ein – eine Praxis, die trotz der Abschaffung der Sklaverei im Jahre 1888 weiterhin in vielen Regionen Brasiliens anzutreffen ist und nicht nur Indios betrifft. Die Atmosphäre der Ausweglosigkeit und Depression, den Verlust der kulturellen Identität halten viele Indianer nicht aus. Wie es eine Expertin etwas überspitzt formulierte, begehen sie Selbstmord, um nicht zu sterben – an Krankheiten, Drogen oder am Elend.

Die detaillierten Berichte der brasilianischen Medien über diesen und andere Skandale wurden vom offiziellen Brasilia bestenfalls zur Kenntnis genommen; erst der von Bischöfen wie Dom Aldo Mongiano als einzig hilfreich bezeichnete Druck von aussen bewirkte etwas: Mitte 1991 entliess

Collor noch in Washington als Reaktion auf die unerwartet heftige nordamerikanische Kritik an seiner Menschenrechts- und Umweltpolitik den FUNAI-Präsidenten Guimarães. Der Staatschef und sein damaliger Umweltstaatssekretär waren u. a. während offizieller Gespräche im Weissen Haus immer wieder auf die prekäre Situation der Stämme, die Vernichtung ihres Lebensraums hingewiesen worden. Dem Vernehmen nach wies Collor derartige Darstellungen als falsch zurück, worauf die Kritiker unwiderlegbare Dokumente und Fotos präsentierten. Der mit dem UNO-Umweltpreis «Global 500» ausgezeichnete Davi Kopenawa Yanomami, eine Art politischer Führer seines Stammes, sowie UNI-Koordinator Ailton Krenak, eine der angesehensten und intelligentesten Indianerpersönlichkeiten Brasiliens, hatten vor dem Besuch Collors und Lutzembergers in Washington erklärt, die brasilianische Regierung versuche sowohl die Indios als auch die Weltöffentlichkeit zu täuschen; ausländische Spendengelder zugunsten der von Ausrottung bedrohten Stämme würden den Betroffenen gewöhnlich vorenthalten.
Staatschef Collor blieb in solcher Lage keine andere Wahl: Als neuer FUNAI-Präsident kam diesmal nur Sidney Possuelo, einer der kompetentesten und härtesten Kritiker der offiziellen Indianerpolitik, in Frage. Bei der Amtseinführung, die wegen zahlreicher tanzender, singender Indios erstmals alles andere als förmlich verlief, bezeichnete Possuelo das Vertreiben der Goldgräber aus den Yanomami-Gebieten und die Demarkation der Indianerregionen gemäss Verfassung als vorrangige Aufgabe. In den vergangenen zwei Jahrzehnten behielt kein FUNAI-Direktor seinen Posten länger als zwölf Monate, mehrere waren u. a. wegen Korruptionsvorwürfen schliesslich nicht mehr tragbar. Ein baldiger Rücktritt Possuelos bzw. dessen Entlassung nach der UNO-Konferenz für Umwelt und Entwicklung in Rio de Janeiro wird von Insidern vor allem deshalb nicht ausgeschlossen, weil der neue FUNAI-Chef offensiv Positionen vertritt, die jenen des Regierungslagers, der Militärs, insgesamt der Eliten konträr zuwiderlaufen. Brasiliens Eliten, so Possuelo, verhalten sich auch in bezug auf die Indianer verantwortungslos, betätigen sich zum Teil als käufliche Strohmänner einheimischer und multinationaler Unternehmen, die auf Raubbau etwa in den Yanomami-Regionen aus sind. Angesichts immenser ungenutzter Latifundien von der Grösse europäischer Länder besteht für den Sertanista absolut keine Notwendigkeit, Gebiete von Stämmen mit traditioneller Sozialstruktur zu opfern. Die Auslöschung dieser Bevölkerungsgruppen würde die Menschheit laut Possuelo materiell und geistig ärmer machen, den Verlust enormen Wissens und kultureller Ausdruckskraft bedeuten. Die Demarkation betrifft schliesslich lediglich 6 bis 7 Prozent des brasilianischen Territoriums, zumeist in Amazonien.
Possuelo drückt sich nicht um die Tatsache herum, dass die Bevölkerung des brasilianischen Nordens den Indianern ablehnender gegenübersteht als in andern Landesteilen. Den Gouverneur von Amazonas, Brasiliens gewaltigstem Teilstaat, charakterisiert er keineswegs grundlos als Indiogegner: Der 63jährige Gilberto Mestrinho, enger Freund von Justizminister Passarinho, gebietet über ein Areal von der 38fachen Grösse der Schweiz, ist unter Amazoniens Nichtindianern ausserordentlich populär und hat die regionalen Oligarchien, dazu örtliche Militärs und Polizeibehörden geschlossen hinter sich. Populist Mestrinho, der sich gerne als Mann der Region und sympathischen Macho herausstellt, wirft mit schillernden, unlogisch, konfus und nicht selten unernst wirkenden Thesen und Argumentationen nur so um sich, die jedoch – leider – ernstgenommen werden müssen. In einem längeren Zeitschrifteninterview warf der Governador im Februar 1992 den entwickelten Ländern vor, den Schutz der Amazonasindios und der dortigen Natur lediglich als Vorwand zu benutzen, um eines Tages, zum rechten Zeitpunkt, die ganze Region zwecks Ressourcenausbeutung zu übernehmen. Die Frage der Yanomami werde in der ersten Welt nur deshalb hinterlistig hochgespielt, weil sich auf deren 9,4 Millionen Hektaren wertvolle Bodenschätze befänden. Mestrinho ist indessen klar für den Mineralienabbau in den Indioterritorien, weil dies nicht zuletzt von den Ureinwohnern selbst gewünscht werde. Weshalb die Indios soviel zugesprochenes Land weder wollen noch brauchen, erläuterte der Gouverneur aus eigener Erfahrung: «Indianer leben gerne eng zusammen und hassen es, weit zu gehen. Sie sind fähig, einen ganzen Tag im Kanu zu sitzen und rennen nur auf ihren Festen. Immer wenn ich auf den Wald zeige, sagen sie mir, dass dort hinein nur die Tiere gehen. Ein Tikuna-Chef meinte zu mir einmal, nur Rehe laufen gerne im Wald herum. Die Indianer wollen den Fortschritt, Stereoanlage und Fernseher. Wer sie an der Entwicklung hindert, sind ihre Protektoren». Auf die Frage, ob die Mitarbeiter des kirchlichen Indianermissionsrates CIMI die Indios beschützen, antwortete Mestrinho bündig: «Nein. Viele von denen sind vielmehr damit beschäftigt, mit einem Geigerzähler unterm Arm durch Amazonien zu laufen, um die mineralischen Bodenschätze zu taxieren». Dazu passt die unsinnige Behauptung, der Amazonaswald sei selbsterneuerbar, sei etwa nach Brandrodung zur Regeneration fähig. Die von Collor dekretierte Demarkation hält Mestrinho, der zu Wahlkampfzwecken an Waldsiedler zahllose Motorsägen verschenkte, eher für einen Witz: «Falls diese Verrückten von der FUNAI die Indiogebiete markieren wollen, werden meine Militärpolizisten die Knüppel sprechen lassen.»
Der bisherige Oberbefehlshaber der Militärregion Amazonas, General Thaumaturgo Sotero Vaz, Befürworter einer brasilianischen Atombombe, sieht die Indio- und Umweltfrage wie Mestrinho und kann sich eine Abgrenzung der Indianerterritorien ebensowenig vorstellen. Gegenüber dem führenden brasilianischen Nachrichtenmagazin «Veja» sagte der einflussreiche Vordenker und Hardliner unter den Militärs im Januar 1992, dass über die Demarkation das letzte Wort noch nicht gesprochen sei: «Der Präsident traf die Entscheidung, weil sie momentan wegen Rio 92 (gemeint ist der UNO-Umweltgipfel, d. Verf.) als die vorteilhafteste, angemessenste erscheint». Unter Hinweis auf das ihm bestens bekannte Brasilienbewusstsein (*Espírito de Brasilidade*) Collors äusserte sich der Pinochet-Bewunderer überzeugt davon, dass das Demarkationsdekret nach der Umweltkonferenz

modifiziert wird. Der General liegt mit seiner Bewertung keineswegs daneben: Ende 1991 trafen im Präsidentenpalast von Brasilia nahezu täglich körbeweise Schreiben internationaler Umwelt- und Menschenrechtsorganisationen ein, in denen die Indianerausrottung, das unverständliche Hinauszögern der laut Verfassung bis 1993 vorgeschriebenen Demarkation vor allem der Yanomami-Region gebrandmarkt, kritisiert wurde. Erst die Drohung mit einem Boykott der UNO-Konferenz von Rio liess die Regierung aktiv werden – schliesslich ist der Gipfel auch dazu bestimmt, das stark geschwundene Image Brasiliens und dessen Staatsführung aufzubessern.

Mit dem Setzen von Demarkationspfählen wurde im Januar 1992 begonnen, die über 200 000 bewaffneten Goldgräber Nordbrasiliens wichen auf andere Indianergebiete aus oder wechselten in die nahen Yanomami-Regionen Venezuelas, was sogar Gegenattakken der dortigen Streitkräfte nebst diplomatischen Verwicklungen provozierte. Führende indianische Intellektuelle wie Ailton Krenak von der UNI äussern sich daher weiterhin zornig, entrüstet über die Zustände, sehen jedoch etwa in dem Demarkationsdekret Anzeichen für eine Besserung und glauben, dass «die Regierung lernt, uns zu respektieren und ernst zu nehmen». Laut Krenak sind heute zwar weniger Garimpeiros in den Yanomami-Gebieten, die Wunden der Goldgräberinvasion – Epidemien, fehlendes Wild, vergiftete Flüsse – heilen jedoch nicht so schnell. Positiv ist für den UNI-Koordinator, dass aus losen Kontakten zu europäischen Umwelt- und Menschenrechtsgruppierungen in den letzten fünf Jahren wirkliche Zusammenarbeit wurde – Brasiliens Indios sind nicht mehr nur «Objeto de Caridade».

Indioführer hatten 1989 im nordbrasilianischen Altamira erstmals mit in- und ausländischen Sympathisanten eine Art Zweckbündnis geschlossen (vgl. den Artikel von Peter Schröder).

Krenak zufolge kostete allein der Erstkontakt mit den Weissen keinen Stamm weniger als 50 bis 60 Prozent seiner Angehörigen. Ein Beispiel jüngeren Datums: Die Surui im Amazonas-Teilstaat Rondônia waren 1972 rund 1400, 1989 nur noch 430. «Das ist so, als wenn Brasilien heute Besuch bekäme, und zwanzig Jahre später sind wir nur noch 43 Millionen . . .» Den CIMI sieht der zwischen Amazonien, dem Betonmoloch São Paulo und Institutionen der Ersten Welt hin- und herpendelnde Indio höchst kritisch, er weist auf die verhängnisvolle Stellung der Kirche seit dem Entdeckungsjahr 1500 hin. Doch solange Brasiliens Indianer im Ausland ernst genommen, zuhause aber fast nur belacht, verhöhnt, verfolgt werden, hat auch für Krenak eine so auffällig aktive Unterstützergruppierung wie der CIMI Sinn, vor allem weil dessen Aussenstationen aufs Katechisieren inzwischen völlig verzichten.

Der 1972 gegründete CIMI dokumentierte in seinem Jahresbericht für das vergangene Jahr 27 Morde an Indianern, begangen von straffrei bleibenden Grossgrundbesitzern und Siedlern; als Teilstaat mit den meisten Gewalttaten gegen Indianer wurde wiederum Roraima genannt. Aufsehen erregte erstmals der keineswegs neue Vorwurf von CIMI, dass Goldgräber und Soldaten gruppenweise Indianerinnen vergewaltigen und so die Stämme mit Geschlechtskrankheiten infiziert werden.

CIMI-Präsident Aparecido José Dias bezweifelt, dass bis 1993 tatsächlich alle Stammesgebiete markiert werden; zehn Prozent der nötigen Gelder seien dafür erst freigegeben worden. Politischen Willen von Regierung und Legislative, den Indios zu ihren Rechten zu verhelfen, kann Dias nicht oder nur in Spurenelementen erkennen. In Brasilien, sagt er, gilt das Leben wenig, die extrem krassen Einkommensunterschiede zeigen den Charakter des Systems, das Volk ist im Parlament so gut wie nicht vertreten. Dort sitzen grösstenteils Latifundistas, die ebenso wie bestimmte wirtschaftliche Gruppen befürchten, dass die Indianer sich organisieren, stärkeres Gewicht in der Gesellschaft erhalten könnten. Für die wie in der Ersten Welt lebende nationale Elite ist die Indianerfrage unbedeutend, im Unterschied zu Europa sind die hiesigen dekadenten Oligarchien an der Situation des Volkes uninteressiert; ohne Druck von aussen kann den Ureinwohnern kaum geholfen werden. Der CIMI, so Bispo Dias, ist den Regierenden nach wie vor ein Dorn im Auge, gilt als subversiv, als Agent fremder Mächte gegen die brasilianischen Interessen. Unter Collor sei in Brasilien im Grunde genommen alles beim alten geblieben.

Auch sein Kollege in Roraima, Dom Aldo Mongiano, sieht zwar gewisse positive Tendenzen, weist gegenüber dem Autor jedoch ebenfalls auf die verheerenden Folgen der Goldgräberinvasionen hin, die Demarkation allein schützt nicht vor Eindringlingen. Während die CIMI-Missionare gemäss Statut auf eine Evangelisierung verzichten, legen laut Carlos Zacquini protestantische Sektenmissionare aus den USA bemerkenswerten religiösen Fanatismus an den Tag. Der italienische Anthropologe und Missionar des Consolata-Ordens Zacquini lebt seit 1963 in engstem Kontakt mit den Yanomami und zählt zu den Gründern der Comissão pela Criação do Parque Yanomami (CCPY), die am Zustandekommen weltweiter Solidarität mit jenem letzten grossen Regenwaldstamm Lateinamerikas wesentlich beteiligt ist. Wie CCPY-Präsidentin Cláudia Anduchar gemeinsam mit Zacquini und dem als unbestechlich geltenden Senator Eudardo Suplicy im Februar 1992 im Yanomami-Gebiet konstatierte, leiden viele Indios unter eingeschlepptem Gelbfieber, Malaria und Tuberkulose gleichzeitig, von ausreichenden Mitteln zur Gesundheitsbetreuung auch anderer Stämme kann keine Rede sein. Die zuständige staatliche Gesundheitsbeauftragte erklärte kürzlich, rund 50 Prozent der Yanomami hätten häufig tödlich verlaufende Malaria, 1991 sei auf drei Verstorbene nur eine einzige Geburt entfallen.

Cláudia Anduchar bescheinigt, dass FUNAI-Chef Possuelo unter solchen Umständen das Mögliche tue. Pressionen von aussen, so die CCPY-Präsidentin, hätten ihn an die FUNAI-Spitze gebracht. «A pressão internacional é fundamental para os índios!» (Der internationale Druck ist von grundlegender Bedeutung für die Indios).

Pierrette Birraux Ziegler

# Die Yanomami, der Wald und die «Weissen»

*Meinen Wald will ich schützen. Mein Wild will ich schützen. Meinen Fluss will ich schützen. Sonst werde ich hungrig nach Fleisch sein.*
*Ich will die Tapire, die Tukane, die Fische, die Gürteltiere, die «Cujubims» (Vögel) schützen, sonst werde ich Hunger leiden, werden meine Kinder, meine Frauen Hunger leiden.*
*Ich will meinen Wald schützen, ich will meinen Fluss schützen, weil ihr die seid, die alles zerstört. Ich will auch mein Gold und mein Zinnoxyd bewahren.*
*Ich will mein Wild schützen, ich will meine Krabben schützen, ich will meine Krebse schützen. Ja. Sonst werde ich hungrig nach Fleisch sein, und meine Kinder werden an Hunger sterben.*
Esmeraldo Tisiboratheri, 1987

Esmeraldo Tisiboratheri ist ein «Bata», ein erfahrener, etwa fünfzigjähriger Mann, auf den in der Surucucus-Region stark gehört wird. Er ist das historische, geographische und demographische Herz des Yanomami-Gebietes in Brasilien. Bis er das Mannesalter erreichte, war er noch nie einem «Weissen» begegnet, obwohl er eine vage Vorstellung über dessen Existenz hatte, als er den Umgang mit Pfeil und Bogen erlernte.
Zu jener Zeit verfügten die Yanomami der Hochländer nur über kurze Macheten (Buschmesser), die sie wie die geschliffenen Steine ihrer traditionellen Hacken an Holzstielen befestigten. Diese Metallteile hatten sie von einer dreissig Kilometer südöstlich von Surucucus entfernt lebenden Gemeinschaft erhalten, wo der erste Missionar vorbeigekommen war.
Eines Tages, so erzählt Esmeraldo, wurde diese Gemeinschaft von Einwohnern eines anderen, etwa fünfzig Kilometer nördlich von Surucucus gelegenen Dorfes besucht, die an einem Trauerritual teilnehmen wollten. Nachdem sie deren kümmerliche Werkzeuge gesehen hatten, lachten sie schallend: «Uhuu! Eure Werkzeuge sind ja fürchterlich. Sie sind schrecklich. Wir haben viele, schöne Macheten. Kommt euch welche holen!»
Esmeraldo erinnert sich, die Seinen als Kind über Berg und Tal bis zu den Maithás begleitet zu haben. Diese zeigten sich grosszügig, und die Verbindungen festigten sich.
Die Maithás erhielten die handgefertigten Gegenstände von ihren karaïbischen Nachbarn, den Maiongong oder Yekuana, einem von den Yanomami ganz verschiedenen Volk. Dieses Volk erfahrener Seefahrer vermochte den Stromschnellen und Abweichungen des Flusslaufes Rio Uraricoera/Branco bis nach Boa Vista zu trotzen oder etwa auch den Fluss Mazaruni zu erreichen, um im mehr als tausend Kilometer entfernten Georgetown in Guyana die Karabiner zu holen, die ihm den Respekt der tapferen Yanomami der Serra einbrachte. Dies ist eines der vielen Beispiele für den Austausch zwischen den Völkern und innerhalb einer Gemeinschaft, der die amero-indianische Welt der guyanischen Ebene immer stark geprägt hatte.
Das auf 830 Meter hoch gelegene Gebiet der Ahnen Esmeraldos, die Savannenebene des Surucucus und ihre angrenzenden Wälder, erstreckt sich über weite Landschaften mit bewaldeten Hügeln, etwa zwanzig Kilometer von der eigentlichen Serra Parima entfernt. Diese Bergkette bildet die Wasserscheide zwischen dem Amazonas und dem Orinoco und gleichzeitig die Grenze zwischen Brasilien und Venezuela. Für die «Weissen» war es bis zur Entdeckung der Quellen des Orinoco 1952 eine «Terra incognita».
Die ersten «Nabëbë/Kraiowabë» – feindliche Nicht-Amero-indianer – die Esmeraldo mit seinen eigenen Augen gesehen hatte, waren nordamerikanische, fundamentalistische evangelische Missionare, welche sich an die Bibel nach Wycliff hielten. Die brasilianische Luftwaffe hatte sie in Begleitung eines Yanomami der Tiefebene gebracht. Esmeraldo erzählt mir:

*«Die ‹Nabëbë› sind dort, dort, dort, in deiner Richtung angekommen.»*
*«Auf dem Berggipfel?»*

*«Ja. Auf dem Berggipfel. Sie sind mit dem Helikopter gekommen».*
*Wir hatten schreckliche Angst. Wir hatten wahnsinnige Angst. Nein, nähern wir uns ihnen nicht. So dachten wir.*
*«Nein. Habt keine Angst. Habt keine Angst. Wir sind Freunde. Wir sind Freunde», sagten sie. «Wir wohnen dort auf der Surucucus-Ebene. Dort wohnen wir. Kommt, kommt. Dort gibt es viele handgefertigte Gegenstände für euch. Es gibt viele metallene Werkzeuge, es gibt viele metallene Werkzeuge für euch, und Pfannen. Kommt, kommt.»*
*«Hu-hu! Wir fürchten uns. Wir fürchten uns sehr.»*
*«Nein. Habt keine Angst.»*
*Während sie sprachen, kam ein neues Flugzeug an. Die «Nabëbë» sagten uns, wir bräuchten uns vor dem Flugzeug nicht zu fürchten. Wir sind vor dem Flugzeug davongerannt, weit weg vom Flugzeug.*
*«Rennt nicht. Kommt. Kommt mit uns. Wenn ihr für uns arbeitet (die Landepiste freizuräumen), werden wir euch Gegenstände geben, viele Gegenstände.»*
*Während wir uns an die Arbeit machten, während wir arbeiteten, gaben sie uns viele metallene Werkzeuge, kurze Hosen, Angelhaken, Schuhe. Wir waren sehr glücklich, wirklich sehr glücklich. Sie sind gekommen, wir haben uns an die Arbeit gemacht, und sie haben uns viele Gegenstände gegeben.*

Dies war 1965. Die Yanomami sahen sich damals im Zentrum des Kosmos, das aus vier übereinandergeschobenen Scheiben besteht, von denen die beiden mittleren Himmel und Erde sind. Sie siedelten die Gebiete der «Nabëbë yai», der echten «feindlichen Ausländer», d.h. der anderen amero-indianischen Ethnien, an der Peripherie des Kosmos an, dort wo die himmelblaue Scheibe auf diejenige der Erde stösst. Sie dachten sich also damals das Land der «Nabëbë»/Kraiowabë», das Gebiet der «Weissen», auf dem Rücken des Himmels, dieser für sie unsichtbare Partie der himmelblauen Scheibe. So verbanden sie – aus ihrem kosmologischen Wissen heraus – die Tatsache, dass sie diese Wesen bisher nicht gekannt hatten (Lebewesen? Geistige Wesen? Geister?) mit der Vorstellung, dass sie vom Himmel gefallen sein müssten. Während die Indianer die «Weissen» sehr rasch in ihr geistiges Weltbild integrierten, erwiesen sich die letzteren als völlig unfähig, ebenso mit den Yanomami zu verfahren.
Zehn Jahre nach der Ankunft der Missionare wird ein Regierungsrapport über die Situation des Forstbestandes, der Bodenbeschaffenheit und der Bodenschätze in ihrem Gebiet veröffentlicht. Das Projekt «Radambrasil» lässt jedoch die Urbevölkerung völlig ausser acht.
Die öffentlichen Berichte über mögliche Vorkommen von Zinnoxyd, Gold, Diamanten und radioaktiven Substanzen löst sofort die illegale Einwanderung einiger hundert selbständiger Goldsucher, «garimpeiros», aus der Surucucus-Ebene aus. Sie bleiben eineinhalb Jahre, bis sie von den brasilianischen Behörden vertrieben werden. Sie haben also genügend Zeit gehabt, fatale epidemische Krankheiten unter diesem bisher von europäischen Einflüssen abgeschirmten Volk zu verbreiten, Frauen zu vergewaltigen, Indianerplantagen zu plündern, die Indianer auszuhungern, indem sie ihr Wild vertrieben und ihre Wasserquellen mit Altöl und Brennstoffen verseuchten.
1985 misslingt ein erneuter Invasionsversuch durch von lokalen Behörden bewaffnete Männer, 1987 jedoch gelingt er. Von den 10 000 in Brasilien lebenden Yanomami sterben 1500 innert zweieinhalb Jahren. Esmeraldo

Das auf 830 Metern liegende Waldgebiet an den Flanken der Serra Parima

*«Die Goldsucher sind in mein Yano (Gemeinschaftshaus) eingedrungen, und ich habe sie rausgeworfen . . . Aber sie sind wiedergekommen und zeigten sich mir gegenüber aggressiv. Sie haben mit ihren Gewehren auf mich geschossen. Sie haben mit ihren Gewehren auf mich geschossen, haben mich mit den Gewehren bedroht und zur Flucht gezwungen, denn ich besass kein Gewehr. Und ich dachte: ‹Ich werde die Nabëbë meinerseits töten.› Aber nachdem ich dies gedacht hatte, flüchtete ich.*
*Ich bin sehr, sehr wütend, denn sie haben alle Stammesältesten meiner Gemeinschaft getötet.*
*Ich bin sehr wütend . . . Ich bin aus meinem Yano geflohen, und andere Weisse sind gekommen, und sie haben eine neue Landepiste gebaut. Es waren sehr wilde Leute, und also haben wir sie nicht getötet. Wir haben uns ‹befreundet›, obwohl wir uns hassten. ‹Lassen wir sie einfach hier wohnen.› So dachte ich.*
*Wir haben sie arbeiten lassen, und sie sagten uns, sie würden uns Gegenstände geben, sie würden grosszügig sein, sie würden uns Gewehre geben.*
*‹Greift uns nicht an. Wir sind Freunde. Wir werden euch wirklich beschützen›, so haben die Goldwäscher gesprochen, und wir haben sie als ‹gute Leute› akzeptiert. Obwohl sie Krankheiten in sich tragen, haben wir sie akzeptiert. Wir konnten ohnehin nichts anderes tun . . .*
*Als wir alle krank wurden, begann ich mich zu ärgern: ‹Ah. So sind also diese Leute.› Sie hatten uns glauben lassen, es gäbe keine Epidemien, dass wir nicht*

Esmeraldo Tisiboratheri: «Dort sind die Nabëbë mit dem Flugzeug gekommen»

*sterben würden, aber das war falsch, denn wir werden alle sterben. Die Malaria wird nicht aufhören. Das habe ich meinen Leuten gesagt...*
*Die Staatspolizei ist gekommen und hat alle Goldsucher verjagt. Dann war ich zufrieden. Ich bin froh, dass sie diese Leute entfernt haben.*
*Aber die Epidemie besteht weiterhin. Sie verbreitet sich ohne Unterlass . . . Denn die Gewässer sind schmutzig, die Yanomami trinken weiterhin dieses schmutzige Wasser. Sie haben Bauchschmerzen. Das Wasser macht sie krank. Obwohl sie weggegangen sind, werden wir weiterhin vor Fieber zittern.*
*Ich bin zu den ‹Nabëbë› gegangen, um sie zu töten, ich habe sie misshandelt, und dann sind sie zu mir gekommen. Sie haben die Alten getötet. Und jetzt habe ich keine grosse Lust mehr, mich zu rächen, denn sie sind sehr aggressiv.»*

Esmeraldo weiss, dass seine Gemeinschaft vom Aussterben bedroht ist. Einerseits, weil der Wald durch die Präsenz der Goldsucher «Waisibë», ganz klein, geworden ist. Er vermag die Kinder nicht mehr zu ernähren. Andererseits, weil die «Batabë», die Alten seiner Gemeinschaft, von den «Mohoti», diesen unwissenden, unheilvollen Leuten, die sich im Wald wie «Warebë» (Wildschweine) verhielten, systematisch beseitigt wurden. Unwissend, weil sie einen Grundsatz im Zusammenleben der Yanomami nicht kennen: den Austausch. Der Geiz bedeutet dem Yanomami der Gipfel asozialen Verhal-

für sie normalerweise magische und begründete Ursachen. Wildschweine schliesslich, weil sie im Dreck arbeiten und auf ihrem Durchmarsch alles verwüsten.
Und doch ist dieser Wald ihr Wald, der «Kamiyamakë Urihi». Nicht dass sie sich als dessen Eigentümer fühlen würden, aber hier haben ihre Ahnen gelebt, und folglich werden auch ihre Kinder hier leben. Dieser Boden ist geprägt von ihren Handlungen und Worten, von der Geschichte und der Mythologie der Yanomami. Hier hat Omamë, der Schöpfer-Held, das Wasser aus dem Erdinnern hervorsprudeln lassen, hier hat der Vogel «hocco» die Flüsse benannt, welche jetzt Goldwäscher verschmutzen und deren Läufe sie verändern. Hier hat ihnen Omamë die ersten Plantagen voll von Bananen, süssen und bitteren Maniokpflanzen, Jamswurzeln, Zuckerrohr, Pfeilrohr, Tabak, Baumwolle, Medizinalpflanzen und solche für magische und handwerkliche Zwecke gegeben. Bei den Yanomami hat man 89 anbaubare Pflanzenarten gezählt, und dies auf einem Boden, der zu 70 Prozent eine «sehr schwache», «unbedeutende» Fruchtbarkeit aufweist und dessen Landschaft zu viele Hindernisse aufweist, um nach den Techniken der Experten des Projektes «Radambrasil» bebaut zu werden.
Ihre Mobilität erlaubt es den Yanomami, die ganze Bevölkerung aus ihrem Wald zu ernähren. Weil sie jedes Jahr neue Parzellen urbar machen, die sie dann nur ein oder zwei Jahre lang bebauen, können sich die Vegetation und der Boden wieder regenerieren. Auf den verlassenen Pflanzungen entstehen immer wieder neue Generationen von Bäumen. Das Wild, das die Menschen durch ihre Anwesenheit verjagt haben, kehrt wieder zurück, um sich von den Früchten des neuen Waldes zu ernähren. Nach einigen Jahrzehnten wird nur noch ein Yanomami fähig sein zu sagen, dass an diesem Ort einmal angebaut wurde.
Die Kenntnisse über die von den Gemeinschaften bewohnten Gebiete sind tatsächlich etwas vom Wichtigsten, was die Ahnen den Jüngeren überliefern. Dieses für sie wesentliche Wissen bildet das Fundament des historischen Bewusstseins eines Volkes, das die Erinnerung an die Toten verbannt und dessen genealogisches Gedächtnis demzufolge sehr begrenzt ist. Das Verhältnis zum Raum ist in Kultur und Sprache der Yanomami konstant. Ihre Beziehung zur Erde und zum Kosmos ist von Vertrautheit und Zuneigung geprägt.

*«Die Erde hat Gefühle, wie wir. Der Himmel ebenfalls. Der Wald, was ihr Wald nennt und wir ‹Urihi›, hat einen Geist, und die Schamanen wissen das. Eines Tages werden die Epidemien in die Brust des Himmels vorstossen»*, prophezeit Davi Yanomami, der Schamanenlehrling und wichtigste Wortführer seines Volkes.
*«Ist der Himmel einmal krank, wird es auch der Donner sein, und er wird vor Wut ohne Unterlass schreien, wegen der Hitze, die durch den Rauch entsteht.»* (Auf diese Art werden für die Yanomami die Krankheiten übertragen.)
*«Dann wird der Himmel auf die Erde fallen, so wie er bereits einmal vor Urzeiten auf die Erde gefallen ist. Die Sonne und die Sterne werden ebenfalls herunterfallen, und alles wird sich verdunkeln.*
*Wir wissen, dass wir verschwinden werden, und die ‹Weissen› mit uns.*
*Wir haben es ihnen gesagt, aber sie wollen es nicht hören.»*

Ausstellungen:

**Ka'apor – Menschen des Waldes und ihre Federkunst**

**Amazonien – eine indianische Kulturlandschaft**
Eine Ausstellung der Projektgruppe Ökologie und Entwicklung an der Gesamthochschule Kassel

**Tonfiguren der Karaja und Federmasken der Tapirapé**
Privatsammlung Schweiz

Verantwortlich für die Ausstellungen:
Peter R. Gerber (Völkerkundemuseum)
Nicolas Baerlocher (Präsidialabteilung der Stadt Zürich)

Autoren:

**Pierrette Birraux Ziegler** ist Soziologin und Geographin, Mitautorin zweier Filme über die Yanomami (mit Volker Ziegler). Sie arbeitet an einer Dissertation über Raum- und Zeiterfahrung der Yanomami. Lebt in Genf.

**Peter R. Gerber** ist Volkskundler in Zürich, stellvertretender Direktor des Völkerkundemuseums der Universität. Publikationen: Die Peyote-Religion. Nordamerikanische Indianer auf der Suche nach einer Identität, Zürich 1980; Vom Recht, Indianer zu sein. Menschenrechte und Landrechte der Indianer beider Amerika, Zürich 1986.

**Klaus Hart** lebt seit sechs Jahren in Rio de Janeiro, ist Korrespondent der «Neuen Zürcher Zeitung» und Mitautor von Brasilien-Reiseführern der Verlage Bucher, dtv, Hoffmann und Campe, Rowohlt, VSA.

**Oswald Iten** lebt als freier Journalist und Fotograf in Unterägeri und Zürich. Buchveröffentlichungen über den Sudan und die Nuba. Im August 1992 erscheint «Keine Gnade für die Indianer», eine Serie von Reportagen über Indianer in Nord- und Südamerika. (Buchverlag der «Neuen Zürcher Zeitung» und Campus Verlag, Frankfurt)

**Peter Schröder** ist Völkerkundler. Er arbeitet zur Zeit an seiner Dissertation zur Entstehung und Entwicklung neuer indigener Oppositionsbewegungen in Brasilien. Er lebt in Köln.

**Annemarie Seiler Baldinger** ist Leiterin der Amerikaabteilung des Museums für Völkerkunde Basel. Publikationen: «Indianer im Tiefland, Basel» (1978), «Systematik der textilen Techniken» (1991).

Photonachweis:
Stefania Beretta (Seiten 296–300), Oswald Iten (Seiten 288, 289, 290 o.), Claus Meyer, Agencia Tyba, Rio (Seiten 286, 287, 291 u., 293, 294, 301–303, 311), Peter Nebel (Seiten 281, 283, 284), Volkmar Ziegler (Seiten 312, 313)

Übersetzung Pierrette Birreaux Ziegler:
Daniela Tobler

Redaktion: Martin Schaub

## Wege der Selbstentdeckung

Die Trennung der brasilianischen Kultur von den tonangebenden Kulturmetropolen vollzog sich in den zwanziger Jahren mit Hilfe eines sarkastischen Konzepts von geistiger Anthropophagie: Verleiben wir uns alles ein, lassen wir alle europäischen Ismen in unserer Existenz aufgehen! Nie war das brasilianische Geistesleben lebendiger und brasilianischer gewesen. Doch gegen den Ordnungswunsch der politischen Macht vermochte sich die wilde Kunst nicht zu behaupten. Einen zweiten Weg aus der Abhängigkeit einer kulturellen Kolonie führte über das konstruktivistische Konzept, das keine Nationalstile vorsieht, mit seinem Symbol: der Hauptstadt Brasilia. Die Militärdiktatur setzte sowohl ihm wie auch dem in den zwanziger Jahren gesäten Wildwuchs ein Ende. Die Generation der «Siebziger» arbeitete unter schwierigsten Bedingungen, die «Achtziger» haben sich nicht nur von nationalistischen Verpflichtungen, sondern auch von der Militanz ihrer Vorgänger gelöst.

Romeo Rey

# Brasilien im 20. Jahrhundert

## 1920

Das alte Brasilien, durch die Ausrufung der Republik (1889) nur oberflächlich vom Kaiserreich zur bürgerlichen Herrschaft reformiert, geht zu Ende. Drei Viertel der 30 Millionen Brasilianer leben auf dem Land, kleiner Grundbesitz ist die Regel. Die Wirtschaft steckt noch tief im Primärstadium. Kaffee, Zucker und Kakao sind die wichtigsten Ausfuhrgüter. Über zwei Millionen Immigranten kommen aus Italien und anderen europäischen Ländern an. Die meisten lassen sich in São Paulo und südlich davon nieder.
Die Erbschaft aus der Kolonial- und Kaiserzeit lastet auf der Nation: Kapitalistische Strukturen sind höchstens im Ansatz vorhanden, die Praxis des Merkantilismus herrscht vor. Ein Staat, der zunehmend stärkere bürokratische Strukturen aufweist, vergibt Pfründen an die Unternehmer wie einst die Monarchie. Vom Beispiel der russischen Revolution angespornt, durchkämmt ein Rebellenzug, die «Coluna Prestes», das Landesinnere. Auch im Militär, besonders in den unteren Offiziersrängen, macht sich eine gewisse Unruhe bemerkbar. Ab 1926 produziert Brasilien zuviel Kaffee. Der Preis fällt, auf dem Weltmarkt kündigt sich das Unheil an.

## 1930

Getúlio Vargas, ein Zivilpolitiker aus dem Süden des Landes, ergreift die Macht. Er richtet den angeschlagenen Staat mit starker Hand und Polizeimethoden, die an faschistische Vorbilder gemahnen, wieder auf. Einer Tendenz folgend, die sich auch in Argentinien, Chile und Mexiko abzeichnet, wird der Aufbau von Industrien in Angriff genommen, die mehr und mehr Importe ersetzen. Vargas forciert die Schwerindustrie: das Stahlwerk von Volta Redonda wird zum Symbol wirtschaftlicher Unabhängigkeit und Entwicklung. Die Ausfuhr von Eisenerz setzt ein, vorerst ausschliesslich aus dem Teilstaat Minas Gerais.

Die Rebellen der «Coluna Prestes», Bahia 1926

Immer mehr landeseigene Rohstoffe werden verarbeitet. Die Vorherrschaft der «Kaffeebarone» wird gebrochen. Ein Baumwoll-Boom setzt ein. Die Arbeitskräfte sind billig, aber ungebildet, die Nachwehen der Sklaverei (erst 1888 abgeschafft) noch deutlich spürbar. Trotzdem öffnet sich der Fächer der Industrieproduktion rasch, Kleinunternehmer bescheidener Herkunft gedeihen in grosser Zahl. Der Kaffeepreis fällt auf die Hälfte, die internationalen Reserven trocknen aus. Brasilien stellt den Schuldendienst ein. Präsident Vargas verfügt scharfe Devisenkontrollen. Die fremden Gläubiger müssen massive Abstriche bei ihren brasilianischen Guthaben hinnehmen, die Rückführung der Profite ausländischer Firmen wird unterbunden.

## 1937

Mit einem Eigenputsch sichert sich Vargas den Verbleib an der Macht und schaltet die Opposition aus. Kongress und Parteien werden aufgelöst. Der Diktator ruft den «Estado Novo» aus. Eine neue Verfassung wird in Kraft gesetzt, welche die formale Grundlage für eine autoritäre Herrschaft bildet. Die Zentralgewalt im Staate wird weiter gestärkt. Dank der Lieferung von Lebensmitteln und Textilien an die kriegführenden Mächte kommt Brasilien wieder zu Devisen. Während des Zweiten Weltkrieges verzeichnet die lokale Industrie sichtbare Fortschritte. Doch zum ersten Mal in der Geschichte des Landes wird die Inflation spürbar. Der Preisanstieg beginnt die soziale Polarisierung zu fördern.

## 1945

Das brasilianische Expeditionskorps, das in Italien an der Seite der Alliierten gekämpft hat, kehrt zurück. Auf Vargas lastet der Verdacht des Philofaschismus, obwohl er mit den Achsenmächten gebrochen hat. Er wird zur Demission gezwungen.
Die Importe von Luxusgütern nehmen stark zu. Schon nach zwei Jahren kommt es zur ersten Zahlungsbilanzkrise der Nachkriegszeit. Unter dem vom Volk gewählten Präsidenten General Dutra wird die diktatoriale Verfassung durch eine neue ersetzt (1946), die den Rahmen einer repräsentativen Demokratie absteckt. Der Staatschef versucht, den Amerikanern die Ölschürfrechte in Brasilien auszuliefern, scheitert aber im Kongress. Der Nationalismus bekommt wieder Auftrieb.

Ein berittener Polizist geht gegen einen Studenten vor, Rio de Janeiro 1927

Getúlio Vargas, Präsident der Republik von 1930–1945 und 1951–1954

Vargas nützt die Stimmung geschickt aus. Mit einem klaren Wahlsieg kehrt er 1950 an die Macht zurück. Der Schrei «O petróleo é nosso!» (Das Öl gehört uns!) hallt durch die Nation. Die Staatsfirma Petrobras wird gegründet und ist nach wenigen Jahren das grösste Unternehmen Lateinamerikas. Man setzt die Politik der Industrialisierung mittels selektiver Importe fort. Im Koreakrieg steigen die Preise der Commodities wieder. Das erleichtert der Regierung von Rio de Janeiro die Herrschaft. Doch die Korruption nimmt überhand, Importlizenzen werden an Freunde vergeben. Nach kurzer Bonanza gehen die Reserven zur Neige. Die Teuerung macht dem Regime und der Bevölkerung zu schaffen.

## 1954

Vargas begeht Selbstmord und begründet das in seinem Testament mit der Existenz von «obskuren Pressionen». Präsident Juscelino Kubitschek, der im folgenden Jahr gewählt wird, heisst das Fremdkapital willkommen. Mit neuem Impetus leitet Brasilien eine Reihe von grossen Projekten ein: die Errichtung einer neuen Hauptstadt nahe der geographischen Mitte des Landes, den Bau der ersten Verbindungsstrassen quer durch Amazonien, die Ansiedelung neuer Industrien. Konzerne aus Europa und den USA lassen sich nieder, Automobilwerke werden aus dem Boden gestampft, der Maschinenbau den fabriziert. São Paulo platzt aus den Nähten.

Das forcierte Wachstum löst das Problem der negativen Zahlungsbilanz nicht. Im Gegenteil, das Defizit nimmt weiter zu. Schon nach wenigen Jahren müssen die Gewinne, Royalties und Patentgebühren in die Herkunftsländer der Multis zurückverschoben werden. Auch die Über- und Unterbewertung im Aussenhandel beginnt sich zuungunsten des brasilianischen Staates auszuwirken. Das Amazonasbecken wird von den ersten Siedlerkontingenten «erschlossen». Aber damit setzt auch ein Werk der Zerstörung ein, dessen Folgen erst später sichtbar werden.

Der amerikanische Staatssekretär John Forster Dulles mit Juscelino Kubitschek, Brasília 1958

Protest der Studenten gegen den Besuch von John Forster Dulles in Brasilien, August 1958

## 1961

Brasília wird eingeweiht. Ein Monument der Modernität, das indessen – zusammen mit den andern Entwicklungsprojekten – viel Geld gekostet hat. Die Löcher im Staatshaushalt sind mit Geldemission gestopft worden. Demzufolge zieht die Teuerung bedrohlich an.

Bei der Präsidentenwahl vom Januar triumphiert der Bürgermeister von São Paulo, Jânio Quadros, mit einer Rekordstimmenzahl. Das Signet seiner Kampagne ist der Besen. Doch anstatt im Staat für Ordnung zu sorgen, tritt der launische Staatschef schon nach sieben Monaten ohne Begründung vom Amt zurück. Die Nachfolge steht laut Grundgesetz dem gewählten Vizepräsidenten João Goulart zu. Das Militär widersetzt sich der Machtübernahme durch den linkspopulistischen Politiker. Der Gouverneur von Rio Grande do Sul, Brizola, mobilisiert Bürgerwehren, um die verfassungsmässige Machtablösung durchzusetzen.

Goulart führt die von Quadros eingeleitete Reformpolitik mit der Nationalisierung ausländischer Betriebe, vor allem der Telefongesellschaften, fort. Die sozialen Spannungen verstärken sich, die Wirtschaft stagniert, die Inflation klettert bis auf 90 Prozent, die Korruption treibt grelle Blüten. Politisches Hin und Her: Präsidialrepublik oder Parlamentarismus als Ausweg aus dem

Planung der Strasse Acre–Brasília, Juli 1960

**1964**
Das Militär fegt die morsche Zivilherrschaft weg. In der Kriegsakademie (Escola Superior de Guerra) in Rio de Janeiro, die zu einem wirtschafts- und sozialwissenschaftlichen Studienzentrum ausgebaut worden ist, haben sich die Uniformierten gründlich auf den Regimewechsel vorbereitet. Die Ausbeutung von Brasiliens enormen Naturreichtümern – Eisenerz, Mangan, Bauxit, Holz u. a. – soll die Modernisierung des Staates finanzieren. Leitmotiv der Militärs ist wie auf der Landesfahne «Ordnung und Fortschritt». Grundlage ihrer politischen Herrschaft ist aber die aus den USA und der Kanalzone von Panama eingeführte «Doktrin der nationalen Sicherheit».
Gewerkschaften werden zerschlagen, Politiker domestiziert. Im Hinblick auf ihr Image ist die Armee bemüht, dass trotz Repression eine demokratische Fassade bestehen bleibt. General Castelo Branco bekundet die Absicht einer möglichst raschen «Normalisierung». Es wird ein künstliches Zweiparteiensystem eingeführt. Erst ein volles Jahrzehnt später wird dessen Nachteil sichtbar: Es bringt die Opposition unter einen Hut.
Die Minister Campos und Bulhões treiben die Liberalisierung der Wirtschaft voran. Nach einer kurzen, aber heftigen Rezession flaut die Teuerung ab. Die Dominanz der multinationalen Gesellschaften verstärkt sich in der Industrie und im Handel. Auf dem Land wandeln sich die Besitzstrukturen: Das Agrarreforminstitut INCRA erweist sich als ineffizient, sein Alibicharakter ist offensichtlich. Die Tendenz geht eindeutig in Richtung Neolatifundismus.

**1967**
Eine neue, autoritäre Verfassung wird verkündet, die nach einer Teilreform (1969) fast zwei Jahrzehnte lang in Kraft bleibt. Das Volk, von der Sanierungspolitik zermürbt, fordert bessere Lebensbedingungen und Freiheit. Studenten und Gewerkschafter führen die Protestkundgebungen in den grossen Städten an. Der zunehmenden Opposition gewahr, erlässt General Costa e Silva die Institutionelle Akte Nummer 5 (AI-5). Sie ermächtigt ihn, jedem Staatsbürger die politischen Grundrechte für zehn Jahre abzuerkennen und parlamentarische Mandate zu «kassieren». Die DOPS und zahlreiche andere geheimpolizeiliche Organisationen hetzen die Regimegegner gnadenlos. Das Militär reibt Guerillaherde im Araguaia-Gebiet und in den Metropolen auf.

**1969**
Costa e Silva stirbt. Aber sein Nachfolger, General Garrastazu Médici, erwirbt sich sogleich den Ruf, mit der Opposition noch ruchloser umzuspringen. Unter Drangsalierung der Arbeiter- und Studentenbewegung und mit Hilfe von Pressezensur wird die nötige Ruhe und Ordnung hergestellt, damit die Kapitalakkumulierung in Gang kommt. Die Ökonomie verzeichnet unter der Führung von Minister Delfim Netto jährliche Wachstumsraten von rund 10 Prozent. Mit der Losung «O Brasil vai pra frente» (Brasilien kommt voran) wird jeder innere Widerstand niedergewalzt. US-Präsident Nixon lobt die Nation als «Vorbild» für ganz Lateinamerika. Die Fussballer werden in Mexiko zum dritten Mal Weltmeister. Die Bevölkerungszahl überschreitet die 100-Millionen-Marke.
Grosse Agrarfirmen, nationales und fremdes Kapital, investieren in Amazonien. Immer grössere Regenwaldflächen werden gerodet. Die Militärregierung unterstützt die Umweltzerstörung mit Steuererlass und Subventionen. Viehzucht, so will es die offizielle Propaganda, sei die Zukunft der grünen Hölle. Auch diverse Bergbaukonzerne nehmen die Arbeit im Urwald auf. Die Energiekrise von 1973 bringt dem «Wirtschaftswunder» den ersten Knacks.

Brasília im Bau, um 1959

**1974**
Die Achillesferse des «brasilianischen Modells», die zunehmende Verschuldung gegenüber dem Ausland, macht sich bemerkbar. Aber die Herrschenden ignorieren das Problem. General Geisel setzt die Tradition des «starken Staates» fort. Die Bundesregierung entwirft ehrgeizige Entwicklungspläne: für den Nordosten, für Amazonien, für die Kapitalgüterindustrie, für die ganze Nation. Noch immer werden die staatlichen Förderkredite mit der grossen Kelle verteilt, die Technokraten bleiben als wichtigste Partner der Militärs an der Macht.
Die Tradition der megalomanen Projekte wird weitergeführt: das grösste Stahlwerk Lateinamerikas (Usiminas), die kostspieligste Eisenbahn, das umfassendste Atomenergieprogramm!
Der Staat überrundet als Unternehmer die einheimischen und ausländischen Konzerne in zahlreichen Sektoren. Mit der Beschleunigung des Kraftwerkbaus

(Itaipú, Nuklearvertrag mit der Bundesrepublik Deutschland) und der Entwicklung des Ersatztreibstoffes Äthanol aus Zuckerrohr versucht man, die Abhängigkeit von fremdem Erdöl zu verringern.
Aus dem Parlament erwächst dem Militärregime eine geeinte Opposition, die 1974 an den Urnen einen klaren Sieg erringt. General Golbery, die graue Eminenz der Regierung Geisel, empfiehlt die Rückkehr zur Demokratie, solange der Übergang noch in geordneten Bahnen abrollen kann. Der Staatschef leitet eine «langsame, schrittweise, kontrollierte Öffnung» ein. Obwohl es noch vereinzelt Fälle von Polizeiwillkür gibt, nimmt die Repression ab.

**1979**

Trotz «Wirtschaftswunder» ist ein erheblicher Teil der Bevölkerung ärmer geworden. Die Mobral-Kampagne (Alphabetisierung von Erwachsenen) erweist sich als Misserfolg. Die Landflucht hält unvermindert an. Seit der Gründung der Arbeiterpartei PT (1978) nimmt der Demokratisierungsdruck stetig zu. In den Industrievierteln von São Paulo finden die ersten grossen Streiks statt.
Brasiliens Schuldenberg ist auf 70 Milliarden Dollar angewachsen. Die Hochzinspolitik von Präsident Reagan stürzt dieses Land und ganz Lateinamerika ins Verderben. Mitten in Figueiredos Mandat bricht die internationale Schuldenkrise aus. Die Inflation überschreitet erstmals 100 Prozent und erreicht bald danach das Doppelte und Dreifache. Der Fremdkredit versiegt, der Motor des Modells spuckt bedenklich. Das Land erlebt die schwerste und längste Rezession seit Jahrzehnten. Die politische Mobilisierung erreicht mit der «Diretas-já»-Kampagne (sofortige Volkswahl des Staatspräsidenten) einen Höhepunkt. Das Ziel wird zwar nicht erreicht. Aber der Oppositionskandidat Tancredo Neves gewinnt im Wahlmännerkollegium sicher.

**1985**

Tancredo, in dem sich die Hoffnungen des Volkes auf eine bessere Zukunft kritallisieren, stirbt wenige Stunden vor der Amtsübernahme. Der ebenfalls indirekt gewählte Vizepräsident José Sarney, ein Vertreter des Ancien Régime, rückt nach. Die «Nova República» entpuppt sich unter seiner Regie als Leerformel.
Um die unbändige Inflation einzudämmen, lanciert die Regierung den Cruzado-Plan (1986). Die Preise werden eingefroren und alle Indexierungsmechanismen abgeschafft. Eine Währungsreform soll den Neuanfang markieren. Die «heterodoxe» (unorthodoxe) Wirtschaftspolitik bewirkt jedoch eine Überhöhung der Massenkaufkraft, was zu einer Überhitzung der Konjunktur führt. Die Regierungsparteien PMDB und PFL profitieren bei den Parlaments- und Gouverneurswahlen von der Illusion. Unmittelbar nach dem Urnengang stürzt das Kartenhaus ein: Hyperinflation und Versorgungsprobleme, Handelsbilanzdebakel und Zahlungskrise sind die Folge. Brasilien stellt den Schuldendienst ein.
Nach einer anderthalbjährigen Debatte kommt in der «Constituinte» ein neues Grundgesetz zustande, das die Verfassung von 1967/69 ersetzt. Es soll das Fundament der Neuen Republik sein, lädt dieser mit der Einführung zusätzlicher Sozialleistungen aber enorme Lasten auf. Enttäuschung und Pessimismus nehmen im Volk überhand. Das Leben wird in den Millionenstädten zusehends gefährlicher. Die Agrarreform scheitert am Widerstand der Grossgrundbesitzer. Über 10 Millionen Landlose warten mit zunehmender Ungeduld auf die Einlösung der Wahlversprechen. Pistoleiros im Sold der Latifundisten bringen Hunderte von Landbesetzern um.

**1989**

Die Inflation erreicht mehrere tausend Prozent. Massive Kapitalflucht verschlimmert die Lage. Der junge Kandidat Fernando Collor de Mello erscheint den Bürgerlichen bei der Präsidentenwahl als Retter in der Not. Er schlägt den PT-Mann und früheren Gewerkschaftsführer «Lula» da Silva im zweiten Wahlgang knapp. Die Bourgeoisie ist noch einmal mit dem Schrekken davongekommen.
Collor kündigt seine Pläne für ein «Neues Brasilien» an. Er versucht, die Inflation mit einem gewaltigen Schock, der Konfiskation von zwei Dritteln aller Bankguthaben während 18 Monaten in den Griff zu bekommen. Die Notstandspolitik scheitert. Epidemische Krankheiten wie Cholera, Malaria und Tuberkulose breiten sich aus. Rauschgiftschmuggler und paramilitärische Banden terrorisieren die Grossstädte. Tausende von verwahrlosten Jugendlichen werden umgebracht.
Brasília sucht Hilfe beim Internationalen Währungsfonds. Doch der Staatspräsident entbehrt einer tragfähigen politischen Basis. Er beherrscht die Kunst, solide Allianzen zu schmieden, nicht. Die demokratische Herrschaft hat ebensoviel Mühe wie die Militärs, das Schuldenproblem (nunmehr 120 Milliarden Dollar) zu lösen und die Wirtschaft zu stabilisieren.

Roberto Pontual

# Nation, Welt, Modernität

## Brasilianische Kunst im 20. Jahrhundert

Im Verlauf des 20. Jahrhunderts bestimmten drei Kräfte die Entwicklung der brasilianischen Kunst. Die erste war eine Besinnung auf die Realität des Landes als Antwort auf die Entfremdung infolge der Kolonisation und auf die Hemmungen, die aus der Addition ungleicher Komponenten resultierten: das Bemühen, eine nationale Identität zu erlangen, als Krönung der 1822 erhaltenen politischen Unabhängigkeit. Die zweite, offensichtlich gegenteilige Kraft war die Lust, sich der Welt zu öffnen und sich an einem breiteren Kreislauf ausserhalb zu kräftigen. Die dritte, daraus resultierend, war die hartnäckige Suche nach Modernität als einzig mögliche Antwort auf den Widerspruch zwischen lokalem und universellem Sein. Mit anderen Worten: das Beste in der brasilianischen Kunst in den letzten 80 oder 90 Jahren entstand stets aus einem adäquaten Ausgleich zwischen brasilianischer Beharrlichkeit, notwendigem Internationalismus und der Neigung zur Gegenwartsbezogenheit.

Die *Semana de Arte Moderna* von 1922, die in diesem Zusammenhang Pioniercharakter hatte, ist ein sehr gutes Beispiel, um dies zu illustrieren. Betrachten wir jedoch zunächst den Zustand von Brasilien um 1915, in einem Moment des grossen Aufruhrs auf lokaler Ebene und weltweit. In diesem Land-Kontinent, dessen Bevölkerung in einem für seine geographische Unermesslichkeit würdigen Rhythmus zu wachsen begann – sie vermehrte sich zwischen 1900 und 1920 von siebzehn auf dreissig Millionen – verwandelte sich die Mystik der Modernisierung nach und nach in ein Programm. Ein erster industrieller Aufschwung zeichnete sich ab und begann die agrarische Tradition, bis anhin Lieferantin von Rohstoffen, zu verdrängen. Parallel dazu ereignete sich ein Zuwachs der Einwanderung, das Einfliessen von ausländischem (und insbesondere nordamerikanischem) Kapital, die Anfechtung der Oligarchien sowie Anzeichen eines Wandels in der Sozialstruktur wie die Streiks im Rahmen des Anarcho-Syndikalismus. Auf politischer Ebene trug die Aufeinanderfolge von Krisen zu einer latenten institutionellen Instabilität bei.

Während in den Basissektoren grössere Veränderungen in der Luft lagen, verharrte das kulturelle Klima Brasiliens in provinzieller Apathie. Zwar war 1889 gegen ein in zentralistischem Paternalismus erstarrtes Imperium die Republik ausgerufen worden. Aber im Unterschied zur Aufbruchsstimmung in Europa und Nordamerika zu Beginn des Jahrhunderts verharrte Brasilien in der bequemen Verehrung der Vergangenheit und im guten Geleit des Eklektizismus. Sehr selten und unbeständig waren die Anzeichen einer Erneuerung in der Literatur, Musik, bildenden Kunst oder Architektur. Der Poet und Romancier *Oswald de Andrade* erhob 1915 in einem Artikel Einspruch gegen diese Situation: unsere Künstler, in einschränkender Umgebung befangen oder zurück von einer akademischen Ausbildung in Europa, verachteten hartnäckig alles Authentische und Neue rundum. Sie vermochten sich nicht in die Realität und in den Fortschritt des brasilianischen Lebens zu integrieren, um daraus mehr Substanz, sozusagen «eine überlegene Äusserung nationaler Zugehörigkeit», zu gewinnen.

Eine tiefe Ablehnung des Erbes des 19. Jahrhunderts begann sich erst mit Andrade und andern jugendlichen Intellektuellen und Künstlern herauszukristallisieren. Verständlicherweise geschah dies in São Paulo am deutlichsten. Schneller als die übrigen brasilianischen Städte und dank Verbindung verschiedener Faktoren des Fortschritts modernisierte sich São Paulo im Bereich der Architektur, der Transportmittel und des Zubehörs und der Gewohnheiten des Alltags. Die Kaffeeplantage nährte währenddessen den kleinen Kern einer Elite, die sich jedes Jahr nach Europa, insbesondere nach Frankreich, begab, sei es nun geschäftlich oder zum Vergnügen. Von ihren Reisen brachte sie Objekte zur Dekoration von Innenräumen, darunter auch Kunstwerke, zurück und liess in mondänen Versammlungen die aktuellen ästhetischen Konzepte zirkulieren.

1913 hatten São Paulo und Campinas, eine damals bereits blühende, benachbarte Agglomeration, bereits dem beigewohnt, was historisch als die ersten Ausstellungen moderner Kunst in Brasilien bezeichnet werden kann. In beiden Städten hatte der litauische Maler *Lasar Segall* (der sich 1923 definitiv in São Paulo niederlassen sollte), Arbeiten ausgestellt, die vom deutschen Expressionismus geprägt waren. Trotz ihrer Neuheit hatten die Ausstellungen jedoch wenig Widerhall. Es waren vier weitere Jahre nötig, bis die Zündschnur des Modernismus in São Paulo wirklich gezündet wurde: mit einer Ausstellung von Gemälden, Zeichnungen, Gravuren und Karikaturen von *Anita Malfatti* aus São Paulo, die sich in Deutschland und in den USA ausgebildet hatte.

Di Cavalcanti, Katalogtitelblatt der «Woche der modernen Kunst», São Paulo 1922

Indem sie eine starke Dosis Expressionismus und kubistische Residuen ausbalancierten, hatten diese Werke die Kraft, ihre Betrachter aufzurütteln. Es begann in der Kunst das, was der Künstler *Emiliano di Cavalcanti,* der damals in Rio de Janeiro auftauchte, «das grosse progressistische Abenteuer» nannte. Erster konkreter Ausdruck davon war die *Semana de Arte Moderna,* die im Februar 1922 im Stadttheater von São Paulo anlässlich des hundertjährigen Jubiläums der Unabhängigkeit Brasiliens vom Joch der Portugiesen stattfand.
An den anregenden Veranstaltungen der Semana beteiligten sich Schriftsteller, Musiker, Architekten und bildende Künstler. Sie verschrieben sich alle dem Kampf für zwei Prinzipien, die nur zum Schein widersprüchlich sind: der Absorption des Neusten aus der europäischen Kunstszene und der Inspiration auf nationaler Basis, wobei Aktualität und Identität Hand in Hand gingen. Die Entschlossenheit, nicht nur zeitgenössisch zu sein, sondern vor allem brasilianisch, zeigte sich in der Suche nach einer möglichst einheimischen, eher tropischen als gemässigten Kunst. Provinziell in ihrem kosmopolitischen Gehabe, ohne Minderwertigkeitskomplex, stolz auf die eigenen ausdrucksvollen Unzulänglichkeiten, wach und originell nahm sie den Atem des Barocks, eines stilistischen Grundelements Brasiliens, wieder auf. Kurz, eine Kunst am Anfangspunkt eines eigenen Selbstbewusstseins.
Und so beruhte die heroische Etappe des brasilianischen Modernismus von 1922 bis 1930 auf der Maxime «nationalisierter Internationalismus». Besondere Beachtung verdient hier das Werk von *Tarsila do Amaral:* Nachdem sie nicht direkt an der Semana von 1922 teilgenommen hatte, da sie sich damals in Paris befand und ihre Ausbildung bei Léger, Lhote und Gleizes abrundete, kehrte sie bald einmal nach São Paulo zurück. Dort gelangte sie sogleich an die Spitze mit ihrer Malerei, die zugleich offen für Phantasie und geometrisch diszipliniert war, einem Stil insgesamt, in dem sich das Regionale mit dem Universellen verband. Von ihrem Werk aus leitete sich ganz natürlich, als Kulminationspunkt des ästhetischen Wirbels der zwanziger Jahre, die neue Idee einer kulturellen Anthropophagie ab, die Oswald de Andrade 1928 vorlegte.
«Tupi, or not Tupi, that is the question»: so lautete der Kriegsruf dieser eigentümlichen Anthropophagie, die sich im intelligenten Verschlingen der unvermeidlichen Nahrung von aussen erhob, als beste Strategie, um mit den Regeln zu brechen, die bis anhin die Reifung der brasilianischen Kultur und Kunst behindert hatten. Die Präsenz von Tarsila do Amaral war für die Ausarbeitung des Manifests der Anthropophagie grundlegend: erste Ansätze dazu finden sich nämlich bereits im Gemälde «A negra», das sie 1923 in Paris gemalt hatte. Als Andrade fünf Jahre später ein weiteres Gemälde seiner Gefährtin und Malerin aus São Paulo betrachtete, mit dem Titel «Abaporu» – das heisst «Anthropophage» in der Sprache der Tupi – entschloss er sich, sein Manifest zu verfassen. Dabei war er überzeugt, dass es in Brasilien noch eine weitere Unabhängigkeit auszurufen gebe, nämlich die des Geistes, gegen die Einschränkungen des umgebenden Provinzialismus. «Mich interessiert nur, was nicht mein ist. Gesetz des Menschen. Gesetz des Anthropophagen.»
Die offenkundigsten ästhetischen Verbindungen ging diese anthropophagische Taktik mit dem Surrealismus

Amaral zwischen 1928 und 1930 in ein surreales Magma ein und lässt daraus symbolische und traumhafte Figuren und Landschaften auftauchen, Konkretisierungen des kollektiven Unbewussten; und auch zwei andere Künstler, nur wenig jünger als sie, arbeiteten damals in derselben Atmosphäre. Bei *Ismael Nery,* der im Norden geboren war, gab es einen direkten Kontakt mit dem Werk von Chagall, mit dem er während seiner Europareise von 1927 Bekanntschaft gemacht hatte; sein Surrealismus ging jedoch von einer leichten Traumlyrik zu den ernsten, fast morbiden philosophischen Überlegungen des Essentialismus über, alles basierend auf einer kubistischen Komposition. Wie der Maler *Vicente do Rego Monteiro,* der aus dem Nordosten wegging, um in Paris zu leben, angezogen durch die religiöse Thematik und die Stilisierung des Art déco, stammt auch *Cicero Dias* aus der Stadt Recife. Sein Surrealismus, poetisch, nostalgisch und erotisch, ist verschiedenen Ursprungs: er stammt sowohl von seinen Erinnerungen an Kindheit und Jugendzeit rund um die Zuckermühle im Landesinnern von Pernambuco als auch von seinen wichtigsten Entdeckungen des Körpers und der Welt, in Recife und Rio, bevor er sich 1937 in Paris niederliess.

Oswald de Andrade, *Pau Brasil.* 1925,
Biblioteca Municipal Mario de Andrade, São Paulo

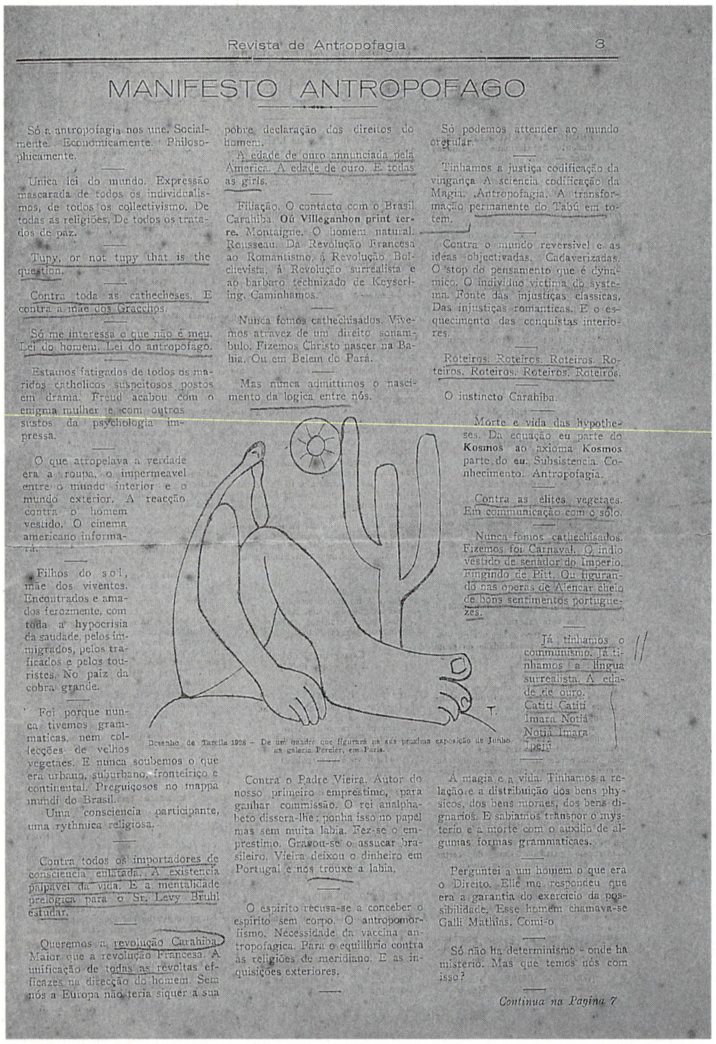

Revista de Antropofagia 3

MANIFESTO ANTROPOFAGO

Só a antropofagia nos une. Socialmente. Economicamente. Philosophicamente.

Unica lei do mundo. Expressão mascarada de todos os individualismos, de todos os collectivismo. De todas as religiões. De todos os tratados de paz.

Tupy, or not tupy that is the question.

Contra toda as cathecheses. E contra a mãe dos Gracchos.

Só me interessa o que não é meu. Lei do homem. Lei do antropofago.

Estamos fatigados de todos os maridos catholicos suspeitosos postos em drama. Freud acabou com o enigma mulher e com outros sustos da psychologia impressa.

O que atropelava a verdade era a roupa, o impermeavel entre o mundo interior e o mundo exterior. A reacção contra o homem vestido. O cinema americano informará.

Filhos do sol, mãe dos viventes. Encontrados e amados ferozmente, com toda a hypocrisia da saudade, pelos immigrados, pelos traficados e pelos touristes. No paiz da cobra grande.

Foi porque nunca tivemos grammaticas, nem collecções de velhos vegetaes. E nunca soubemos o que era urbano, suburbano, fronteiriço e continental. Preguiçosos no mappa mundi do Brasil.

Uma consciencia participante, uma rythmica religiosa.

Contra todos os importadores de consciencia enlatada. A existencia palpavel da vida. E a mentalidade prelogica para o Sr. Levy Bruhl estudar.

Queremos a revolução Carahiba. Maior que a revolução Franceza. A unificação de todas as revoltas efficazes na direcção do homem. Sem nós a Europa não teria siquer a sua pobre declaração dos direitos do homem.

A edade de ouro annunciada pela America. A edade de ouro. E todas as girls.

Filiação. O contacto com o Brasil Carahiba. **Oú Villeganhon print terre.** Montaigne. O homem natural. Rousseau. Da Revolução Francesa ao Romantismo, á Revolução Bolchevista, á Revolução surrealista e ao barbaro technizado de Keyserling. Caminhamos.

Nunca fomos cathechisados. Vivemos atravez de um direito sonambulo. Fizemos Christo nascer na Bahia. Ou em Belem do Pará.

Mas nunca admittimos o nascimento da logica entre nós.

Desenho de Tarsila 1928 – De um quadro que figurará na sua proxima exposição de Junho na galeria Percier, em Paris.

Contra o Padre Vieira. Autor do nosso primeiro emprestimo, para ganhar commissão. O rei analphabeto dissera-lhe: ponha isso no papel mas sem muita labia. Fez-se o emprestimo. Gravou-se o assucar brasileiro. Vieira deixou o dinheiro em Portugal e nos trouxe a labia.

O espirito recusa-se a conceber o espirito sem corpo. O antropomorfismo. Necessidade da vaccina antropofagica. Para o equilibrio contra as religiões de meridiano. E as inquisições exteriores.

Só podemos attender ao mundo orecular.

Tinhamos a justiça codificação da vingança. A sciencia codificação da Magia. Antropofagia. A transformação permanente do Tabú em totem.

Contra o mundo reversivel e as idéas objectivadas. Cadaverizadas. O stop do pensamento que é dynamico. O individuo victima do systema. Fonte das injustiças classicas. Das injustiças romanticas. E o esquecimento das conquistas interiores.

Roteiros. Roteiros. Roteiros. Roteiros. Roteiros. Roteiros. Roteiros.

O instincto Carahiba.

Morte e vida das hypotheses. Da equação eu parte do **Kosmos** ao axioma **Kosmos** parte do **eu**. Subsistencia. Conhecimento. Antropofagia.

Contra as elites vegetaes. Em communicação com o sólo.

Nunca fomos cathechisados. Fizemos foi Carnaval. O indio vestido de senador do Imperio. Fingindo de Pitt. Ou figurando nas operas de Alencar cheio de bons sentimentos portuguezes.

Já tinhamos o communismo. Já tinhamos a lingua surrealista. A edade de ouro.
Catiti Catiti
Imara Notiá
Notiá Imara
Ipejú

A magia e a vida. Tinhamos a relação e a distribuição dos bens physicos, dos bens moraes, dos bens dignarios. E sabiamos transpor o mysterio e a morte com o auxilio de algumas formas grammaticaes.

Perguntei a um homem o que era o Direito. Elle me respondeu que era a garantia do exercicio da possibilidade. Esse homem chamava-se Galli Mathias. Comi-o

Só não ha determinismo - onde ha misterio. Mas que temos nós com isso?

*Continua na Pagina 7*

Oswald de Andrade, Antropophagisches Manifest mit einer Zeichnung von Tarsila do Amaral, 1928, Biblioteca Municipal M. de Andrade, São Paulo

Es ist aufschlussreich, zu beobachten, wie sich die Neigung zum Surrealismus, ersichtlich bei Amaral, Nery und Dias, in den Werken anderer brasilianischer Künstler ab 1930 fortsetzte. Die ursprüngliche Matrix scheint die Malerei von Chagall gewesen zu sein, in der sich mit wunderlicher Fröhlichkeit die Reminiszenzen der Kindheit mit unterschwelligen Kräften der Folklore vermischen. Diese Matrix ist als Inspirationsquelle in vielen Gemälden von *Tomás Santa Rosa, Oswaldo de Andrade Filho* und *Djanira da Motta e Silva* präsent sowie auch in gewissen Kompositionen mit Kindern am Anfang des Werkes von *Mílton Dacosta.* Ebenso beeinflusste sie ungezählte Zeichnungen und Malereien von Di Cavalcanti, wobei der süsse Einfluss von Chagall expressionistischem Ungestüm Platz machte. Sie zeigt sich auch in den Landschaften, kindlichen Szenen und Porträts von *Cándido Portinari,* die zugleich vom Expressionismus geprägt sind. Sie erscheint in den Landschaften, Stillleben und Figuren von *Alberto da Veiga Guignard,* unter dem musikalischen Einfluss von Dufy, und schliesslich in den Ölbildern und Aquarellen, mit denen ein anderer Pernambucaner, *Lula Cardoso Ayres,* die Volkskultur des brasilianischen Nordostens zu beschreiben versuchte.

Diese Künstler gehören alle zu denen, die die ersten Eroberungen des Modernismus in Brasilien vorantrei-

ben sollten, nachdem die heroischen Zeiten der zwanziger Jahre vorüber waren. Auf die anfänglich schmerzhafte und tiefgreifende Erneuerung des künstlerischen Klimas folgten nun öffentliche Anerkennung und geographische Expansion der modernistischen Periode, bis zur Erschöpfung ihrer Kräfte zur Zeit des Zweiten Weltkriegs. Ende der zwanziger Jahre begann die Welt wieder ihren Kurs zu ändern, und zwar in eine Richtung, die keine besseren Horizonte ankündete. Die fiebrige, optimistische, revolutionäre und utopische Atmosphäre der vorhergehenden Jahre prallte abrupt auf die ökonomische Krise. Auf allen Gebieten waren die Aktivitäten nun rückläufig, und in den folgenden Jahren ging es in erster Linie darum, mit Behutsamkeit die Schäden wiedergutzumachen.
Brasilien erlebte diesen Prozess folgendermassen: Die allgemeine Uneinigkeit, die nach dem Ende des Ersten Weltkriegs von 1914 bis 1918 um sich griff, fand zunächst einen Weg zur Befriedung, als Getúlio Vargas 1930 an die Macht gelangte. Die Offenkundigkeit neuer Hindernisse – Kapitalflucht, Preiszerfall beim Kaffee, Rückgang des Exports – führte jedoch bald zu einem erneuten Tief. Mit dem Übergang zwischen den beiden Jahrzehnten begann zudem auf sozialem Gebiet eine erste Herausforderung für die absolute Herrschaft von Landaristokratie und Grossbourgeoisie, da nun der Mittelstand zur entscheidenden Kraft aufzusteigen suchte. Auf die elitäre Fortschrittlichkeit der Intellektuellen und Künstler, die den Modernismus gezündet hatten – kultivierte und weitgereiste Leute, die normalerweise aus der Oberschicht stammten – folgte nun der umsichtige Charakter der Protagonisten der brasilianischen Kultur und Kunst ab 1930: eher nachdenklich als aufmüpfig, darum bemüht, ihre Haltungen und Gewohnheiten zu professionalisieren. Sie stammten zu einem guten Teil aus dem Mittelstand und waren oft nur wenige Schritte vom Proletariat entfernt.

Auf diese Weise veränderten die dreissiger Jahre die Richtung des anfänglichen Modernismus. Das Hauptmerkmal war nun die Bereitschaft der Regierung, die Erneuerungsvorschläge aus der vorhergehenden Periode zu unterstützen und sie wirklich anzuerkennen. Bereits um 1930 entsandte die brasilianische Regierung eine Ausstellung nach New York (Roerich Museum), an der auch traditionellere Künstler teilnahmen und viele von denen, die am Aufbruch der modernistischen Periode teilgenommen hatten. *Lúcio Costa,* der zukünftige Planer der Stadt Brasilia, wurde zum Direktor der Escola Nacional de Belas Artes ernannt, wo er eine wahre Reform des künstlerischen Unterrichts vorantrieb, der bis zur Erschöpfung in der neoklassischen Lehre erstarrt gewesen war. Rio de Janeiro, damals Sitz der Regierung, übernahm von der wirtschaftlichen Hauptstadt São Paulo wieder die Führung als Kern zur Verteilung der Kunst. Anschliessend an die Besuche von Le Corbusier und Frank Lloyd Wright, zwischen 1929 und 1931, interessierte sich die Regierung auch für eine Neuformulierung der brasilianischen Architektur, die, gemäss der gängigen Idee einer Synthese der Künste, die neuen Tendenzen der Malerei, Bildhauerei, Landschaftsgärtnerei und Innendekoration umfasste.
In der vorherrschenden Atmosphäre der Rezession drängte sich nun zunehmend eine soziale Thematik auf, wobei sich die Künstler auch am mexikanischen Muralismus orientierten, dessen Ausstrahlung über den ganzen amerikanischen Kontinent damals immer intensiver wurde. Auch wenn sich viele der ersten Modernisten damit befassten, so zum Beispiel Tarsila do Amaral, Di Cavalcanti und Segall, war es doch vor allem Portinari zu danken, der zugleich von Picasso und den Mexikanern beeinflusst war, dass die Beschäftigung mit vergangener Geschichte und den gegenwärtigen Dramen der Menschheit und der Nation Festigkeit und Ausdehnung gewann. Im Kielwasser der öffentlichen Unterstützung wurde er im ganzen Land und sogar über die Grenzen hinaus (in den USA) bekannt, mit Wandbildern von stilistischem Ekletizismus, – zwischen Expressionismus und Kubismus –, die Ungerechtigkeiten und Elend anprangerten, jedoch weniger aggressiv als die seiner Kollegen aus Mexiko. Dies war auch eine Folge der objektiven Umstände: die Revolution von 1930 in Brasilien erreichte nämlich nicht im entferntesten die Radikalität der vorhergehenden in Mexiko; die Regierung von Vargas zeichnete sich bis 1945 vielmehr durch schwerwiegende und unaufhörliche Ambivalenzen aus, die zwischen Progressivität und Obskurantismus schwankten.
Ein anderer Grundzug der Epoche, die den Figurativismus als Prinzip sozusagen ohne Bruch bis zum Ende der vierziger Jahre aufrechtzuerhalten wusste, war das Auftauchen von Künstlergruppen, die von denselben Ideen ausgingen und oft innerhalb derselben Werkstatt arbeiteten. Die erste derartige Gruppe war der *Nùcleo Bernardelli,* der 1931 in Rio de Janeiro in den Kellern der Escola Nacional de Belas Artes gegründet wurde. Er bestand grundsätzlich aus bescheidenen Leuten – *José Pancetti,* ein Seemann, und *Mílton Dacosta* gaben dort ihr Debüt – und bevorzugte die Sicherheit des Metiers gegenüber der Abenteuerlust, die für die Urheber der Semana von 1922 typisch gewesen war. Nach der Gründung der *Sociedade Pró-Arte Moderna* und des *Clube dos Artistas Modernos* (1932), erreichte das Aufwallen des kollektiven Ausdrucks um 1937 mit dem

*Salão de Maio,* der *Família Artística Paulista* und dem *Sindicato dos Artistas Plásticos* einen neuen Höhepunkt. Neben *Paulo Rossi Osir, Aldo Bonadei, Alfredo Volpi, Francisco Rebolo Gonsales* und *Carlos Scliar* fiel es damals vor allem *Flávio de Carvalho* zu, in São Paulo die Brücke zu schlagen zwischen seiner vorsichtigen und introspektiven Epoche und dem feurigen und kämpferischen Geist des ursprünglichen Modernismus. Inspiriert durch vielfältige Ausdrucksformen – aus Malerei, Architektur oder Theater – und unehrerbietig in all seinen Äusserungen, erhielt das plastische Werk von Carvalho mit seiner formalen Unruhe eine einmalige Ausdruckskraft, verglichen mit der Kunst, die in Brasilien zwischen 1930 und 1950 produziert wurde. Seine Akte, Figuren und Bilder sind brutal und aufwühlend, im Gegensatz zum zurückhaltenden, düsteren, nachdenklichen und intellektuellen Stil, der sich in der Malerei der meisten seiner zeitgenössischen Kollegen zeigte.
In einem Klima des vorsichtigen Verhaltens, des Desinteresses für formale Brüche, der Mystik der Perfektionierung des Handwerks und des Bemühens, die Welt rundum zu spiegeln, bereitete sich der Modernismus nach und nach auf die Erfüllung seiner letzten Etappe vor, nämlich auf seine Expansion über den Rest des Landes, nachdem er sich bis anhin auf der Achse Rio de Janeiro-São Paulo konzentriert hatte. Die ersten Ausstellungen von moderner Kunst ausserhalb dieser Achse fanden erst 1943 statt (mit Ausnahme einer Gruppe von Künstlern der Pariser Schule, die Rego Monteiro 1930 nach Recife gebracht hatte). Man befand sich damals mitten im Krieg, in einem Klima gesteigerter Spannungen, was alle militanten Gruppen zu einer Kunst drängte, die sich an Fragen der konkreten Realität orientierte.

Das Ende des Konflikts und die schnellen Veränderungen, die die neue Ära dem internationalen Kunstsystem brachte, führten jedoch bald zu einem anderen Ausblick in der brasilianischen Kunstszene. Die Gründung des Museu de Arte de São Paulo, des Museu de Arte Moderna in São Paulo und des Museu de Arte Moderna in Rio de Janeiro in den Jahren 1947, 1948 und 1949 bildete eine erste Welle museographischer Erneuerung in Brasilien und war untrügliches Zeichen eines Willens zur Öffnung gegenüber dem Ausland, zum Dialog mit den Ausstrahlungszentren und infolgedessen zur Internationalisierung des künstlerischen Ausdrucks. Diesen neuen Museen fehlten allerdings sowohl Personal als auch finanzielle Mittel und eine kohärente Sammlung, so dass sie nicht von Anfang an solide und grossartige Programme bieten konnten. Jedoch mit der Unterstützung von Institutionen wie zum Beispiel des MOMA von New York, auf dessen Struktur das MAM von Rio de Janeiro fast gänzlich beruhte, konnten sie sich schliesslich daran machen, das brasilianische Publikum mit den jüngsten Tendenzen vertraut zu machen, wobei nun auch Vertreter der abstrakten Richtung zu sehen waren. Nun entstand auch die Idee der Internationalen Biennale von São Paulo, entsprechend dem angesehenen Vorbild von Venedig; die erste Biennale fand 1951 statt und führte bei den jungen brasilianischen Künstlern der damaligen Zeit unverzüglich zu einem unwiderstehlichen Schub in Richtung eines nichtfigurativen, geometrischen Stils (ihr internationaler Preis für Bildhauerei fiel übrigens Max Bill zu, der im vorhergehenden Jahr im Museu de Arte de São Paulo eine Retrospektive veranstaltet hatte und damit heftige Auseinandersetzungen zwischen den Anhängern der bildlichen Darstellung und der abstrakten Kunst hervorgerufen hatte, die sich auf diesem Gebiet damals schon in offenem Krieg befanden).
Im Grund fühlten sich die brasilianischen Künstler eher zu einer expressiven und lyrischen Abstraktion berufen und fanden erst später Gefallen an der Geometrie. *Antonio Bandeira,* der aus dem Nordosten kam, hatte sich 1946 nach Paris begeben (wo sich auch Cícero Dias bereits dem abstrakten Stil zugewandt hatte, dabei aber die geometrische Formgebung bevorzugte) und ging dort von seinem anfänglichen Expressionismus und Surrealismus zum Informalismus über, hin und wieder berührt von Analogien mit der greifbaren Welt – Bäume, Städte, Sternenhimmel. Andererseits gingen ab Mitte der fünfziger Jahre verschiedene Maler japanischen Ursprungs, vor allem in São Paulo, dazu über, ihre orientalische Wurzel als Antrieb zu einem Abstraktionismus zu verwenden, der mal rein kalligraphisch und gestuell war wie bei *Manabu Mabe,* mal dicht konstruktiv wie bei *Tomie Ohtake* oder noch stark expressionistisch wie bei *Flávio-Shiró,* der später Frankreich als Wohnsitz wählen sollte. *Frans Krajcberg* - polnischen Ursprungs und bis heute an den Ausdrucksmöglichkeiten von Materialien interessiert, die aus Brasilien stammen – begann zur selben Zeit ein Werk, in dem er die bildliche Darstellung ablehnte. Aus dem Süden des Landes möchte ich diesem Überblick über die erste Welle abstrakter, nicht konstruktiver Künstler schliesslich noch zwei weitere Namen beifügen: *Iberê Camargo* und *Loio-Pérsio Vieira de Magalhães.*
Der Rumäne *Samson Flexor* – den der Konflikt in Europa bis nach Brasilien verschlagen hatte, gleich wie viele andere ausländische Künstler, darunter auch das Paar *Maria Helena Vieira da Silva* und *Arpad Szenes* – gewann vor allem als Lehrer in São Paulo Einfluss, wo

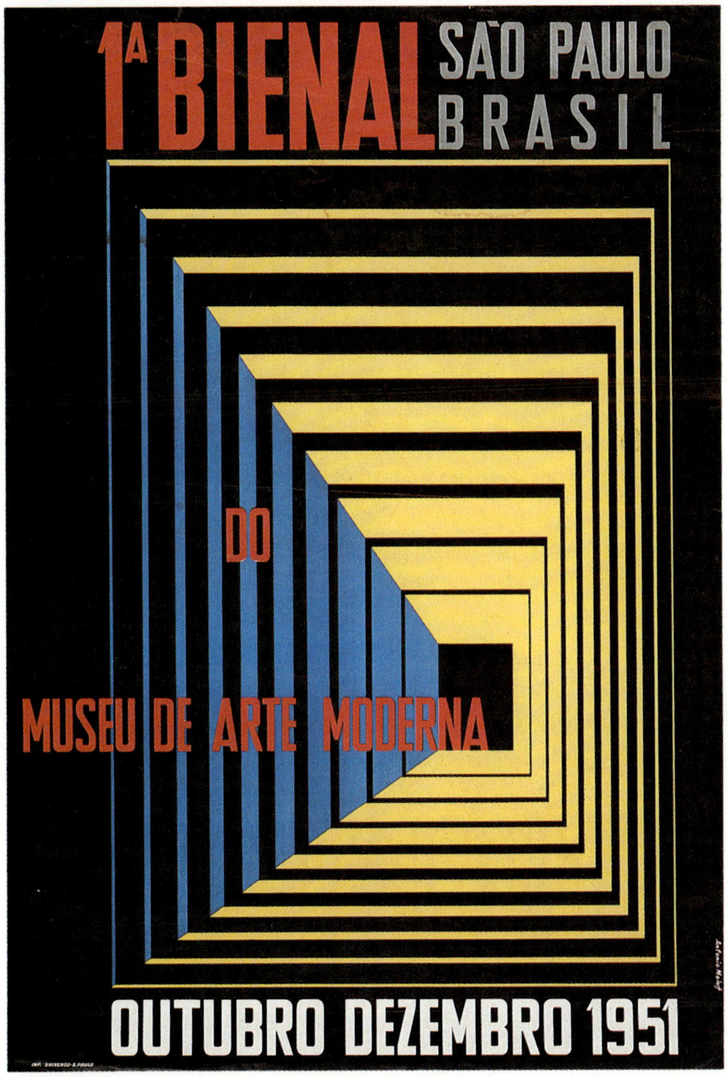

Antonio Maluf, Plakat zur 1. Biennale in São Paulo 1951 im Museu de Arte Moderna, Museu de Arte Contemporânea

Almir Mavignier, Plakat *brasilia/ burle marx*, 1958,
Almir Mavignier, Hamburg

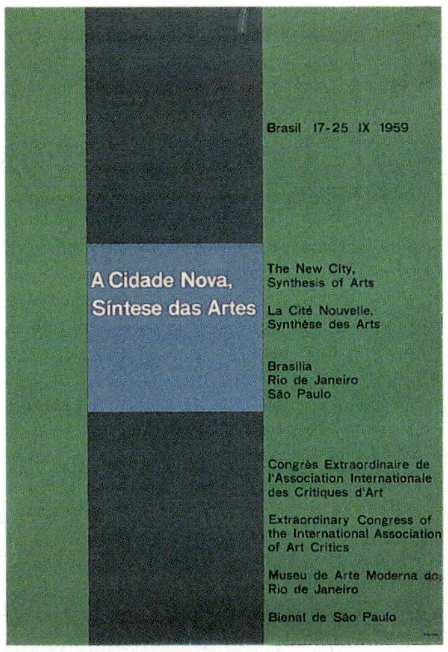

Alexander Wollner, Geraldo de Barros, *Die neue Stadt: Synthese der Künste*, 1959

er als Wegbereiter eines streng geometrischen Abstraktionismus wirkte. Radikaler als er, was die Ansprüche der Konstruktion betrifft, waren einige Brasilianer am Anfang ihrer Laufbahn: so *Ivan Serpa, Almir Mavignier, Abraham Palatnik* und *Mary Vieira.* Sie lernten etwa 1948 den Kritiker Mário Pedrosa kennen und waren beeindruckt von dessen Ideen bezüglich der Affektivität der Form und des Einflusses der Gestalttheorie im Kunstwerk. Dies waren auch Ideen, die die Retrospektive von Max Bill und verschiedene Werke, die an der ersten Biennale von São Paulo zu sehen waren, in Verbindung mit der internationalen Strömung der konkreten Kunst brachten (hier verdient auch der in São Paulo ansässige Italiener *Waldemar Cordeiro* Erwähnung).
Die erste *Exposição Nacional de Arte Concreta* (Nationale Ausstellung Konkreter Kunst) fand 1956 in São Paulo statt und brachte Dichter und bildende Künstler zusammen wie einst beim zündenden Ereignis des brasilianischen Modernismus um 1922. Es ist symptomatisch, dass im selben Jahr in Brasilien unter der Präsidentschaft von Juscelino Kubitschek auch eine neue Regierungsperiode begann. Sein Grundtenor sollte der des offenen Entwicklungsoptimismus sein, geprägt durch eine spürbare Zunahme der Erdöl- und Stahlproduktion, die Errichtung der Automobilindustrie und die beschleunigte Eröffnung von Strassen und besonders die Konstruktion einer neuen Hauptstadt, Brasília. Die Maxime «50 Jahre in 5» bringt die Vitalität dieser Periode eindrücklich zum Ausdruck; in der Tat gelang es mit der Mystik des «grossen ökonomischen Sprungs», der die Konsolidierung der Demokratie unterstützen sollte, die industrielle Produktion Brasiliens zwischen 1956 und 1961 zu verdoppeln, und São Paulo gelangte wirtschaftlich an die Spitze aller lateinamerikanischen Städte.
In der damaligen Atmosphäre trug alles dazu bei, die konkrete Kunst zu stärken. Denn diese wandte sich dem Symptom des Fortschritts ihrer Zeit zu, wie sich in ihrer Leidenschaft für die Planung zeigte, für die Strenge der mathematischen Gleichungen, für die Anonymität des industriellen Förderbands und für die pragmatische Logik der Architektur. Die Konkretisten wollten, indem sie sich dabei auf die Poesie bezogen, «exakte Problemstellungen finden und sie mit empfindsamer Sprache lösen». Dabei atmeten sie mit vollen Lungen die Luft der Utopien ihrer Zeit – Schwanengesang der modernistischen Ästhetik.
Nachdem die Achse São Paulo-Rio de Janeiro in den Jahren des Ruhms des Modernismus keine separatistischen Erschütterungen erlitten hatte, änderte die Situation mit dem Konkretismus von Grund auf. Die Gruppen der Bewegung aus São Paulo und Rio de Janeiro

wandten sich einander nur während ein paar Monaten zu und stellten ihre Differenzen schon in einer zweiten gemeinsamen Ausstellung, 1957 in Rio de Janeiro, klar. Die erste Gruppe vertrat die Konzentration der Kräfte im Konzept der puren Visualisierung der Form und suchte diese jeglicher symbolischer Dimension zu entleeren. Die zweite betonte die Einschätzung des Kunstwerks als organisches Phänomen und nicht als reine Maschine oder Objekt, jedoch ohne den nichtfigurativen konstruktivistischen Rahmen zu verlassen.
Eine Spaltung war unvermeidlich. Anfang 1959, anlässlich einer Ausstellung im Museu de Arte Moderna von Rio de Janeiro, die Gemälde von *Lygia Clark,* Gravuren von *Lygia Pape,* Skulpturen von *Franz Weissmann* und *Amílcar de Castro,* sowie visuelle Gedichte von *Ferreira Gullar, Reynaldo Jardim* und *Theon Spanudis* umfasste, tauchte offiziell der Neokonkretismus auf. Sein Manifest bestätigte und vergrösserte die latente Spaltung: «Das Neokonkrete entstand aus der Notwendigkeit, die komplexe Realität des modernen Menschen in der strukturellen Sprache der neuen Plastik auszudrücken, es lehnt die Gültigkeit wissenschaftlicher und positivistischer Ansichten in der Kunst ab und stellt das Problem des Ausdrucks von neuem.» Das Konzept, das Mário Pedrosa herausgab, beruhte vor allem auf Ideen von Ferreira Gullar, dem Theoretiker der Gruppe; seine «Theorie des Nicht-Objekts» (1960) übte in der zweiten Hälfte des 20. Jahrhunderts eine ähnlich befruchtende Funktion aus wie die anthropophagische Strategie von Oswald de Andrade in der ersten Hälfte des Jahrhunderts: beide stechen als seltene Beispiele einer grundlegenden und tiefen Reflexion innerhalb der brasilianischen Kunst hervor – daher rühren auch die unauslöschlichen Spuren, die sie hinterlassen haben.
Die Werke von Lygia Clark und von *Hélio Oiticica* (der 1960 zu der Bewegung stiess) verdeutlichen besser als andere die Eigenheiten des Neokonkretismus. Zwischen 1954 und 1958 hatte Clark eine Serie von Arbeiten entwickelt, in denen sie, allerdings innerhalb der Grenzen der Malerei, die neuen Hindernisse in der nichtfigurativen, malerischen Entwicklung zu überwinden suchte. Ihre modulierten Flächen und ihre Konterreliefs von damals befanden sich jenseits des Darstellungsraums und des Binoms Figur/Hintergrund. Indem sie als Hintergrund den realen Raum bestimmten, signalisierten diese Arbeiten auch bereits einen Übergang in die Dreidimensionalität, der 1960 mit den «Bichos» (Tiere) stattfand – beweglichen Metallplatten, die mit Scharnieren funktionierten und die körperliche Teilnahme des Zuschauers bei der Herstellung des Werks verlangten. Parallel dazu beabsichtigte Oiticica den Bruch mit der zweidimensionalen Oberfläche des Bildes und mit der Tradition der orthogonalen Stütze. Zunächst reduzierte er die Farbskala auf die Farbe Weiss, mit Variationen von Struktur und Intensität; anschliessend ging er zur direkten Konstruktion im Raum über, mit durchschaubaren Strukturen, wo die Farbe mit der Architektur verschmolz. Zusammen mit anderen Vertretern der neokonkreten Gruppe dachte er sich schliesslich Arbeiten aus, in denen sich Konstruktivismus und Dadaismus verbanden, wie zum Beispiel im «Projeto Câes de Caçá» (Projekt Jagdhunde), einer Installation von 1961. Dies geschah immer unter Berufung auf die sensorischen, organischen, expressiven und symbolischen Dimensionen der Kunst, im Gegensatz zu der obsessiven Vorliebe für rein optische Formen und mathematische Konfigurationen, die der Konkretismus verkündigte.
Bei dieser Gelegenheit möchte ich auch auf das Werk von ein paar Malern hinweisen, die sich, ohne je offiziell zum Konkretismus oder Neokonkretismus zu gehören, damals (und auch später) sehr nahe daran befanden. Der erste ist *Alfredo Volpi,* dessen Laufbahn ein Vierteljahrhundert zuvor begonnen hatte. Zu Beginn der fünfziger Jahre, mit den ersten Bildern seiner Serie «Fassaden», bestätigte er seinen grundsätzlichen Anschluss an die populäre Grundlage; er eliminierte aus der Malerei die Perspektive und die mögliche dritte Dimension und erlaubte sich strikt zweidimensionale Kompositionen. Von 1956 bis 1960 intensivierten sich die Strenge der Entäusserung und die geometrische Reinheit bis zu dem Punkt, dass sein Werk sich den paramathematischen Formeln der konkreten Kunst zu unterwerfen schien. Jedoch, eher intuitiv als planmässig, verliess Volpi nie gänzlich die äussere Realität, indem er alle seine Bilder im Grenzgebiet zwischen sichtbarer und erdachter Welt ansiedelte, Transposition und Rekonstruktion.
Die Auseinandersetzung mit den Extremen der formalen Entäusserung zeigt sich zur selben Epoche auch in der Malerei von Mílton Dacosta und seiner Gattin *Maria Leontina Franco da Costa* sowie in der von *Dionísio del Santo* und von *Rubem Valentim,* dem jüngsten von allen. Bei Valentim zeigte sich auch der Einfluss des Uruguayaners Joaquín Torres-García; seine Malerei basierte auf der Simplifizierung, dem Gleichgewicht und der Symmetrie von geometrischen Formen, abgeleitet von einem mythischen Ausgangspunkt, der bis heute sein grundlegendes Ausdrucksmittel ist: das afrobrasilianische Ritual, von dessen symbolischen Elementen (dem Zubehör des Kultes) er immer ausging, zu emblematisch-totemistischen Konstruktionen, flach und im Raum. Dacosta seinerseits malte seit Anfang der vierziger Jahre in einem Stil, der sich auf die Geometrie reduzierte; gleichzeitig mit dem Höhepunkt des Konkretismus verschwanden dabei die Kurven und die

René Burri, Eröffnung von Brasilia durch Juscelino Kubitschek, 1960

Reste von Volumen. Die Farbe gelangte in den Vordergrund – verwendet in Flächen von zurückhaltendem, introspektivem, sogar metaphysischem Ton (Einfluss von Morandi) –, und das Skelett des Werkes beschränkte sich auf immer reinere und weniger üppige Horizontale und Vertikale. Wenn er auch anschliessend, bis zum Ende seines Lebens, zur menschlichen Figur und ihrem barocken Schwung zurückkehrte, so machte Dacosta doch im Geist von Kalkül, Synthese und Askese weiter, der ihn als unvermeidlichen Konstrukteur kennzeichnete.

Maria Leontina realisierte Mitte der fünfziger Jahre eine Serie von Gemälden von genauer geometrischer Durchführung, die sie bis zum Beginn des folgenden Jahrzehnts weiterführte. Dabei bewahrte das Pulsieren eines angeborenen Lyrismus das architektonische Gerüst auf allusiver Ebene – eine Häuserzeile, die sich ausdehnt und in die Luft der Leinwandlandschaft erhebt, die Farbe und die Komposition zwischen dem Begrenzten und dem Unendlichen. Im Gegensatz dazu ging Del Santo von visuellen Spielereien vor figurativem Hintergrund aus, die vibrierend farbig gezeichneten Geduldspielen glichen, und zog es somit vor, sich einer Arbeit zu widmen, die jeglichem Bezug zu Lebewesen, Objekten und Landschaften auswich und die pure Stimulation des Blicks bevorzugte.

Im Verlauf der letzten dreissig Jahre brachte der konstruktive Stil, insbesondere in seiner neokonkreten Ausrichtung, in Brasilien noch verschiedene andere Künstler hervor. Von *Aloísio Carvão* und *Osmar Dillon,* die direkt am Neokonkretismus teilnahmen, bis zu Malern einer jüngeren Generation *(Adriano de Aquino, Ronaldo do Rego Macedo, Manfredo de Souzanetto, Paulo Roberto Leal)* - über herausragende Figuren wie *Arcangelo Ianelli, Eduardo Sued, Mira Schendel, Ione Saldanha* und *Abelardo Zaluar* - die grosse Zahl von Künstlern, die Lust hatten, die Anforderungen von Ordnung, Kalkül, Geometrie und Konstruktion auf sich zu nehmen, sowie die Originalität und Vortrefflichkeit ihrer Werke bezeugen, dass die brasilianische Kunst nicht als reines und einfaches Resultat von figurativen Impulsen angesehen werden kann, seien sie nun realistisch, expressionistisch oder surrealistisch. Diese Vorstellung ist Produkt einer reduktiven und exotisierenden Betrachtungsweise, die Brasilien dazu verurteilt, seine Wurzeln zu suchen und seine Identität an den Gemeinplätzen über ein tropisches Land festzumachen, das peripher und unterentwickelt sei, unfähig, authentisch Formen zu schaffen, die Fortschritt zum Ausdruck bringen. Die Wahrheit entspricht dem nicht im geringsten; dies bestätigen die Künstler, die ich soeben erwähnt habe, und viele andere.

Aber nehmen wir nun die chronologischen Erläuterungen wieder auf, die wir zu Beginn der sechziger Jahre unterbrochen haben. Auf die Zeiten des naturgemäss konstruktiven Selbstbewusstseins sollte eine neue, umfassende Krise folgen. Am Ende der Regierung Kubitschek litt die ökonomische, soziale und politische Atmosphäre einmal mehr unter schweren Spannungen. Die Inflation stieg auf schier unerträgliche Höhen, die Auslandverschuldung erreichte Rekordwerte, wobei ein enormer Anteil unmittelbar eingetrieben werden sollte; wegen mangelnder Kontrolle verdreifachte sich das Budgetdefizit im Nu. Es ist daher nicht weiter verwunderlich, dass ein grosser Teil der Bourgeoisie, unterstützt durch die Mittelklasse, sich nach mehr Strenge sehnte, für sie synonym für Stabilität. Die Wahl von Jânio Quadros, Kandidat der Rechten, erschien damals als natürliche Konsequenz des Drucks gegen den vorhergehenden Regierungsstil.

Die sofortigen Schwierigkeiten der neuen Regierung, in der eine unabhängige Aussenorientierung auf eine konservative Innenpolitik prallte, führten indessen 1961 zu einem schnellen und plötzlichen Rücktritt von Quadros, nach nur sechs Monaten erfüllten Mandats. Auf kulturellem Gebiet liessen die Rückwirkungen dieses Schocks nicht lange auf sich warten. Man ging von der Enthaltsamkeit gegenüber den Fragen des sozialen Lebens, die im vorherigen Jahrzehnt die Regel gewesen war, zu den heftigsten Debatten über, die die umgebende Realität miteinbezogen. Der Neokonkretismus litt am unmittelbarsten unter dieser neuen Situation, in der eine Konvergenz in den spezifischen Fragen der Sprache der Kunst nicht mehr möglich war. Indem die neokonkrete Gruppe sich mit der damaligen ästhetischen Problematik in ihrer ganzen Radikalität befasste, brachte sie die brasilianische Kunst zum ersten Mal in unleugbare Übereinstimmung mit der internationalen Avantgarde. Mit einer Schnelligkeit, die nur aus der Eile der Epoche erklärbar ist, zerbröckelte sie jedoch nach einer letzten Ausstellung im Museu de Arte Moderna von São Paulo im Mai 1961. Zugleich verschwand eine Art und Weise, die künstlerische Produktion in einem Land wie Brasilien anzugehen – zwar an der Peripherie, aber begierig auf Wirkung im Umkreis der Grossen.

Während die Hinwendung zu der sozialen Realität zwischen 1961 bis 1964 für gewisse Sektoren des künstlerischen Schaffens stimulierend war – wie zum Beispiel für das Theater, den Film, die Musik und die Poesie –, geschah im Bereich der Malerei nicht im entferntesten dasselbe. Nur wenige Ausnahmen, vor allem in Gebieten mit starker Beständigkeit der Volkskultur wie im Nordosten, verhinderten die absolute Leere in diesem Sektor. Ausserdem blieb dem politisierenden Streben

nicht viel Zeit, um zu blühen: die Militärdiktatur vom März 1964 richtete sich nämlich in einem zu den vorhergehenden Bewegungen diametral entgegengesetzten Sinn ein und ging sofort daran, die Ideen der revolutionären Volkskultur zu ersticken und die Herstellung und Verbreitung von Kunstwerken ihrem Sicherheitsapparat zu unterstellen.
Und so traf die neue Regierung die bildende Kunst in Brasilien in einer Situation fast gänzlicher Ruhe an. Es kündigte sich damals nur ein Aufkommen und Eingehen der Neuen Figuration aus Europa und der nordamerikanischen Pop-Art an. Ab Ende 1963 begannen die Happenings von *Wesley Duke Lee* und von *Nelson Leirner,* die popkreten Objekte des bis vor kurzem konkretistischen Waldemar Cordeiro, die gequälte schwarze Phase des bis anhin gänzlich konstruktivistischen Ivan Serpa, die tropicalistischen Arbeiten (parangolés) des ex-neokonkreten Hélio Oiticica und ausserhalb der Achse São Paulo–Rio de Janeiro die tellurische Kraft der «pernambucanischen Schule für Malerei», mit *Francisco Brennand* und *João Câmara Filho.*
Die Öffnung gegenüber dem Alltäglichen, die sich in der unumwundenen Wiederaufnahme der bildlichen Darstellung zeigte, erlaubte es auch, dass einige Künstler sich der zunehmenden Verhärtung des neuen Regimes zwischen 1964 und 1968 entgegenstellen konnten. Allerdings taten sie dies nie auf offen angriffige Weise, sondern schützten sich mit der Vorsicht, die die Kunst gewährt; den Makeln der Zeit wurde mit Kraft und Humor begegnet, insbesondere in den Werken von vier Künstlern, die damals in Rio de Janeiro auftauchten: *Rubens Gerchman, Roberto Magalhães, Antonio Dias* und *Carlos Vergara.*
In dieser Zeitspanne ragte für die brasilianische Kunst das Jahr 1967 heraus. Trotz der Verhärtung des Militärregimes zeigte sie sich immer noch zu grosser Erregung fähig, mit Bewegungen, Manifesten und kollektiven Ausstellungen im ganzen Land. Als Erbe der «Anthropophagie» von Oswald de Andrade breitete sich der sogenannte Tropicalismo im ganzen Gebiet der künstlerischen Produktion aus, von der Musik von Caetano Veloso und Gilberto Gil bis zum Kino von Glauber Rocha. Natürlich begeisterten die überschwenglichen und kritischen Karnevalsfeste, die die brasilianische Kultur spiegelten, auch die darstellenden Künste: dies beweisen die Serien von Gemälden «Terra Brasilis», «Brasiliana» und «Bovinocultura», die unter diesen Umständen von *Glauco Rodrigues* in Rio de Janeiro, *Antonio Henrique Amaral* in São Paulo und *Humberto Espíndola* in Mato Grosso, im Zentrum des Landes, begonnen wurden.
Die Ausstellung *Nova Objetividade Brasileira,* im Museu de Arte Moderna von Rio de Janeiro (April 1967), wurde zu einem Höhepunkt für diejenigen, die nicht nur getreulich die Eigenheiten des Moments abbilden, sondern auch als Motor für zukünftige Entwicklungen dienen wollten. Auf der Welle der Wiederentdeckung der Bildlichkeit, aber beweglich genug, um zugleich das Gegenteil – die Postulate der konstruktivistischen Reinheit des vorhergehenden Zeitraums – aufzunehmen, gelang mit dieser Ausstellung eine zweckmässige Rückkehr zum Geist der Überlagerung und Aussöhnung, wie sie der brasilianischen Mestizen-Mentalität seit jeher entsprach. Als ob Brasilien – in unterschwelligem Barock – Explosion und Disziplin, Seltsamkeit und Ordnung, Bewegung und Geometrie Seite an Seite wüsste. Dies zeigte sich auch in den Werken der dort vertretenen Künstler, die einen Querschnitt durch das Beste der Avantgarde aus Rio de Janeiro und São Paulo darstellten. Das will nun nicht heissen, dass ihre Werke notwendigerweise beide Pole vereinten; es war jedoch wichtig, dass, obwohl unzusammenhängend und widersprüchlich, jene Künstler erschienen und im Rahmen eines fruchtbaren Treffens voneinander profitierten.
Im Katalog zur Ausstellung fasste ein langer Text von Hélio Oiticica zusammen, was damals in der Welt der Kunst in Veränderung begriffen war: der unwiderstehliche Schritt über die Konvention des «Bildes» hinaus in Richtung einer umfassenderen Einheit, die von da an «Objekt» genannt werden sollte. Eine Einheit, die zu einer aktiveren Teilnahme des Zuschauers führen sollte, indem dieser das Kunstwerk, gewissermassen als zusätzlicher Gestalter, manipulierte. Im Grund kündigte sich mit diesem Bewusstsein, mit der Bejahung der Kreativität als reiner Aktivität, bereits der Übergang vom «Objekt» zum «Konzept» an, wonach bereits die Herstellung eines Werkes als Kunstwerk betrachtet wird. Objekt, Nicht-Objekt – der Neokonkretismus verdient die Ehre als Vorläufer.
Der Impuls der *Nova Objetividade Brasileira* (Neue Brasilianische Objektivität) zwischen 1968 und 1972 war sehr fruchtbar und kompensierte die bitteren Zeiten, während denen das Land in die Mystik der Kaserne getaucht war. Die Maxime der Künstler war einschneidend und hiess: Vom Museum auf die Strasse, von der Antikunst zur totalen Kunst. Sie gipfelte in den *Domingos da Criação* (Sonntage der Kreation), die der Kritiker *Frederico Morais* 1971 in den Gärten und Innenhöfen des Museu de Arte Moderna in Rio de Janeiro durchführte: einer Art von grossen Happenings mit dem Ziel, die Kreativität zu befreien. Das Volk als Künstler, das Leben als Kunst, für alle die Chance zur Gestaltung und nicht nur die Verurteilung zum Betrachten von fertigen Werken. Zu diesem Zweck erhielt jedermann die Mög-

lichkeit, mit den verschiedensten Materialien zu arbeiten, die ausreichend verteilt wurden: Papier, Schnüre, Metall- und Plastikfäden, Stoffe, etc. – es wurde auch der eigene Körper verwendet und weniger greifbare Dinge wie Geräusche.
Ein extremer Zeitabschnitt also im Fortschreiten der zeitgenössischen Kunst. Und von ihm leitete sich in Brasilien in den siebziger Jahren auch der häufige Gebrauch eines ganzen Arsenals neuer, experimenteller Mittel ab, welche die Konzeptkunst und ihre Paralleldisziplinen (Arte Pobre, Body-Art, Land-Art, Mail-Art, Video-Art, Fotosprache) prägten. Die wichtigsten Hilfsmittel dieser kämpferischen Strategie der Kunst, die vom bereits bestehenden System ausging, waren das Museu de Arte Moderna von Rio de Janeiro und das Museu de Arte Contemporânea der Universität von São Paulo. In beiden stellten sich Künstler verschiedener Generationen und Standpunkte vor, die sich einen Moment lang um Strömungen versammelten, die «en vogue» waren: *Lygia* Pape, *Anna Bella Geiger, Julio Plaza, Regina Silveira, Carlos Zílio, Maria do Carmo Secco, Cildo Meireles, Antonio Manuel de Oliveira, Arthur Alípio Barrio, Waltércio Caldas Júnior, Iole de Freitas e Tunga* und andere. Sie alle verliessen nach und nach die öffentlichen Plätze, die sie zur Genüge untergraben hatten, und kehrten in die sicheren vier Wände des Museums zurück, von wo aus sie in Gruppen den Mikrokosmos des Kunstsystems bekämpfen konnten, anstatt sich der grösseren Unordnung der Realität zu stellen.
Und so vergingen die siebziger Jahre in der brasilianischen Kunst in einer grundsätzlich ambivalenten Atmosphäre, zwischen den Frustrationen der militärischen Repression und dem Enthusiasmus, den das «Wirtschaftswunder» hervorrufen sollte. Der Zusammenbruch der Maxime «l'imagination au pouvoir» – letzte Utopie der Moderne, die 1968 sowohl zündete als auch erstickt wurde – und die Erdölkrisen von 1973 und 1979 gaben dem Jahrzehnt einen bitteren Beigeschmack, ein Gefühl des Mangels an Energie, das durch die Unterdrückung innerhalb eines autoritären Regimes noch verstärkt wurde. Überall schwächte sich der avantgardistische Geist ab; die individualistische Isolation ersetzte unerbittlich die Arbeit in Gruppen, und der Komfort der Ruhe trat an die Stelle der Risiken des Kampfes. Abgesehen von den Domingos da Criação, den «experimentellen Bereichen» im MAM von Rio und im MAC von São Paulo, dem Wirken der *Escola Brasil* in São Paulo (mit *Frederico Nasser, Carlos Fajardo, José Resende* und *Luiz Paulo Baravelli)* und dem auch im Landesinnern, im Staat Minas Gerais wieder aufkommenden Interesse für die zahlreichen Möglichkeiten des Zeichnens, hat diese Periode daher in der Umgebung kaum nachhaltige Spuren hinterlassen.
Dies kontrastierte mit der Explosion, die der Kunstmarkt in Brasilien in der ersten Hälfte der siebziger Jahre erlebte. Obwohl bereits seit Anfang der sechziger Jahre Galerien auftauchten, die auf zeitgenössische Kunst ausgerichtet waren, wurde ihre Expansion erst mit dem Boom zehn Jahre später offensichtlich. Zu Beginn der siebziger Jahre füllten sich die Auktionshäuser wie Eldorados, wo Kunst als Investitionsmöglichkeit angesehen wurde, während Ausstellungen und Biennalen an Substanz verloren und sich als unfähig erwiesen, die radikalen Forderungen der Zeit aufzunehmen.

Erst mit dem erneuten Zusammenwirken positiver Faktoren auf äusserer und innerer Ebene heiterte sich diese schleppende und ungesunde Atmosphäre ein wenig auf und versprach eine gewisse Wiedererlangung der Vitalität. Im internationalen Kreislauf traten neue Strömungen auf – die italienische Transavanguardia, der deutsche Neo-Expressionismus, das nordamerikanische Bad Painting und der Graffiti-Stil –, und als neuer König, der soeben den Thron bestiegen hatte und totale stilistische Freiheit gewährte, erschien der Postmodernismus; die neuen Stilrichtungen verbanden sich in Brasilien mit einer politischen Öffnung und der Amnestie, die 1979 folgte. Dieses Klima begünstigte das Aufkommen einer neuen Generation von brasilianischen Künstlern, die begeistert die Malerei wiederaufnahmen und sie sogleich zu ihrem wichtigsten Ausdrucksmittel machten, wie sie auch in der übrigen Welt auf ihr Podest zurückkehren durfte.
Da der Kern der sogenannten *Geração 80* (achtziger Generation) vortrefflich den bestehenden Umständen widersprach – Sinnlichkeit gegen die Repression, Arglist gegen die Lüge, jugendliche Leidenschaft gegen den Zynismus der Gerontokratie – kann sie nicht besser beschrieben werden als mit dem Aufzählen ihrer vielfältigen Verweigerungen. Ihre hauptsächliche Eigenart lässt sich mit folgenden Negations-Parolen umschreiben: nichts von Kälte, nichts von hochtrabenden Theorien, nichts von Isolation, nichts von Verboten oder Ausgrenzungen und vor allem nichts von einem ausschliesslichen Stil. Wenn ein Charakterzug für diese Bewegung besonders bestimmend war, war es ihre Fähigkeit, wirkungsvoll verschiedenartige Modelle zu verbinden.
Sie beschränkte sich aber nicht nur darauf, Modelle zu verbinden, sondern wusste, intuitiv oder bewusst, auch diejenigen auszuwählen, die am besten zu ihr passten, selbst wenn sie in sich widersprüchlich waren. Durch direkte Erfahrung oder einfach Neugier auf Distanz ent-

deckte die achtziger Generation in Europa und den USA zwar unwiderstehlich interessante Quellen, zugleich bewies sie aber auch die Fähigkeit, sich eigene Vorbilder zu schaffen, indem sie in ihrem Durst nach Widersprüchlichem reichlich typisch brasilianisches Wasser trank . So liess sie sich einerseits von ursprünglichen Energien beeinflussen, vom entwaffnenden Lachen und dem karnevalesken Pulsieren, das einer gewissen Idee der «Anthropophagie» innewohnte und sich in einer Kultur mit langer kolonialer Vergangenheit als günstige Waffe erwiesen hatte; andererseits hielt sie aber auch an einer Grundlage von Kalkül, Ordnung, Geometrie und Konstruktion fest, gemäss den Erfordernissen von Aktualität und Fortschritt. Ihr Verdienst bestand letztlich darin, Strenge und Wärme, Sinnlichkeit und Disziplin, Intuition und Reflexion zu versöhnen.

Als ihre Hauptvertreter möchte ich hier *José Leonilson, Leda Catunda, Hilton Berredo, Daniel Senise, Jorge Duarte, Nuno Ramos, Julio Villani* und *Adir Sodré* erwähnen, ohne die zu vergessen, die ihre Werke bereits früher begannen und in der Atmosphäre der angehenden achtziger Jahre die ideale Gelegenheit sahen, sich durchzusetzen, so *Victor Arruda, Jorge Guinle Filho, Fernando Barata, Cláudio Fonseca* u. a. Der Höhepunkt ihrer Zusammenarbeit war von 1983 bis 1986, mit besonderem Einsatz anlässlich der Ausstellung *Como Vai Você, Garação 80?* (Wie geht es dir, 80er Generation?), die in Rio de Janeiro 123 Künstler zusammenbrachte. Anschliessend erfolgte wieder eine Zersplitterung, mit der die 80er Jahre zu Ende gingen und das jetzige Jahrzehnt begann.

Enthusiasmus und Zersplitterung, beständiger Wechsel von Hochs und Tiefs und die Gewissheit, dass fast nichts der Zeit standhält, aber sich in fruchtbarer Kette fortpflanzen kann: leider entwickelt sich die brasilianische Kunst immer noch in dieser schmerzlichen Diskontinuität. Ohne Zweifel erreichte sie im Verlauf des 20. Jahrhunderts vieles: sie stellte sich kritisch ihrer Vergangenheit, sie erkannte die Grundlagen ihrer Identität, sie entwarf Grundlagen zur Reifung und brachte vor allem unzählige dauerhafte Werke hervor, die nur eine Änderung der Windrichtung in der Hierarchie der Werte des internationalen Kreislaufs abwarten, um entdeckt, verstanden und bewundert zu werden. Es fehlte ihr aber die Fähigkeit, die Flamme der Reflexion unbeirrbar brennen zu lassen, ein wesentlicher Faktor zur Krönung der Entwicklungsbemühungen, die wir bis hierher beobachtet haben.

Diese Situation lässt sich mit den Strukturmängeln des brasilianischen Kunstsystems erklären, die grösstenteils eine Folge der beschränkten Möglichkeiten sind, die Brasilien als peripheres Land in ökonomischen, politischen und kulturellen Zusammenhängen weiterhin kennzeichnen. Der Ursprung des Problems liegt auch in einem chronischen Mangel an kulturellen Richtlinien: von oben bis unten wird im Rhythmus von Improvisationen gehandelt, gemäss jeweiligem Gemütszustand, gelegentlichen Interessen und paternalistischer Begünstigung. Dies führte in erster Linie zu einer unverzeihlichen Schwäche des institutionellen Netzes, angefangen bei den Museen, die unzureichend und untereinander unzusammenhängend organisiert sind, und denen materielle, finanzielle und personelle Mittel fehlen, um verbindlich und beständig handeln zu können. Es gibt auch kaum Möglichkeiten zur Diskussion und Publikation – kaum gute Fachzeitschriften, was einem Versagen der Universität gleichkommt, die das Blühen einer Kunstkritik auf gutem Niveau zu wenig vorantrieb. Selten sind zudem die Sammler mit Ausdauer und Durchhaltevermögen. Obwohl der Kunstmarkt gut ausstaffiert ist, mit Galerien aller Arten, leidet er unter mangelndem Ehrgeiz und beschränkter Professionalität: fast nie finden sich zusammenhängende Programme, die das Alte oder das Neue aufwerten, und noch weniger ein Bemühen, das aktuelle ausländische Schaffen aufzugreifen. Und schliesslich entsprach auch die Biennale von São Paulo – für das brasilianische Publikum eine der einzigen Zugangsmöglichkeiten zu dem, was in der übrigen Welt in der Kunst geschieht – bei weitem nicht den Erwartungen, da sie in ununterbrochenen Krisen punkto Budget, Verwaltung und Ansehen steckte.

Die Situation ist gewiss komplex und unbequem. Wenn ich sie in den Schlussfolgerungen meines Überblicks über fast ein Jahrhundert der modernen, zeitgenössischen Kunst von Brasilien so dargestellt habe, geschah es in der Überzeugung, dass nur eine bewusste Haltung, die sich gegenüber der zugrundeliegenden Problematik kritisch verhält, dazu beitragen kann, das Potential, über das die brasilianische Kunst verfügt, zu verwirklichen.

Anita Malfatti, India, 1917, Sammlung Gilberto Chateaubriand, Rio de Janeiro

Anita Malfatti, Tropical, 1917, Pinacoteca do Estado de São Paulo

Vicente do Rego Monteiro, Anbetung der Heiligen Drei Könige, 1925, Sammlung Gilberto Chateaubriand, Rio de Janeiro

Vicente do Rego Monteiro, Krieger, Amazonas-Indianer, Indianerkind, 1920, Sammlung Gilberto Chateaubriand, Rio de Janeiro

Vicente do Rego Monteiro, Indio arqueiro, 1925, Sammlung Beatriz und Mario Pimenta Camargo, São Paulo

Tarsila do Amaral, Negerin, 1923, Museu de Arte Contemporânea, São Paulo

Tarsila do Amaral, Favela, 1924, Sergio Sahione Fadel, Rio de Janeiro

Tarsila do Amaral, São Paulo, 1924, Pinacoteca do Estado de São Paulo

Tarsila do Amaral, Urutu, 1928, Sammlung Gilberto Chateaubriand, Rio de Janeiro

Tarsila do Amaral, Abaporu, 1928, Maria A. & Raul De Souza Dantas Forbes

Tarsila do Amaral, Früchteverkäufer, 1925, Sammlung Gilberto Chateaubriand, Rio de Janeiro

Peter K. Wehrli

# «Dieser Schweizer hat die Brasilianer brasilianisiert»

## Blaise Cendrars und der Modernismo

«Das 21. Jahrhundert wird das Jahrhundert Lateinamerikas sein. Deshalb ist es falsch, dass Europa und vor allem Frankreich und die Mittelmeerländer sich überhaupt nicht für die politischen, wirtschaftlichen, moralischen, geistigen und religiösen Revolutionen Süd- und Mittelamerikas interessieren. Denn in diesen Gebieten, die heute noch zu drei Vierteln unerschlossen sind, wird sich künftig ihr Schicksal entscheiden.» Mit dieser Überzeugtheit hat Blaise Cendrars seinen Glauben an die revolutionierende Kraft lateinamerikanischer Geistigkeit formuliert, an die Tragkraft jener kulturellen Revolution, an deren Zustandekommen er mitbeteiligt war. Es hätte allerdings nicht viel gefehlt, und dies wäre verunmöglicht worden.

Blaise Cendrars, 1926

Wie von einer bitteren Anekdote, berichten die überlebenden brasilianischen Freunde noch heute von jenem entscheidenden Augenblick: «Hätte der Passbeamte im Hafen von Santos am 6. Februar 1924 seine Macht ungehindert ausüben können, so müsste heute ein wichtiges Kapitel der Geschichte des Kulturaustausches vermutlich anders geschrieben werden. Oder gar nicht.» Wutentbrannt zerrte nämlich – die Szene ist künstlerisch und dokumentarisch überliefert – der Einwanderungsbeamte am leer von der Schulter hängenden Rockärmel des eben aus Europa angekommenen Passagiers. Mit hochrotem Kopf stellt er sich dem Ankommenden in den Weg: «Brasilien braucht Arbeitskräfte! Was soll da einer mit nur einem Arm!» Jetzt kommt Bewegung in die Gruppe von Brasilianern jenseits der Abschrankung. Sie waren von São Paulo zur Hafenstadt Santos gefahren, um den Gast aus Europa am Schiff willkommen zu heissen. Der Neuankömmling sei kein arbeitssuchender Einwanderer, rufen sie dem Grenzpolizisten zu, sondern ein bedeutender Dichter! Und sollte ihm, seines fehlenden Armes wegen, die Einreise verweigert werden, so sei mit einem gewaltigen Skandal in der Presse Europas und Brasiliens zu rechnen. Angesichts der Beharrlichkeit der aufgebrachten Gruppe gibt der Beamte schliesslich nach. Der einarmige Dichter darf den Boden Brasiliens betreten.

Tarsila do Amaral, Einladungskarte zu einem Vortrag, 1924

Auf solch dramatische Weise erlebt der brasilianische Kinobesucher auf der Leinwand die Ankunft des Schriftstellers Blaise Cendrars in Brasilien. Im Film «O homen do Pau Brasil» von Joaquim Pedro de Andrade spielt der Schauspieler Marcos Fayad den 1887 in La Chaux-de-Fonds geborenen Schweizer Schriftsteller Blaise Cendrars, der Brasilien bald als seine zweite geistige Heimat erleben wird. Und dieser Spielfilm ist bei weitem nicht der einzige Streifen, der Cendrars in die brasilianischen Kinos brachte. Diese Filmpräsenz ist ein populäres Zeichen für die Hochschätzung, die Cendrars auch heute noch in der brasilianischen Kulturszene erfährt.

Carlos Augusto Calil, selber Realisator eines brasilianischen Cendrars-Filmes, erklärt die Faszination der Filmemacher für den Dichter so: «Cendrars ermöglichte es den brasilianischen Filmregisseuren, die brasilianische Realität endlich ohne das einschränkende und auswählende Auge des Dokumentaristen zu sehen, sondern in einer kreativeren und freieren Optik. Deshalb berufen sich viele Filmgestalter auf ihn. Sie weigern sich, so wie damals Cendrars, nur die Fakten, die scheinheilige Realität anzunehmen und suchen

Ankunft und Empfang von Blaise Cendrars in Brasilien, Februar 1924

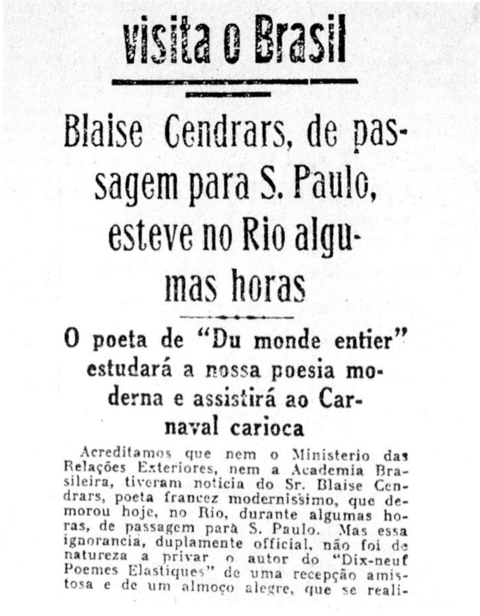

**visita o Brasil**

**Blaise Cendrars, de passagem para S. Paulo, esteve no Rio algumas horas**

**O poeta de "Du monde entier" estudará a nossa poesia moderna e assistirá ao Carnaval carioca**

Acreditamos que nem o Ministerio das Relações Exteriores, nem a Academia Brasileira, tiveram noticia do Sr. Blaise Cendrars, poeta francez modernissimo, que demorou hoje, no Rio, durante algumas horas, de passagem parà S. Paulo. Mas essa ignorancia, duplamente official, não foi de natureza a privar o autor do "Dix-neuf Poemes Elastiques" de uma recepção amistosa e de um almoço alegre, que se reali-

Zeitungsnotiz vom 5. Februar 1924

nach der wahren Realität, nach dem innern und psychologischen Sinn der Dinge der brasilianischen Kultur und ihrer Ausdrucksformen.»
Dass sich die Einreise des Schweizers – in dessen Pass die Freunde seinen wirklichen Namen Frédéric Sauser gelesen hatten – in Tat und Wahrheit eher noch dramatischer als im Film abgespielt hatte, ist in den «Recordações de Blaise Cendrars» des Autors Rubens Borba de Moraes nachzulesen. Er gehörte nämlich mit Sérgio Milliet, Luís Aranha und Couto de Barros zu jener Gruppe von Künstlern und Schriftstellern, die nach Santos gekommen waren, um Blaise Cendrars vom Schiff abzuholen. Ihre an den Einwanderungsbeamten gerichteten Warnungen vor einem Presseskandal scheinen tatsächlich mehr als nur eine blosse Drohung gewesen zu sein. Die Presse von Rio hatte nämlich den Dichter schon tags zuvor mit Schlagzeilen überrascht, die ihm in Europa nie zuteil geworden waren.
Für wenige Stunden nur hatte das Schiff, das Cendrars über den Atlantik gebracht hatte, am 5. Februar im Hafen von Rio geankert. Am Abend dieses Tages stand auf der Titelseite der Zeitung «A Noite» die Schlagzeile: «Blaise Cendrars war auf der Durchreise nach São Paulo für einige Stunden in Rio!» «O Jornal» brachte die Überschrift: «In Brasilien trifft der grosse französische Dichter Blaise Cendrars ein.» Und das Abendblatt «O Imparcial» titelte: «Ankunft der ‹Formosa›. Passagiere für Rio. Der Dichter Blaise Cendrars in Transit.»
Wahrlich ein überwältigender Empfang für einen Dichter, dessen Werk sowohl in der Schweiz als auch in seiner Wahlheimat Frankreich erst von wenigen Eingeweihten zur Kenntnis genommen worden war. In Brasilien aber wurde der Verkannte fast wie eine Weltberühmtheit willkommen geheissen.
Mitten im Begrüssungsrummel schon muss Cendrars geahnt haben, dass der Inszenator des Empfangs in den Häfen von Rio und Santos sowie der Schlagzeileneuphorie in der Presse der einflussreiche *Paulo Prado* war, der angesehene Kaffeekönig von São Paulo. Cendrars hatte den reichen Brasilia-

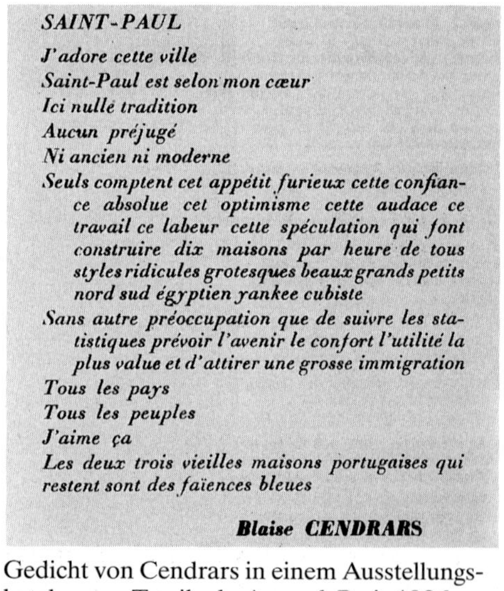

*SAINT-PAUL*

*J'adore cette ville*
*Saint-Paul est selon mon cœur*
*Ici nulle tradition*
*Aucun préjugé*
*Ni ancien ni moderne*
*Seuls comptent cet appétit furieux cette confiance absolue cet optimisme cette audace ce travail ce labeur cette spéculation qui font construire dix maisons par heure de tous styles ridicules grotesques beaux grands petits nord sud égyptien yankee cubiste*
*Sans autre préoccupation que de suivre les statistiques prévoir l'avenir le confort l'utilité la plus value et d'attirer une grosse immigration*
*Tous les pays*
*Tous les peuples*
*J'aime ça*
*Les deux trois vieilles maisons portugaises qui restent sont des faïences bleues*

***Blaise CENDRARS***

Gedicht von Cendrars in einem Ausstellungskatalog von Tarsila do Amaral, Paris 1926

ner im Jahr zuvor beim Stöbern in einem Antiquariat in Paris kennengelernt. Es entwickelte sich eine folgenreiche Freundschaft, und Prado wurde für Cendrars zur Schaltstelle vieler Kontakte und Bekanntschaften in Brasilien. Cendrars schildert seinen neuen Freund als den hochherzigen Milliardär, der ihn 1924 dann zu dieser ersten Brasilienreise «verführt habe».
Im Gefolge von Paulo Prado waren damals auch die bedeutende brasilianische Malerin Tarsila do Amaral und der Schriftsteller Oswald de Andrade nach Paris gereist. Dort hatten sie Cendrars' frühe Gedichtbände aufgespürt und im Gepäck nach Brasilien mitgenommen. In São Paulo dann gingen diese Bändchen von Hand zu Hand und bewirkten, dass der Name Blaise Cendrars zum hochgeachteten Begriff wurde im Kreis der Künstlergruppe der «Modernisten», der Tarsila und Oswald angehörten und als grosszügiger Mäzen und Förderer eben auch der legendäre Paulo Prado.
Schon bei der Ankunft im Hafen der Stadt Santos, dem Sitz der Kaffeebörse, stieg Cendrars zum erstenmal der schwere Geruch des Kaffees in die Nase, diese Duftwolke, die über den Gassen schwebte, der Geruch des brasilianischen Nationalproduktes, dessen Verarbeitung der Dichter als verwöhnter und umworbener Gast im Herrenhaus von Paulo Prados Plantage in São Martinho mitverfolgen konnte. Diesem magischen Gewächs widmete Cendrars den Text «La métaphysique du café». Und es muss als Zeichen der Hochschätzung gelten, die Cendrars von den brasilianischen Intellektuellen entgegengebracht wurde, dass die grosse Zeitung «O Jornal» diesen umfangreichen Text in französischer Sprache publizierte und nicht in der üblichen portugiesischen. Gleichzeitig aber ist es ein Hinweis darauf, wie stark die französische Kultur in den höheren Gesellschaftsschichten Brasiliens verbreitet war, so auch in jenen der «Modernisten», die sich auf ihren häufigen Reisen nach Paris über die neuesten künstlerischen Entwicklungen in Frankreich orientierten. Diese Neugier auf europäische Tendenzen – und das Reagieren darauf in brasilianischen Ateliers – wird durch Cendrars Ankunft in Brasilien bald in eine andere Richtung gelenkt werden.
In São Paulo nun befindet sich Cendrars mitten im pulsierenden Herz des «Modernismus». Schnell wird er Teil der Künstlerschaft dieser Stadt bei ihren allnächtlichen Diskussionen in den Ateliers. Das Wort «Modernismus» erhält für ihn vielfältige Bedeutung. Selbst die städtebauliche Explosion, die ersten nun aufragenden Wolkenkratzer, erlebt er als Ausdruck einer erneuernden Lebenskraft: «Ich liebe diese Stadt. Sankt Paul ist nach meinem Geschmack», schreibt er und preist die Traditionslosigkeit und die kühnen Perspektiven, die gerade sie eröffnet: «Die Lebenslust und die Freude am Geldverdienen sprechen im Geschrei der Hupen und im Knattern der offenen Auspuffrohre». «Klaxon» – die Hupe – heisst schliesslich auch die Zeitschrift der «Modernisten».
Wenige Tage nach der Ankunft organisiert die grossbürgerliche Gönnerin Olivia Guedes Penteado in ihrer Villa ein Nachtessen, um Blaise Cendrars in die Künstlerkreise von São Paulo einzuführen. In der Gesellschaftsklatschkolumne der Zeitung «Correio Paulistano» ist nachzulesen, dass Cendrars bei diesem Anlass auch Mário de Andrade begegnet ist, dem Autor des heute vielübersetzten «Macunaima». Er, der sich von allen am intensivsten mit Cendrars' Werk beschäftigt hatte, erkannte im Europäer gewissermassen einen Verbündeten, einen Skeptiker gegenüber der «Europagläubigkeit der Gruppe».
Von diesem Tag an tritt ein intensives Wechselspiel von Anregung und Beeinflussung in Kraft, das in der westlichen Kulturgeschichte seinesglei-

Tarsila do Amaral, Selbstporträt I, 1924

Titelblatt der Zeitschrift *Klaxon,* 1922, Biblioteca Municipal Mario de Andrade, São Paulo

chen sucht und die brasilianische Kultur entscheidend mitgeprägt hat. Es ist mehr als nur eine beiläufige Anekdote, wenn sich heute seine wenigen noch lebenden Freunde in São Paulo verschmitzt zuraunen, Cendrars sei ausser an der kulturellen Entwicklung Brasiliens auch an der Gründung einer Dynastie von Rennpferden mitbeteiligt. Sie signalisieren damit die Bandbreite der Auswirkungen von Cendrars Aufenthalt: Aus Paris war eben das erste Exemplar seines Gedichtbandes «Kodak» eingetroffen, als man auf der Plantage Santo Antônio der Olivia Guedes Penteado einen Namen für ein neuerworbenes Rennpferd suchte. So taufte man das Pferd «Kodak», und Cendrars soll sich über diese augenzwinkernde Hommage gefreut haben. Jeder Nachkomme des Pferdes trägt seitdem den Namen Kodak weiter und mit ihm die Erinnerung an den Dichter Blaise Cendrars.

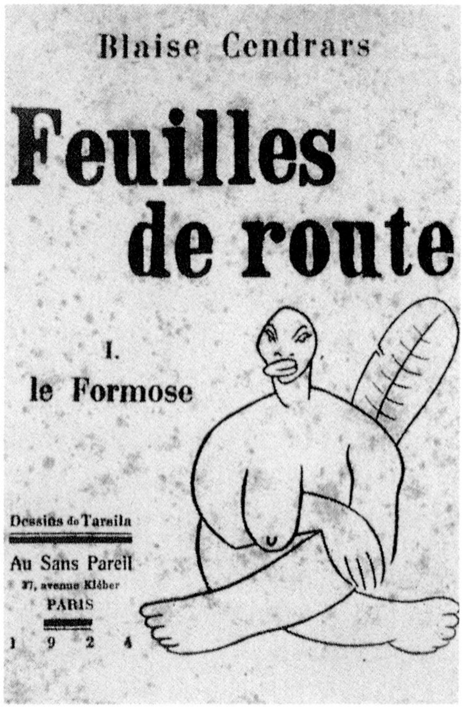

Titelblatt des Gedichtbandes *Feuilles de route* mit einer Zeichnung von Tarsila do Amaral, Paris 1924

Die Künstler aus der Gruppe der «Modernisten» hatten zwei Jahre vor Cendrars Ankunft in Brasilien erstmals die legendäre *Semana de Arte moderna* durchgeführt, die Woche der modernen Kunst, eines der entscheidenden Ereignisse für die brasilianische Kultur dieses Jahrhunderts. Sie markiert die Abkehr von den Normen eines überlebten akademischen Kunstprogramms und die Suche nach dem Anschluss an die internationale Avantgarde, deren Zentrum damals Paris war. Als Mitinitiantin dieser Manifestation des erwachenden kulturellen Selbstbewusstseins berief sich Tarsila do Amaral früh und mit Nachdruck auf Blaise Cendrars, vorab auf seine Gedichtsammlung «Anthologie nègre». Durch dieses Buch wurde dem Künstlerkreis in Erinnerung gerufen, welch grossen und immer wieder verdrängten Anteil das afrikanische Erbe an der Kultur Brasiliens hat. Der Soziologe und Schriftsteller Gilberto Freyre: «Cendrars hat erkannt, wie wichtig der Neger für die brasilianische Kultur ist. Nicht nur der Neger, ganz besonders auch der Mulatte. Andere Europäer vor ihm hatten sich mit brasilianischer Kultur befasst, ohne allerdings zu merken, dass es neben dem bestimmenden Klima der Tropen auch der Neger ist, der zur Ausbildung der spezifisch brasilianischen Kultur beigetragen hat; der Neger ist es, weil er sich wie kein anderer mit dem Wesen des Tropischen identifiziert.»[1]

Um den mittellosen Dichter nicht ganz von der Gunst Paulo Prados, der ihn nach Brasilien eingeladen hatte, abhängig zu halten, organisierten seine Freunde Vortragsabende für Cendrars, deren Erlös ganz ihm zukam. Sie mieteten Säle für eine Reihe von Vorträgen, deren erfolgreichster «Die Literatur der Neger» zum Thema hatte. Das Echo bei Publikum und Presse war enorm. Gilberto Freyre, dessen epochemachendes Hauptwerk «Herrenhaus und Sklavenhütte» Cendrars selber ins Französische übersetzen wollte, fasst des Europäers Einwirken auf die brasilianische Kultur in die emphatischen Sätze: «Dieser Schweizer wurde ein Wiederentdecker Brasiliens, lange bevor die Brasilianer selbst so weit waren». Da sahen sich die Brasilianer – nach Freyre – plötzlich auf ihr eigenes kulturelles Erbe zurückverwiesen, auf die Mischkultur des Landes, auf das Ineinander von afrikanischen, indianischen und europäischen Elementen, das Cendrars zum entscheidenden Erlebnis geworden ist; er habe sich intensiver als andere Europäer selber dem Einfluss dieser mestizischen und mulattischen Kulturen ausgesetzt, und dies wiederum habe bewirkt, dass Cendrars als ein Verwandelter nach Europa zurückgekehrt sei.

Zeugnis davon geben auch die heftigen Bilder seiner Romane und die mitunter ekstatische Sprachkraft seiner Schilderungen. Die Gleichzeitigkeit all dieser fremden Erscheinungen scheint Cendrars als eine Abbreviatur der Welt erschienen zu sein: «Das Zentrum der Welt» heisst einer der allerletz-

ten Texte, den Cendrars kurz vor seinem Tod noch in Angriff genommen hat. Er handelt von Brasilien.
Seinen Nachruf auf Blaise Cendrars eröffnete Gilberto Freyre mit dem Satz: «Mit dem Tod von Blaise Cendrars verliert Brasilien einen der klarsichtigsten Interpreten seiner mestizischen Kultur.» Und im Gespräch dann wagte er es, einen Teil der brasilianischen Einflussnahme auf Cendrars Schreiben auf sein eigenes Konto zu verbuchen: «In der Art, wie Cendrars sich über mein Buch äusserte, wurde klar, wie stark ‹Herrenhaus und Sklavenhütte› ihn geprägt hatte . . . auch die einem Sozialroman ähnliche Form, in der das Buch verfasst war. Und gerade diese Form ist im Erscheinungsjahr des Buches von den Literaturkritikern verachtet worden. Cendrars hingegen hat sie in Schutz genommen: ‹Diese neue Art des dem Nordosten entstammenden Sozialromans ist ebenso wichtig wie der nordamerikanische Sozialroman von Hemingway und John dos Passos.›»
1924 jedenfalls kulminierte das Widerspiel der Beeinflussung in den lebhaften Diskussionen in den Salons von Cendrars Gönnern und im Atelier von Tarsila, diesem kulturellen Schnittpunkt von Europa und Lateinamerika. In diesem Umfeld erhält auch der Vorwurf besonders Gewicht, den Cendrars seinen Freunden, den «Modernisten», mit Beharrlichkeit immer wieder machte: Er warf ihnen vor, sie hätten sich in ihrer Semana de Arte moderna immer noch zu stark nach Europa ausgerichtet und die brasilianische Originalität, das eigene Herkommen, gering geachtet. Auf diese Weise bewirkte er in ihnen eine vielerorts belegbare Rückbesinnung auf die eigenen Wurzeln, die eigenen Kräfte. Gerade die bedeutendsten Gemälde in Tarsilas malerischem Werk belegen die Auswirkungen, die Cendrars Mahnungen hatten. Davon spricht auch der Cendrars-Forscher Alexandre Eulalio: «Cendrars hat jenes Idealbild Brasiliens entworfen, das Tarsila und Oswald de Andrade übernommen haben. Sie liessen sich von ihm inspirieren. So hat Tarsila dann vor allem einmal sich selbst entdeckt – und damit auch eine ‹nationale Bildsprache›, die von grossartiger Melancholie geprägt ist. Auf dieser Forschungsreise zu den eigenen Quellen führte Cendrars sie an jenen Ausgangspunkt, von dem aus brasilianische Identität sichtbar wurde. In einem wichtigen Manifest gaben ihr die beiden den Namen ‹Pau Brasil›.»
So überwand Tarsila die routinemässige Naturnähe des akademischen Kunstprogramms und begann, das Gesehene neu zu interpretieren, zu ordnen, vorerst nach bildnerischen Normen, die ihr auf ihren Europareisen begegnet waren. Ihre volle Eigenständigkeit aber begann sie auszuleben, als sie ihre neuentwickelte Formensprache dann auf brasilianische Themen übertrug, die Sinnlichkeit und Formenreichtum der Tropen feierten. Da wurde die Malerin erst eigentlich zur Bilderfinderin. In ihren hervorragenden Zeichnungen zu Cendrars' Werk bekennt sie sich zur Geistesverwandtschaft. «Cendrars hat die Brasilianer des ‹Modernismus› gezwungen, sich endlich selber zu definieren, zu erkennen», sagt Eulalio, und Gilberto Freyre doppelt nach: «Er hat seine Freunde auf das Eigenste zurückverwiesen. Auf diese Weise wurde er selbst für die Brasilianer zum Lehrmeister der Brasilianität.»
Eine solche Funktion muss Cendrars auch auf der legendären Reise nach Minas Gerais ausgeübt haben, die er zusammen mit den Künstlerfreunden unternahm. «Der Ausflug nach Minas war eminent wichtig für Cendrars wie auch für die brasilianische Kultur», stellt Gilberto Freyre fest. Cendrars war mit dabei, als die Reisegruppe im Städtchen Congonhas vor der Kirche Bom Jesus jenen künstlerischen Schatz entdeckte, der sie noch lange beschäftigen

Lasar Segall, Porträt von Mário de Andrade, 1927, Instituto de Estudos Brasileiros, São Paulo

Tarsila do Amaral, Porträt von Oswald de Andrade, 1922, Julio Bogoricin, São Paulo

Cicero Dias, Porträt von Manoel Bandeira, 1930, Sammlung Gilberto Chateaubriand, Rio de Janeiro

sollte: die zwölf Apostelfiguren, die der verkrüppelte Bildhauer Aleijadinho am Ende des 18. Jahrhunderts geschaffen hatte (vergleiche den Aufsatz von Maurice Pianzola in diesem Buch). Die Entdeckung kam der Rückführung des verkannten Bildhauers in die brasilianische Kunstgeschichte gleich.

Während seine Freunde die Entdeckung des Werkes theoretisch und literarisch verarbeiteten, soll Cendrars – dies bestätigen die überlebenden Freunde – viel eher von der Person des geheimnisvollen invaliden Künstlers, der sich Meissel und Hammer von Gehilfen an die von Lepra zerfressenen Armstummel binden lassen musste, fasziniert gewesen sein. Er begann intensiv Informationen über Aleijadinho zusammenzutragen und sprach davon, ihn zum Helden seines Romans zu machen. Das Buch ist nie erschienen. «Cendrars' Interesse gehörte dem Menschen, deshalb war ihm im Grunde der Künstler wichtiger als die Kunst», berichtet Rubens Borba de Moraes und meint, sein Freund, der als Fremdenlegionär im Ersten Weltkrieg den rechten Arm verloren hatte, habe im tragischen Leben Aleijadinhos einen Teil seines eigenen Schicksals wiedererkannt. Diese Faszination durch die vom Schicksal Gepeinigten, die Aussenseiter, denen seine Romane gelten, hat in Brasilien reiche Nahrung gefunden: Der «Werwolf von Minas», dem die Reisegruppe in einem kleinen Landgefängnis begegnet war, und Febronio, der sich mythisch verklärende Mörder, den Cendrars im Gefängnis von Rio besuchte, sind Figuren in seinem Buch «La Vie dangereuse» geworden.

Wieviele Brasilienreisen dieser ersten von 1924 tatsächlich noch gefolgt sind, das können Cendrars' überlebende Freunde in Südamerika nicht rekonstruieren; sie nehmen an, dass der Schriftsteller einige der in seinem Werk erwähnten Reisen lediglich im Geiste vollzogen habe . . . Und seien es nun drei oder sechs Reisen, «im Grunde», sagt Alexandre Eulalio, «war die Brasilienreise für Blaise Cendrars der Vorwand für eine Reise in sein eigenes Inneres . . . So benutzte er Brasilien als Szenerie für die Entdeckungsreise zu sich selber».

«Brasilien in sich selber suchen», dieses Schlüsselwort erklärt Cendrars' Bereitschaft, Fremdes aufzunehmen, sich als Künstler vom Unvertrauten sättigen zu lassen, und seine Kraft auch, auf dieses Fremde einzuwirken, Einfluss zu nehmen auf das, was das Eigentliche verstellt. Die Folgen dieses Einflusses abzuklären, daran arbeitet in Brasilien auch jetzt noch eine Schar von Cendrars-Forschern. Gilberto Freyre wirft ihnen einen schwer verdaulichen Brocken zu: «Dieser Schweizer hat die Brasilianer brasilianisiert!»

Eine der rührendsten Ehrenbezeugungen Brasiliens an Cendrars jedenfalls besteht darin, dass der Regissseur José Sette de Barros sechzig Jahre später Cendrars Filmprojekt von 1924 doch noch auf die Leinwand gebracht hat: «Um filme 100% brasileiro», – «Ein 100 Prozent brasilianischer Film».

[1] In «Die Gegenwart von morgen» schreibt Cendrars später bekenntnishaft: «Seit vier Jahrhunderten hat sich in Süd- und Mittelamerika eine Verschmelzung der roten, schwarzen und weissen Rasse und im Laufe der letzten Jahrzehnte auch der gelben Rasse vollzogen. Diese neue historische Tatsache, der niemand Beachtung schenkt, und nicht die Abschaffung des Krieges oder die Zukunft des Völkerbundes wird die Gegenwart von morgen bestimmen.»

Oswald de Andrade

# Anthropophagisches Manifest

Nur die Anthropophagie verbindet uns. Sozial. Ökonomisch. Philosophisch.

Einziges Gesetz der Welt. Maskierter Ausdruck aller Individualismen, aller Kollektivismen. Aller Religionen. Aller Friedensverträge.

Tupi or not Tupi, that is the question.

Gegen alle Katechesen. Und gegen die Mutter der Gracchen.

Mich interessiert nur, was nicht mein ist. Gesetz des Menschen. Gesetz des Anthropophagen.

Wir haben das Drama um all die misstrauischen katholischen Ehemänner satt. Freud machte Schluss mit dem Enigma Frau und mit anderen Schreckgespenstern der gedruckten Psychologie.

Was die Wahrheit verschleierte, war die Kleidung, das Undurchlässige zwischen innerer und äusserer Welt. Gegen den bekleideten Menschen reagieren. Das amerikanische Kino soll informieren.

Abkömmlinge der Sonne, Mutter der Lebenden. Angetroffen und wild geliebt, mit der ganzen Heuchelei der Sehnsucht, durch die Eingewanderten, durch die Eingeschleppten und durch die *Touristen.* Im Land der Grossen Schlange.

Es war weil wir nie Grammatiken hatten noch alte Herbarien. Und weil wir nie wussten was urban war, suburban, angrenzend und kontinental. Träge auf der Weltkarte von Brasilien. Ein teilnehmendes Bewusstsein, eine religiöse Rhythmik.

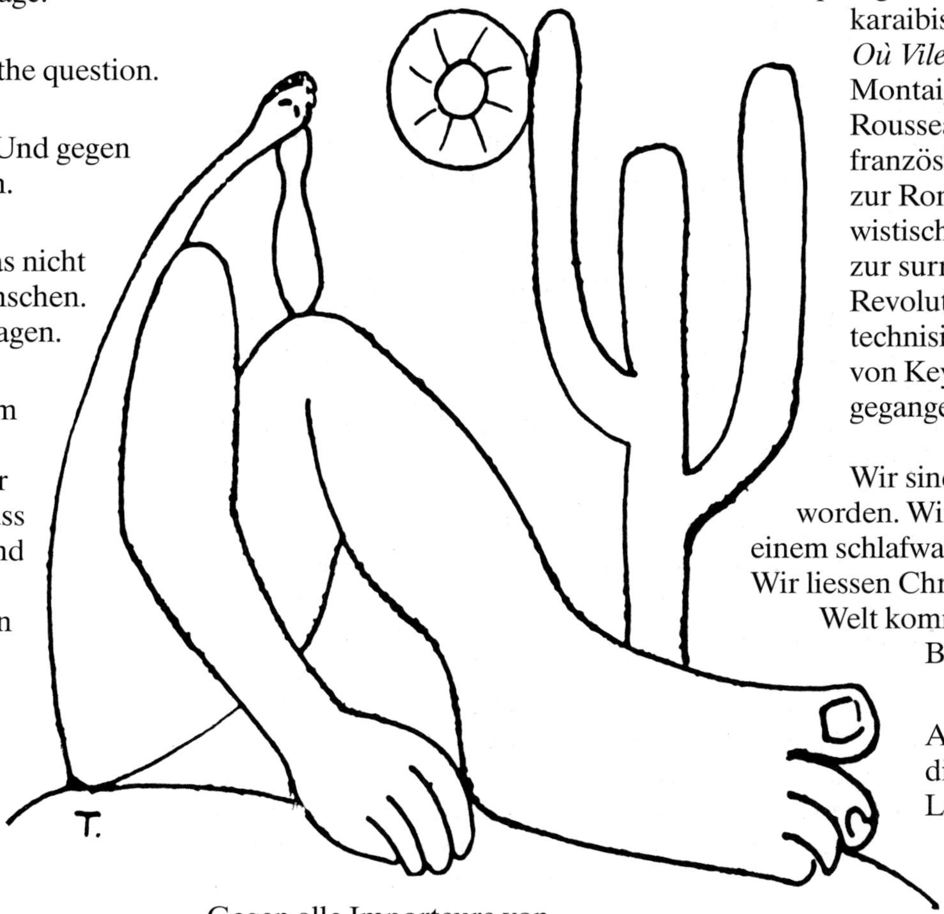

Gegen alle Importeure von Bewusstsein aus der Konserve. Die greifbare Existenz des Lebens. Und Herrn Lévy-Bruhl die prälogische Mentalität studieren lassen.

Wir wollen die karaibische Revolution. Grösser als die französische Revolution. Die Vereinigung aller wirksamen Revolten bei der Lenkung des Menschen. Ohne uns hätte Europa nicht einmal seine armselige Menschenrechtserklärung.

Das Goldene Zeitalter, angekündigt durch Amerika. Das Goldene Zeitalter. Und all die Girls.

Verknüpfung. Der Kontakt mit dem karaibischen Brasilien. *Où Vilegaignon print terre!* Montaigne. Der edle Wilde, Rousseau. Von der französischen Revolution zur Romantik, zur bolschewistischen Revolution, zur surrealistischen Revolution und zum technisierten Barbaren von Keyserling sind wir gegangen.

Wir sind nie katechisiert worden. Wir leben gemäss einem schlafwandlerischen Gesetz. Wir liessen Christus in Bahia zur Welt kommen. Oder in Bethlehem von Pará.

Aber wir liessen nie die Geburt der Logik unter uns zu.

Gegen Pater Vieira. Verantwortlich für unsere erste Anleihe, um Kommission zu erhalten. Der Analphabetenkönig hatte ihm gesagt: Bring dies zu Papier, aber ohne viel Zungenfertigkeit. Die Anleihe wurde vereinbart. Der brasilianische Zucker mit Hypothek belastet. Vieira liess das Geld in Portugal und brachte uns die Zungenfertigkeit.

Der Geist weigert sich, Geist ohne Körper zu erkennen. Der Anthropomorphismus. Notwendigkeit des anthropophagischen Impfstoffs. Für das Gleichgewicht gegen die Religionen des Meridians. Und die auswärtigen Inquisitionsgerichte.

Wir können nur die orekulare Welt wahrnehmen.

Wir hatten die Justiz:
Kodifizierung der Rache.
Die Wissenschaft:
Kodifizierung der Magie.
Anthropophagie:
Die ständige Transformation von Tabu zu Totem.

Gegen die reversible Welt und die objektivierten, zum Kadaver gemachten Ideen. Gegen den Stop des Denkens, das dynamisch ist. Das Individuum Opfer des Systems. Quelle der klassischen Ungerechtigkeiten, der romantischen Ungerechtigkeiten. Und das Vergessen der innerlichen Eroberungen.

Reisepläne. Reisepläne. Reisepläne. Reisepläne. Reisepläne. Reisepläne. Reisepläne.

Der karaibische Instinkt.

Tod und Leben der Hypothesen. Von der Gleichung ICH Teil des KOSMOS zum Axiom KOSMOS Teil des ICH. Subsistenz. Wissen. Anthropophagie.

Gegen die vegetierenden Eliten. Kommunikation mit dem Erdboden.

Wir sind nie katechisiert worden.
Was wir gemacht haben,
war Karneval. Der Indio gekleidet
als Senator des Imperiums.
Einer ahmte Pitt nach. Oder trat
in den Opern von Alencar auf,
voller guter portugiesischer Gefühle.

Wir hatten den Kommunismus schon. Wir hatten die surrealistische Sprache schon.
Das Goldene Zeitalter.

| | |
|---|---|
| Catiti Catiti | Mond, oh Neumond |
| Imara Notiá | flüstere meinem |
| Notiá Imara | Geliebten zu, dass |
| Ipejú | er an mich denkt. |

Die Magie und das Leben.
Wir hatten die Aufstellung und die Verteilung der physischen Güter,
der moralischen Güter,
der geistlichen Güter. Und wir wussten das Mysterium und den Tod auszudrücken mit Hilfe einiger grammatikalischer Formen.

Ich fragte einen Mann, was das Recht sei. Er antwortete mir, es sei die Garantie für die Einübung des Möglichen. Dieser Mann hiess Galli Mathias. Ich habe ihn gegessen.

Es gibt nur dort keinen Determinismus, wo es das Mysterium gibt. Aber was haben wir damit zu tun?

Gegen die Geschichten des Menschen, die am Kap Finisterra begannen. Die Welt ohne Datum. Ohne Rubrik. Ohne Napoleon. Ohne Caesar.

Die Fixierung des Fortschritts durch Kataloge und Fernsehapparate. Nichts als Maschinerie. Und die Bluttransfusoren.

Gegen die antagonistischen Sublimationen. Die in Karavellen gebracht wurden.

Gegen die Wahrheit der missionarischen Völker, definiert durch den Scharfsinn eines Anthropophagen, den Grafen von Cayrú: «Es ist die Lüge, die viele Male wiederholt worden ist.»

Aber es waren keine Kreuzfahrer gekommen. Es waren Flüchtige aus einer Zivilisation, die wir jetzt essen, denn wir sind stark und rachsüchtig wie der Jaboty.

Wenn Gott das Gewissen des ungeschaffenen Universums ist, ist Guaracy die Mutter der Lebenden. Jacy ist die Mutter der Vegetierenden.

Wir hatten keine Spekulation. Aber wir hatten Wahrsagung.
Wir hatten als Politik die Wissenschaft der Verteilung. Und ein soziales Planetensystem.

Die Migrationen.
Die Flucht aus dem Verdruss.
Gegen die städtischen Sklerosen.
Gegen die Konservatorien
und die spekulative Langeweile.

Von William James zu Voronoff. Die Verwandlung von Tabu zu Totem. Anthropophagie.

Der pater familias und die Erschaffung der Storchenmoral: reale Ignoranz der Dinge + mangelnde Einbildungskraft + Autoritätsgefühl vor dem neugierigen Sprössling.

Wir müssen von einem tiefen Atheismus ausgehen, um zu einer Vorstellung von Gott zu gelangen. Aber der Karaibe hatte das nicht nötig. Denn er hatte Guaracy.

Das festgesetzte Ziel verhält sich wie die Gefallenen Engel.
Nachher schweift Moses umher.
Was geht uns das an?

Bevor die Portugiesen Brasilien entdeckten, hatte Brasilien das Glück entdeckt.

Gegen den Indio als Kerzenträger. Den Indio als Sohn von Maria, Patenkind von Katharina de Medici und Schwiegersohn von Don Antonio de Mariz.

Die Heiterkeit ist die Neunerprobe.

Im Matriarchat von Pindorama.

Gegen das Gedächtnis, Quelle der Gewohnheit. Die persönliche Erfahrung erneuert.

Wir sind Konkretisten. Die Ideen nehmen überhand, reagiere, sie verbrennen Leute auf den öffentlichen Plätzen. Überwinden wir die Ideen und die anderen Lähmungen. Durch Entwürfe. Den Zeichen glauben, den Instrumenten glauben und den Sternen.

Gegen Goethe, die Mutter der Gracchen und den Hof von Dom João VI.

Die Heiterkeit ist die Neunerprobe.

Der Kampf zwischen dem, was man das Unkreierte nennen könnte, und der Kreatur – illustriert durch den ständigen Widerspruch zwischen dem Menschen und seinem Tabu. Die alltägliche Liebe und der kapitalistische modus vivendi. Anthropophagie. Absorption des heiligen Feindes. Um ihn ins Totem zu verwandeln. Das menschliche Abenteuer. Die irdische Zweckausrichtung. Jedoch nur die reinen Eliten vermochten die fleischliche Anthropophagie zu verwirklichen, die in sich das höchste Verständnis des Lebens trägt und alle Schlechtigkeiten vermeidet, die Freud erkannt hat, katechetische Schlechtigkeiten. Was geschieht, ist nicht eine Sublimation des sexuellen Instinkts. Es ist die thermometrische Skala des anthropophagischen Instinkts. Von fleischlich wird er selektiv und erzeugt die Freundschaft. Affektiv, die Liebe. Spekulativ, die Wissenschaft. Er wird abgelenkt und verwandelt sich. Wir kommen zum Tiefpunkt. Die gemeine Anthropophagie, zusammengeballt mit den Sünden des Katechismus: der Neid, der Geiz, die Verleumdung, der Mord. Pest der sogenannt kultivierten und christianisierten Völker, gegen sie handeln wir. Als Anthropophagen.

Gegen Anchieta, der die elftausend Jungfrauen des Himmels umschwärmt, hier im Land von Iracema – der Patriarch João Ramalho, Gründer von São Paulo.

Unsere Unabhängigkeit ist noch nicht ausgerufen worden. Typischer Satz von Dom João VI.: Mein Sohn, setz diese Krone auf dein Haupt, bevor irgend ein Abenteurer es tut! Wir haben die Dynastie vertrieben. Nun müssen wir noch den Geist von Bragança vertreiben, die Ordinationen und den Schnupftabak von Maria da Fonte.

Gegen die soziale Realität, verkleidet und unterdrückerisch, aufgezeichnet durch Freud – die Realität ohne Komplexe, ohne Wahnsinn, ohne Prostitutionen und ohne Zuchthäuser des Matriarchats von Pindorama.

In Piratininga, im Jahr 374 nach dem Verschlingen des Bischofs Sardinha.

Aus: Zeitschrift für Anthropophagie
Nr. 1, Jahr 1, 1, Mai 1928

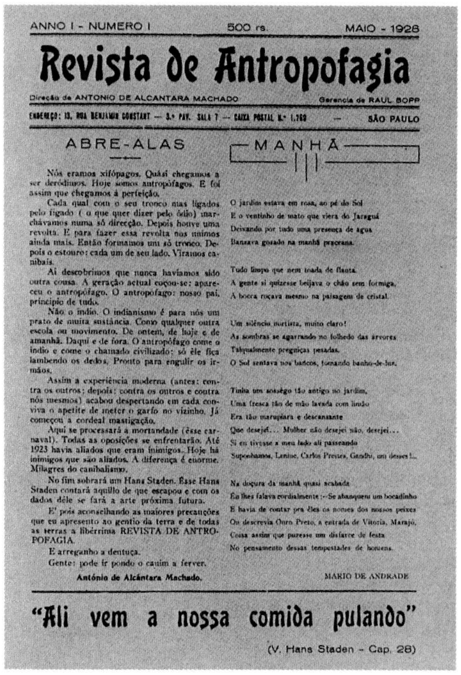

ANNO I – NUMERO I 500 rs. MAIO – 1928

**Revista de Antropofagia**

Direção de ANTONIO DE ALCANTARA MACHADO — Gerencia de RAUL BOPP

ENDEREÇO: 13, RUA BENJAMIN CONSTANT — 3.º PAV. SALA 7 — CAIXA POSTAL N.º 1,269 — SÃO PAULO

ABRE-ALAS

Nós eramos xifópagos. Quási chegamos a ser deródimos. Hoje somos antropófagos. E foi assim que chegamos á perfeição.

Cada qual com o seu tronco mas ligados pelo figado (o que quer dizer pelo ódio) marchávamos numa só direcção. Depois houve uma revolta. E para fazer essa revolta nos unimos ainda mais. Então formamos um só tronco. Depois o estouro: cada um de seu lado. Viramos canibais.

Ai descobrimos que nunca haviamos sido outra cousa. A geração actual coçou-se: apareceu o antropófago. O antropofago: nosso pai, principio de tudo.

Não o indio. O indianismo é para nós um prato de muita sustância. Como qualquer outra escola ou movimento. De ontem, de hoje e de amanhã. Daqui e de fora. O antropófago come o indio e come o chamado civilizado: só êle fica lambendo os dedos. Pronto para engulir os irmãos.

Assim a experiência moderna (antes: contra os outros; depois: contra os outros e contra nós mesmos) acabou despertando em cada conviva o apetite de meter o garfo no vizinho. Já começou a cordeal mastigação.

Aqui se processará a mortandade (êsse carnaval). Todas as oposições se enfrentarão. Até 1923 havia aliados que eram inimigos. Hoje há inimigos que são aliados. A diferença é enorme. Milagres do canibalismo.

No fim sobrará um Hans Staden. Êsse Hans Staden contará aquillo de que escapou e com os dados dêle se fará a arte próxima futura.

E' pois aconselhando as maiores precauções que eu apresento ao gentio da terra e de todas as terras a libérrima REVISTA DE ANTROPOFAGIA.

E arreganho a dentuça.

Gente: pode ir pondo o cauim a ferver.

António de Alcântara Machado.

MANHÃ

O jardim estava em rosa, ao pé do Sol
E o ventinho de mato que viera do Jaraguá
Deixando por tudo uma presença de agua
Banzava gosado na manhã pracrana.

Tudo limpo que nem toada de flauta.
A gente si quizesse beijava o chão sem formiga,
A bocca roçava mesmo na paisagem de cristal.

Um silêncio nortista, muito claro!
As sombras se agarrando no folhedo das arvores
Talqualmente preguiças pesadas.
O Sol sentava nos bancos, tomando banho-de-luz.

Tinha um sossêgo tão antigo no jardim,
Uma fresca tão de mão lavada com limão
Era tão marupiara e descansante
Que desejei... Mulher não desejei não, desejei...
Si eu tivesse a meu lado ali passeando
Suponhamos, Lenine, Carlos Prestes, Gandhi, um desses!...

Na doçura da manhã quasi acabada
Eu lhes falava cordialmente: – Se abanquem um bocadinho
E havia de contar pra êles os nomes dos nossos peixes
Ou descrevia Ouro Preto, a entrada de Vitoria, Marajó,
Coisa assim que puzesse um disfarce de festa
No pensamento dessas tempestades de homens.

MARIO DE ANDRADE

**"Ali vem a nossa comida pulando"**

(V. Hans Staden – Cap. 28)

Emiliano di Cavalcanti, Brasilianischer Volkstanz, 1939, Musée national d'art moderne, Centre Georges Pompidou, Paris

Emiliano di Cavalcanti, Frau mit Fächer, 1937,
Sammlung Gilberto Chateaubriand, Rio de Janeiro

Emiliano di Cavalcanti, In der Bar, 1929,
Sammlung Gilberto Chateaubriand, Rio de Janeiro

Emiliano di Cavalcanti, Samba, 1929,
Sergio Sahione Fadel, Rio de Janeiro

Emiliano di Cavalcanti, Zigeuner, 1940, Museo Nacional de Belas Artes, Rio de Janeiro

Cicero Dias, Zwei Akte und Feld mit Bauern, um 1930, Sergio Sahione Fadel, Rio de Janeiro

Cicero Dias, Traum einer Prostituierten, 1930, Sammlung Gilberto Chateaubriand, Rio de Janeiro

Cicero Dias, Romantischer Blick auf den Hafen von Recife, 1930

Antonio Gomide, Porto, 1935, Sammlung Gilberto Chateaubriand, Rio de Janeiro

Lasar Segall, Favela, 1930, Museu Lasar Segall, São Paulo

Lasar Segall, Schiff und Berge, 1930, Acervo Museu Lasar Segall, São Paulo

Lasar Segall, Haus im Mangue-Viertel, 1929, Museu Lasar Segall, São Paulo

Lasar Segall, Prostituierte im Mangue-Viertel, 1943,
Museu Lasar Segall, São Paulo

Lasar Segall, Kopf hinter einem Fensterladen, 1924, Museu Lasar Segall, São Paulo

Lasar Segall, Matrose und Prostituierte, 1929,
Sammlung Gilberto Chateaubriand, Rio de Janeiro

Lasar Segall, Zulmira im Profil, 1928,
Museu de Arte Contemporânea, São Paulo

Lasar Segall, Bananal, 1927, Pinacoteca do Estado de São Paulo

Lasar Segall, Junge mit Eidechsen, 1924, Museu Lasar Segall, São Paulo

Roberto Burle Marx, Bildnis einer Cabocla, 1935, Besitz des Künstlers

Roberto Burle Marx, Füsilier mit rotem Gewand, 1938, Besitz des Künstlers

Carlos Scliar, Notturno, 1940, Sammlung Gilberto Chateaubriand, Rio de Janeiro

Oswaldo Goeldi, Fischer, um 1940/70,
Sammlung Gilberto Chateaubriand, Rio de Janeiro

Oswaldo Goeldi, Der rote Regenschirm, um 1940/70,
Sammlung Gilberto Chateaubriand, Rio de Janeiro

Oswaldo Goeldi, Der Taucher, um 1940,
Sergione Sahione Fadel, Rio de Janeiro

Oswaldo Goeldi, Fischer, 1950/52,
Museu de Arte Contemporânea, Rio de Janeiro

Alberto da Veiga Guignard, Imaginäre Landschaft (Minas Gerais), 1938, Sergio Sahione Fadel, Rio de Janeiro

Cândido Portinari, Mestize, 1934, Pinacoteca do Estado de São Paulo

Cândido Portinari, Die Vogelscheuchen, 1940, Sammlung Gilberto Chateaubriand, Rio de Janeiro

Cândido Portinari, Landschaft von Brodosqui, 1940, Sammlung Gilberto Chateaubriand, Rio de Janeiro

Cândido Portinari, Retirantes (Landflüchtige), 1944, Museu de Arte de São Paulo

Cândido Portinari, Begräbnis in der Hängematte, 1944,
Museu de Arte de São Paulo

Cândido Portinari, Totes Kind, 1944, Museu de Arte de São Paulo

Djanira da Motta e Silva, Cafezal, 1952, Sammlung Gilberto Chateaubriand, Rio de Janeiro

Djanira da Motta e Silva, Villa mit Kachelwand, 1961, Sammlung Gilberto Chateaubriand, Rio de Janeiro

Djanira da Motta e Silva, Drei Orixas (Afrikanische Gottheiten), 1966, Pinacoteca do Estado de São Paulo

José Pancetti, Selbstporträt, 1945,
Sammlung Gilberto Chateaubriand, Rio de Janeiro

José Pancetti, Pioniere, 1944,
Sammlung Gilberto Chateaubriand, Rio de Janeiro

José Pancetti, Strand von Gávea, 1955, Sammlung Gilberto Chateaubriand, Rio de Janeiro

Roberto Pontual

# Der Kunstsammler Gilberto Chateaubriand

Gilberto Chateaubriand kam 1925 in Paris als Sohn des brasilianischen Diplomaten und Journalisten Assis Chateaubriand, des späteren Gründers des «Museu de Arte de São Paulo», zur Welt. Schon bald dislozierte die Familie nach Rio de Janeiro, wo Gilberto Chateaubriand heute noch lebt. Bereits in den frühen fünfziger Jahren, zu einem Zeitpunkt also, als es in Brasilien praktisch keinen eigentlichen Kunstmarkt gab, begann er systematisch Kunstwerke zu sammeln. Permanente, professionell geführte Galerien existierten damals in Rio de Janeiro noch nicht. Die einzige Möglichkeit, ein Kunstwerk zu erwerben, bestand darin, direkt mit dem Künstler zu verhandeln. So erklärt sich, weshalb der Sammler Chateaubriand sich damals zunächst nur für einen einzigen Künstler zu begeistern begann: den Maler José Pancetti.

In den Jahren 1956 bis 1959 wuchs die Sammlung nur wenig, lebte doch Gilberto Chateaubriand in dieser Zeit vor allem in Paris, wo er wie sein Vater, der Botschafter in Grossbritannien gewesen war, als Diplomat wirkte. Die Bekanntschaft mit dem Maler Emiliano di Cavalcanti, der zu den ersten Erneuerern der brasilianischen Kunst zählte, motivierte Chateaubriand zusätzlich, wichtige brasilianische Kunstwerke des 20. Jahrhunderts zu sammeln. Nach seiner Rückkehr nach Brasilien begann er, sich vollumfänglich dem Sammeln von moderner und zeitgenössischer Kunst zu widmen; seine Sammlung ist zur grössten und vollständigsten Sammlung des Landes geworden.

Seit den sechziger Jahren haben verschiedene Personen dazu beigetragen, dass diese Sammlung konstant und kontinuierlich wächst. Zu ihnen zählen die Kunsthändler Giovanna Bonino und Jean Boghici, der Arzt Aloysio de Paula, welcher damals Direktor des «Museu de Arte Moderna» von Rio de Janeiro war, die Künstler Djanira da Motta e Silva, Mílton Dacosta, Marie Leontina Franco da Costa und Carlos Scliar; von letzterem besitzt der Sammler weit über hundert Bilder und Zeichnungen. Mit Scliar gründete Chateaubriand auch den Verlag Ediarte, welcher Kunstbände mit Reproduktionen von Di Calvacantis, Pancettis und Alberto da Veiga Guignards Werken herausgab. Darüber hinaus erschien in diesem Verlag in den sechziger Jahren der erste Band des «Panoramas der brasilianischen Malerei».

Nach und nach wurden der Sammlung neue Teilbereiche angegliedert. Dank seiner Mitarbeit in Ausstellungsjurys und Kunstkommissionen kam Chateaubriand mit der jungen brasilianischen Kunst in Kontakt, welche Mitte der sechziger Jahre durch figurative Impulse an Bedeutung gewann. Im darauffolgenden Jahrzehnt wurde dem Sammeln zeitgenössischer Kunstwerke vermehrte Beachtung geschenkt, wobei sich der Sammler vor allem auf die Künstler Roberto Magalhães, Carlos Vergara, Antônio Dias, Rubens Gerchman, Luiz Alphonsus de Guimaraens, Cildo Meireles und Waltércio Caldas Júnior konzentrierte. Zum selben Zeitpunkt bewirkte das zunehmende Publikumsinteresse – in einem Land wie Brasilien sind solche Sammlungen nach

Porträt Gilberto Chateaubriand, 1992

wie vor etwas Aussergewöhnliches –, dass Chateaubriand seine Kollektion vermehrt in brasilianischen Städten sowie im Ausland zeigte. Dazu zählen Ausstellungen im «Museu de Arte Moderna» von Rio de Janeiro (1981), im «Museu de Arte Moderna» von São Paulo (1984), in der «Fundação Calouste Gulbenkian» (Lissabon, 1982) und in der «Barbican Art Gallery» (London, 1984). Zwei meiner Bücher, welche 1976 und 1987 in Rio de Janeiro erschienen sind, erwähnen die wichtigsten Werke, welche in den genannten Ausstellungen gezeigt wurden.

Gilberto Chateaubriand ist heute Vorstandsmitglied zahlreicher Kulturinstitutionen wie der «Fundação Bienal de São Paulo», des Zentrums für inneramerikanische Beziehungen (New York), des «Museum of Modern Art» in New York und der «Stiftung Cartier» (Jouy-en-Josas, Frankreich).

Weitaus mehr als das strikte Befolgen eines minutiös vorgeplanten Akquisitionsprogramms bilden die Intuition und die Begeisterungsfähigkeit des Sammlers die Triebfedern des Aufbaus der Kollektion. Diese ist geprägt vom Bemühen, ein Panorama der brasilianischen Kunst zu zeigen – ein Panorama das zum grössten Teil im direkten Kontakt mit den Kunstschaffenden entstanden ist und die Zeitspanne von zirka 1905 bis zur Gegenwart umfasst.

Unterzieht man jedoch Chateaubriands Sammlung – so wie sie sich etwa in seiner Wohnung in Rio de Janeiro oder auf seiner Fazenda im Bundesstaat São Paulo präsentiert – einer eingehenden Betrachtung, so zeigen sich gewisse Konstanten, die eng mit der Persönlichkeit des Sammlers und dem damit verbundenen Sammelprogramm zusammenhängen.

Es beginnt mit den wichtigen Vertretern des modernistischen Kreises wie Annita Malfatti, Di Calvacanti, Tarsila do Amaral, Vicente do Rego Monteiro, Lasar Segall, Ismael Nery, Cícero Dias und Oswaldo Goeldi, welche mit einer grosszügigen Werkauswahl vertreten sind. Quantitativ etwas weniger üppig vertreten sind die Künstler desselben Kreises in der Zeitspanne von anfangs der dreissiger Jahre bis zum Ende des Zweiten Weltkrieges. Doch auch hier sind, nebst Cândido Portinari, Flávio de Carvalho und Aldo Bonadei, ausgezeichnete Arbeiten von Pancetti, Guignard und Djanira zu sehen. Hervorragend dokumentiert sind die gegensätzlichen Strömungen der fünfziger Jahre: Dazu zählen figurative Künstler wie Emeric Marcier, Marcelo Grassmann und Carlos Scliar, welche das Erbe der Expressionisten verwalten, und die informalen oder geometrischen Abstrakten wie Antônio Bandeira, Iberê Camargo, Manabu Mabe, Tomie Ohtake, Ione Saldanha, Mîlton Dacosta, Maria Leontina, Alfredo Volpi und Ivan Serpa. Dieselbe Konzentriertheit und Sammelbreite umfasst derjenige Teil der Sammlung, der sich mit den Strömungen der letzten dreissig Jahre in der brasilianischen Kunst befasst, wobei auch die radikalen Äusserungen der Gegenwart einbezogen werden.

Wenn Eklektizismus diese Sammlung bestimmt, so handelt es sich dabei viel mehr um einen Eklektizismus der Richtung als um einen der Qualität. Gilberto Chateaubriands Absicht ist es immer gewesen zu vermeiden, dass sich seine Sammlung ausschliesslich auf einige wenige Kunstrichtungen beschränkt. Er hat sie gegenüber der Vielfalt der diversen Strömungen geöffnet und dabei alle Stilrichtungen – von der figurativen bis hin zur abstrakten, von der rustikalen bis zur hochentwikkelten, von der traditionellen bis zur avantgardistischen, von der unmittelbaren nationalen bis zur bewusst kosmopolitischen – berücksichtigt. Die Sammlung Gilberto Chateaubriand, die eines Tages zweifelsohne zu einem eigenständigen Museum werden wird, bildet, nicht nur durch ihre Grösse – sie zählt heute über dreitausend Werke, mehrheitlich Malereien und Zeichnungen –, sondern auch durch die Art und Weise, wie sie zusammengestellt ist, ein Porträt des Landes, mit welchem sie sich befasst.

Maria Martins, Ohne Titel, um 1940,
Sammlung Gilberto Chateaubriand,
Rio de Janeiro

Maria Martins, Das Paar, um 1940, Jean Boghici, Rio de Janeiro

Maria Martins, Ohne Echo, um 1940, Jean Boghici, Rio de Janeiro

Maria Martins, Ohne Titel, 1947, Torquato Saboia Pessoa

Maria Helena Vieira da Silva, Imaginäres Bahia, 1946

Maria Helena Vieira da Silva, Kartenspiel, 1942, Sammlung Gilberto Chateaubriand, Rio de Janeiro

Maria Helena Vieira da Silva, Das Theater, um 1947,
[illegible] Cultural dos Palacios do Governo, São Paulo

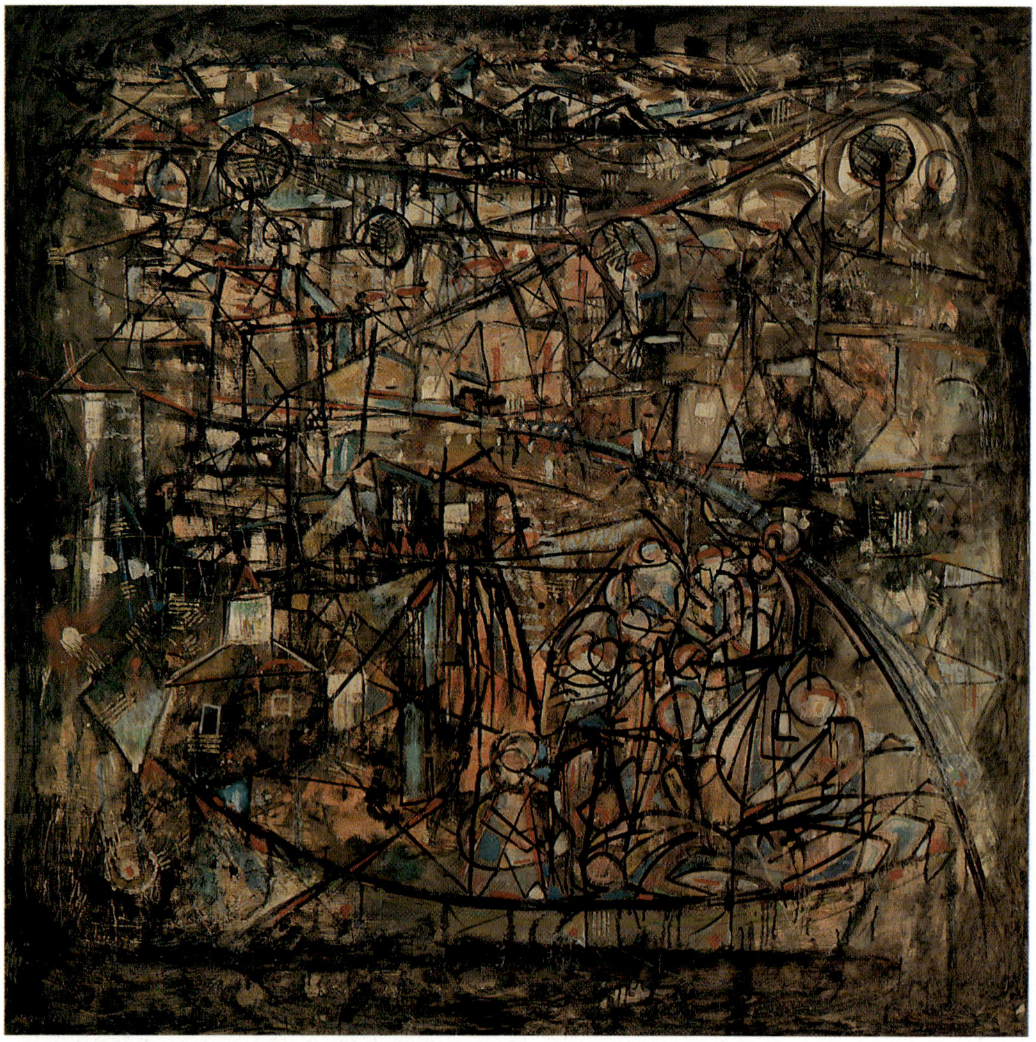

Antonio Bandeira, Städte und Leute, 1951, Anita Marques da Costa, São Paulo

Antonio Bandeira, Baum, 1955,
Sammlung Gilberto Chateaubriand,
Rio de Janeiro

Antonio Bandeira, Nächtliche Flora, 1959, Museu de Arte Contemporânea, São Paulo

Rubem Valentim, Komposition nº 5, 1953, Museu de Arte Contemporânea, São Paulo

Rubem Valentim, Emblem 5, um 1965,
Pinacoteca do Estado de São Paulo

Antonio Maia, Selbstporträt am *Dia de Milagres,* 1966, Sammlung Gilberto Chateaubriand, Rio de Janeiro

Antonio Maia, Santa Cruz, 1966, Sammlung Gilberto Chateaubriand, Rio de Janeiro

Alfredo Volpi, Häuser, 1955,
Museu de Arte Contemporânea, São Paulo

Alfredo Volpi, Haus in Itanhaém, 1948, Museu de Arte Contemporânea, São Paulo

Alfredo Volpi, Ogiva, um 1970,
Sammlung Gilberto Chateaubriand, Rio de Janeiro

Haroldo de Campos

# Die Konkreten und die Neo-Konkreten

Der brasilianische Konstruktivismus geht auf die fünfziger Jahre zurück. 1949, genauer gesagt, begannen die Aktivitäten von Künstlern wie Waldemar Cordeiro (Studien mit horizontalen und vertikalen Linien, die Gründung des «Art Club», der sich dem Experiment in der Kunst verschrieb) oder Abraham Palatnik (Lichtexperimente), Mary Vieira («Vielfachkörper»), Geraldo de Barros («Fotoformen»). Als Vorläuferin dieser Strömung kann man in den zwanziger Jahren Tarsila do Amaral (1886–1973) nennen, mit ihren neokubistischen Strukturen, die von einer «populären», beinahe «naiven» Farbigkeit waren (sie hatte in Paris bei Lohte, Gleize und Léger studiert und begann in ihrem Land mit ihrer «Pau Brasil»–, mit ihrer «anthrophagischen-menschenfresserischen» Malerei. Sie war mit Oswald de Andrade (1890–1954) verheiratet, der dynamischsten Figur im brasilianischen Modernismus. Ein anderer Vorläufer war Vicente do Rego Monteiro (1899–1970), der zwischen Paris und Brasilien pendelte; seine geometrischen Kompositionen waren ebenso vom Art Déco wie von Légers Kubismus beeinflusst.

Katalogumschlag, 1967

1950 präsentierte Max Bill eine Ausstellung im Museum der Modernen Kunst in São Paulo (1947 gegründet) und wurde 1952 an der ersten Biennale von São Paulo für seine «Dreigeteilte Einheit» mit dem Internationalen Preis für Skulptur ausgezeichnet. Im selben Jahr verliessen Mary Vieira und Almir Mavignier Brasilien: Vieira, um bei Max Bill zu studieren (sie lebt seither in der Schweiz und Italien), Mavignier, um sich an der Ulmer Hochschule für Gestaltung zu immatrikulieren (später lebte er in Paris, dann wieder in Ulm und seit einigen Jahren in Hamburg). Unter Anführung von Waldemar Cordeiro aus São Paulo warfen die Konstruktivisten 1952 ihr Manifest «ruptura» in die Kunstdebatte. Zu der Malergruppe «ruptura» gesellten sich bald die Schriftsteller der Gruppe «Noigandres» (Augusto de Campos, Décio Pignatari, Haroldo de Campos), deren Zeitschrift erstmals in eben diesem gleichen Jahr 1952 erschien. Aus der Tätigkeit der «Noigandres»-Gruppe entwickelte sich die Bewegung der «konkreten poesie», die im Dezember 1956 (São Paulo) und Februar 1957 (Rio) öffentlich lanciert wurde, und zwar bei Gelegenheit der «Nationalen Ausstellung Konkreter Kunst», an der Künstler aus São Paulo und Rio teilnahmen. Die Konstruktivisten von Rio de Janeiro gehörten der Gruppe «Frente» an, die 1954 unter der Leitung von Ivan Serpa gegründet worden war, und die dem Dichter und Kunstkritiker Ferreira Gullar verbunden war, den Augusto de Campos einlud, seine Gedichte mit den Werken der «Noigandres»-Gruppe auszustellen.

Auf internationaler Ebene wurde die «konkrete poesie»-Bewegung in Zusammenarbeit mit Eugen Gomringer, dem Autor von «Konstellationen» lanciert, den Décio Pignatari kennengelernt hatte als Sekretär von Max Bill, damals Rektor der Ulmer Hochschule für Gestaltung. Die Zusammenarbeit der Vereinigung «Noigandres» mit Gomringer ist in der «Kleinen Anthologie konkreter Poesie» dokumentiert, die Gomringer für die Zeitschrift Spirale, Nr. 8 (Bern 1960), zusammenstellte.

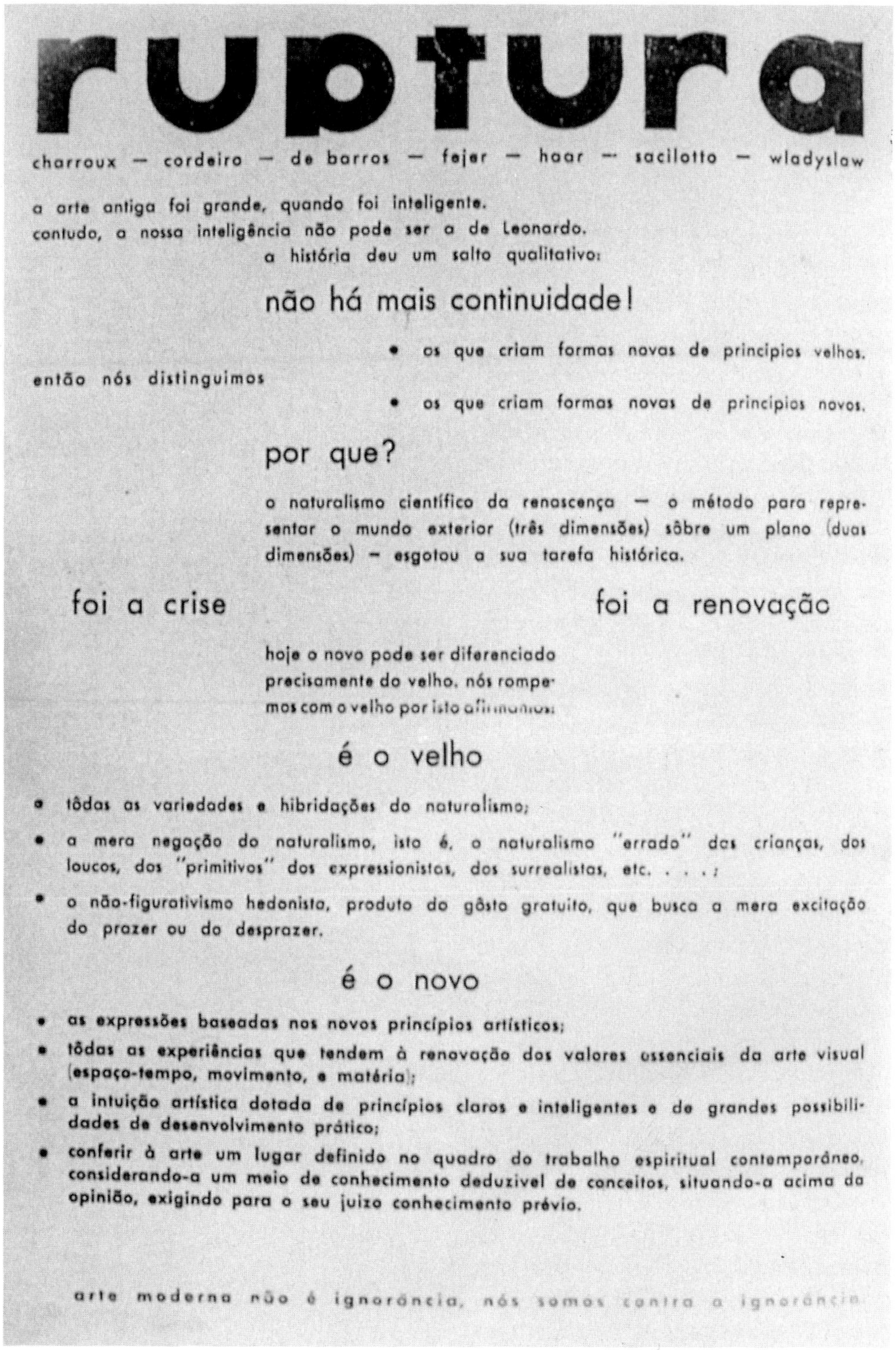

# ruptura

charroux — cordeiro — de barros — fejer — haar — sacilotto — wladyslaw

a arte antiga foi grande, quando foi inteligente.
contudo, a nossa inteligência não pode ser a de Leonardo.
a história deu um salto qualitativo:

não há mais continuidade!

então nós distinguimos
- os que criam formas novas de princípios velhos.
- os que criam formas novas de princípios novos.

por que?

o naturalismo científico da renascença — o método para representar o mundo exterior (três dimensões) sôbre um plano (duas dimensões) — esgotou a sua tarefa histórica.

foi a crise

foi a renovação

hoje o novo pode ser diferenciado precisamente do velho. nós rompemos com o velho por isto afirmamos:

é o velho

- tôdas as variedades e hibridações do naturalismo;
- a mera negação do naturalismo, isto é, o naturalismo "errado" das crianças, dos loucos, dos "primitivos" dos expressionistas, dos surrealistas, etc. . . . ;
- o não-figurativismo hedonista, produto do gôsto gratuito, que busca a mera excitação do prazer ou do desprazer.

é o novo

- as expressões baseadas nos novos princípios artísticos;
- tôdas as experiências que tendem à renovação dos valores essenciais da arte visual (espaço-tempo, movimento, e matéria);
- a intuição artística dotada de princípios claros e inteligentes e de grandes possibilidades de desenvolvimento prático;
- conferir à arte um lugar definido no quadro do trabalho espiritual contemporâneo, considerando-a um meio de conhecimento deduzível de conceitos, situando-a acima da opinião, exigindo para o seu juízo conhecimento prévio.

arte moderna não é ignorância, nós somos contra a ignorância

Manifest *ruptura* von Waldemar Cordeiro, 1952

**bruch**

charroux – cordeiro – de barros – fejer – haar – sacilotto – wladylaw

die alte kunst war gross, wenn sie intelligent war.

dennoch kann unsere intelligenz nicht jene von Leonardo sein.

die geschichte hat einen qualitativen sprung gemacht: *es gibt keine kontinuität*

wir unterscheiden deshalb:
- jene, die neue formen aus alten prinzipien schaffen.
- jene, die neue formen aus neuen prinzipien schaffen.

*warum?*

der wissenschaftliche naturalismus der renaissance – die darstellungsmethode der äusseren welt (drei dimensionen) auf der ebene (zwei dimensionen) – hat ihre historische aufgabe erfüllt.

*es gab die krise*
*es gab die erneuerung*

heute lässt sich das neue ganz genau vom alten unterscheiden; wir haben mit dem alten gebrochen, und deshalb behaupten wir:

*alt ist*
- alle variationen und kreuzungen des naturalismus
- die einfache negation des naturalismus, das heisst der «missratene» naturalismus von kindern, von irren, von «primitiven», der expressionisten, der surrealisten.
- der geniesserische non-figurationismus, von billigem geschmack hervorgebracht, der die simple stimulierung des vergnügens oder des missvergnügens sucht.

*neu ist*
- auf neuen künstlerischen prinzipien basierende ausdrucksweisen
- alle versuche, die auf die erneuerung der wesentlichen werte der visuellen kunst (zeit-raum, bewegung und stoff) aus sind;
- die künstlerische intuition, die mit klaren und intelligenten prinzipien und mit grossen möglichkeiten zur praktischen anwendung ausgestattet ist.
- der kunst einen bestimmten platz im rahmen der geistigen arbeit der gegenwart zuweisen, indem man sie als ein vom konzept abgeleitetes mittel anerkennt, indem man sie über meinungen stellt und indem man zu ihrer beurteilung ein vorwissen verlangt.

*die moderne kunst ist nicht unwissenheit, wir sind gegen die unwissenheit.*

1959 veröffentlichten die konstruktivistischen Künstler von Rio, die sich von den Konkreten São Paulos seit 1957 entfernt hatten, ihr dissidentes «Neo-konkretes Manifest», das sich theoretisch an Ferreira Gullar orientierte. Gullar allerdings verzichtete ein paar Jahre später auf seine experimentelle avantgardistische Dichtung zugunsten einer populärpoetischen Ausrichtung – traditionelle Formen und ideologischer Gehalt –; er wurde inspiriert durch die Thesen Schdanovs zum «sozialistischen Realismus», welche das der Kommunistischen Partei nahestehende CPC (Zentrum für Volkskultur) den brasilianischen Verhältnissen anpasste. Die Konstruktivisten São Paulos, politisch links orientiert, aber entschiedene Anti-Stalinisten, beharrten auf ihrer Position, die sie mit einem Majakowski-Motto artikulierten: «Ohne revolutionäre Form keine revolutionäre Kunst». Die neo-konkreten Künstler folgten Gullars Sektierertum nicht und gingen ihren experimentellen Weg weiter. Ästhetisch war der Unterschied zwischen den konkreten Künstlern von São Paulo und den Neo-Konkreten von Rio der folgende: Erstere optierten für eine objektivistische, von «spürbarem Rationalismus» geleitete Kunst. («Was in mir drin fühlt, ist gleichzeitig Gedanke» – «o que em mim sente está pensando», wie der portugiesische Dichter Fernando Pessoa sagt); die letzteren nahmen eine mehr expressionistische, subjektivistische Haltung ein, welche die «expressive Form» – wie sie es nannten – begünstigte.

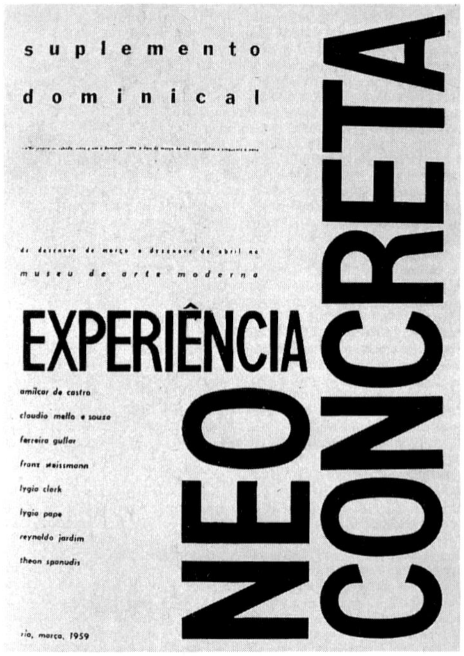

Amilcar de Castro, *Manifesto neoconcreto,* Jornal do Brasil, 1959

Heute, mehr als 30 Jahre nach diesen Debatten und Auseinandersetzungen kann man beide Richtungen als zwei (sogar komplementäre) Spielarten des selben «Brasilianischen konstruktivistischen Projekts» sehen: so der Titel einer von dem Kunstkritiker Aracy Amaral 1977 in Rio und in São Paulo organisierten Retrospektive.

Ein grosser Meister – anerkannt von beiden Strömungen und von Kritikern in Rio (Mário Pedrosa) und São Paulo (Mario Schenberg) – war der in Italien geborene Alfredo Volpi (1896–1988), der in São Paulo wirkte. Volpi arbeitete in engem Kontakt mit den Konkreten von São Paulo. Décio Pignatori definierte seine Persönlichkeit und seine Kunst mit den folgenden Worten: «Volpi ist ein Mondrian des 14. Jahrhunderts.»

Die brasilianische konkrete Kunst (der Konstruktivismus), die zeitlich mit der Erbauung der neuen Hauptstadt Brasília unter dem Architekten Oscar Niemeyer und dem Urbanisten Lúcio Costa, dem Autor des «Pilot Plans» für die neue Stadt, zusammenfiel, hatte einen starken Einfluss auf das Design (vor allem auf das Wirken von Alexander Wollner und Geraldo de Barros), auf die Werbung (hauptsächlich durch Fiaminghi, Mavignier und Pigantori), auf die Zeitungsgestaltung (Amilcar de Castro bekam die Gelegenheit, das visuelle Erscheinungsbild der bedeutendsten Tageszeitung von Rio mit nationaler Verbreitung, Jornal do Brasil, neu zu konzipieren) und sogar auf die volkstümliche Musik: der «tropikalistische» Charakter von Caetano Veloso und Gilberto Gil ist beeinflusst von gewissen Konzepten von Hélio Oiticica, von der Praxis konkreter Poeten der Gruppe «Noigandres» und von Augusto de Campos' musikologischen Arbeiten.

Schon 1960 wurde die allgemeine Vision beider Strömungen innerhalb der brasilianischen konstruktivistischen Bewegung bekannt, als Künstler beider Zweige an der grossen Ausstellung «Konkrete Kunst», die Max Bill in Zürich organisierte, teilnahmen. 1967 hinwiederum befasste sich auf grosszügige und offene Art der mit der «Noigandres» freundschaftlich verbundene und speziell mit Haroldo de Campos korrespondierende Hélio Oiticica (1937–1980) mit dem Problem. Oiticica, dessen Werk in diesem Jahr

Blick in die Ausstellung von Max Bill im Museu de Arte von São Paulo, 1950

1992 zunächst in Rotterdam und dann im Pariser «Jeux de Paumes» gezeigt wird, schrieb das Vorwort zu der Ausstellung «Neue Objektivität in Brasilien». Der Titel dieses Textes schliesst alles ein, nahmen doch konkrete Maler wie Waldemar Cordeiro ebenso wie Neokonkrete und jüngere Künstler wie Antonio Dias und Ruben Gerchman an der Veranstaltung teil: «Übergreifendes Schema der Neuen Objektivität» war die Formel, die Oiticica schuf, um die verschiedenen Tendenzen innerhalb des Konzepts des «Objektivismus» zu integrieren.

Brasilianische konstruktivistische Kunst ist ein gutes Beispiel für die von Oswald de Andrade beschworene «anthropophagische» Existenz: Kritische Einverleibung des weltweiten kulturellen Erbes unter dem Zeichen des Unterschieds. «Somos concretistas!» – «Wir sind Konkretisten!» verkündet Oswald Andrade in seinem «Anthropophagischen Manifest» (1928), und er zitiert als Instanz seiner Parole ein «sonoristisches», ein (wie wir heute sagen können) «prae-konkretistisches» mündlich überliefertes indianisches Gedicht in der Sprache der Tupi-Guarany:

catiti catiti
imara notiá
notiá imara
ipeju

Tatsächlich hat der Konstruktivismus brasilianischer Künstler seine tiefsten Wurzeln in der Marajoara Töpferei, in der Federkunst – eine Pracht so vieler Farben! – der brasilianischen Ureinwohner. An dieser Stelle darf man auch einen anderen Charakterzug unserer künstlerischen Hervorbringungen anfügen: die «spielerische Komponente», einerseits im «barocken Fest» unserer iberischen Traditionen, andererseits in der afro-indianischen Tradition des Karnevals von Bahia und von Rio de Janeiro. Nicht nur zufällig war Hélio Oiticica bei seiner Kunst des «Parangolé»-Körpertanzes und der «Parangolé»-Körperkleider beeinflusst durch die Tänzer der «Mangueira»-Sambaschule, einer der bedeutungsvollsten Karnevalgruppen von Rio de Janeiro.

ovo
n o v e l o
novo no velho
o filho em folhos
na jaula dos joelhos
infante em fonte
f e t o   f e i t o
dentro do
centro

Konkretes Gedicht von Haroldo de Campos

mar azul

mar azul   marco azul

mar azul   marco azul   barco azul

mar azul   marco azul   barco azul   arco azul

mar azul   marco azul   barco azul   arco azul   ar azul

Konkretes Gedicht von Ferreira Gullar

Willys de Castro, Komposition VI: Distribution, 1953,
Museu de Arte Contemporânea, São Paulo

Ivan Serpa, Formen, 1951, Museu de Arte Contemporânea, São Paulo

Abraham Palatnik, Progession 112 A, 1970, Sammlung Gilberto Chateaubriand, Rio de Janeiro

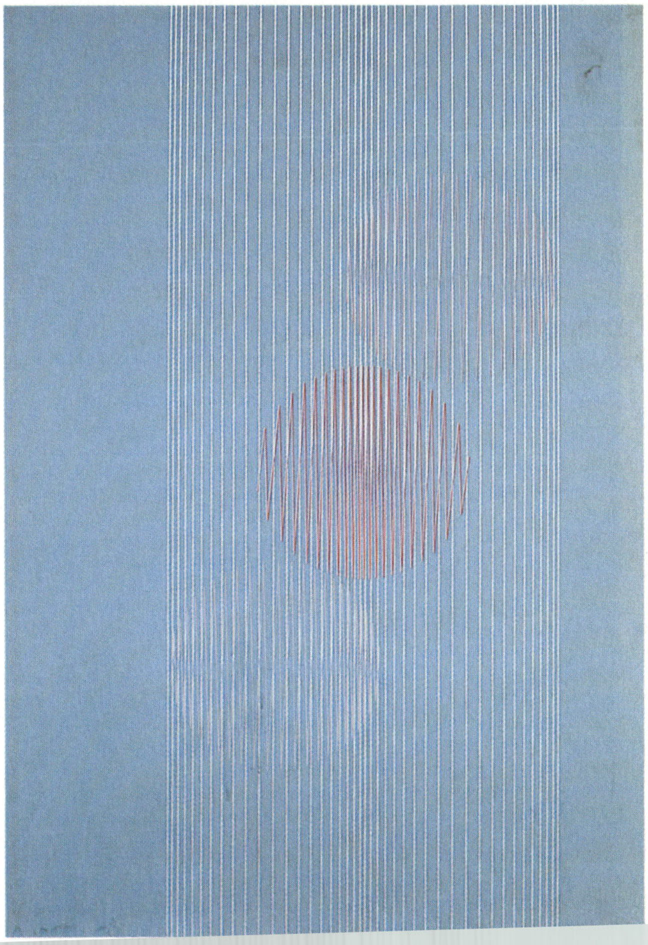

Mary Vieira, 16 Interaktionen des *Polyvolume: disque plastique noir,* 1953–1960, Sammlung Galerie d'Art Moderne, Basel

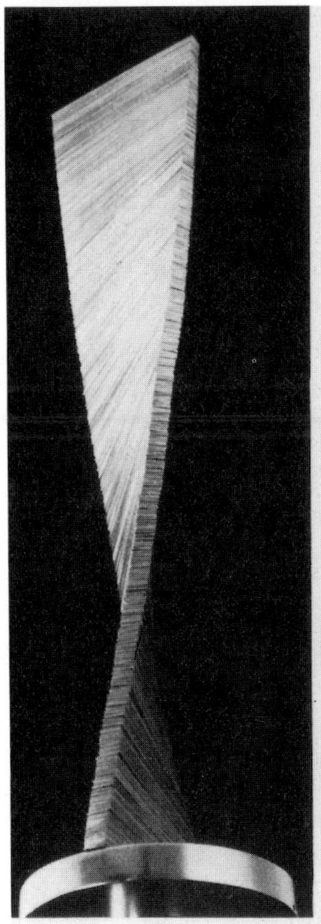
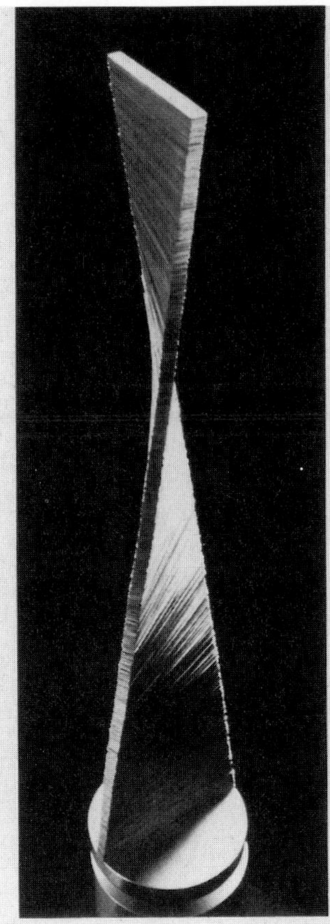

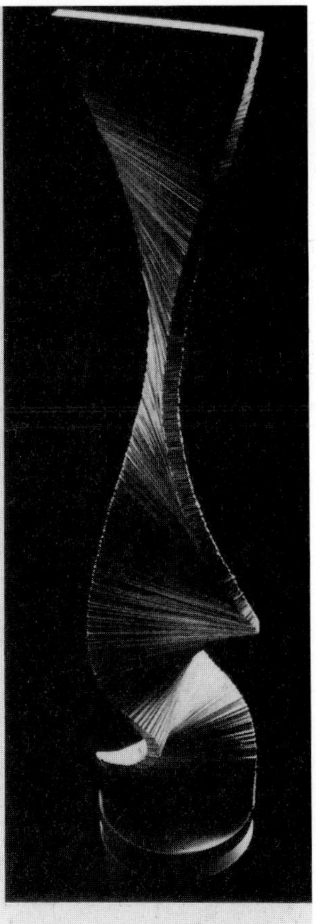

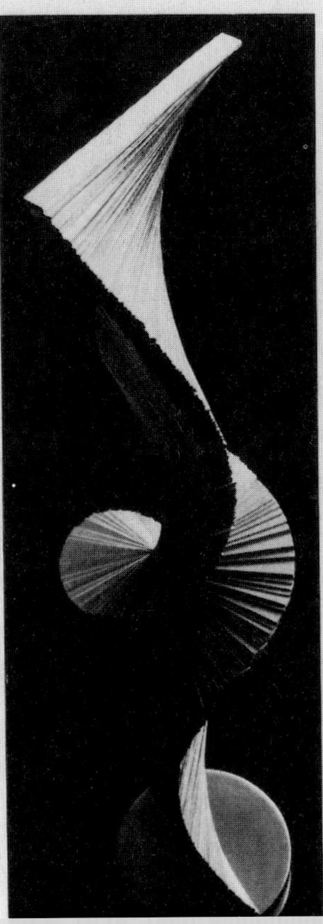
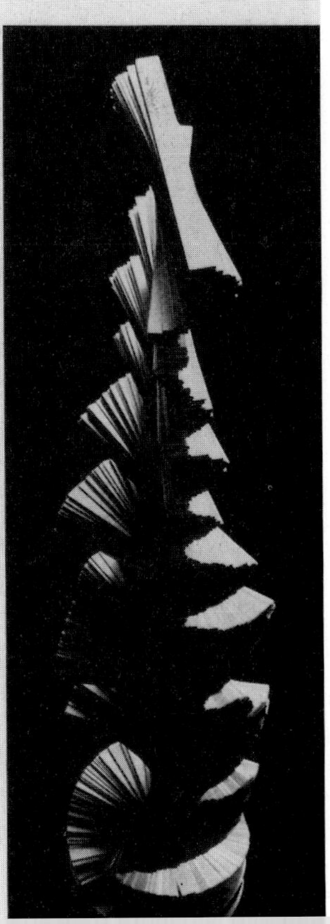

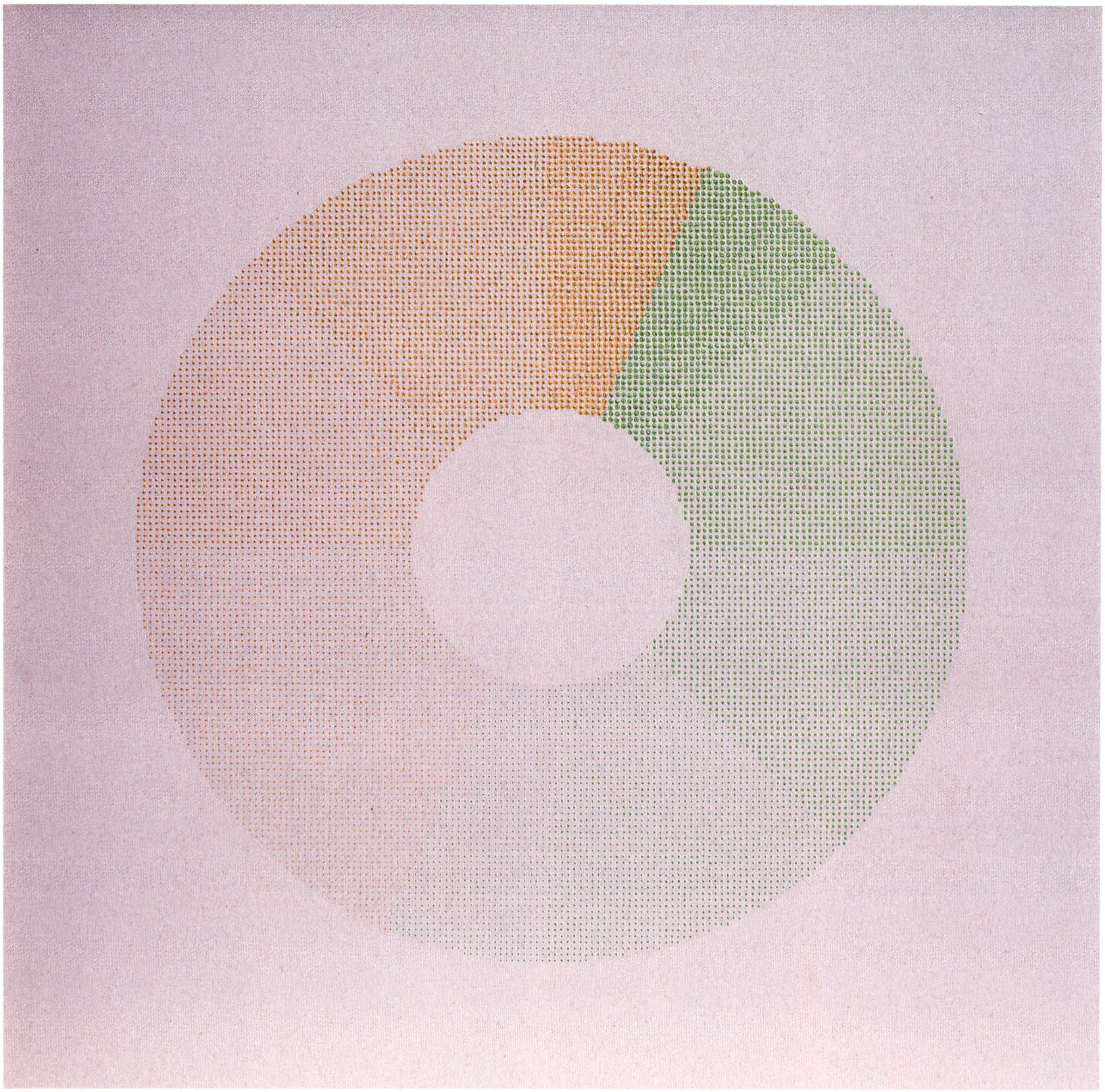

Almir Mavignier, «deformierter ring», 1957, Besitz des Künstlers

Amilcar de Castro, Ohne Titel, 1960, Sammlung Gilberto Chateaubriand, Rio de Janeiro

Aluisio Carvão, Hellrot, 1959, Sammlung Gilberto Chateaubriand, Rio de Janeiro

Sergio de Camargo, Ohne Titel, 1963, Sammlung Gilberto Chateaubriand, Rio de Janeiro

Lygia Clark, Pankubismus, 1960, Jean Boghici, Rio de Janeiro

Lygia Clark, Modulierte Oberflächen, 1956,
Museu de Arte Contemporânea, São Paulo

Lygia Clark, Bicho (Tier), 1960, Sammlung Gilberto Chateaubriand, Rio de Janeiro

Hélio Oiticica, Metaesquema I, 1958, Museu de Arte Contemporânea, São Paulo

Hélio Oiticica, Maquette für Raumrelief, 1960, Projeto Hélio Oiticica, Rio de Janeiro

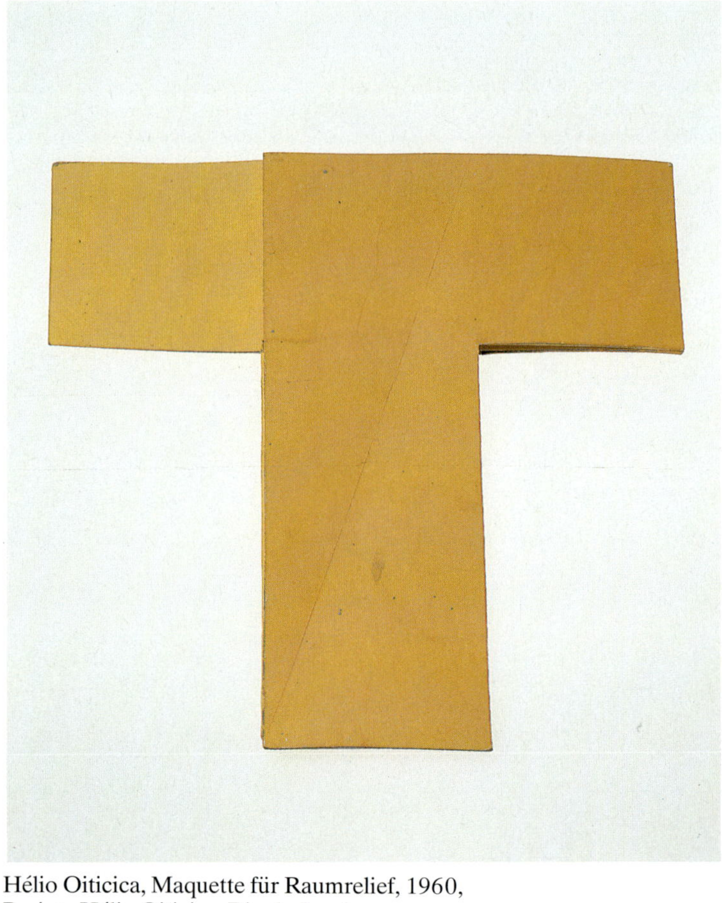

Hélio Oiticica, Maquette für Raumrelief, 1960, Projeto Hélio Oiticica, Rio de Janeiro

Guido Magnaguagno

# Tradition – Tropicalismus – Avantgarde?

Von den im folgenden vorgestellten acht zeitgenössischen Künstlern und ihren nach der Herrschaft der Neokonkreten und des Informel zwischen 1971 und 1991 entstandenen Werken nehmen zwei ganz direkt Bezug auf die brasilianische Geschichte. Dass dieser Rückgriff bis auf die Landung der Portugiesen im Jahr 1500 und auf das 19. Jahrhundert zurückgeht, ist in einem Land, das erst seit der «Woche der Modernen Kunst» 1922 auf eigene und eigenständige Künstler zählen durfte, keine Selbstverständlichkeit. Denn erst nachdem die Anthropophagie der späten zwanziger Jahre die Stilformen der europäischen Moderne vereinnahmt und in die Motivwelt eines sozialrevolutionären Realismus eingebunden hatte, war die Grundlage gegeben zur Entwicklung eines historischen Bewusstseins eigener Kultur. Für fünfzig Jahre Aufbruch war die Gegenwart Stoff genug, und so ist eine historisierende Sicht und die Konstituierung von Traditionen für ein Land wie Brasilien nicht nur relativ neu und notwendig, sondern bei der Vielfältigkeit und Weiträumigkeit des Landes, der schmalen Schicht von Intellektuellen und ungenügenden finanziellen Mitteln ein schwieriges Unterfangen. Westliche Luxus-Massstäbe verblassen angesichts der anstehenden Aufgaben, bei all der generösen Arbeit der wenigen, auf São Paulo und Rio de Janeiro konzentrierten Institutionen.

Wenn also Glauco Rodrigues den Brief des Pero Vaz de Caminha an seinen König, in dem er von den ersten Entdeckungstagen berichtet, in einer grossen Serie von Tafelbildern 1971 illustrierte und Carlos Martins 1985 Bühnenbilder zur Nationaloper «O Guarani» von 1870 entwarf, so bedeuten dies noch immer seltene Schritte, die eigene Vergangenheit vor der Gründung der Republik zu bebildern. Wie wenig die «Bilderwelt der Europäer» bis heute brasilianisches Kulturerbe geworden ist, zeigt nicht allein die geringe Zahl historischer Museen oder Privatsammlungen – gravierender scheint ihre schlichte Unkenntnis, auch mangels publizistischer Möglichkeiten, so dass selbst «eigene» Schätze wie die «Viagem filosófica» wiederentdeckt werden müssen. Und Carlos Martins, der als bekannter Graphik-Künstler zugleich Direktor der zwei Museen Castro-Maya ist, stiess für seine Paraphrasen «Jardim Botânico» auf die Lithographie «Die Puris in den Wäldern» nach zwei Aquarellen von Fürst Maximilian zu Neuwied, ohne vom Nachlass dieser Forschungsreise in der grossartigen Brasilien-Bibliothek der Stuttgarter Firma Bosch Kenntnis zu haben.

Soviel zum «Nachholbedarf».

Wie die brasilianische Landschaft ihre Botanischen Gärten, braucht die Geschichte ihre Kunst. Glauco Rodrigues ist ihr satirischer Kompilator – in Pop-Art-Manier legt er die Bildmetaphern von Hans Stadens Kannibalen bis zu Coca-Cola, vom indianischen Federschmuck zum Tanga als historischen Bilderbogen aus. Dagegen wirkt Carlos Martins wie ein akademischer Lehrer: Die Tragödie des «Guarani»-Häuptlings, der eine weisse Frau liebt, verlegt er aus der Verdi-Nachfolge in eine Art tropikaler Klassik, und seine Variationen auf die «Wälder der Puris» beschwören das Universum der Flora in Nahsicht.

Diese Verbindung von Naturvorbild und extremer Fokussierung, symbolhaft aufgeladen und als magischer Realismus gestaltet, machte wohl aus Antônio Henrique Amaral den herausragenden Künstler der siebziger Jahre. Seine berühmte Serie von Bananen-Bildern war dabei nicht allein die Mythisierung einer schönen Frucht (wie für Hodler die Berge, hat er spasshaft bemerkt), sondern die verschlüsselte Antwort auf die Militärdiktatur und die Folter, gegen die er vor der Verhängung der Zensur mit Holzschnitt-Karikaturen reagiert hatte. Nach einem New Yorker Aufenthalt entstand, als Hommage an Mário de Andrade, die Reihe «A Casa do Macunaíma», zu welcher noch das grossformatige «Bambuzal» gehört als Sinnbild der Magie des brasilianischen Urwalds. Wenn der moderne Tropicalismus eine bildhafte Definition braucht, ist sie im Werk von Amaral in plakativer Gültigkeit zu finden. Dass er in seinen jüngsten Werken die Probleme des Umgangs mit dem Regenwald aufgreift, verwundert beim gesellschaftskritischen Impetus seiner Kunst nicht. Auch hier gelingen ihm mit einfachen figurativen Mitteln Bilder von grosser Symbolkraft.

Als 1974 Siron Franco an der Biennale für sein Grossstadtbild «Megalópole» mit dem Preis für den besten Maler ausgezeichnet wurde, stand der Autodidakt aus Goiânia, wo er heute noch arbeitet, am Anfang einer verheissungsvollen Laufbahn. Seine Menschen- und Tierbilder waren von einer schockierenden Aggressivität, karikierend hart, unnachgiebig bis in die Form – in einem so sanften Land musste seine seltene Hartnäckigkeit besonders ins Auge stechen. In den neuen Werkzyklen, wie insbesondere in seinen «Peles» (=Tierfellen), hat er zu einer weit freieren, gestischeren Malerei gefunden. Dass die auf den aufgehängten Tierhäuten markierten Zahlen nichts anderes sind als die Kaliber der gebräuchlichsten Schiesswaffen, gibt den vordergründig dekorativen Mustern eine direkte Botschaft. Siron Franco ist *der* brasilianische Künstler des «Interior» (des «Landesinnern»), wo sich Tiergeschichten und indianische Sagen und Zeichen in einer Mischung von Angst und Faszination begegnen.

Amaral und Franco stehen stellvertretend für die Wiederkehr figurativer Malerei nach dem Jahrzehnt der Abstraktion, das der Internationalismus der Biennale nach ihrer Gründung 1951 inauguriert hatte. Der wohl einzige brasilianische Avantgarde-Künstler von internationaler Ausstrahlung war nachher Hélio Oiticica gewesen, der den Kunstbegriff aus seinen neokonkreten Anfängen Schritt für Schritt – durchaus Joseph Beuys vergleichbar – in den Lebensraum erweiterte. Dass solche Konzepte in der Zeit eines rigorosen Militärregimes keine Zukunft hatten, erfuhr Antônio Dias, einer seiner wenigen jungen Mitstreiter. Er zog nach seinen ersten Auftritten in Rio 1967 mit einem Stipendium nach Paris, um nur noch sporadisch in seine Heimat zurückzukommen. New York, Indien und Nepal, Mailand, Berlin und Köln sind die Stationen einer Emigration, welche die Frage aufwirft, inwiefern echte und nicht nur nachgeahmte Internationalität in diesen düstern Jahrzehnten nur noch ausserhalb der Landesgrenzen gelebt werden konnte. Viele Bilder von Antônio Dias umkreisen die gefährdete Identität und verweigern vorschnelle Identifikationen. Enigmatische «Nachrichten aus einem besetzten Land» sind sie, hermetische Zeichen wie Kreuz, Axt, Knochen zerstören absichtsvoll die Syntax einer verständlichen Bildsprache: unsichere Konnotationen auf einem undefinierbaren, ortlosen Malfeld. Wenn jetzt in den beiden mächtigen neuen Quadratbildern Kupfer- und Goldflächen das Zentrum bestimmen, strahlt davon auch die Überlebenskraft einer Lebenserfahrung ab, die sich sowohl in der paraibischen Wüste seines Geburtsortes Campina Grande im Nordosten behaupten musste wie in der innerlichen – dem Verlust einer verbindlichen Zugehörigkeit.

An einer anderen Stelle der fünfziger Jahre knüpfte Emanoel Araújo an, für den man die Formel eines «affektiven Konstruktivismus» gefunden hat. Ihm hat seine Hautfarbe die Identität bewahrt, die Suche nach den Ursprüngen des afrikanischen Kulturerbes und das Holzskulpturen oder Reliefs, die in ihrer kompakten Gestalt noch immer vom Handwerk des Schreinerlehrlings profitieren, tragen die Wirkkraft der Götter und Embleme der Yoruba weiter, ohne dass sie als ihre Totems benannt sein müssten. Ihre formale Rhythmisierung und die entsprechende Farbintensität tönen wie «Trommeln im Dickicht der Städte» und legen eine untergründige Spur zwischen Bahia und São Paulo.

Die zwei ältesten in unserer subjektiven Wahl sind der 1921 in Polen geborene, 1948 nach Brasilien ausgewanderte Frans Krajcberg und der etwas jüngere Francisco Brennand. Der eine bewundert, nicht allein wegen seines Eremitentums in einem Baumhütten-Atelier südlich von Bahia, der andere umstritten, und dies wiederum ob seinem hypertrophen Gesamtkunstwerk in seiner Keramik-Fabrik bei Recife. Sie runden unbeabsichtigt die Vertretung geographischer Regionen ab (vielleicht «fehlen» der Süden und Amazonien) und sind beide je einem Werkstoff verbunden, die für Brasiliens Kultur signifikant sind, dem Holz und der Erde. Brennands gebrannte Tonskulpturen mögen dabei so wenig aus ihrem Ambiente und aus dem Umkreis der Volkskunst des Nordostens herausgelöst werden wollen wie Krajcbergs monumentale Freiskulpturen der «Mangue»-Serie von den Sandstränden in die Museen Europas importiert.

Brennands Schauplatz ist ein Ort phantasmagorischer Sinnlichkeit, masslos und exaltiert wie mit Figuren aus «Hundert Jahre Einsamkeit». Das luzide portugiesische Handwerk der Keramik- Dekoration hat hier ihr pralles, erdhaftes Gegenstück erzeugt.

Krajcberg ist von einer informellen Malerei (und damit vom Organisch-Vegetativen) und Materialbildern über das bemalte Holzrelief zu jenen Wurzelgebilden gelangt, die ihn zum frühen Bannerträger der ökologischen Bewegung in Brasilien machten. Nicht zufällig wird er während der Uno-Umweltkonferenz Eco im Sommer 1992 im Museu de Arte Moderna in Rio mit einer Retrospektive geehrt (wie Amaral an der Vorbereitungskonferenz der lateinamerikanischen Länder im «Memorial Latino-Americano» von São Paulo zu mehr kritischem Selbstbewusstscin animierte). Die Mangue-Installationen mit ihren teils verkohlten Stümpfen und kunstvoll bearbeiteten Stämmen haben indessen die Strahlkraft von Mahnmalen, ohne der Imitation der Natur zu verfallen.

In ihnen kristallisiert sich eine brasilianische Hoffnung: dass die Kunst nicht ohne Utopie, nicht ohne Wirkung auf die Gesellschaft sei. Eine Hoffnung, die der Westen aufgegeben hat, und darum kann Brasiliens zeitgenössi-

Glauco Rodrigues, Brief von Pero Vaz de Caminha vom 1. Mai 1500, 1971,
Sammlung Gilberto Chateaubriand, Rio de Janeiro

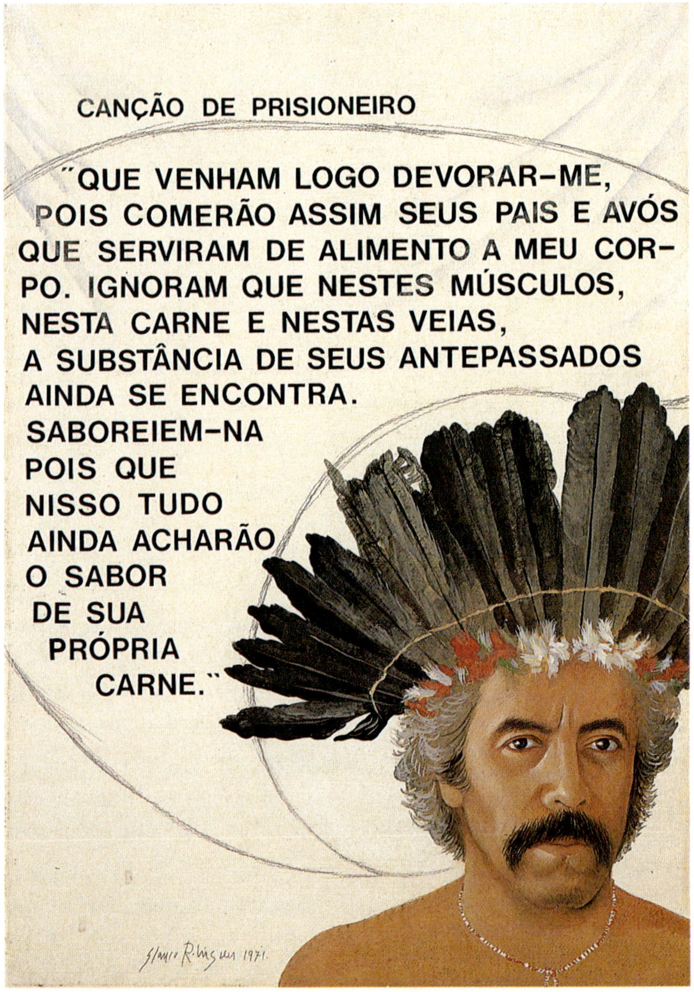


Glauco Rodrigues, Conquista, 1971,
Sammlung Gilberto Cahteaubriand, Rio de Janeiro

Glauco Rodrigues, Brief von Pero Vaz de Caminha vom 26. April 1500, 1971, Sammlung Gilberto Chateaubriand, Rio de Janeiro

Carlos Martins, O Guarani, 1985, Bühnenbildentwürfe zur Oper *Guarani* von Carlos Gomes, Besitz des Künstlers

Carlos Martins, Jardim Botanico, 1990, 4 Blätter aus einer Serie nach *Die Puris in ihren Wäldern* von Maximilian zu Wied, Besitz des Künstlers

C. Martin 85

C. Martin 85

Antonio Henrique Amaral, Bedrohungsphase I, 1990,
Besitz des Künstlers

Antonio Henrique Amaral, Detail mit Kordel, 1972, Besitz des Künstlers

Antonio Henrique Amaral, Bambuzal, 1978, Sammlung Gilberto Chateaubriand, Rio de Janeiro

Siron Franco, Megalopole, 1974, Sammlung Gilberto Chateaubriand, Rio de Janeiro

Siron Franco, Nossas Peles (Unsere Felle), 1989/90, Besitz des Künstlers

Antonio Dias, Empty Eyes, 1989, Besitz des Künstlers

Antonio Dias, Sun photo as self-portrait, 1990/91, Besitz des Künstlers

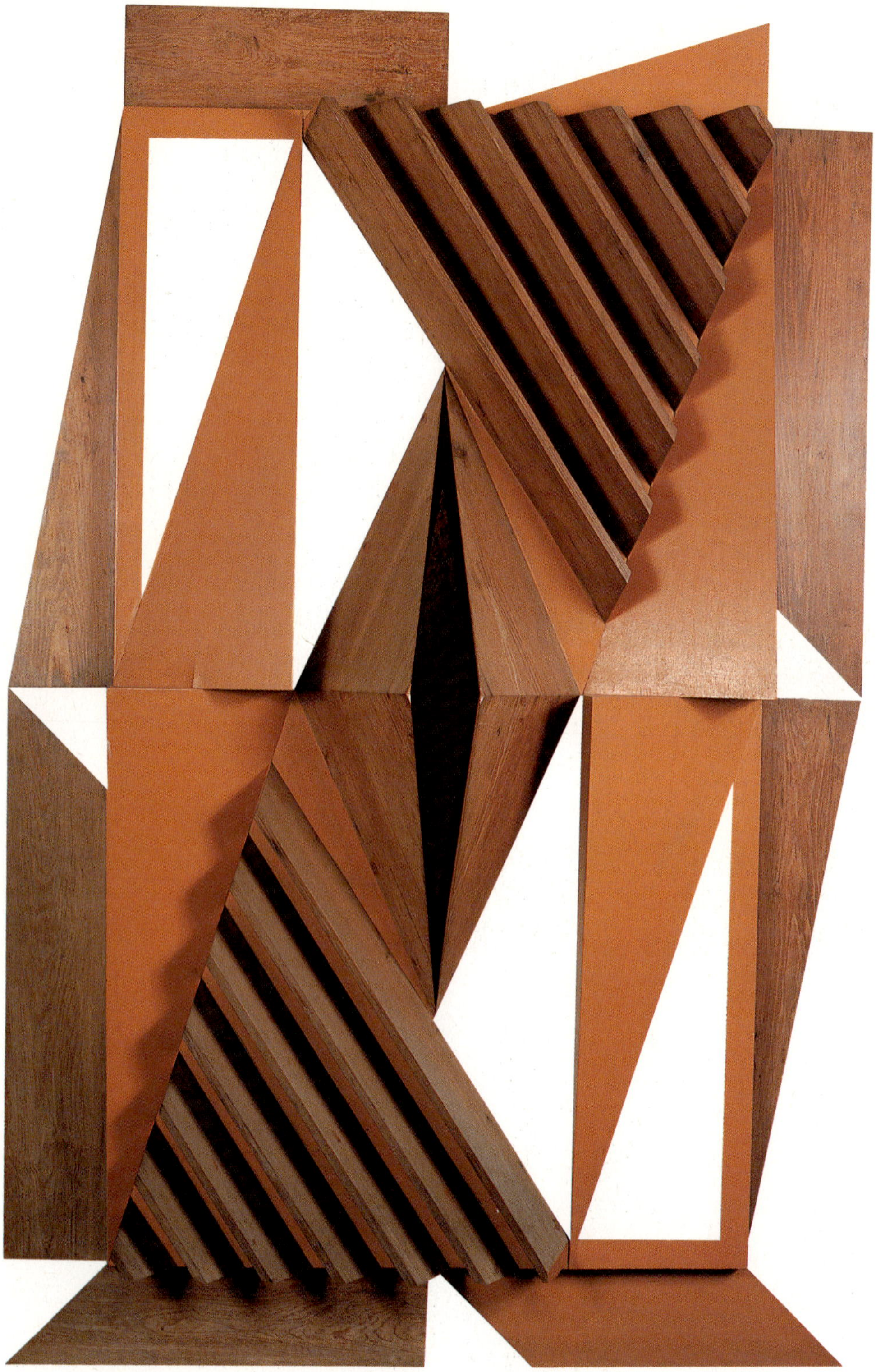

Emanoel Araújo, Ohne Titel, 1976, Rose und Saldiva Wanderley

Emanoel Araújo, Ogum-Emblem, 1991, Besitz des Künstlers

Francisco Brennand, Eine Ledermaske, 1991,
Besitz des Künstlers

Francisco Brennand, Ein Schlüssel, 1989,
Besitz des Künstlers

Francisco Brennand, Figur, 1991,
Besitz des Künstlers

Francisco Brennand, Vogel, 1991,
Besitz des Künstlers

Frans Krajcberg, Mangue (Mangrove), 1970, Besitz des Künstlers

Lélia Coelho Frota

# Ein planetarischer Zeitgenosse

Roberto Burle Marx – der Universalkünstler

Zu einem Zeitpunkt, da die Berufe immer spezialisierter werden und sich immer haarfeiner voneinander abgrenzen und da jeder von uns nur noch einen isolierten, minimalen Arbeitsvorgang ausübt, bloss noch eine kleine Drehung im Räderwerk der Industriegesellschaft, da tritt, in vollem Tropenlicht und in Technicolor, ein Titan hervor: Roberto Burle Marx, Landschaftsgestalter, Maler, Bildhauer, Graphiker, Musiker, Bühnenbildner. Mitten in der Pflanzenwelt seiner eigenen Gärten, in einem Schuppen neben dem Hauptgebäude seines Landsitzes Santo Antônio da Bica, 45 Kilometer vom Stadtkern von Rio de Janeiro entfernt, pflegt Burle Marx nach dem Frühstück im Morgengrauen zu malen. Auf seiner Leinwand widerspiegeln sich Farben und Formen der Tropenflora, die ihn hier umgibt. Im Freien oder in Treibhäusern beherbergt der Landsitz die Sammlungen, welche heute die Welt dieses Künstlers ausmachen. Denn als der zwanzigjährige Burle Marx eines Tages beim Besuch im Botanischen Garten der deutschen Stadt Dahlem eine brasilianische Pflanze betrachtete, gab er den Wunsch, Musiker zu werden, auf und beschloss, sich ganz der visuellen Kunst zuzuwenden.

Nicht in Brasilien also, wo die öffentlichen Parkanlagen sich noch nach der französischen Ästhetik orientierten, sondern in Europa kommt der junge Roberto in Kontakt mit der tropischen Pflanzenwelt, die später seine Landschaftsgestaltungen prägen wird.

In Deutschland sah er Ausstellungen von Van Gogh und den Expressionisten, und dort beginnen sich die Affinitäten zu seinen Künstler-Vorbildern herauszubilden. Ähnlich hatten es vor ihm Annita Malfatti und Tarsila do Amaral erfahren, zwei weitere Hauptfiguren des brasilianischen «Movimento Modernista» der zwanziger und dreissiger Jahre. Mário de Andrade, der vielseitige Wortführer des «Movimento», schrieb: «Alle erwachten und wurden sich der Morgendämmerung, die in der Luft lag, bewusst.»

Roberto Burle Marx, 1992

Nach seiner Rückkehr aus Deutschland lernte Roberto Malerei an der Escola de Belas Artes von Rio de Janeiro, als Schüler von Leo Putz und Cândido Portinari (1903–1962). Zur selben Zeit fand eine folgenträchtige Begegnung statt mit den Architekten Lúcio Costa (1902), dem zukünftigen Gestalter des «Plano Piloto» der neuen Hauptstadt Brasília, und Gregori Warchawchik (1896), beide gleichermassen vom neuen Geist beseelt. In Recife begegnete er dem Gedankengut des Anthropologen Gilberto Freyre, dessen neue Würdigung der tropischen Wirklichkeit Robertos einzigartige Ausdrucksweise sowohl in der Landschaftsgestaltung als auch in den zweidimensionalen Künsten prägte.

Die Schriftsteller, Musiker, Maler und Architekten des Modernismus überdachten die brasilianische Zivilisation als erste neu; ohne Rassen- und Klassenvorurteile würdigten sie die Kultur der Schwarzen und der Eingeborenen, befassten sich mit den kulturellen Ursprüngen des Volkes der niedrigeren Einkommensschichten und werteten diese Kultur auf, nicht nur in der Gegenwart, sondern auch rückwirkend in der Vergangenheit. Gleichzeitig stellten sie die aus Europa importierten Vorbilder in Frage. Auch Burle Marx suchte die Betrachtungsweise des Brasilianers auf seine Art zu entkolonisieren, indem er einheimische Pflanzengattungen in eine neuartige Gartenplanung einbrachte.

«Das erste Erlebnis mit Pflanzen hatte ich, als ich meiner Mutter beim Stutzen der Rosen zuschaute und dann mitverfolgte, wie aus den Skeletten eine Farbenexplosion hervorwuchs», erzählt Burle Marx.[1] 1909 in São Paulo geboren, ist er als fünfjähriger Knabe mit seiner Familie nach Rio de Janeiro gezogen. Im Garten des neuen Hauses im Stadtteil Leme kommt Roberto in engeren Kontakt mit der Erde: Als Kind legt er einen Gemüsegarten an; später, als Jugendlicher, pflanzt er exotische Pflanzen wie Tulpen und Hyazinthen – dies sind seine ersten Versuche als Gärtner.

Parkanlage Flamengo, Rio de Janeiro, 1961

Sein erstes Gartenprojekt entwarf er 1932, nach seiner Rückkehr aus Deutschland, im Auftrag von Lúcio Costa, der im selben Quartier wohnte. «Lúcio fragte mich: ‹Hättest du nicht Lust, einen Garten zu machen, eine Pflanzenkomposition?›Da zeichnete ich ein paar Skizzen, und er meinte: ‹Sie sind ausgezeichnet. Ich finde sie unheimlich vulgär.›»[2] Das Projekt war für ein Wohnhaus bestimmt; das Grundstück war relativ klein, das Haus hingegen ziemlich gross. Es ging darum, die Terrasse möglichst gut auszunützen. Roberto, der nie Landschaftsgestaltung gelernt hatte, löste das Problem auf souveräne Weise. Ein Jahr darauf verwirklichte er ein zweites privates Gartenprojekt, ebenfalls in Zusammenarbeit mit Lúcio Costa.

Der Erfolg, den er mit diesen beiden Arbeiten hatte, verhalf ihm zu der Anstellung als Direktor des städtischen Gartenbauamts in Recife. Dort verwirklichte er während drei Jahren die ersten Projekte für öffentliche Gärten. Er benützte dafür Pflanzen der «Caatinga» und des amazonischen Urwalds.

Damit begann die lange Serie seiner Landschaftsgestaltung im Dienst der Öffentlichkeit, wie zum Beispiel die Gartenanlage des Erziehungs- und Gesundheitsministeriums in Rio de Janeiro (1938), der Park von Pampulha in Belo Horizonte (1942) und der grosse Park im Kurort Araxá in Minas Gerais (1940) in Zusammenarbeit mit dem Botaniker Henrique Lahmeyer de Mello Barreto. Schon damals arbeitete Roberto neben Lúcio Costa mit namhaften Partnern wie Le Corbusier und Oscar Niemeyer zusammen.

Die grossen Projekte für den Flamengo-Park am Rand der Guanabara-Bucht (1954), zusammen mit den Architekten Affonso Eduardo Reidy und Lota M. Soares, sowie für den «Calçadão», die Strandpromenade an der Copacabana (1970), haben dem öffentlichen Raum von Rio de Janeiro den unauslöschbaren Stempel von Burle Marx aufgedrückt.

Die Partnerschaft mit Lúcio Costa und Oscar Niemeyer führte ganz natürlich und unausweichlich zur Zusammenarbeit in der neuen Hauptstadt des Landes, Brasília. Um nur ein paar der Arbeiten zu nennen, die Burle Marx dort in die Stadtplanung und in die Architektur einfügte, erinnern wir an die wunderschönen Gärten, Terrassen und Wandteppiche, die er für den Palácio dos Arcos (Aussenministerium, 1965–1988) schuf, sowie an die Gärten und Bassins der Praça Triangular des Armeeministeriums (1971) mit den glatten Steinprismen und Mosaikböden, an den Parque Zoobotânico (botanisch-zoologischen Garten) (1961), an das Justizministerium (1970), die Residenz des Vizepräsidenten der Republik (1973), den Palácio do Desenvolvimento (1972) und den Park Rogério Pithon Farias (1974).

Burle Marx entwirft seine Projekte zu Hause oder in seinem Büro im Stadtviertel Laranjeiras, umgeben von einem langjährigen, brüderlichen Team von Mitarbeitern, die heute so etwas wie eine Familie bilden. Allein schon die Zeichnungen sind eine Augenweide: Sie besitzen jene Leichtigkeit, die Präzision und die Anschaulichkeit, die Ítalo Calvino in seiner Vorschau auf das nächste Jahrtausend verkündet.

In einigen privaten Gärten, angefangen bei seinem eigenen Landsitz in Guaratiba, wo Burle Marx ganz ohne Bürokratie arbeiten konnte, erkennen wir jedoch, dass er *in situ* zeichnete, mit eingesteckten Pfählen und gespannten Schnüren. So entstanden einige der bezauberndsten Grünflächen, die in unserem Jahrhundert geplant wurden. In diesen Gärten konnte der Gestalter frei über ausgedehnte Grundstücke verfügen, die überdies eingebettet waren in Landschaften, die zu den schönsten Brasiliens zählen – die Berge von Petrópolis und Teresópolis sowie die Hügel in der Umgebung von Rio de Janeiro.

Die Landschaftsarchitektur von Burle Marx bringt den entmenschlichten Städten eine demokratischere Verteilung des Raumes, indem er eine Wiederbegegnung zwischen Mensch, Mitmensch und Natur ermöglicht. Damit strebt er eine zutiefst erzieherische Wirkung an: «Ein Teil des sozialen Auftrags des Landschaftsgärtners besteht darin, dem Volk etwas zu vermitteln, das es im Kontakt mit dem Garten und dem Park die Werte der Natur schätzen und begreifen lässt», schreibt Burle Marx in «Jardim e Ecologia» (Garten und Ökologie).[3]

Selbst die Pflanzen werden mit Respekt behandelt: Burle Marx nimmt Rücksicht auf ihr gemeinsames Wachstum und ihre gegenseitige Verträglichkeit. Die Art des Künstlers, Gärten anzulegen mit grossen Pflanzengruppen, die jeweils derselben Art angehören, und mit kontrastierenden Farbflächen, in abstrakten Figuren angeordnet, sind zum Kennzeichen seiner Gestaltungen geworden. «Ich brauche die natürliche Topographie als Arbeitsfeld und die Elemente der Natur – Gesteine und Pflanzen – als Materialien für den plastischen Aufbau, in derselben Weise, wie andere Künstler auf der Leinwand mit Farbe und Pinsel arbeiten.»[4] Die lebhaften Farbgebilde, die er mit schmalen Betonrändern gegeneinander abgrenzt, sind oft mit Palmengruppen punktiert, welche dem Ganzen eine in die Höhe ragende dritte Dimension verleihen. Anderswo sind es Skulpturen aus Stein, welche die vertikale Komponente bilden, gelegentlich auch geometrische Gerüste, die als Stütze der Vegetation dienen. Der Blick soll sich vom Boden aus erheben, in der Landschaft aufgehen, mit ihr zusammen Luft sein. «Wolken und Regen können das Bild eines Gartens verändern; seine ganze Proportion kann

Sitío Roberto Burle Marx, Barra de Guaratiba (RJ), 1989

Fazenda Vargem Grande, Areias (SP), 1979

sich wandeln, wenn die Rückstrahlung fehlt oder wenn ein plötzliches Gewitter an ungewohnten Stellen Wasserpfützen hinterlässt», verrät Burle Marx William Howard Adams, dem Kurator seiner jüngsten Einzelausstellung im Museum für Moderne Kunst in New York im Jahre 1991.[5]

In seinen aquatischen Gärten baut er zarte Wasserfälle ein, die auch ein klangliches Element in den Garten einbringen, daneben Wasserbassins, in welchen sich Himmel und Wolken spiegeln und den Eindruck von Bewegung verstärken. Musik spielt eine grosse Rolle in Robertos Leben. In der Landschaftsgestaltung orchestriert er seine Gärten: «Man kann sich eine Pflanze als eine Note denken. Wenn wir sie auf einer bestimmten Saite anschlagen, hat sie einen bestimmten Klang; auf einer andern Saite ergibt sich eine ganz andere Tonqualität.»[6]

In den Gartenzeichnungen, welche Burle Marx manchmal «konstruiertes Landschafts-Objekt» nennt, findet man den weiten, luftigen Blick des Architekten, der erfindet und zugleich ordnet. Und in den Bildern, die er «Gemälde-Objekt» nennt, findet man den blinden Sturzflug in die Tiefe, eine Art Röntgenbild des faserigen Grundes und der aufgetragenen Farbflecken. Und dies gilt nicht nur für die Gemälde, sondern auch für die Gravuren, Skulpturen, Zeichnungen und Wandbilder.

Roberto Burle Marx macht aus seinem zweidimensionalen Werk «a room of his own», einen gegen innen gerichteten Raum, ein harmonisches Gegenstück zur öffentlichen Kunst der offenen Gärten.

In einem so eminent tropischen Land ist man versucht, in der üppigen Natur aufzugehen, in ihrer Betrachtung zu versinken, was zu einem Immobilismus führen würde. Wie Wagner in seiner Symphonik, braucht Burle Marx die Kammermusik seiner Malerei, um sich daneben wieder der grossen Welt der Landschaftsgestaltung zu öffnen. Aber auch diese Kammerkunst findet im sehr menschlich geprägten Werk von Burle Marx eine der Kollektivität zugewandte Auswirkung. Seine Wandbilder aus Beton, Granit, Glasfaser, Keramik, «azulejos» (bemalte Kacheln) befinden sich in völlig verschiedener Umgebung: Spitäler, Sportklubs, Industriegebäude, Banken, Versammlungsräume, Eingänge zu Wohnblökken, Hotels, Fernsehgebäude, Abteien, Universitäten und Forschungsgebäude.

1989 äusserte der Achtzigjährige seine Betroffenheit in bezug auf die schwierigen Lebensbedingungen des grössten Teils der brasilianischen Bevölkerung und drückte seine Hoffnung für ihre Zukunft aus: Er staune immer wieder, wie am Rande der Armut etwas so Kunstvolles erblühen könne wie eine Lehmskulptur aus dem Jequitinhonha-Tal, ein Ex-voto oder ein Drachenkopf am Bug eines São Francisco-Bootes. Die schönen Gemälde aus der realistischen Phase seines Schaffens in den vierziger Jahren, welche Porträts von Schwarzen und alte, verfallende Stadtviertel zeigen, spiegeln schon früh dieses soziale Bewusstsein.

In den fünfziger Jahren stand Burle Marx unter dem kubistischen Einfluss von Braque und Picasso; er schuf zweidimensionale Werke, die zunächst als abstrakt galten. Sein grosser Kritiker, der Dichter Clarival do Prado Valladares, korrigierte jedoch diese Meinung: «Der stilistischen Herkunft nach kann man ihn als Zeitgenossen von Picasso, Braque und Matisse bezeichnen, doch muss man einräumen, dass es Roberto Burle Marx darüber hinaus gegeben war, die Struktur der Pflanzenwelt darzustellen, indem er Räume, Flächen und Lichteffekte aufdeckte, die noch keiner sichtbar gemacht hatte. Seine Motive bezieht er aus der innersten Struktur der Elemente, die er *in natura* anwendet (...), losgelöst von der Schwerkraft, schwebend, Formen, Farben, Licht gestaltend. (...) Indem Roberto Burle Marx die pflanzlichen

Roberto Burle Marx, Paisagem imaginario de 9 Fevereiro 1992, Besitz des Künstlers

Prototypen hinter sich liess, erreichte er eine Stufe von «biomorphischer Archetypie» – Sichtbarmachung der Struktur, der Blütenwelt, des Blätterwerks und der Wurzeln – all das, was die Bilder des Künstlers und des Botanikers in ihm ausmacht. Diese Feststellung bewahrt uns vor dem Fehler, ihn als abstrakten Künstler zu definieren. Eher sollte man ihn zu den figurativen Künstlern zählen, denn er widerspiegelt die Welt in ihrer absoluten Wirklichkeit; so wie er sie sieht, übermittelt er sie – auf dieselbe Weise, wie diese seine Welt sich dem Auge eines Vogels, eines Insekts, eines Dichters darbietet und übermittelt.»[7]

So wird es auch verständlich, dass Roberto Burle Marx nicht am modernen, aus der Renaissance stammenden Begriff der «Originalität» seiner Arbeit festhält. Er sagt dies auch ganz deutlich in seinem Buch «Arte e Paisagem» (Kunst und Landschaft).[8] Sein Verhältnis zum eigenen Werk erinnert eher an die Art und Weise, wie sich der Autor in der klassischen Antike gegenüber seinem Werk verhielt, oder auch an die orientalische Optik einer unendlichen und vielfältigen Wiederholung von Farbe und Form, ein «eidos», das sich nach einem beinahe rituellen Prozess fortlaufend verwandelt – die eigentliche Essenz der Welt der Gegebenheiten.

Burle Marx strebt danach, immer weiter ins Innere der Materie einzudringen, indem er uns zum Herzen dieser unendlichen, unerschöpflichen Welt hinführt. Dies ist die Absicht seiner Zeichnungen, Gemälde, Graphiken und gemalten Wandbehänge. Seine zweidimensionalen Werke gleichen fast immer einem sehr feinen Eintauchen in den eigentlichen Kern des Wunders der Pflanzenwelt. Auf die Gegenüberstellung von «Ordnung/Konstruktion» und «Unordnung/Natur» antwortet Burle Marx, indem er in seiner Arbeit eine permanente Spannung aufrecht erhält, die sich in harmonischen Übergängen zwischen dem Geometrischen und dem Organischen ausdrückt. Wie Sima Eliovson[9] bemerkte, stehen die Häuser in den Gärten von Burle Marx gewissermassen im Epizentrum der geometrischen Ordnung. Die gestaltete Landschaft um die Gebäude herum erscheint als Quadrate, Kreise, Rechtecke; in konzentrischer Bewegung werden sie organischer, fliessender. Gewundene Pfade dienen als Verbindungselemente zwischen den Ebenen, wenn der Künstler nicht etwa kleine Mauern verwendet. In seinen Gemälden bilden stempelhafte oder geometrische Muster, die an städtische Gitter erinnern, einen konstruierten Kontrapunkt zu den grossen organischen Farbgebilden.

Nur eine solch ausgeprägte Persönlichkeit, die wie durch eine Starkstromleitung mit dem Zentrum der Welt verbunden zu sein scheint, vermag als Einzelner die Energie aufzubringen, in unserer Zeit die Philosophie und Ästhetik der Landschaftsgestaltung völlig zu verändern. Diese Kunst hat in der heutigen westlichen Welt dem Erfindungsgeist und der beharrlichen Strenge von Burle Marx viel zu verdanken.

Wenn man sich in seinem Hause, auf dem Landsitz Santo Antônio da Bica, befindet, kommt einem der Satz von Le Corbusier in den Sinn: «Wir müssen uns mit Gegenständen umgeben, die mit poetischen Gefühlen geladen sind.» Da wohnen Sammlungen von Volkskunst zusammen mit Mobiles von Calder, präkolumbianischen «huacos», Kristallgefässen von skandinavischem Design, brasilianischen Heiligenfiguren aus dem 18. Jahrhundert ... Wo man hinschaut, widerspiegelt sich die Persönlichkeit des Hausherrn: draussen im Garten, in den Bildern an den Wänden, im selbstbemalten Tischtuch, ja sogar in der farblichen Zusammenstellung der Speisen, die sein Koch und Freund César zubereitet – überraschende Landschaften aus roten Rüben, Rettichen und zerkleinerten Früchten. Selbst diese «Nebensachen» lassen einen darüber nachsinnen, wie künstlerisches Tun eine natürliche Haltung gegenüber dem Leben sein kann.

---

1 Interview mit Lúcio Costa, unveröffentlichter Film von José Reznik, 1990
2 Ibidem
3 Burle Marx, Roberto, Jardim e Ecologia, in: Arte e Paisagem, São Paulo 1987
4 Adams, William Howard, Roberto Burle Marx: The Unatural Art of the Garden, The Museum of Modern Art, New York, 1991
5 Ibidem
6 Ibidem
7 Valladares, Clarival do Prado, Catálogo «43 Anos de Pintura», Museu de Arte Moderna de Belo Horizonte, Minas Gerais, 1974
8 Burle Marx, Roberto, Arte e Paisagem, São Paulo 1987
9 Eliovson, Sima, The Gardens of Roberto Burle Marx. Sagapress/Portland, Oregon/Timber Press Inc, 1991

# Künstlerbiographien

### Tarsila do Amaral

(1890 Capivari [S. P.] – 1973 São Paulo)

**1917** Studium der Malerei in São Paulo bei Pedro Alexandrino **1920–1923** Aufenthalte in Paris, Kontakte mit André Lhote, Gleizes und Léger **1922** Begründung des «Grupo dos Cinco» mit Anita Malfatti, Menotti del Picchia, Oswald und Mario de Andrade in São Paulo **1924** Reisen in Brasilien mit Künstlern und Intellektuellen der modernistischen Bewegung (Illustration des Gedichtbandes «Feuilles de Route» von Blaise Cendrars) **1925** Illustration des Gedichtbandes «Pau Brasil» von Oswald de Andrade

Ausstellungen:
**1926** Einzelausstellung in Paris **1969** Retrospektive im Museu de Arte Moderna in Rio und im Museu de Arte Contemporânea de São Paulo

Literatur:
Aracy Amaral, *Tarsila – Sua Obra e seu Tempo,* São Paulo 1975
Roberto Pontual, *5 Mestres Brasileiros,* Rio 1977
Aracy Amaral, *Tarsila do Amaral,* São Paulo 1992

### Roberto Burle Marx

(1909 São Paulo, lebt in Rio)

**1928** Übersiedlung nach Berlin, Malerei- und Gesangsstudium, Beschäftigung mit tropischen Pflanzen im Botanischen Garten Dahlem **1929–1934** Studium der Malerei an der Escola de Belas Artes in Rio **1934** Ernennung zum Parkkurator in Recife und Gestaltung der Stadtgärten **1936–1938** Gestaltung des Dachgartens des Ministeriums für Erziehung und Gesundheit (Architekten: Lucio Costa, Oscar Niemeyer, Affonso Eduardo Reidy, Berater Le Corbusier) **1949** Gestaltung des Sitio Santo Antonio da Bica in Campo Grande, RJ, das zu seinem Wohnhaus und Atelier wird **1954** Gestaltung des Flamengo Parks und des Gartens des Museu de Arte Moderna in Rio **1965** Landschaftsgestaltung des Aussen-, Justiz- und Kriegsministeriums in Brasilia (Architekt: Oscar Niemeyer) **1970** Promenaden- und Parkgestaltung entlang der Copacabana in Rio de Janeiro

Ausstellungen:
**1954** *Architecture in Brazil: Roberto Burle Marx,* Pan American Union, Washington **1959** Bienal de São Paulo **1970** Biennale di Venezia **1991** Museum of Modern Art, New York

Literatur:
Maria Pietro Bardi, *The Tropical Gardens of Burle Marx,* New York 1964
Flavio Motta, *Roberto Burle Marx e a nova visão da paisagem* (Photos: Marcel Gautherot), São Paulo 1984
Sima Eliovson, *The Gardens of Roberto Burle Marx,* Portland Oregon 1990
William Howard Adams, *Roberto Burle Marx: The Unnatural Art of Garden,* New York 1991

### Emiliano di Cavalcanti

(1897 Rio – 1976 Rio)

**1916** Rechtsstudium in São Paulo **1917/18** Beginn mit der Malerei (Atelier Elpons) **1922** Teilnahme an der Semana de Arte Moderna in São Paulo **1923–1925** Aufenthalt in Paris **1929** Theaterdekorationen in Rio **1935–1940** Aufenthalt in Paris

Ausstellungen:
**1953** Bienal de São Paulo (Preis für den besten nationalen Künstler, zusammen Alfredo Volpi) **1971** Retrospektive im Museu de Arte Moderna de São Paulo **1985** Retrospektive im Museu de Arte Contemporânea de São Paulo (Katalog: Desenhos de Di Cavalcanti na Coleção do MAC)

### Cicero Dias

(1908 Recife, lebt in Paris)

**1925** Studium der Malerei an der Escola Nacional de Belas Artes in Rio **1931** Teilnahme am Salão Revolucionário **1937** Übersiedlung nach Paris und Lissabon, Anschluss an die Ecole de Paris (Galerie Denise René) **1948** Erste abstrakte Wandmalerei Südamerikas in Recife **1949** Rückkehr nach Paris, Ausstellungen in europäischen Städten

Ausstellungen:
**1965** Retrospektive an der Bienal de São Paulo

### Djanira da Motta e Silva

(1914 Avare [S. P.] – 1979 Rio)

**1940** Beginn mit der Malerei **1942** Erste Gruppenausstellungen **1945** Reise in die USA **1946** Einzelausstellung in Washington

Ausstellungen:
**1958** Retrospektive im Museu de Arte Moderna do Rio (ebenso 1967) **1962** Museu Nacional de Belas Artes in Rio (ebenso 1976)

### Oswaldo Goeldi

(1895 Rio – 1961 Rio)

**1901** Übersiedlung nach Bern **1915** Studium an der ETH in Zürich **1917** Studium an der Ecole des Beaux-Arts in Genf, Einzelausstellung in Bern, Begegnung mit dem Werk von Alfred Kubin **1919** Rückkehr nach Rio **1922** Teilnahme an der Semana de Arte Moderna in São Paulo (Zeichnungen) **1924** Erste Holzschnitte **1930** Europareise, Begegnung mit Kubin, Ausstellungen in Bern und Berlin **1941** Illustrationen zu literarischen Publikationen und Büchern **1960** Prêmio de gravura an der Bienal Interamericana do México

Ausstellungen:
**1951** Bienal de São Paulo (Preis für den besten nationalen Kupferstecher) **1961** Retrospektive an der Bienal de São Paulo und im Museu Nacional de

Belas Artes in Rio **1969** Gedächtnisausstellung an der Bienal de São Paulo

Literatur:
Lygia Pape, *O Guarda – Chuva vermelho* (Film), 1966
*Oswaldo Goeldi,* Pontifíca Universidade Católica do Rio de Janeiro, 1981

### Antonio Gonçalves Gomide

(1895 Itapetininga [S. P.] – 1967 Ubatuba [S. P.])

**1913** Übersiedlung nach Genf **1915–1918** Studium an der Ecole des Beaux-Arts (bei Hodler und Gillard) **1920** Studienreisen in Spanien und Portugal, Bekanntschaft in Paris mit Braque, Picasso, Lhote u. a. **1926** Rückkehr nach São Paulo **1932** Mitbegründer der «Sociedade Pró Arte Moderna» in São Paulo

Ausstellungen:
**1951** Bienal de São Paulo **1968** Retrospekive im Museu de Arte Contemporânea de São Paulo

### Alberto Da Veiga Guignard

(1896 Nova Friburgo [R. J.] – 1962 Belo Horizonte)

Europareisen (Schweiz, Frankreich) **1916** Studium der Malerei an der Akademie in München **1920** Aufenthalt in Florenz **1923/28** Teilnahme am «Salon d'Automne» in Paris **1929** Rückkehr nach Rio **1944** Erteilt Zeichenunterricht an der Escola de Belas Artes in Belo Horizonte

Ausstellungen:
**1953** Museu de Arte Moderna in Rio
**1974** Retrospektive im Museu de Arte Moderna in Rio

Literatur:
Frederico Morais, *Guignard,* Rio 1979

### Anita Malfatti

(1896 São Paulo – 1964 São Paulo)

**1912–1914** Studium an der Akademie der Bildenden Künste in Berlin (Bekanntschaft mit Lovis Corinth) und Aufenthalt in Paris, Rückkehr nach Brasilien

Ausstellungen:
**1914** Erste Einzelausstellung in Paris
**1922** Teilnahme an der Semana de Arte Moderna in São Paulo **1951** Bienal de São Paulo **1977** Retrospektive im Museu de Arte Contemporânea de São Paulo

Literatur:
Marta Rossetti Batista, *Anita Malfatti no Tempo e no Espaço,* São Paulo 1986

### Vicente do Rêgo Monteiro

(1899 Recife – 1970 Recife)

**1908** Beginnt zu malen in Rio
**1911–1914** Besuch der Académie Julian in Paris **1914–1918** Beschäftigung mit Musik und Volkstanz **1922** Teilnahme an der Semana de Arte Moderna in São Paulo **1923** Reisen in Belgien und Deutschland mit Gilberto Freyre, Einrichtung eines Ateliers in Paris, Mitglied der Gruppe «Galerie L'Effort Moderne»
**1932–1936/1938–1946** Aufenthalt in Pernambuco **1946** Begründung des Verlages «La Presse à Bras» in Paris
**1957–1966** Unterrichtet an der Kunstschule der Universität Pernambuco
**Seit 1966** Professor an der Universität Brasilia

Ausstellungen:
**1968** Retrospektive im Museu de Arte de São Paulo **1971** Retrospektive im Museu de Arte Contemporânea da Universidade de São Paulo

### José Pancetti

(1904 Campinas [S. P.] – 1958 Rio)

**1917–1920** Als italienischer Emigrantensohn Übersiedlung nach Bologna (wird **1919** Marineoffizier) **1920** Rückkehr nach São Paulo, Arbeit als Assistent in einem Dekorationsatelier
**1922** Eintritt in die brasilianische Marine **1932** Erste Zeichnung publiziert in: *A Noite Ilustrada* in Rio

Ausstellungen:
**1948** Salão Nacional de Belas Artes in Rio (Goldmedaille) **1950** Biennale di Venezia **1962** Retrospektive im Museu de Arte Moderna in Rio

Literatur:
José Roberto Teixeira Leite, *Pancetti, o Pintor Marinheiro,* Rio 1979

### Cândido Portinari

(1903 Brodósqui [S. P.] – 1962 Rio)

**1918** Escola Nacional de Belas Artes in Rio **1928–1930** Als italienischer Emigrantensohn erhält er am Salão ein Stipendium, Reisen nach Italien und Paris
**1930** Rückkehr nach Rio, erste Einzelausstellung **Ab 1936** Wandmalereien (hauptsächlich Staatsaufträge, u. a. «Wirtschaftlicher Zyklus»), u. a. für das UNO-Gebäude in New York (1952-56)
**1940** Reise nach den USA, Ausstellung in Detroit

Ausstellungen:
**1935** Internationale Ausstellung des Carnegie Institute, New York **1940** Museum of Modern Art, New York
**1948** Museu de Arte de São Paulo **1953** Einzelausstellung im Museu de Arte Moderna do Rio

Literatur:
Luis Martins, *Cândido Portinari,* São Paulo 1972
João Cândido Portinari, *Portinari. O menino de Brodosqui,* Rio 1979

### Carlos Scliar

(1920 Santa Maria, lebt in Rio)

**1935** Gruppenausstellungen, lebt in Porto Alegre **1940** Übersiedlung nach São Paulo, Kontakte mit der «Família Artística Paulista». **1945** Rückkehr aus dem Krieg, Einzelausstellung in Rio
**1947–1950** Europareise, Niederlassung in Paris **1949** Publikation des Albums mit Linolschnitten «Les Chemins de la Faim» (Vorwort Jorge Amado) **1950** Rückkehr nach Brasilien **1964** Einzelausstellungen in Deutschland **1967** Erste Serigraphien

Ausstellungen:
**1970** Retrospektive im Museu de Arte Moderna de São Paulo **1983** Retrospektive im Museu de Arte Brasileira in São Paulo (Malerei)

Literatur:
Roberto Pontual, *Scliar. O real em reflexo e transfiguração,* Rio 1970
Moacyr Scliar/Roberto Pontual, *Carlos Scliar,* São Paulo 1983

### Lasar Segall

(1891 Vilna [Litauen] – 1957 São Paulo)

**1906** Emigration nach Berlin **1907** Studium an der Akademie der Bildenden Künste **1910** Studium in Dresden, erste Einzelausstellung, Begegnung mit den deutschen Expressionisten **1912**

Erste Reise nach Brasilien **1919** Rückkehr nach Dresden, Begründung der Dresdner Sezession (mit Otto Dix, Conrad Felixmüller) **1923–1927** Niederlassung in São Paulo, Ausstellungen in Berlin, Dresden und Stuttgart **1929–1932** Aufenthalt in Paris, Beschäftigung mit Skulptur **1944** Publikation des Albums «Mangue» **1970** Umbau seines Ateliers und Wohnhauses zum Museu Lasar Segall

Ausstellungen:
**1927** Einzelausstellung in Rio de Janeiro **1938** Einzelausstellung in Paris **1940** Einzelausstellung in New York **1951** Retrospektive im Museu de Arte de São Paulo **1955** Bienal de São Paulo **1967** Retrospektive im Museu de Arte Moderna in Rio **1977** Retrospektive im Museu de Arte de São Paulo **1991** *Lasar Segall e o Rio de Janeiro,* Museu Lasar Segall, São Paulo

Literatur:
P. M. Bardi, *Lasar Segall. Peintre, Graveur, Sculpteur,* São Paulo 1959
*A Gravura de Lasar Segall,* Museu Lasar Segall, São Paulo 1988
*O desenho de Lasar Segall,* Museu Lasar Segall, São Paulo 1991

---

### Sérgio de Camargo

(1930 Rio – 1991 Rio)

**1948** Nach dem Studium an der Akademie Altamira in Buenos Aires (mit Lucio Fontana), Europareisen, Begegnung mit Brancusi und Arp in Paris **1961** Niederlassung in Paris **1963** Internat. Preis für Skulptur an der Biennale de Paris **1974** Rückkehr nach Rio

Ausstellungen:
**1965** Museu de Arte Moderna do Rio de Janeiro **1966** Biennale di Venezia **1974** Museu de Arte Moderna, Mexico **1980** Museu de Arte de São Paulo **1981** Museu de Arte Moderna do Rio

### Aluísio Carvão

(1918 Belém, lebt in Rio)

**1946** Beschäftigung mit Illustrationen, Skulptur und Szenographie, dann Malerei **1949** Übersiedlung nach Rio, Besuch von Kursen für Zeichnungslehrer und angewandte Kunst, Einzelausstellung in Rio **1954** Gründungsmitglied der Neokonkreten-Gruppe «Frente» **1961–1963** Gastkünstler an der Hochschule für Gestaltung in Ulm

Ausstellungen:
**1956** und **1957** Nationale Ausstellung für Konkrete Kunst in São Paulo und Rio, Bienal de São Paulo **1960** *konkrete kunst – 50 jahre entwicklung,* Helmhaus, Zürich **1961** Museu de Arte Moderna in Rio **1983** Bienal de São Paulo

### Amilcar de Castro

(1920 Paraisópolis [Minas Gerais], lebt in Belo Horizonte)

**1942–1950** Malerei- und Zeichnungsunterricht bei Guignard **1948–1950** Skulpturen mit Franz Weissmann **1957** Graphische Neugestaltung des *Jornal do Brasil* **1959** Mitunterzeichner des Manifests der Neokonkreten **1968–1970** Aufenthalt in New Jersey mit Stipendium der Guggenheim Stiftung **1970** Direktor der Fundação Guignard **Seit 1986** Professor an der Universität Minas Gerais

Ausstellungen:
**1960** *konkrete kunst – 50 jahre entwicklung,* Helmhaus, Zürich **1965** Bienal de São Paulo **1979** Sonderausstellung an der Bienal de São Paulo

### Willys de Castro

(1926 Uberlândia [Minas Gerais] –1988 São Paulo)

**1950** Erste abstrakt-geometrische Zeichnungen **1953** Erste konkrete Werke **1954–1964** Graphikatelier mit Hércules Barsotti **1954–1957** Konkret-visuelle Gedichte, Begründer und Direktor der Theaterzeitschrift *Teatro Brasileiro* **1959** Anschluss an die Neokonkreten-Gruppe «Frente» in Rio

Ausstellungen:
**1957** Bienal de São Paulo **1961** Bienal de São Paulo, Biennale de Paris

### Lothar Charoux

(1912 Wien – 1987 São Paulo)

**1928** Niederlassung in São Paulo **1940** Malereistudium bei Waldemar da Costa **Bis 1948** Expressionistische, kubistische und abstrakte Werke **Ab 1950** Beschäftigung mit Raum **1952** Unterzeichnet das Manifest der Gruppe «Ruptura»

Ausstellungen:
**1951** Bienal de São Paulo **1956** und **1957** Ausstellung Konkreter Kunst in São Paulo und Rio **1974** Retrospektiven im Museu de Arte Moderna in São Paulo und Rio

### Lygia Clark

(1920 Belo Horizonte – 1988 Rio)

**1950** Studium mit Roberto Burle Marx, Reise nach Paris (Begegnung mit Léger, Szenes, Dobrinsky) **1952** Rückkehr nach Brasilien, Niederlassung in Rio **1954** Mitglied der Neokonkreten-Gruppe «Frente» **1959** Mitunterzeichnerin des Manifests der Neokonkreten **1960** Einzelausstellung *(Bichos)* in Rio **1968–1978** Aufenthalte in Paris und Rio **1978** Unterrichtet an der Sorbonne

Ausstellungen:
**1961** Bienal de São Paulo (Erster Preis für Skulptur) **1963** Museu de Arte Moderna in Rio **1968** Biennale di Venezia **1982** Einzelausstellung in São Paulo

Literatur:
Lygia Clark, *Lygia Clark,* Funarte, Rio de Janeiro 1980

### Antonio Maia

(1928 Carmópolis [Sergipe], lebt in Rio)

**1955** Niederlassung in Rio **1959** Autodidakt; Beteiligung an mehreren Gruppenausstellungen **1970** Reise nach Europa, Aufenthalt in Spanien

Ausstellungen:
**1969** Einzelausstellung in Washington **1980** Museu de Arte Contemporânea do Paraná

### Antonio Maluf

(1926 São Paulo – lebt in São Paulo)

Ausbildung als Ingenieur, Kunststudium am Istituto de Arte Contemporânea am Museu de Arte de São Paulo **1951** 1. Preis für das Plakat der Bienal de São Paulo, arbeitet als Designer und Plakatgestalter; Wandmalerei für das «Sindicato dos Motoristas»

Ausstellungen:
**1952** I. Nationale Ausstellung für

Abstrakte Kunst in Rio **1968** I Bienal de Desenho Industrial in São Paulo

### Almir Mavignier

(1925 Rio, lebt in Hamburg)

**1945–1950** Malereistudium in Rio (mit Arpad Szenes, Axel Leskoschek, Heinz Boese) **1951** Niederlassung in Europa **1951–1953** Académie de la Grande Chaumière, Paris **1953–1958** Studium der Visuellen Kommunikation an der Hochschule für Gestaltung in Ulm (mit Max Bill und bei Josef Albers, Otl Aicher, Vordemberge-Gildewart) **1958–1962** Mitglied der Düsseldorfer Gruppe «zero» **1965–1990** Professor an der Kunsthochschule Hamburg **1991** Graphikatelier in Hamburg

Ausstellungen:
**1951** Bienal de São Paulo **1960** *konkrete kunst – 50 jahre entwicklung,* Helmhaus Zürich **1963** Ulmer Museum **1964** documenta 3, Kassel, Biennale di Venezia **1968** Kestner-Gesellschaft, Hannover **1969** Bienal de São Paulo **1973** Kunstmuseum Düsseldorf **1974** Kunstgewerbemuseum Zürich **1977** Museu de Arte de São Paulo **1979** Zero, Kunsthaus Zürich **1985** Bauhaus-Archiv, Berlin **1989** Museu de Arte Contemporânea de São Paulo, Museu de Arte, Brasilia **1990** Staatliche Antikensammlungen und Glyptothek, München; Herning Kunstmuseum (Dänemark), Kunsthalle Hamburg

Literatur:
*Almir Mavignier,* Museum für Kunst und Gewerbe, Hamburg 1981
*mavignier, bilder, plakate,* Staatliche Antikensammlungen und Glyptothek, München 1990

### Hélio Oiticica

(1937 Rio – 1980 Rio)

**1954** Besuche des Museu de Arte Moderna in Rio mit Serpa **1959** Anschluss an die Bewegung der Neokonkreten **1967** Mitorganisator der Ausstellung *Nova Objetividade Brasileira* in Rio **1970** Niederlassung in New York, Stipendium der Guggenheim Stiftung, Realisierung multimedialer Projekte (Texte, Performances, Filme und vor allem Umweltmanifestationen) **1978** Rückkehr nach Brasilien **1981** Postume Gründung des Projeto Hélio Oiticica

Ausstellungen:
**1957** Bienal de São Paulo **1960** *konkrete kunst – 50 jahre entwicklung,* Helmhaus, Zürich **1969** Whitechapel Gallery, London (Retrospektive) **1992–1994** Witte de With, Center for contemporary art, Rotterdam; Jeu de Paume, Paris; Fundacío Antoni Tàpies, Barcelona; Fundação Calouste Gulbenkian, Lissabon; Walker Art Center, Minneapolis (Retrospektive)

Literatur:
*Hélio Oiticica* (Katalog zur Retrospektive), Paris/Rio/Rotterdam 1991

### Abraham Palatnik

(1928 Natal, lebt in São Paulo)

**1943–1947** Studium der Malerei, Kunstgeschichte und Ästhetik in Tel Aviv **1949** Weitere Studien in Ästhetik in Rio, mehrmalige Teilnahme an der Bienal de São Paulo. Ausstellungen in USA und Deutschland

Ausstellungen:
**1951** Bienal de São Paulo **1960** Museu de Arte Moderna in Rio **1964** Biennale di Venezia

### Luis Sacilotto

(1924 Santo André [S.P.], lebt in São Paulo)

**1938–1943** Studium in São Paulo **Gegen 1950** Gilt als Vorreiter der Konkreten, schliesst sich später mit Waldemar Cordeiro dem «Manifesto Ruptura» an. Graphiker und Publizist (Architektur)

Ausstellungen:
**1951** Bienal de São Paulo **1956** und **1957** Nationale Ausstellung Konkreter Kunst in São Paulo und in Rio **1960** *konkrete kunst – 50 jahre entwicklung,* Helmhaus, Zürich

### Ivan Serpa

(1923 Rio – 1973 Rio)

**1946** Studium bei Axl Leskoschek in Rio **1952** Unterricht Malerei im Museu de Arte Moderna in Rio **1954** Mitbegründer der Neokonkreten-Gruppe «Frente» **1958/59** Stipendium, Reisen in Italien und Spanien **1960** Rückkehr zur Figuration

Ausstellungen:
**1951** Bienal de São Paulo **1952/1954/1962** Biennale di Venezia **1965** und **1974** Retrospektiven im Museu de Arte Moderna in Rio

### Rubem Valentim

(1922 Salvador – 1991 São Paulo)

**Seit 1948** Beschäftigung mit Malerei **1957** Niederlassung in Rio **1962–66** Reisen in Europa mit Stipendium, längerer Aufenthalt in Rom **1966** Rückkehr nach Salvador. Unterrichtet an der dortigen Universität. Mehrmalige Teilnahme an der Bienal de São Paulo

Ausstellungen:
**1961** Museu de Arte Moderna de São Paulo **1966** Bienal Nacional de Artes Plásticas, Salvador

### Mary Vieira

(1927 São Paulo, lebt in Basel und Mailand)

**1943–1947** Studium an der Escola de Belas Artes in Belo Horizonte (bei Guignard) **1951** Niederlassung in Europa, Studium in Zürich bei Max Bill **1953** Mitglied der Gruppe «allianz» **1966** Internationaler Marinetti-Preis in Paris. Unterrichtet an der Kunstgewerbeschule Basel (Raumgestaltung)

Ausstellungen:
**1953** Bienal de São Paulo **1968** Biennale di Venezia **1970** Biennale di Venezia (mit Roberto Burle Marx) **1978** Art 9'78, Basel

Literatur:
XXXV Biennale di Venezia 1970, *Mary Viera/Burle Marx,*
Alberto Sartoris, *1 polyvolume de Mary Vieira,* Mailand 1974

### Alfredo Volpi

(1896 Lucca – 1988 São Paulo)

**1898** Übersiedlung nach São Paulo **1911** Dekorative Wandmalereien **Seit 1930** Mitglied von Künstlergruppen, u.a. «Família Artística Paulista» **1944** Einzelausstellung in São Paulo

Ausstellungen:
**1952** Biennale di Venezia **1953** Bienal de São Paulo (Preis ex-aequo als bester nationaler Künstler **1956** Nationale Ausstellung Konkreter Kunst in São Paulo **1957/1972** Retrospektive im Museu de Arte Moderna in Rio **1975/1986** Retrospektive im Museu de Arte Moderna de São Paulo

Literatur:
Roberto Pontual, *5 Mestres Brasileiros,* Rio 1977
Olívio Tavares de Araújo, *Volpi, a Construção da Catedral,* 1982/85

### Franz Weissmann

(1914 Knittelfeld [Österreich], lebt in Rio)

**1924** Niederlassung in Brasilien, Studium an der Escola Nacional de Belas Artes in Rio **1948** mit Guignard Begründung der ersten Kunstschule in Minas Gerais, wo er bis **1956** unterrichtet **1956** Anschluss an die Neokonkreten-Gruppe «Frente» **1959** Mitunterzeichner des neokonkreten Manifestes **1959–1965** Reisen in Europa und im Fernen Osten

Ausstellungen:
**1957** Bienal de São Paulo (Preis für den besten nationalen Künstler) **1960** *konkrete kunst – 50 jahre entwicklung,* Helmhaus Zürich **1981** Istituto dos Arquitetos do Brasil in Rio

### Alexander Wollner

(1928 São Paulo, lebt in São Paulo)

**1951–1953** Studium am Istituto de Arte Contemporânea Museu de Arte de São Paulo **1954** Plakatpreis Internationales Kinofestival São Paulo, Studium an der Hochschule für Gestaltung, Ulm (Max Bill, Josef Albers) **1958** Rückkehr nach Brasilien, gründet mit Geraldo do Barros und Rubem Martins die Gruppe «Form-Inform».

Ausstellungen:
**1953** Bienal de São Paulo (Preis für Malerei) **1960** *konkrete kunst – 50 jahre entwicklung,* Helmhaus, Zürich

### Antonio Bandeira

(1922 Fortaleza – 1967 Paris)

**1945** mit Aldemir Martins in Rio **1946** In Paris, Studium an der Ecole Supérieure des Beaux-Arts und an der Académie de la Grande Chaumière **1949** Gründung der Gruppe Banbryols (mit Bryen, Wols) **1951–1954** Rückkehr nach Brasilien, dann erneut Paris **1958** Wandbild für den Palais des Beaux-Arts, Brüssel **1959–1965** Rio **1965** Rückkehr nach Paris

Ausstellungen:
**1947** Salon d'Automne, Paris **1951** Bienal de São Paulo, Einzelausstellung im Museu de Arte Moderna de São Paulo **1952** Biennale di Venezia **1953** Bienal de São Paulo **1967** Retrospektive in Fortaleza

### Maria Martins

(1900 Campanha [Minas Gerais] – 1973 Rio)

**1926** Erste Skulpturen aus Terrakotta, dann Marmor und Bronze **1939** Arbeitet in Brüssel beim Bildhauer Oscar Jespers **1940er Jahre** New York, begegnet Mondrian und Duchamp, verschiedene Einzelausstellungen

Ausstellungen:
**1947** Internationale Ausstellung der Surrealisten, Paris **1950** im Museu de Arte Moderna de São Paulo **1951** Bienal de São Paulo **1955** Bienal de São Paulo (Preis für den besten nationalen Bildhauer) **1956** Museu de Arte Moderna in Rio

### Arpad Szenes

(1897 Budapest – 1984 Paris)

**1918** Studium in Budapest (bei Rippl Ronai) **1924** Reisen nach Berlin, München, Siena, Paris **1925** Niederlassung in Paris **1928** Académie de la Grande Chaumière, Bekanntschaft mit seiner späteren Ehefrau M.H. Vieira da Silva **1931–1939** Wiederholte Aufenthalte in Portugal **1940** Niederlassung in Brasilien **1943** Illustrationen für Bücher und Zeitschriften **1947** Rückkehr nach Paris

Ausstellungen:
**1946** Instituto dos Arquitetos do Brasil in Rio **1974** Retrospektive im Musée d'Art Moderne de la Ville de Paris **1976** Centre Georges Pompidou, Paris (mit M.H. Vieira da Silva) **1992** Retrospektive im Museu de Arte Contemporânea, São Paulo

### Maria Helena Vieira da Silva

(1908 Lissabon – 1992 Paris)

**1928** Studium in Paris bei Bourdelle, Léger, Bissière an der Académie de la Grande Chaumière **1933** Erste Einzelausstellung in Paris (bei Jeanne Bucher) **1939** Aufenthalt in Lissabon **1940** Niederlassung mit Ehemann Arpad Szenes in Rio **1947** Rückkehr nach Paris **1954** 1. Preis für Tapisserie der Universität Basel

Ausstellungen:
**1942** Museu Nacional de Belas Artes in Rio **1958** Retrospektive Kestner-Gesellschaft Hannover; Kunsthalle Bremen; Museumsverein Wuppertal **1961** Bienal de São Paulo (Grosser Preis) **1969/1970** Retrospektive Musée National d'Art Moderne, Paris; Boymans-van Beuningen, Rotterdam; Kunsthalle Basel; Fundação Calouste Gulbenkian, Lissabon **1976** Centre Georges Pompidou, Paris (Zeichnungen, mit Arpad Szenes) **1981** Bibliothèque Nationale, Paris (Graphisches Werk)

Literatur:
Dora Vallier, *Vieira da Silva,* Paris 1971
Jacques Lassaigne/Guy Weelen, *Vieira da Silva,* Barcelona/ Paris 1978
*Vieira da Silva/Arpad Szenes nas coleçoes portugesas,* Casa de Serralves 1989
*Vieira da Silva dans les collections portugaises,* Musée d'Art Moderne, Brüssel 1991

---

### Antonio Henrique Amaral

(1935 São Paulo, lebt in São Paulo)

**1957** Studium bei Lívio Abramo in São Paulo **1959** Pratt Graphic Art Center, New York **1971** Auslandsstipendium am Salão Nacional de Arte Moderna in Rio **1973** Niederlassung in New York **1975** Rückkehr nach São Paulo **1982** Reisestipendium nach Japan. Mehrmalige Teilnahme an der Bienal de São Paulo

Ausstellungen:
**1958** Museu de Arte Moderna in São Paulo **1967** Internationale Graphikausstellung in Havanna **1976** Museo de Arte Moderno de la Ciudad de Mexico **1979** Einzelausstellungen New York, Mexiko City, São Paulo,

ferner **1980** in São Paulo, Rio und Miami **1985** Bienal de São Paulo **1986** Retrospektive Museu de Arte Moderna de São Paulo

Literatur:
*A. H. Amaral, Caminhos de ontem 1957/1982, Trabalho de hoje 1982/1983,* Galeria Alberto Bonfiglioli, São Paulo 1983
*A. H. Amaral,* Museu de Arte Moderna de São Paulo 1986
*Amazônia «A Mata», A. H. Amaral,* Galeria do Memorial, São Paulo 1992
*Antonio Henrique Amaral, Recent works,* Miami 1992

### Emanoel Araújo

(1940 Bahia, lebt in São Paulo)

Kunstschule an der Universität Bahia, Graphikausbildung bei Henrique Oswald **1966** Graphikpreis der Nationalen Biennale von Salvador **Seit 1970** Beschäftigung mit Graphik; Übergang zur Plastik (Holzreliefs und Metallskulpturen). Grosse öffentliche Aufträge. Professur an der City University of New York

Ausstellungen:
**1967** Einzelausstellungen in Osaka und Kobe **1968** Museu de Arte de Bahia **1981** Museu de Arte de São Paulo **1991** Retrospektive in der Fundação Calouste Gulbenkian, Lissabon

Literatur:
*O Construtivismo Afetivo de Emanoel Araújo,* Museu de Arte de São Paulo 1981
*Emanoel Araújo. Esculturas, Relevos, Monoprints,* Lissabon 1991

### Francisco Brennand

(1927 Recife, lebt in Recife)

**1949–52** Studium in Recife und bei André Lhote und Léger in Paris **1952** Rückkehr nach Recife. Teilnahme an internationalen Gruppenausstellungen

Ausstellungen:
**1955** Bienal Hispano-Americana de Barcelona **1966** Bienal Nacional de Artes Plasticas, Salvador **1971/1985** Bienal de São Paulo

### Antonio Dias

(1944 Campina Grande [Paraíba], lebt in Köln und Mailand)

**Seit 1958** Architekturzeichner, Graphiker, Graphikkurse an der Escola Nacional de Belas Artes (unter Oswaldo Goeldi) **1960** In Rio **1967** Stipendium für Paris **Ab 1968** Lebt in Mailand, Reisen nach Brasilien und USA **1977** Indien und Nepal, erlernt tibetanische Technik der Kolorierung, mehrmonatiger Aufenthalt in einem Arbeitscamp (Stämme der Sherpa, Tamang), Mappe mit Holzschnitten **1978–81** Rückkehr nach Brasilien **1981** Rückkehr nach Mailand. Verschiedene Ausstellungen in Mailand, Brüssel, Basel, Wien

Ausstellungen:
**1965** Biennale de Paris (Preis für Malerei) **1974** Museu de Arte Moderna Rio **1980** Biennale di Venezia **1981** Bienal de São Paulo **1984** Städtische Galerie im Lenbachhaus, München **1988** Staatliche Kunsthalle, Berlin **1992** Städtische Galerie im Lenbachhaus, München

Literatur:
Antonio Dias, *Antonio Dias,* Funarte, Rio 1979
*Antonio Dias,* München 1984
*Antonio Dias,* Berlin 1988

### Siron Franco

(1947 Goiás Velho, lebt in Goiânia)

**1959** Malereiausbildung bei Cleber Gouveia in Goiânia **1967** Erste Einzelausstellung in Goiânia **1975** Auslandstipendium des Salão nacional de arte moderna

Ausstellungen:
**1975** Bienal de São Paulo (Internationaler Preis für Malerei) **1979/89** Bienal de São Paulo **1980** Museu de Arte Moderna de São Paulo und Museu de Arte de Bahia

### Frans Krajcberg

(1921 Kozienice [Polen], lebt in Nova Viçosa [Bahia] und Rio)

**1945–1948** Akademie der Bildenden Künste, Stuttgart (Willi Baumeister) **1948–52** Niederlassung in São Paulo, **1952–56** in Paraná, **1956–58** in Rio **1958–73** Lebt in Frankreich und Brasilien **Seit 1973** Atelier in Nova Viçosa **1978** Reise mit Pierre Restany auf dem Rio Negro (*Manifesto do Naturalismo Integral)*

Ausstellungen:
**1952** Museu de Arte Moderna de São Paulo **1957** Bienal de São Paulo (Preis für den besten nationalen Künstler) **1965** Museu de Arte Moderna in Rio **1964** Biennale di Venezia (Preis der Stadt Venedig) **1974** Museu de Arte Moderna in Rio **1975** Palais Rothschild, Paris **1992** Retrospektive Museu de Arte Moderna in Rio

Literatur:
Krajcberg, *Natura,* Editora Index, Rio 1987

### Carlos Martins

(1946 Araçatuba [São Paulo], lebt in Rio)

**1974–75** Ausbildung als Graphiker in London; Accademia Raffaello in Urbino **1975–77** Slade School of Arts, London **1986** New School for Social Research, New York, unterrichtet an der Katholischen Universität in Rio, Chefkonservator der Graphischen Sammlung Museu Nacional de Belas Artes in Rio **Seit 1991** Direktor der Museus Raymundo Ottoni de Castro Maya in Rio

Ausstellungen:
**1977** Einzelausstellungen London und Paris **1980** Biennale in Mexiko **1981** Graphikbiennale, Ljubljana **1992** Escola de Artes Visuais, Rio

Literatur:
*Carlos Martins, Gravuras,* Universidade do Estado do Rio 1992

### Glauco Rodrigues

(1929 Bajé [Rio Grande do Sul], lebt in Rio)

**1947** Escola de Belas Artes, Porto Alegre **1958** Niederlassung in Rio, Gestalter, Illustator der Zeitschrift *Senhor* **1962–1965** Aufenthalt in Rom **1979** Album mit Lithographien über Rio (Text: Ferreira Gullar)

Ausstellungen:
**1961** Biennale de Paris **1964** Biennale di Venezia **1978** Bienal Latino-Americana de São Paulo

*Zusammengestellt von Daniela Tobler und durchgesehen von Sonia Guarita do Amaral, São Paulo*

## Impressum Kunsthaus Zürich

### Bilderwelt Brasilien

Die europäische Erkundung eines «irdischen Paradieses» und die Kunst der brasilianischen Moderne

Wir verdanken die Realisierung dieses einmaligen Projekts der zusätzlichen grosszügigen Unterstützung durch die **Präsidialabteilung der Stadt Zürich**, die wiederum auf einen Beitrag der **Zürcher Kantonalbank** und auf die Dienste der **brasilianischen Fluggesellschaft VARIG** zurückgreifen durfte, sowie einem speziellen Beitrag der **Mercedes-Benz do Brasil**.

Konzept Ausstellung:
Hugo Loetscher, Guido Magnaguagno
Organisation Ausstellung:
Guido Magnaguagno
Mitarbeit: Daniela Tobler
Ausstellungsorganisation in Brasilien:
Expomus, Exposicões, Museus, Projetos Culturais Ltda.
Alessandra Labate Rosso, Ana Lucia Pinheiro de Miguel, Ana Maria Barcellos, Luisa Lorch, Maria Ignez Mantovani Franco, Sonia Guarita do Amaral
Photos: Rômulo Fialdini
Verpackung und Transport: Metropolitan Transports S/A
Ausstellungssekretariat:
Daniela Tobler, Gerda Kram
Öffentlichkeitsarbeit: Regina Meili
Plakat: Almir Mavignier
Konzept Katalog:
Guido Magnaguagno, Martin Schaub
Redaktion: Martin Schaub

Autoren:

**Elly Albertin** ist Kunsthistorikerin in São Paulo. Dissertation über Eckhouts Skizzenbücher.

**Verena Baumer-Müller** ist Altromanistin. Sie hat 1985 bis 1989 die Panorama- und Bildtapeten in der Schweiz systematisch erforscht und inventarisiert. Ihre hauptsächlichen Publikationen betreffen dieses Spezialgebiet, so zum Beispiel «Schweizer Landschaftstapeten des frühen 19. Jahrhunderts», Bern 1991.

**Urs Bitterli** ist Professor für Allgemeine Geschichte der Neuzeit an der Universität Zürich, spezialisiert auf die Kolonialgeschichte der frühen Neuzeit. Wichtigste Bücher: «Die ‹Wilden› und die ‹Zivilisierten›» (Neuauflage München 1991), «Die Entdeckung und Eroberung der Welt. Dokumente und Berichte» (München 1981) und «Die Entdeckung Amerikas. Von Kolumbus bis Alexander von Humboldt» (3. Aufl., München 1992).

**Haroldo de Campos** ist Mitbegründer der neokonkreten Bewegung in Brasilien und einer der Hauptvertreter der konkreten Poesie.

**Lélia Coelho Frota** ist Präsidentin der brasilianischen Kunstkritiker-Vereinigung und ehemalige Mitarbeiterin von Roberto Burle Marx.

**Arthur Dürst** ist Geograph und Kartenhistoriker, Lehrbeauftragter der Universität Zürich, Redaktor der CARTOGRAPHICA HELVETICA. Publikationen zur Kartengeschichte, u.a. «Zur Wiederauffindung der Heiligland-Karte von Lucas Cranach d.Ä.». Wissenschaftliche Expertisen und Herausgabe von drei Faksimile-Editionen der vatikanischen Bibliothek.

**Karl-Heinz Kohl** ist ordentlicher Professor am Institut für Ethnologie und Afrika-Studien der Johannes Gutenberg-Universität in Mainz. Er hat 1982 die Ausstellung «Mythen der Neuen Welt» (Berlin, Martin-Gropius-Bau, Katalog) organisiert. Weitere Publikationen: «Exotik als Beruf. Erfahrung und Trauma der Ethnologie» (1986), «Entzauberter Blick. Das Bild des Guten Wilden und die Erfahrung der Zivilisation» (1986), «Mythen im Kontext» (1992, Hrsg.).

**René Haguenauer** ist brasilianischer Generalkonsul in Zürich.

**Renate Löschner** ist Kunsthistorikerin; sie arbeitet am Ibero-amerikanischen Institut in Berlin. Wichtigste Publikationen: «Lateinamerikanische Landschaftsdarstellungen der Maler aus dem Umkreis von Alexander von Humboldt» (Dissertation, 1976), «Deutsche Künstler in Lateinamerika» (Ausstellungskatalog 1978), «Die Reisen des Prinzen Maximilian zu Wied 1815–1817 in Brasilien» (Ausstellungskatalog, 1982), Mitarbeiterin des Nachlasses von Maximilian Prinz zu Neuwied.

**Hugo Loetscher** ist Schriftsteller und Journalist, Brasilienreisender seit über 20 Jahren. Romane: «Abwässer – ein Gutachten», «Die Kranzflechterin», «Noah», «Der Immune», «Papiere des Immunen». Mit brasilianischer Thematik: «Wunderwelt. Eine brasilianische Begegnung», «Die Predigt des Padre Antônio Vieira an die Fische». 1972 Literaturpreis der Stadt Zürich. 1988 Poetik-Vorlesungen an der Universität München. Ist Mitglied der «Deutschen Akademie für Sprache und Dichtung», Darmstadt.

**Fábio Magalhães** ist Kunsthistoriker, Direktor des Museu de Arte Assis Chateaubriand in São Paulo.

**Guido Magnaguagno** ist Vizedirektor des Kunsthauses Zürich.

**Günter Metken** ist Kunstkritiker und Essayist. Seine wichtigsten Publikationen sind «Spurensicherung», «Lokaltermin», «In Künstlers Lande gehen». Er arbeitet zur Zeit an einem Band «Kunst und Natur heute».

**Jürg Müller** ist Geograph, er unterrichtet an der Kantonsschule Schaffhausen und als Lehrbeauftragter an der Universität Zürich. Er war sechs Jahre lang Leiter der Schweizerschule in Rio de Janeiro. Wichtigste Publikation: «Brasilien» (Klett – Länderprofile, Stuttgart 1984).

**Sigrid Pallmert** ist Kunsthistorikerin; sie ist Konservatorin für Textilien, Spielzeug und Uhren am Landesmuseum in Zürich.

**Maurice Pianzola** war Journalist, bevor er Konservator am Musée d'art et d'histoire in Genf wurde. Er hat lange in Hochsavoyen, in Guinea und im Nordosten Brasiliens gearbeitet. Seine Hauptwerke sind u.a.: «Barockes Brasilien» (1983) und «Les Perroquets jaunes» (1992), welches sich mit dem Zusammenprall dreier Kulturen im Brasilien des 17. Jahrhunderts – der Tupinambá, der Franzosen und der Brasilienportugiesen – befasst.

**Ralph Pöhner** ist Assistent im Fachbereich Neuere Geschichte an der Universität Zürich. Forschungs- und Ausbildungstätigkeit in früher Kolonialgeschichte.

**Roberto Pontual** ist Kunsthistoriker; von 1973 bis 1976 war er Konservator am Museu de Arte Moderna in Rio de Janeiro. Als Kunstkritiker des «Jornal do Brasil» installierte er sich 1980 in Paris. Er war Mitorganisator der Ausstellung «Modernidade, die brasilianische Kunst des 20. Jahrhunderts» (Musée d'art moderne, Paris, 1987) und arbeitet zur Zeit als Kommissär der «Triennale des Amériques», Maubeuges (F), 1993. Publikationen: «Arte brasileira contemporânea» (1976) und «Entre dois séculos» (1987), beide über die Sammlung Gilberto Chateaubriand; zusammen mit Damian Bayon, «La peinture de l'Amérique latine au XX$^{e}$ siècle» (Mengès, Paris 1990).

**Romeo Rey** ist Südamerika-Korrespondent des «Tages-Anzeigers», in den achtziger Jahren in Rio de Janeiro, seit 1990 in Buenos Aires.

**Georg Sütterlin** ist freier Journalist mit Schwerpunkt Lateinamerika. Seit 1987 Mitredaktor des Jahrbuchs «Forum» des Schweizerischen Schriftstellerinnen- und Schriftstellerverbands; 1988 Mitherausgeber von «Schriftstellerinnen und Schriftsteller der Gegenwart».

**Peter K. Wehrli** ist Schriftsteller und TV-Kulturredaktor. Seit 19 Jahren arbeitet er an seinem «Katalog von Allem», der in Einzellieferungen erscheint. 1992 kommt «Eigentlich Xurumbambo» heraus. Autor der Sendung «Die Welt heisst Brasilien: Auf den Spuren von Blaise Cendrars», TV DRS.

Übersetzer:
Fábio Magalhães: Friedrich Frosch, Wien
Elly Albertin: Goethe-Institut, São Paulo
Maurice Pianzola: François Grundbacher
Roberto Pontual: Agathe Blaser und Deila Wenger-Vidal
Roberto Pontual (Porträt Chateaubriand): Marc D. Herzka
Antropophagisches Manifest: Agathe Blaser
Haroldo de Campos: Martin Schaub
Lélia Coelho Frota: Heide Wunderli-Bucher

Photonachweis:
Wenn nichts anderes vermerkt ist, stammen die farbigen Repro-Vorlagen S. 55–141 und S. 320–397 in der Regel von Rômulo Fialdini, São Paulo.
Reproduktionen Dokumente: Jean-Pierre Kuhn, Zürich (S. 25–36, 50–54, 68–73, 106–120, 341–346, 382–385), Arthur Dürst, Zürich (S. 38–48), Museu de Arte de São Paulo (S. 65, 77, 117 u., 139 o., 364/65), Stichting Atlas Van Stolk, Rotterdam (S. 75), Martin Schaub, Zürich (S. 78 u.), Réunion des Musées Nationaux (Musée du Louvre, Paris) (S. 81), Sigrid Metken, Paris (S. 80 u., 81 u.), Elly Albertin, São Paulo (S. 82 o.), Janusz Podlecki, Krakau (S. 82 u., 83, 84 u., 85), Dänisches National-

museum, Kopenhagen (S. 84 o., 86, 87, 88), Urs Siegenthaler, Zürich (S. 90, 91 o., m., Bundesamt für Kultur Bern (S. 93 o., 95 u.), Manufacture Nationale de Porcelaine, Sèvres (Jean-Loup Charmet, Paris) (S. 91 u., 92, 93 u., 95 o.), Willy Spiller, Zürich (S. 96), Museus Castro Maya, Rio de Janeiro (S. 110–113, 118 l., 121 o., 137 u.), J. Kugel, Paris (S. 117 o.), André Held, Écublens (S. 121 u.), Robert Bosch GmbH, Stuttgart (Nikolaus Koliusis) (S. 123, 124, 127), Bayerische Staatsbibliothek, München (S. 134, 135), Gilberto Ferrez, Rio de Janeiro (S. 140, 141), Verena Baumer-Müller (S. 142 u., 143), Jean-Loup Charmet, Paris (S. 144–146)
20. Jahrhundert:
Wenn nichts anderes vermerkt ist, stammen die Repro-Vorlagen aus der Sammlung Gilberto Chateaubriand bzw. Jornal do Brasil
Rômulo Fialdini, São Paulo (S. 324, 326, 333, 335, 337, 339, 344, 345, 351 u., 352 o., Segall, 356, 358, 360 u., 361, 362, 367, 372 r., 373, 375 u., 376 o., 377, 378, 380, 381 u., 386, 394, 396 o., 402, 403, 404, 405, 406, 410, 411), Centre Pompidou, Paris (S. 350), Museu Lasar Segall, São Paulo (S. 354, 355 o., 357), Privatbesitz Porto (S. 374), Almir Mavignier/Fischer Hamburg (S. 324 u.l., 390, 391), Bob Goedewaagen, Rotterdam (S. 396 u.), Mauricio Cyrne (S. 397), João Fernandes (S. 403 o.), B. Schaub (S. 408, 409), Daniel Berenson (S. 412), Frans Krajcberg, Nova Viçosa (Bahia) (S. 413), Walter Binder, Zürich (S. 370), René Burri, Magnum Paris (S. 327), Haruyoshi Ono, São Paulo (S. 414–419, 428)

Für spezielle Hinweise und Hilfeleistungen danken wir im besonderen:

Sonia Guarita dSão Paulo
Francisco Andrade, Rio de Janeiro
Emanoel Araujo, São Paulo
Irma Arestizabal, São Paulo
Prof. Max Bill, Zürich
Jean Boghici, Rio de Janeiro
Irène G. Bourqui, Kulturattaché, Schweizer Generalkonsulat in São Paulo
Beatriz und Mario Pimenta Camargo, São Paulo
Gilberto Chateaubriand, Rio de Janeiro
Hans Dürig, Schweizer Konsul in São Paulo
Arthur Dürst, Zürich
Chris Dercon, Rotterdam
Luciano Figueiredo, Rio de Janeiro
Maria Ignez Mantovani Franco, São Paulo
Goethe-Institut, São Paulo
Marcia Goulart, Rio de Janeiro
René Haguenauer, Brasilianischer Generalkonsul in Zürich
Susanne Häni, Kunsthaus Zürich
Christian Karrer, Zürich
Stela und Leonel Katz, Rio de Janeiro
Dänisches Nationalmuseum, Kopenhagen
Götz Küster, Grafenhausen
Renate Löschner, Berlin
Carlos Martins, Rio de Janeiro
Denise Mattar, Museu de Arte Moderna, Rio de Janeiro
Claus Meyer, Rio de Janeiro
Museum of Modern Art, New York
Maurice Pianzola, Genf
Ana Lucia Pinheiro de Miguel, São Paulo
Roberto Pontual, Paris
Gerda Popinga, Rio de Janeiro
Pablo Stähli, Zürich
Urs Staub, Bern
Christine Ullmann, Kunsthaus Zürich
Heinz Wey, Schweizer Generalkonsul in São Paulo
Philippe Widmer, Schweizer Generalkonsulat in Rio de Janeiro

---

## Leihgeber

Acervo Artístico-Cultural dos Palácios do Governo do Estado de São Paulo, Radha Abramo, Curador

Antônio Henrique Amaral, São Paulo

Emanoel Araújo, São Paulo

Raquel Arnaud, São Paulo

Bayerische Staatsbibliothek, München, Dr. Franz Kaltwasser, Direktor

Biblioteca Municipal Mário de Andrade, São Paulo, Lúcia Neiza Pereira de Silva, Diretora, Rizio Bruno Santana

Max Bill, Zumikon

Jean Boghici, Rio de Janeiro

Júlio Bogoricin, São Paulo

Robert Bosch GmbH, Stuttgart, Dr. Sabine Lutz

Francisco Brennand, Recife

Bundesamt für Kultur, Bern, Dr. Urs Staub

Gilberto Chateaubriand, Rio de Janeiro

Henri de Meuron, Préfargier

Deutsches Tapetenmuseum, Kassel, Dr. Sabine Thümmler

Antonio Dias, Köln und Mailand

Sergio Sahione Fadel, Rio de Janeiro

Raoul de Souza Dantas Forbes, São Paulo

Siron Franco, Goiânia

Fundação Biblioteca Nacional, Rio de Janeiro, Ana Regina Machado Carneiro,

Fundação Maria Luisa e Oscar Americano, São Paulo

Graphik-Sammlung der Eidgenössischen Technischen Hochschule, Zürich

Instituto Brasileiro de Patrimônio Cultural, Rio de Janeiro Fátima Gomes Guaratjba, RJ

Instituto de Estudos Brasileiros, Universidade de São Paulo, Prof. Dr. José S. Witter

Dr. Wolfgang und Jutta Klebert, Leverkusen

Frans Krajcberg, Nova Viçosa und Rio de Janeiro

Alexis Kugel, Paris

Manufacture nationale de Sèvres, Tamara Préaud, Archiviste

Anita Marques da Costa, São Paulo

Carlos Martins, Rio de Janeiro

Roberto Burle Marx, Rio de Janeiro

Almir Mavignier, Hamburg

Museu Lasar Segall, São Paulo, Maurício Segall, Diretor Presidente, Marcelo Mattos Araújo

Museu Nacional de Belas Artes, Rio de Janeiro, Heloisa Aleixo Lustosa, Diretora, Pedro Martins Caldas Xexéo

Museu de Arte Contemporânea da Universidade de São Paulo, Ana Mae Barbosa, Diretora, Gabriela Wilder, Curadora

Museu de Arte de São Paulo, Assis Chateaubriand, Fábio Magalhães, Diretor, Eugênia Gorini Esmeraldo, Curadora

Museum Boymans-van Beuningen, Rotterdam,

Museus Raymundo Ottoni de Castro Maya, Rio de Janeiro, Carlos Martins, Diretor

Musée du Louvre, Paris, Monsieur Pierre Rosenberg, Conservateur général, Département des Peintures

Musée de la Marine, Paris

Musée national d'art moderne, Paris, Germain Viatte, Directeur des collections

Nader's Art Gallery, Santo Domingo, George N. Nader

Lygia Pape, Rio de Janeiro

Torquato Sabóia Pessoa, São Paulo

Mario und Beatriz Pimenta Camargo, São Paulo

Pinacoteca do Estado de São Paulo, Maria Alice Milliet de Oliveira, Diretora

Projeto Hélio Oiticica, Rio de Janeiro, Luciano Figueiredo

Rose und Wanderley Saldiva, São Paulo

Prefeitura do Município de São Paulo, Secretaria Municipal de Cultura, Prof. Marilena de Souza Chauí, Sônia Salzstein Goldberg

Pablo Stähli, Zürich

Stichting Atlas Van Stolk, Rotterdam, M. E. Deelen, Konservatorin

Mary Vieira, Basel und Mailand

Alexander Wollner, São Paulo

Zentralbibliothek Zürich, Dr. Hans-Peter

Residência Olivo Gomes, S.José dos Campos (SP), 1950

## Film und Fernsehen

Obwohl Brasilien mit seiner nach Paris orientierten Schicht bürgerlicher Kultivierter das erste Land der südlichen Hemisphäre war, in dem der Film Fuss fasste, ist es von der Filmwelt bis nach dem Zweiten Weltkrieg lediglich als Absatzmarkt zur Kenntnis genommen worden. Nach dem missglückten Experiment einer an Hollywood orientierten Filmproduktion erlebte der brasilianische Film in einer internationalen Dekolonisationsbewegung, im Konzert mit anderen jungen Kinematographien, eine kurze Blüte. Das Cinema novo mit seinen heftigen Filmen war so unverwechselbar wie die *bossa nova* der Música popular. Die Neue Welle ist abgeflacht, klingt nur noch sporadisch nach. Nicht das gewalttätige «Bauernkino» hat den Durchbruch geschafft, sondern die «Telenovelas» der Fernsehnetze, allen voran Rede Globo, diese unendlichen Hochglanz-Geschichten, die eine Art verschwenderische Erben der Populärliteratur sind.

Martin Schaub

# Das «Cinema novo» und seine Erben

Die ersten Filmprojektionen in Brasilien fanden am 8. Juli 1896 in Rio de Janeiro und am 8. August in São Paulo statt, ein paar Monate nur nach der ersten öffentlichen Filmvorführung im «Grand Café» am Boulevard des Capucines in Paris.
Die ersten in Brasilien gedrehten Filmaufnahmen entstehen im Juli 1898; Affonso Segreto, Mitbesitzer eines Variété-Theaters in Rio, hat in Paris eine Lumière-Kamera gekauft und dreht vom Schiff, der «France», aus die Ankunft in der Bucht von Guanabara. Mit seinen Brüdern gründet er das erste Kino – mit dem bezeichnenden Namen «Paris no Rio»; etwas später folgen «Paris em Campos» und «Paris em São Paulo». Bezeichnender könnte eine nationale Filmgeschichte, die dominiert sein wird von Import und von internationaler Abhängigkeit, nicht beginnen!
Wie so viele Länder der Dritten Welt ist Brasilien während fünfzig Jahren nicht als ein produzierendes, sondern nur als Abnehmerland wahrgenommen worden, als Markt. Natürlich fällt es den wenigen brasilianischen Kennern der eigenen Filmgeschichte nicht schwer, einige hervorragende Werke der Stummfilmzeit zu nennen, die einen Vergleich mit amerikanischen und europäischen Filmen nicht hätten scheuen müssen, doch der Vergleich kam wegen der ungünstigen Marktverhältnisse gar nicht zustande. Und auch auf dem nationalen Markt hatten die einheimischen Filme nach einer ersten Euphorie keinen Erfolg, sieht man einmal von den Carioca-Komödien des frühen Tonfilms, den «chanchadas», ab, die wenigstens lokal identitätsreflektierend und identitätsbildend waren, wie der scharfsinnige brasilianische Filmhistoriker Paul Emilio Salles Gomes – der das Genre nicht liebte – feststellte. Die brasilianische Filmproduktion wankte bis zum Ende des Zweiten Weltkriegs (das mit dem Ende der Diktatur des Gétulio Vargas zusammenfiel) von einem Neubeginn in die nächste Krise. Nach 1945, als weltweit Filmländer und «Schwellenländer» ihre Produktion, mehr oder weniger gut beraten, neu organisierten, hat auch Brasilien einen neuen Anlauf genommen. Wirtschaftskreise in São Paulo, die den kulturellen Zustand des ganzen Landes allerdings falsch interpretierten, versuchten, in der südlichen Metropole eine Art zweites Hollywood herbeizuzaubern, und sie scheiterten kläglich. Die Firma «Vera Cruz» wurde 1949 gegründet, stellte innert vier Jahren 18 Filme her und ging darauf Konkurs. Eine ihrer Produktionen hat erstmals weltweit auf das Filmland Brasilien aufmerksam gemacht: «O Cangaceiro», doch ein Blick auf den Film selbst, ein zweiter auf die Mitarbeiterliste und ein letzter auf den Namen des Weltvertriebs lehren, was sich da abgespielt hat: eine besonders raffinierte Form der Kolonisation nämlich. Seinen Pseudo-Sertão hatte Regisseur Lima Bareto nicht etwa im Nordosten, sondern im Süden des Landes, in der Nähe von São Paulo, gefunden. Die Bedingungen und das Wesen des «Cangaço» interessierten weder den Filmer noch den Zuschauer. Sie konzentrieren sich auf die konventionelle Liebesgeschichte eines Cangaceiro und einer von der Bande entführten Lehrerin, auf die Verfolgung des Liebespaars durch die wilden Kumpane des viel zu zarten Ausscherers. Der Erfolg des Films in Brasilien war beträchtlich,

**Eine Ästhetik des Hungers**

*Ich lasse die informative Einleitung weg, die so charakteristisch für Diskussionen über Lateinamerika geworden ist. Ich ziehe es vor, die Beziehung zwischen unserer Kultur und der «zivilisierten» Kultur mit weiteren Begriffen als jenen der europäischen Beobachter zu untersuchen. Denn während einerseits Lateinamerika über sein allgemeines Elend heult, pflegt der ausländische Beobachter den Geschmack dieses Elends nicht als tragisches Symptom, sondern eher als ein ästhetisches Phänomen seiner Bestandesaufnahme wahrzunehmen. Der Lateinamerikaner teilt sein wirkliches Elend dem «zivilisierten» Europäer nicht mit, und dieser versteht andererseits dieses Elend nicht. Grundsätzlich lässt sich die heutige Situation der Kunst in Brasilien folgendermassen zusammenfassen: Eine falsche Interpretation der Wirklichkeit hat eine Reihe von Missverständnissen hervorgerufen, die nicht nur die Kunst betreffen, sondern auch die Politik berühren. Für den europäischen Betrachter interessiert der Gang des künstlerischen Schaffens in der unterentwickelten Welt nur insofern, als es seine Sehnsucht nach dem Primitiven befriedigt. Dieser Primitivismus aber tritt nur in einer hybriden Form auf, verkleidet durch das Erbe der «zivilisierten» Welt – ein falsch verstandenes Erbe, wurde es doch vom Kolonisator aufgezwungen.*
*Lateinamerika bleibt eine Kolonie; der Unterschied zwischen dem Kolonialismus von gestern und dem von heute liegt nur in der raffinierteren Form des Kolonialismus und den noch subtileren Formen derer, die eine künftige Beherrschung vorbereiten. (...)*

Glauber Rocha: «Antonio das Mortes» (1969); im Prolog der Tod Coriscos

Glauber Rocha: «Terra em Transe» (1967); Chorographie der Macht

doch musste die «Vera Cruz» die Weltrechte den «Columbia Pictures» verkaufen, die zunächst einen zweiten, «ordentlicheren» Filmschluss durchsetzten und den Film nach seiner Lancierung am Filmfestival von Cannes auf der ganzen Welt vermarkteten.

Die brasilianische Nouvelle Vague, Neue Welle, *bossa nova* des Films kam gleichzeitig mit der musikalischen und gleichzeitig mit Paulo Freires Alphabetisierungskonzept, mit der Agrarreform, mit der Erbauung von Brasília. Das «junge Land» war in Aufbruchstimmung. Nachdem schon einige kleine Filme in Bahia, São Paulo und Rio den neuen, qualitativ völlig anderen Anlauf des brasilianischen Films vorausgenommen hatten, formulierten die neuen Cineasten und ihre schreibenden Parteigänger 1960 am ersten Kongress der Filmkritik in São Paulo und in den wichtigsten Zeitungen die neuen Perspektiven. Glauber Rocha, der charismatische Wortführer aus Bahia, im «Jornal do Brasil» etwa: «Könnten wir, die armen brasilianischen Filmemacher, nicht die begangenen Sünden unseres Ehrgeizes sühnen? Könnten wir nicht zurückkehren in den Status des Handwerkers im verborgenen und versuchen, mit unseren miserablen Kameras und den paar Metern Film, die wir haben, jene geheimnisvolle und faszinierende Schrift des Films wieder zu finden, die verlorengegangen ist?» Und: «Um einen Film zu machen, genügt es, eine Idee im Kopf und eine Kamera in den Händen zu haben.» Das brasilianische Kino wurde ein «armes» Kino; seine Protagonisten versuchten nicht mehr, seine Existenz auf die absurde Art der «Vera Cruz» zu behaupten; sie machten Schluss mit der Hochstapelei der unzureichenden Nachahmung.
Zwei kleine politische Ereignisse des Jahres 1960 scheinen mir eine Art Kommentar oder Schlüssel zum kulturellen Selbstverständnis einer neuen Generation zu sein: die Staatsbesuche von Fidel Castro und von Präsident Eisenhower, ein warmer und ein eiskalter Empfang. Das Cinema novo ist ganz eindeutig ein Versuch kultureller Dekolonisation gewesen, der Aufstand einer Art Guerilla im nicht nur medial kolonisierten Land. Noch einmal Glauber Rocha: «Unser Filmschaffen ist neu, weil der brasilianische Mensch neu ist. Die Problematik Brasiliens ist neu, unser Verständnis ist ein neues, und deshalb unterscheiden sich unsere Filme von den europäischen.» Es geht um die Überwindung des *complexo colonial,* und alle, die nun beginnen, wissen es, drücken es in ihren Erklärungen und mit ihren Filmen verschieden aus. Marcos Faria, ein ausserhalb Brasiliens kaum bekannter Dokumentarist, beschwört eine Internationale des neuen, «unterentwickelten» Films: «Wir ahnen, dass junge Nationen, die jetzt versuchen, ihre Unterentwicklung zu überwinden, die ihr Schicksal selber bestimmen wollen – Nationen wie Kuba, Brasilien, die jungen Staaten Afrikas – den Völkern der Welt eine neue Botschaft bringen.» Bei vielen Gelegenheiten zitieren die jungen (intellektuellen) Filmemacher Frantz Fanons «Verdammte der Erde»; zwischen politischer und kultureller Kolonisation machen sie keinen Unterschied. Noch denken sie, sie lebten in einem jungen Land, und sie sind selber jung: 1962, als bereits ein schwaches Dutzend Filme der neuen Welle herausgekommen sind, ist Joaquím Pedro de Andrade 30, Carlos Diegues 22, Roberto Farias 30, Paulo Cesar Saracéni 29, Ruy Guerra 31, Leon Hirszman 25, Arnaldo Jabor 22, Glauber Rocha 24, und Nelson Pereira dos Santos gilt mit seinen 34 Jahren bereits als eine Art Vaterfigur, auf dessen Debutfilm «Rio 40 Graus» (1955) sich die meisten Jungen berufen. Sie treten nun «als Bauern des Kinos, die in die trockene Erde pflanzen» (Glauber

*Die wirtschaftliche und politische Abhängigkeit hat uns philosophische Schwäche und Ohnmacht gebracht, die, wenn sie uns bewusst sind, zu Sterilität führen – oder zu Hysterie, wenn unbewusst. Deshalb ist der Hunger in Lateinamerika nicht einfach ein alarmierendes Symptom: Er ist das Wesen, die Essenz unserer Gesellschaft. Darin beruht die tragische Originalität des «Cinema novo» in Beziehung zum Kino der ganzen Welt. Unsere Originalität ist unser Hunger, und unser grösstes Elend besteht darin, dass dieser Hunger, wenn er nicht nachvollziehbar ist, intellektuell nicht verstanden werden kann.*
*Wir verstehen den Hunger, den die Europäer und die Mehrheit der Brasilianer nie verstanden haben. Für den Europäer ist er ein fremder tropikaler Surrealismus. Für den Brasilianer ist er eine nationale Schande. Er isst nicht, aber er schämt sich, es zu sagen; und vor allem weiss er nicht, woher dieser Hunger kommt.*
*Wir wissen – weil wir diese traurigen, hässlichen Filme machten, diese schreienden, verzweifelten Filme, wo die Vernunft sich nicht immer durchsetzt –, dass moderate Reformen der Regierung diesen Hunger nicht stillen, und dass der Glanz des Technicolors ihn nicht versteckt, sondern seine Geschwüre nur verstärkt. Deshalb kann nur eine Kultur des Hungers, die die eigenen Strukturen schwächt, sich selbst qualitativ übersteigen. Der ehrwürdigste Ausdruck des Hungers ist die Gewalt. Das «Cinema novo» führt vor, dass das normale Verhalten des Hungernden die Gewalt ist. Und die Gewalt des Hungernden ist nicht primitiv. Vom «Cinema novo» lässt sich lernen, dass die Gewalt revolutionär ist. In dieser Phase wird der Kolonialherr auf den Kolonisierten aufmerksam. Erst wenn der Kolonisator mit der Gewalttätigkeit konfrontiert ist, wird er, in Schrecken, der Stärke der Kultur inne, die er ausbeutet. Solange die Kolonisierten nicht zu den Waffen greifen, bleiben sie Sklaven. Zuerst musste ein Polizist sterben, damit die Franzosen auf die Algerier aufmerksam wurden.*
*Von einem moralischen Gesichtspunkt aus gesehen, ist diese Gewalt nicht hasserfüllt, weil sie keine Beziehung zum alten kolonisatorischen Humanismus unterhält. Die Liebe, die diese Gewalt durchwirkt, ist so brutal wie die Gewalt selbst, weil sie keine schmeichlerische Liebe ist und schon gar keine betuliche, sondern eine Liebe der Tat, der Veränderung.*
*Die Zeit, wo das «Cinema novo» sich selbst erklären musste, ist vorbei. Das «Cinema novo» ist ein weiterschreitender Erkundungsprozess, der uns klarer denken lässt und uns befreit von dem verdummenden Delirium des Hungers. Das «Cinema novo» kann sich nicht entwickeln, solange es ein Randphänomen im ökonomischen und strukturellen Prozess auf dem lateinamerikanischen Kontinent bleibt. «Cinema novo» ist ein Phänomen kolonisierter Völker überall und kein brasilianisches Privileg. Wo immer es Filmemacher gibt, die die Wahrheit zu filmen sich anschikken und sich der Heuchelei und der Unterdrükkung durch intellektuelle Zensur widersetzen, waltet der lebendige Geist des «Cinema novo».*

Glauber Rocha
New York, Rio de Janeiro, Genua, 1965

Roacha, 1970) mit einem Paket von unerhörten Filmen vor ein überraschtes Publikum, innert dreier Jahre (ohne Vollständigkeit) mit «Barravento» (Rocha), «Mandacaru Vermelho» (dos Santos), «O Assolto ao Trem Pagador» (Farias), «Os Cafajestes» (Guerra), «Cinco Vezes Favela» (ein Episodenfilm), «O Pagador das Promessas» (Duarte), «Deus e o Diabo na Terra do Sol» (wieder Rocha), «Porto de Caixas» (Saracéni), «Vidas Secas» (wieder dos Santos). Und das war nur ein Anfang, in den nächsten sechs Jahren folgten sich die Filme noch dichter.

Schon der Beginn steckte die beiden Zeichenfelder ab, in denen die Regisseure des Cinema novo in Zukunft argumentieren und demonstrieren würden. Ihr Ansatz war entschieden ein kämpferisch aufklärerischer, doch papierene Thesenfilme haben sie nicht gemacht; die Heftigkeit, die Gewalttätigkeit wurde zu einer Art Markenzeichen, das in Europa zum Beispiel von Pier Paolo Pasolini am besten verstanden wurde. Die Zeichenfelder sind der Sertão und die Favela (wobei man den Begriff relativ weit verstehen muss, als Synonym für den «minderen Teil» der Grossstädte Rio und São Paulo). In der zweiten Hälfte der sechziger Jahre, vor allem mit Paulo Cesar Saracénis «O Desafio» (1965), Glauber Rochas «Terra em Trance» (1967) und Gustavo Dahls «O Bravo Guerreiro» (1968), kommt ein unvermeidliches Thema hinzu: der Umgang der Intellektuellen mit der Macht bzw. der Mehrheit. «Unvermeidlich» deshalb, weil es dem Cinema novo, solange es resolut neu war, nicht gelang, eine Mehrheit der Kinogänger in Brasilien zu erreichen, obwohl es gedacht war als «populäres und politisches Kino», und obwohl es zum Ereignis an zahlreichen internationalen Festivals, in einigen europäischen Studiokinos und bei europäischen Fernsehstationen geworden war. Die Avantgardisten mussten sich also selbst befragen.

Einige der ersten Filme des Cinema novo enthielten die Aufforderung, das Schicksal selber in die Hand zu nehmen, und zwar auf (mindestens) zwei Ebenen: Schon die Art, wie die Filmemacher selber die Initiative an sich rissen, diese ungestüme, sich nicht an den Hollywood-Kanons orientierende Art, sollte als vor-bildlich verstanden werden; andererseits erfanden die jungen Autoren Figuren, die es auf der Leinwand stellvertretend taten. Beispielsweise die Arbeiter, die die Bewohner einer Favela vor einer bevorstehenden gefährlichen Sprengung in der unmittelbaren Nachbarschaft informieren und sie so mobilisieren (in der Episode von Leon Hirszman in «Cinco Vezes Favela»); so zum Beispiel Firmino, den jungen Mann aus der Stadt, der die Fischer von Barravento davon zu überzeugen versucht, dass der Candomblé ein völlig unwirksames Mittel gegen Ausbeutung ist («Barravento» von Rocha); so Gaucho, den Lastwagenchauffeur von «Os Fuzis», der beobachtet, wie in Milagres (Staat Bahia) von den Besitzenden angeforderte Soldaten die hungernde Bevölkerung in Schach halten, und der – allerdings allein – gegen die Unterdrückung rebelliert; so Ganga Zumba, den Gründer des Quilombo von Palmares in dem historisch kostümierten Zeitfilm von Carlos Diegues.

Der Sertão des Nordens vor allem wird zur Bühne eines Films der Repräsentation der wirtschaftlichen, politischen und geistigen Kräfte in Brasilien, zunächst in einem offensichtlich vom italienischen Neorealismus inspirierten Dokumentarstil («Vidas Secas» von Nelson Pereira dos Santos nach dem Roman von Graciano Ramos, «Os Fuzis» von Guerra, «A Hora e a Vez de Augusto Matraga» von Roberto Santos). Das absolut Neue, Explosive schuf Glauber Rocha mit «Deus e o Diabo na Terra do Sol» (1963) und, sechs

«Os fuzis» (1964)

«Vidas Secas» (1963)

«Eles não usam Black-Tie» (1981)

«O Bandido da luz vermelha» (1969)

Carlos Diegues: «Quilombo» (1984), die Geschichte von Palmares

Walter Lima jr.: «Brasil Ano 2000», Komödie der Unterentwicklung

hafte Inszenierungen des Machtspiels, seiner Täter, seiner Opfer, seiner Werkzeuge, Propheten, Retter, der Träume und der Katastrophen. In diesen zwei Filmen begründet Rocha das, was er und einige andere später als Tropicalismus («Von der Trockenheit zu den Palmen» lautet der Titel eines Aufsatz-Manifests) bezeichnen werden.

«Antonio das Mortes» wird durch seinen Originaltitel «Der Drache des Übels gegen den Heiligen Krieger» genauer definiert. Rochas «barockes» Welttheater basiert auf der populären Cordel-Literatur, was die Motivik und was die balladenhafte Dramaturgie betrifft. Der Regisseur lädt die Figuren der Volksmythologie mit neuen, von ihr nur rudimentär skizzierten Bedeutungen auf. Antonio das Mortes, der vom Landbesitzer gedungene Killer, der früher Corisco, den blonden Gefährten Lampiãos, unschädlich gemacht hat, tritt im Dorf Jardim das Piranhas (!) auf, um die Cangaceiro-Bande von Coirana, der sich als Erben Lampiãos bezeichnet, zu eliminieren. Ferner soll er dem «Coronel» die singenden und betenden «Beatos» (Mystiker auf ihrem Weg zum «Land ohne Schuld») vom Halse halten. Antonio das Mortes denkt nicht, ist Werkzeug; trotzdem fällt ihm auf, wie sich die junge Frau des Coronels und der Gutsverwalter Batista des alten Fazendeiros entledigen wollen. Er zögert, bis der Coronel Polizei anfordert, um die Beatos zu eliminieren. Mit dem Dorflehrer und schliesslich auch mit dem Pfarrer stellt sich Antonio der korrumpierten Ordnungsmacht entgegen; unverwundbar schreitet er schiessend durch den Kugelregen der Polizisten. Ein Schwarzer, hoch zu Ross, durchbohrt den Coronel mit einer Lanze. Nach geschlagener Schlacht gegen den «Drachen des Übels» verschwindet der Legionär im Sertão und überträgt den Aufbau einer (besseren) Zukunft dem Lehrer, Repräsentant der Vernunft und des Rechts: «Kämpfe du für deine Ideen, sie sind mehr wert als ich.»

Dieses Welttheater bringt die erste Phase des Cinema novo auf den Punkt. Der aus dem Nordosten (Bahia) stammende Filmemacher, der kurze Zeit später, nach Erlass des «Institutionellen Dekrets Nummer 5», ins Exil geht und in Italien, Spanien und Afrika eines der herzzerreissendsten Exil-Œuvres schafft, bevor er – von der brasilianischen *saudade* geplagt –, die ersten Anzeichen der *apertura* des Militärregimes überschätzend, in die Heimat zurückkehrt, ist jahrelang der Poet des Aufbruchs gewesen.

Die acht Jahre des «klassischen» Cinema novo wirken im Rückblick wie ein Fieberschub; rund zwei Dutzend neue Autoren warfen monatlich ihre heftigen Werke auf den Markt, auf einen Markt, der viel langsamer als erhofft reagierte. Der Erfolg war, gemessen am Anspruch, relativ bescheiden. Und auch die drei schon erwähnten «Selbsterklärungsfilme» von Saracéni, Gustavo Dahl und Rocha gingen in der Skepsis des Publikums unter. In «O Desafio» (Die Herausforderung) stellt Saracéni die Gewissensnot eines Journalisten dar, der nicht wie seine Freunde im Staatsstreich von 1964 untergegangen ist, der sich im bürgerlichen Milieu verstrickt und erst in der engsten Verstrickung – er wird der Liebhaber einer Industriellengattin – merkt, auf welche Seite er gehört. In «Terra em Transe» (Land in Trance) wird der Dichter Paulo in den Widersprüchen des südamerikanischen Landes Eldorado, im Machtkampf des Liberalismus, des Populismus und der Kirche förmlich zerrissen, nicht zuletzt, weil er nicht fähig ist, seiner Geliebten zu folgen, die auf der Seite der Ultralinken, der Stadtguerilla, militiert. In «O Bravo Guerreiro» (Der tapfere Krieger) erschiesst sich ein Gewerkschaftsführer, nachdem er sich vorübergehend mit der Macht eingelassen hat. Alle drei Filme zeigen deutlich, wie genau sich die führenden Köpfe des

**Die Ästhetik des Traums**

*Man muss mit dem Lebenskern der Armut kommunizieren, seinem Mystizismus. Dieser Mystizismus ist die einzige Sprache, die das rationale Schema der Unterdrückung überwindet. Die Revolution ist magisch, denn sie ist das Unvorhersehbare innerhalb der herrschenden Vernunft. Höchstens wird sie als Möglichkeit begriffen. Doch die Revolution muss der herrschenden Vernunft so unverständlich vorkommen, dass sie sich selbst zu leugnen und zu zerfleischen beginnt.*

*Der befreiende Irrationalismus ist die stärkste Waffe des Revolutionärs. Und die Befreiung, selbst in ihrer durch das System provozierten Anwendung von Gewalt, bedeutet immer die Ablehnung der Gewalt im Namen einer Gemeinschaft, die auf dem Gefühl der grenzenlosen Liebe unter den Menschen gründet. Diese Liebe hat mit dem traditionellen Humanismus, diesem Symbol des guten Gewissens der Herrschenden, nichts zu schaffen. Die indianischen und schwarzen Wurzeln des lateinamerikanischen Volkes müssen als die einzige in diesem Kontinent entwickelte Kraft erfasst werden. Unsere mittleren und bürgerlichen Klassen sind die dekadenten Karikaturen der Kolonialisten.*

*Die Volkskultur wird solange eine beschränkte Äusserung sein, als sie eine Kunst von Künstlern hervorbringt, die noch von der bürgerlichen Vernunft erstickt werden.*

*Die Volkskunst ist nicht das, was man Folklore nennt, sondern die volkstümliche Sprache der permanenten historischen Rebellion. Die Begegnung der von der bürgerlichen Vernunft befreiten Revolutionäre mit den wesentlichsten Strukturen dieser Volkskultur wird die erste Formulierung eines neuen revolutionären Zeichens sein.*

*Der Traum ist das einzige Recht, das sich nicht verbieten lässt.*

*‹Eine Ästhetik des Hungers› war die rationale Formel meines Verständnisses der Armut im Jahr 1965. Heute lehne ich es ab, überhaupt von Ästhetik zu sprechen. Die Fülle des Lebens kann sich keinen philosophischen Konzepten unterwerfen. Die revolutionäre Kunst muss von einer solchen Magie sein, dass sie es nicht mehr aushält, in dieser absurden Wirklichkeit zu leben.*

*Borges hat, indem er diese Wirklichkeit hinter sich liess, die befreiendsten Irrealitäten unserer Zeit geschrieben. Seine Ästhetik ist die des Traums.*

*Für mich ist sein Werk eine geistige Erleuchtung, die dazu beigetragen hat, meine afro-indianische Empfindung in die Richtung der ursprünglichen Mythen meiner Rasse auszudehnen. Diese Rasse, arm und scheinbar ohne Schicksal, arbeitet in ihrer Mystik das Moment der Freiheit heraus. Die afro-indianischen Götter werden die kolonisatorische katholische Mystik ablehnen: sie ist die Hexerei der Unterdrückung und der moralischen Erlösung der Reichen.*

Glauber Rocha
Columbia University, New York, 1971

Cinema novo ihrer widersprüchlichen politischen Stellung bewusst waren. Die Ergebnisse eines Umfragefilms «A Opinião publica» (Die öffentliche Meinung, 1967) von Arnoldo Jabor stellten die politische Diagnose der Cinemanovisten mit der «Strasse» in Frage; Jabor hatte 1966, mitten in der Militärdiktatur, mittelständische Cariocas befragt und eine erschreckende politische Abstinenz festgestellt.
1970 war der Fieberschub vorbei: Glauber Rocha lebte in Europa und drehte einen Film, dessen Titel seine Entwurzelung genau ausdrückt: «Der Leone have sept cabeçás», Ruy Guerra suchte seinen Platz in der internationalen Filmproduktion. Eine jüngere Generation von Filmemachern reagierte auf die politischen und kulturellen Verhältnisse mit einem Kino, das nicht mehr auf Sinnbildlichkeit setzte und von den Cinemanovisten abgelehnt wurde, mit einem marginalen Kino, in welchem sich Ekel in Erbrechszenen und Gewalt in kruden Folterbildern äusserte. Das Cinema novo sei fett geworden, sagten die Cineasten des «Udigrudi», der «Boca do lixo» und setzten ihre Kehrichtästhetik gegen die tropicalistische Schönheit der weiterproduzierenden Cinemanovisten, die sich – nun auch mit dem längst fälligen Publikumserfolg – der brasilianischen Geschichte und ihren Legenden zuwandten. Dass die «Erfinder» des Cinema novo das (auch politische) Potential des schmutzigen Kinos der jungen, desillusionierten grossstädtischen Filmemacher nicht wahrnahmen, war ein historischer Fehler. Dass aber die Erfahrungen des Cinema novo in die Jahre des filmischen Tropicalismus mitgenommen wurden, ist offensichtlich. Das Cinema novo ging «von der Wüste zu den Palmen», mit Filmen wie «Macunaima» (Joaquim Pedro de Andrade, 1969), «Pindorama» (Arnaldo Jabor, 1970), «Como era Gostoso o meu Frances» (Wie war er doch lecker, mein kleiner Franzose, dos Santos, 1971), «Os Inconfidentes» (de Andrade, 1972), «Xica da Silva» (Carlos Diegues, 1976), «Tenda dos Milagros» (Das Zelt der Wunder, dos Santos, 1977), versenkte sich – mit oder ohne literarische Vorlage – in die brasilianische Geschichte und in ihre Sagenwelt. Die neue Welle, das waren nun keine Brecher mehr; die Wasser des brasilianischen Films waren stiller geworden, doch sie gründeten nicht immer tief.
Die kultivierte Art der Erfolgsfilme – solche gab es nun, «Xica da Silva» erzielte in acht Jahren über 10 Millionen Eintritte –, dieses «Cinema novo rico» reizte die jüngste Generation von Filmemachern in São Paulo; sie nannten die nun gemässigter und unverbindlicher werdenden Filme der sechziger Generation «bourgeoisen Intellektualismus», ein «Subprodukt des Hollywood-Cinecittà-Rive-gauche-Circus»; dagegen setzten sie ihre «Müll-Ästhetik» und ihre Figuren aus der Halbwelt, Sex, Drogen, Prostitution und Gewalt, in schmutzigen Filmen, die durchaus eine ernstzunehmende, eine interpretierbare Reaktion auf die herrschenden Verhältnisse in der Militärdiktatur waren, die jedoch weder Eingang in die Kinos noch in die Fernsehprogramme fanden; die Produzenten der «Udigrudi»- und «Boca do Lixo»-(Müll-Maul)-Filme sprachen von politischer und ökonomischer Zensur. Erst als ihre Filme offen parodistisch wurden – in der Art der nordamerikanischen Pop art – bekamen einige Werke eine grössere Öffentlichkeit als jene des Filmklubs. An den grossen Filmfestivals kam es zuweilen zu Projektionen vor internationalem Publikum.
Doch eigentlich hatte die internationale Filmszene «beschlossen», die farbige und manchmal sogar ziemlich gediegene Nachhut des Cinema novo als das ganze und authentische brasilianische Kino zu nehmen, ein vitales, in der Irrationalität badendes, den westlich-nördlichen Rationalismus immer

**Ein Kino der Unterentwicklung**

*Der brasilianische Film hat kein eigenes kulturelles Terrain, das sich von der westlichen Welt unterschiede, eines, in das man seine Wurzeln senken könnte. Wir sind eine Verlängerung des Abendlandes; es gibt keine natürliche Barriere, keine Persönlichkeit – wie bei den Indern oder den Arabern –, die man ständig verdrehen, ersticken oder vergewaltigen müsste. Wir sind im strengen Sinne des Wortes nie kolonisiert worden. Als der Kolonisator ankam, schien ihm der eigentlich zu Kolonisierende ungeeignet, und er schuf einen neuen. (...) Ein eigenartiger Prozess: der Kolonisator schafft sich einen Kolonisierten fast nach seinem Ebenbild. Die Kolonisatoren und die Kolonisierten empfinden sich, psychologisch, nicht als gleiche; es wäre, soziologisch gesehen, absurd, sich vorzustellen, dass der Kolonisator heimgeschickt würde, so wie die Franzosen aus Algerien vertrieben worden sind.*
*Wir sind weder Europäer noch Nordamerikaner, aber, weil wir unserer ursprünglichen Kultur beraubt sind, ist uns nichts fremd, da uns alles fremd ist. Wir bauen uns mühsam selber auf, in der seltenen Dialektik des «Nicht-seins» und des «Anders-seins». Der brasilianische Film nimmt an diesem Mechanismus teil und modifiziert ihn, und zwar durch unsere schöpferische Unfähigkeit zur Kopie. (...)*
*Bald nach dem Erstickungstod des ersten Anlaufs zu einem brasilianischen Film – der Belle Epoque unseres Filmschaffens – haben die Nordamerikaner ihre europäischen Konkurrenten liquidiert und das Terrain mehr oder weniger vollständig besetzt. Die Abspielbasis wurde erneuert und erweitert, durch sie und für sie. Ab und zu kamen europäische Produktionen. Doch während der drei Generationen, da das Kino das hauptsächliche Vergnügen darstellte, war es, in Brasilien, ein amerikanisches Phänomen – und nur bis zu einem gewissen Grad ein brasilianisches. Wir haben das importierte Spektakel nicht, wie es die Japaner taten, nationalisiert. Die Imprägnierung durch den amerikanischen Film war derart vollständig, dass es die kollektive Vorstellung des Kolonisators und des Kolonisierten – mit Ausnahme der untersten Schichten der sozialen Pyramide – besetzte, dass es uns wie eine ‹einheimische Sache› vorkam – genau nach der Idee, dass uns nichts fremd ist, da uns alles fremd ist.*

Paul Emilio Salles Gomes
in: «Argumento», Oktober 1973

wieder verspottendes Kino, ein Kino, dem weder Generosität noch zuweilen – bei Arnaldo Jabor beispielsweise – Zynismus fremd ist.
Seit 1972 ist das Fernsehen auch in Brasilien farbig, und es ist – gefördert vom Militärregime mit seiner zentralistischen Politik der starken Hand – in den siebziger Jahren ein wirkliches nationales Fernsehnetz entstanden. Einige, aber eigentlich wenige, Regisseure des Cinema novo sind von den Fernsehgiganten Rede Globo, Sistema Bandeirante, Sistema Brasileiro de Televisão und Machete geschluckt worden. Doch das brasilianische Fernsehen praktiziert grundsätzlich genau das Gegenteil von dem, was einige «intellektuelle» Filmemacher zu Beginn der sechziger Jahre wollten. Es gleicht dem nordamerikanischen Fernsehen,... auch weil es die gleichen Film-Oldies zeigt. Der nordamerikanische Film beherrscht sowohl den Kino- wie den Fernsehmarkt; nach (vielleicht bereits überholten) Angaben des staatlichen Filminstituts Embrafilm waren 1980 nur gerade 2,6 Prozent aller ausgestrahlten Filme brasilianisch. Auf dem Kinomarkt hat die französische Gaumont eine Zeitlang einen aussichtslosen Kampf gegen die übermächtige Konkurrenz aus Hollywood aufgenommen.
Fast das ganze produktionelle Potential fliesst seit zehn Jahren in die Herstellung von Telenovelas, und diese haben, soweit ich sie kenne, nichts bis wenig mit der sozialen und politischen Realität des Riesenstaates zu schaffen. Wenn es einmal eine Industrie des Eskapismus gegeben hat, hier ist sie.
Einmal, vor nicht allzulanger Zeit, sind aus Brasilien jährlich aufrüttelnde, die Situation des Imperialismus und Kolonialismus unerschrocken, gewalttätig, scharf und unversöhnlich darstellende und analysierende Filme gekommen. In den achtziger Jahren sind sie selten geworden, und sie sind nicht mehr getragen von einer Bewegung, sondern durchgesetzt von Einzelkämpfern und Einzelkämpferinnen in einer noch einmal schwieriger gewordenen Medienszene. Um nur ganz wenige zu nennen: «Pixote, a Lei do Mais Fraco» (Héctor Babenco, 1980), «Eles Não Usam Black-Tie» (Leon Hirszman, 1981), «Pra Frente Brasil» (Roberto Farias, 1981), «Nunca Fomos Tão Felizes» (Murilo Salles, 1983), «Cabra Marcado Para Morrer» (Eduardo Coutinho, 1984), «Memórias do Carcere» (N. P. dos Santos, 1984).
Ignacio de Loyola Brandão sagt in diesem Katalogbuch, den brasilianischen Film gebe es heute nicht mehr. Für den europäischen Interessierten ist er schon länger gestorben. Die Mehrheit hat ihn vor seinem Ableben gar nicht erst wahrgenommen, obwohl sein Aufbruch zusammen mit Aufbrüchen in vielen anderen neuen Filmländern, sogar in der Schweiz, stattfand, weit weg von Vietnam, aber im ideellen Zusammenhang damit. Im Kino haben die «Bauern» nicht gesiegt.

«Pindorama» (1970)

«Tenda dos Milagros» (1977)

«Macunaima» (1969)

«Os Infonfidentes» (1972)

«Dona Flor e seus dois maridos» (1976)

Literatur:


Peter B. Schumann, Handbuch des brasilianischen Films, Vervuert, Frankfurt/M, 1988

Mostra Internazionale del nuovo cinema, Il Cinema Novo brasiliano, zwei Bände; Pesaro 1975

Paulo Antonio Paranagua (Hg.), Le Cinéma brésilien, Centre Georges Pompidou, Paris 1987

P. A. Paranagua und J. C. Avellar, Cinéma brésilien 1970–1980, Festival international du Film de Locarno, 1983

Randal Johnson, Robert Stam (Hg.), Brazilian Cinema, University of Texas Press, Austin, 1988

Sylvie Pierre (Hg.), Glauber Rocha, Cahiers du Cinéma, Paris, 1987

Michel Estève (Hg.), Le «cinema novo brésilien» 1 und 2, Etudes cinématographiques, Lettres modernes, Paris 1973

Peter Figlestahler

# Im Bann unendlicher Geschichten

## Die Wiedererkennung Brasiliens in seinen Telenovelas

Brasilianer hören es nicht gerne, wenn man ihre beliebtesten Fernsehprogramme, die Telenovelas, mit den amerikanischen «soap operas» vergleicht. Seifenopern seien die Telenovelas allenfalls in ihren Anfängen gewesen, als sie in den frühen fünfziger und sechziger Jahren zunächst aus Mexiko, danach vor allem aus dem Nachbarland Argentinien importiert wurden. Es waren zumeist triviale, romantisch verbrämte Liebes- und Ehegeschichten, noch heute ein Hauptcharakteristikum der mexikanischen, argentinischen, aber auch nordamerikanischen Produktion dieses Genres, das historisch auf die melodramatischen Fortsetzungsromane Ende des letzten Jahrhunderts zurückgeht, damals zunächst in Zeitungen florierte, nach dem Aufkommen des Rundfunks aber auch am Radio Millionen fesselte.
Bereits in den ersten rein brasilianischen Telenovelas, die ab 1969 entstanden und besonders von der aufstrebenden Fernsehanstalt Rede Globo produziert wurden, lässt sich jene künstlerische Verfeinerung («sofisticação artística») und die «völlig neue Form populären Ausdrucks» ausmachen, die der bekannte Fernsehnovellist Dias Gomes, einer der Pioniere des Genres, einmal als ihre Qualitätsmerkmale hervorhob.
Gomes und andere Autoren der ersten Stunde wie Ivani Ribeiro, Dinah Silveira, Janete Clair und Geraldo Vietri – sie alle hatten ihr Metier bei zwei anderen wichtigen Telenovelas-Sendern, TV Tupi und TV Excelsior, gelernt – scheuten sich nicht, anspruchsvolle, d. h. auch literarische Stoffe zu verwenden, wie dies übrigens bis heute in der brasilianischen Telenovelas-Produktion («Helena» zum Beispiel nach dem gleichnamigen Roman von Machado de Assis) üblich ist, und bearbeiteten sie entsprechend. Anstelle weltfremder, stereotyper Helden brachten sie «‹echte› Menschen auf den Bildschirm, brasilianische Menschen» (Fernando Fabro) oder griffen auf bekannte Figuren der Literatur zurück. Beispielsweise auf «Gabriela», Heldin des gleichnamigen Romans von Jorge Amado; die Darstellerin hiess, wie in der späteren Verfilmung durch Bruno Barreto: Sônia Braga.
Hinzu kam ein neuer, leichthändigerer Umgang mit der Dramaturgie. Obwohl oft hundert Folgen und mehr lang, wurden die Serien nicht zu Endlos-Dramen ausgewalzt, vielmehr erzählten sie in jeder Fortsetzung dramatische Kurzgeschichten. Eine neue Kunstform mit ganz spezifischen Eigenschaften entstand; heute ist sie sogar anerkannt als nationale Institution: wie der Samba (als Rhythmus und Tanz) oder der Karneval (als moderne Strassenoper) – so sinngemäss der Fernsehkritiker Ismael Fernandes in seinem erstmals 1982 erschienenen Standardwerk «Memória da Telenovela Brasileira», das inzwischen in einer grundlegend überarbeiteten und stark erweiterten Fassung vorliegt (Editora Brasiliense, São Paulo 1987).
Die Telenovelas wurden aber auch vergleichbar etwa mit der Literatura de Cordel oder gewissen dichterischen Strömungen in der Música Popular Brasileira. Denn wie die Poeten der brasilianischen Populärmusik oder jene von meist unbekannten Volksdichtern verfassten Heftchen, die noch heute auf Märkten vor allem im Nordosten des Landes für einige wenige Cruzeiros feilgeboten werden, erzählten sie nun Geschichten, die das Leben, der Alltag in Brasilien schrieb oder entstammten sie der reichen Literatur des Landes.
Die Telenovelas erreichten selbst die untersten Schichten im (noch immer) stark analphabetischen wie illiteraten Brasilien und weckten in ihnen ein Bedürfnis für Fiktion. Dieses Bedürfnis habe vor der Entstehung der Telenovelas nicht bestanden, stellte die in Porto Alegre lehrende Literaturprofessorin Regina Zilbermann fest. Zilbermann, die sich mit dem Phänomen der Telenovelas eingehend befasste, verbindet dieses sogar eng mit dem Prozess der Modernisierung, der industriellen wie kulturellen Expansion des Landes. Zeitlich setzte er nach der Machtübernahme durch die Militärs 1964 ein und wurde forciert durch sie betrieben. Unter anderem erhielt Rede Globo schon ein Jahr später die Lizenz und schwang sich alsbald zum Marktleader auf.
Viel trugen die Telenovelas, das Fernsehen zur Bildung – auch Erziehung und Aufklärung, wenn man so will – in Brasilien bei. Serien wie «A Escrava Isaura» (Die Sklavin Isaura), die weltweit in insgesamt 128 Ländern zu sehen waren, gingen voller Emotion und mit «human touch» – ein weiteres Qualitätsmerkmal der Telenovelas – im Detail auf die unglückselige Sklavenzeit ein. Andere wie «O Casarão» zeigten die verkrusteten gesellschaftlichen Strukturen auf, die «Das alte grosse Herrschaftshaus» bis auf den heutigen Tag hinterlassen hat. Und wieder andere wie «Os Imigrantes» riefen die diversen Einwanderungswellen aus Europa wie auch

«Helena»

aus dem Fernen Osten, aus Japan im besonderen, Wellen von Wirtschaftsflüchtlingen (auch aus der Schweiz, der Freiburger Gegend!), Gastarbeitern und «neuen Sklaven», wie man heute sagen würde, in Erinnerung. Natürlich präsentierten (und präsentieren) sich nicht alle brasilianischen Telenovelas so bildungsbeflissen oder literarisch ambitioniert. Manche blieben bis heute verträumte Märchen, Eskapismus, ohne Bezug zur Realität. Aber die Brasilianer erkannten sich in ihnen wieder, und nicht zuletzt dieser Aspekt trug massgeblich zu ihrem Erfolg und ihrer immensen Popularität bei. «Gute» Novelas sprechen heute Millionen von Menschen, fast die ganze Nation, gleichermassen an. Ob nun armer Landarbeiter, der weder lesen noch schreiben kann, oder «empregada» (Dienstmädchen) aus der Favela, die dort im Elend haust, oder wohlbetuchter Sunnyboy, der sich den ganzen Tag am Strand von Ipanema sonnen kann – alle fiebern sie mit ihren Heldinnen und Helden und versäumen garantiert keine Folge

der unendlichen Geschichten, montags bis samstags jeweils um dieselbe Zeit.
Erst in jüngster Zeit setzte eine andere (befremdende) Realitätsnähe ein. Besonders die Telenovelas des Marktleaders Rede Globo orientierten sich inhaltlich wie formal mehr und mehr an der (kaufkräftigen) Mittel- und Oberschicht, deren Wertmassstäben, Verhaltensmustern und Vorstellungswelt. Schliesslich gilt es, ihnen die Waren der modernen Konsumgesellschaft zu verkaufen. Serien wie «Top Model», die im Frühjahr 1990 auf brasilianische Bildschirme kamen, ähnelten so auf Hochglanzpapier gedruckten Modeheften, die sich bei Preisen von acht Franken und Salären von nicht einmal achtzig Franken im Monat die Mehrheit der Brasilianer nie leisten kann. Die Serie warf einen ebenso illustren wie illustrierten Blick in das Milieu der Top-Mannequins und Fotomodelle, ihre von Blitzlichtern erhellte

«A História de Ana Raio e Zé Trovao»

Karriere auf dem Laufsteg oder vor der Kamera, aber auch ihre beruflichen wie privaten Enttäuschungen. Schon nach der ersten Folge wusste der Zuschauer jedoch, dass die Welt der begehrten Titelbild-Schönheiten so heil nicht ist. Man(n)/frau goutierte allenfalls die hübschen Gesichter und Erscheinungen und den letzten Modeschrei aus den schicken Boutiquen von Ipanema oder Búzios: «Yes Brasil» hiess damals bezeichnenderweise die bekannteste.
«Top Model» gab allerdings das seit Jahrzehnten bewährte Strickmuster der Telenovelas nicht auf. Diese handeln stets vom sozialen Aufstieg und sind eine Hymne an ihn. Duda (dargestellt von der attraktiven Malu Mader, einer auch vom Film her bekannten jungen Nachwuchsschauspielerin), aus einfachen, bürgerlichen Verhältnissen stammend, wird als Mannequin reich und versöhnt sich zu guter Letzt auch wieder mit ihrem eifersüchtigen Freund Lucas, dessen sehnsüchtig

«Amazônia»

erwarteten Sohn sie nach einem Streit und Unfall verloren hat. «Grundlage des Dramas ist es, die zentrale Figur am Schluss mit grösserem Besitz zu entlassen, als sie am Anfang hatte», meint der Anthropologe Roberto Motta. Und zwar über einen schweren Weg voller Rückschläge. «Das Leben und die Welt sind hart und grausam.» (So sinngemäss Fernando Fabro.) Die meisten Brasilianer kennen dies Lied.

In einen entgegengesetzten Kurs steuerte zur selben Zeit nur der erbittertste Konkurrent Globos, Rede Manchete. Dieses Fernsehnetz, das erst 1983 unter der Ägide der bekannten Verlegerfamilie Bloch entstanden und nach deren erfolgreichen Illustrierten, «Manchete», benannt worden war, griff erstmals ein brisantes und aktualitätsbezogenes Umweltthema auf. Die Öko-Serie «Pantanal», die in der gefährdeten Wildnis des Mato Grosso spielt, machte vielen Brasilianern erst bewusst, wie reich die Fauna und Flora in einem der schönsten Landstriche Südamerikas überhaupt ist. Und Nachhilfeunterricht «in Sachen eines Brasiliens, das Brasilien nicht kennt» (so eine Schlagzeile von «Manchete») erteilte wenig später auch die erste Country-Novela, «A História de Ana Raio e Zé Trovão». Diese «authentische Megaproduktion», wie es in der Eigenwerbung hiess, erzählt(e) in nicht weniger als zweihundert Folgen die «wahre» Geschichte des brasilianischen Hinterlands, seiner singenden Cowboys und Cowgirls und riesigen Rinderherden im sogenannten Interior. Beinahe wie bei einer Stampede wurde Globo vom Publikumserfolg dieser Serie überrascht. Und der sich auf seinen Lorbeeren ausruhende Fernsehgigant konnte sein Lasso erst Wochen später auswerfen, um mit einem eiligst, doch brillant gefilmten musikalischen «Special» wenigstens einige seiner Zuschauer wieder an sich zu binden. Aber das Special, in dessen Mittelpunkt die neuen Helden der Música Sertaneja, Chitãozinho und Xororó standen, war eine einmalige Musiksendung und keine Fortsetzungsserie.

Mit einer weiteren Megaproduktion, die heute trotz tiefster Rezession und hoher Inflation im brasilianischen Fernsehen gang und gäbe sind, kam Manchete Ende 1991 jedoch in höchste Not. Die Serie «Amazônia» brachte das schon hochverschuldete, investitionsfreudige Fernsehunternehmen finanziell fast zum Kentern. In der für rund zwanzig Millionen Dollar produzierten Serie, die nach dem Erfolg von «Pantanal» erneut mit dem erwachten Umweltbewusstsein der Brasilianer liebäugelte, lief so ziemlich alles schief, was nur schief laufen konnte. Die parallel erzählte Geschichte vom Amazonasgebiet und seinen Menschen um die Jahrhundertwende und im Jahr 2010 war ziemlich diffus und sie wurde denn auch nur von den wenigsten Zuschauern verstanden. Dabei hatte sich Manchete mit kompliziertesten dramaturgischen Konzepten überhaupt erst einen Namen gemacht.

«Amazônia»

Auch der Kostüm- und Personenfimmel mit modischen Kleidern und «beautiful people» als Schauspielern, der zugleich gewinnbringend wie auflagensteigernd auf den Titelseiten der diversen Zeitschriften des Multimedienkonzerns vermarktet werden sollte, wurde masslos übertrieben. Waren «beautiful people» bei historischen Zeitgemälden wie «Dona Beija», das in der Epoche des schwächlichen brasilianischen Prinzregenten Dom João anfangs des 19. Jahrhunderts spielte, oder neueren Stücken wie «Cananga do Japão» über die Auswirkungen des grossen Börsenkrachs an der New Yorker Wall Street 1929 auf die High Society Brasiliens noch angebracht, erwiesen sie sich hier als Fehlspekulation. Jedenfalls konnten (und wollten) sich Scharen erwartungsvoller brasilianischer Fernsehzuschauer mit dieser Telenovela nicht identifizieren. Ein Rückschlag für das sonst so erfolgreiche Genre.

**Sônia Braga**

Ein verächtliches Kopfschütteln, das war Sônia Bragas ganze Reaktion auf die Schlagzeile, in der die schweizerische Boulevard-Zeitung sie als «Nacktstar» tituliert hatte. In ihrer Heimat Brasilien ist sie noch nie zu solch einer deplazierten Berufsbezeichnung gekommen, dort spricht man von ihr, richtigerweise, als Schauspielerin. Dort auch gilt sie als eine der profiliertesten, der engagiertesten Darstellerinnen, ganz abgesehen davon, dass sie die populärste ist. Ihre Charaktereigenschaften in einen Satz fassend, nannte sie Gilberto Freyre «das vollständigste Beispiel für die brasilianische Frau», und Jorge Amado erlebt sie als «die weibliche Inkarnation der modernen Brasilianität».
Sie kommt aus einem Land, in dem Nacktheit nicht als anrüchige Absonderlichkeit handelsreif geworden ist, sondern als elementare Urform menschlicher Existenz in vielerlei Erscheinungsformen und Bedeutungen selbstverständlich ist. Und nicht nur als Heuchelei, sondern als Verrat an künstlerischer Lauterkeit erschiene es ihr, die Nacktheit, die ein Charakter fordert, mit der in Europa immer noch üblichen Spekulation und Zweideutigkeit zu versehen. Sie weiss, dass sie eine Schauspielerin ist und deshalb ihren Tribut niemand anderem schuldet als der Schauspielkunst.
Doch, jemand anderem noch zahlt sie gerne diesen Tribut, ihrem brasilianischen Volk, diesem Volk, das Jorge Amado als den Haupthelden der brasilianischen Literatur und der Kunst bezeichnet hat. Und wenn er die Solidarität mit «seinem Volk» geradezu als «Vernarrtheit in die lebensschaffende Kraft des Volkes» bezeichnet, so setzt Sônia Braga seinen Diskurs mit anderen Worten fort. Star werden, sagt sie, heisse nichts anderes als vom Volk aus einer Vielzahl von Schauspielerinnen ausgewählt zu werden – «gewählt zu werden» sagt sie sogar wörtlich – als Anwältin, die in ihrem Tun die Bedürfnisse und Anliegen des Volkes verteidigt, als Fürsprecherin, die den Wünschen und Sehnsüchten in ihren Filmrollen Gestalt gibt. Wie ein gewählter Politiker, so habe auch ein gewählter Star seine unumstösslichen Verpflichtungen jenen gegenüber, die ihn gewählt haben.
Mit ihren Wählern hat Sônia Braga steten Kontakt, sei es auf der Strasse, auf der sie – wie sie sagt – mehr für ihre Kunst gelernt habe als in einer Schauspielschule, sei es in Veranstaltungen, an denen die Anliegen des Volkes laut werden. Zu den wichtigen Erlebnissen, die ihren Erfahrungsfundus wesentlich bestimmt haben, zählt sie, die 1951 in Maringá, Paraná, in Südbrasilien geboren wurde, die frühe Erfahrung des Todes. Sie war acht Jahre alt, als sie und ihre sieben Geschwister durch einen Unfall den Vater verloren. Später dann machte sie sich auf die Suche nach einer neuen Vaterfigur. Und sie fand ihn: «Ich habe Jorge Amado als meinen

Paulo Cesar Pereio und Sônia Braga in einer Szene aus dem Film «I Love You», 1982

auch, dass es gerade die Rollen in zwei Verfilmungen von Amado-Romanen waren, die Sônia Bragas Ruhm weit über die Grenzen Brasiliens hinausgetragen haben.
Mit dem Tod des Vaters war der gesellschaftliche Abstieg der Familie verbunden. Jeder Umzug der Mutter mit ihren Kindern führte in ein ärmeres Wohnquartier. Auf dieses Schicksal berufen sich ihre Verehrerinnen und Verehrer aus den unteren Volksschichten immer wieder, wenn sie begründen, weshalb sie gerade Sônia Braga zu ihrer «Interessenvertreterin» erkoren haben; nicht zur politischen Führerin allerdings, sondern zur Person, die in ihren Rollenfiguren den Lebenswünschen und den Bedürfnissen Vieler Öffentlichkeit verschafft, ihnen ein Forum gibt. Dass sie aber auch als Identifikationsfigur benutzt wird, auf die unausgelebte und unauslebbare Sehnsüchte projiziert werden, das bekommt Sônia Braga auch in abgelegenen Dörfern zu spüren, wenn ihr zufälliges Erscheinen, und sei es auf der Durchreise, zu einem mittleren Volksauflauf führt.
Diese bestürzende Art von Popularität hat ihr die Mitwirkung in den «Telenovelas» eingebracht, in jener erzbrasilianischen Ausformung der *soap operas,* die wie am Fliessband von Tag zu Tag produziert und von den grossen Fernsehketten zur Hauptsendezeit ausgestrahlt werden. Nicht etwa die Rollen in den seichteren Spielen um die Alltagsquerelen eines Familienclans haben sie bei den Zuschauermillionen des Landes berühmt gemacht, den eigentlichen Durchbruch hat ihr 1974 ausgerechnet die Telenovela-Version von Jorge Amados Roman «Gabriela wie Zimt und Nelken» verschafft.
Zu ihrem ersten Auftritt im Fernsehen,

rität, war sie schon im Alter von 14 Jahren gekommen, als Statistin allerdings nur, die in einem Kinderprogramm eine Prinzessin verkörpern durfte. Als der Blumenkinder-Taumel der Hippie-Bewegung Ende der sechziger Jahre auch auf Brasilien übergriff, stand sie im programmatischen Musical «Hair» auf der Bühne. Und etwas von der herzlich naiven Euphorie des Hippie-Mädchens, von jener spontanen Freudenfähigkeit strahlt sie im Gespräch auch heute noch aus, sie, die mittlerweile unter Robert Redfords Regie in «Milagro Beanfield War» mit darstellerischer Energie die Berechtigung des Widerstandes gegen profitgeile Machenschaften der Tycoons auf den Leinwänden der Welt verkündet hat, sie, die als Partnerin von Marcello Mastroianni» («Gabriela» 1983) längst auch das Filmpublikum anderer Kontinente auf die durchnervte Differenzierungsfähigkeit ihrer Begabung aufmerksam gemacht hat.
Wenn sie selber immer wieder auf «The Kiss of the Spider Woman» hinweist, so deshalb, weil sie dort diese Fähigkeit in gleich drei unterschiedlichen Frauenrollen ausgebreitet hat; und mehr noch: gebrochene darstellerische Mittel und ungebrochene, denn die Filmrolle fordert andere Arten der Präsenz als die Rolle im «Film im Film». Diese Erfahrung hat sie auch – wie sie sagt – dazu gebracht, dem Kameraauge mehr zu vertrauen als dem Auge des Menschen. Es ist die Hoffnung auf die Unbestechlichkeit: «Wenn ich aus verzweifelter Liebe zu jemandem sage ‹Ich hasse dich!›, so zeigt die Kamera die Liebe hinter den Worten, die einem menschlichen Partner verborgen bleiben muss.»

*Peter K. Wehrli*

Peter Figlestahler

# Der Zauberer von Rede Globo

Hans Donner und sein magisches Fernsehdesign

Beinah wie von magischer Hand berührt, taucht eine leicht bekleidete brasilianische Schönheit aus einem schwarzglänzenden Kratersee auf, den bizarre Felsformen umgeben. Sekunden später: Bilder einer extravaganten Modeschau in der Wüste Sahara und vom Grand Canyon, über dessen Schluchten futuristisch gekleidete Tänzer leichtfüssig springen.

Das sind keineswegs Ausschnitte aus einem Werbespot für ein mondänes Modehaus, sondern Szenen aus der Programmleitung von «Fantástico», dem bunten Sonntagabendmagazin, mit dem Brasiliens grösste Fernsehanstalt, Rede Globo, siebzig bis achtzig Millionen Zuschauer begeistert – Sonntag für Sonntag.

Der Vorspann, mit allerlei elektronischen Tricks im TV-Studio hergestellt, stammt aus der Ideenkiste des deutsch-österreichischen Fernsehdesigners Hans Donner, der heute als einer der kreativsten Köpfe auf seinem Gebiet gilt: der sogenannten Erkennungsspots und Signete. 1948 in Wuppertal-Elberfeld geboren und in Bregenz am Bodensee aufgewachsen, hat Donner seit 1974, als er sich nach der graphischen Ausbildung in Wien entschloss, nach Brasilien auszuwandern, bei Globo praktisch freie Hand, das zu realisieren, wovon Fernsehmacher, besonders Designer, anderswo nur träumen können. Geld und Personal, Technik und Experten spielen beim heute viertgrössten Fernsehkonzern der Welt keine Rolle.

Für den Vorspann zu «Fantástico» beispielsweise verbrauchte der Designer nicht weniger als eine halbe Million Dollar. Dauer des Spots: knapp neunzig Sekunden. Die Vorbereitungen und Dreharbeiten zogen sich fast ein Jahr hin. Und an dem bunten Eineinhalb-Minüter werkelten rund dreihundert Personen, Donners eigene Crew von zwanzig festen Mitarbeitern nicht einmal eingerechnet.

Aber der Aufwand, den sich Donner leisten kann, verwundert nicht. Denn seine Signete sind in den letzten Jahren zum Markenzeichen eines Senders geworden, der an Dynamik alles andere, selbst die grossen Drei in Nordamerika, ABC, CBS und NBC, übertrifft. Globo nützt jeden Freiraum, jede Sekunde vor und nach den Sendungen, ja selbst die kurze Zeit zwischen einzelnen Werbespots aus, um den Zuschauern Augenfälliges zu bieten. Die «Platinierte Venus», wie Globo nach einem von Donner geschaffenen Corporate Design in Brasilien auch genannt wird, hält nicht viel von stehenden Logogrammen oder langweilig über einer Photographie abrollenden Titeln, vielmehr setzt der Sender unablässig auf visuelle Action – nonstop, von morgens früh um 6.30 Uhr bis weit nach Mitternacht.

Es gilt (so die Globo-Devise), möglichst viele Zuschauer an die Programme des Senders zu binden. Und es geht auch um die Aufteilung eines Werbekuchens, der in dem so widersprüchlich armen wie reichen Brasilien pro Jahr im Sektor Fernsehen immerhin fast eine halbe Milliarde Dollar ausmacht. Globo, Teil des mächtigen Medienimperiums von Roberto Marinho, der noch zwanzig Radiostationen, einen Verlag, die grösste Tageszeitung Brasiliens sowie unzählige Immobilien und Ländereien besitzt, hat sich gut drei Viertel der Einnahmen sichern können.

Schon vor Jahren erkannte der quirlige Art Director, dass das Fernsehen Zeichen setzen muss, damit sich die Zuschauer mit einem Sender und dessen Programmen identifizieren: «Logos und Signete, Vor- und Nachspänne sind für die Imagepflege ebenso wichtig wie für die Programmgestaltung selbst. Der Zuschauer muss immer sofort erkennen können, worum es in einer Sendung geht, und sich für sie begeistern.»

Begeistert war auch Globo. Zugleich mit der Vertragsunterzeichnung richtete der Sender eine eigene videographische Abteilung für Donner ein, die erste bei einem Fernsehsender überhaupt. Entsprechendes Equipment wurde aus aller Welt eingeflogen – nur vom Feinsten, versteht sich. Die Investitionen lohnten sich. Denn mit Engagement und Elan machte der Designer die Räume zwischen den Sendungen zu einem Teil der Programme selbst: «zu brillant szenischen Kreationen, zu computergesteuerten Wunderbildern explodierender Farben», wie einmal ein Kritiker schrieb.

Donner kam damit zweifellos einem Bedürfnis des brasilianischen Fernsehpublikums nach Brillanz und Farbe nach, wenngleich er nicht in Abrede stellt, dass Globo seinen visuellen Zauber auch dazu benützt, die Zuschauer einzulullen und auf den Weg des Konsums einzuschwören. Besonders in «Fantástico», dem bunten Sonntagabendmagazin, wird praktisch jedes neue Produkt in Brasilien erstmals vorgestellt und in ständigen Wiederholungen dem Zuschauer geradezu eingebläut.

Donner betrachtet sich, wie er selbst sagt, als Verpackungskünstler, indes als einer mit hehren Intentionen. Mehr als alles andere ist er an der künstlerischen (Weiter-)Entwicklung des elektronischen Designs interessiert – und an der sinnvollen Nutzung der modernen Computergraphik. Die Liste seiner Arbeiten, die er nicht nur für Globo schuf, ist ebenso umfangreich wie beeindruckend. Als eines der gelungensten Beispiele, Design in Bewegung umzusetzen, das aus dem zeichnerischen Entwurf, «dem Papier herauskommt und in der dritten Dimension gestaltet werden kann», wie Donner sagt, gilt vor allem ein Werbespot, den Donner, inzwischen bereits zur weltweit anerkannten Koryphäe auf diesem Gebiet avanciert, 1986 zum zehnjährigen Jubiläum des Pariser Centre Pompidou schuf. Donner entwarf zunächst eine winzige Skulptur, die der architektonischen Form dieses Zentrums, seiner Röhrenstruktur, nachempfunden war, und in diese Röhren flog er später mit der Computerkamera hinein und brachte all die Kunstwerke, die im Centre Pompidou anzutreffen sind, selbst zum Fliegen.

Doch diese optischen Tricks zeigten zugleich die Grenzen der modernen Computergraphik und Computeranimation auf: Der Zuschauer empfindet die technische Spielerei schnell als kalt. Heute arbeitet Donner wieder vermehrt mit von Hand hergestellten Entwürfen, Zeichnungen und Modellen, aber auch mit Schauspielern und Tänzern. Wie im Frühjahr 1992 in einer Ausstellung des Museums für Gestaltung in Zürich zu sehen war, scheut er bei neueren Programmeinleitungen selbst nicht vor Schwarzweissfilm zurück, der – wie in den Kindertagen des Kinos – koloriert oder durch Überkopieren anderer Aufnahmen verändert wird. Seinen jüngsten Einfall, in die Erdkugel, die Charlie Chaplin in seiner Satire auf den Führer, «The Great Dictator», auf den Händen balanciert, eine sinnliche Tropenschönheit zu montieren, mögen Cinéasten zwar nicht goutieren. Doch vom brasilianischen Fernsehpublikum wurde der Gag durchaus geschätzt. Schliesslich ging es bei diesem Vorspann für die Telenovela «O Dono do Mundo» um die Kennzeichnung eines zynischen Hausherrn, der sich in seiner Familie und in seinem Freundeskreis als «der Herr der Welt» aufspielt.

**Impressum**

Filmpodium der Stadt Zürich
**Klassiker des brasilianischen Films (1933–1986)**
Juni-Programm 1992
Studio 4, Nüschelerstrasse
Verantwortlich: Bernhard Uhlmann

Autoren:

**Peter Figlestahler** ist freier Zeitungs- und Radiojournalist in Zürich, spezialisiert auf brasilianische Música popular und Fernsehen.

**Martin Schaub** ist redaktioneller Mitarbeiter von DAS MAGAZIN (Tages-Anzeiger und Berner Zeitung) und freier Kulturjournalist.

**Peter K. Wehrli** ist Schriftsteller und Redaktor beim Fernsehen der deutschen und rätoromanischen Schweiz.

Redaktion und Übersetzungen:
Martin Schaub

## Photographie

Die Photographie als Medium der Selbstentdeckung erhält in einem Land wie Brasilien angesichts seiner Grösse und Vielfalt eine eigene Dimension und Intensität. Diese photographische Kenntnisnahme setzte in den fünfziger Jahren mit dem Beginn des modernen Photojournalismus ein. Brasilianische Photographinnen und Photographen zeigen mit ihren Bildern das Land in seiner Alltäglichkeit, frei von Exotik. Dank der engagierten und poetischen Kamera entsteht ein Brasilien der Brasilianer, nicht nur der Thematik, sondern auch der Sehweise nach.

Hugo Loetscher

# Das Brasilien der Brasilianer

Vierzig Jahre brasilianische Photographie – die Zahl ist runder, als was damit gemeint ist: die Photographie, wie sie mit Beginn des modernen Photojournalismus ins Blickfeld tritt.

Das heisst nicht, dass die Photographie nicht schon früher für Information eingesetzt worden wäre. 1897 begleitete Flávio de Barros das Expeditionscorps, welches die religiöse Gemeinschaft der Canudos im Innern des Bundesstaates Bahia zerstörte. Es dürfte eine der frühesten, wenn nicht die erste Reportage sein, die in Brasilien realisiert wurde. Fast hundert Jahre später sucht Antônio Olavo die Schauplätze wieder auf und stellt den Bildern von gestern die seinen von heute gegenüber.

Und falls man zeigen will, auf welch verschiedene Weise die Kamera im Lauf der Zeit den Indios erfasste, ist der Rückgriff auf historische Aufnahmen unerlässlich. Damit wird augenfällig, welchen Weg die Photographie zurücklegte von Marc Ferrez und A. Frisch, die im letzten Jahrhundert die Indios im Atelier und im Freien posieren liessen, bis zur Auseinandersetzung mit deren Lebensbedingungen, wie dies heute mit einzigartiger Konsequenz Cláudia Andujar tut. Es ist ein Weg über die ästhetische Darstellung und Faszination durch das Exotische hin zu den Indios, die, konfrontiert mit der modernen Technik, sich ihrer bedienten und die sich zu politisieren begannen.

Ansonsten stecken die letzten vierzig Jahre Auswahl und Gruppierung ab. Der Beginn des modernen Photojournalismus lässt sich mit der Neukonzeption der Zeitschrift «O Cruzeiro» festsetzen. Nadja Peregrino, Ausstellungsmacherin und Mediendozentin an der Universität Niterói, zeigt auf, welche Konsequenzen dies für die Bildsprache hatte. Für diesen Aufbruch stehen zwei Photographen und mit ihnen zwei Formen der Berichterstattung: die arrangierte Reportage eines Jean Manzon und das Direkt-an-die-Sache-Herangehen eines José Medeiros.

Dass der Bildjournalismus recht bald durch das Fernsehen eine Konkurrenz erlebte, diese Erfahrung teilt Brasilien mit der internationalen Entwicklung. Spezifischer schon sind die politischen Umstände: der Militärputsch von 1964 und die Radikalisierung von 1968 – und mit der Repression die Zensur.

Wie sich die damalige Arbeitssituation ausnahm, darüber hat Juca Martins berichtet. Er ist einer der stärksten Vertreter des engagierten Bildes. Nach der politischen Öffnung gründete er eine der Agenturen, wie sie in den achtziger Jahren entstanden, Selbsthilfeorganisationen, welche ein unabhängigeres Arbeiten erlauben sollten.

Die Probleme des modernen Photojournalismus beschränkten sich nicht nur auf Publikationsmöglichkeiten und die Präsentation von Photos in den gedruckten Medien. Es meldete sich ein neues Selbstbewusstsein: die Photographie als eigene Bild-Sprache, der Photograph nicht als Bildlieferant, sondern Autor.

Die Autorschaft erlangt zudem grundsätzlich Bedeutung, wenn Photographie sich nicht als Auseinandersetzung mit der Wirklichkeit versteht, sondern als deren Kreation – als Arrangement, Selbstinszenierung oder Hantieren mit Techniken. Angela Magalhães, die der Photoabteilung des Brasilianischen Instituts für Kunst und Kultur (IBAC) in Rio vorsteht, präsentiert eine Auswahl der jüngsten Experimente. Wie die Photographie selber zum Thema wird, lässt sich bei Antônio Saggese an seinen Bildern von der Vergänglichkeit des fixierten Momentes ablesen.

Es sollen verschiedene Möglichkeiten gezeigt werden, die Kamera einzusetzen. Die Kamera, die sich an literarischen Werken von João Cabral de Melo Neto, João Guimarães Rosa oder Jorge Amado inspiriert, wie dies bei Maureen Bisilliat der Fall ist. Und die Kamera, die sich unmittelbar engagiert. Im Falle eines João Roberto Ripper und seiner Gruppe beschränkt sich das Engagement, wenn es sich zum Beispiel um landlose Bauern handelt, nicht nur aufs Photographieren, sondern äussert sich als direkter Arbeitseinsatz.

Welche Bedeutung der Farbe zukommt, inwiefern der Entscheid für Farbe oder Schwarzweiss Konzeption verrät und die Aussagekraft bestimmt, solchen Gedanken geht Stefania Bril in ihrem Zwiegespräch mit einzelnen Bildern nach. Sie, die das Fuji-Haus der Photographie in São Paulo leitet, erweist sich einmal mehr als Kennerin der brasilianischen Photoszene. Ihre Bildkommentare werden zu Interpretationen brasilianischer Wirklichkeit.

Wie verschieden sich Sehweisen äussern, lässt sich etwa an Porträts aufzeigen. Neben den von Lily Sverner in realistischer Absicht komponierten Bildern aus einem

Evandro Teixeira (*1939): Favela da Maré, Rio de Janeiro 1978

*Photographie: Waffe der Liebe,*
*der Gerechtigkeit und des Wissens,*
*durch die sieben Teile der Welt*
*reist du, überrascht, bekundest*
*das stürmische Leben des Menschen*
*und die Hoffnung, die in der Asche keimt.*
Carlos Drummond de Andrade
aus: «Angesichts der Photos von Evandro Teixeira»

Altersheim die überhöhten Aufnahmen eines Mário Cravo Neto und daneben die spielerisch-ironischen Inszenierungen von Paaren, wie sie Jacqueline Joner ins Bild setzt.
Was an Sehweisen und Stilrichtungen, an Trends und auch Moden ausgemacht werden kann, unterscheidet sich kaum von dem, was anderswo ebenfalls anzutreffen ist. Die internationale Photoszene spiegelt sich auch in der brasilianischen wider, was überdies für die optischen Künste allgemein gilt. Mit seiner Offenheit demonstriert Brasilien einmal mehr eine Assimilationskraft, die eine selbständige Bildsprache nicht ausschliesst, eine Bildsprache, der eine intensive Körperlichkeit eigen ist.
Betroffenheit kann sich recht unterschiedlich ausdrükken. Verhalten und nicht minder stark, wenn Miguel Rio Branco die Kreatur photographiert, Schicksalhaftigkeit von Mensch und Tier darstellend. Oder in der aktuellen Berichterstattung, wenn man die Reportage über die Todesschwadrone von Carlos Humberto TDC vor Augen hat. Oder als kontinuierliche Auseinandersetzung mit der rücksichtslosen Zerstörung des Regenwaldes wie bei Marcos Santilli.
Dank der Photographie wird ein sozio-kulturelles Vokabular bildhaft: die Slumsiedlungen im Niemandsland der Hügel *(favela)* oder im Niemandsland des Wassers *(invasões)*. Die *bóias-frias*, die Kaltesser, wie die Taglöhner im Süden heissen, und die *retirantes*, die Landflüchtigen, die ihr Heil in der Stadt suchen. Die Opfer der Naturkatastrophen wie der Dürre, der *sêca*, und die der Gesellschaftskatastrophen, die *meninos de rua*, Strassenkinder, ohne Heim, der Brutalität ausgeliefert und der Kriminalität überlassen. Aber auch eine marginale Figur wie der Transvestit, *o travestí*.
Bei der Begegnung mit solchen Bildern mag einem manches bekannt vorkommen. Sorgen und Nöte, die ein Beharrungsvermögen aufweisen, da sich die Verhältnisse nicht oder nur schwerlich ändern. Ungeachtet dessen, treffen bei einem Überblick von vierzig Jahren Generationen aufeinander. Der junge Rogério Reis, der den traditionellen Themen Karneval und Fussball eine neue Optik abgewinnt. Und der über achtzigjährige Marcel Gautherot, der in den fünfziger Jahren systematisch im ganzen Land die Volksfeste aufnahm. Einer der naturalisierten Brasilianer, die das kulturelle Leben, in diesem Fall die Photographie, mitprägten. Zu ihnen zählt auch Pierre Verger, der wie kein anderer Bahia photographierte.
Eine Schwierigkeit ergab sich aus der Grösse des Landes. Wegen der Arbeitsmöglichkeiten konzentrieren sich die Photographen auf die Metropolen Rio und São Paulo, Städte, die am ehesten auch Ausbildungsmöglichkeiten und Ausstellungsgelegenheiten garantieren. Der Überblick aber soll umfassender sein. Daher ist gleich Luiz Braga zu nennen, der zum Photographen von Belém wurde, der Stadt im Mündungsgebiet des Amazonas. Oder João Urban, der im Süden arbeitet, in Porto Alegre. Oder Orlando Brito, der als Pressephotograph in Brasilia, der Hauptstadt, tätig ist.
Brasilien sollte, mindestens der Assoziation und dem Hinweis nach, zu einem so vielfältigen Gesicht wie möglich kommen. Die unberührte, geschändete, genutzte und gestaltete Landschaft. Das Wasser mit seiner Poesie wie das Kraftwerk. Das Brasilien der Macht und das der Landarbeiter. Das Hinterland mit seiner trägen Entwicklung und die Metropolen mit ihrer Infrastruktur. Momente der Aktualität und was über den Augenblick hinausweist.
So sehr thematische Kapitel gliedern, es geht um Photographie, und daher sollen auch Photographen als Autoren in ihrer Bedeutung vorgestellt werden. Photographen, die recht früh den Massstab prägten, wie Flávio Damm und Walter Firmo. Photographen, ohne die heute die Bildinformation kaum zu denken ist, wie Evandro Teixeira und Naïr Benedicto.
Eine Einschränkung allerdings war gegeben. Es werden nur Bilder mit brasilianischen Themen gezeigt. Dies galt auch für Sebastião Salgado. Es dürfte kein Zufall sein, dass einer der renommiertesten Photographen der dritten Welt aus Brasilien stammt.
Soweit möglich, wurde die Bildauswahl zusammen mit den Photographinnen und Photographen getroffen. Sie sollten die Möglichkeit haben zu zeigen, was sie in ihrem Land trifft und betrifft. Kraft ihrer Bilder ersteht ein Brasilien der Brasilianer – brasilianisch dem Thema wie der Sehweise nach.

Walter Firmo (*1937): Karneval, Avenida Rio Branco, Rio de Janeiro 1960

Evandro Teixeira: Die Clóvis, Rio de Janeiro 1980

*Die Photographie macht mich überall in der Welt heimisch,*
*aber es ist in Brasilien und in Lateinamerika,*
*wo ich den Stoff finde, der mich persönlich betrifft.*
*Manchmal fühle ich mich klein in diesem grossen Brasilien,*
*manchmal wiederum gross in diesem kleinen Land.*
*Jeden Tag entdecke ich aufs neue, dass die Schönheit*
*in unseren eigenen Augen liegt und nicht in den Dingen.*
*Es ist ein Privileg, Photographin zu sein.*

Naïr Benedicto
aus: «As Melhores Fotos»

Naïr Benedicto (*1940): Karneval, Rio de Janeiro 1985

Walter Firmo: Die Sambaschule Padre Miguel unterwegs zum Sambodromo, Karnevalssonntag, Rio de Janeiro 1985

Rogério Reis (*1954): Masken beim Photographen, Rio de Janeiro 1990

Rogério Reis: Papstbesuch, Rio de Janeiro 1980

Antônio Teixeira (1935–1979):Verhaftete Studenten im ehemaligen Stadion Botafogo, Rio de Janeiro 1968

Rogério Reis: Flamengo gegen Botafogo, Rio de Janeiro 1982

Walter Firmo: Nach der Niederlage der brasilianischen Fussballmannschaft bei der Weltmeisterschaft 1974 in Rio de Janeiro

A. Frisch: Caixana-Indios am mittleren Amazonas, um 1865

Marc Ferrez: Indiojunge mit Jaguarfell, um 1876

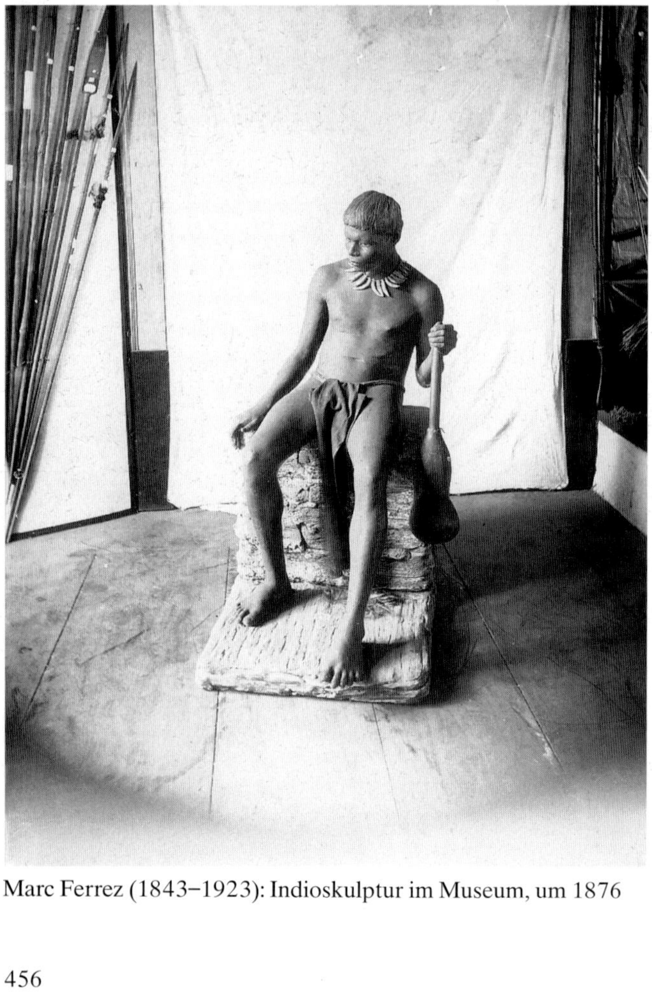

Marc Ferrez (1843–1923): Indioskulptur im Museum, um 1876

Anonym: Amazonas-Indios, um 1876

José Medeiros (1921–1990): Expedition Roncador-Xingu, 1949

Claúdia Andujar (*1931): Yanomami-Siedlung, 1990

Claúdia Andujar: Yanomami-Indios, 1976

*Mit meinen Photographien versuchte ich zu zeigen, wie ich über die Yanomamis als Volk und Gesellschaft dachte und fühlte. Zweifellos ist mein photographisches Werk persönlich geprägt. Man kann die Yanomamis auf verschiedene Weise sehen. Jeder, der sie studiert hat und sie kennt, hat eine andere Meinung. Ich bin der Ansicht, dass sie über eine enorme Geisteskultur verfügen. Je besser ich die Yanomamis kannte, desto mehr öffnete sich mein Interesse. Ich begann, mich mit ihrer Mythologie zu beschäftigen, mit ihren Glaubensvorstellungen, der Rolle des Schamanismus. Ich dachte, ich müsste diese Indios erst einmal verstehen, um sie photographieren zu können. 1971 begann ich bei den Yanomamis zu photographieren. 1974 dekretierte die Regierung den Bau der Perimetral Norte, die durch Yanomami-Territorium führte. Ich wurde Zeuge, was der Bau dieser Strasse bewirkte; das Erlebte hinterliess einen bleibenden Eindruck. Es war dies das erste Mal, dass das Stammesgebiet der Yanomami auf gravierende Weise verletzt wurde. Sie waren darauf gar nicht vorbereitet, viele starben. Ich hörte auf zu photographieren, da sie starben und es nicht genug Leute gab, die sich um diese Indios kümmerten. Meine Beziehung zu den Yanomamis erreichte einen Wendepunkt. Ich verbrachte lange Zeit in einer Station der Catrimani-Missionare, um bei der Krankenpflege mitzuhelfen. Die Yanomamis fielen der Invasion ihres Territoriums zum Opfer. Ich spürte, dass ich mehr tun musste, als sie zu photographieren. Sie benötigten sofortige Hilfe.*

Claúdia Andujar

Maureen Bisilliat (*1931): Mekranoti-Indio, 1970

Maureen Bisilliat: Monaím, Sohn eines Mehinaku-Häuptlings, 1970

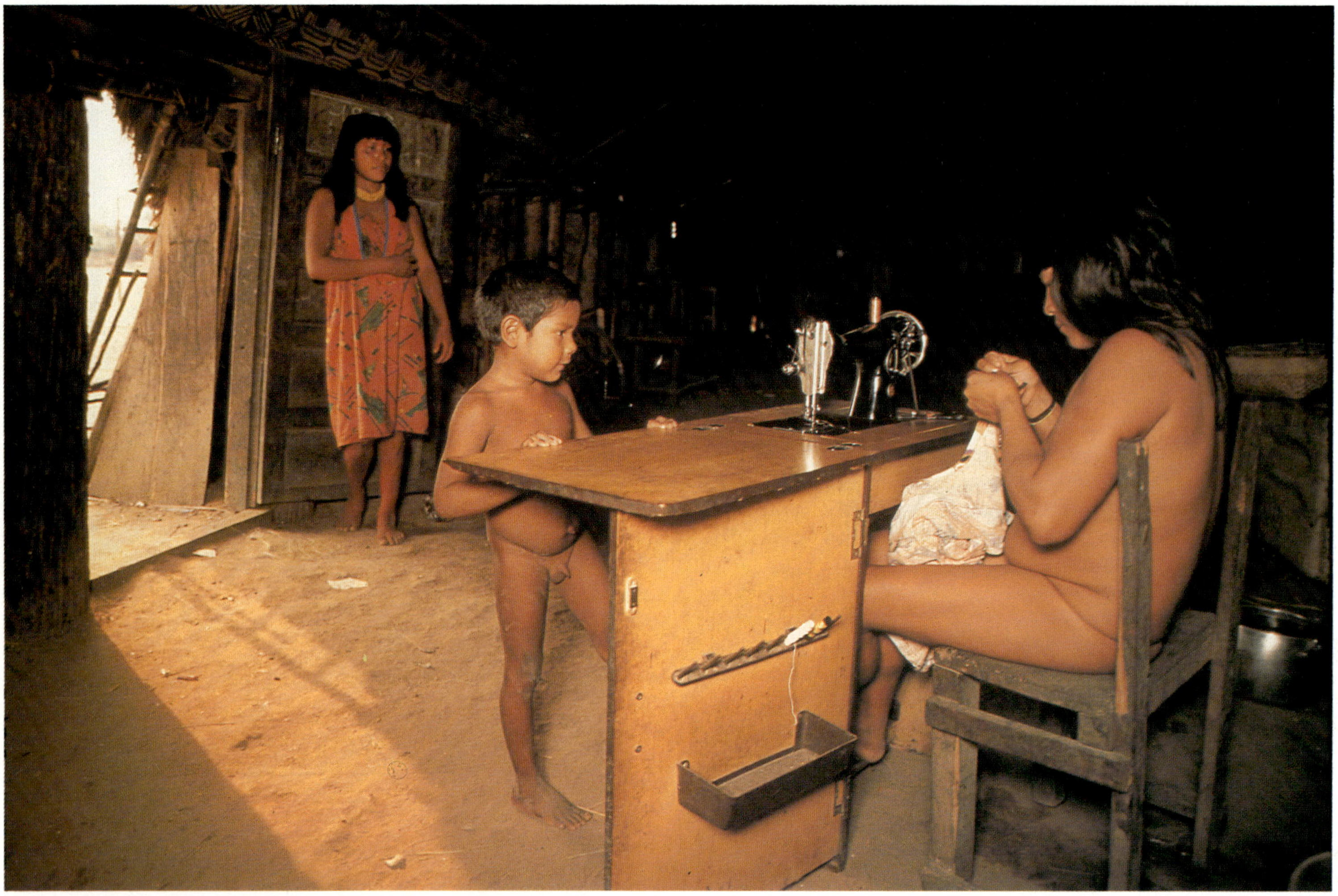

Ricardo Beliel (*1953): Yualapiti-Frauen, Reservat Alto Xingu

Claus Meyer (*1944): Altamira/Pará 1989: 600 Amazonas-Indios von 20 Stämmen protestieren gegen den Bau eines Staudammes, der 7000 Quadratkilometer überschwemmen und 50 000 Arbeiter in die Region bringen würde.

1897 begleitete der Photograph Flávio de Barros das Expeditionskorps, welches der religiösen Gemeinschaft der Canudos im Innern des Bundesstaats Bahia ein Ende setzte. In diesem fünften Feldzug gegen die Canudos fielen 25 000 Gläubige und 5000 Soldaten. Barros' Bildbericht dürfte eine der frühesten, wenn nicht die erste Reportage sein, die in Brasilien realisiert wurde. Hundert Jahre später suchte Antônio Olavo die Schauplätze wieder auf und stellte in seinen «Memórias Fotográficas. Canudos» (1989) den historischen Bildern seine eigenen gegenüber.

Flávio de Barros:
Gefangene Frauen,
Kinder und alte Leute

Antônio Olavo:
Augenzeugin
des Vernichtungsfeldzuges, 1988

Nadja Peregrino

# Der Photojournalismus – Beginn und Tendenzen

Es war ohne Zweifel die Zeitschrift «O Cruzeiro», die der Photographie zu ihrer besonderen Bedeutung als visuelle Sprache verhalf. Zwar erschien sie bereits 1928, mitten in der Aufbruchstimmung des «movimento modernista», doch erst zwei Jahrzehnte später befreite sie sich von der alten Verlegernorm, wonach das Wort die Hauptinformationsquelle zu sein hatte.

Damals benutzten alle Publikationen die Photographie als blosses Mittel zur Illustration. Anstatt die Photographie als eingestreute, episodische Zutat zu verwenden, brauchte «O Cruzeiro» sie als Hauptelement im Aufbau des Textes. Die Wahl der Photographie als Rohstoff für die illustrierten Reportagen zeitigte einen doppelten Aufschwung: zum einen wertete er den verpönten Beruf des Reporters auf, zum andern ermöglichte er eine visuelle und ästhetische Neubesinnung.

Die Photographie wurde zu einer Art Aushängeschild der Nation, nur schon weil das Brasilien der fünfziger Jahre, mit seinem ausgedehnten Gebiet und seiner vielfältigen Wirklichkeit, ein noch unbekannter Riese war. Um diesem Brasilien neu zu begegnen, es zu erfassen oder um von ihm eine Vorstellung zu gewinnen, musste man ihm zu einem Gesicht verhelfen.

So entwarf «O Cruzeiro» ein Bild der brasilianischen Seele, indem Photographie und Thema verschmolzen wurden. Aus dieser Zeit stammen die ersten photographischen Essays der Reporter Jean Manzon und José Medeiros über die brasilianischen Indianer; sie kommen einem Versuch gleich, sich von der Vergangenheit loszukaufen – mit allen Herausforderungen, die dem Aufgreifen ungewohnter Themen innewohnen.

Bei diesem Abenteuer gab es aber deutliche Unterschiede. Manzon war ein Meister im bewussten Einsetzen der photographischen Sprache. Seine Bilder lassen unleugbar einen Eingriff des Photographen nachweisen; er inszenierte die Reportagen, um die gewünschte Wirkung zu erzielen. Medeiros hingegen trat für eine spontanere Photographie ein und folgte einem moderneren Trend, dem sich auch Photographen wie Flávio Damm, Luciano Carneiro und Luís Carlos Barreto verpflichtet fühlten.

Das Werk von José Medeiros, in Schwarz-Weiss, demonstriert das Interesse für das brasilianische Alltagsleben, ob er Indianer, Schwarze oder Persönlichkeiten der Politik und der Gesellschaft photographiert. Seine umfassende Dokumentation über afrikanische Riten in Bahia ergab 1957 den Bildband «Candomblé». Als Pionier der Reportage schuf José Medeiros einen Stil, der verschiedene zeitgenössische Photojournalisten beeinflusste, unter ihnen auch Walter Firmo.

Im Kielwasser dieser Entwicklung stand auch die Zeitschrift «Realidade», die von 1966 bis 1975 herauskam. «Realidade» stützte sich nicht zuletzt auf eine Gruppe von ausländischen aber in Brasilien ansässigen Photographen – unter anderen Cláudia Andujar, Maureen Bissiliat, George Love, Roger Bester und David Zingg. Die aufwendig gemachte Zeitschrift orientierte sich an nordamerikanischen und europäischen Vorbildern. Die Bereitschaft, den Photographen in die verschiedenen Produktionsetappen der Veröffentlichung miteinzubeziehen, festigte seine Position als Autor.

In diesem Zusammenhang muss auch noch die Zeitschrift «Manchete» erwähnt werden, die seit 1952 erscheint und heute die einzige Illustrierte ist, die in Brasilien herausgegeben wird. Manchete war und ist für eine ganze Generation von Photojournalisten eine eigentliche Schule. Aus ihr gingen bedeutende Photographen hervor wie etwa Claus Meyer, Antônio Ribeiro, Sérgio Zalis und Carlos Humberto TDC.

Der brasilianische Photojournalismus ist vor diesem geschichtlichen Hintergrund zu verstehen und hat dabei eine eigene Optik entwickelt. Die Mannigfaltigkeit von Stilen und Tendenzen erklärt das Vorhaben, Aspekte unserer Mischgesellschaft auf die Ebene der Photographie zu übertragen – unsere Begabung, Dinge zu vereinen und zu vermischen, oder auch, die verschiedenen Elemente unserer Brasilianität in Bildern zusammenzufassen.

Die Verbreitung des Fernsehens in den fünfziger Jahren trug dazu bei, dass die illustrierten Zeitschriften eingingen; vor allem geschah eine Aufwertung der verbalen Information bei den Wochenzeitschriften, zum Nachteil der visuellen Information. Als Folge davon verschwanden nach und nach die photographischen Essays. Das Ende der illustrierten Reportagen löste eine Krise im brasilianischen Photojournalismus aus.

Zur wirtschaftlichen Krise kam die politische. Das Militärregime von 1964 bis 1984 schloss Zeitungen und Zeitschriften, führte die Vorzensur ein, verfolgte systematisch Pressephotographen.

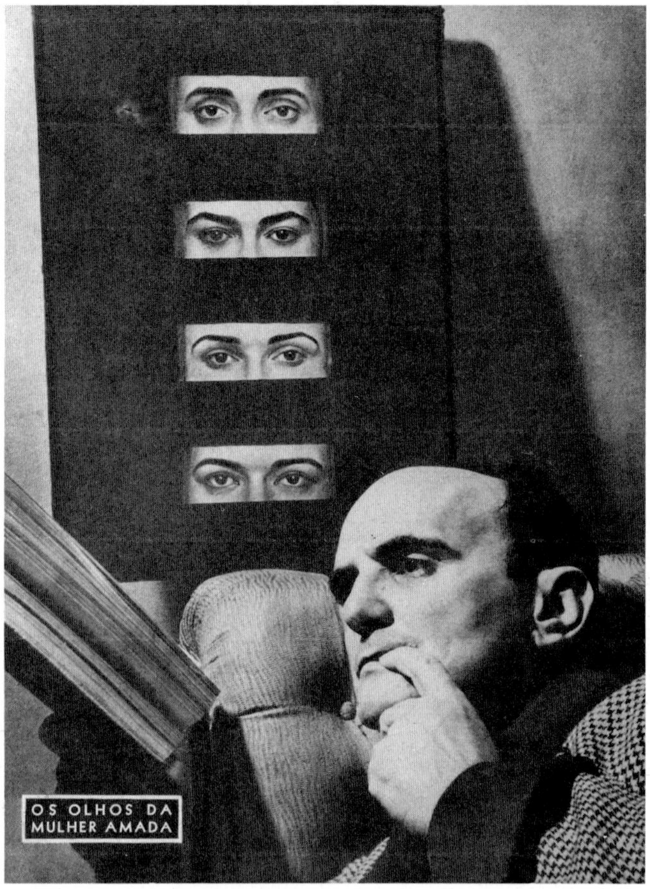

NA BANHEIRA, cuidando das urticárias, o Deputado Barreto Pinto atende às ligações. Ora é um correligionário político, ora é uma bailarina que anda mal de vida, ora é um candidato a emprêgo. Barreto Pinto é um prodígio que se multiplica em dez, conforme a situação e conforme a sua conveniência no momento.

BARRETO PINTO SEM MÁSCARA

Fotos de JEAN MANZON ★ Texto de DAVID NASSER

Aqui está Barreto Pinto mais uma vez. Pela primeira vez, entretanto, nas páginas desta revista êsse deputado que não representa o Parlamento. Devagar, leitor. Atente bem para o seguinte: não lerá uma catilinária, um dardejar de ódio contra o deputado barulhento e cínico. Nada disso. Barreto Pinto, se é um indivíduo normal, gosta excessivamente de publicidade e êle a terá de sobra. Não é um homem mau. "—Em seu coração não há ódio" — diz, a certa altura, o texto que se segue. Bom ou ruim, é um agente do inimigo, um soldado da desmoralização, um poderoso corrosivo que a Ditadura mantém até hoje no Parlamento, para cercear-lhe os passos. Louco ou não, Barreto Pinto tem feito até agora o que quer. Isto é, tinha feito. Sua vida se divide, hoje, em duas fases: antes da bofetada e depois da bofetada. Alegremente, contudo, êle não liga ao tabefe e diz até que estava bom. Apresentar-lhe-emos, portanto, êsse deputado que mesmo nesta história, tentou comprar ingênuamente a consciência profissional dos repórteres com 10 charutos havanos e 5 garrafas de vinho "Chateau de Biac". Eis, finalmente, Barreto Pinto sem máscara. O tribunal é o povo. "— Quanto a mim — diz Barreto Pinto — não pretendo fechar o Parlamento para não deixar Getúlio desempregado".

O PERFUMADO "boudoir" de Barreto Pinto, na Avenida Atlântica n.º 200, começa, de fato, na antiga sala-de-visitas dessa casa de pensão. Há um cheiro de jasmim dançando no ar.

— Qual foi a atriz que saiu daqui?

Barreto apara o choque. Êle próprio é um artista de fabulosos recursos ou um doente mental.

— Você é adivinho? Ou alguém lhe disse?

— Sôbre o artista? O cheiro...

— Ah, bem. Foi a Mary.

— Subiu muito, Barreto. Antes era corista...

— Eu subi? A história é outra.

E contou que a emprêsa teatral da "estrêla" anda vai-não-vai e precisa de lastro.

Agita os braços na mímica infantil dos monos.

— "L'argent", o vil metal que move o mundo.

Faz um gesto doce, um gesto que pretende ser lascivo:

— O metal que domina o amor.

Só depois dessa conversa na ante-sala, só depois de tudo isto, é que êle se lembra que mal pisamos seus domínios sagrados.

— Entrai, senhores. Infelizmente, não sabia de vossa vinda hoje. Ou teria convocado uma dúzia de lindas mulheres.

Volta-se para um de nós:

— Pelo jeitão, prefere as louras.

Volta-se para o outro:

— Gosta de morenas, não?

Não espera resposta. Exibe agora o "hall". Um monstruoso amontoado de quadros de pintores medíocres.

— Que tal? — quer saber Barreto.

BARRETO PINTO,
O AMIGO DE GETÚLIO

29 de Junho de 1946 — 9 — O CRUZEIRO

Jean Manzon (1915–1990): Die Reportage «Barrero Pinto ohne Maske» («O Cruzeiro», 29. Juni 1946) löste einen politischen Skandal aus.

Die politische Öffnung erlaubte die Gründung unabhängiger Photo-Agenturen. Diese kämpften zunächst einmal für die Autorenrechte; sie strebten ein photographisches Schaffen an, das kritischer war und vermehrt die grossen sozialen Fragen anging. In einem Land mit so schwerwiegenden Problemen dürfte der Photojournalismus nicht darum herumkommen, eine Schlüsselrolle zu spielen, wenn es darum geht, Gewalt und menschenunwürdige Lebensbedingungen anzuprangern. Die unabhängigen Photographen leisteten eine gründliche, vielfältige und nüancierte Reportagen-Arbeit, und dies als eigentliche Autoren ihres Werkes.

In den 20 Jahren seines Photographenlebens richtete Juca Martins seinen Blick immer auf soziale Zusammenhänge, insbesondere auf Umweltschutz-Bewegungen. Als Gründer der «Agência F4» – 1979 zusammen mit Naïr Benedicto, Ricardo Malta und Delfim Martins – brachte Juca in seine Arbeit das politische Engagement ein, das ihm immer eigen war, indem er die «Strasse», sein Lieblings-Sujet, photographierte.
Die Sprache von Naïr Benedicto pendelt zwischen Schwarzweiss- und Farbphotos; ihre Arbeit sticht vor allem durch die Dokumentation grosser nationaler Themen hervor. Als Frau befasst sie sich mit der Darstel-

lung von Vorurteilen und Gewalt gegen die Frau. Als Photographin verbindet sie mit der Photographie der Anklage eine spielerische und farbenfrohe Sicht unserer Kultur.

Seit jeher benutzte João Roberto Ripper den Photojournalismus mit seinem kritischen und anklagenden Inhalt als Waffe, um die grossen sozialen Ungerechtigkeiten aufzuzeigen. In seinen Bildern versucht er, die Kraft, die Schönheit und die Würde des Arbeiters auf dem Land und in der Stadt festzuhalten. Nicht selten engagiert er sich in den Bewegungen, die er porträtiert. Im Amazonasgebiet berichtete er über das Leben der *seringueiros* (Gummizapfer) und im Süden von Pará über die Gewalttätigkeit gegen Taglöhner. Die Arbeit über die *Trabalhadores-Sem-Terra* (Arbeiter ohne Land) wurde 1991 mit einem internationalen Preis bedacht. Ripper ist ausserdem der Gründer des «Centro de Documentação e Imagens do Trabalhador» in Rio (Zentralstelle für Dokumentation und Bilder des Arbeiters). 1991 erhielt er den Amnesty-International-Preis.
Die *Baixada Fluminense* (Hinterland des Staates Rio de Janeiro), weltweit bekannt als eine der gewalttätigsten Gegenden der Erde, war und bleibt Gegenstand einer konstanten Berichterstattung. Abseits jeder Sensation stellt Carlos Humberto TDC seine Anklage in einen soziologischen Kontext. Er, der seit Jahren die Probleme der Baixada Fluminense photographiert, erhielt 1987 für seine Arbeit *Esquadrão da Morte* (Todesschwadron) den World-Press-Foto-Preis.
Auch Cyntia Brito beschäftigt sich mit aktuellen sozialen Fragen. Unter ihren Arbeiten beeindrucken vor allem die über Aids und über Strassenkinder *(Menores Abandonados).* Letztere waren Gegenstand einer grossangelegten Untersuchung; darin gelingt es der Autorin, Ästhetik und Anklage zu vereinen.

Die Sorge um die Erhaltung der Indianerkultur bestimmte die Arbeit verschiedener Photographen. Seit über 15 Jahren zeichnet Cláudia Andujar das Leben und die Kultur der Yanomami-Indianer auf, in deren Lebensraum der weisse Mann immer wieder eindringt. Die von den Invasoren eingeschleppten Krankheiten dezimieren, zusammen mit der Zerstörung des Urwalds und der Verschmutzung der Flüsse, auch diesen Indianerstamm. Die Fotos von Cláudia Andujar trugen entscheidend dazu bei, dass endlich nach Lösungen für diese akute soziale Frage gesucht wurde.
Einen ähnlichen Grad der Betroffenheit beweist auch Marcos Santilli, wenn er über die Rodungen im Amazonasgebiet berichtet, mit all den damit zusammenhängenden Verflechtungen der kulturellen Konfrontation

José Medeiros: Hospiz, Rio Grande do Norte 1949

zwischen Weissen und Indianern. Zu den Bildern, die er für die Ausstellung *Nharamnaa* (indianisch für «Aneignung von Ländereien») zusammenstellte, schreibt er: «Wir bewohnten ein einfaches Haus und hatten als Nachbarn Huren, Beamte, Grossgrundbesitzer, Krämer, Siedler, Flüchtlinge, Indianer, Seringueiros, Landbesetzer und Banditen – ein Thema, das als Film auf überwältigende Weise in den Kinos und im Fernsehen ausgeschlachtet wird. Nur eben, hier war es Wirklichkeit.»
Auch Milton Guran, Gründer der «Ágil Fotojornalismo», beschäftigt sich auf dem Gebiet der visuellen Anthropologie: er entwickelt Projekte, in welchen die Photographie in der ethnologischen Forschung gezielt als Werkzeug eingesetzt wird. Guran sieht den Indianer nicht mehr bloss vom Ästhetischen, vom Ungewohnten und Exotischen her. Der Beharrlichkeit seiner Arbeit, seinem Respekt verdanken wir die dichtesten Bilder.
Maureen Bissiliat war in ihren Buch «Xingu, Território Tribal» vor allem vom Ästhetischen fasziniert. In anderen Projekten aber beweist sie eine direktere Annäherung an die Traditionen des brasilianischen Volkes. In der Arbeit für die 18. Internationale Biennale von São Paulo, «O Turista Aprendiz» (Der Touristen-Lehrling), folgte die Photographin der Route, die der Schriftsteller Mário de Andrade 1927 auf seiner Amazonasreise ein-

José Medeiros: Markt in Santana/Bahia 1949

geschlagen hatte; sie brachte vor allem die Beziehung zwischen dem Primitiven und dem Zeitgenössischen zum Ausdruck.

Den Weg eines eher konzeptuellen Photojournalismus beschreitet Ed Viggiani, wie dies in seiner ersten Einzelausstellung «Matando o Tempo a Golpe de Luz» (Die Zeit mit Licht totschlagen), zum Ausdruck kam, einer Retrospektive seiner 1980 bis 1990 entstandenen Arbeiten. Altbekannte Orte aus einem ungewohnten Blickwinkel verstärken die Vieldeutigkeit seiner Fotos. Am meisten interessiert ihn das Zeitlose und das Exklusive. Mit der Arbeit über religiöse Kundgebungen gewann Viggiani 1991 den Preis der Mother Jones Foundation von San Francisco/CA.

Rogério Reis, seinerseits, zeigt ein so banales Sujet wie den Fussball aus einer von den üblichen Klischees losgelösten Sicht. Auf der Zuschauertribüne versucht er, etwas sichtbar zu machen, das bis anhin noch nie wahrgenommen wurde, indem er bewusst macht, dass die Auswertung von Farbe und Fussball-Symbolen oft mehr hergibt als das eigentliche Spiel auf dem Feld.

Im Vergleich mit dem traditionellen Photojournalismus verläuft die Arbeit von Miguel Rio Branco im umgekehrten Sinn. Der angeblichen Absicht, das Wirkliche wiederzugeben, stellt Miguel die Vorstellung einer eher interpretierenden Photographie entgegen: er setzt eine Vielfalt von Lesearten und Metaphern voraus, die über den Gehalt einer bloss tatsachenbezogenen Sprache hinausgehen. Auch wenn er sich in verschiedenen künstlerischen Gebieten – Photographie, Malerei und Film – versucht hat, so ist er doch vor allem durch seine photographischen Arbeiten bekannt geworden, und er ist einer der seltenen Photographen Brasiliens, dessen Arbeiten regelmässig in Europa ausgestellt werden.

Miguels Themen drehen sich um Aspekte des harten und elenden Lebens des brasilianischen Volks, die er in lebendigen Farben darstellt, ohne auf die Missstände direkt hinzuweisen. Er ist sich des subjektiven Charakters der Photographie bewusst; so vereinigt er Kontraste, indem er das Beinahe-Abstrakte einem krassen Realismus gegenüberstellt.

Die Photographie von Walter Firmo ist auf die *Brasilianität* ausgerichtet. Als Vertreter einer Generation von Photographen, die dem Photojournalismus bei Tageszeitungen und illustrierten Zeitschriften verbunden sind, bewegt sich Firmo mit Talent und Originalität durch die Welt des Samba, der Gauner, der Schwarzen, der berühmten Musiker, der «Prozessiontreiber». Im Farbentaumel kennt er keine Pastelltöne.

Sebastião Salgado ist der im Ausland am besten bekannte brasilianische Photograph. Er arbeitet bei der Photo-Agentur Magnum und hat über zwanzig bedeutende Preise für Photojournalismus erhalten. Photos wie die über Lateinamerika und den Hunger in der Sahelzone beweisen ein zutiefst menschliches Engagement. Seine jüngste Arbeit, die ihn während Jahren beschäftigte, gilt der *Condition humaine* des Arbeiters auf der ganzen Welt. Mit solchen Bildern gelingt es ihm zu zeigen, wie die menschliche Kraft nach und nach durch die Maschine ersetzt wird und der Mensch der technischen Zivilisation ausgesetzt ist: «Ich komme aus der Dritten Welt; für mich wäre es unmoralisch, mich nur um die Ästhetik zu kümmern. Meine Photographie hat zum Zweck, den Menschen zu adeln, ihm Würde zu verleihen, andernfalls lohnt es sich nicht, Photos zu machen.»

Die zeitlose Atmosphäre seiner Gegenlicht-Aufnahmen sind von einer starken Mystik und einer zusätzlichen Dosis Dramatik geprägt. Salgado bedient sich zumeist der Schwarzweiss-Photographie, und es scheint seine Absicht zu sein, einen Augenblick der Geschichte eines Volkes oder einer Region in Bildern zu offenbaren.

Aus allem, was hier gesagt wurde, geht hervor, dass der brasilianische Photojournalismus einen Reifeprozess durchmacht. Mit schöpferischer Absicht wagt er sich an neue Sehensmuster und begnügt sich nicht mehr länger mit Schnappschüssen aus dem Alltag: im umfassenden Essay versucht er, dem Leben nachzuspüren.

José Medeiros: Luci Carvalho, Itaparica/Bahia 1957

Flávio Damm (*1928): Defilee am Unabhängigkeitstag (7. September), Rio de Janeiro 1951

Maureen Bisilliat:
Sertanejo (Bewohner des Hinterlandes), um 1965. Zu Texten von João Guimarães Rosa

Maureen Bisilliat:
Carangueijeira (Krabben suchende Frau), 1978. Zu Texten von João Cabral de Melo Neto

Das Zentrum für Dokumentation und Bild des Arbeiters in Rio de Janeiro, gegründet 1990, entstand aus der Photographenagentur Imagens da Terra. Ihr Initiant ist João Roberto Ripper (*1953). Seine Reportage «Landlose Bauern» («Sem terra»), Besetzer nicht genutzten Bodens, wurde von Amnesty International ausgezeichnet. Die Aufnahme zeigt eine Frau, deren Behausung von den Ordnungskräften niedergebrannt wurde.

Die Baixada Fluminense, ein Vorortsgebiet Rio de Janeiros, gehört zu den Regionen mit der weltweit höchsten Kriminalität. Carlos Humberto TDC (*1955) erhielt 1988 für seinen Bericht über brasilianische Todesschwadronen den 1. Preis der World Press Photo Foundation.

*Seca*
Dürrekatastrophe, die zyklisch den Nordosten heimsucht, ein traditionelles Notstandsgebiet.
Naïr Benedicto:
Im Staat Ceará, 1983

*Retirantes*
Eigentlich die, «die sich zurückziehen». Landflüchtige, die ihr Heil in der Stadt suchen.
Juca Martins (*1949):
Opfer der Dürrekatastrophe, Ceará 1983

*Pau-de-arara*
«Papageienstange». Das übliche Transportmittel der Landflüchtigen sind Lastwagen mit Längsbänken, auf denen die Passagiere wie Papageien sitzen.
Evandro Teixeira:
In Bom Jesus da Lapa/Bahia 1975

*Bóias-Frias*
«Kaltesser», die Bezeichnung für die Taglöhner im Süden des Landes
João Urban (*1943):
Landarbeiter, Ipançú/Paraná 1981

*Favela*
Slumsiedlung, gewöhnlich auf dem «Niemandsland» von Hügeln errichtet.
Evandro Teixeira:
Favela Dona Marta, Rio de Janeiro 1988

*Invasão*
Slumsiedlung im Schwemmland von Flüssen oder als Pfahlbauten am Meer.
Marco Aurelio Martins (*1955):
Favela Novos Alagados, Salvador da Bahia 1991

*Menino de rua*
«Strassenkind», auch
«menor abandonado» genannt,
das ohne Eltern und Heim
in den Strassen aufwächst.
Cynthia Brito (* 1952):
Strassenkinder, São Paulo 1988

*O Travesti*
Juca Martins:
Festnahme eines Transvestiten,
São Paulo 1980

Juca Martins

# Kein Photo ist ein Menschenleben wert

Die Zeit, zu der meine Generation in den Arbeitsmarkt einstieg, war für die Ausübung dieses Berufs äusserst düster. Wir alle verbrachten mehrere Jahre mit der Suche nach grossen Themen, die nie auftauchten. Wir knipsten, was man im Journalistenjargon *bonecos* (Männchen) nennt, d.h. Portraits von Persönlichkeiten (Politikern, Künstlern, Intellektuellen), die wie die Photographien auf einem Ausweis, 3 × 4 cm, publiziert wurden. Gewiss, es gab auch gute Themen, doch sie waren selten.

All diese Jahre lebte ich immer als *free-lancer.* Meine ersten Photos erschienen 1969 in Tageszeitungen. Ab 1970 begann ich, für verschiedene Zeitschriften der Editora Abril zu photographieren, später für die Zeitschrift «Visão». 1976, als ich es satt hatte, mich auf blosse photographische Tätigkeit eingeschränkt zu sehen, arbeitete ich ein Jahr lang als Redaktor für Kunst und Photographie bei der alternativen Wochenzeitschrift «Movimento». Meine Erfahrungen mit der Zensur waren konstant und hautnah: jede Woche schickten wir die Zeitung den Zensoren zur Begutachtung nach Brasilia und warteten voller Spannung darauf, was publiziert werden durfte und was man uns gestrichen hatte.

Ich hielt es nicht länger als ein Jahr ohne meinen Photoapparat aus; schon bald kehrte ich zur Szene zurück, mit

Juca Martins: Schlafstelle unter dem Viadukt, São Paulo 1982

gezückter Kamera und grosser Lust zum Photographieren. In allen Gesellschaftsschichten fing man damals an, das Ende der Diktatur herbeizuwünschen. Die Regierung sprach von einer langsamen und schrittweisen Öffnung. 1977 gingen die ersten Studenten auf die Strasse, um mit ihren Demonstrationen diesen Prozess zu beschleunigen. Zu jener Zeit begann ich, für die Zeitschrift «Isto É» zu arbeiten. Sie führte ein neues Konzept ein, das dem Photographen ein Mitspracherecht beim Umbruch gewährte und, was für Brasilien ganz neu war, den Autoren die Negative als Eigentum überliess.

Der Auftakt zum Ende des Militärregimes lieferte den Photographen Bilder im Überfluss. Eine Gesellschaft, die auf die Strasse ging und Partei ergriff. Verschiedene politische Strömungen, die sich zu einer gemeinsamen Front zusammenschlossen. Neue Politiker, die ins Rampenlicht traten. Hoffnungen, die im Herzen der Brasilianer erwachten. Wir kämpften für die Rückkehr unserer Landsleute aus dem Exil. Wir protestierten gegen die steigenden Lebenskosten und die leeren Kochtöpfe. Die Zensur war am Ende, und auf einmal wurde ein Bild Brasiliens sichtbar, an dem man wenig Gefallen finden konnte.

Das Ende des Jahrzehnts wurde eine heisse Zeit für das Land. Die Presse öffnete sich, und es tauchte eine Anzahl neuer alternativer Zeitungen auf. Jeder Photograph fand, wenn er nur wollte, einen Ort, wo er publizieren konnte. Und die Photographen nahmen Stellung zu den neuen Realitäten. Sie gingen auf die Suche nach Bildern und halfen mit, dem Land ein Abbild seiner selbst vorzuzeigen.

Diese für die Produktion fruchtbare Situation ermöglichte selbständige Arbeiten, und die Photographen bauten eigene Agenturen auf. Zusammen mit Berufskollegen gründeten wir anfangs 79 die «Agência F4», die den Traum eines jeden Photographen verwirklichte: an einem selbstgewählten Stoff zu arbeiten, über das eigene Original verfügen zu dürfen und aufgrund der Autorenrechte bezahlt zu werden. Frei vom Termin-

Juca Martins: Psychiatrische Klinik für Kinder, São Paulo 1978

druck der Redaktion machten wir uns ans Photographieren. Es waren Jahre harter und intensiver Arbeit. Wir scheuten kein Risiko, schafften uns Feinde, steckten Schläge von der Polizei ein, und dann und wann wurde uns ein Film konfisziert. Je mehr Tränengas wir abkriegten, desto grösser war unsere Arbeitswut. Die lebendige Geschichte besorgte unsere Motivation.

Im Brennpunkt des Zeitgeschehens lernte ich, Photoreporter zu werden. Wo man am vorteilhaftesten Position bezieht, wie man wachsam bleibt, um keinen wichtigen Schnappschuss zu verpassen, und wie man ein Gespür entwickelt, um Ereignisse vorauszuahnen. Wir waren unverfroren genug, gerade dort Bilder zu schiessen, wo die Photographen am wenigsten erwünscht waren.

Während dieser elf Jahre der Photoagentur erlebten wir alle Schwierigkeiten, die bei der Organisation einer kleinen Gruppe von Photoschaffenden auftreten können. Einige Male wurde die Gemeinschaft erweitert, dann wieder verringert; heute ist sie eine Organisation im richtigen Mass. Die Wunschvorstellung, dass alle vereint und als ein Kollektiv zusammenarbeiten, habe ich aufgegeben. Jetzt sehe ich, dass jeder Photograph seinen Weg auf seine Weise findet. Wir haben für unsere Originale ein Archivsystem aufgebaut, das für alle Interessenten zugänglich ist.

Jede photographierte Geschichte wurde zu einem Lehrstück. Wir erfuhren bei den Streiks die Genugtuung, helfen zu können, indem wir auf die gerechten Forderungen hinwiesen. Im Dürregebiet des Nordostens und in der verpesteten Umwelt von Cubatão gelang es, die Gleichgültigkeit der Mächtigen blosszustellen. Bei den demokratischen Bewegungen erlebten wir die Freude, mit der Menge gemeinsame Sache zu machen und in El Salvador und im Libanon, wie weit es der menschliche Wahn treiben kann, und kamen vor allem zur Einsicht, dass kein Photo ein Menschenleben wert ist.

Wenn ich an diese Arbeitsperiode zurückdenke, drängt sich die Erinnerung an eine Serie von Kinderphotos auf. Vielleicht unter dem Einfluss der 1978 in einer Klinik für bedürftige Kinder entstandenen Photofolge fing ich an, dem Kind besondere Aufmerksamkeit zu schenken. Der Anblick von Kindern, die in den Krieg zogen und die vielleicht sterben würden, ohne zu wissen, was Liebe ist. Kinder, die im Libanon mit schweren Waffen trainieren. Oder solche, die im Nordosten Hunger leiden, die in Serra Pelada nach Gold graben – sie haben mir eine unbarmherzige Welt gezeigt. Die Kinder sind die Saat, die zukünftigen Erwachsenen, und sie zu portraitieren ist eine Möglichkeit, die Zukunft vorauszusehen.

Meinen ersten starken Eindruck von den visuellen Künsten verdanke ich einigen Zeichnungen meines Vaters. Ich war etwa fünf Jahre alt, und ich fand sie so wunderbar, dass sie mir bis heute ganz klar in Erinnerung sind. In den öffentlichen Bibliotheken konnte ich mich stundenlang im Malsaal mit Papier und Farbe beschäftigen, und meine erste Begegnung mit einem Druckerzeugnis waren die Bilderalben für Kinder.

Ich begann sehr früh zu arbeiten, um meine Familie zu unterstützen, doch ich träumte immer davon, einmal ein Künstler zu werden, Zeichner und Maler. Als ich erwachsen wurde, musste ich meinen Lebensweg wählen und mich für einen Beruf entscheiden. Ich war immer gern gereist: es machte mir Spass, mich in der Welt herumzutreiben und verschiedene Völker kennenzulernen, ein anderes Klima und eine neue Geographie zu erfahren und von anderen Kulturen zu lernen. Dabei entdeckte ich die Photoreportage, und es wurde mir klar, dass ich nicht das Zeug zu einem Zeichner und Maler besitze. Es passt mir nicht, lange an einem Ort zu verweilen. Die Photographie war das beste Mittel, mich ständig in Trab zu halten. Sie erlaubte mir, mich mit den visuellen Künsten zu beschäftigen, bloss mit dem Unterschied, dass ich an den Orten des Geschehens anwesend sein musste, um die Bilder zu machen. Ich erlebte alle möglichen Kontraste. Ich besuchte Paläste und Slums, ich speiste an Banketten und ass Maniok mit den Fingern. Ich hielt mich in bukolischen Landschaften auf und mitten im Kugelhagel.

Jede Erfahrung bedeutete für mich eine kleine Lektion, und diese versuchte ich als Massstab und Zirkel zu gebrauchen, um meinen Weg in die Zukunft abzustecken. Es gab Zeiten, da schien es mir, als ob schon alles getan, gesehen und gesagt worden wäre und nichts Neues mehr passieren könne. Doch das Leben überraschte mich immer wieder mit seinem ununterbrochenen Fluss. Das Neue, das ist jeder einzelne Augenblick, der sich fortbewegt, um ein wenig besser zu sein. Ich stelle fest, dass der Photographie im Lauf der Jahre immer neue Bedeutung zukommt. Die guten Photos sind die, die für sich selber sprechen, die Fragen aufwerfen, zum Nachdenken anregen, Gefühle wecken. Indem ich diesen Beruf ausübte, wurde mir klar, dass das Leben das ist, was wir aus ihm machen. Die Reise besteht aus all jenen, die unterwegs sind. Was wir sehen, ist nicht, was wir sehen, sondern das, was wir sind.

Orlando Brito (*1950):
Militärparade am Unabhängigkeitstag,
Brasília 1976

Orlando Brito:
Schüler besuchen Präsident Figueiredo
im Palácio do Planalto, Brasília 1979

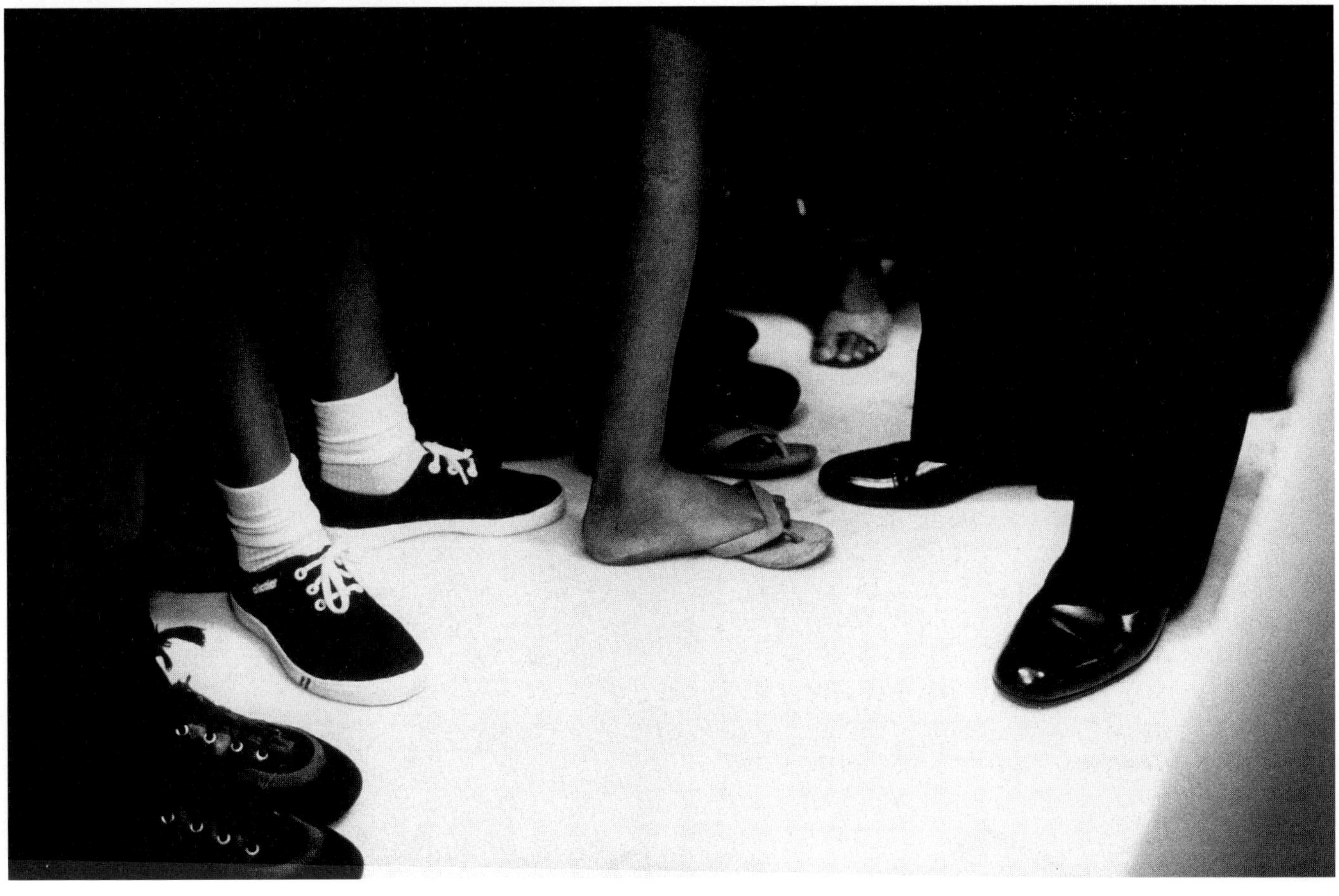

Marcel Gautherot (*1910): Hauptfigur aus dem Tanzspiel Bumba-meu-boi, Cururupu/Maranhão

Marcel Gautherot: Fest des Guten Jesuskinds der Seefahrer, Salvador da Bahia

Ed Viggiani (*1958): Prozession der Farricocos, Goiás Velho/Goiás 1987

João Urban: Kaffeernte nach dem grossen Frost, Jacarezinho/Paraná 1981

João Urban: Baumwollpflücker, Bandeirantes/Paraná, 1978

João Roberto Ripper: Köhler in Ubá/Pará 1989

Naïr Benedicto: Im Zuckerrohr, Cocal/Pernambuco 1984

Walter Carvalho (*1947): Fischverkäuferinnen in Barra da Tijuca, Rio 1980

Angela Magalhães

# Die Photographie – ein Medium der Gegenwart

Bevor Daguerres Erfindung bekannt wurde, machte der Franzose Hercules Florence in Brasilien praktischen Gebrauch von photographischen Verfahren, mittels deren er auf photosensiblem Papier Freimaurer-Diplome und Apotheker-Etiketten anfertigte. Seit 1833 war er mit seinen Experimenten über die Einwirkung des Sonnenlichts zu guten Ergebnissen gekommen, indem er das Abbild von Gegenständen in einer einfachen, selbstgebastelten Camera Obscura festhielt. Während langer Zeit hatte man jedoch keine Kenntnis von seinen Versuchen. Bemerkenswert ist zudem, dass Florence schon zu Beginn seiner Forschungsarbeit das Wort «Photographie» brauchte. Diese Entdeckung blieb zu seiner Zeit unbeachtet und wurde während 140 Jahren nie erwähnt, bis der brasilianische Historiker und Forscher Boris Kossoy in den siebziger Jahren in seinem Buch «Hercules Florence – 1833: a descoberta isolada da fotografia no Brasil» die in Brasilien und im Ausland gemachten Forschungen eindeutig belegte.
Offiziell wurde die Photographie in Brasilien im Januar 1840 durch den französischen Abt Louis Compte eingeführt, der sich auf einer Reise um die Welt befand. Der Kaiser Dom Pedro II (1831–1889) erwarb im März desselben Jahres Comptes Daguerreotypie-Ausstattung, und seither war er, durch sein grosszügiges Mäzenatentum, der Hauptverantwortliche für die Einführung und die Entwicklung der Photographie in diesem Land. Ihm ist gewissermassen die Erhaltung eines grossen Teils der photographischen Erinnerung an das 19. Jahrhundert zu verdanken, ein Nachlass, der sich in der Nationalbibliothek befindet. Allerdings ging der grösste Teil dieses Erbes verloren oder wurde von ausländischen Photopionieren, die sich für eine Zeitlang in Brasilien niedergelassen hatten, ausser Landes gebracht.

Wie zu ihren Anfängen, konnte die Photographie erst wieder gegen Ende der siebziger Jahre mit der Unterstützung der Bundesregierung rechnen. Vorangegangen aber waren einige private Initiativen wie die «Fotogaleria». Diese ging aus den Photo-Treffen von Campos do Jordão (Staat São Paulo) hervor, die von Stefania Bril ins Leben gerufen wurden und an der Photographen Vorträge hielten und Ausstellungen organisierten. Daneben sind Galerien wie «Luz e Sombra» (Licht und Schatten), «Album» und «Fotóptica» zu erwähnen.
Die systematische Beschäftigung mit der Photographie konzentrierte sich auf die Achse Rio–São Paulo. Es waren die Museen dieser Staaten, welche als erste photographische Sammlungen anlegten – die Pinakothek und das «Museu da Imagem e do Som» (Bild- und Tonmuseum) in São Paulo und das «Museu de Arte Moderna» (Museum der Modernen Kunst) in Rio. Einen entscheidenden Schritt stellte die Gründung der Photo-Galerie der nationalen Kunststiftung (Fundação

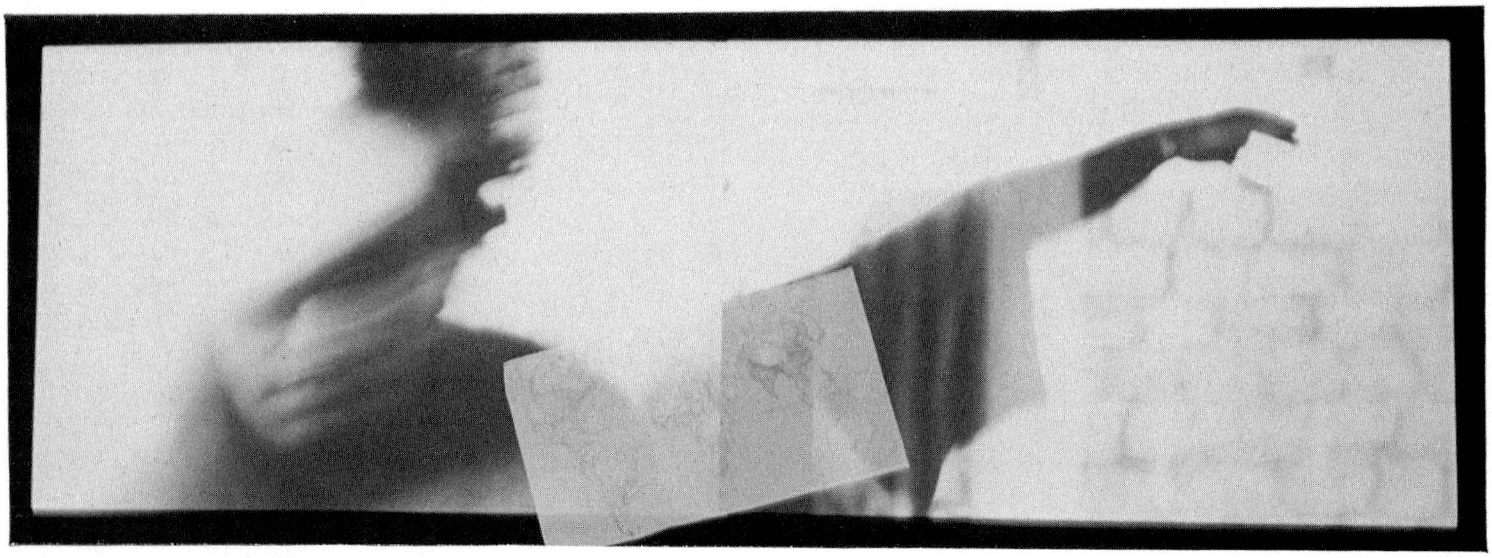

Cezar Bartholomeu (*1966): Matrose Nr. 2, Montage auf Holz, 1991

Walter Tochtrop Barretto (*1962): Brüche, 1989

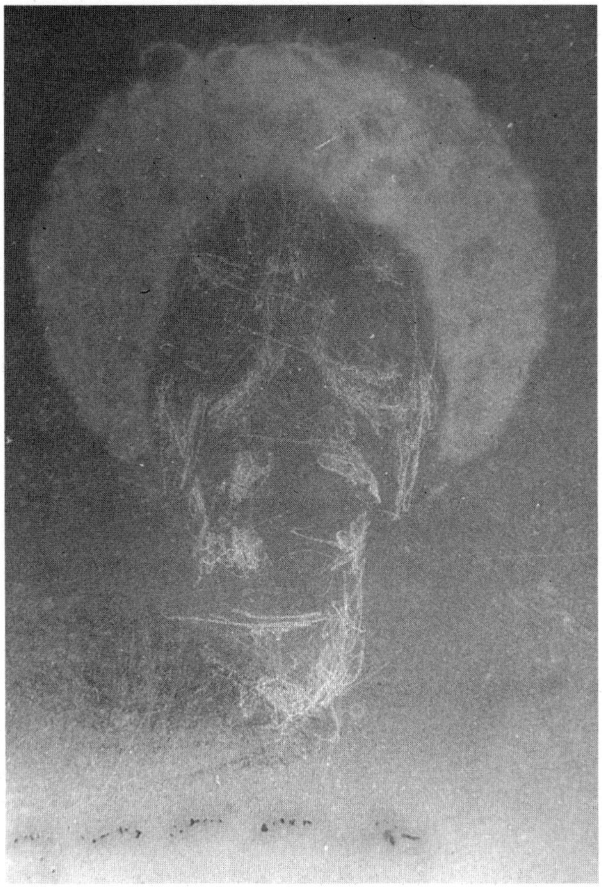

Jean Guimarães (*1955): Ohne Titel, 1990

Nacional de Arte – FUNARTE) im Kunstmuseum (Museu de Belas Artes) in Rio dar.

Die ersten Veranstaltungen hatten zum Ziel, Kollektiv-Ausstellungen zu allgemeinen Themen durchzuführen, wie zum Beispiel «Nossa Gente» (Unser Volk) und «Classe Média Brasileira» (Brasilianische Mittelklasse). Solche Kollektiv-Ausstellungen gingen auf Kosten der so wünschenswerten Würdigung individueller Leistungen. Die Ausstellung von 1983 über José Oiticica Filho erinnerte an die Hinwendung von einer Photographie der Photoklubs zu einer Photographie abstrakter und konstruktivistischer Art, wie sie in den fünfziger Jahren entstand. Mit dieser in Technik, Motiv und Konzept neuen Photographie wurde klar, dass diese Art visueller Sprache mit ihren spezifischen Merkmalen zu den bildenden Künsten gehört.

Regionale Ausstellungen lieferten einen ersten Überblick über die Photographie in den fünf Regionen Brasiliens, nämlich Belém (Norden), Fortaleza, Recife, Salvador (Nordosten), Brasília (Zentrum), Belo-Horizonte, Rio de Janeiro, São Paulo (Südosten), Curitiba und Porto Alegre (Süden). Auf diese Weise wurde der Grundstein gelegt für die Einführung nationaler Photo-Wochen (Semanas nacionais de Fotografia), die als Wanderausstellungen durch das Land reisten und anlässlich derer Vorträge und Workshops veranstaltet wurden. Diese geographische Aufteilung bedeutet jedoch nicht, dass damit entsprechend verschiedene Stilrichtungen einhergehen, sondern sie lokalisierten nur die wichtigen Produktionszentren.

Derartige Veranstaltungen wirkten als Multiplikator, indem sie den Anstoss zu weiteren ähnlichen Anlässen gaben, unter welchen sich die Photo-Treffen von Curitiba und die «Semana Paulista» (Photowoche von São Paulo) hervorhoben, letztere vom Photographenverband von São Paulo (União de Fotógrafos de S. Paulo) organisiert, der seit 1988 auch ein Ausbildungszentrum für photographischen Ausdruck betreibt, wo sich eine neue Generation von Photographen heranbildet, die sich für die Entwicklung einer konzeptionellen, experimentellen Photographie einsetzt.

Die experimentelle Photographie, zusammen mit den neuen Technologien, der Mischung von plastischen Elementen und der Technik der subjektiven und objektiven Erfassung von Wirklichkeit, führte auch in Brasilien zu einem Bruch mit den althergebrachten Ausdrucksweisen. Repräsentativ sind die Ausstellungen «Luz, Cor e Experimentação» (Licht, Farbe und Experiment) 1988, «Iconógrafos – 18 Fotógrafos» 1989, und «II Estúdio Internacional de Tecnologias de Imagem» (2. Internationales Studio für Bild-Technologie) 1991, die Arbeiten zeigen mit Installationen, konstruierten

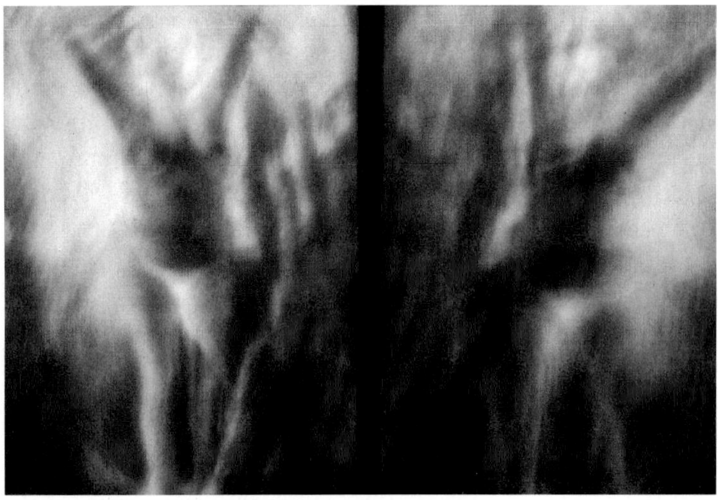

Paula Trope (*1962): Ohne Titel, 1991

Bildern, Selbstdarstellungen sowie unkonventionelle Annäherungen an die Photographie. Eine neue Generation von Photographen zwischen 20 und 40 Jahren wie Rosângela Rennó, Rochele Costi, Bettina Musatti, Cássio Vasconcelos, Jean Guimarães, César Bartholomeu, Rubens Mano, Paula Trope, Marcelo Kraiser, Nelson Toledo, Wladimir Fontes, Renji Ota, Walter Barreto und Cláudio Feijó tauchte auf. Für sie stellt die Photographie nicht bloss eine Nutz-Funktion dar, sondern ein Mittel der Kommunikation und des persönlichen Ausdrucks. Rosângela Rennó und Rochele Costi überschreiten mit grösster Kühnheit die «Objektivität» der Photographie, indem sie die Grenzen mit ihren vielschichtigen Arbeiten weiter stecken.

An der Ausstellung «Polaroid – Imagem Instantânea» (Polaroid – Sofortbild) von 1986 traten die Arbeiten von Marcos Bonisson, Rose Van Lengen und Eduardo Kac hervor, die die Bilder mit Malereien und graphischen Anmerkungen kombinierten und das Photographische mittels Einschluss kleinerer Gegenstände auflösten.

In «Imagens por Computação Gráfica» (Bilder mit Computergraphiken) von 1987 ging es um den Einfluss der Technologie bei der Bestimmung neuer Bilder. Milton Montenegro und Carlos Fadon Vicente kommen von verschiedenen Seiten her – der eine von Video-Kamerabildern, der andere von Schwarzweiss-Photographien –, beide befassten sich mit Simulationsverfahren und der Schaffung einer neuen Wirklichkeit ausserhalb der Phänomene, welche die heutige Zeit prägen.

«Mulheres Fotógrafas» (Frauen als Photographen) der achtziger Jahre brachte den Beweis, dass die Frau auf den verschiedensten Gebieten der Photographie einen professionellen Platz einnimmt.

Nach wie vor aktuell ist das Anliegen, die städtische und die natürliche Landschaft Brasiliens zu dokumentieren. In einem so riesigen Land mit seinen Millionenstädten stellt sich dieses Bedürfnis von selbst und beinahe zwangsläufig ein. Wie überall auf der Welt sind die ökologischen Probleme brisant, nehmen aber in Brasilien geradezu gigantische Proportionen an. Infolgedessen bemüht sich eine wachsende Anzahl von Photographen um so dringende Themen wie die Zerstörung des Urwalds, Umweltverschmutzung und Erhaltung der Tierarten.

Insbesondere stechen die Arbeiten von Cristiano Mascaro hervor: er zeigt die Stadt São Paulo anhand ihrer Eigentümlichkeiten. Seine Bilder, die er mit grossformatigen Kameras macht, porträtieren mit sehr viel Würde die Arbeiter in Randberufen.

Américo Vermelho geht seinerseits dem nordamerikanischen Einfluss in den brasilianischen Städten nach. Im Gegensatz zu ihm erstellt Antônio Augusto Fontes ein photographisches Register der Städtelandschaft von Rio de Janeiro, ohne dem kulturellen Kolonialismus zu verfallen, der sich in der stereotypen Betrachtungsweise der Stadt aufdrängt. Mit «Rio de Janeiro: Um olhar cego sobre a cidade» (Rio de Janeiro: Ein blinder Blick über die Stadt) bahnt Fontes den Weg zu einer neuen Leseweise des städtischen Raumes, indem er der liebenswürdigen und poetischen Seite seines Alltags nachspürt.

Luiz Braga wiederum fängt nicht nur Aspekte des städtischen Lebens in Belém ein, seine Photographien vermitteln ein breites Bild vom Alltagsleben im Amazonasgebiet, wobei er den banalen Alltag aufwertet, ohne ihn jedoch romantisierend oder folkloristisch zu verherrlichen.

Noch immer sind Monographien von Photographen selten, sieht man von Katalogen ab, die anlässlich von Ausstellungen erscheinen. Unter ihnen ist die inzwischen eingegangene Reihe «Mostra de Fotografia» der FUN-

Ruth Maria de Mendonça Lifschits (*1944): Mutationen, 1990

ARTE zu nennen, wo zum Beispiel Mappen von Antônio Teixeira erschienen oder von Hermínia de Mello Nogueira Borges, einer Photographin der zwanziger Jahre. In jüngster Zeit bringt die Livraria Dazibabo in Rio «photographische Antologien» heraus, wo bereits Sammelbände von Juca Martins und Walter Firmo vorliegen. Daneben ist Svere Boccato Editores in São Paulo zu nennen mit einer Photoreihe, in der auf ein Bändchen von Cristiano Mascaro eines von Sebastião Salgado folgen soll.

Dank Gilberto Ferrez ist die Geschichte der historischen Photographie aufgearbeitet. Während der Band «Fotografia no Brasil 1849–1900» (englisch bei University of New Mexico Press, Albuquerque) ausschliesslich das letzte Jahrhundert behandelt, führt seine Publikation «Pioneer Photographers of Brazil 1840–1920» (Center for Interamerican Relations, Washington 1976) bis in unser Jahrhundert.

Es fällt auf, dass die wichtigsten Phototheoretiker professionelle Photographen sind. Das gilt für Pedro Vasquez, Joaquim Paiva, Arlindo Machado. Ivan Lima, der am Museum für moderne Kunst und an der PUC (Katholische Universität) von Rio unterrichtet, befasst sich in seiner Publikation «Fotojornalismo brasileiro» mit dem Problem von Realität und Sprache, und Stefania Bril, die Leiterin der Casa de Fotografia in São Paulo, hat mit «Notas» eine Sammlung von Bildanalysen internationaler Photographien vorgelegt.

Seit 45 Jahren ist die illustrierte Fachschrift «Íris» Açmit einer Auflage von 96 000 Exemplaren auf dem Markt; sie zeigt sich allerdings recht zurückhaltend in der kritischen Betrachtung des gegenwärtigen Schaffens und geht kaum ein auf die philosophischen, politischen, technischen, ästhetischen und funktionellen Probleme, wie sie für die zeitgenössische Photographie von Bedeutung sind.

Was die Ausbildungsmöglichkeiten betrifft, konzentrieren sie sich weitgehend auf Rio und São Paulo, wenn man an die «Escola Imagem e Ação» (Schule für Bild und Aktion), an «Artes Visuais» (Visuelle Kunst) und an «Focus» denkt. Auf der akademischen Ebene ist zunächst die Kunstschule (Escola de Belas Artes) der Universität von Minas Gerais in Belo Horizonte, die Medienschule (Escola de Comunicação) der Universität von Brasília und der Universität von São Paulo hervorzuheben, die seit einigen Jahren Grund- und Weiterbildungskurse anbieten. Erst seit kurzem jedoch haben die Medienkurse der Bundesuniversitäten den systematischen Unterricht in Fotojournalismus in ihr Programm aufgenommen. Neue Horizonte öffneten sich mit der «Fotoriografia», die sich mit der Ausbildung befasst, und dem «Centro Cultural de Fotografia Fuji», das Kurse für Video sowie Workshops durchführt und über einen grosszügigen Ausstellungsraum verfügt.

Es besteht ein wachsendes Bedürfnis nach besserer Kenntnis der Produktion im In- und Ausland und infolgedessen auch nach einem Austausch mit Fachleuten anderer Länder. In einem gewissen Mass geschieht dies bereits mittels Ausstellungen, Vorträgen, Workshops und Schenkungen von Büchern; dies wird vor allem von Institutionen gefördert, die den diplomatischen Vertretungen nahestehen.

Einen besonderen Hinweis verdient die zunehmende Zahl von Kandidaten, die auf der Suche nach Finanzierung sind für Projekte auf dem Gebiet des photographischen Essays, der Dokumentation sowie der technischen und theoretischen Forschung über die Photographie. Die Stiftung «Vitae» und das «Instituto Brasileiro de Arte e Cultura» unterstützen viele solcher Arbeiten.

Die Sammeltätigkeit steht, was die zeitgenössische Photographie betrifft, noch in ihren Anfängen. Über beachtliche Sammlungen verfügen das Museum für moderne Kunst von Rio de Janeiro, das Kunstmuseum von São Paulo, das Instituto Brasileiro de Arte e Cultura; daneben sind private Sammler zu erwähnen wie Joaquim Paiva, Gilberto Chateaubriand und Carlos Leal.

Um eine Wiederbelebung von Kollektiv-Ausstellungen, in welchen die einzelnen Photographen zum Zuge kommen und die zugleich alle Tendenzen widerspiegeln, bemüht sich der vor kurzem gegründete «Núcleo de Amigos da Fotografia» (NAFOTO – Verein der Freunde der Photographie); er setzt sich zum Ziel, nach dem Muster der Pariser «Mois de la Photo», eine photographische Grossveranstaltung durchzuführen.

Beim Photojournalismus ist eine Erweiterung des Begriffs «Photographie» festzustellen, indem er auch auf weniger herkömmliche Medien wie Dia-Shows angewendet wird. In São Paulo wurde ein Zentrum für Informatik und Kultur (Centro de Informática e Cultura) eröffnet, das vom «Instituto Cultural Itaú» unterstützt wird und das, aus Anlass des hundertsten Jubiläums der Avenida Paulista, eine Datenbank über Photographen und Photographien dieser Strasse im Zentrum von São Paulo anlegte. Ein ähnliches Unternehmen über die Geschichte und Technik der Photographie in Brasilien ist vorgesehen und soll 1992 in Angriff genommen werden.

Es ist damit zu rechnen, dass in den neunziger Jahren Photographen ihre visuelle Welt in diversen Formsprachen und mittels verschiedener Medien darstellen werden. Wichtig wird jedoch nicht die Vielfalt der Ausdrucksmöglichkeiten sein, sondern vielmehr das, was hinter der Vielfalt ihres Schaffens steht, was sie dazu motiviert und womit sie sich auseinandersetzen.

J.-L. Bulcão (*1963): Sandbank am Rio Negro, 1988

Maurício Simonetti (*1959): Nationalpark Chapada Diamantina/Bahia, 1989

Claus Meyer: Rettung einer Schildkröte, Uatumã-Fluss, Bau des Balbina-Staudamms, 1988

Marcel Gautherot: Landschaftsgestaltung von Roberto Burle Marx Platz des Verteidigungsministeriums in Brasília, 1965

Carlos Freire (*1945): Staudamm von Itaipú/Paraná, 1981

Evandro Teixeira: Canindé/Ceará, 1984

Jacqueline Joner (*1954): Kleinbauern, Rio Grande do Sul, 1979

Pierre Verger (*1902): Nach dem Fang

Opfergaben für die Meeresgöttin Iemanjá

Samba de Roda (Bahianische Variante des Samba)

Karnevalsgruppe «Die Söhne Gandhis»

Candomblé: Tanz zu Ehren des Jagdgottes Oxossi

Candomblé: Initiationsritus einer Novizin

Cristiano Mascaro (*1944): São Paulo 1983

Peter Feibert (*1959): Rio de Janeiro

Ed Viggiani: Metrô, São Paulo 1986

Antonio Saggese (*1950): Shopping Center Eldorado, São Paulo 1988

Stefania Bril

# Ein Zwiegespräch mit Photographien

Ein Land, ein Kontinent. Unermesslich der Raum, unermesslich sein Volk. Der Blick könnte sich verlieren. Er verliert sich nicht. Er ist immer auf Pikett.

«Brasilien in den Augen der Brasilianer?» Vielmehr, Brasilien in den Augen jedes einzelnen Brasilianers. Denn es ist ein Land der grossen Volksmengen, aber auch eines der individualistischen Länder der Welt, mit ebenso vielen Gesichtern, wie es Gesichter beherbergt. Und der Photograph, als einsamer Arbeiter, gehört zu den individualistischsten. Jedes Bild trägt den Namenszug seines Blickes. Unverwechselbar.

Die Epoche des «FSA-Stils» (Farm Security Administration) ist vorbei. Der Photograph überlässt dem Fernsehen, schnell im Registrieren, schnell auch im Vergessen, den abgedroschenen und gewaltsamen – oder gewaltsam und abgedroschen gewordenen – Alltag. Die Photographie aber, sie ist da, um zu überdauern: auf dem Papier und in der Erinnerung. Darum geht der Photograph ganz gemächlich vor, schnell ist er nur beim Abdrücken.

Es braucht Zeit und Behutsamkeit, um sich ins Leben anderer einzuschleichen und nicht nur das Jetzt, sondern auch das Warum zu entdecken und zu zeigen, dass das Heute das bereits Vorausgesehene war. Unsere Photo-Essayisten, die brasilianischen «Atgets», sind nicht diejenigen der Strasse, sondern die der Menschen. Nicht die städtischen Veränderungen, sondern die Tiefe der Runzeln, das Leuchten (oder das Erloschene) des

Rogério Reis: «Zug-Surfer», Rio de Janeiro 1991

Luís Braga: Belém

Miguel Rio Branco (*1946): Aus der Serie «Das Herz ist der Spiegel des Fleisches», 1990

Blicks, das Hervortreten der Adern, die den Körper versorgen oder nicht mehr versorgen.
Früher war das Gesellschaftliche die exklusive Domäne der Schwarzweiss-Photographie: die abstrakte Sicht (denn Schwarzweiss macht die photographische Wiedergabe abstrakt) erschien wirklicher. Heute haben sich Schwarzweiss und Farbe versöhnt. Der Photograph entscheidet selber über den Charakter seines Bildes. Der eine löscht die Farbe der wirklichen Welt, während der andere die Farben sucht, sie sorgfältig auf seiner Palette ausbreitet und seine Wahl trifft: monochromatische Pinselstriche oder leuchtende Farbenvielfalt.
Schwarzweiss dominiert beim Thema der «Strassenkinder», der Überlebenden des Städte-Dschungels. Im Stich gelassen von der Gesellschaft, scheinen sie im Stich gelassen auch von der Farbe (Cynthia Brito). Die «surfistas» (Trittbrettfahrer) der Vorortbahnen von Rio, die den Tod herausfordern. Egal, ob bei einem Fehltritt dieses Leben ins Leere fällt – leer war es ohnehin schon und jetzt auch noch der Farbe beraubt. Grau (Rogério Reis). Sogar die Karneval-Fans, von der Kamera fasziniert, lassen es zu, dass ihnen die Farbe abhanden kommt, wenn auch nur für einen Augenblick, für den Moment einer Pose. Und in diesem Angesicht-zu-Angesicht offenbaren sie, schwarzweiss, ihre innersten Träume, die, wer weiss, einmal farbig gewesen sind (Rogério Reis).
Die Farbe macht sich mit voller Wucht über das Bild her. Entweder verschlingt sie es ganz, oder sie geniesst es langsam. Vorgefundene oder produzierte Farbe, jedoch immer eingerahmt vom Blick des Photographen. Das Bild badet in einem milden Licht, oder es lässt sich vom widerspenstigen Schatten überwältigen (Walter Firmo). Reine, mit kräftigen Pinselstrichen gemalte Bilder, die durch ihre Einfarbigkeit, wo Farbe zugleich Struktur ist, beeindrucken. Es ist ein Monochromatismus, der Haut und Ziegel in blossen Rost verwandelt, der das Rot über Holz und Körper streut, über Blut und über den toten Blick. Farbe, die, ermattet und eingeschläfert, nicht mehr zu unterscheiden vermag, wer vom Schlaf überwältigt wurde, der Mann oder der Hund. Beide sind gleich in ihrer unmenschlichen Bedingtheit (Miguel Rio Branco). Oder Farbe der Wirklichkeit, welche von der Wirklichkeit verdeckt wird und sich nur dem Blick des Photographen zu erkennen gibt. Er, ein Jäger und ein Dichter, findet sie an jeder Ecke. Und dann, das Wirkliche und das Geträumte auf seiner photosensiblen Palette zu unzähligen Farbtönen mischend, schafft er Bilder, die den Betrachter mit auf die Reise nehmen durch das Grün, das nicht mehr grün ist, durch ein Meer, das aufgehört hat, Meer zu sein, und zu flüssiger und ungreifbarer Erde geworden ist, bloss noch vom Auge erfassbar. Fata Morgana (Luiz Braga). Der Photograph macht sich auf die Suche nach der Farbe, die zerstört. Vom Menschen verbrannt, geht sie dem Tod entgegen und schwärzt die Welt mit Russ, verwandelt die Landschaft in einen Friedhof von Gestalten, die, einmal grün, jetzt nur noch verstümmelte Stümpfe sind (Marcos Santilli). Die Farbe der Wirklichkeit besteht aus feinen Pinselstrichen, nebelgrau. Doch man braucht nur einen ersten Schritt zu machen und in das Bild einzutauchen, damit die «Leinwand» sich verändert: das Gold wird aggressiv, das Weiss bedrückend. Die dicke Luft dringt in die Lunge ein, man kriegt einen Hustenanfall, versucht, ihn zu unterdrücken, es gelingt nicht. Auch den Protagonistinnen des Bildes nicht, den Sisal-Arbeiterinnen. Sie aber, sie gehören zur Wirklichkeit, und die ist hart (Naïr Benedicto).

Marcos Santilli (*1951): Brandrodung in Santa Luzia, 1981

Lily Sverner (*1934): Altersheim Itatiba/São Paulo, 1991

Allmählich wird die Photographie nachdenklich und lädt den Betrachter dazu ein, die Vergangenheit zu überdenken, nach dem Warum des Heute zu fragen und die Zukunft der «condition humaine» zu ahnen. Die Photographen erscheinen gleichzeitig als Archäologen und als Seher.
Die Photographen sind die Goldgräber der anderen und ihrer selbst. Herren und Sklaven des Bildes. Photograph-Fenster, der die Türen öffnet und die Welt umarmen möchte. Photograph-Spiegel, der die Fenster nur halb öffnet und einen Lichtstrahl hereinbittet, um eine Szene zu beleuchten, in der er selber der Hauptdarsteller ist – der ins Bild eingebaute Photograph, der auf dem hohen Seil balanciert, einem visuellen Seil, gedreht aus Wirklichkeit und Imagination, aus Greifbarem und Ersehntem. Photograph, dem es immer gelingt, eine Kohärenz des Sehens zu wahren. Egal, wenn es «Papierfrauen» sind: mit Stecknadeln an den Wänden der Mechanikerwerkstätte befestigt, setzen sie die Mechanik des Begehrens in Gang; egal, wenn die Wände Mauern sind, welche die Zeit zerbröckelt, trunken von Licht lösen sie sich auf in Wellenschichten, zerbrechlich und doch fest, um zu blossem Staub zu werden. Egal, wenn es Erinnerungs-Gesichter sind, die, auf Grabsteinen angebracht, ein zweites Mal sterben. Tod des Bildes, Tod der Erinnerung, von der Zeit gelöscht. Als Herausforderung an die – nun besiegte – «Ewigkeit» der Photographie (Antônio Saggese).
Die Zeit, jene, die jeder Photograph zum Stillstand bringen möchte und doch nicht kann, macht sich mit aller Kraft in der brasilianischen Photographie bemerkbar. Manchmal ist es eine «junge Zeit», die mit besessenem Rhythmus durch das Bild fegt in einem «capoeira»-Tanzschritt oder in einem verwischten Schritt. Ein farbiger Fleck, den man nicht einmal erhaschen kann. Der Photograph war aber schneller und fing die Lichtspur ein (Walter Firmo). Ein anderes Mal wird die Zeit faul und räkelt sich in einer schamlosen Geste und lädt uns ein, ganz nahe heranzutreten und alles zu vergessen. Für einen Augenblick, einen photographischen (Miguel Rio Branco).
Plötzlich jedoch läuft der Photograph mit dem Kopf gegen die Zeit, und er bekommt Angst. Er wünschte sich, wie Dorian Gray zu sein, unveränderlich, unantastbar. Die Wirklichkeit lässt es nicht zu, und die «Zeit, die-läuft» hinterlässt Spuren auf seinem Gesicht. Verängstigt und doch klaren Geistes schaut der Photograph der Wahrheit ins Gesicht, und sein Portrait (oder Selbstportrait) wird zu einer Synthese aus tausend Bruchstükken des Reellen und des Imaginären, bestehend aus Zeit und Materie, ein ewiger Wechsel.

Mário Cravo Neto (*1947): White Mother, 1991

Als hervorragende Porträtisten sind die brasilianischen Photographen Entdecker und Katalysatoren von Selbstentdeckungen, Offenbarer der Beschaffenheit des menschlichen Wesens, das sich der Linse des Photographen preisgibt. Dieser steigt manchmal in die Rolle des «metteur-en-scène», des Kupplers, der ungewöhnliche Paare zusammenbringt (nicht ungewöhnlich im Sinne einer Diane Arbus; eine träumerische und herausfordernde Ungewöhnlichkeit). Marionetten-Paare, an deren Schicksalsfäden der Photograph zieht (Jacqueline Rohner). Bildhauer-Photographen ziselieren jeden Knochen, jeden Nerv, jede Ader und jeden Muskel. Dichter, die visuelle Poesie mit Licht modellieren. Zauberer, die sich von der Magie forttragen lassen, die in der Luft von Bahia schwebt und Körper, Geste, Licht und «négritude» zu einem Ganzen verbindet und aus dem Ritus ein Kunstwerk, aus dem Kunstwerk einen Ritus macht (Mário Cravo Neto).
Hat sich der Blick des brasilianischen Photographen geändert? Mag sein, dass er individualistischer geworden ist, narzisstischer. Gespannt, sich selber zu entdekken. Spiegel und Fenster zugleich. Vor allem aber ein offener Blick: neugierig und provozierend, durchdringend und komplizenhaft, beharrlich, nachdenklich, leidenschaftlich. Zeitjäger. Mit einem Fuss (oder einem Blick) in der Vergangenheit, mit dem andern in der Zukunft, die Ernte des Heute einbringend.

Sebastião Salgado (*1944): Garimpeiro (Goldgräber), Serra Pelada 1986

Sebastião Salgado: Goldmine von Serra Pelada, 1986

Sebastião Salgado: Fortaleza 1983

Sebastião Salgado: Paraiba 1980

Antônio Saggese: Aus der Serie «Friedhof», 1990

# Die Photographen

**Claúdia Andujar** *1931 Schweiz. Kindheit in Ungarn. Nach Kriegsende Emigration in die USA, 1956 nach Brasilien. 1957 photographische Arbeit über die Carajá-Indios in Zentralbrasilien. Photojournalismus, Publikationen in brasilianischen und amerikanischen Magazinen wie «Life», «Esquire», «Time». Zwischen 1971 und 1974 photographierte Andujar die Yanomami-Indios. Mitbegründerin und seit 1979 Koordinatorin der Kommission für die Schaffung des Yanomami-Parks. Ihr erstes Buch «Yanomami. Em Frente do Eterno» erschien 1978. Andujars Photobände «Mitopoemas Yanomami» (1978) und «Missa da Terra sem Males» (1980) sind ebenfalls den brasilianischen Indios gewidmet. Die Ausstellung «Der Völkermord an den Yanomamis – Der Tod Brasiliens» (1991) zeigte achtzehn Jahre ihrer photographischen Arbeit.

**Ricardo Beliel** *1953 Rio. Mitglied der Photographen-Kooperative F4 in São Paulo 1980–84. Danach wieder freischaffend. 1989–91 Photoredaktor bei «Manchete». Arbeitet seit 1991 am Grossprojekt «Amazônia ECO-92». Permanente Ausstellung im Jardim Botânico «Mata Atlantica» (1991) über die letzten Wälder am Atlantik.

**Naïr Benedicto** *1940. Studium der Kommunikationswissenschaften in São Paulo 1969–72. Photographin beim Verlagshaus Alfa 1972–74. Gründungsmitglied der Photographen-Kooperative F4 in Rio 1979. Nach dem Ende von F4 gründet Benedicto 1991 die Photoagentur Imagens. Autorin der Photobände «A Questão do Menor» (1980), «As Melhores Fotos de Naïr Benedicto» (1988). Sechs Videofilme. Organisatorin von Photoausstellungen.

**Maureen Bisilliat** *1931 Grossbritannien. Übersiedlung nach Brasilien 1952. Malstudium in Paris und New York 1955–57. Photographiert seit 1962, Photoreportagen. Seit 1965 photographische Erkundung der literarischen Welt von Schriftstellern wie João Guimarães Rosa (Bildband «A João Guimarães Rosa», 1965), Euclides da Cunha (Bildband «Sertões – Luz e Trevas», 1982), João Cabral de Melo Neto und Jorge Amado. Beschäftigung mit der Volkskultur des Nordostens; 1980 «Xingu – Território Tribal», ein Bildband über das Indioreservat am Xingu-Fluss. Erste Einzelausstellung mit Photos vom Xingu 1975. Dokumentarfilme über João Guimarães Rosa (1968), die Indios am Xingu (1982) und die Initiationsriten beim Candomblé («Yão»).

**Cynthia Brito** *1952 Miami. Ausbildung in Industriedesign. Bildredaktorin (1972–76) und Photographin (1977–83) beim «Jornal do Brasil». Mitbesitzerin der Photographen-Kooperative F4 in Rio de Janeiro 1983–89. Internationale Reportagetätigkeit.

**Orlando Brito** *1950 Minas Gerais. Photoredaktor beim Wochenmagazin «Veja» in São Paulo 1982–84, von 1987–89 beim «Jornal do Brasil» in Rio. Heute Photoreporter für «Veja». Erste Einzelausstellung 1991. Bildband «Perfil do Poder» (1981).

**J. L. Bulcão** *1963 Brasilia. Studium des Journalismus, Photoreporter. Seit 1990 Korrespondent der französischen Photoagentur Gamma. Reportagen für «Veja».

**Walter Carvalho** *1947 João Pessoa/Paraíba. Übersiedlung nach Rio 1968. Werbung, Ausbildung zum Graphiker 1969–73. Kameramann und Filmregisseur, erster Dokumentarfilm 1970. Erste Einzelausstellung 1983.

**Rochelle Costi** *1961 Caxias do Sul/Rio Grande do Sul. Studiert Medienwissenschaft in Porto Alegre. Seit 1982 Photographie, Video und Film. Ausstellungen seit 1983. Schwerpunkt experimentelle Photographie.

**Mário Cravo Neto** *1947 Salvador da Bahia. Ausbildung zum Zeichner und Photograph in Berlin 1964–66. Bildhauer und Photograph. Bücher wie «A Cidade de Bahia», «Os Estranhos Filhos da Casa», «Ex Voto». Drehte 1975 den preisgekrönten Film «Ubirajara». Ausstellungen seit 1965.

**Flávio Damm** *1928 Porto Alegre/Rio Grande do Sul. 1949–59 Photoreporter bei der Zeitschrift «O Cruzeiro» in Rio. Gründet 1961 mit José Medeiros Imagem, die erste Photoagentur Brasiliens. Acht Photobände, darunter «Fotografias» (1989), ein Querschnitt durch sein Schaffen. Erste Einzelausstellung 1990 in Rio.

**Peter Feibert** *1959 Rio. Studium der Geologie und Betriebswirtschaft. Photograpiert seit 1982. Gründet mit Walter Firmo und Luiz Garrido 1992 die Photoagentur Econews. Internationale Reportagetätigkeit.

**Marc Ferrez** *1843 Rio. Kindheit und Studien in Paris. Erlernt die Photographie nach 1860 beim Photogeschäft Leuzinger in Rio. Gründet 1865 sein eigenes Photogeschäft, spezialisiert sich auf Landschaften und Schiffe. Begleitet 1875/76 die Expedition der Geologischen Kommission des Brasilianischen Kaiserreiches. 1885 schlägt ihn Kaiser Dom Pedro II. zum Ritter des Rosenordens. 1906 erscheint ein monumentales Album über den Bau eines neuen Boulevards in Rio. Stirbt 1923. Bedeutendster brasilianischer Photograph des 19. Jahrhunderts.

**Walter Firmo** *1937 Rio. Nach 1957 Photoreporter bei der Tageszeitung «Ultima Hora», später beim «Jornal do Brasil». Seit 1971 freischaffend. Mit Claus Meyer und Sebastião Barbosa gründet er 1973 die Photoagentur Câmara Três. Für «Veja» in Rio 1974–79. Erste Einzelausstellung 1983. Seit 1986 Direktor des Instituto Nacional da Fotografia INFoto der Fundação

Nacional de Arte FUNARTE. Monographie «Walter Firmo» (1989).

**Carlos Freire** *1945 Rio. Seit 1968 in Paris. Freischaffender Photojournalist, publiziert in europäischen und amerikanischen Zeitungen und Zeitschriften wie «Voyages en Italie» (1983) oder «L'Argot du Bistrot» (1989). Erste Einzelausstellung 1979 mit Photos aus Indien.

**A. Frisch** Daten und Herkunft unbekannt. Einer der ersten Photographen, die die lateinamerikanischen Eingeborenen photographieren. Um 1865 im Amazonasgebiet tätig. 1867 werden in Paris Aufnahmen von Frisch ausgestellt. Als Dokumente von grossem ethnologischem Wert. Verliess Brasilien mit unbekanntem Ziel.

**Marcel Gautherot** *1910 Paris. Dekorateur und Architekt, dann Photograph für das Musée de l'Homme. 1939 nach Brasilien, von dort zum Kriegsdienst nach Dakar. Rückkehr 1945 nach Brasilien. Photograph für die Diretoria do Patrimônio Histórico e Artístico Nacional und das Kulturdepartement des Aussenministeriums. Schuf über fünfzig Dokumentarserien über Brasilien. Seit 1964 14 Bildbände, u.a. «The Tropical Gardens» (1964) von Roberto Burle Marx, «São Paulo» (1968), «Pernambuco (1970), «Congonhas do Campo» (1973). Sachphotograph, Illustrationen in Bänden wie «Dessins Anciens des Environs de Rio de Janeiro» (1974), «A Porcelana da Companhia das Indias» (1986).

**Jean Guimarães** *1955 Rio. Studium der Meeresbiologie und Biophysik in Rio. Erste Einzelausstellung 1988.

**Carlos Humberto TDC** *1955. Studium der Publizistik. Reportagereisen in Lateinamerika für «Manchete» seit 1975. 1983 Bildband «Brasil na Antárctica». 1988 erster Preis der World Press Photo Holland Foundation für Photoserie über die Todesschwadronen in Rio. Mitglied der Photoagentur Contact Press Images.

**Jacqueline Joner** *1954, Studium der Medienwissenschaft in Porto Alegre. 1974 Photoreporterin für «Zero-Hora» in Porto Alegre. Freelance-Reporterin für «O Globo», «Jornal da Tarde», «Estado de São Paulo» und die Zeitschrift «Agricultura e Cooperativismo». 1976 Photoredaktorin bei der Zeitung «Folha da Manhã». Mitbegründerin der Photoagentur Ponto da Vista 1979. Publikationen in den Bildbänden «Santa Soja» (1979) und «Ponto da Vista» (1979). Freischaffend seit 1988. Photoserie 1989 über Schriftstellerinnen und Schriftsteller aus dem Süden Brasiliens, Photoband «Luzes e Sombras. Um Olhar sobre o Século». Erste Einzelausstellung 1983 über die Folgen der Soja-Monokultur im brasilianischen Süden.

**Ruth Maria de Mendonça Lifschits** *1944 Rio. Ausbildung zur Designerin. Kurse in Photographie. Eigenes Photoatelier seit 1988, Lehrerin für Photographie. Experimentelle Photographie.

**Jean Manzon** *1915 Paris. Photoreporter bei «Vu», seine Photographien erscheinen in Zeitschriften Europas und der Vereinigten Staaten. Gründungsmitglied der Illustrierten «Paris-Match». Während des Krieges im Filmdienst der Armee. Nach dem Krieg nach Brasilien. Umgestaltung der Wochenzeitschrift «O Cruzeiro», die zur auflagestärksten Illustrierten Brasiliens avanciert. Gründet eine Produktionsfirma für Dokumentarfilme, die über 800 Filme herstellt. Sein Film «Samba Fantástico» wird 1954 in Cannes gezeigt und popularisiert den Samba in Europa. Publizierte sechs Photobände: «Plongeons dans l'Averture», «Flagrantes do Brasil», «Brésil», «Rio de Janeiro», «Féerie Brésilienne» und «Bolivie». Stirbt 1990.

**Marco Aurelio Martins** *1955 Salvador da Bahia. Studium der Sozialwissenschaften. Während Forschungsarbeit bei Indiogemeinschaften begann er zu photographieren. Arbeitete als Photojournalist. Heute freischaffend. 1991 auf Anregung des Hilfswerks der Evangelischen Kirchen der Schweiz HEKS die Photoreportage «Alltagsleben in Novos Alagados» über eine Favela in Salvador.

**José Medeiros** *1921 Piauí. Nach Rio 1939. Postangestellter, abgebrochenes Architekturstudium. Freischaffend als Photograph für «Tabu» und «Rio», Photoreporter für «O Cruzeiro» 1946–62. Bildband «Candomblé» (1957). Gründet 1961 mit Flávio Damm die Photoagentur Imagem. Gilt als Vater des modernen brasilianischen Photojournalismus. Seit 1965 Kameramann bei Spielfilmen brasilianischer Regisseure. Eigener Spielfilm «Parceiros da Aventura» (1979), zuvor vier Kurzfilme. 1986 Retrospektive «José Medeiros. 50 Jahre Photographie». Stirbt 1990.

**Claus Meyer** *1944 Düsseldorf. Seit 1970 in Brasilien. Landschaftsphotograph, Mitglied der Photoagentur Tyba in Rio. Photos in brasilianischen, nordamerikanischen und europäischen Zeitschriften. Bildmaterial für Photobiographien von Schriftstellern wie Mário de Andrade, Manuel Bandeira, Carlos Drummond de Andrade. Photos in den Photobänden «One Earth» (1990) und «Floresta Atlântica» (1991).

**Antonio Olavo** *Salvador da Bahia. Studium der Geologie. Photographische Dokumentationen über die historische Stadt Rodelas/Bahia, über die Eisenbahn in Bahia im 19. Jahrhundert. Koordinator der photographischen Erfassung des historischen Zentrums von Salvador da Bahia. Photoalbum «Canudos – Memórias Fotográficas» (1989) über die Schauplätze des Kreuzzuges gegen die religiöse Gemeinschaft von Canudos im letzten Jahrhundert.

**Rogério Reis** *1954. Studium der Publizistik. Photojournalist beim «Jornal do Brasil» 1978–83, dann bei «Veja» 1983–85. Seither freischaffender Photojournalist, Mitglied des Photographen-Kollektivs F4 in Rio 1987–89. Gründet 1989 mit den Photographen Claus Meyer und Ricardo Azoury die Photoagentur Tyba. Publikationen in brasilianischen und europäischen Magazinen und Zeitungen.

**Miguel Rio Branco** *1946 Gran Canaria/Spanien. Studium am New Yorker Institute of Photography und an der Escola Superior de Desenho Industrial in Rio 1966–68. Photograph und Filmregisseur. Korrespondent für die Photoagentur Magnum seit 1980. Mehrere Kurz- und Dokumentarfilme seit 1970. Bildbände «Salvador da Bahia» (1985) und «Dulce Sudor Amargo» (1985). Erste Einzelausstellung 1964 im Anlikerkeller Bern.

**João Roberto Ripper** *1953. Photojournalist. Direktor des 1990 gegründeten Zentrums für Dokumentation und Bild des Arbeiters. Publiziert in nationalen und internationalen Presseorganen, insbesondere im «Jornal dos Sem Terra», einer Zeitung für landlose Kleinbauern, sowie im «Jornal da Faferj», das Organ einer Organisation, die mit Slumbewohnern zusammenarbeitet. Die meisten Photos in dem von Amnesty International herausgegebenen Buchs «Brasil Documento», das die Verletzung der Menschenrechte in Brasilien dokumentiert, stammen von Ripper. Herausgeber des Buches «Über Photographie», ein Manual für den Photographenberuf in Brasilien.

**Antônio Saggese** *1950 in São Paulo. Studium der Architektur. Photographiert seit 1969. Stipendiat in Mailand. Einzelausstellungen seit 1973, Publikationen in lateinamerikanischen und europäischen Photozeitschriften.

**Sebastião Salgado** *1944 Aimorés/Minas Gerais. Studium der Ökonomie 1964–71. Photographiert seit 1968. Arbeitet 1971–73 bei der Internationalen Kaffeegesellschaft in London, Missionen nach Afrika, wo erste Photoessays entstehen. Reportage über Dürre in der Sahel-Zone macht ihn 1973 bekannt. Photographiert seit 1979 für Magnum. Salgados Photos erscheinen weltweit. Bekannte Reportagen über Gastarbeiter in Europa, lateinamerikanische Kleinbauern, Goldgräber in Brasilien. Buchpublikationen: «Sahel – L'homme en Détresse» (1986), «Autres Amériques» (1986), «Les Cheminots» (1988), «An Uncertain Grace» (1990). Einzelausstellung «L'Afrique des Colères» 1977/78.

**Marcos Santilli** *1951 São Paulo. Studium von Kunst und Architektur 1967-70. Photoreporter für verschiedene Zeitungen. Photograph beim Verlagshaus Abril. Seit 1977 Langzeitpro-Amazonien. Photobände «Velhas Fazendas do Vale do Paraíba» (1981), «Arè» (1987), «Madeira-Mamoré: Image and Memory» (1987) über die Dschungeleisenbahnlinie zwischen Bolivien und Brasilien. Gründungsmitglied der Photographengewerkschaft des Bundesstaates São Paulo sowie der gesamtbrasilianischen Gewerkschaft der Photographen.

**Mauricio Simonetti** *1959 Santo André/São Paulo. Freischaffender Reportagephotograph seit 1982, Publikationen in brasilianischen, nordamerikanischen und europäischen Magazinen und Zeitschriften. Erste Einzelausstellung über den Nationalpark Chapada Diamantina 1992.

**Lily Sverner** *1934, lebt seit 1954 in Rio. Ausbildung am Institut für angewandte Kunst in Rio de Janeiro sowie am Enfoco de Fotografia in São Paulo. Erste Einzelausstellung 1979 in São Paulo.

**Antônio Teixeira** *1935 Teresina/Piauí. Nach Rio 1953. Lehrer im Taubstummeninstitut, Direktionsassistent im Institut Benjamin Constant, Beamter im Landwirtschaftsministerium, Verlagsangestellter. Freelance-Photograph, 1964 als Photoreporter zur Tageszeitung «Jornal do Brasil». Lokalphotograph mit Schwergewicht auf sozialen und politischen Fragen. Stirbt 1979 in Rio. Retrospektive 1982.

**Evandro Teixeira** *1935 Santa Inês/Bahia. Photographiert seit 1957, zuerst für «Diario da Noite» und «Mundo Ilustrado» in Rio, ab 1963 für den «Jornal do Brasil», wo er noch immer arbeitet. Photos im Buch von Alberto Dines über den Militärputsch, «Revolução» (1964), Photos im Buch von Carlos Rangel über das Jonestown Massaker in Guyana 1978. 1982 erschien sein Photoband «Fotojornalismo». Erste Einzelausstellung 1967.

**Walter Tochtrop Barretto** *1962 Mococa/São Paulo. Photokurse seit 1982. Porträtphotograph in Rio de Janeiro 1982–84. Photolaborant 1985–87. 1988 beim Photographen-Kollektiv F4 in Rio. Seit 1990 Laborchef der Photoagentur Tyba. Experimentelle Photo-

**Paula Trope** *1962 Rio. Ausbildung in Kommunikationswissenschaft. Photokurse nach 1983. Berufsphotographin seit 1984, Sachphotographie im Bereich von Kunst und Reproduktion. Lehrerin für Photographie. Assistentin bei Filmproduktionen und Standphotographin.

**João Urban** *1943 Curitiba/Paraná. Arbeit in Photostudio in Curitiba 1967–69. Seit 1970 freischaffender Reportage- und Werbephotograph. Photographiert vor allem die Tagelöhner im Agrarbereich, dazu das Photobuch «Bóias-frias. Tagelöhner im Süden Brasiliens» (1984).

**Pierre Verger** *1902 Paris. 1932–38 Reisen in Europa, Ozeanien, Afrika, China, Karibik, Indochina, erste Photographien. Publikationen in «Paris-Soir» und anderen Zeitschriften und Zeitungen. 1937 erscheint das Buch «South Sea Islands». 1938–46 Reisen in Mexiko, Zentralamerika, Südamerika sowie längere Aufenthalte in Argentinien, wo er für die Wochenzeitschrift «El Mundo Argentino» photographiert, und in Peru 1942–46, wo er in staatlichem Auftrag Feste und Brauchtum der Quechua-Indios dokumentiert. Bildbände «Méxique» (1938), «Fiestas y Danzas en el Cuzco y en los Andes» (1945), «Indians of Peru» (1950). Seit 1946 in Salvador da Bahia, wo er die Photographie aufgibt und sich mit Religion und Ethnobotanie der afrobrasilianischen Bevölkerung auseinandersetzt. Photobände «Brésil» (1951), «Dieux d'Afrique» (1954), «Bahia de Tous les Poètes» (1955), «Retratos da Bahia» (1980), «Orishas. Les Dieux Yorouba en Afrique et au Nouveau Monde» (1982), «Centro Histórico de Salvador 1946 a 1952» (1989).

**Ed Viggiani** *1958 São Paulo. Studierte Sozialwissenschaften. Erste Reportage 1978 über die Vertreibung von Fischern durch eine Immobilienfirma. Freie Mitarbeit an den Magazinen «Veja» und «Isto É» und der Tageszeitung «Folha de São Paulo». Seine Ausstellung in der Galeria Fotóptica (São Paulo) wurde von der Kunstkritikervereinigung als «Beste Ausstellung des Jahres 1991» ausgezeichnet.

*Zusammengestellt von Georg Sütterlin*

**Impressum Photographie**

Schweizerische Stiftung
für die Photographie

**Das Brasilien der Brasilianer**
**Zeitgenössische brasilianische Photographie 1945–1990**
im Kunsthaus Zürich

Konzeption: Hugo Loetscher
Realisierung von Ausstellung und Katalogteil: Walter Binder, Hugo Loetscher, Georg Sütterlin (Textredaktion und Biographien)
Plakat: Werner Jeker
Sekretariat: Letizia Enderli
Übersetzungen:
Heide Wunderli-Bucher

Organisation in Brasilien:
Gerda Poppinga (Rio de Janeiro)
Angela Magalhães (Rio de Janeiro)
Stefania Bril (São Paulo)
Generalkonsulat in Rio de Janeiro (Generalkonsul Rudolf Hilber, Philippe Widmer) Generalkonsulat in São Paulo (Generalkonsul Heinz Wey, Irène Bourquis)
Museu de Arte Moderna (MAM), Rio de Janeiro

Autoren:

**Stefania Bril** Photokritikerin und Photographin, nach den Photobänden «Entre» (1974) und «Arte do Caminhão» (1981) erschien «Notas» (1987), eine Sammlung mit Betrachtungen zu Photographien. Schreibt für brasilianische und ausländische Fachorgane. Mitglied zahlreicher Fachgremien und Organisatorin von Photoausstellungen wie «Le Brésil des Brésiliens» 1983 in Paris. Leiterin der Casa da Fotografia (Fuji) in São Paulo.

**Angela Magalhães** Studierte Medienwissenschaft. Organisatorin von Photoausstellungen des Instituto Nacional da Fotografia: «Photos aus dem Nordosten» (1984), «Fotografismo» (1985), «Licht, Farbe und Experiment» (1988). Leiterin der Photographischen Wanderausstellungen, die zwischen 1980 und 1984 im Land zirkulierten. Verantwortlich für die Abteilung Photographie am Instituto Brasileiro de Arte e Cultura IBAC.

**Juca Martins** *1949 in Portugal. Auswanderung 1957 nach São Paulo. Studium der graphischen Künste. Seit 1969 professioneller Photograph, Photos für Zeitungen wie «Folha de São Paulo», «Jornal da Tarde». Seit 1970 freischaffender Photoreporter, Publikationen in «Veja», «Isto É», «Visão», «Quatro Rodas». 1979 Mitbegründer des Photographen-Kollektivs F4. F4 kämpft für das Copyright der Photographen. Portfolios wie «Der Streik bei ABC» (1980), «Kinder Brasiliens» (1981), «Die Palästinenser» (1982), «Bilder des Kampfes» (1987), «Farben Brasiliens» (1989).

**Nadja Peregrino** Stammt aus Pernambuco. Studium der Sozialwissenschaften. 1979 richtet sie eine Photogalerie in der Fundação Nacional de Arte FUNARTE ein, Keimzelle des späteren Instituto Nacional da Fotografia. Seit 1982 dessen Leiterin der Abteilung für Ausstellungen. Organisatorin von Ausstellungen wie «Das brasilianische Porträt» (1983), «José Medeiros. 50 Jahre Photographie» (1986), «Aktphotos» (1986), «Photographinnen» (1989), «Photos aus dem Südosten» (1989). Leitete 1987–89 sieben «Photowochen». Heute im Departement für Kultur der Bundesuniversität in Niterói/Rio. Autorin des Buches «Die Illustrierte ‹O Cruzeiro›. Die Revolution in der Photoreportage» (1991).

## Epilog

«Es ist nicht leicht, in Brasilien zu leben», schreibt Marta Suplicy, «in einem Land, welches das internationale Ungleichgewicht in sich selbst reproduziert.» In kurzen Essays versuchen vier namhafte brasilianische Autoren, diese Unordnung, in der sich ihr Land, bedrängt von internationalen Forderungen und von inneren Widersprüchen, befindet, zu verstehen und zu nennen. Sie denken über die nähere Zukunft ihres Landes nach, das die für alle Einwohner verbindlichen Visionen und Parolen verloren hat, eines Landes, in dem viele um den Verlust der grössten Errungenschaft fürchten, der Demokratie.

Ignácio de Loyola Brandão

# Das Ende der Träume im Kampf aller gegen alle

Vor elf Jahren veröffentlichte ich in Brasilien einen Roman, der nach üblichen Begriffen als «antizipatorisch» zu bezeichnen ist. (Der portugiesische Titel ist «Não verás país nenhum», auf deutsch «Kein Land wie dieses», wörtlich «Du wirst kein Land mehr sehen».) Ich sah mein Land ohne Bäume und ohne Wasser, das Essen war synthetisch, die Tierwelt ausgerottet, die Regierung war untätig und zog es vor, abstrakt zu bleiben, bildete Freiräume für die Korruption; wer an der Macht war, bereicherte sich; Schiffbruch der Ideologien; Krankheit, Gewalt und Elend waren allgegenwärtig und bedrohten zunehmend die Gesellschaft.

Vor elf Jahren (das Buch erlebte in Brasilien 20 Auflagen und verkauft sich immer noch) suchte ich mein Material in der phantastischen Übertreibung, in der Absurdität gewisser Situationen, indem ich Szenen, die mir unvorstellbar schienen, weiter überspitzte. Ich blickte um mich (ich wohnte in einem Apartment) und sah, wie die Stadt wuchs, während sie an Farbe verlor, grau wurde, undurchdringlich, düster, die letzten grünen Flecken verschwanden, Bäume, Büsche, Gärten oder Parkanlagen verkümmerten. Gleichzeitig lebten die Menschen passiv in den Tag hinein, als ginge sie all dies nichts an. Ich schrieb ein Buch, in dem São Paulo von einem Gürtel von Elendsvierteln umgeben war, «die Löcher der Allerärmsten», voller Hungernder, Elender, Übergeschnappter, Siecher. Je länger ich daran schrieb, desto grösser wurde mein Erschrecken. Nein, niemals möchte ich in einem solchen Land leben, so etwas kann man nicht Land nennen. Dazu kann Brasilien niemals werden, dachte ich.

Elf Jahre, das sind 132 Monate, 4015 Tage, vier Regierungen, der Sturz einer Militärdiktatur, eine Übergangsperiode, eine Periode – die gegenwärtige – in der man schreit: Leben wir in einer Demokratie? Doch, was heisst das, Demokratie? Was bedeutet das genau, abgesehen von semantischen Erklärungen, Wortspielen, philosophischen und soziologischen Diskussionen, in welchen sich die Zeitungen und Politikwissenschaftler Brasiliens ergehen. Was ist sie?

Ich bin kein Essayist. Ich bin nur ein Schaffender, dessen Inspiration sich auf eine einfache Tatsache stützt, nämlich die Beobachtung dessen, was um ihn herum vorgeht. Das reicht zum Schriftstellerberuf. Phantasie ist in diesem Land überflüssig, wo die alltäglichen Geschehnisse gespickt sind von Abenteuern aller Art. Meine Romangestalten tummeln sich rund um mich: Erwachsene, die Kinderbanden betteln schicken und sie ausbeuten; an den Kreuzungen der Hauptstrassen wird geraubt und verkauft, was nur geht. Ein jeder kann Bananen, Cashew-Nüsse, ausländische Uhren, schwedisches Werkzeug, Scheibenwischer, Tücher zum Fensterreinigen, Putzmittel, Kugelschreiber, Taschen-Video-Games, Autoantennen, Lenkradsperren, Radios oder Kassettenrecorder kaufen, die manchmal gerade erst vom nächsten Auto gestohlen wurden (und es gibt wirklich Leute, die sie kaufen), und so fort. Die Bevölkerung geht im Kreis, eingekerkert. Man hat Angst, die Wagenfenster zu öffnen, auch gibt es keine Häuser ohne riesige Gitterzäune ringsum (als wäre das Haus in einen Käfig eingesperrt), keine Fenster ohne Eisenstäbe davor. Dazu kommen Alarmanlagen, Videomonitoren zur Überwachung im ganzen Haus, Wächter. Die Reichen halten sich Bodyguards, die Armen beten. Niemand lebt mehr ungestraft.

Eine winzige Elite, jeden Tag winziger, hat den Reichtum des Landes in der Hand. Die Armut schnallt den Gürtel des Elends noch einmal enger. Der Würgegriff ist allumschliessend, und niemand weiss, wo dies alles enden wird. Klingt das nach Bürgerkrieg? Stimmt. Getarnt, vermummt, noch nicht offen erklärt. Geschäftsleute stellen «Justiceiros», «Unbestechliche» (auch «Gerechtigkeit» steckt im Wort, d. Übersetzer) an, welche Diebe und Banditen ermorden. Die Drogenhändler beschützen die Slums (in Rio de Janeiro finanzieren sie Schulen, kommen für die Milchversorgung auf, etc.), und es ist nur natürlich, dass umgekehrt auch die Slums die Drogenhändler beschützen, denn diese sind ihr einziger Schutz. Man hat Angst vor der Polizei, der Staat glänzt durch Abwesenheit. Wenn diese Schilderung für Sie wie erfunden klingt, machen Sie sich nichts daraus. Wir hier wissen nie genau, wo die Wirklichkeit endet und die Fiktion beginnt. Weshalb auch? Was hilft hier akademische Metaphysik?

Nun bin ich dabei, den zivilisierten Europäern Angst einzuflössen, indem ich mein Land «schlecht mache» (wäre ich Auslandkorrespondent, wäre ich sofort meinen Job los) und von ihm ein goyeskes Bild zeichne. Aber Goya ist höchstens ein sanfter Impressionist, und seine brutalsten Gemälde sind im zarten Ton der Can-

Can-Tänzerinnen Lautrecs gehalten, verglichen mit dem, was sich hier abspielt, was wir kennen, was wir gesehen haben. Und nichts geschieht? Doch, es geschieht etwas. Noch gibt es einen Rest Empörung. Eine der Folgen dieser Androhung von Demokratie war die freie Meinungsäusserung, in der sich die Presse – auch zu ihrem Vorteil – unerschrocken geübt hat. Skandale über Skandale, verursacht von einer entscheidungsunfähigen zaudernden Regierung, deren Wesensmerkmal das völlige Fehlen eines Konzepts für Brasiliens Zukunft ist. Der Präsident ist schwach, das Kabinett fehlbesetzt wie noch keines in den hundert Jahren Republik, und noch nie war das Nationalgefühl so schwach, der Begriff «Staatsbürger» so inexistent wie heute. Es wird zwar angeklagt, aber nicht bestraft. Der eine oder andere Sündenbock muss da und dort daran glauben, was zu einem völligen Verlust des Vertrauens in die Justiz führt. Das finanzielle Chaos dauert an. Wirtschaftspläne, die die Missstände beseitigen sollen, lösen einander ab und bringen nur noch grössere Missstände hervor. Es ist, als ob der Bucklige nach einem Besuch beim Physiotherapeuten noch immer mit seinem Höcker, aber auch noch mit einer Rückgratverkrümmung, einigen Wirbelbrüchen und obendrein mit leeren Taschen heimgehen würde. Die Rezession weitet sich aus, wir bringen keinen Gesellschaftsvertrag zustande. Die Eliten haben absolut keinen Sinn für soziale Verantwortung, deshalb der verbitterte Individualismus.

Alle spielen mittlerweile «Rette-sich-wer-kann». Eines ist gewiss: das Schiff ist steuerlos und der Kapitän drauf und dran, es der Strömung zu überlassen. Die Ungewissheit für den Einzelnen führt in einen derartigen Stress, eine solche Erschöpfung, dass die Praxen der Therapeuten voll sind wie noch nie, und noch nie wurden so viele Beruhigungstabletten verkauft. Auch ich habe sie genommen, Nacht für Nacht. Schwache Dosen, gerade so viel, dass ich schlafen und den nächsten Tag halbwegs ruhig beginnen konnte, ohne mit den Zähnen knirschen zu müssen.

Täglich stellen sich den Brasilianern zahlreiche Fragen: Werde ich morgen noch Arbeit haben? Werde ich das Schulgeld für mein Kind bezahlen können? (Man muss nämlich wissen, dass das Militärregime das öffentliche Schulwesen soweit hat verkommen lassen, dass es inzwischen ruiniert ist.) Heute herrscht die allmächtige Lobby der Privatschulen im Grund- und Mittelschulbereich und diktiert Preise, die für den Mittelstand unerschwinglich sind. Im öffentlichen Schulwesen gibt es in manchen Gegenden des Landes Lehrer, die für ein Gehalt von monatlich 30 000 Cruzeiros arbeiten, das

Ohne Bildungswesen gibt es weder Erziehung noch Kultur. Das Gesundheitswesen ist eine Katastrophe. Es gibt keinen öffentlichen Verkehr. Die Sozial- und Pensionsversicherung lebt vom Betrug. Die Coups der Multimillionäre leeren die Panzerschränke, deren Inhalt den Rentnern und den Spitälern zukommen sollte.

Sollen wir von Kultur reden? Kultur. Oder Bakterienkultur? Also gut, Kultur als Ausdruck des Schaffens, des Schöpferischen eines Volks. In diesem Jahr 1992 werden insgesamt drei ernstzunehmende brasilianische Filme produziert. Voriges Jahr war es einer. Ein Fortschritt also. Dem Theater geht es besser, weil manche Unternehmen die Inszenierung bestimmter Stücke, unter der Voraussetzung, dass sie mit berühmten Fernsehschauspielern besetzt sind, sponsern. Eine der grossen Streitfragen in diesem Bereich ist augenblicklich die Gesetzeslage, die den Firmen Steuererleichterungen zusichert, sobald sie im kulturellen Sektor investieren. Aber da wir ein Land der Unterschlagung sind, liegt das unüberwindliche Problem beim Wie der Besteuerung, um Gesetzesmissbrauch zu verhindern.

Um die Literatur steht es ebenso schlecht. Seit der Regierung Sarney und dem Amtsantritt des derzeitigen Präsidenten und mit den wirtschaftlichen Massnahmen wie der Sperrung der Gehaltskonten und Sparguthaben der Bevölkerung ist Geld nur noch für das Allernötigste vorhanden: das Essen. Ein Buch kostet in Brasilien durchschnittlich zwischen 30 000 und 45 000 Cruzeiros – in internationaler Währung: zwischen 20 und 34 Dollar. Ein Journalist verdient als Redaktor einer guten Zeitschrift zurzeit etwa zwei Millionen Cruzeiros, 1100 Dollar, wovon die Hälfte in die Miete, die Hälfte in die Schulung der Kinder, die Hälfte in Lebensmittel und ein Viertel in die Bekleidung fliesst. Addieren Sie: drei Hälften plus ein Viertel. Nein, das ist unmöglich! Entweder ist daran mathematisch etwas falsch oder der Brasilianer ist ein wundertätiger Heiliger. Unglücklicherweise ist die Mathematik die exakteste Wissenschaft. Und Wunder gibt es nicht. Folglich kommt es zu einem dauernden unerbittlichen Defizit, das zu einem Loch in der Tasche, im Bankkonto und vor allem im Kopf führt. Bitte, ein Beruhigungsmittel!

Ein Beispiel zur megalomanen Einstellung und persönlichen Erfahrung: Zwischen 1979, als ich die Presse verliess und versuchte, einen Traum zu leben, und 1990, als die derzeitige Regierung an die Macht kam, konnte ich mich halbwegs gut durchbringen. Ich habe eine Ex-Frau, zwei Kinder aus erster Ehe, bin wieder verheiratet und habe mit der zweiten Frau eine Tochter; ich lebe in einem gemieteten Haus. Ach, wieder so ein unmöglicher Traum (mir fällt der «Mann von La Mancha» ein: Den

Scherben ging: ein eigenes Haus zu besitzen. Wir leben in Mietwohnungen, deren Zins alle vier Monate – in einem «vernünftigen» Ausmass – um 100 bis 200 Prozent steigt. Deshalb flüchtet die Mittelschicht in die Aussenbezirke, und die Bevölkerung der Aussenbezirke strömt ins Stadtzentrum, wo sie unter Brücken, Viadukten, Vordächern, Kirchenportalen etc. lebt. Die Slums nehmen in rasendem Tempo zu, bilden eigene Sub-Städte in der Mega-Stadt (mein Rat: lesen Sie einfach «Kein Land wie dieses»). Alles in Brasilien verkehrt sich in sein Gegenteil. Ich schweife ab, gehorche nicht der Logik. Aber einem Brasilianer darf man nicht mit Logik, Rationalität oder Cartesianismus kommen. Gut. Seit zwei Jahren kämpfe ich, einer der bestverkauften brasilianischen Schriftsteller, tagtäglich, mich über Wasser zu halten. Ich arbeite als Journalist, in einer Tageszeitung und bei einer Zeitschrift – der radikale Einbruch bei den Werbungen in Zeitschriften zwingt diese, ihre Auflagen zu senken und Angestellte zu entlassen –, ich arbeite in der Abteilung für Kultur-Marketing einer Bank, habe zwei kurze Auftragswerke geschrieben und kann durch einen Glücksfall im Augenblick an einem wunderbaren kreativen Projekt teilnehmen: Ich wirke bei der Umarbeitung meines Romans «Zero» (Null) zu einem Ballett, unter der Leitung von Johannes Kresnick, mit. Es gibt sie noch, die Freuden des Lebens.

An jeder Strassenecke warten auf einen brasilianischen Autor 100 Themen. Von der Liebe zum Humor, von der Komödie zur Tragik, vom Abenteuer zum Krimi, jedoch ist eigenartig, dass die spärliche derzeitige Produktion eine Rückkehr zum hohlen Psychologismus ist, Aufguss des Sartreschen Ekels. In den letzten fünf Jahren haben ganz wenige talentierte junge Autoren debütiert und das Publikum erobert. Will sagen, das spärliche Publikum, das es gibt. Hier kommen die Faktoren der literarischen Beilagen, der Kritik und das Uralt-Klischee der kulturellen Kolonisation ins Spiel. Die sogenannte Generation der siebziger Jahre, jene, welche «Widerstand leistete», indem sie in der härtesten Zeit der Diktatur Literatur produzierte, stösst heute auf Ablehnung, wird an den Rand gedrängt. Verständlich in einer Zeit, welche den Ideologien mit Misstrauen begegnet. Auch kam es zum neuerlichen Auftauchen eines merkwürdigen Phänomens, das es schon in den Siebzigern gegeben hatte: die Suche nach Spiritualität, der Glaube an magische Praktiken, das Verlangen nach Lösungen mittels übernatürlicher Kräfte. Das ist nicht verwunderlich, waren doch die Vorräte an Geduld gegenüber politischen und sozialen Programmen schliesslich erschöpft. Einige der Autoren der Generation der siebziger Jahre sind nun dabei, eine sorgfältige und mutige Überprüfung ihres «Engagements» vorzunehmen. Und daneben schiessen die Übersetzungen ins Kraut, neue Idole des Literaturbetriebs, von den literarischen Beilagen zu Kult-Autoren erhoben. Gleichzeitig feiert man bis zum Überdruss den Hunderter von Mallarmé, versucht Baudelaire wiederzubeleben. Kaum eine Woche vergeht, in der kein neuer Aufsatz über James Joyce erscheint.

Vergeblich wird der Ausländer aber einen Artikel suchen, der die brasilianische Kulturlandschaft behandelt und sich fragt, warum es zurzeit keine intensive literarische Produktion wie in den Siebzigern und zu Anfang der Achtziger gibt, etc. etc. Einem brasilianischen Autor werden fünf Zeilen gewidmet, Sidney Sheldon wird mit drei Seiten bedacht. Es kursiert auch ein Witz über eine dieser Zeitschriften, die von einem ehemaligen Professor aus São Paulo herausgegeben wird: Sie ist das «Bermuda-Dreieck». Weil ein brasilianischer Autor, der dort hineingerät,... verschwindet. Er bekommt nämlich nur Prügel ab. Die Krise in der Kultur ist offensichtlich, aber anstatt dass die Artikelschreiber sich mit ihr beschäftigen, «entdecken» sie lieber, was schon von den nordamerikanischen Kritikern «entdeckt» oder vom französischen «Lire» angepriesen wurde. Oder sie analysieren ewig Machado de Assis.

Es wird immer weniger gelesen: Bücher sind zu teuer; es gibt zu viel Analphabetismus; Lesegewohnheiten fehlen; es mangelt an Anreizen. Dutzende Buchhandlungen wurden 1991 geschlossen. Ich habe das Gefühl, ich wiederhole mich – und das erschreckt mich, macht mich traurig. Als ich nämlich 1982/1983 in Europa lebte, hielt ich solche Vorträge öfters. Mit einem Unterschied: In mir war, wie in den anderen Brasilianern, die Gewissheit, dass es nach dem Ende des Militärregimes zu einer Kehrtwendung kommen würde, dass das Volk zu denken beginnen, einen Begriff vom mündigen Staatsbürgertum entwickeln und das Projekt des nationalen Wiederaufbaus in Angriff nehmen würde. Dieses Projekt ist unumgänglich. Dieses Land hat viele, Tausende, Probleme: soziale, wirtschaftliche, politische, ökologische. Ich überlegte, ob es sinnvoll sei, über Umweltprobleme zu reden, wenn die grundlegenden Fragen nicht gelöst sind. Natürlich. Wir müssen über alles sprechen, die ganze Zeit. Werten, analysieren, diskutieren, debattieren. Die Erste Welt ist sehr beunruhigt über die ökologischen Probleme Brasiliens. Sie will den Amazonas «retten». Man nennt ihn die Lunge der Welt. Aber im Grunde wurden die brasilianischen Umweltprobleme bis heute nur oberflächlich untersucht. Ich bin kein Fachmann auf diesem Gebiet. Mit Beklemmung habe ich festgestellt, dass die Ökologie als Marktstrategie missbraucht wird, in jeder Hinsicht. Die Parteien reden von ihr, Opportunisten reden von ihr, die grossen

Immobilienunternehmen benutzen sie. Alles ist Öko-Mode. Grüne Kleidung, Blumentöpfe, bunte Schaufenster, Reklamen. Sicherlich, es gibt Leute, die sich ernsthaft für die Erhaltung des Amazonas-Urwalds einsetzen, für die Beibehaltung des Juréia-Reservats, für die Reinigung der Flüsse. (Endlich hat auch São Paulo begonnen, ein Programm zur Reinigung des Tietê-Flusses durchzuführen, wie auch in London die Themse gereinigt wurde.)
In jeder kleinen Stadt gibt es Gruppen, die gegen lokale Missstände ankämpfen: fehlende Abwasserentsorgung, skrupellose Industriebetriebe, Müll. Ohne Übertreibung gibt es heute hundertmal mehr Bewusstsein für die Umwelt und die Probleme, die uns umgeben, als vor zehn Jahren. Es gibt alle möglichen Arten von Gruppen, radikalen Organisationen, eine Grüne Partei formiert sich und gewinnt Anhänger, die Jugendlichen in den Schulen bilden sogenannte «Grüne Patrouillen», um die Parks, Blumenbeete, Obstgärten, Rasenflächen sauber zu halten. Es gibt eine lange einschlägige Bibliographie von auf Portugiesisch erhältlichen Werken, übersetzt oder brasilianischen Ursprungs, und der Kultursender des Fernsehens von São Paulo hat eine tägliche Sendung gestartet, die grossen Anklang findet: «Öko-Reporter». Natürlich wird das Thema verzerrt und unlauter ausgeschlachtet: die Politik arbeitet mit allen Mitteln.
Sogar die berühmte und oft zitierte «Öko 92 – Rio» bewirkt noch Polemiken. Besser ist aber allemal Uneinigkeit über die Art der Verwirklichung als Schweigen auf weiter Flur. Die Ökologie ist ein Thema, das die junge Generation und die Kinder sehr beunruhigt. Das könnte ein Ausweg sein; es gibt auch eine Initiative für die verpflichtende Einführung der Umweltkunde in die Lehrpläne als Fach wie Geographie, Geschichte oder Mathematik. Diese Bewegung ist nicht mehr umkehrbar, sie weitet sich aus, gewinnt Anhänger, sie wird in Zukunft massiv und stark sein.
Etwas ist in leichter Veränderung. Eine erträgliche Leichtigkeit des Wandels. Bewusste Bürger, kämpferische Journalisten, ehrliche Politiker, aufgebrachte Lehrer, Jugendliche, die fragen: Warum? Da und dort macht man mobil. Vor wenigen Monaten gaben uns alte pensionierte Arbeiter ein bewundernswertes Beispiel. Als ihre ohnehin schon lächerlichen Pensionen erheblich gekürzt wurden – ein himmelschreiendes Unrecht –, konnten wir siebzigjährige Alte sehen, die gegen die Polizei kämpften, bei den Zusammenstössen verwundet wurden, sich aber nicht einschüchtern liessen.
Nun, Brasilien wurde immer als «junges Land» angesehen. Mehr als 50 Prozent der Bevölkerung sind zwischen zwanzig und dreissig. Die Revolte, die Rebellion, das Aufbegehren gegen das Establishment ging immer von der Jugend aus; und dennoch kam plötzlich, zu Ende dieses Jahrhunderts in diesem Land der Überraschungen, die Rebellion von seiten der Alten. Man sah eine Gesellschaft sich artikulieren, die in Angst geraten war. Diese Angst vor einem ziemlich wahrscheinlichen blutigen Bürgerkrieg, da die Verteilung der Einkünfte ungerecht, ungleich, betrügerisch ist, könnte schliesslich die Brasilianer wieder vereinen, so wie sie sie 1983 auf den Plätzen zusammengeführt hat, als sie das Ende der Diktatur und die Wiedereinführung freier Wahlen forderten. Es gibt Quartiervereinigungen, Gemeinschaften, es gibt einen Teil der Kirche, es gibt Liberale, die mit ganzer Kraft beschäftigt sind, im Innern der Brasilianer ein Virus auszurotten, das schrecklichste, das es gibt. Die Cholera hat uns nicht beeindruckt, sie ist heilbar. Aber den Individualismus zu durchbrechen, in den alle sich verkapseln, das ist die grosse Herausforderung für jeden, der vorhat, die Gesellschaft in diesem Land zu verändern.
Ich bin nicht der Ansicht, dass die brasilianische Gesellschaft aus eigenem Verschulden krank ist. Sie wurde bewusst infiziert. Man injizierte in ihre Adern ein Virus, das sie zu dem machte, was sie heute ist: amorph und willenlos. Aber es gibt eine Rettung für die Zukunft, die sofort in Angriff genommen werden muss: eine Reform des gesamten Erziehungswesens. Die Schulbildung steht an erster Stelle der Dringlichkeit. Die Schulbildung, gefolgt vom Gesundheitswesen, wird zur Veränderung dieses Landes beitragen. Nur die Schulbildung formt den Bürger und seinen Begriff von den Bürgerrechten, stellten unlängst die acht Diskussionsteilnehmer in einem Seminar fest, bei dem es um diese entscheidende Frage ging. Unternehmer, Anthropologen, Politiker, Gewerkschaftsfunktionäre, sie alle waren sich einig: Schulbildung ist fundamental. Von ihr ausgehend, werden wir zu einer erstklassigen Gesellschaft gelangen. Vorher ist es allerdings notwendig, die grosse Mehrheit der herrschenden Elite zu erziehen, die sich Miami und seine Shopping Centers als Jet-Set-Eldorado erwählt hat; sie muss eine Ahnung von unterschiedlichen Mentalitäten bekommen.

Übersetzung: Friedrich Frosch, Wien

**Ignácio de Loyola Brandão** wurde 1936 im Staat São Paulo geboren. Er ist als Schriftsteller, Journalist und Drehbuchautor tätig. Als DAAD-Stipendiat hat er längere Zeit in Berlin gelebt. Auf Deutsch sind von ihm erschienen «Kein Land wie dieses. Aufzeichnungen aus der Zukunft» und «Null. Prähistorischer Roman» (beide bei Suhrkamp).

Ferreira Gullar

# Kultur der Peripherie

Auch wenn es keine «reine» nationale Kultur gibt – und die Reinheit als solche zweitrangig ist –, hat eine solche doch in Ländern der Dritten Welt, mit ihren kolonialen Ursprüngen, grosse Bedeutung. Man kann dieses Phänomen als eine Art «Minderwertigkeitskomplex» der peripheren Kulturen umschreiben, und seine Wirkung im kulturellen Prozess ist allgegenwärtig. Dass sich diese Kulturen auf nationaler Ebene selbst bestätigen müssen, wird also zu einem entscheidenden Faktor in ihrer Ausformung von dem Augenblick an, wo dies bewusst unternommen wird. Diese Bewusstseinsbildung, ebenso wie die Entscheidung, eine nationale Kultur zu schaffen, stellt an sich bereits ein Abrücken von den metropolitanen Kulturen dar.

Wie bei vielen anderen Ländern beginnt dieses Phänomen in Brasilien anfangs des 19. Jahrhunderts, als Folge der bürgerlichen Revolution. Die Kolonialreiche zerbröckeln, und Nationalstaaten beginnen sich herauszubilden. Wieweit diese Unabhängigkeit jedoch geht, wird sowohl auf politischer als auch kultureller Ebene offensichtlich: Es wird eigentlich ja bloss eine Form des Beherrschtwerdens durch eine andere ersetzt: die Herrschaft des Kolonialismus durch die des Kapitalismus, anders gesagt, die ehemalige Kolonie befreit sich vom Kolonialherrn um den Preis, in das kapitalistische Weltsystem wirtschaftlich und kulturell abhängig eingegliedert zu werden. Damit ist einerseits etwas gewonnen, andererseits ging aber auch etwas verloren: Erreicht wurde eine grössere wirtschaftliche und kulturelle Freiheit, verspielt wurde in der Kultur die Möglichkeit, jene Entwicklung weiterzuführen, die, von übernommenen Werten ausgehend, eben erst Fuss gefasst hatte und eigenständige Früchte zu tragen begann. Der plötzliche Bruch bedeutete die Aufgabe einer entstehenden Tradition im Namen der Modernisierung, wodurch die nationale Kultur auch eine phasenverschobene Nachäffung der europäischen wurde. Ein bekanntes Beispiel dafür ist unsere literarische Romantik, die den Indianer als Thema benutzte, ihn aber in einen weissen Helden voller bürgerlicher Tugenden verwandelte.

Andererseits muss man einräumen, dass dies die einzige Möglichkeit für eine ehemalige Kolonie war, die trotz vereinzelter ursprünglicher kultureller Restbestände nichts weiter als ein Ableger der europäischen Kultur auf der anderen Seite des Atlantiks war. Die Eingliederung ins kapitalistische System in abhängiger Stellung bedeutete demnach gleichzeitig einen Fortschritt und ein Verhängnis. Mit der politischen Unabhängigkeit setzt ja der Beginn der Nationwerdung ein, und der neue Staat ist, um sich nach aussen abzugrenzen, zur Betonung seiner eigenen nationalen Werte und Besonderheiten gezwungen. Diese Affirmation musste sich aber auf bürgerliche Tugenden gründen oder auf das, was die Metropolen als solche ansahen. So gab es nur einen Weg: kapitalistisch und bürgerlich zu werden wie die europäischen Staaten, wenn auch ohne deren technische, wirtschaftliche oder kulturelle Möglichkeiten. Die Folge davon ist das unvermeidliche Nachhinken hinter Europa und die Schwierigkeiten der kulturellen Praxis, Wurzeln zu schlagen und echte Früchte zu tragen, wo gleichzeitig auf wirtschaftlicher Ebene der Import eine Produktion im eigenen Land verhindert.

Wäre der kulturelle Prozess linear und einfach, wie man aus dieser groben Skizzierung ableiten könnte, stünden wir vor einem unlösbaren Problem. In der Dialektik der abhängigen Kultur ist es jedoch so, dass häufig der Herrschende ungewollt gezwungen ist, dem Beherrschten Waffen in die Hand zu geben. Auch gelangt die kapitalistische Expansion in ihrer Widersprüchlichkeit an den Punkt, wo sie in den peripheren Ländern wirtschaftliche Prozesse entstehen lässt, die sich allmählich konsolidieren und eine gewisse Autonomie erlangen, bis sie schliesslich beginnen, die brutale Dominanz der Metropolen einzuschränken. Die Beziehungen verwandeln sich, zumindest teilweise, in Interdependenzen, sowohl auf wirtschaftlichem als auch auf kulturellem Gebiet, wodurch – je nach situationsspezifischen Begleitumständen – der eigenständige Beitrag des peripheren Landes zum Gesamtsystem möglich wird. In diesem Punkt muss die entscheidende Rolle des individuellen Talents hervorgehoben werden – sei es des Künstlers, des Denkers oder des Wissenschaftlers –, welches die Grenzen des Nationalen überwindet und Werke von universeller Bedeutung schafft. Für Brasilien sind das zu Ende des 19. Jahrhunderts der Romancier Machado de Assis und im 20. Jahrhundert unter anderen der Architekt Oscar Niemeyer oder der Lyriker Carlos Drummond de Andrade.

Der «nationale» Charakter der Kultur beginnt sich in dem Mass zu konsolidieren, wie die importierten und assimilierten Formen den Geschmack und die Gefühle des Volkes bestimmen und so Referenzmuster schaffen, die zur Hervorbringung oder Aneignung neuer Formen dienen. So erklärt es sich, weshalb in den 30er Jahren, als Le Corbusier und Frank Lloyd Wright in Brasilien die Werbetrommel für ihre architektonischen Ideen rührten, die brasilianischen Architekten sich für die plastische und verstandesbestimmte Bauweise des ersteren entschieden und nicht für die grosstönende Rhetorik des Nordamerikaners. Sowohl die portugiesische Kolonialarchitektur als auch der Neoklassizismus Montignys hatten hier vorbereitend gewirkt. Der portugiesische Kolonialstil und die französische Neoklassik waren uns aufgezwungen worden, doch die Entscheidung für Le Corbusier war bereits bestimmt durch einen gewissen schon bestehenden «brasilianischen Geschmack».

Es wäre jedoch illusorisch zu glauben, der Prozess der kulturellen Autonomiebestrebung laufe kontinuierlich und ohne Umwege ab. Keineswegs.

Nehmen wir als Beispiel die «Música popular», die populäre Musik. Hier ist Brasilien dem ständigen Ansturm ausländischer Produkte ausgesetzt, welche zunehmend marktbeherrschend werden und auch den Geschmack kommender Musikergenerationen bestimmen. Sollte dieser Trend anhalten, wird innerhalb weniger Generationen niemand mehr sein Instrument genügend beherrschen, um brasilianische Musik spielen zu können. Noch kritischer ist die Lage des einheimischen Kinos; nach einer Zeit internationaler Erfolge ist es augenblicklich vom Verschwinden bedroht. Seine zahlreichen Schwierigkeiten reichen vom Fehlen grosser Talente bis zum Verlust von Märkten und staatlichen Förderungen. Genauso wie die Musiker wandern die besten Filmemacher ins Ausland ab, im verzweifelten Versuch, künstlerisch zu überleben.

Die Wirtschaftskrise, die das Land seit mindestens fünf Jahren heimsucht, hat auch im universitären Bereich negative Folgen und verursacht gewaltigen Schaden in der Forschung, was die technologische und wirtschaftliche Abhängigkeit weiter verstärkt. Diese Krise zeigt sich auch in anderen kulturellen Bereichen, wie in den plastischen Künsten und der Literatur, wo sie zu einer drastischen Verringerung des Absatzes führte. Auf dem Buchmarkt dominieren ausländische und inländische Bestseller von durchwegs zweifelhafter Qualität. (1991 machten die Übersetzungen fremdsprachiger Bücher 90 Prozent der verkauften Exemplare aus.)

Doch wenn die Krise auch eine Verringerung der Auflagenzahl und -höhe brasilianischer Bücher bewirkt, so ist das nur eine Folgeerscheinung der Konjunktur, welche die Qualität der literarischen Produktion nicht beeinflussen und den Buchmarkt nicht auf Dauer schädigen wird. Man kann getrost behaupten, dass – im Gegensatz zur Música popular – die brasilianische Literatur genügend innere Festigkeit erreicht hat, um gegenüber fremden Moden und Strömungen ihre Autonomie zu bewahren. Das beruht möglicherweise unter anderem darauf, dass das Rohmaterial der Literatur – die Sprache – im Volk tief verwurzelt ist und teilhat an all den unzähligen Erfahrungen des brasilianischen Lebens, so dass sie aller Voraussicht nach nie völlig degenerieren wird. Und wenn auch die Sprache keine Garantie ist für literarische Autonomie, so stellt sie für den Schriftsteller doch das beste Verbindungsglied zu seiner eigenen vitalen, sozialen und kulturellen Wirklichkeit dar.

Im Bereich der peripheren Kultur verliert die nationale Frage in demselben Masse an Bedeutung, wie diese Kultur an Autonomie gewinnt. Wenn sich die geistigen Eliten aus ihrem Minderwertigkeitskomplex befreien, können sie mit den wesentlichen Problemen ihrer Kultur objektiv umgehen, deren letzte Bestimmung die Universalität ist. Nichtsdestoweniger spielt vor allem im Bereich der Kunst und der Literatur der nationale Faktor, auch wenn er nicht das höchste Ziel darstellt, eine entscheidende Rolle bei der Hervorbringung neuartiger und echter Kunstwerke. Unsere gegenwärtige Epoche, in der die Kommunikationsmedien und die wirtschaftliche Vernetzung eine globale Zivilisation herausbilden, zeigt ganz klar, dass die Internationalisierung der künstlerischen Strömungen und Codes die Kunst verarmen lässt. Andererseits steht ausser Diskussion, dass die Existenz vieler Strömungen und Codes, die aus den Besonderheiten jedes einzelnen Landes und jeder einzelnen Kultur entstehen, die Kultur unserer Zeit zusätzlich bereichert und befruchtet.

Es ist jedenfalls unmöglich, die Zukunft der brasilianischen Kultur – oder der Kultur in Brasilien – einzuschätzen, ohne die internationale Konjunktur mit zu berücksichtigen, die durch ihre plötzlichen und tiefgreifenden Kurswechsel überall auf der Welt Ratlosigkeit hervorruft. Fast mutet es ironisch an, dass die brasilianische Kultur genau zu dem Zeitpunkt, wo sie ihren Rückstand auf die Kultur der Metropolen zu verringern schien, in eine tiefe Krise schlittert, als hätten sich mit dem Ende dieses Jahrhunderts die Utopien erschöpft, welche an seinem Beginn geboren wurden.

Übersetzung: Friedrich Frosch, Wien

**Ferreira Gullar** wurde 1930 in São Luis, Maranhõ, geboren. Er war als Mitglied der Dichtergruppe «Noigandres» der Theoretiker des brasilianischen «Neo-Konkretismus», Autor verschiedener Manifeste, so zum Beispiel der «Theorie des Nicht-Objekts». Auf Deutsch ist von ihm erschienen «Schmutziges Gedicht/Poema Sujo» (zweisprachige Ausgabe bei Suhrkamp).

Marta Suplicy

# Brasilien im nächsten Jahrtausend

Seit meiner Kindheit höre ich, dass Brasilien das Land der Zukunft sei. Manchmal mag das sein. Aber jetzt, da ich älter werde, stelle ich fest, dass mein Land, obwohl zehntgrösste Wirtschaftsmacht, ein Durchschnittseinkommen von 2160 Dollar pro Kopf aufweist, während die USA auf 19 840 Dollar kommen. Bei uns sterben nach Angaben der UNICEF 61 von 1000 lebend geborenen Kindern in ihrem ersten Altersjahr, in den USA zehn. Unsere Inflation beträgt 25 Prozent im Monat, ein Erfolg, denn früher belief sie sich auf 80 Prozent. Es gibt Hunderttausende von alleinstehenden Müttern, und der Koeffizient von Schwangerschaften im Jugendalter steigt erschreckend an. In der Aids-Statistik stehen wir an drittoberster Stelle. Die Gewalt gegen Frauen ist alarmierend; die Zahl der Abtreibungen bewegt sich laut WHO zwischen drei und vier Millionen im Jahr. Über 40 Prozent der gebärfähigen Frauen lassen sich, weil sie keine andere Wahl haben, sterilisieren, während es in den reichen Ländern nur sieben Prozent sind. 41 Prozent nehmen die Pille.
Als Resultat dieser Praktiken sank die Geburtenrate um 19 Prozent: 1980 hatte eine Frau durchschnittlich 4,3 Kinder, zehn Jahre später 3,5. Die schwarzen Frauen und ihre Kinder sind ärmer, bekommen eine schlechtere Schulbildung und sind schlechter bezahlt als weisse Frauen mit gleichem Ausbildungsniveau. Überhaupt verdienen Frauen nur 60 Prozent des Männerlohns; sie sind gewerkschaftlich schlechter organisiert, und sie sind mehrheitlich in gettoisierenden Berufen tätig (Lehrerinnen, Sekretärinnen, Hausangestellte, Dienstleistungen ohne Fähigkeitsausweis, Taglöhnerinnen). Unter den Frauen, die Familienoberhäupter sind, sind mehr als 46 Prozent über 50 Jahre alt, gegen 29 Prozent bei den Männern, was auf die Menge der Witwen, getrennt lebenden, geschiedenen oder von ihren Männern verlassenen Frauen schliessen lässt.

Andererseits haben wir Frauen seit 1988 eine der fortschrittlichsten Verfassungen der Welt. Obwohl im Parlament nur mit 26 Abgeordneten vertreten, fünf Prozent im Nationalkongress, haben die Frauen eine Menge von strukturellen Änderungen durchgesetzt: die Aufhebung des Rechts der Männer, einzig und allein als Familienvorstand in Frage zu kommen; die Gleichberechtigung von Mann und Frau in der Familie; die Gleichberechtigung ehelicher und ausserehelicher Kinder; die Bürgerrechte schliessen jetzt die Information über Familienplanung durch den Staat ein; Gewalt in der Ehe ist ein Offizialdelikt; das Nachtarbeitsverbot für Frauen ist aufgehoben; Betriebe, die Frauen beschäftigen, werden begünstigt; und schliesslich können in ländlichen Regionen Frauen Landtitel empfangen.

Die 1982 gegründeten Frauenräte haben dafür gesorgt, dass die Gewalt gegen Frauen, bis damals nicht zur Kenntnis genommen oder tabu, diskutiert wurde. Seit 1985 sind im ganzen Land 90 Stellen zur Verteidigung der Frauenrechte gegründet worden. Die Frauenräte klagten Geschlechtsdiskrimierungen ein, Zwangssterilisationen, das Fehlen öffentlicher Gesundheitsprogramme und nicht zuletzt die exzessive Kindbettsterblichkeit. Frauen haben bei der Verteidigung der Frauenrechte in der Verfassung eine ausschlaggebende Rolle gespielt.

Im Gegensatz zu den Jahren der Militärdiktatur ist in den letzten Jahren die weibliche Präsenz im sozialen und politischen Leben stark angewachsen. Frauen haben sich engagiert für Themen wie Amnestie, Lohnerhöhung, Gesundheit. Wichtig war ihre Zusammenarbeit mit kirchlichen Kreisen, die sich im Rahmen der Befreiungstheologie für die am meisten benachteiligten und unterdrückten Bevölkerungsschichten einsetzte, was unter anderem auch zur Einrichtung eines morgendlichen Fernsehprogramms führte, das sich sowohl an die Zuckerrohrarbeiterin als auch an die Göre von Ipanema richtete. Dieses Programm hatte einen grossen Einfluss auf die Fragen der sozialen Stellung der Frau und jene der patriarchalischen Gewalt.
Ich habe von 1980 bis 1988 eine Studie über das sexuelle Verhalten betreut und konnte so, durch eine enorme Korrespondenz und Vorträge im ganzen Land die Entwicklung der Werte verfolgen: die Konfusionen auch, welche die Fernsehprogramme im männlichen und weiblichen Rollenverhalten bewirkten.

Im letzten Jahrzehnt wurde die Bewusstseinsarbeit in Sachen Umweltzerstörung vorangetrieben, und wieder waren Frauen dabei führend. Die Umweltorganisationen schafften Klarheit darüber, dass «das nördliche

Modell des besinnungslosen Konsums und des grenzenlosen Wachstums niemals kompatibel sein kann mit der Bewahrung natürlicher Ressourcen, besser mit dem ‹ökologischen Kapital›, das den künftigen Generationen übergeben werden kann». Kraft ihrer Rolle in der menschlichen Reproduktion wog das Wort der Frauen schwer. Die Frauen des Regenwaldes, aus den Dürregebieten und von den Inseln fühlen sich am stärksten betroffen von der Umweltzerstörung und klagen verfehlte, umweltunverträgliche Wachstumspläne am heftigsten ein.

Die brasilianische Familie hat sich, nicht nur weil sie – statistisch gesehen – ein Kind weniger hat als 1980, verändert. Da die patriarchalische Rolle der Männer seit den sechziger Jahren, zuerst hauptsächlich im Mittelstand, sich abschwächte, wird die Familie egalitärer. Die brasilianische Gesellschaft ist immer empfänglich für das Neue. Obwohl sie schnell ist, kann sie neue Werte dennoch nicht so leicht kaufen wie im Shopping Center. Der Sozialpsychologe und Psychoanalytiker Sérvulo A. Figueira hat festgehalten, dass in Brasilien ein Rhythmusunterschied besteht zwischen Änderungen des Konsumverhaltens und dem extrem schwierigen Wechsel im familiären Zusammenleben. In bezug auf Familienstruktur und Identität bleibt die Veränderung oberflächlich; das Neue und Moderne lebt mit dem Archaischen und Überholten zusammen.

Die neue Familienidee, in der der Mann keine überlegene Stellung mehr innehat und in der die Identität des einzelnen Familienmitglieds nichts mehr zu schaffen hat mit der Stellung in der Familie, muss sich auseinandersetzten mit dem Streben von Unterschiedlichen nach Gleichheit, mit dem Druck des persönlichen Geschmacks, mit dem Verlust der Umrisse von Begriffen wie richtig und falsch.

In der manchmal kaum sichtbaren Veränderung muss zwar das Archaische dem Modernen Platz machen, aber da und dort tritt das Alte, das im Unbewussten gegenwärtig geblieben ist, in unerwarteter Form wieder auf. Figueira sagt es so: Ein «Verlust der Landkarte» geschieht, aber es ist nicht einfach der Verlust einer Orientierungshilfe, sondern verschiedene und widersprüchliche Kartenwerke werden ohne Zusammenhang ins Subjekt eingeschrieben.

Weil alles so rasend schnell vor sich geht, kann der Einzelne sich mit der Nachäffung alles dessen, was schön und neu erscheint, behelfen, mit Imitation, die keineswegs von den tieferen Schichten seiner Identität gestützt wird und deshalb keine Konsistenz haben kann.

Es ist nicht leicht, in Brasilien zu leben, diesem Land, das das internationale Ungleichgewicht in sich selbst reproduziert. Der Süden und Südosten konzentriert in sich die Güter und die Dienste. Auf der anderen Seite lebt ein Viertel der Bevölkerung in bitterster Armut, und 57, 5 Prozent haben eine sehr tiefe Lebensqualität. Zeitungen und Zeitschriften denunzieren den Staat wegen Unterernährung und Armut, wegen des Verlassens und der Ermordung von Kindern, wegen des Skandals der Kinderprostitution in den Garimpo-Zonen, wegen des Zwergwuchses in Gegenden des Nordostens, mit schrecklichen Fotos des Gabiru-Menschen und seiner Nachkommen, die höchstens 1,35 m gross werden. Und oft übersehen sie, dass Millionen von Brasilianern in ihrer Intelligenz eingeschränkt sind, weil in den ersten Lebensjahren die adäquate Nahrung fehlte.

Dieses Bild der Armut und der Pseudomodernisierung wäre im Hinblick auf unseren Eintritt ins nächste Jahrtausend schon genug erschreckend und wird noch beunruhigender, wenn man den Preis bedenkt, den die Frau bezahlt, wenn sie sich in die Wirtschaft und die öffentlichen Angelegenheiten einmischt. Die Frau hat sich einen doppelten Arbeitstag eingehandelt, und die Aussichten auf eine Änderung stehen schlecht.

Die theoretischen Arbeiten von Feministinnen betonen, dass die Möglichkeiten einer Änderung der Sozialstrukturen von einer Mentalitätsänderung bei Mann und Frau anhängig sein wird und dass sie nur möglich ist, wenn der Mann die elterlichen Pflichten mit der Frau teilt. Die amerikanische Psychoanalytikerin Nancy Chodorow behauptet, die Gesellschaft könne nur dann kooperativer werden, wenn ein Knabe nicht mehr weibliche Wesensmerkmale verachten müsse, um seine Männlichkeit zu konsolidieren.

Trotz allen Einsichten bleibt die Angst, dass wir am Ende des dritten Jahrtausends nicht nur feststellen werden, dass der Mensch der Dritten Welt grössenmässig «Gabiru» geworden und sein Intelligenzquotient herabgesunken ist und dass darüberhinaus seine psychische Struktur Lichtjahre entfernt ist von jener seiner Brüder und Schwestern der Ersten Welt. Die Welt könnte einmal nicht mehr geteilt sein in Reiche und Arme, sondern in verschiedene Menschenarten!

Übersetzung: Martin Schaub

**Marta Suplicy** ist Psychoanalytikerin und betreute von 1980 bis 1988 ein TV-Sexualerziehungsprogramm, sie schrieb verschiedene Bücher zu den Themen Frauenrechte und Sexualerziehung. Marta Suplicy ist verheiratet mit Senator Eduardo Suplicy. Ihr Essay basiert zum Teil auf Publikationen des brasilianischen Frauenzentrums, des Instituts für die schwarze Frau sowie auf Studien von Elza Bérquo (Sterilisation), Eva A. Blay (politische Frauenarbeit in São Paulo), Sérvulo A. Figueira (neue Familie), der brasilianischen Feministinnen Rosika D. und Maria da Coleta Oliveira, ferner auf Nancy Chodorows Studie «The Reproduction of Maternity. Psychoanalysis and Sociology of Gender».

Fernando Morais

# Von Mariana nach Gotham City

Fragen wir uns, wie sich heutzutage die Begriffe «Kultur, Freiheit und Bürgerrecht» denken lassen. Seit dem alten Griechenland bedeutet «Bürgerrecht» die Gesamtheit der unveräusserlichen Rechte eines Bürgers, der in einer bestimmten Stadt geboren wurde. Unlängst las ich einen ungewöhnlichen und anregenden Artikel eines marxistischen Autors[1], welcher auf das Wiedererstehen des utopischen Denkens in einigen Spielarten moderner Produkte der Massenkultur, wie etwa in zeitgenössischen Filmen, hinweist. Diese Lektüre verstand ich dahingehend, dass bei der gegenwärtigen Krise der Ideologien zu Ende dieses Jahrhunderts die Stadt wahrscheinlich die einzige allgemein akzeptierte Form ist, eine Gemeinschaft zu denken in ihrer sozialen Differenziertheit und Stratifikation, da sie den räumlichen Ausdruck der gesellschaftlichen Unterschiede darstellt.

Dieser Ansatz bezieht sich auf den Bereich der Massenkultur, wo Filme wie «Blade Runner» oder «Batman» – nach Meinung besagten Autors – die Tradition von Fritz Langs «Metropolis» wiederaufnehmen und die Stadt als Szenarium und Darsteller des menschlichen Dramas verwenden. Es handelt sich um Filme, die den Helden der Ordnung propagieren, indem sie den Eindruck vermitteln, dass es im Wesen der Metropolen liegt, Gefahren zu erzeugen, die jenen Frieden bedrohen, von dem die dort konzentrierte Mittelklasse träumt. Und dass es im Wesen der politischen Kultur dieser Bürger liegt zu glauben, Geschichte werde von Individuen gemacht. Hervorzuheben ist, dass diese modernen Formen der Utopie Stadt und Bürger in einem gemeinsamen Schicksal unlösbar verbinden, das getrennt undenkbar ist.

Dieses Jahr feiert Brasilien das Jubiläum eines seiner wenigen Helden, Tiradentes, des «Zahnziehers». Er starb vor zweihundert Jahren im Kampf für die Befreiung seines Landes vom Joch Portugals. Sehr anders als unsere sah die Welt aus, in der Tiradentes von der Freiheit träumte. Die Lebensumstände auf dem Land in der Verfallsphase des Bergbaus füllten den damaligen Freiheitsbegriff mit zahlreichen wirtschaftlichen Inhalten, welche uns heute eher fremd anmuten. Von den mir bekannten Dokumenten ist die «Nachricht» des Oberlandesgerichtsrates Rodrigues de Brito über den Sertão von São Francisco, verfasst Anfang des 19. Jahrhunderts, der beste Ausdruck für die Freiheit, die man unter kolonialen Verhältnissen anstrebte: «Damit die Bauern in den Besitz voller Freiheit gelangen, die für den Gedeih der Landwirtschaft erforderlich ist, wäre es nötig, ihnen zuerst die Freiheit zuzugestehen, alle die Produkte anbauen zu dürfen, die sie wollen. Zweitens müsste ihnen die Errichtung jeglicher Bauten und Produktionsstätten zugestanden werden, von denen sie glauben, dass sie der Nutzung ihrer Ernte dienen. Drittens die Freiheit, ihre Güter überall verkaufen und auf beliebigen Routen dorthin transportieren zu dürfen unter freier Wahl jener Personen, deren Dienste sie in Anspruch nehmen wollen – all dies ohne Verpflichtungen oder irgendwelche Formalitäten. Viertens die Erlaubnis, den Käufern den Vorzug zu geben, welche den höchsten Preis bezahlen. Und fünftens die freie Wahl über den Zeitpunkt, wann sie ihre Produkte verkaufen wollen. Unglücklicherweise haben sie in dieser Capitania in keinem dieser Punkte die freie Wahl.»[2]

Ein Abgrund trennt also die Idealvorstellung einer Stadt, in der das menschliche Zusammenleben an Qualität gewinnt – was den Sinn moderner Utopien darstellt – vom Bürgerrechtsgedanken der kolonialen Periode, der fast gleichbedeutend mit «Nationalismus» war. Heute ist das Bürgerrecht ein zunehmend universelles und homogenes Konzept. Man denke nur an den ökologischen Kampf, der das Recht auf eine intakte Umwelt zu einer «planetaren», globalen Frage macht. Auf der anderen Seite ist die Freiheit paradoxerweise eine «nationale Frage» geworden. Zumindest scheinen dies die anhaltenden Konflikte im heutigen Osteuropa zu zeigen, genauso wie in jüngster Vergangenheit unser Kampf gegen die Militärdiktatur. Die modernen Völker kämpfen für gewöhnlich dafür, Staaten bilden zu dürfen, in denen sich Freiheit auf möglichst breiter Basis und das universelle ideale Bürgerrecht verwirklichen lassen. Die Unterentwicklung und das Elend jedoch binden den Kampf um Freiheit an die Erkämpfung wirtschaftlicher Freiheiten, zur Befriedigung der materiellen Grundbedürfnisse, wodurch perverserweise der Kampf um menschliche Grundrechte als etwas höchst Aktuelles erscheint. Das Recht, die Stadt und ihre Kultur zu nutzen, scheint nebensächlich und unerheblich angesichts der Herausforderungen, die Hunger und Analphabetismus darstellen. Es ist, als würden wir nicht darum kämpfen, höhere Stufen der Zivilisation zu errei-

Eben angekommen in der Megastadt. (Photo Willy Spiller)

chen, sondern dagegen ankämpfen, noch tiefer in die Barbarei zu versinken. Ein Kampf, in dem – seien wir doch ehrlich – unsere eigenen Ideale und Utopien verarmen.

An einem Land wie Brasilien lässt sich besonders deutlich ablesen, wie stark die Kultur, das Bürgerrecht und die Freiheit vom Elend beeinflusst und eingeschränkt werden. Nicht nur ist das Heer der Elenden von jeglicher Form des Bürgerrechts ausgeschlossen, auch die meinungsbildende Mittelschicht ist gleichsam verkrüppelt. Das Fehlen eines zivilisatorischen Horizonts schwächt nämlich die Identifikation des Bürgers mit seiner Stadt und treibt ihn in eine Haltung, die so weit geht, dass er die Stadt nicht als die seine anschaut. So lebt die Mittelschicht in einer Haltung der Idealisierung des eigenen Hauses, des Wagens, des Shopping Center oder des Clubs mit ihren exklusiven – andere ausschliessenden – Bereichen, in ihrem «Bunker», der sie vor den «gefährlichen Klassen» schützt. Die Mittelschicht sieht die Stadt besetzt von «Nicht-Bürgern» (im Science Fiction-Film sind's Scheinmenschen) und schafft es deshalb nicht, die Stadt als Ideal zu fassen und für eine gemeinsame Zukunft in ihr zu kämpfen. Sie ist unfähig, sich mit den Elenden zu solidarisieren.

Tatsache ist, dass nach der Zeit der Erkämpfung der staatsbürgerlichen Freiheiten sich immer noch kein klares Bewusstsein hinsichtlich der sozialen Inhalte der errungenen Rechte herausgebildet hat. Wenn wir die «Erste Welt» mit ihrem Modellcharakter betrachten, müssen wir eingestehen, dass Kultur und Zivilisation einen hohen Preis kosten. Das Bürgerrecht verlangt nach städtischer Lebensqualität, welche nur mit grossen Investitionen in die Stadt zu erzielen ist, damit durch Einsatz öffentlicher Mittel die Armut wirksam bekämpft werden kann.

Ausserhalb des Bereichs der Fiktion – etwa den oben erwähnten Filmen – muss zumindest ein Mindestmass an Planungshorizont aufrechterhalten werden. Planung ist aber nur möglich, wenn über die anzustrebende Zukunft Einverständnis besteht. Menschliche Städte für die breiten Massen hängen davon ab, ob die Entscheidung für ein wirtschaftliches Entwicklungsmodell

São Paulo Skyline. (Photo Willy Spiller)

getroffen wird, das darauf abzielt, die ausbeuterischen Nebeneffekte des Fortschritts zu beseitigen. Nun befindet sich die «Zivilisation», die angestrebt wird, in unserem Land in einer tiefen Krise, da unsere sozialen Handlungsträger nicht fähig sind, sich über den Beitrag der Gemeinden zum Leben der Allgemeinheit zu einigen. Die Mittelschicht fordert Investitionen in die öffentliche Sicherheit, während die Bewohner der Vorstädte um Wasser, Elektrizität, Kanalisation, Schulen, Gesundheitseinrichtungen und Kinderkrippen bitten.

Die Steuern sollten dazu dienen, die Lebensqualität aller zu verbessern, indem sie immer mehr Bürger in qualitativ hochwertige städtische Strukturen einbinden, unter denen die Kultur eine vorrangige Stellung einnehmen sollte. Über die Steuern werden Einkünfte umgeleitet. Das Festschreiben von Privilegien, die relativ geringen politischen Pflichten entsprechen und die breite Masse der Werktätigen vom Zugang zu einem voll verwirklichten Bürgerrecht ausschliessen, lässt die Szenarios für unsere Städte der Zukunft als volksfeindlich erscheinen.

Leider müssen wir mitansehen, wie die politischen Parteien ihre Rolle als Architekten der Zukunft, als Schmiede der Utopie aufgeben und stattdessen Strategien aushecken, die auf das «Einverständnis» der Mittelschicht abzielen. Sie verhindern den Bruch mit kulturellen und politischen Verhaltensmustern, wie sie seit Jahrzehnten Praxis sind. Damit die Demokratie eine höhere Stufe von Zivilisation und Bürgerrecht erreichen kann, müssen unbedingt neue politische und kulturelle Vorhaben für die Städte erarbeitet werden. Durch sie muss die Mittelschicht sich dahingehend umerziehen, dass sie die öffentlichen Räume auch als die ihren betrachtet.

Wenn das Zentrum der Bürgerrechte, der praktizierten Freiheit, in Zukunft die Stadt sein soll, müssen wir auch unsere gesamte historische Entwicklung neu überdenken, ausgehend vom Kernproblem Stadt, die es zu erneuern gilt.

Wenn die letzte soeben abgeschlossene Volkszählung – als Positivum – auch zeigte, dass es Städte gibt, die in den achtziger Jahren geringere Wachstumsraten hatten

São Paulo Downtown. (Photo Willy Spiller)

Der Lastenträger – ein Beruf, eine Symbolfigur. (Photo Willy Spiller)

als befürchtet, so förderte sie dennoch Aspekte der Armut zutage, von denen man zuvor nichts geahnt hatte: etwa die Tausenden von «Bewohnern» der Viaduktbögen, «Campierer» auf öffentlichen Plätzen, als wären sie Flüchtlinge in einem stillen Krieg, in dem wir nicht die geringste Chance eines Sieges haben. Ohne jegliche sichere und reguläre Einnahmequelle überleben jene Leute durch Diebstähle, Bettelei, sie rauben Passantinnen die Haare, wie in Belo Horizonte, sie verrichten Gelegenheitsarbeiten für einen einzigen Tag. Für sie ist der Alltag in unseren Strassen ein harter Kampf ums materielle Überleben, welcher der gesamten Stadt jegliche Perspektive von Bürgerrecht und Freiheit nimmt.

Die gewaltigen negativen, ja perversen Folgen, welche die Periode der Diktatur mit ihrer politischen Unterstützung der Akkumulation von Kapital auf das menschliche Zusammenleben gehabt hat, lassen sich nicht länger verschleiern. In der Stadtentwicklung befinden wir uns an einem Scheideweg, und wir sind daran, jene Richtung einzuschlagen, die unweigerlich zum Modell von Kalkutta führt. Zum Gegenteil dessen, was wir ersehnen, zu der Kehrseite vergangener Utopien städtischen Zusammenlebens, die in meinem Fall auf die kleine alte Stadt Mariana (Minas Gerais) bezogen sind, wo ich geboren bin. Da eine Gemeinschaft nicht aus der Vergangenheit leben kann, wird die Tendenz dahin gehen, ein Modell zu vervollkommnen, das so aussieht, dass die Bürger im Vollbesitz ihrer Rechte (weil sie reich sind) in der Peripherie der Grossstädte bukolische Bunker bauen lassen und die gefährlichen Bereiche der Stadtzentren den *«dangerous classes»* überlassen, wie dies bereits in den nordamerikanischen Grossstädten geschieht. Oder aber es wird der Gemeinschaft die gerechte Verteilung des Reichtums auferlegt, mittels einer Anhebung der Steuerprogression, welche die Humanisierung der Städte garantieren kann, indem sie das Öffentliche zum Nachteil des Privaten aufwertet.

An diesem Punkt muss sich der Leser fragen, ob ich nicht für eine Art steuerlicher «Ausblutung» eintrete – wie jene, gegen die sich Tiradentes auflehnte. Ich meine, in seiner geschichtlichen Bedeutung bestand der Edelmut Tiradentes' darin, das Interesse aller über sein eigenes zu stellen, so weit, dass er sein Leben opferte. Heute bietet sich eine ähnliche Lösung an: die Bereitstellung eines öffentlichen Fonds, um die Städte aus der Barbarei herauszuführen und sie auf den Weg zur Zivilisation zu leiten. Den Bürgerrechten soziale Inhalte zu geben, die Praktizierung der Freiheit als eine Dimension des Lebens zu ermöglichen, macht ein radikales kollektives Umdenken bezüglich der beiden entgegengesetzten Pole der Gesellschaft nötig. Auf der einen Seite befinden sich jene, welche Reichtümer anhäufen, die sich in einer hohen städtischen Lebensqualität niederschlagen. Am anderen Ende stehen die, welche vor kurzem ihr Eigentum verloren und den ländlichen Bereich verlassen mussten und denen es noch nicht gelungen ist, sich ins zivilisatorische und kulturelle Geflecht der Stadt einzugliedern. Der Begriff der steuerlichen Ausblutung lässt sich in diesem Prozess nur metaphorisch anwenden. In Wirklichkeit muss es die Gemeinschaft sich angelegen sein lassen, das Bürgerrecht auszuweiten, gerade um die kleinen, anarchischen und manchmal gewaltsamen «Ausblutungen» zu verhindern, die in Einzelfällen die Elenden den Bürgern antun werden, wenn das Elend nicht beseitigt wird.

In «Gotham City» wachsen die sozialen Spannungen so lange, bis sie in der Form des organisierten Verbrechens explodieren. «Batman», der technisierte Held, tritt auf, um die Ordnung um jeden Preis aufrechtzuerhalten. Ein Volk, das zivilisiert sein möchte, darf sich nicht von Helden der Ordnung abhängig machen. Es muss eine Ordnung schaffen, die auf solche verzichten kann. Unsere Städte zu zivilisieren und Helden überflüssig zu machen, dies ist das einzige Ziel, das fähig ist, Bürgerrecht und Freiheit zu verbinden, so wie sie unseren Vorstellungen für das 21. Jahrhundert entsprechen.

Übersetzung: Friedrich Frosch, Wien

[1] Palty Lee Parmalee «Rethinking Utopia: from ‹Metropolis› to ‹Batman›» in: Rethinking Marxism, Sommer 1991, Band 4, Nr. 2.

[2] «Nachricht oder Topographische und politische Beschreibung des Rio São Francisco. Verfasst zum Nutzen der königlichen Erlässe…», Revista do Instituto Histórico e Geográfico da Bahia, No. 62, Salvador 1936.

**Fernando Morais** wurde 1946 in Mariana, Minas Gerais, geboren; er zog 1965 nach São Paulo, wo er als Journalist in verschiedenen Funktionen und Verlagen arbeitete. 1970 publizierte er zusammen mit Ricardo Gontijo die Reportageserie «Transamazónica». Seine Romane «A Ilha» (Die Insel, Hammer Verlag) und «Olga» (deutsch im Volksblatt Verlag) wurden in Brasilien mehrfach ausgezeichnet und haben grosse Auflagen erreicht. Er arbeitet als Staatssekretär im Erziehungsministerium des Staates São Paulo.

# Brasilien in Büchern

Diese Bibliographie berücksichtigt die meisten in den Katalogartikeln erwähnten Bücher. Akademische Arbeiten für Spezialisten wurden weggelassen. Darüber hinaus sind Titel mit einführendem Charakter aufgenommen, die sich an ein breites Publikum richten. Für Bücher in Portugiesisch wurden wenn immer möglich deutsche, französische oder englische Übersetzungen angegeben.
Zusammenstellung: Georg Sütterlin

## Allgemeine Darstellungen


F. de Azevedo, «Brazilian Culture», Hafner, New York 1971

U. Bitterli, «Die Entdeckung und Eroberung der Welt», Bd. 1, Beck, München 1980

U. Bitterli, «Die ‹Wilden› und die ‹Zivilisierten›. Die europäisch-überseeische Begegnung», Beck, München 1991

U. Bitterli, «Die Entdeckung Amerikas. Von Kolumbus bis Humboldt», Beck, München 1991

«Brasiliana. Vom Amazonenland zum Kaiserreich» (Ausstellungskatalog), Universitätsbibliothek, Heidelberg 1989

«Brasilien-Bibliothek der Robert Bosch GmbH», 2 Bde., Deutsche Verlagsanstalt, Stuttgart 1986/88

T. de Bry, «America 1590-1634», Casablanca, Berlin 1990

S. Buarque de Holanda, «Raízes do Brasil», José Olympio, Rio de Janeiro 1979

J. Cruz Costa, «A History of Ideas in Brazil», University of California Press, Berkeley 1964

U. Degenhard (Hg.), «Entdeckungs- und Forschungsreisen im Spiegel alter Bücher» (Ausstellungskatalog), Cantz, Stuttgart 1987

P. Frey/J. Müller, «Brasilien», Kümmerly + Frey, Bern 1982

G. Freyre, «Herrenhaus und Sklavenhütte. Ein Bild der brasilianischen Gesellschaft», Klett-Cotta, Stuttgart 1982

G. Freyre, «Das Land in der Stadt. Die Entwicklung der urbanen Gesellschaft Brasiliens», Klett-Cotta, Stuttgart 1982

G. Freyre, «New World in the Tropics», Greenwood, Westport/Connecticut 1980

K.-H. Kohl (Hg.), «Mythen der Neuen Welt. Zur Entdeckungsgeschichte der Neuen Welt» (Ausstellungskatalog), Frölich & Kaufmann, Berlin 1982

V. Moog, «Défricheurs et Pionniers», Gallimard, Paris 1963

V. Pekić, «Brasilien», Reich, Luzern 1990

W. Pfeiffer, «Brasilien. Völker und Kulturen zwischen Amazonas und Atlantik», DuMont, Köln 1988

M. Pianzola, «Des Français à la Conquête du Brésil», L'Harmattan, Paris 1991

R. E. Poppino, «Brazil. The Land and People», Oxford University Press, New York 1968

F. Roiter, «Brasilien», Atlantis, Zürich 1969

J. H. Rodriguez, «The Brazilians. Their Character and Aspirations», University of Texas Press, Austin/Texas 1967

W. Tauber, «25mal Brasilien», Piper, München 1991

C. Wagley, «An Introduction to Brazil», Columbia University Press, New York 1971

M. Wöhlcke, «Brasilien», Beck, München 1987

S. Zweig, «Brasilien. Ein Land der Zukunft» (1944), Insel, Frankfurt/Main 1981


## Geschichte


L. Bethel (Hg.), «Empire and Republic», Cambrigde University Press, Cambridge 1989

L. Bethell (Hg.), «Colonial Brazil», Cambridge University Press, Cambrigde 1987

C. R. Boxer, «The Golden Age of Brazil», University of California Press, Berkeley 1962

E. B. Burns, «A History of Brazil», Columbia University Press, New York 1980

R. Collier, «The River that God Forgot. The Story of the Amazon Rubber Boom», Collins, London 1968

E. G. Jacob, «Grundzüge der Geschichte Brasiliens», Wissenschaftliche Buchgesellschaft, Darmstadt 1974

R. M. Levine, «Historical Dictionary of Brazil», Scarecrow, Metuchen/New Jersey 1979

H. Mandelmann, «Geschichte von Brasilien» (1860), Manesse, Zürich 1987

R. M. Morse, «The Bandeirantes», Knopf, New York 1965


## Entdecker, Forscher, Reisende


L. Agassiz, «A Journey in Brazil», Plata, Chur 1975

P. V. de Caminha, «Carta a el-rei Dom Manuel Sobre o Achamento do Brasil», Casa da Moeda, Lissabon 1974

F. Cardim, «Tratado da Terra e Gente do Brasil», Itatiaia, Belo Horizonte

Ch.-M. de la Condamine, «Voyage sur l'Amazone», Maspéro, Paris 1981

H. Coudreau, «Voyage au Xingu», Lahure, Paris 1897

T. Davatz, «Memórias de um colono no Brasil», Martins, Rio de Janeiro 1972

W. L. von Eschwege, «Journal von Brasilien», Neue Bibliothek der Reisebeschreibungen, Weimar 1818

W. L. von Eschwege, «Brasilien, die neue Welt, während eines elfjährigen Aufenthaltes, von 1810-1821, beobachtet», Braunschweig 1830

J. de Léry, «Unter Menschenfressern am Amazonas. Brasilianisches Tagebuch 1556-1558», Erdmann, Tübingen 1977

R. Löschner, «Die Reisen des Prinzen Maximilian zu Wied 1815-1817 in Brasilien» (Ausstellungskatalog), Ibero-Amerikanisches Institut, Berlin 1982

P. de Magalhães Gandavo, «Tratado da Terra do Brasil», Itatiaia, Belo Horizonte

J. Pögl (Hg.), «Die reiche Fracht des Pedro Alvares Cabral: Seine indianische Fahrt und die Entdeckung Brasiliens 1500-1501», Thienemann, Stuttgart 1986

C. Ribeyrolles, «Brasil Pitoresco», 2 Bde., Itatiaia, Belo Horizonte 1980

A. Rodrigues Ferreira, «Viagem Filosófica», Conselho Federal de Cultura, Rio 1974

Spix/Martius, «Reisen in Brasilien in den Jahren 1817-1820», 4 Bde., Brockhaus, Stuttgart 1966/67

H. Staden, «Zwei Reisen nach Brasilien 1548-1555», Trautvetter & Fischer, Marburg 1981

A. Thevet, «Les Singularités de la France Antarctique» (1557), Maspéro, Paris 1983

A. Thevet, «Le Brésil et les Brésiliens», Presses Universitaires de France, Paris 1953

J. J. von Tschudi, «Reisen durch Südamerika», Bde. 1-4, Brockhaus, Stuttgart 1971

A. R. Wallace, «Reisen am Amazonasstrom und Rio Negro», Kassel 1855

Maximilian Wied-Neuwied, «Reise nach Brasilien in den Jahren 1815 bis 1817», Brockhaus, Leipzig 1987

## Indios, ihre Kultur und ihr Lebensraum

«Amazonien», Orell Füssli, Zürich 1983

M. de Andrade, «Macunaima», Suhrkamp Verlag, Frankfurt/Main 1982

W. de Andrade e Silva, «Märchen und Mythen der brasilianischen Indianer», Goller, Freiburg i. B. 1990

W. Arens, «The Man-Eating Myth», Oxford University Press, Oxford 1979

S. Branford/O. Glock, «The Last Frontier: Fighting over Land in the Amazon», Zed Books, London 1985

M. Brose (Hg.), «Amazonien - Eine indianische Kulturlandschaft», (Ausstellungskatalog), Gesamthochschule, Kassel 1988

S. Cainby, «Habitações indígenas», Nobel, São Paulo 1983

F. Denis (Hg.), «Une Fête Brésilienne Célébrée à Rouen en 1550», The Gregg Press, Upper Saddle River/New Jersey 1968

P. R. Gerber (Hg.), «Ka'apor - Menschen des Waldes und ihr Federschmuck» (Ausstellungskatalog), Offizin, Zürich 1991

M. P. Gomes, «Os Indios e o Brasil», Vozes, Petrópolis 1988

J. Grégorio, «Contribuição Indígena ao Brasil», 3 Bde. União Brasileira de Educação e Ensino, Belo Horizonte 1980

R. Hanbury-Tension, «A Question of Survival for the Indians of Brazil», Scribner, New York 1973

G. Hartmann, «Xingu. Unter Indianern in Zentral-Brasilien», Reimer, Berlin 1986

J. Hemming, «Red Gold. The Conquest of the Brazilian Indians», Macmillan, London 1978

J. Hemming, «Amazon Frontier. The Defeat of the Brazilian Indians», Macmillan, London 1987

J. Hemming (Hg.), «Change in the Amazon Basin», 2 Bde., Manchester University Press, Manchester 1985

U. Höner, «Die Versklavung der brasilianischen Indianer», Atlantis, Zürich 1980

M. Jacobs, «The Tropical Rainforest. A First Encounter», Springer, Berlin 1988

F. Lepargneur, «L'Avenir des Indiens du Brésil», Cerf, Paris 1975

C. Lévi-Strauss, «Traurige Tropen», Suhrkamp, Frankfurt/Main 1978

N. Pereira, «Moronguêtá. Um Decameron Indígena», 2 Bde., Civilizaçao Brasileira, Rio de Janeiro 1967

A. C. Revkin, «Chico Mendes - Tod im Regenwald», Rowohlt, Reinbek 1991

B. G. Ribeiro, «Dicionário do Artesanato Indígena», Itatiaia, São Paulo 1988

B. G. Ribeiro, «Arte Indígena, Linguagem Visual», Itatiaia, São Paulo

D. Ribeiro, «Os Indios e a Civilização», Vozes, Petrópolis 1984

D. Ribeiro, «Frontières Indigènes de la Civilisation», Union Générale d'Editions, Paris 1979

D. Ribeiro, «Maira», Suhrkamp, Frankfurt/Main 1982

A. Seiler-Baldinger, «Indianer im Tiefland Südamerikas», Museum für Völkerkunde, Basel 1987

J. Steward (Hg.), «The Handbook of South American Indians», 6 Bde., Smithsonian Institution, Washington 1946–50

G. Thomas, «Die portugiesische Indianerpolitik in Brasilien 1500–1640», Colloquium, Berlin 1968

O. und C. Villas Boas, «Xingu. The Indians, their Myths», Souvenir, London 1974

O. und C. Villas Boas, «Xingu: Bei den Waldindiandern im Herzen Brasiliens», List, München 1979

K. von den Steinen, «Unter den Naturvölkern Zentral-Brasiliens», Reimer, Berlin 1894

A. I. Wellen, «Indianische Rechte in Brasilien», Brasilienkunde Verlag, Mettingen 1986

A. Wendt, «Kannibalismus in Brasilien (Europäische Reiseberichte 1500–1654)», Lang, Bern 1989

## Afrobrasilien

E. Araújo (Hg.), «A Mão Afro-brasileira», Tenenge, São Paulo 1988

A. M. Barros dos Santos, «Die Sklaverei in Brasilien und ihre sozialen und wirtschaftlichen Folgen», Fink, München 1985

A. Bollinger, «Die Sklavenbefreiung in Brasilien», Orell Füssli, Zürich 1969

E. R. von Buettner, «Baianas. Priesterinnen der Strasse», día, St. Gallen 1985

E. Carneiro, «Candomblés da Bahia», Coleção Brasileira de Ouro, Rio de Janeiro 1967

F. Fernandes, «Die Integration des Negers in die Klassengesellschaft», Fink, München 1977

H. Fichte, «Xango. Die afroamerikanischen Religionen», Fischer, Frankfurt/Main 1986

D. Freitas, «Palmares. A Guerra dos Escravos», Editora Movimento, Porto Alegre 1973

A. Hofbauer, «Afro-Brasilien», Verlag für Interkulturelle Kommunikation, Frankfurt/Main 1989

O. Ianni, «Escravidão e Racismo», Hucitec, São Paulo 1978

R. Italiaander, «Schwarze Magie - Magie der Schwarzen», Aurum, Braunschweig 1983

C. M. de Jesus, «Tagebuch der Armut. Aufzeichnungen einer brasilianischen Negerin», Lamuv, Göttingen 1989

G. Kubik, «Extensionen afrikanischer Kulturen in Brasilien», Alano, Aachen 1991

C. Moura, «Quilombos», Atica, São Paulo 1987

L. Mau, «Xango», Fischer, Frankfurt/Main 1976

C. Moura, «Sociologia do Negro Brasileiro», Atica, São Paulo 1988

A. do Nascimento, «Brazil: Mixture or Massacre? Essays in the Genocide of a Black People», Majority Press, Canton/Massachusetts

P. Onori, «Sprechende Körper, Capoeira - ein afrobrasilianischer Kampftanz», día, St. Gallen 1988

D. Pierson, «Negroes in Brazil» Chicago University Press, Chicago 1942

A. Ramos, «O Negro Brasileiro», Editora Massangana, Recife 1988

W. Rego, «Capoeira Angola», Itapuâ, Rio 1968

N. Rodrigues, «Os Africanos no Brasil», Companhia Editora Nacional, São Paulo 1977

T. E. Skidmore, «Black into White», Oxford University Press, Oxford 1974

P. Verger, «Orisha. Les Dieux Yorouba en Afrique et au Nouveau Monde», Métaillié, Paris 1983

## Kunst und Architektur

«A Gravura de Lasar Segall» (Ausstellungskatalog), Museo Lasar Segall, São Paulo 1988

«A Mata» (Ausstellungskatalog), Museu de Arte Contemporânea, São Paulo 1991

W. H. Adams, «Roberto Burle Marx - The Unnatural Art of the Garden» (Ausstellungskatalog), Museum of Modern Art, New York 1991

«Albert Eckhout e Seu Tempo Brasil Holandês 1637–1644» (Ausstellungskatalog), Museu de Arte de São Paulo, São Paulo 1991

A. A. Amaral, «Tarsila. Sua Obra e seu Tempo», 2 Bde., Perspectiva, São Paulo 1975

«Art in Latin America - The Modern Era, 1820–1980» (Ausstellungskatalog), The Hayward Gallery, London 1989

«Art of the Fantastic. Latin America 1920–1987» (Ausstellungskatalog), Indianapolis Museum of Art, Indianapolis/Indiana 1987

P. M. Bardi, «The Arts in Brazil», Edizioni del Milione, Mailand 1956

P. M. Bardi, «Lasar Segall», Edizioni del Milione, Mailand 1959

P. M. Bardi, «Profile of the New Brazilian Arts», Kosmos, Rio de Janeiro 1970

P. M. Bardi, «História da Arte Brasileira», Melhoramento, São Paulo 1975

«Brasilien baut» (Ausstellungskatalog), Kunstgewerbemuseum, Zürich 1954

«Brasiljà. Beispiele zeitgenössischer brasilianischer Malerei» (Ausstellungskatalog), Museum Morsbroich, Leverkusen 1988

Y. Bruand, «L'Architecture Contemporaine au Brésil», Université de Lille III, Paris 1973

L. Buvelot, «Rio de Janeiro pitoresco», Martins, São Paulo 1943

M. S. Castilho/E. R. Ribeiro, «Indice de Arquitetura Brasileira 1950–1970», FAUUSP, São Paulo 1974

C. Cavalcanti (Hg.), «Dicionário Brasileiro de Artistas plásticas», 4 Bde., Instituto Nacional do Livro, Brasilia 1973/74

E. Corona/C. Lemos, «Dicionário da Arquitetura Brasileira», Edart, São Paulo 1972

J. B. Debret, «Viagem Pitoresca e Histórica ao Brasil», 3 Bde., Itatiaia, Belo Horizonte 1989

S. Eliovson, «The Gardens of Roberto Burle Marx», Thames & Hudson, London 1991

«Expedição Langsdorff ao Brasil 1821-1829» (Bd. 1: Rugendas, Bd. 2: Taunay, Bd. 3: Florence), Alumbramento, Rio de Janeiro 1988

C. Fayet, «Arquitetura Brasileira Após Brasilia», IAB, Rio de Janeiro 1978

R. J. Ferreira Bretas, «Passos da Paixão, O Aleijadinho», Alumbramento, Rio de Janeiro 1989

G. Ferrez, «Die Brasilienbilder Eduard Hildebrandts», Henschel, Berlin 1989

S. Fischer/M. Acabaya, «Arquitetura Moderna Brasileira», Projeto, São Paulo 1982

A. Fils, «Brasilia», Beton, Düsseldorf 1980

A. Fils, «Moderne Architektur in Brasilien», Beton, Düsseldorf 1988

«Flandern in America» (Ausstellungskatalog), Königliches Museum, Antwerpen 1992

«Frans Post» (Ausstellungskatalog), Kunsthalle, Basel 1990

G. Freyre, «A Casa Brasileira», Grifo, Rio de Janeiro 1971

«Hélio Oiticia» (Ausstellungskatalog), Witte de With, Rotterdam 1992

«Imagens do Brasil Holandês 1630-1654» (Ausstellungskatalog), Fundaçao Nacional, Rio de Janeiro 1987

W. Jonas, «Bilder aus Brasilien» (Ausstellungskatalog), Helmhaus, Zürich 1959

«La Mission Artistique Française et les Peintres Voyageurs» (Ausstellungskatalog), Instituto Cultural Brasil-França, Rio de Janeiro 1990

E. Larsen, «Frans Post. Interprète du Brésil», Colibris, Amsterdam 1962

«Lasar Segall 1891-1957» (Ausstellungskatalog), Staatliche Kunsthalle, Berlin 1990

J. R. T. Leite/J. R. Teixeira, «Dicionário Crítico da Pintura no Brasil», Artlivre, Rio de Janeiro 1988

C. Lemos, «The Art of Brazil», Harper & Row, New York 1983

C. Lemos, «Arquitetura Brasileira», Melhoramento, São Paulo 1979

«Les Portugais au Brésil. L'Art dans la Vie Quotidienne. Collection Pimenta Camargo», Fondation Europalia, Bruxelles 1991

G. Mann, «The 12 Prophets of Aleijadinho», University of Texas Press, Austin 1967

J. Medeiros, «Dicionário dos Pintores do Brasil», Irradiaçao Cultural, Rio de Janeiro 1988

M. Milan Acayaba, «Residências en São Paulo 1947-1975», Projeto, São Paulo 1986

H. Mindlin, «Neues Bauen in Brasilien», Callwey, München 1956

«Modernidade - Art Brésilien du 20e Siècle» (Ausstellungskatalog), Musée d'Art Moderne de la Ville de Paris, Paris 1987

«O Desenho de Lasar Segall» (Ausstellungskatalog), Museu Lasar Segall, São Paulo 1991

«O Museu de Arte Contemporânea da Universidade de São Paulo», Banco Safra, São Paulo 1990

«O Museu Nacional de Belas Artes, São Paulo», Banco Safra, São Paulo 1985

S. Papadaki, «Oscar Niemeyer», Maier, Ravensburg 1962

M. Pianzola, «Barockes Brasilien», Weber, Genf 1974

R. Pontual, «Entre Dois Séculos. Arte Brasileira do Século XX na Coleçao Gilberto Chateaubriand», Editora JB, Rio de Janeiro 1987

C. do Prado Valladares/L. E. de Mello Filho, «Albert Eckhout. A Presença da Holanda no Brasil, Século XVII» Alumbramento, Rio de Janeiro 1989

«Project Brazil» (Ausstellungskatalog), P. S. One, Institute for the Arts, New York 1988

«Projeto Construtivo Brasileiro na Arte (1950-1962)», Secretaria da Cultura do Estado, São Paulo 1977

L. Puppi, «Guida a Niemeyer», Mondadori, Mailand 1987

G. Richert, «Johann Moritz Rugendas», Rembrandt, Berlin 1959

M. Rugendas, «Malerische Reise in Brasilien», Daco, Stuttgart 1986

S. Sahione Fadel (Hg.), «150 Anos de Pintura no Brasil», Colorama, Rio de Janeiro 1989

E. M. Santos Peixoto, «Deutsche Maler in Brasilien im XIX. Jahrhundert», Pinakotheke, Rio de Janeiro 1989

R. C. Smith/G. Ferrez, «Franz Frühbeck's Brazilian Journey», Hispanic Society of America, New York 1960

W. Stäubli, «Brasilia», Koch, Stuttgart 1965

A. de E. Taunay, «A Missão Artística de 1816», Universidade de Brasilia, Brasilia 1983

T. Thomsen, «Albert Eckhout», Levin og Munksgaard, Kopenhagen 1938

«Tradição e Ruptura. Síntese de Arte e Cultura Brasileiras» (Ausstellungskatalog), Fundação Bienal de São Paulo, São Paulo 1984

«Viva Brasil Viva. Konst frän Brasilien» (Ausstellungskatalog), Kulturhuset Liljevalchs, Stockholm 1991

P. J. P. Whitehead/M. Boeseman, «A Portrait of Dutch 17th Century Brazil. Animals, Plants and People by the Artists of Johan Maurits of Nassau», North Holland Publishing Company, Amsterdam 1989

A. Xavier/C. Lemos/E. Corona, «Arquitetura Moderna Paulistana», Pini, São Paulo 1983

## Volkskultur und der Nordosten

M. Ayala, «Cultura Popular no Brasil», Atica, São Paulo 1987

A. Brun, «Dieux Catholiques au Brésil» (Religion im Nordosten), L'Harmattan, Paris 1989

L. da Câmara Cascudo, «Dicionário do Folklore Brasileiro», Instituto Nacional do Livro, Brasilia 1972

J. de Castro, «Der Krebskreis», Neues Leben, Berlin 1970

R. della Cava, «Miracle at Joaseiro» (Padre Cicero), Columbia University Press, New York 1970

B. J. Chandler, «The Bandit-King: Lampiao of Brazil», Texas A & M University Press, College Station/Texas 1978

E. da Cunha, «Os sertoes - Rebellion in the Backlands» (Canudos), University of Chicago Press, Chicago 1957

R. B. Cunninghame-Graham, «Brazilian Mystic, being the Life and Miracles of Antonio Conselheiro», Books for Libraries Press, Freeport/New York 1971

R. Facó, «Cangaceiros e Fanáticos», Civilizaçao Brasileira, Rio de Janeiro 1963

D. Gavora, «Zucker, Brot und Peitsche. Die Landfrage in Brasilien», Brasilienkunde Verlag, Mettingen 1988

J. Guimarães Rosa, «Grande Sertão», Kiepenheuer & Witsch, Köln 1987

G. Hartmann, «Brasilianische Volkskunst» (Ausstellungskatalog), Landesmuseum, Koblenz 1982

H. Loetscher, «Wunderwelt. Eine brasilianische Begegnung», Diogenes, Zürich 1983

G. W. Lorenz (Hg.), «Mythen, Märchen, Moritaten. Orale und traditionelle Literatur in Brasilien», Zeitschrift für Kulturaustausch, Stuttgart 1983

M. Morães, «Festas e Tradições Populares do Brasil», Itatiaia, São Paulo 1979

M. Parente Angel, «Brasilianisch kochen. Gerichte und ihre Geschichte», dìa, St. Gallen 1990

M. I. Pereira de Queiroz, «Os Cangaceiros», Duas Cidades, São Paulo 1977

J. L. do Rego, «Rhapsodie in Rot» (Cangaceiros), Hieronimi, Bonn 1958

C. Slater, «Stories on a String: The Brazilian Literatura de Cordel», University of California Press, Berkeley 1982

C. Slater, «Trail of Miracles: Stories from a Pilgrimage in Northeast Brazil», University of California Press, Berkeley 1986

M. Vargas Llosa, «Der Krieg am Ende der Welt» (Canudos), Suhrkamp, Frankfurt/Main 1982

## Film und Photographie

«Antologia Fotográfica», Dazibão, Rio de Janeiro. In dieser seit 1989 erscheinenden Buchreihe liegen bisher Monographien über die Photographen Walter Firmo, Juca Martins, Antonio Augusto Fontes, Miguel Rio Branco sowie ein Band über Photopioniere in Rio de Janeiro vor

«Bahia. Velhas Fotografias 1858-1960», Kosmos, Rio de Janeiro 1968

R. Bandeira, «Pequeno Dicionário Crítico do Cinema Brasileiro», Shogun Arte, Rio de Janeiro 1963

J.-C. Bernardet, «Cinema Brasileiro», Paz e Terra, Rio de Janeiro 1979

S. Bril, «Notas. 29 Mestres da Fotografia», Prêmio Editorial, São Paulo 1987

M. Estève (Hg.), «Le 'cinema novo' brésilien», 2 Bde., Lettres Modernes, Paris 1973

G. Ferrez, «Photography in Brazil 1840-1900», University of New Mexico Press, Albuquerque/New Mexico 1990

G. Ferrez, «Velhas Fotografias Pernambucanas 1851-1890», Campo Visual, Rio de Janeiro 1988

G. Ferrez/W. J. Naef, «Pioneer Photographers of Brazil 1840-1920», Center of Inter-American Relations, New York 1976

R. Gardies, «Glauber Rocha», Seghers, Paris 1974

«Il Cinema Novo Brasiliano», 2 Bde., Mostra Internazionale del Nuovo Cinema, Pesaro 1975

R. Johnson/R. Stam, «Brazilian Cinema», University of Texas Press, Austin 1988

M. M. Klagsbrunn (Hg.), «Telenovela - die allabendliche Faszination», Brasilienkunde Verlag, Mettingen 1987

B. Kossoy, «Hercules Florence. 1833: A Descoberta Isolada da Fotografia no Brasil», Duas Cidades, São Paulo 1980

P. A. Paranagua (Hg.): «Le Cinéma Brésilien», Centre Georges Pompidou, Paris 1987

P. A. Paranagua/J. C. Avellar, «Cinéma Brésilien 1970-1980», Festival International du Film, Locarno 1983

N. Peregrino, «'O Cruceiro'. A Revolução da Fotorreportagem», Dazibao, Rio de Janeiro 1991

S. Pierre (Hg.): «Glauber Rocha», Cahiers du Cinéma, Paris 1987

F. Ramos, «Historia do Cinema Brasileiro», Art Editora, São Paulo 1987

G. Rocha, «Revisão Crítica do Cinema Brasileiro», Civilizaçao Brasileira, Rio 1963

P. B. Schumann, «Handbuch des brasilianischen Films», Vervuert, Frankfurt/Main 1988

N. Vink, «The Telenovela and Emancipation», Royal Tropical Institute, Amsterdam 1988

I. Xavier, «Sertão Mar. Glauber Rocha e a estética da fome», Editora Brasilense, São Paulo 1983

In der Photoreihe des Verlages Sver e Boccato (São Paulo) sind bisher Bände über Cristiano Mascaro und Sebastião Salgado erschienen

## Musik

M. de Andrade, «Dicionário Musical Brasileiro», Universidade de São Paulo, São Paulo 1989

«Brasil Musical. Viagem pelos Sons e Ritmos Populares», Art Bureau, Rio de Janeiro 1988

Ch. Buarque, «Letra e Música», 2 Bde., Companhia das Letras, São Paulo 1991

«Carnival!», Mouton, Berlin 1984

R. Castro, «Chega de Saudade: A História e as Histórias da Bossa Nova», Companhia das Letras, São Paulo 1990

Felícitas, «Danças do Brasil, Indígenas e Folclóricas, Technoprint, Rio de Janeiro o. J.

F. De Góes, «O País do Carnaval Elétrico», Corrupio, Salvador 1982

J. de Jesus Ferreira, «Luiz Gonzaga. O Rei do Baiao», Atica, São Paulo 1989

M. A. Marcondes (Hg.), «Enciclopédia da Música Brasileira Erudita, Folclórica e Popular», 2 Bde., Art Editora, São Paulo 1977

V. Mariz, «A Canção Brasileira», Civilização Brasileira, Rio de Janeiro 1977

L. M. Peppercorn, «Heitor Villa-Lobos», Atlantis, Zürich 1972

T. d. O. Pinto, «Capoeira, Samba, Candomblé. Afro-Brasilianische Musik im Recôncavo, Bahia», Reimer, Berlin 1991

T. d. O. Pinto, «Einführung in die Musiktraditionen Brasiliens», Schott, Mainz 1976

R. Ramos Tinhorão, «Música Popular», 2 Bde., Vozes, Petrópolis 1972

R. Ramos Tinhorão, «Pequena História da Música Popular: Da Modinha ao Tropicalismo», Art Editora, São Paulo 1986

D. Schelsky, «Kultur auf Wanderschaft. Die Música Nordestina in Brasilien», Lang, Bern 1991

C. Schreiner, «Música Popular Brasileira. Handbuch der folkloristischen und populären Musik Brasiliens», Tropical Music, Darmstadt 1985

## Literatur

Die Werke von Jorge Amado und João Guimarães Rosa liegen fast vollständig auf deutsch vor. Zu den Autoren, von denen mehrere Werke in Übersetzungen erhältlich sind, zählen José de Alencar, Mario de Andrade, Machado de Assis, Maria Alice Barroso, Augusto Boal, João Cabral de Melo Neto, Antonio Callado, Autran Dourado, Carlos Drummond de Andrade, Lygia Fagundes Teilles, Adonias Filho, Rubem Fonseca, Osman Lins, Clarice Lispector, Ignacio de Loyola Brandão, Raquel de Queiroz, Graciliano Ramos, Darcy Ribeiro, Moacyr Scliar, Márcio Souza, Ariano Suassuna, Dalton Trevisan, Erico Veríssimo

Brasilianische Autoren sind in zahlreichen der lateinamerikanischen Literatur gewidmeten Anthologien vertreten. Die brasilianische Literatur ist Thema folgender Textsammlungen:

M. von Gareis (Hg.), «Der Lauf der Sonne in den gemässigten Zonen», día, St. Gallen 1991

C. Heupel (Hg.), «Moderne brasilianische Erzähler», Walter, Olten 1968

R.-G. Mertin (Hg.), «Tigerin und Leopard. Erotische Erzählungen brasilianischer Autorinnen», Ammann, Zürich 1988

C. Meyer-Clason (Hg.), «Die Reiher und andere brasilianische Erzählungen», Erdmann, Herrenalb 1967

C. Meyer-Clason (Hg.), «Brasilianische Poesie des 20. Jahrhunderts, Deutscher Taschenbuch Verlag, München 1975

M. Parente Angel (Hg.), «Schwarze Poesie - Afrobrasilianische Dichtung der Gegenwart», día, St. Gallen 1988

K.-M. Schreiner (Hg.), «Zitronengras. Neue brasilianische Erzähler», Kiepenheuer & Witsch, Köln 1982

D. Brookshaw, «Race and Colour in Brazilian Literature», Scarecrow, Metuchen/New Jersey 1986

L. da Câmara Cascudo, «Literatura Oral no Brasil», José Olympio, Rio de Janeiro 1978

M. Cacciaglia, «Pequena História do Teatro no Brasil», Queiroz, São Paulo 1986

A. Coutinho, «An Introduction to Literature in Brazil», Columbia University Press, New York 1969

D. M. Driver, «The Indian in Brazilian Literature», Hispanic Institute in the United States, New York 1942

I. Goldberg, «Brazilian Literature», Roth Publishing, Great Neck/New York 1978

D. T. Haberly, «Three Sad Races», Cambridge University Press, Cambridge 1983

C. L. Hulet, «Brazilian Literature», 3 Bde., Georgetown University Press, Washington 1974/75

S. Putnam, «Marvelous Journey: A Survey of Four Centuries of Brazilian Writing», Hippocrene Books, New York 1971

R. S. Sayers, «The Negro in Brazilian Literature», Hispanic Institute in the United States, New York 1956

I. Stern (Hg.), «Dictionary of Brazilian Literature», Greenwood, Westport/Connecticut 1988

M. Strausfeld (Hg.), «Brasilianische Literatur», Suhrkamp Verlag, Frankfurt/Main 1984

M. Wilson, «The Modernist Idea», Greenwood, Westport/Connecticut 1979